近代刑法の現代的論点

足立昌勝先生　古稀記念論文集

【編著】
石塚伸一
岡本洋一
楠本 孝
前田 朗
宮本弘典

社会評論社

足立昌勝先生の古稀を祝して　　執筆者一同

刊行にあたって

足立昌勝先生が二〇一三年四月、古稀を迎えられた。

足立先生の古稀を記念すべく祝意とともに編まれた本書は、研究会や大学院の講義を通じて、あるいは実務における課題への取組みを通じて、足立先生の学問と人柄に触れ得た研究者と実務家の論考を集めたものである。

『近代刑法の現代的論点』という本書のタイトルについては、その決定にいたるまでやや曲折があった。その経緯をここで詳述することは不要であり、また適切でもあるまい。しかし、その意味については若干触れておきたい。足立先生は、「現代」という用語ないし概念について、懐疑にとどまらず時として嫌悪すら示されるからである。確かに、範疇的には「現代」は「近代」の一部にほかならず、「現代」という特殊な時間もまた「近代」の歴史の外側で個別に流れているのではない。「現代的」というのは、普遍としての「近代」を文脈とする「特殊」の謂でしかなく、「近代」を文脈から締め出した「現代的」云々など、学問的言説としては存する余地があるはずもない。「現代とはうつろいゆく概念だ」という足立先生の批判は、そうした学問の在り方への厳しい批判でもあろう。

足立刑事法学は、抽象的理念だけではなく具体的実践原理としても、「近代刑事法原則」に定位し、その意義の探求と再発見を執拗低音としている。したがって、本書の「現代的」論点の意味もまた、啓蒙主義に端を発する「近代刑事法原則」を文脈とする普遍問題ないし原理問題を再発掘し、あるいはその意義を新たに発見するための試みにほかならない。

「罪刑法定主義を復活させよ」とは、足立先生の先達である風早八十二先生の周知の命題だが、その主張をなさしめたのはまさに時代背景であると足立先生はいう。そして足立先生もまた、「現代」という時代背景によって、「近代刑事法原則を再確認せよ」と主張する。もちろん、近代刑事法原則をドグマ化して墨守せよということでは決してない。近代刑事法原則の生成という生きた歴史を鉱脈として、理性的な考慮によって鋳造されたそれら諸原則の普遍性を「再発掘」し、なお未発見のままに眠っている豊饒な意義と射程を「発見」せよという問題意識による主張なのであろう。

足立先生の研究者としての歩みも、この主張を忠実に実践するものであった。

風早八十二、桜木澄和といった名とともに、足立昌勝という名はラディカール―根源的―な刑法史研究者としてである。もっとも、ヨセフィーナ研究を嚆矢としてその後も倦むことなく進展を続けている足立先生の歴史研究それ自体が、やはり先達の風早・桜木両先生の研究と同様、発掘し発見すべき豊饒な鉱脈としてあるにもかかわらず、近時のポスト・モダンの刑事法学の方法論は、歴史研究が包含するラディカールな意義―自らが歴史の一部として自らが歴史に参加するという、研究者の自覚と責任に貫かれた研究方法と姿勢―に対し、あまりに冷淡かつ無関心である。足立先生の研究射程は、歴史研究を文脈としつつ、たとえばコンピュータ犯罪の創設、組織犯罪対策三法、脳死と臓器摘出問題、医療観察法、共謀罪立法等々、「現代」の刑事立法批判にも及ぶが、そのラディカールな意義はなお（再）発掘・発見を待っているのかもしれない。足立先生の「現代」への視線は、特殊にして普遍性を有する「近代」の理念や原理に裏打ちされており、「現代的」課題をたんに特殊で例外的なものに止めてはおかないからである。原理・原則は不変であるとしながら、しかし時代の「現実」を論拠に体系の周縁に「例外」を設けるというのは、ナチス・ドイツの常とう手段であった。しかしまた歴史は、「例外の原則化」――つまりは不条理な「現実」の追認――こそが政治支配・権力統治の「現実」であったことを物語る。「他の追随を許さないと自負している」近代刑法史研究者としての足立先生が、日弁連刑法委員会の助言者として「現実」の課題に取組み、また理論的な支柱として広範な市民運動に参加して刑事立法批判・阻止の先頭に立っているのは、したがって必然ともいえようか。

研究と実践の両面における足立先生の精力的な活動は、闊達なお人柄によるところも大きく、先生の関心や活動の射程は国内にとどまらない。カンボジアや東ティモールに対する長期にわたる根気強い法支援、ドイツ、オーストリア、中国、ロシア等々での学会・研究会における度々の報告は、確かに足立先生の研究の懐の深さを示している。しかし、その折々に各地に「同志」ともいうべき知己を得ておられるのは、研究や関心の射程のみならず、先生のお人柄あってのことであろう。

足立先生のこうした研究や活動の根底にあるのは、現実へのラディカルな「批判」への意志である。しかし上述の通り、ややもすれば機能一元主義に偏する近時の刑事法学において、こうした学問研究の方法と精神は「孤高」ないし「異端」として揶揄され、あるいは「原理主義」として排され、さらには意識的に無視され「忘却」の淵に追いやられる虞なしとしない。

本書は、そうした近時の刑事法学の現実に対する「批判」と「抵抗」の実践でもあり、不条理な実務の現実への「批判」と「抵抗」の実践でもある。足立先生に献呈された諸論考は、足立刑法学の方法と精神の「再確認」の実践にほかならず、それらがさらに、近代刑法のラディカルな再発掘と発見への試みの契機となるとき、本書は、足立先生の古稀のお祝いと記念に相応しい本来の意義を持つことになろう。

さいごに、本書の意義をご了解いただき、力作を寄せてくださった執筆者の皆さまと、本書の出版を引き受けてくださり献身的にご協力を頂いた、社会評論社代表の松田健二さんに心より謝意を表したい。また、やむなき諸事情によって出版が大幅に遅れてしまったことについて、足立先生ならびに執筆者の皆さまのご海容を願うばかりである。

編集委員
石塚伸一
岡本洋一
楠本 孝
前田 朗
宮本弘典

近代刑法の現代的論点【足立昌勝先生　古稀記念論文集】目次

Ⅲ　刑罰権批判

Ⅰ　刑事立法批判

改正臓器移植法の問題点

浅田　和茂

一　はじめに

二〇一二年六月一四日、富山大附属病院で六歳未満の男児が（事故による低酸素性脳症により）脳死と判定され、家族の同意の下に臓器が摘出された。心臓は一〇歳未満の女児（拡張型心筋症）に、肝臓も一〇歳未満の女児に、腎臓は六〇代の女性に移植された。ドナーが六歳未満の幼児であることから、第一回目の脳死判定から二四時間以上空けて第二回目の脳死判定が行われ、その判定も三名の医師で行ったとされている(1)。二〇〇九年七月一三日に成立し二〇一〇年七月一七日に施行された改正臓器移植法の下で、予期されていたこととはいえ、遂にここまで至ったかという感を禁じえない。六歳未満の幼児からの臓器摘出については、そもそも正確な脳死判定が可能なのか、本人の意思に基づくものでないことが明らかな臓器提供は許されるのかという点で、改めて検討を要する事態と考える(2)。

ところで、脳死と臓器移植の問題は、とくにわが国の場合、諸外国とは異なる展開を経てきたことに注意を要する。問題の発端は、一九六八年八月のいわゆる「和田心臓移植事件」にあり、その後長い空白期間と海外渡航による移植の時期が続く中、脳死臨調の中間意見（一九九一年）・最終答申（一九九二年）を経て、ドナー本人の意思表示を要するという旧臓器移植法（一九九七年法一〇四）が成立した。本法に基づく移植の第一例（一九九九年二月の高知赤十字病院ケース）が実施されるまで、和田心臓移植事件から実に三〇年以上の年月を要し、それからさらに一一年を経て、家族・遺族の意思表示で足りるとする改正臓器移植法（二〇〇九年）の成立に至ったのである。

この改正臓器移植法について、足立教授は、「正当性をもたない法律は、必ずや廃止される。妥当性があり、正当性が担保できる法律への再改正は、必ずや行われなければならない」と述べた[3]。以下、これまでの経過を振り返ったうえで、足立説がなぜそのような評価に至ったのかについても考えてみることにしたい。

二　和田心臓移植事件

(1) 事件の概要

すでに脳死状態における臓器移植が定着したかに思われる今日、四四年も前の事件をことさらに取り上げることにどのような意味があるのかと問われるかもしれない。しかし、私見によれば、この事件こそが、わが国における脳死と臓器移植の問題を考えるうえでの原点であり、そこで明かにされた問題点がすでに解決済みといえるのかが、常に問われなければならない。

日本弁護士連合会の「人権擁護委員会心臓移植事件調査特別委員長報告」（一九七二年三月四日）によれば、和田心臓移植事件の経過と問題点は、次のとおりである[4]。

一九六七年一二月、南アフリカ連邦でバーナード博士による世界で初めての心臓移植手術が行われたが、翌一九六八年八月八日、日本で最初（世界で三〇番目）の心臓移植手術が、札幌医大胸部外科の和田寿郎教授によって実施された。ドナーは、小樽の海岸で溺れた山口義政君（二一歳）、レシピエントは、札幌医大胸部外科に入院中の宮崎信夫君（一八歳）で、宮崎君は、一旦は自立歩行できるまでに回復したが、手術後八三日目に死亡した。

山口君は、一九六八年八月七日午後〇時五分頃に海で溺れた後、救急車で小樽の野口病院に運ばれたが、その途中で自発呼吸を始め、同病院で次第に回復し、血圧・呼吸・脈搏はほぼ正常に戻ったが、意識は回復しなかったとされている。六時三〇分頃、担当の上野医師が野口院長に引き継いで帰宅した直後、野口院長は、山口君が「急にもがき苦しんだ」ので高圧酸素療法を要すると判断し、四〇キロメートル離れた札幌医大・胸部外科に転送したということである。ところが、同胸部外科では、高圧酸素療法も蘇生術もなされなかったという。和田教授は、山口君に人工心肺を装着し、家族に心臓提供の承諾を得たうえ、脳波が平坦になったとして、心臓を摘出した。しかし、脳波を計測した形跡はなく、死因は肺水腫に続発した急性心肺不全であるとされたが、肺水腫の要因は認められないなど、多くの疑惑があった。

他方、宮崎君は、心臓僧帽弁の狭窄と閉鎖不全症ということで札幌医大第二外科に入院中であったが、主治医の宮原教授は、内科的治療でも三年は生きられるが僧帽弁置換手術をすれば社会復帰も可能と考えて、和田胸部外科に転科させたということである。それにもかかわらず、和田教授は、宮崎君は連合弁膜症で移植手術適応の患者であるとして手術を行った。しかも、宮崎君から摘出された心臓は六カ月間も隠匿され、検査された時には四つの弁が切り取られており、大動脈弁は他人のものとすり替えられている疑いがあったという。

(2) その後の経過と問題点

その後、大阪の漢方医らが、和田教授を山口君および宮崎君に対する殺人罪で告発した。札幌地検は、業務上過失致死の嫌疑で捜査したが、一九七〇年九月、不起訴処分にした。不起訴の理由は、山口君から心臓を摘出した時点で生存していたかは否かは、死体を解剖していないこともあって認定できない、死因は肺水腫に続発した急性心不全とされているが、急激に肺水腫が発生する要因はなく、その主張には疑問があるが、死体を解剖していないので死因を特定することはできないというもの、宮崎君の手術は、医師の倫理上、非難されるかどうかは別にして、移植手術それ自体を違法な医療行為とすることはできない、死因は多発性心膜炎による心不全でその原因は免疫抑制療法による副作用であり、心臓移植には拒絶反応があったが、これは直接死因になり得ない程度のもので、これらから過失があったとは認められないというものであった[5]。

これに対して、札幌検察審査会が「不起訴不当」の議決を行ったが、札幌地検は、一九七二年八月、再び不起訴処分にした。他方、日本弁護士連合会の調査団は、前記を含む詳細な調査の結果、和田教授は、「刑事的には受給者、提供者に対し、未必的故意による殺人ないしは業務上過失致死の責任を負うべきであり、民事的にはその遺族に対し、不法行為（または債務不履行）による損害賠償責任を免れない」という結論に至った[6]。

かくして、この分野の医療に対する国民の不信は決定的となり、その後、長期にわたり心臓移植はタブー視され、海外への移植ツアーという事態に至ったのである。この事件には、ドナーについて、治療の不足ないし欠損、脳死判定の杜撰さ、家族の同意を得る手続の瑕疵（移植医による不正確な情報提供と説得）など、レシピエントについて、医学的適応についての疑惑、明らかな生命の短縮（拒絶反応について十分に有効な解決策がない状態での手術によって早期に死亡することは予想できたのではないか）など、さらに手術医の功名心と人の生命の軽視といった問題点が現れている。和田教授は、二〇一一年二月一四日に逝去された（享年八八歳）[7]。評価は分かれると思われるが、私見によれば、わが国の心臓移植にとっての不幸の原因は、まさにこの和田心臓移植事件にあったといっても過言ではない[8]。

三 「脳死臨調」最終報告と足立第一論文

(1) 脳死臨調報告

「臨時脳死及び臓器移植調査会」（脳死臨調）は、一九九〇年二月に発足し、一九九一年六月に「中間意見」を公表し、一九九二年一月に「最終報告」をまとめて政府に答申した。この最終報告では、この種の答申としては異例なことに、脳死を人の死とする多数意見と、脳死は人の死ではないとする少数意見が併記された。その概要は、以下のとおりである。[9]

多数意見は、人工呼吸器の開発により従来の三徴候説は維持できなくなったとしたうえ、①人は有機的統合体としての個体であり、その統合性が失われた状態が死である（脳の持つ固有の機能とともに脳による身体各部に対する統合機能が不可逆的に失われた場合は、もはや人の生とはいえない）、②脳死が人の死であることについてはすでに社会的合意がある、③脳死（全脳死）の判定基準は一九九一年に公表された厚生省研究班の基準（竹内基準）による、④死亡時刻は、脳死が心臓死に先行するときは脳死の時点、逆の場合は心臓死の時点であり、脳死の死亡時刻は第二回の確認時とする、⑤脳死説に従って心臓等の移植の道を拓くべきである、と主張した。

これに対して少数意見は、①有機的統合体論は一つの哲学的見解にすぎず（多数意見は科学主義・人間機械論・西欧主義を前提としている）、脳死説の本当の理由は臓器移植をしやすくすることにある、実感としても、呼吸も体温もあり出産も可能な状態を死と認めることはできない、②脳死を人の死とする社会的合意はいまだ形成されていない、③脳死の判定は、とくに移植との関係では最も厳格な基準によるべきである、④脳死を人の死とすることにより、末期医療がなおざりにされたり、脳死体が医学実験の材料にされる危険もある、⑤脳死は人の死ではないが限りなく死に近い状態であり、一定の要件を満たせば不可罰とすることにより心臓等の移植を許容すべきである（違法阻却ないし可罰性阻却）と主張した。[10]

このように、脳死説に立つ多数意見と三徴候説に立つ少数意見とが鋭く対立しつつ、両意見とも、日本における臓器移植とりわけ心臓移植を許容すべきであるという点で一致したところに特徴がある。

(2) 足立第一論文

この間、学説では、脳死説を採用したうえで心臓移植を肯定する説、三徴候説に立って心臓移植を否定する説、三徴候説に立ちつつ心臓移植を肯定する説、脳死選択説に立って心臓移植を肯定する説などが主張され、激しい議論が展開された（その概要については後述する）。とりわけ、三徴候説に立ちつつ心臓移植を肯定する説は、生体からの心臓摘出が殺人罪（ないし同意殺人罪）の構成要件に該当することになるから、その不処罰の根拠を明らかにするという困難に直面せざるをえない。脳死臨調の「中間意見」を受けて公表された足立第一論文は、この困難な課題に取り組んだものであり、その要点は、以下のとおりである[11]。

三徴候説によるか脳死説によるかは別として、社会的合意がある場合にそれに合致するか否かを判断するのは医師の専権事項であるが、「人間の死そのものに関して、それがどのようなものであるかを決定することは、医師に委ねられてはいないし、また国民はその判断を医師に委ねるほど、医師を信頼していない」「絶対的にいえることは、どのような判断にたとうが、死の相対化を招いてはいけないということである」、「脳死は『人の死』であるとの見解が、多数主張されたとしても、その見解が社会的に受容されないかぎり、社会的・法的観点からは、脳死は『人の死』ではなく、従来から社会的に受容されている三徴候説にもとづくものが『人の死』である」、脳死臨調が行った世論調査で「脳死状態になったら死と認めてよいか」という質問に、四五％が「そう思う」、二五％が「そう思わない」、三二％が「わからない」と答えたが、調査が個別面接方式で行われ、設問設定も明らかではないので、その評価は留保せざるを得ない。

人の終期については、かつて唄教授が提案して後に凍結を宣言した「アルファー期」説に示唆を受け、「死の概念の相対化を避け、さらに、臓器移植を展望したもの」として、三徴候説に立ちつつ、「脳死による全能の機能の不可逆的停止」から「三徴候による死亡」までの「生と死が互いにせめぎあっている期間」をⅡ期、それ以前をⅠ期、それ以後をⅢ期とする。そのⅡ期は「生として扱われなければならず、死と扱うことは、根拠に乏しく、非人道的である」。

この第Ⅱ期において、以下の厳格な要件を満たす場合、臓器摘出は同意殺の違法性を阻却する。すなわち、①ドナーは厳格な判定の下で脳死状態に陥っていなければならない、②ドナーは臓器提供の承諾をするものであり、その意味を理解できる能力を有していなければならない（精神障害者や幼児はドナーとなることができない）、③ドナーの承諾は脳死状態に陥る以前の明確かつ真摯なものでなければならない（明示の承諾を要する）、④ドナーの承諾は任意でかつ自発的になされたものでなければならない（刑務所などに拘禁されている者の承諾は無効である）、⑤ドナーの家族がドナーの臓器提供を原則的に承諾しなければならないが、家族すべてではなく主だった者が承諾していれば足りる（たとえば配偶者の承諾は必要である）、⑥レシピエントは内科的治療では治癒不可能で、移植を行わなければ短期間（たとえば一年くらい）のうちに死亡することが確実でなければならない、⑦臓器移植手術は、手術能力を有する医師の手で行われなければならず、人体実験や功名心などから行う試験的なものであってはならない。安易な臓器移植を認めないためにも「医師に、同意殺ではあるが『人を殺す』という意識が必要である」「本人の明示した意思によってのみ、臓器移植手術の違法性は阻却される」「とりわけ、医療現場に携わる人々は、国民が医療に対してもっている不信感を払拭することが最優先の課題であろう」。

このように、足立説は、脳死状態を人の「生」としつつ、臓器移植を同意殺としたうえで、それを厳格な要件の下に「違法性阻却説」によって認めるものである。違法阻却の根拠は必ずしも明らかではないが、脳死状態という特殊な状況を前提としてドナーの自己決定に重点を置くものといってよいであろう。

四　臓器移植法の成立と足立第二論文

（1）臓器移植法の成立

一九九四年四月に生命倫理研究議員連盟（中山太郎会長）の「臓器移植に関する法律案」が議員立法の形で国会に提出された。それは、脳死説を前提に、「死体（脳死体を含む。）」からの臓器摘出を、本人の書面による提供意思の表示があり遺族が拒まないとき、および本人の反対意思の表示がなく遺族が書面により承諾しているときに許容するというものであった。しかし、その後四回にわたって継続審議となり、一九九六年六月に至って生命倫理研究議員連盟は、本人が書面により提供意思を表示している場合に限って「脳死体」からの臓器摘出を認めるという修正案（中山案）を提出したが、この時は廃案となった。この修正案は、一九九七年に国会に再提出され、四月に衆議院で可決されたが、参議院で、成立が危ぶまれる中、会期末ギリギリに、さらに「死体（脳死した者の身体を含む。）」とし、臓器摘出のみでなく脳死判定についても提供者の書面による意思表示を要するとする修正が加えられ、これが一九九七年六月一七日に参議院および衆議院で可決され、臓器移植法の成立に至ったのである（同年一〇月一六日施行）。

(2) 足立第二論文

臓器移植法成立の三年後に公表された足立第二論文は、まず、成立までの経緯に触れ「このようにして成立した臓器移植法は、原案のままでは成立が危ぶまれたときに、対案との妥協として考え出されたもので、十分な検討を加えた形跡がない。したがって、法律のなかにさまざまな矛盾が存在し、ひじょうに理解しにくい法律となっている」と指摘したうえ、概要、以下のように論じている[12]。

臓器移植法は、人間の死亡の時期について定めたものではなく、脳死状態が人間の死であるかどうかを明かにせずに、脳死段階での臓器移植を法的に容認したものであり、脳死した者の身体を死体に「含め」ているにすぎない。厚生省の運用指針は、第二回目の検査終了時を死亡時刻とすると規定しているが、厚生省にそのような権限はない。臓器移植法が死に関する定義規定を置かなかったということは、従来の社会的合意である三徴候説による判断を前提としていると考えるのが妥当である。刑法は生命のある人間を「身体」として「死体」と区別しているから（刑法二〇四条、一九〇条）、「脳死した者の身体」の「身体」は生体を意味する。

脳死説は臓器移植を前提にしたものであり、脳死判定は限られた施設・医師によらざるをえず、全ての死を脳死で判定することはできないから、死の概念の相対化をもたらす。「死体（脳死した者の身体を含む。）」という規定は、「生きている脳死した者」を「死体」に含め、死体と同様の取り扱いを認めるもので、これは法律により殺人を正当化したもの（殺人容認法）である。「死体」と「脳死した者の身体」との間に価値的共通性があるのであれば「みなし規定」を置いたはずであり、「含む」としたのは価値的共通性が存在しないこと、すなわち脳死した者は「死体」ではなく「生命のある人」であることを示している。脳死した者の身体から臓器を摘出するのは、「まだ生命のある者から臓器を摘出し、その者を死に至らしめることになるので、脳死判定についての厳格な要件を定め、また、臓器を摘出するか否か、すなわち臓器を提供するか否かを、その者の自己決定権にゆだねている」と解すべきである。

「ドナーは、臓器の摘出と臓器の移植を願っているのであって、脳死を死と容認しているものではない。すなわち、脳死判定に関する本人の同意は、死に関する自己決定権を認めたものではなく、臓器提供の前段階である脳死判定に同意したにすぎない」。第二回目の脳死判定から臓器摘出の間を死体とすることは、「提供者の意思を、死の段階のみで尊重し、臓器提供に至るまでの、提供者の崇高な意思を全く無視するものであり、摘出行為をおこなう医師の立場のみを優先させたものである」。死に関してどのような立場に立とうが、死の判定に関して本人の意思が介入することはないはずであり、脳死判定に同意するといったことを脳死説の立場から解釈するのは無理である。

このように足立説は、臓器移植法は「人の死」について定めた法律ではなく、同法が「人の死」について規定を置かなかったのは「三徴候説」を前提にしているものとし、脳死した者の「身体」は生体を意味するとしたうえで、「死」の判定に本人の意思が介入することはないと論じたものである。

五　改正臓器移植法と足立第三論文

(1) 改正臓器移植法

臓器移植法(一九九七年)の附則第二条は、施行後三年を目途として全般的な検討を加え、必要な措置を講ずべきことと規定していた。二〇〇五年八月に至って、A案(本人の意思が不明で家族の承諾がある場合も臓器摘出ができるものとし、親族への優先提供を認める)およびB案(一二歳以上の意思表示を有効なものとし、親族への優先提供を認める)が国会に提出されたが、衆議院の解散によって廃案となり、二〇〇六年三月に再提出された。二〇〇七年一二月には、C案(脳死の定義を厳格なものに改め、生体からの臓器提供や人体組織についても規定する)が提出され、二〇〇九年五月にはD案(意思表示の年齢要件を一五歳以上とし、一五歳未満の者につき家族の承諾等で臓器摘出を認める)が提出され、同年六月には衆議院でA案が採択され(賛成二六三票、反対一六七票)参議院に送られた。参議院では、六月にE案(「臨時子ども脳死・臓器移植調査会」を設置し、組織や生体移植の検討について定める)、七月にAダッシュ案(六条二項に「その身体から移植のための臓器が摘出されることとなる者であって」を復活する)が提出されたが、七月一三日にA案が賛成多数(賛成一三八票、反対八二票)で可決・成立した[13]。

改正臓器移植法の内容は、①臓器の摘出につき、死亡した者が意思表示をしている場合以外の場合であって「遺族が当該臓器の摘出について書面により承諾しているとき」を加え(六条一項)、②脳死した者の身体の定義から「その身体から移植のための臓器が摘出されることとなる者であって」を削除し(同二項)、③脳死判定ができる場合につき、当該者が意思表示をしている場合以外の場合であって「家族が当該臓器の摘出について書面により承諾しているとき」を加え(同三項)、④親族への優先提供の意思表示を認め(六条の二)、⑤移植医療に関する啓発等について規定し(一七条の二)、⑥眼球・腎臓に関する附則四条を削除し、⑦虐待を受けた児童から臓器が提供されることがないように検討し必要な措置を講ずる（附則・経過措置の⑤）というものである。他方、六条一項の「死体（脳死した者の身体を含む。）」は（中山案のように「死体（脳死体を含む。）」に）変更されていない。

この改正によって、脳死者の事前の意思表示（ドナーカード）がない場合であっても、家族の書面による同意があれば脳死判定および臓器摘出が可能になり、その結果、一五歳未満の脳死者からの臓器摘出が可能になった。はたして、この改正が脳死を人の死と認めたものか否かについては、後述のように争いがある。

(2) 足立第三論文

改正臓器移植法を受けて公表された足立第三論文は、子どもの脳死判定についての新聞報道（脳死判定後の生存例など）を紹介し、旧臓器移植法および改正臓器移植法の概要について紹介したうえで、次のように論じている。[14]

脳死は人の死であるという考え方の根底には、旧臓器移植法制定前の中山案、つまり「脳死体」という考え方がある。旧法では臓器移植という限定があったが、今回の改正で限定がなくなり「脳死体」と一緒になったと考えるのであろう。しかし、この考え方は法文を超えたものであり、法律解釈としては成り立ちえない。「身体」という概念を用いている以上、脳死状態にある者は死体ではない。今回の改正によって「ドナーカード」を持っていない者からの摘出が可能となったことにより、筆者が立論した、ドナーの崇高な意思の尊重という臓器移植の構造も崩れてしまった。いや、崩れてしまったのではない。今回の改正は、法的正当性を獲得し得ないものである。まったく意思表示していないドナーの意思を、家族や遺族は、どのように忖度するのであろうか。それは、家族や遺族のご都合主義の産物であり、正当化されることはない」。法が「含む」としているのは、臓器移植可能なものを死体だけでなく「脳死した者の身体」にも広げたに過ぎず、だからこそドナーの同意要件を厳格に定めていた。今回の改正は、誤ったＷＨＯの情報に振り回され（渡航移植が禁止されると報道されたが、主に貧困国で行われている搾取的な臓器売買の禁止に主眼があり、渡航移植を禁止しているわけではない）、「人間の死という基本的問題に目を瞑り、臓器移植を求める人たちの意向のみを尊重した結果である」。

このように述べて、足立論文は、改正臓器移植法は「再改正を要する」という冒頭に挙げた結論に至ったのである。第一論文（一九九二年）から一八年を経たが、足立説の基本的な立場は変わっていない。ドナーの自己決定（その「崇高な意思の尊重」）を基本とする以上、改正臓器移植法に賛成することはできないであろう。

六　若干の検討および私見

(1) 人の死亡について

人の死亡は、（その出生と同じく）一つのプロセスであり、人は徐々に死亡するのであって、三徴候説による死亡の判定後でも細胞の多くはまだ生きている。それを「人為的に」一定の時点で「死亡」と判断するのは、医療や法律そして社会の要請によるものである。その意味で、人の死亡時点を何時にするかという問題にとって決定的なのは、広い意味での「社会的合意」である。「客観的にその存在を証明できないような『社会的合意』という基準でもって『脳死』という『人の死』を確定してはならない」という主張もあるが[15]、「人の死」はまさに倫理的・法的・社会的問題（ethical, legal, social issues : ELSI）であって、学説は、むしろ社会的合意の内容とそれが認められるための条件を明かにすることに努力すべきであろう。

通常の死亡の場合、三徴候説に従って、脈搏は心臓の、呼吸は肺の、瞳孔散大は脳の停止状態を意味し、それらの停止が不可逆的と判断された時点が死亡時期と判定される。そこでは、三つの器官のうち一つが停止すれば早晩他の二つも停止することが予定されていて、三器官の不可逆的停止を人の死期とすることには合理性があり、この点については「社会的合意」が認められるといってよい。瞳孔散大は脳幹の機能の一部停止であるが、三徴候の一つとして死亡判定の要素とされている（その意味で脳死説にも親和的である）。

わが国の脳死説では、脳幹死説や大脳死説ではなく全脳死説が定着している。脳幹の機能の一部は（レスピレーターなど）機械によって代替可能である（大脳の機能は代替不能である）ことからすると、脳幹死説には疑問があり、他方、大脳死説では植物状態が死亡とされかねないことからすると、大脳死説にも疑問があるから、脳死説を採用する場合であっても全脳死を基準とすべきであろう。しかし、それでもなおいくつかの問題が残されている。

第一に、脳死説が、脳死を人の死とする根拠として人間存在の「精神性」を強調する場合[16]、あるいは脳中枢機能を強調する場合、発想としては大脳死説に傾くという点である。これは、すでに脳死臨調の多数意見に対する批判として指摘されていたところである[17]。私見によれば、脳死説がそのような発想に近づくのは、もっぱら脳の「機能」を識別基準とするからである。人の死は、「生物としての人の死」でなければならない。

第二に、全脳死といっても段階があり、どの状態を全脳死とするかは、何を判定基準とするかによって異なる。いわゆる竹内基準は、脳幹の統合機能に重点をおいた「機能死」を判定するものであるが、脳の器質的な梗塞状態を要求する「器質死」ないし「全脳梗塞説」の考え方からは、聴性脳幹反応や脳血流検査を加えるべきであると主張されている[18]。この二つの検査を加えるべきであるという主張は、脳死を「超重症不可逆的脳不全」とし、「脳は、全体として壊滅的状態でありその機能を不可逆的に喪失している。この状態は再び回復することなく、かつ数週間以内に確実に全身循環停止に陥る」という主張にも見られる[19]。これを機能死と見るか器質死と見るかはともかく、「生物としての人の死」に一歩近づくものといえよう。

第三に、脳死はその判定なしには確定しえないとすると、実際に脳死になった時点と判定の時点にズレが生ずるという点である。しかも、病理解剖によっても脳死後の時間の推定はできないという[20]。すなわち脳死説によった場合、その死亡時刻は脳死になった時点ではなく脳死判定の時点とならざるをえないのである（厚生省のガイドラインでは第二回目の判定時とされている）。これは、何時判定するかを操作することによって死亡の時点を操作できることを意味する。もっとも、この点を強調し過ぎるのは適切とはいえないであろう。いずれにせよ、二度の厳格な脳死判定が行われるのは臓器移植の場合だけであって、その場合に限って「人為的に」死亡時点を確定するにとどまると思われるからである。

ところで、旧臓器移植法については、脳死説を前提にした規定であるとする立場[21]、三徴候説（心臓死説）を前提にした規定と解する立場（後述）、脳死選択説[22]、が鋭く対立した。旧法制定の経緯からすると、立法者は脳死選択説を採用したものと解するのが穏当と思われるが、それが「死の相対化」を正面から認めるものであって適切ではないとすると、それを避けるために脳死説あるいは三徴候説に基づいて解釈することが許されないわけではない。解釈論としては、脳死説に立った場合は、三徴候による死亡の判断は、それが脳死でもあるとして統一的に解することになり、三徴候説に立った場合は（脳死状態の人からの臓器摘出を法定の要件の下に許容しつつ）臓器（心臓）摘出の時点を死亡時点として統一的に解することになるであろう。いずれにせよ、足立説が主張するとおり、臓器移植法は「人の死」について規定した法律ではない。この点は改正臓器移植法についても異ならない。前述のとおり「人の死」は「社会的合意」によって決められなければならない。

それでは、現在わが国で、脳死を人の死とすることについて、社会的合意があるといえるであろうか。その判断に当たっては、「何のための脳死判断か」が問題とならざるをえない。それが、治療中断の問題であれば、脳死状態に至った以上、医師にはさらに治療を継続する義務も権利もなく、後は、末期医療における家族・遺族の感情の問題（医療はこれにも適切に対処しなければならない）ということになるであろう。それが、相続の問題であれば、死亡の前後で相続の順位に変更が生ずる事態を避けるためにも、死亡の基準は一律でなければならないという要請が働く。殺人か死体損壊かという問題でも、「死の相対化」は回避されなければならない。また、脳死説を採用したからといって、「死体」に対する畏敬の念を無視して医学実験の材料にしてよいわけではない。

筆者は、かつて旧臓器移植法の成立前に（一九九五年九月の日独シンポジウム報告）、「私見は、脳死説が将来にわたって否定されるべきであるとは考えないが、現時点ではなおその採用に疑問を覚えている。それは・・・とくにわが国においては脳死と心臓移植の問題を切り離して考えることはできないにもかかわらず・・・現在ではまだ、その心臓移植にゴー・サインを出せる状態に至ってはいないと考えるからである」と述べた。[23] これは、脳死説が、（さまざまな場面で問題になることは承知しているが）結局のところ、臓器（とくに心臓）移植のために主張されていることを前提として、脳死についての社会的合意は臓器移植についての社会的合意に依存するという考えによるものである。

(2) 臓器移植と社会的合意

臓器移植が問題になる場合、死体からの摘出と生体からの摘出とでは、前者の場合にその要件が後者に比べて緩やかになることは否めない。機能死ではなく器質死（全脳梗塞説）という主張や、ドナー本人の意思表示の主張は、この点に配慮したものである。そしてその背景にあるのは「国民の医師に対する信頼」という問題である。本論文の冒頭に和田心臓移植事件を取り上げたのは、そのためである。

筆者は、前述の一九九五年報告において、「私見では、心臓移植手術は少なくともわが国では未だ実験医療の域を越えていないといわれること、医学界において『和田心臓移植事件』についての解明・反省が十分になされたとは思われないこと、多数意見でさえ要求している条件整備が現状では至難であることなど、現状での心臓移植には否定的にならざるをえない。将来、これらの諸点が克復・回復され、脳死に対する社会的合意が得られた段階ではじめてゴー・サインを出すことが可能になると考える。もっとも、その時にはすでに人工心臓が開発されて、この問題自体が解消しているかもしれない」と述べた。[24]

その後、旧臓器移植法が制定され、さらに改正臓器移植法が成立した。この間に、脳死段階における臓器移植はすでに一七〇例を越えた（冒頭に挙げた六歳未満の男児からの臓器移植は一七七例目である）。この間、医学界では、分野ごとにインフォームド・コンセントについての議論が交わされ、医療について国民の理解を得ようとする動きが顕著である。わが国において、医師が国民に信を問うという事態は、過去に例を見ないものである。諸外国における多数の実施例をも顧慮すると、医療行為としての臓器移植そのものについての「社会的合意」は、すでに存在しつつあるように思われる。そうすると、前述の私見からは、脳死説についても（後述のような留保を付した上で）「社会的合意」が得られつつあるものと解すべきことになるであろう。他方、近時のES細胞・iPS細胞の研究は、近未来における人工臓器の開発を現実のこととして展望できる事態に至っており、臓器移植が過渡的医療であることを示している。

(3) 違法阻却論

すでに旧臓器移植法の制定前から、足立説に見られるように、三徴候説に立ちつつ臓器摘出を不可罰とする多くの理論構成が試みられてきた。

内藤説は、「脳死患者からの移植が受容者の生命救助のため唯一の方法である場合には、臓器摘出についての脳死患者本人の事前の明示の同意および家族の明示の同意があることを要件として、受容者の生命の要保護性が、死が確実に切迫し、かつ摘出に同意した脳死患者の生命の要保護性よりも大きいと解することにより、臓器摘出の違法阻却を認めることができるのではなかろうか。その意味では、臓器摘出を合法化するために『脳死説』をとることは、必ずしも必要ではないと考える」と述べて違法阻却としていた[25]。

旧斎藤（信）説も、同様に、脳死者本人が臓器摘出に真摯に同意し、脳死判定手続が厳格に守られ、移植によって死の危険に直面している患者の生命を救うことができ、他にその患者の生命を救う方法がないという条件が満たされれば、脳死状態からの臓器摘出は許容されるとしていた[26]。

川口説は、刑法における死の時点も「酸素を同化し、食物を代謝し、老廃物を除去し、生体を比較的恒常性の保たれた状態に維持する相互依存過程のシステムが、回復不能な態様で停止されるとき」(丸山英二説の定義による)と考えるべきであるから脳死状態は「死」ではないとしたうえ、被害者の同意による違法性阻却を前提に、自己決定を重視する立場からは、脳死状態に陥っている特殊な状況においては、国家が個人に生き続けることを強制することはできず、パターナリズムに基づく後見的保護の正当性に欠けるから、脳死状態からの臓器摘出は本人の有効な同意があれば違法性が阻却されるとした[27]。

酒井説も、尊厳死の場合に脳死者から生命維持装置の取り外しを認めるのは「人間の尊厳の中核である自己決定権を尊重し、自分の死のあり方を選ばせることであろう」から、「移植に役立ちたいと願い『臓器摘出という衝撃的な形による有意義な死』を望む自己決定」は自然死を望む者と同等の尊重に値し、「希望に沿って臓器を取り出すことも一種の尊厳死であり、ドナーの利益に合う行為である」として、違法阻却を認めた[28]。

内藤説・旧斉藤(信)説は、緊急避難の観点から生命についての比較考量を認める点に特徴があり、川口説・酒井説は、生命についての自己決定を認める点に特徴がある。

中山説は、生命対生命の場合の緊急避難につき責任阻却とし、積極的安楽死についても違法阻却ではなく責任阻却とする立場から、「残された道は、違法阻却説の根拠と要件を個別的に検討しつつ、理論的には可罰的違法性や責任阻却による根拠づけをも考慮することによって、脳死患者からの臓器移植を『処罰されない行為』の類型として位置づけるほかはないであろう」とする。人工妊娠中絶が完全に違法阻却されるとはいえない類型についても認められていることを参考に、「一定の要件の下に脳死患者からの臓器摘出行為を少なくとも不可罰と認めるような立法をすること」が考えられるとし(可罰性阻却)、脳死説を前提としないことから、脳死判定基準についても、ドナーの承諾要件についても、脳死説を前提とする案よりも一般により厳格であることが念頭におかれてよいと主張した[29]。

これらに対して、脳死説の立場から厳しい批判が向けられた。本人が同意していたとしても他人の生命を救うために生命を短縮することは認められない[30]、結局は高い質の生命を救うために低い質の生命を犠牲にすることになる[31]、本人の同意（自己決定）があっても同意殺人となることは否定できない[32]、といった批判である。

私見も、中山説と同様、生命対生命の場合の緊急避難は責任阻却とし、積極的安楽死も責任阻却と解するので、生体からの臓器摘出を完全に違法阻却することには疑問を覚えざるをえない[33]。かといって、脳死移植の場合を責任阻却や可罰的違法性阻却によって根拠づけることにも難点がある。いずれも「違法」である以上、理論的には、損害賠償や正当防衛（第三者による緊急救助）を認めざるをえないからである。脳死移植については要件が法定されることによって、その要件が満たされる場合は「正当防衛ができない」ことになるとするしかないが、「正当防衛ができない」のであれば翻ってそれは違法阻却（すなわち適法性）を認めたことになるというジレンマに陥るからである。やはり、臓器移植についての社会的合意が認められた時点で脳死説についても社会的合意が得られたものとし、臓器摘出は死体損壊罪に当たるとしたうえで違法阻却を考えるのが適切であろう。

（4）改正臓器移植法

旧臓器移植法の見直し作業において、本稿との関係で特に注目すべきは、いわゆる町野班報告書である[34]。そこでは、「たとえ死後に臓器を提供する意思を現実に表示していなくとも、我々はそのように行動する本性を有している存在である。もちろん、反対の意思を表示することによって、自分は自分の身体をそのようなものとは考えないとしていたときには、その意思は尊重されなければならない。しかしそのような反対の意思が表示されていない以上、臓器を摘出することは本人の自己決定に沿うものである。いいかえるならば、我々は、死後の臓器提供へと自己決定している存在なのである」と述べられ、法改正案として、二条一項に「未成年者が提供の意思がないことを表明していた場合にも、その意思は尊重されなければならない」という規定を加え、六条一項を「医師は、死亡した者が生存中に臓器を移植術に使用されるために提供する意思を書面により表示している場合であって、その旨の告知を受けた遺族が当該臓器の摘出を拒まないとき、若しくは遺族がいないとき、又は死亡した者が当該意思がないことを表示している場合以外の場合であって、遺族が移植術に使用されるための臓器の摘出を書面により承諾したときには、移植術に使用されるための臓器を、死体（脳死体を含む。以下同じ。）から摘出することができる」と改めること、脳死判定についての同意に関する規定を削除することを提案した[35]。

「我々は、死後の臓器提供へと自己決定している存在なのである」という指摘は独断的といわざるをえず、批判もあるが[36]、ここで提案された「拡大された同意方式」が改正臓器移植法に採用されたことになる。他方、未成年者の意思の尊重についての規定、「死体（脳死体を含む。）」としたうえで脳死判定についての同意に関する規定を削除するという提案は採用されなかった。

改正臓器移植法についてマスコミは、「脳死は人の死」と大きく報じた[37]。前述のとおり、臓器移植法は「人の死」について規定したものではないが、改正によって脳死説に近づいたことは否定できない。たとえば、甲斐説は、「改正法は、現行法よりも鮮明に脳死を人の死と規定したと解することができる。臓器提供年齢を撤廃したことは、それを補強するものである。なぜなら、同意能力のない幼児であっても、親の同意で臓器提供が認められる以上、脳死を人の死と解さないかぎり、臓器摘出は不可能だからである。それは、違法性阻却論ではもはや説明がつかないことを意味する」と述べている[38]。城下説も、六条二項から「その身体から移植術に使用されるための臓器が摘出されることになる者であって」が削除されたことは、脳死一元説に適合的であり、眼球・腎臓摘出に関する附則四条の削除も同説の見解に沿うものであるとしている[39]。これに対して、西田説は、「本改正も、心臓死を前提としつつ、臓器移植の場合に限って脳死を人の死と認めたものである」と述べている[40]。

改正臓器移植法六条について、松宮説は、「これは、『死の定義』を定めた規定ではなくて、臓器摘出という行為を許容する規定にすぎない。したがって、改正法の解釈においても、『脳死』を『人の死』とする趣旨だとみる『脳死説』と、それを否定しつつ摘出行為を正当化する規定であるとみる『違法阻却説』、および――遺族にまで選択権を広げた規定とみれば――『選択説』の並存は可能なのである」と述べた。[41]これに対して、町野説は、松宮説は「新法でも違法阻却論は可能だとしている」が、「その違法阻却論は、本人の承諾がなくても殺人の違法性が阻却されるという内容にならざるをえない。それは terrible 以上のものである」と批判している。[42]改正臓器移植法が「人の死」の定義を定めたものでないことは松宮説のとおりであるが、違法阻却説による解釈がこれまでより（不可能ではないにせよ）難しくなったことも否定できない。

(5) 私見

私見は、前述のとおり、脳死状態における臓器摘出・移植について、現在わが国において「社会的合意」が得られつつあり、それに伴って脳死を人の死とすることについても「社会的合意」が得られつつあると考えている。もっとも、心臓移植という医療行為そのものについて、それが「超高額医療」であり（幼児の海外移植では一億円前後の費用がかかるとされている）、慢性的なドナー不足により「不平等医療」にならざるをえないという疑問があり、ＥＳ細胞やｉｐＳ細胞による人工心臓の開発への展望からすると「過渡的医療」に止まるとも考えている。しかし、一五歳未満の者の脳死移植が渡航移植のみではなくわが国でも行われ、六歳未満の幼児の脳死移植がわが国で現に行われたことからすると、これを正当化する道は脳死を人の死とする他なく、そうでなければ「犯罪」とすることにならざるをえない。たしかに、改正臓器移植法についても、三徴候説を前提としつつ、移植の場合に限って、脳死状態での移植を認め、その要件を旧法に比べて緩和したものという理解も可能であろう。しかし、本人の意思表示を不要としたことによって、その正当化（違法阻却）はさらに難しくなったといわざるをえない。

人の死亡時期を画することが社会的・法的に必須である（死の相対化は避けるべきである）ことからすると、一定の時点で「人為的」にそうする他はない。私見によれば、それは「超重症不可逆的脳不全」による「死亡」という意味であって、「機能死」ではなく「器質死（全脳梗塞説）」すなわち「生物としての人の死」でなければならない。そのためには、従来の検査に加えて「脳血流の不可逆的停止」の認定が必要である。それによって、判定が正確になされるかぎり脳死状態からの回復という事態はありえないこととなる（これは脳死説を肯定する必要最小限の要件である）。このことを含めた脳死判定の基準は、ガイドラインではなく臓器移植法に規定されるべきであり、その意味で改正臓器移植法の再改正を要すると考えている。親族優先の規定も、臓器移植が不平等医療にならざるをえないことからすれば、削除すべきであろう。

七　おわりに

私見は、これまで心臓移植に批判的な立場から脳死説にも疑問を抱いてきたが、過渡的医療とはいえ現に行われている脳死移植を「違法」とすることにも抵抗を感じてきた。旧臓器移植法については、まだ三徴候説に立ちつつ違法阻却とする道も残されていたように思われるが、改正臓器移植法についてはそれも難しくなった。このような現状に対する評価として、冒頭に挙げた足立説のように、「正当性をもたない法律は、必ずや廃止される。妥当性があり、正当性が担保できる法律への再改正は、必ずや行われなければならない」とする立場も十分にありうる。しかし、例外があるとはいえ、国民の間にあったこの分野における医療不信は、この間にかなり緩和されてきたことも事実である。また、「器質死（全脳梗塞）」からさらに進んで脳が「溶解」した状態を想定すると、それを「人の生」とすることには疑問もある。かくして、むしろ脳の器質死の状態を「人の死」としたうえで、脳死という特殊な状態について、生前の意思の尊重と死後にも残る人間の尊厳に合わせた社会的・法的対応を考えるのが適切であろうという結論に至った。足立説とは異なった結論になり、先生の逆鱗に触れることを懸念しつつ、古稀をお祝いして拙稿を先生に捧げることをお許しいただきたい。

〔註〕

（1）朝日新聞二〇一二年六月一五日朝刊、同一六日朝刊など参照。

（2）改正臓器移植法によって可能になった一五歳未満のドナーの臓器摘出については、すでに、二〇一一年四月一三日に関東甲信越地方の病院で一〇代前半の少年から、心臓、両肺、肝臓、膵腎同時、腎臓、小腸の各移植が行われたケースがあり、ここでも、移植ネットは「提供の意思を記した書面がないことや、提供を拒む意思を聞いたことがないことを家族に確認した」とされていて（朝日新聞二〇一一年四月一三日夕刊など）、本人の意思による提供ではなかった。

（3）足立昌勝「臓器移植と殺人罪の成否」関東学院大学ジュリスコンサルタス一九号（二〇一〇年）二六七頁以下、二七六頁。

（4）日本弁護士連合会人権擁護委員会編『人権事件警告・要望例集』（日本弁護士連合会、一九七七年）六九三―七四六頁、日本弁護士連合会編『人権白書――国民の人権を守るために――』（日本評論社、一九七二年）二一三頁以下。

（5）町野朔＝秋葉悦子編『脳死と臓器移植〔第三版〕』（信山社、一九九九年）二三二頁以下に所収の「刑事責任裁定書原案〔札幌高検・同地検により昭和四五年八月三一日の最高検の検察首脳会議に提出されたもの〕」による。

（6）日本弁護士連合会編・前掲注（4）『人権白書』二一八頁。

（7）朝日新聞二〇一一年二月一五日夕刊、同二月一八日朝刊参照。

（8）加藤久雄『ポストゲノム社会における医事刑法入門〔新訂版〕』（東京法令出版、二〇〇五年）三八七頁は、「現在においても『脳死』反対論者たちは、まるで『鬼の首』でも取ったように、その反対根拠の具体例としてこの事件を持ち出して、盛んに『医療不信』をあおっている」と述べ、「例外的事件」と位置づけているが、この分野における医療不信は現実にあったことであり、それが現在すでに払拭されているかが問われなければならないと考える。

（9）町野＝秋葉編・前掲注（5）二八二頁以下所収の「臨時脳死及び臓器移植調査会答申・脳死及び臓器移植に関する重要事項について〔脳死臨調最終報告〕」（平成四年一月二二日）」による。

（10）少数意見は、町野＝秋葉編・前掲注（5）三〇五頁以下に「Ⅳ『脳死』を『人の死』とすることに賛同しない立場で」と題して掲載されている。

（11）足立昌勝「人間の終期と臓器移植に関する刑法的考察」関東学院法学一巻二号（一九九二年）二九頁以下（足立昌勝『近代刑法の実像』（白順社、二〇〇〇年）三三二頁以下に「人間の終期――死の概念をめぐって」と題し若干の補正を加えて所収）。

（12）足立・前掲注（11）『近代刑法の実像』三五五頁以下の「臓器移植法の問題点」（書き下ろし）参照。

（13）甲斐克則「改正臓器移植法の意義と課題」法教三五一号（二〇〇九年）三八頁以下、古川俊治「臓器移植法の改正と医療現場」刑事法ジャーナル二〇号（二〇一〇年）一八頁以下、同一九頁によれば、参議院で十分な議論が行われたかどうかは疑わしいとされ、Aダッシュ案が修正案（そのためA案より先に採決、否決された）でなく別案（F案）として提出され、A案・E案・F案の順で採決されていれば、A案は否決されていた可能性がある（実際にはAダッシュ案賛成の五五名が、同案否決後A案賛成に回った）とされている。

（14）足立・前掲注（3）二六七頁以下（これは、国際シンポジウム・第一回日中刑事法研究会「日中刑法における違法性の理論」における講演の記録である）。

（15）加藤・前掲注（8）三八二頁。

（16）アルビン・エーザー（上田健二＝浅田和茂編訳）『医事刑法から統合的医事法へ』（成文堂、二〇一一年）二一八頁参照。

（17）中山研一『脳死・臓器移植と法』（成文堂、一九八九年）三九頁など。

（18）立花隆『脳死』（中央公論社、一九八六年）一七五頁以下、同『脳死臨調批判』（中公文庫、一九九四年）七五頁以下など。

(19) 魚住徹「脳死問題に関する私見と提案」梅原猛編『「脳死」と臓器移植』(一九九二年、朝日新聞社)八一頁以下、八三頁。
(20) 立花・前掲注(18)『脳死』三八四頁以下参照。
(21) 長井圓「臓器移植法をめぐる生命の法的保護――脳死一元論の立場から――」刑雑三八巻二号(一九九九年)一七九頁以下、町野朔「『脳死臓器移植』について」年報医事法学二〇号(二〇〇五年)五七頁以下など。
(22) 石原明『法と生命倫理20講〔第四版〕』(日本評論社、二〇〇四年)一八三頁以下。
(23) 浅田和茂「刑法における生命の保護と自己決定」松本博之＝西谷敏編『現代社会と自己決定権――日独シンポジウム――』(信山社、一九九七年)一三二頁以下、一四二頁。
(24) 浅田・前掲注(23)一四五頁以下。
(25) 内藤謙『刑法講義総論(中)』(有斐閣、一九八六年)五五四頁以下。
(26) 斉藤信治「心臓移植はまだ許されないか」法学新報九三巻三＝四＝五号(一九八六年)一頁以下。ただし、同「謙抑主義と本人意思尊重の立場から」年報医事法学二〇号(二〇〇五年)七二頁以下では、冒頭で「今や心臓死説から脳死説に移行すべきだと思われる」と述べられている。
(27) 川口浩一「脳死と臓器移植についての一つの提案――違法阻却論を中心として――」奈良法学会雑誌二巻二号(一九八九年)七九頁以下。
(28) 酒井安行「生体からの摘出は絶対にできないか」法セミ四五三号(一九九二年)四四頁以下。
(29) 中山研一『脳死移植立法のあり方――法案の経緯と内容――』(成文堂、一九九五年)一〇九頁以下、一二二頁以下
(30) 平野龍一「生命の尊厳と刑法」ジュリ八六九号(一九八六年)四〇頁以下など。
(31) 町野朔「脳死者からの臓器の摘出」法教一五三号(一九九四年)五三頁以下、中義勝「刑法における死の概念について」植松先生還暦『刑法と科学・法律編』(有斐閣、一九七一年)一五五頁以下、一六八頁など。
(32) 松宮孝明「脳死について」中先生古稀『刑法理論の探求』(成文堂、一九九二年)四一九頁以下、四三九頁、加藤・前掲注(8)三七七頁など。

(33) この点、旧臓器移植法については、自己決定の重視とパターナリズムの欠如を理由とする川口説、酒井説の主張には説得力があり、私見も「臓器移植を肯定するにはこれしかない」と考えていたが、改正臓器移植法の下で解釈論としてこの主張をするのは無理と考えるに至った。

(34) 分担研究者：町野朔（研究協力者：長居圓、山本輝之、臼木豊、近藤和成、趙晟容）「臓器移植の法的事項に関する研究（一）——特に『小児臓器移植』に向けての法改正のあり方——」厚生省科学研究費補助金免疫・アレルギー等研究事業臓器移植部門『平成一一年度総括・分担研究報告書』（二〇〇〇年）三五四頁以下。

(35) 分担研究者：町野・前掲注（34）三六一—三六二頁、三六六頁。

(36) 城下裕二「臓器移植における『提供意思』について」内田先生古稀（青林書院、二〇〇二年）五八頁以下など。町野班報告書は脳死説を前提にしているのであるから、このような理由づけではなくとも小児臓器移植の説明は可能であったように思われる。

(37) 朝日新聞二〇〇九年七月一三日夕刊など。

(38) 甲斐克則「改正臓器移植法の意義と課題」法教三五一号（二〇〇九年）三八頁以下、四一頁。

(39) 城下裕二「改正臓器移植法の成立と課題」刑事法ジャーナル二〇号（二〇一〇年）一一頁以下、一二頁。ただし、医療以外の分野（たとえば相続）にまで及ぶものではないと解している。

(40) 西田典之『刑法各論〔第六版〕』（弘文堂、二〇一二年）一二頁。そこでは「一五歳未満の脳死者についても臓器移植が可能となったことは大きな改善である。この改正により、将来の臓器移植による救命可能性が高まることが期待される」と述べられている。

(41) 松宮孝明「二〇〇九年脳死・臓器移植法改正を批判する」法時八一巻一一号（二〇〇九年）一頁以下。なお、松宮『刑法各論講義〔第三版〕』（成文堂、二〇一二年）一六頁以下は「文字通り、脳の全機能の不可逆的停止を判定できる基準」を採用すべきであるとして全脳死説に好意的である。

(42) 町野朔「臓器移植法の展開」刑事法ジャーナル二〇号（二〇一〇年）七頁。

医療観察法と障害者権利条約

池原　毅和

一　はじめに

心神喪失等の状態で重大な他害行為を行った者の医療及び観察等に関する法律（平成一五年七月一六日法律第一一〇号、以下「医療観察法」という）が成立した翌二〇〇六年一二月、国際連合総会において障害者の権利条約（以下「障害者権利条約」という）が採択された(1)。障害者権利条約は、障害の構造について医学モデルを排斥して相互モデルあるいは社会モデルへの転換を目指し、医学モデルのもとで無視され踏みにじられてきた障害者(2)の権利を改めて権利章典として明らかにした国際人権条約である。二一世紀初の国際人権条約である障害者権利条約には前世紀における障害者施策の過ちによる人権侵害の経験を踏まえた権利規定が盛り込まれている。医療観察法は二〇世紀前半に考案された保安処分の残滓を承継し、二〇世紀後半に欧米で考案された精神医療と刑事処分の狭間を埋める特殊な強制医療システムを参考にした制度である。同法は、国際的な動向からみれば、二一世紀の最新モデルではなく二〇世紀の旧モデルを二一世紀に至って作ってしまったものである。二〇世紀の旧来型医療福祉の過ちは障害者権利条約が批判の対象としているところである。同条約が批准され、国内法的効力を有するに至れば、同条約の法形式の優位性という面からも、また、同条約が定める人権の観点からも、医療観察法に十分な検討が加えられなければならない。

以下では、障害者権利条約が前提とする障害構造についての理解のあり方が障害者の権利の問題にどのように関係しているのかを明らかにし、そのうえで、精神障害者との関係で特に関連性の深い権利を同条約の中から摘出し、それらの権利との関係で医療観察法の問題点を検討する。

二　障害構造論と権利論の関係

かつては「障害」とは、個人の心身の内部に生じている機能障害（例　脳梗塞によって脳の神経組織の一部が損傷している、交通事故によって左下肢を欠損しているなど）を意味するものとして理解されていた（「個人モデル」または「医学モデル」）。この理解のもとでは障害は個人に生じた気の毒で不幸な事態であるが、社会はその事態の発生に責任はなく、社会が当然に障害のある人を救済すべき義務を負うことにはならない。この障害構造論のもとにおける障害者施策の基本的な考え方は、社会の中には偶然的にではあるが必ず機能障害を持つ人が一定数発生するので、社会共同連帯の理念から保険数理統計学的手法を基本にして救済の手を差し伸べるべきだということになる。そこでは機能障害はその人の不幸の原因であり、望ましくない不完全な状態であって、改善されるべき状態であると理解される。医療や福祉は個人の不幸な状態を救済するためにパターナリスティックに行使されやすく、障害のある人は医療や福祉施策の客体に位置づけられやすい。

こうした障害理解に対して、障害者権利条約は「障害」の定義を確定させなかったものの、「障害が、機能障害を有する者とこれらの者に対する態度及び環境による障壁との間の相互作用であって、これらの者が他の者との平等を基礎として社会に完全かつ効果的に参加することを妨げるものによって生ずる」[3]ものであるとしている（同条約前文e）。世界保健機構が二〇〇一年に採択した国際生活機能分類（International Classification of Functioning, Disability and Health　略称ＩＣＦ）も障害を単に個人の心身の内部に生じている機能障害として理解してはならず、個人の心身の特性と社会環境との相互作用によって生じるものと理解すべきもの（相互モデル）としている。[4]障害者権利条約はいずれの障害構造論を前提にすべきかを留保しているが、「態度及び環境による障壁との間の相互作用」及び「他の者との平等を基礎として社会に完全かつ効果的に参加することを妨げるもの」という社会的な要素を障害という事態の発生に含めることを示していることは明らかである。従って、同条約は障害構造論において医学モデルからの決別を明示し、社会的要因への比重をどれほど重要視していくべきかは、さらに今後の障害構造論の発展を見極めたうえで決するという姿勢をとったものと解すべきである。

このような障害構造の理解のもとでは障害のある人が日常生活や社会生活に制限や不自由を受けているのは、社会環境に原因の一端があることになる。しかも、社会環境が障害のある人にとって社会的障壁になるのは、社会環境が障害のない人にとって片面的に使いやすく作られているためで、社会環境の偏頗性に原因がある。障害のある人もこの社会の一員であるのだから、社会や公共財は障害のある人の利用や参加を予定して構築することが公平なはずであるが、現実の社会は障害のある人の存在を考慮せずに構築されている。こうした社会の偏頗性や不公正な構造の中に障害という事態が発生する。従って、社会には偏頗で不公正な構造を是正すべき義務があり、障害のある人にはその是正を求める権利が認められるべきことになる。確かに障害という事態がもたらす制約された日常生活や社会生活の状況は機能障害を軽減することでも軽減されうる。しかし、社会の偏頗性や不公正さを座視して機能障害に介入することは本末転倒した議論であり、不公正さをいっそう拡大し固定させるだけである。まずもって正すべきは社会の偏頗さと不公正であり機能障害ではないはずである。こうして障害のある人は、医療や福祉によって望ましくない機能障害の状態を改善される客体ではなく、社会的障壁の除去と社会の公正化を求める権利の主体とされることになる。また、機能障害が直接的に生活上の制約を生み出すものではないので、それ自体を望ましくないものとして否定的に考えるべきものでもないことになる。

そこで、障害のある人の権利として特に再確認されなければならないのは、社会の公正化を求める平等権の保障と既存社会に不適合な機能障害を望ましくない状態として改善矯正を加えようとする力に抗するためのインテグリティの保障である。

三　強制医療と平等権

(1) 障害者権利条約一四条

従来、精神障害者に対する強制入院の問題は、人身の自由ないし自己決定権の問題として論じられてきた。これに対して障害者権利条約は強制入院の問題について精神障害者に対する平等取り扱いの観点から新たな分析視角を開いている。同条約一四条一項bは「いかなる場合においても自由のはく奪が障害の存在によって正当化されない」と定めている。この条項は障害のある人の自由が他の市民に比べて不平等に制約されてきた障害者施策の歴史と現状に鑑みて不平等な自由剥奪を禁止した規定である。[5]

障害者権利条約以前においては、一九九一年に国際連合が決議した「精神障害者の保護及びメンタルヘルスケア改善のための原則」（以下「九一年国連原則」という）においても、「その精神病のために、自己又は他人への即時の又は差し迫った危害の大きな可能性（serious likelihood）がある」場合（同原則一六―一a）、あるいは、「精神病が重篤でありかつ判断力が阻害されている者にあっては、この者を入院させ又は入院させ続けることができない場合には、状態の重大な悪化に至るか、又は、最も規制の少ない代替方法（the least restrictive alternative）の原則に従って精神保健施設への入院によってのみ実施し得る治療について、これを与えることが妨げられる」場合（同原則一六―一b）には、一定の手続要件のもとで強制入院が許容されるとされていた（同原則一六）。[6] わが国の精神保健福祉法の措置入院（同法二九条）及び医療保護入院（同法三三条）は九一年国連原則の要件を大幅に弛緩させた要件である点で大きな問題があるが、強制入院の類型としては同原則の二類型に類似したものとみることができる。

これに対して障害者権利条約は、自傷他害の危険性が認められても、あるいは、治療同意能力が損なわれていて病状が重篤であり、入院以外に治療ができない場合であっても、精神障害のない者であれば強制入院させせられる制度はないのに、精神障害のある者にだけ強制入院の制度が存在することは、自由の保障について不平等な取り扱いであるとしているのである。(7)

(2) 医療観察法における強制入院の要件

医療観察法による強制入院の要件は、「対象行為を行った際の精神障害を改善し、これに伴って同様の行為を行うことなく、社会に復帰することを促進するため、入院をさせてこの法律による医療を受けさせる必要があると認められる場合」(同法四二条一項一号)と定められており、この要件は、①疾病性、②治療反応性、③社会復帰(阻害)要因を満たすことによって認められるものと解されている。(8) この要件は国際的な人権規範からは到底許容できない広汎で不公正な要件である。

第一に、疾病性と治療反応性は対象者に医療の適応があるか否かを判断する基準でしかない。疾病性がない者が医療の対象にならないことは明らかであるし、疾病性があっても治療効果が望めない者に対して医的侵襲を加えることが許されないことも明らかである。これら二つのいずれかの要件が欠ければ当該行為はそもそも「治療行為」ではなく単なる「侵襲行為」になってしまう。従って、この二要件が満たされることは強制入院に対して正当性を与えるものではない。

第二に社会復帰(阻害)要因は同様の行為を行う具体的現実的危険性の存否を判断するものであり、九一年国連原則一六―一aの系列に属する要件である。しかし、その判断は診察時点で実際に存在している症状そのものから生じる事態を想定するのではなく、再犯化した集団に統計的に有意に見られる因子(リスク・ファクター)が対象者にどの程度認められるかを分析して判定するものである。その判断は患者の家族関係や社会関係を含めた様々な属性や潜在的因子が時間の経過の中でどのように展開するかを評価して予測を立てるものである。こうした予測に基づく強制入院は、真に再犯化する一人の対象者を拘禁するために、その何倍もの偽陽性者(実は再犯化しない対象者）を拘禁しない限り実現できない。[9] 医療観察法の社会復帰（阻害）要因の判断は九一年国連原則一六―一ａの「即時の又は差し迫った危害の大きな可能性」の基準を大幅に踏み越えている。[10]

第三に障害者権利条約一四条にてらすと、同様の行為を行う具体的現実的可能性がある場合は精神障害に限られないはずであるのに、精神障害者にだけ特別な自由剥奪制度を創設することの差別性が問われなければならない。保険数理統計学によるリスクファクターの抽出は精神障害者に限られるものではなく、また、医療観察法下で行われている認知行動療法は人の固有の価値観、思考様式などを修正する技法であり、人間の認知と行動のあり方を変容させる技術（Psycho-Technology）[11]であるから精神障害固有の治療方法ではない。[12] 精神障害者に対してのみ危険予防のための自由剥奪を伴う制度を創設することは差別的な自由剥奪であり障害者権利条約一四条が許容しないところである。

もっとも平等性の観点からの医療観察法批判は、市民社会が健全である場合には有効であるが、市民社会が自由の価値を軽視して再犯防止と予防拘禁に傾斜する場合には必ずしも有効ではない。医療観察法は精神障害者というマイノリティーを標的にして予防拘禁への道筋を開いたが、それ以降、更生保護法の目的に明文で再犯防止が規定され、地域定着支援センターが脚光を浴び、再犯防止を視野に入れた刑の一部執行猶予制度が提案され、刑事裁判においても再犯防止を量刑の明示的な理由とする判決が出されるようになってきた。[13] 実際には治安は悪化していないのに、[14] 市民の不安感を煽り体感治安などという情緒的な要素を政策の基本において重罰化と予防的な刑事司法へと舵を切り始めたのが医療観察法の導入であった。その手法の特色は医療・福祉を治安の道具とすることで、一方では個人の内心にまで立ち入った徹底した治安管理を行うとともに、建前としてはその医療・福祉は本人のために行われるものであり、再犯防止は結果としてもたらされるものにすぎないという方便を用いることで、自由の剥奪さえも「利益処分」と言い換える点にある。この点では単なる平等性の観点だけでなく、予防拘禁の実体的な問題点を同時に明らかにすることが重要である。

四　インテグリティの保障

（1）インテグリティの保障

障害者権利条約一七条は心身がそのままの状態で尊重される権利（インテグリティ）を保障している。この権利は欧州人権裁判所でプライバシー権の規定の解釈から発展してきた人権である。[15] プライバシー権は、私的領域である個人の居宅や所持品に対する公権力のほしいままの介入を拒否し、私的領域の中で個人が思想・信条・政治的見解などを自由に形成できるようにする人権であり、民主主義の根幹にかかわる重要な人権である。しかし、医学や科学が進歩した現代社会においては、人間の身体や精神に介入してそのあり方を変更することも可能になってきており、保護されるべき私的領域は物理的な私的空間から生物・心理的空間ともいうべき心身の内部にまで及ぶようになってきた。人の心身は自己決定の前提となる価値観や世界観が形成される場であり、そこに公権力や他者のほしいままの介入が行われるとすれば、自己決定と言っても予め既存社会や既存権力に塗り替えられた価値観や世界観に基づく自己決定にすぎないものとなる。とりわけ精神障害をはじめとした機能障害は、治療の対象とされ、望ましくない改善されるべき状態とみなされてきた長い歴史がある。こうした歴史や既存社会の観念に対抗して障害のある人が自らのアイデンティティを守るためには「心身がそのままの状態で尊重される」ことが権利として保障されなければならない。

（2）医療観察法とインテグリティの保障

医療観察法は、対象行為を行った際の精神障害を改善させることで再犯を防止し社会復帰を促進することを目指している（同法一条、四二条一項）。しかし、本人の意思に基づかずに人の精神のあり方に強制的に介入することは障害者権利条約が保障するインテグリティを侵害する行為である。

もっとも医療観察法が改善させようとする「精神障害」は疾病であって障害ではない、あるいは、illness または disorder であって impairment や disability ではないので、障害者権利条約は医療観察法によって行われる医療行為には及ばないのではないかという見解もありうる。しかし、インテグリティの保障は個人の心身領域を公権力や他者の介入から保護する人権規範であり、また、障害固有の人権ではなく誰にでも保障されるべき人権である。従って、障害ではなく疾病であれば心身領域への強制介入が許されるというものではない。また、障害者権利条約は「障害」の定義を留保しており、illness あるいは disorder を同条約の対象から除外する意図を示していない。むしろ、illness あるいは disorder と障害は連続的な心身の状態であるから両者を確然と分離して一方には人権規範の保障は及ばないが他方には及ぶとする立場には立っていない。さらに、世界保健機構は国際生活機能分類とは別に国際疾病分類（International Classification of Disease 10; ICD-10）を刊行しており、わが国の精神障害の定義（精神保健福祉法五条）は ICD-10 を基本にすべきものと解されているが、世界保健機構は両者を相補的に用いることを提唱しており疾病と障害の峻別論には立っていない[16]。

広汎な将来における危険性の予測に依拠する医療観察法の強制入院あるいは通院の要件ではインテグリティに対する介入を正当化することはできない。

（3）強制入院と強制治療の関係

医療観察法四三条は、四二条一項一号の決定を受けた者は指定入院医療機関において入院による医療を受けなければならないとし、同条一項項二号の決定を受けた者は指定通院医療機関による入院によらない医療を受けなければならないと定めている。この規定は処遇決定があったことを要件として医療受忍義務を認めたものと解する見解がある[17]。

しかし、同条項が治療受忍義務を認めているると解するとすると、医療行為よりも心身に対する侵襲が軽度の行動制限について同法は精神保健福祉法と同様の要件手続を定めているのに心身への侵襲性がより強度な医療行為については逆に要件手続の制約がないことになり矛盾した結果になる。また、治療行為はその必要性や効果、副作用などがそれぞれ異なり、患者の症状や同意能力の状態も時々によって異なるのに、それを度外視して地域で自活し通院治療している者まで含めて一括して治療受忍義務を課した規定と解することになり、人権に対する配慮があまりに杜撰な解釈となる。従って、同条は医療観察法の処遇決定を受けた者は医療機関を選択する権利が制限され、受診先が指定医療機関に限定されることを定めたものと解すべきである[18]。

五　医療観察法施行から七年の経過から観察されたこと

医療観察法の施行状況について推進派は光の部分のみを強調するが成功事例の多くは一般精神医療によっても同様の成果を上げる可能性があり、対照群との比較検討なしに直ちに医療観察法の成果とすることはできない。反面で医療観察法においては入院の長期化傾向が進み[19]、入院者の約一割はさしたる状態の変化もないまま入院滞留者として残留していることが報告されている[20]。医療観察法による処遇終了は入院医療から通院医療を経ずに直接処遇終了となる場合と通院医療から処遇終了になる場合があるが、両者をあわせて母集団として医療観察法の医療を受けた者がどのような転帰をとっているかを調べると、処遇終了者のうち精神保健福祉法による通院につながった者は約五五・六％であり、「治療完了」者を加えても六割に満たない。医療観察法による入院または通院による処遇の終了者の医療観察法処遇以前の治療歴については六割から七割の者が精神保健福祉法による通院歴のあった者であるから、医療観察法処遇のアウトカムが好成績であるとはいえない[21]。

医療観察法が創設した精神科医と裁判官による独自の審判体が行う処遇決定については、当初審判の「鑑定における判断や法解釈の誤りのために、指定入院医療機関に紛れ込んでしまった事例が約六例に一例あった、と指定入院医療機関は評価した」とされ[22]、入院処遇から通院処遇を経ずに直接処遇終了となった事例[23]の処遇終了理由のうち疾病性不在が二七・八％、治療反応性不在が四七・八％を占めている[24]。こうしたデータからみると当初審判の判断が事件の重大性や再犯の危険性という要因に引き摺られて医学的適応性を軽視して医療観察法を運用している姿が垣間見える。

医療観察法の施行から約五年間（平成一七年七月ないし平成二二年九月）に指定入院医療機関から六九二件の退院許可の申立がなされているが、退院許可が認められたのは五一四件であり、処遇終了決定（一二九件）を加えても相当数の棄却事例があることが推測される（同じ時期間に対象者等からの退院許可申立は一八八件、処遇終了申立が八四件もある[25]）。裁判所が入退院の決定をコントロールすることは建前としては適正手続による人権保障を図ることにあるとされるが、現実には裁判所は現場で治療にあたっている指定入院医療機関が入院の必要性がないとしても、なお退院を認めないという事態が発生している。医療観察法の審議段階から裁判官が関与することは人権保障ではなく治安維持に傾斜することが指摘されていた[26]。審判体の役割が対象者の自己決定、インテグリティなどの人権の価値を尊重することよりは、再犯の防止に向けた十二分な強制処遇の重視にあることを見て取ることができる。

六　おわりに

障害者権利条約は障害のある人の平等権とインテグリティの保障に重点の一つを置いて従来の障害者施策を転換することを求めている。しかし、体感治安の悪化に駆り立てられた社会は「安全・安心」を強迫的に求め、医療技術・法律技術上、不可能であるかあまりに犠牲と負担の大きな実験的な措置に邁進しようとしている。医療観察法はその悪しき嚆矢となってしまった。自然災害を含めて危機の的確な予知と的確な回避が可能であればよいのだが、それが不可能であるところに人間社会の限界がある。「安全・安心」欲求は技術的限界を超えた施策を求め、これを権限拡大や実験、収益の好機として群がる者たちもある。こうした流れに抗して本来の人権の基盤をいかにして守れるかが私たちの将来に問われた課題である。

〔註〕

（1）わが国は二〇〇七年九月に同条約に署名して批准のための国内法整備を進めている。

（2）現行国内法は「障害者」、「精神障害者」を実定法上の用語としているため本稿ではそれを用いるが、国際的には「障害のある人」（person with disabilities）と表記されることが多く、障害は人の属性の一部でしかないという意味で、用語法としてはその方が正しい。

（3）障害者権利条約の訳文については「二〇〇九年政府仮訳」、松井亮輔＝川島聡編『概説障害者権利条約』（法律文化社、二〇一〇年）三四五頁〜三六三頁による。なお、障害者基本法二条一項は「障害者」の定義を「身体障害、知的障害、精神障害（発達障害を含む。）その他の心身の機能の障害（以下「障害」と総称する。）がある者であって、障害及び社会的障壁により継続的に日常生活又は社会生活に相当な制限を受ける状態にあるものをいう。」と定め、機能障害と社会的障壁によって制限を受ける状態にある者を障害者とし、同様の障害理解に立脚している。

（4）上田敏「ＩＣＦの理解と活用」（萌文社、二〇〇五年）二九頁

（5）障害者権利条約の審議を行ったアドホック委員会の第七回委員会（二〇〇六年一月一九日）において同条の審議を議長が総括し、一四条一項ｂは本質的に非差別（non-discrimination）条項であり、同条項についての議論は障害のある者に対する取り扱いが他の者と同じベースで行われるべきことに焦点があったと述べている。（http://www.un.org/esa/socdev/enable/rights/ahc7sum19jan.htm　二〇一二年一二月一四日閲覧）

（6）九一年国連原則の訳文は、永野貫太郎「季刊　ゆうゆう№16」（萌文社、一九九二年）による。

（7） 国連高等弁務官事務所は「世界人権宣言六〇周年記念」における「被拘禁者のための尊厳と正義の週間」のInformation Note No.4において、本条項をとりあげ「多くの法制度において、……とりわけ精神障害のある人と知的障害のある人はその障害があることだけを根拠にして自由を剥奪されている。そうした障害は、自傷他害の可能性があるという理由で予防的な拘禁手段を正当化することに用いられることもある。障害のある人は、その保護と治療のために自由を奪われるという場合もある。こうした運用や政策および法律はいずれも現行国際基準に違反するものである。障害の存在を理由とする自由の剥奪は国際人権法に違反しており、本質的に差別でありそれゆえ不法であると障害者権利条約は明確に述べている。かかる不法性は、医療と保護の必要性、本人と社会の安全のための必要性などのような理由が自由の剥奪を正当化するために付け加えられる場合にも認められる。」（同二頁）としている。また、拷問及び他の残虐な、非人道的な又は品位を傷つける取扱又は刑罰に関する国連人権理事会特別報告官マンフィールド・ノワクの報告（A/63/175: 28. July 2008）は、障害者権利条約三条、一二条、二五条などを指摘し、同条約に先行する九一年国連原則が法的拘束力のない原則としてであるが、特別報告官としては「非自発的治療および非自発的拘禁は障害者権利条約の規定に反する。」との述べている（para.44）。また、非自発的入院について、「法律によるか否かにかかわらず、精神障害という診断の存在と同時に『自傷他害のおそれ』あるいは『治療の必要性』のような追加の要件を根拠にして、自由かつ十分な説明を受けたうえでの同意の原則によらずに、精神障害のある人を施設に拘禁することを許している国が多い。当特別報告官は、障害者権利条約一四条が自由を不法に又は専断的に奪うこと及び障害の存在によって自由剥奪を正当化することを禁止していることを喚起する。」と述べ（para.64）、その注として、条約制定過程で、カナダ、ウガンダ、オーストラリア、中国、ニュージーランド、南アフリカ、ＥＵが、他の理由と組みあわさった場合には障害を理由とする自由剥奪も許容されるとする見解を支持し、第七回アドホック委員会において、日本が中国の支持を得て、「いかなる場合においても、『単に、あるいは、もっぱら』障害の存在のみによって、自由の剥奪は正当化されない。」という修正提案をしたが、その修正案は成案として受け入れられなかったと指摘している。この文脈からすると、一四条一項ｂは障害に他の事情が加わっても自由の剥奪は認めない趣旨と理解すべきものと考えているものと理解できる。

(8) 『「心神喪失等の状態で重大な他害行為を行った者の医療及び観察等に関する法律」及び「心神喪失等の状態で重大な他害行為を行った者の医療及び観察等に関する法律による審判の手続等に関する規則」の解説』(最高裁判所事務総局、刑事裁判資料二八四号、二〇〇五年) 一六九頁〜一七〇頁

(9) 過剰予測 (False Positive Prediction):市民一〇〇〇人のうち一人が殺人を犯すとして、殺人行為の将来予測に九五%の実際の予測法よりはるかに高い正確性があると仮定して、一〇万人の市民を対象にテストをした場合、殺人をするであろう一〇〇人 (10万×1/1000) のうち九五人 (100×95%) が隔離されるが、殺人をしない九万九九〇〇人 (10万−100) のうち四九九五人も危険性あり (99900×5%) として隔離されること (偽陽性者) になってしまう (西山詮「精神保健法の鑑定と審査—指定医のための理論と実際—」新興出版株式会社、一九八四年) 八二頁)。

(10) なお、九一年国連原則はソフトローであるから法的拘束力を有しないとして、同原則に従わなかったとしても問題がないとする議論も想定されるが、同原則は条約法に関するウィーン条約三一条三項により自由権規約の解釈上考慮すべき合意ないし規則とされるものであり、同原則一六—一a、bを満たさない自由剥奪は自由権規約九条の恣意的な自由剥奪として許されないことになる。

(11) "From Genesis To Genocide, The Meaning of Human Nature and the Power of Behavior Control", Stephan L. Chorover 1980 by The Massachusetts Institute of Technology

(12) 「性犯罪者処遇プログラム研究会報告書」(性犯罪者処遇プログラム研究会、二〇〇六年)

(13) 大阪地裁判平二三・七・三〇 (未搭載) は、「アスペルガー症候群という精神障害に対応できる受け皿が何ら用意されていないし、その見込みもないという現状のもとでは再犯のおそれがさらに強く心配され……許される限り長期間刑務所に収容」すべきとした。

(14) 浜井浩一、瀬入沢一也　「犯罪不安社会　誰もが『不審者』」(光文社新書、二〇〇六年)

(15) 欧州人権裁判所は、Costello-Roberts v. the UK, 25 March 1993 において、私生活の概念は人の身体的及び道義的インテグリティを含むもので (先例として X and Y v. The Netherlands, Judgment 26 March 1985, Series A No. 91)、欧

州人権条約八条（私生活及び家族生活を尊重される権利）は個人のインテグリティの保護を予定しているとしている（para 34）。また、同裁判所は、「『私生活』は広範な用語であり、とりわけ人の自律と発展、また、他の人間および外の世界との関係を確立し発展させる権利を含む個人の身体的および社会的アイデンティティの観点を包摂している。」と繰り返し指摘し、同時に身体的及び精神的インテグリティを保障していると解している（Tysiac v. Poland, Application No.5410/03 Judgment 20March 2007 para107, Bensaid v. UK, Application No.44599/98, Judgment 6 February 2001, para47, Burghartz v. Switzerland, judgment of 22 February 1994, Series A No.280-B, opinion of the Commission, p. 37, § 47, Friedl v. Austria, judgment of 31 January 1995, Series A No.305-B, p. 20, § 45）

(16) 「国際生活機能分類―国際障害分類改訂版―」（障害者福祉研究会、二〇〇二年）は序論において、ICD-10とＩＣＦは補完的であり、ＩＣＦの定める機能障害は「疾病過程」の一部であるとしている。

(17) 上註刑事裁判資料二八四号、一七九頁

(18) 池原毅和「精神障害法」（三省堂、二〇一〇年）、七二―七三頁

(19) 入院期間の平均値は平成二一年度は七二七日、平成二二年度は八七五日であり、「平成一九年度に調査を開始して以来、一貫して入院期間は延長しており、入院長期化対策が喫緊の課題である」とされている。分担研究者平林直次「入院医療における治療プログラムの多様化に関する研究」、研究代表者中島豊爾『医療観察法における医療の質の向上に関する研究』（厚生労働科学研究費補助金　障害者対策総合研究事業（精神障害分野））二〇一一年三月、二二頁

(20) 入院期間が一二五〇日を超える者が一〇％おり、これらの集団は退院困難者となることが予想されている。（同上厚生労働科学研究、二〇一〇年三月、五二頁）

(21) 分担研究者平田豊「医療観察法対象者の転帰・予後に関する研究、平成二二年度分担研究報告書」、研究代表者中島豊爾『医療観察法による医療提供のあり方に関する研究』（厚生労働科学研究補助金（こころの健康科学研究事業））

(22) 分担研究者平田豊「鑑定入院における医療的観察に関する研究、平成一八年度～二〇年度総合研究報告書」、研究代表者中島豊爾『医療観察法による医療提供のあり方に関する研究』（厚生労働科学研究補助金（こころの健康科学研究事業））

(23) 入院処遇決定を受けた者が通院処遇を経ずに直接処遇終了になる割合は平成二二年一一月の医療観察法の施行状況に関する国会報告(「心神喪失等の状態で重大な他害行為を行った者の医療及び観察等に関する法律の規定の施行の状況に関する報告　平成一七年七月一五日から平成二二年七月三一日まで」二〇一〇年一一月)から算出すると約一〇%である。

(24) 「医療観察法対象者の転帰・予後に関する研究、平成二二年度分担研究報告書」(厚生労働科学研究補助金(こころの健康科学研究事業)、医療観察法による医療提供のあり方に関する研究、分担研究者平田豊)図11入院処遇終了の決定

(25) 最高裁判所、医療観察法月別退院許可等申立・決定状況

(26) 「心神喪失者等『医療』観察法案(修正案)に対する疑問」二〇〇三年四月、日本弁護士連合会、一―二頁

医療観察法の廃止について

内田　博文

一　医療観察法の制定

周知のように、「心神喪失等の状態で重大な他害行為を行った者の医療及び観察等に関する法律」(以下では、「医療観察法」と略す。)の政府案は二〇〇二年(平成一四年)三月一五日に閣議決定され、同月一八日に第一五四回国会に提出された。この政府案に対して、日本精神病院協会や日本医師会は賛成したものの、日本精神神経学会などの関連医学会や精神保健関係団体、日本弁護士連合会、精神障害者団体などからは反対あるいは慎重な対応を求める声明が出された。国会審議でも多くの疑義が出された。その結果、政府案はこの国会では成立せず、第一五五回臨時国会へと継続審議となった。臨時国会では与党議員による修正案が提出されて、目的条項に対象者の「円滑な社会復帰の促進」(第一条第二項)が加えられた。この法律による処遇が決定される要件も、原案にあった「再び対象行為を行うおそれ」が削除され、「対象行為を行った際の精神障害を改善し、これに伴って同様の行為を行うことなく、社会に復帰することを促進するため、この法律による医療を受けさせる必要があると認める場合」(第四二条第一項第一号・第二号)と書き換えられた。精神医療の改善こそが重要だという指摘に応えるために、法の附則で「政府は、この法律による医療の必要性の有無にかかわらず、精神障害者の地域生活の支援のため、精神障害者社会復帰施設の充実等精神保健福祉全般の水準の向上を図るものとする。」などの文言が追加された。見直し条項も追加された。修正案は、医療観察法が「触法精神障害者」の医療と社会復帰を促進するための法律であることを文言上明確にし、医療観察制度の創設と併せて、精神保健福祉施策全体の改善を図る、いわゆる「車の両輪」論を明記する形となった。野党は、政府案に内在していた根本諸問題が修正案によって解消されたわけではないとして反対したが、修正案は衆議院で強行採決され、次の第一五六回国会の参議院審議に持ち越された[1]。同国会では、法案は参議院本会議で強行採決という形で可決され[2]、二〇〇三年（平成一五年）七月八日に衆議院本会議でも強行採決で可決され、成立した。そして、同月一六日に公布され、二〇〇五年（平成一七年）七月一五日から施行された[3]。

二　精神医療の充実と医療観察法

医療観察法については積極的に評価する見解も少なくなかった[4]。なかでも有力だったのは、国会での修正に着眼した、「精神医療の充実」という観点からの見解で、多くの論稿が寄せられた。町野朔教授のそれは代表作ともいうべきものであった[5]。それに呼応するかのように、厚生労働省からも法の意義が次のように解説された。「この法律の制定により、わが国においても本格的な司法精神医療が誕生することになるが、この法律を適正に運用するためには、この法律に対する関係者や国民に対する理解を深め、治療施設の整備を十分に図ると同時に、その施設で働く人材を育成するための研修を充実させることが必要であり、更に、対象者の社会復帰を円滑にするために地域の関係機関との協力体制を築くことが極めて重要な課題となる。」「また、本法律の附則においては、この法律の対象とならない精神障害者を含めて精神医療全般の水準の向上や、精神障害者の地域生活支援のための社会復帰施設の充実などの精神保健福祉全般の水準の向上を図ることがうたわれている（附則三条）。こうしたことから平成一四年度に制定された新障害者プランの着実な実施を含めた精神保健福祉施策を総合的に推進していくこととしている[6]。」

医療観察法を医療法として評価するという見方は、その後、支持者を拡大することになった。法案反対派の中にも浸透していくことになった。日弁連もその対象となった。[7] 法案の国会上程に当たって、「新処遇法案が成立することによる、事件を起こした精神障害者の一般医療と福祉からの切り離しと、同時に精神医療の改善責務を事実上切り捨てたな上げにしようとする政府の無責任さに対する影響が深刻であることを真剣に考えなければならないだろう。[8]」と批判していたことからすると、これは一八〇度の転換とみることもできる。[9] どのような事情変更があったのであろうか。弁護士の懸命な付添人活動等によって法に内在する「保安処分的機能」[10]の顕在化を阻止し、医療と福祉の法律として機能させてきた。このような自負[11]が背景に伏在しているように見受けられる。それは日弁連の見直し論にも影響を与えることになった。日弁連の二〇一〇年（平成二二年）三月一八日付「精神医療の改善と医療観察法の見直しに関する意見書」について、伊賀弁護士は次のように解説している。

「医療観察法において、事件を起こした対象者に対する処遇決定に裁判所、特に刑事裁判所が初めて関与することに日弁連は反対してきた。」「この点は、実際の審判分布、ならびに、処遇方向決定に関する判断要素、一般医療の状況をも考慮した処遇決定が本流になっていることからすると、処遇要件が修正されたことが大きな要因ではあるとはいえるものの、杞憂に過ぎなかったといっても決して言い過ぎとは思えない。」「裁判所の関与という一事をもって保安処分だとする見解は与しうるものではない。」「裁判所の裁量権を否定もしくは制限しストライクゾーンを結果として広めようとする見解が法務省や一部裁判所などにおいて表明されているが、ほぼ実務的にこのような誤った見解は乗り越えられつつあるといえるのではないだろうか。」「医療観察法の施行後五年目の見直しは、精神障害と犯罪問題にこの国がどのように対処するかという課題に対し、初めて実践を踏まえた答えを出すべき時期が来たと思われる。」「そこで現れた課題は二つあると思われる。」「その一つは、『社会の安全』のためには個人の犠牲はやむを得ないなどという昨今の日本社会の風潮に流されることなく、医療観察法の見直しによって保安処分化を明確に阻止することである。（原文では改行）いまひとつは、医療観察法が、一般精神科医療の改善、改革の契機となるよう、一般精神科医療の改善策と同時に検討を行うことが重要だということである。（原文では改行）日弁連見直し意見書は、『精神科医療の抜本的改善を強く求め、医療観察法の必然的な解消を目指しつつ、医療観察法の当面不可欠な改善策を提案する』との基本的観点を示した。（原文では改行）これは一言でいえば事件を起こした対象者に対してのみ手厚い医療と福祉を提供するという矛盾を解消し、精神疾患に対する医療と福祉に必要かつ適切なレベルを実現する改革が実現することによって、医療観察法の必然的な解消がもたらされる、ということを示したものである[12]。」

しかし、日弁連のアプローチには大きな矛盾がみられる。日弁連によれば、「法による入院」に結びつく要因を「マイナス要因」、「法による入院」を否定する要因を「プラス要因」と位置づけられている[13]が、それは「法による入院」を保安処分的なものと理解しているからではないか。もしそうだとすれば、医療観察法をもって医療法と解することは矛盾ではないか。また、医療法というのであれば、「法による入院」をどのように根拠づけるのか、その原理的な根拠を示す必要があろう。町野教授の場合はパレンス・パトリエ論によっている。日弁連の場合はどうか。原理論がうかがえない。患者の権利といった観点からのアプローチはみられない。とすれば、医療観察法をもって医療法と位置づけながら、「法による入院」を否定する論拠は出てこないのではないか。医療観察法の必然的な解消がもたらされるというのも根拠がない。原理論を欠く、戦略なき運動論ではないか。

三　医療法としては破綻

医療観察法は、医療観察制度の創設と併せて精神保健福祉施策全体の改善を図る、いわゆる「車の両輪」論を明記する形となったが、その運用状況はいかがであろうか。一般の精神科用の診療報酬点数表とは異なる特に手厚い「医療観察診療報酬点数表」が作られ、入院者数の増加したことに伴い、医療観察法関係の予算額が年々、増えている[14]。これに対して、精神医療一般の充実のための予算は特別に組まれていない。精神科の一日当たり入院医療費は、一般病床の二分の一から三分の一にすぎない[15]とされる状況は改善されていない。精神科医が慢性的に不足しているために医療法の特例として他の科に比べ三分の一の定員でよしとされ、それ以下でも病院として認められる精神病院の人員配置基準についても改善策はとられていない。医療観察法指定入院機関においては手厚い人員配置基準も保障されていることから、この特例措置が一般の精神病院の貧しい人員配置を固定化しないかが危惧されている。地方の公立病院では医師不足により精神科病院病棟閉鎖が相次いでいる。それに代わる地域医療体制はほとんどない。地域で医療を受ける権利は「精神障害者」にとっては無に等しい。医療観察法制定後も、社会保障構造改革路線の中で精神保健医療福祉は向上するどころか後退している。精神科医療の水準は低く、社会的入院の解消もいっこうに進んでいない。一般の精神医療費関係では「精神障害者地域移行・地域生活支援の推進」や「精神科救急医療体制の充実・強化」が目につくぐらいだが、前者は医療観察法対象者を含めて平成二二年度一七億円で、後者も平成二二年度二三億円にしかすぎない。医療観察法は「治療を通じた社会復帰」を謳っているが、予算面ではそうはなっていない。地域処遇に関しては、精神保健福祉法および障害者自立支援法に基づく支援以外は存在しない。対象者は、指定入院医療機関への入院中を除くと、鑑定入院から地域処遇まで通常の精神保健医療福祉施策の枠内で処遇され、精神保健福祉法、地域保健法、障害者自立支援法のサービスを受ける。精神医療の限られた資源を医療観察法の方に重点的にまわすと、ただでさえ手薄な精神保健福祉法の方がより手薄にならないかという懸念は決して杞憂ではない。「車の両輪」論は絵に描いた餅で、実際は「一輪車」になっている[16]といわざるを得ない。

それでは、「一輪車」の運用状況はいかがであろうか。「司法精神医学の第三領域[17]」とされる医療観察法による「医療」については、法施行に先立って強い危惧が表明されていた[18]。この危惧は杞憂ではなかった。国によれば、対象者に対する指定入院機関及び通院機関における「再発防止としての精神医療」は、疾病に起因する暴力行為の評価と防止のための教育効果を持つ医療を要する点で一般の精神障害者に対する医療と大きく異なり、防止のための治療として「他害行為防止治療プログラム」や「重大な他害行為を行う精神障害者に対する認知行動療法」などが開発されているとされる。[19] しかし、指定医療機関でなければ実施できないような特別な治療技法があるわけではなく、今のところ施設の人員を手厚くするということ以外には特別のことは示されていないのではないか。[20] 何よりの例証は二〇〇八年（平成二〇年）八月の「指定医療機関等に関する省令」の一部改正（厚生労働省令第一三三号）である。この改正により、「特定病床」（指定入院医療機関の医療観察法病棟以外の病床）や「特定医療施設」（国公立病院や精神保健福祉法に規定する「指定病院」）にも、臨時の措置として、対象者を入院させることができるとされたからである。一般精神科医療の中に医療観察法を事実上導入することは、国がこれまで医療観察法の制度を説明してきた論理を自ら放棄するとともに、その制度的な破綻を認めているといわねばならない[21]と論難されたのも当然といえよう。しかも、ほとんどの指定入院医療機関は対象者の居住地から遠方にあるために、本人の外出・外泊も家族との面会も困難となり、退院に向けた関係調整に困難が生じているといわれている。

厚生労働省医療観察法医療体制整備推進室の調べによると、法施行から平成二三年六月三〇日までの退院許可件数は、入院決定件数一三四七件に対して七五七件となっている。[22] 問題は入院期間である。[23] 入院治療が終了していても、退院後の受入れ先の調整が進んでいない等の理由で裁判所が指定入院機関からの退院許可申立てを認めない事例も出ており、実際には三年近く入院している例もあるといわれている。[24] 措置入院の入院期間[25]に比べると長期間に及んでいる。入院、通院の可否を判断する鑑定の基準も曖昧で、[26] 鑑定入院についても治療上の問題点があると指摘されている。鑑定入院中の対象者の多くが急性期にあり、時には強制的な治療も必要になることがあるが、その根拠、許される治療の範囲、インフォームド・コンセントなどについての規定は法にはない。[27] そのため、鑑定入院中の医療が積極的に行われなかったり、病状が落ち着いても鑑定終了まで保護室に入れられていたりすることがある。最も手厚い医療を必要とするときに医療水準の低い従来の精神科病院に入院し、症状が軽快した頃に高規格の指定入院医療機関に移るという、提供すべき医療水準の逆転現象がみられる。場当たり的に制定した医療観察法の矛盾である。鑑定の終了後も審判決定がなされるまで鑑定入院先に留め置かれたり、長期の休暇といった鑑定医の都合で鑑定入院期間が一か月延長された事例もみられるという[28]。

鑑定の基準が曖昧だとすれば、審判の妥当性にも疑問符が付くことになる。また、医療観察法による入院治療と精神保健福祉法による措置入院治療等との間に質的な違いはみられないにもかかわらず、最高裁が前者を優先すべきだとするのはどうしてであろうか[29]。精神保健福祉法による場合よりも長期間の入院期間を確保することができるからだという点以外にはないのではないか。現に裁判所によれば、そのような運用[30]がなされているのではないか[31]。指定入院機関への入院件数も年々増加してきている[32]。この増加で見逃すことができないのは、入院対象については臨床の立場からも常に議論があるとされている点である[33]。「ストライクゾーン」の拡大について現場で強い要望があることが窺える。医療観察法による通院治療および地域処遇[34]の運用についても問題があると指摘されている[35]。国の誤った「精神障害者」隔離政策によって作出された日本の貧しい精神医療と「精神障害者」差別の影響がここでも見られる。そして、このような状況は、医療観察法をいよいよ予防拘禁法に追いやるという結果を招いている。

このようにみてくると、日弁連の評価は楽観的に過ぎるといえよう。前述したように、日弁連によれば、付添人活動等を通じて医療観察法の「保安処分的運用」を阻止し、「医療と福祉の法律」として機能させてきたと自負されているが、法の運用からはそのような状況はうかがえない。医療観察法は医療法としては早くも破綻しているというのが現状ではないか[36]。

四　廃止を念頭に置いた見直し

「国民の支持」を根拠として「犯罪を犯した障害者」への対策をパレンス・パトリエにではなくポリス・パワー

に求めるべきだとの主張も出てきている。[37] これを踏まえてであろうか、精神医学の側からも次のように説かれている。

「人格障害や物質乱用を伴う触法精神障害者は、従来、一般精神科病院がしばしばその処遇に窮してきた事例であり、また、筆者らの調査でも、再犯率がとくに高い事例群とされてきた。彼らを司法精神医療の対象外とすれば、一般精神科医療の側が、過大な負担を負い続けなければならなくなることも懸念される。他方、欧米諸国の司法精神医学界においては、人格障害者の治療が司法精神医療の中心的課題の一つと位置づけられているという事情もある。[38]」

このような主張が法の見直しなどを通じて具体化されると、当初の政府案のように法の主たる目的は再犯防止となり、対象要件としては治療反応性が除かれ、再犯の恐れが前面に出てくることになろう。しかし、精神科医療を治安の道具とするこのような考え方は、長い「保安処分」論争において繰り返し指摘されてきたように、精神科医療の荒廃をもたらし、「精神障害者」差別を拡大するものでしかあり得ない。憲法違反の誹りも免れ難い。[39] とすれば、法の見直しの方向もおのずから明らかであろう。次のように説かれている所以である。

「医療観察法の『見直し』論議は、公明正大にやればやるほど本法が失敗であったことの確認作業にならざるを得ず、『廃止』論に行き着かざるを得ないと思われる。この六年あまりで経験した問題の多くは、本法のいわば構造的欠陥に根ざしているので、運用に携わる人々の献身的な取組みであるとか、制度の手直しでカバーできるようなレベルではない。」「そうであるならば、将来的廃止を念頭に置いた見直しをせざるを得ないということになる。[40]」

現在、日本の医療は、「国策に奉仕する医療」から「国民・市民の健康と命を守る医療」へとパラダイムの転換[41]が求められている。この転換が何よりも必要なのは精神科医療の分野である。明治以来、そして、戦後においても、社会防衛という観点から隔離政策を続け、「精神障害者」差別・偏見を醸成し助長してきたからである。この隔離政策を放棄し、施設内治療から地域内治療への転換を図るとともに、医療観察法に振り向けられている多額の予算を日本の貧しい精神医療一般の、そして精神保健福祉一般の改善のために転用する。これこそが、今、私たちに求められていることではないか。

〔註〕

（1）参議院法務委員会での審議に当たって、日本精神神経学会は、「『心神喪失等の状態で重大な他害行為を行った者の医療及び観察等に関する法律案』の国会審議に際しての抗議声明―再犯予測は不可能である―」（二〇〇二年五月一一日）との声明を発表した。また、これとは別に、「心神喪失者等の強制医療観察法に反対する精神科医の集い」（代表幹事・岡田靖雄＝富田三樹生）は「精神科医一五七名の声明」を同月五月二四日に発表した。その他、日本看護協会・日本精神科看護協会の反対声明（五月九日）、日本臨床心理学会運営委員会の反対声明（二〇〇二年五月一五日）などをはじめとして、多くの医療団体から反対声明が上がった。

（2）参議院本会議での可決直後の六月六日に、日弁連は反対の会長声明を発表した。その他、弁護士団体による反対声明としては、「『心身喪失者等医療観察法』の廃案を求める弁護士団」の反対声明（二〇〇二年七月一五日）、自由人権協会の反対声明（七月二九日）、京都弁護士会の反対声明（一〇月二九日）など。刑事法学者のものとしては、「『心神喪失者等医療観察法案』に対する刑事法学者の意見」（二〇〇二年五月三〇日）など。労働組合からのものとして、全法務省労働組合の反対声明（二〇〇二年三月）、全司法の反対意見（二〇〇二年六月五日）など。当事者団体によるものとしては、全国精神障害者団体連合会の反対声明（一〇月六日）など。

（3）同法の制定については、それに反対する多くの論稿が発表された。精神医療関係者からのものとしては、たとえば、中島直「精神医療関係者の反対意見」（『法と精神医療』一八号（二〇〇四年）四一頁以下）、同「精神科医療・医学における『予測』の新しい展開」（『精神医療』三二号（二〇〇三年）五四頁以下）、同「『おそれ』は判定不能、治療としても後退―臨床精神科医師からみた『法案』の問題点」（『法と民主主義』三七〇号（二〇〇二年）一二頁以下）、白石弘巳「地域精神医療の視点から」（同三七〇号六一頁以下）、大塚淳子「精神医療の現場から問う—論点の整理と十分な議論を」（同二六頁以下）、富田三樹生「保安処分の歴史年表と問題の所在」（『精神医療』二六号（二〇〇二年）六〇頁以下）、木太直人「精神保健福祉士の立場から新法案を読む—PSWの専門性と新制度において果たすべき役割と課題」（前掲『季刊福祉労働』九五号四四頁以下）、などを参照。

他方、刑法学者からのものとしては、足立昌勝「市民社会に差別をもたらす心神喪失者等医療観察法案の本質」（前掲『季刊福祉労働』九五号一二頁以下）、同「精神障害者の人権と『社会の安全』—『心神喪失者等医療観察法案』の本質」（前掲『法と民主主義』三七〇号三頁以下）、浅田和茂「治安法の発想に異議—手続法から見た『法案』の問題点」（同三七〇号八頁以下）、中山研一「『隠された保安処分』ではないのか—刑法から見た『法案』の問題点」（同一三頁以下）など。弁護士によるものとして、八尋光秀「『再犯のおそれ』を理由にした強制隔離は憲法に違反しないか」（前掲『季刊福祉労働』九五号二五頁以下）、池原毅和「刑法の責任主義と『裁判を受ける権利』をめぐって」（同六五頁以下）、副島洋明「刑事裁判・知的障害者への弁護と支援」（同七四頁以下）、伊賀興一「日弁連はなぜ『新処遇法案』に反対するか」（前掲『法と民主主義』三七〇号一七頁以下）、長野貫太郎「国際人権原則と心神喪失者等医療観察法—審判手続を中心として」（ジュリスト増刊『精神医療と心神喪失者等医療観察法』（二〇〇四年）二五二頁以下）、大杉光子「心神喪失者等医療観察法の問題点の整理—人権侵害を防ぐために何が必要か—」（『法と精神医療』一九号（二〇〇五年）八七頁以下）、など。保護観察官によるものとして、田中浩「全法務の取り組みと保護観察所の現場実体」（前掲『法と民主主義』三七〇号二九頁以下）、家裁調査官によるものとして、井上博道「精神障害者の犯罪行為に関する審判・処遇期間を考える」（同三七〇号三一頁以下）など。当事者によるものとして、長野英子「『精神病』者への差別と管理を強化し、医療不信をあおるだけの新制度」（前掲『季刊福祉労働』九五号五一頁以下）、山本深雪「これ以上、収容施設をこの国につくるのはやめてください」（同九五号五九頁以下）など。

（4）日本精神病院協会もそのひとつで、同協会雑誌二一巻五号（二〇〇二年五月）は、その巻頭言で、協会長による「司法精神医学確立の礎石として触法新法の成立を望む」との一文を掲載した。

（5）町野教授によれが、次のように説かれた。「この法律が、精神障害者による再犯の防止について、また、一般の精神医療では対応が困難な『処遇困難者』に特別の処遇を与えることを可能にすることについて、どれほどの効果があるかには大きな疑問がある。しかし、精神障害者には治療を受ける権利がある。新法は触法精神障害者にも適切な精神科医療を保障し、その社会復帰を目標としたものである。新法は、犯罪防止を究極の目的とする刑事法ではなく、基本的にはその社会復帰を促進するための精神医療法として成立したものである。この面においては、新法は基本的には妥当であると思う。」「改正刑法草案における保安処分から心神喪失者等医療観察法に至るまで、問題の核心はやはり、何故触法精神障害者の自由を制限し強制的に医療を与えることが許されるかということである。原理的に許されないことを新法が行ったとするなら、それは憲法違反で無効としなければならない。法律ができれば問題が終わるというものではない。(原文では改行) そして、再犯の防止というポリスパワー的目的を達成するために、再犯を行う可能性があるに過ぎない精神障害者の自由を奪うことは許されないといわなければならない。それを認めるなら『治療なき拘禁』をも許容せざるをえなくなるであろうし、何よりも触法精神障害者以外の人には許されない予防拘禁を認めることであり、法の下の平等(憲一四条)に反することだからである。彼に医療を強制することのできる理由は、彼に医療を与えるというパレンス・パトリエ的考慮以外にはないのであり、ただ、後見的強制医療の範囲が過剰に広範に渡ることを避けるために、再犯の危険性の除去という大きな社会的必要性が制約原理として要求されることになるのである。標語的にいえば、『パレンス・パトリエが精神障害者の強制医療の基礎をなし、ポリスパワーが強制医療を制約する』。精神医療の強制原理として古くからその優劣が争われてきたこの二つは、以上のようにして適切な位置づけが得られることになるのである。」「以上の意味においても、心神喪失者等医療観察法は精神保健福祉法の延長線上にある精神医療法である。新法は、触法精神障害者に適切な医療を与えることにより、公共の安全にも配慮するものとして運用されることになる。この法律は、触法精神障害者を日本の精神医療の自由化・社会化、日本の精神障害者のノーマライゼーションのために切り離したというものではなく、むしろ日本の精神医療を先導するものとして誕生したものと考えなければならない。」(同「精神保健福祉法と心神喪失者等医療観察法―保安処分から精神医療へ」前掲『精神医療と心神喪失者等医療観察法』六九頁および七三頁)

(6) 三好圭「医療を中心に」(前掲『精神医療と心神喪失者等医療観察法』四四頁)。

（7）日弁連刑事法制委員会医療観察法対策部会事務局長の伊賀興一弁護士は、『自由と正義』二〇〇七年四月号の「医療観察法施行から一年半と日弁連」という特集の中で、「重大な他害行為を行ったことが中立の要件とされていること、審理を行う裁判所が地方裁判所刑事部であること、重大な他害行為の存否も審理対象とされていることなどから、刑事裁判との共通性を持っているとはいえ、その性格を法の目的、審判の対象と効力に基づいて検討すると、医療観察法は、医療と福祉の法律であると評価することとなろう。」（同七三頁―七四頁）と述べている。

（8）前掲・伊賀興一「日弁連はなぜ『新処遇法案』に反対するか」一七頁。

（9）ちなみに、中山研一博士は、法施行に先立って、そのブログで、次のように記された。「はっきりしていることは、国会で修正案が通過した際に、政府提案者側が『再犯のおそれ』は要件から削除したことを一致して述べていたという事実であります。（原文では改行）したがって、『再犯のおそれ』から『医療の必要性』への転換、保安法から医療による社会復帰法への転換がなされたと解されなければならないと、私は基本的に考えています。」（二〇〇五年三月八日）

（10）さいたま地決平成一八年三月二二日とこれを無条件に支持する江見健一「心神喪失者等医療観察法の施行の状況について」（『法律のひろば』二〇〇六年一二号四頁以下）などを参照。

（11）渡辺脩「決定事例の検討から」（前掲『自由と正義』二〇〇七年四月号）一〇〇頁―一〇三頁などを参照。

（12）伊賀興一「医療観察法の見直し『日弁連意見書』と保安処分論」（『法と精神医療』二五号のシンポジウム「心神喪失者等医療観察法の現状と見直し」）七八頁―七九頁および八一頁―八二頁。

（13）前掲・渡辺脩「決定事例の検討から」九八頁などを参照。

（14）厚生労働省障害保健福祉部作成の「障害保健福祉関係予算の概要」をみると、「心神喪失等の状態で重大な他害行為を行った者に関する医療提供体制の整備」に関する予算は、平成一八年度が一三七億円、平成一九年度が一五〇億円、平成二〇年度が一四九億円、平成二一年度が二一七、二億円、平成二二年度が二三五億円、平成二三年度が二〇七億円となっている。二〇七億円の内訳は「医療観察法の医療提供体制の充実・強化」が二〇六億円、「円滑な社会復帰に重点を置いた医療観察法制度の適正な運用」が二千万円、「司法精神医療に携わる医療及び福祉職種の人材養成等」が八千六百万円となっている（二〇一二年三月一三日閲覧）。平成二四年度の「『心神喪失等の状態で重大な他害行為を行った者に関する医療提供体制の整備』に関する予算案は二三五億円である。

（15） 伊藤哲寛「精神科医療に関する基礎資料（平成二〇年版）」などを参照。www.kansatuhou.net/10_shiryoshu/07_01_shiryou_seisin.html（二〇一二年三月一三日閲覧）。

（16） 岡田靖雄「医療観察法と精神科医療―批判的分析―」（二〇〇七年）などを参照。www.kansatuhou.net/test2/okada_hihanteki_bunseki.html（二〇一二年三月一三日閲覧）。そこでは、次のように説かれる。「附則第三条第二項は、〝この法律による医療の対象とならない精神障害者に関しても、この法律による専門的な医療の水準を勘案し〟などとうたう。〝この法律による専門的な医療の水準〟というならまずすべきは、精神科特例を継承している改正医療法による精神科病床の人員配置基準を、指定入院医療機関にはおよびもつかぬが、一般病床なみにあげることであろう。薬物療法と人による人への働きかけとこそが、現代精神科治療の両軸であり、低劣な人員配置のままでは医療水準の向上などはのぞむべくもない。」

（17） 岩崎康孝「医療からみた現状」（『法律のひろば』二〇〇六年一二月号の特集・心神喪失者等医療観察法の展望）二四頁―二五頁などを参照。

（18） たとえば、次のような危惧がそれである。「このような法案が立法化されれば、まず検察官の安易な不起訴は改められるどころかむしろ拡大される結果、医療を受けることが適切かどうか不明な人々が新たな施設に送り込まれ、見通しのない長期の拘禁が行われることになるでしょう。現在のところ厚生労働省は、全国で、二〇から三〇の病棟を国立を中心に一〇年程度で整備し、病床数を八〇〇から九〇〇床程度と予定しているようですが、すぐに施設はいっぱいとなり、制度は動かなくなると思われます。」「本来医療が緊急に必要な精神障害者もこの制度に機械的に流し込まれることになり、本格的な治療が開始される前に鑑定入院が二～三カ月行われ、必要な医療的介入は不十分となります。そして何よりも、通常の措置入院であれば病状が軽快すれば退院できていたものが、この法案によって『対象行為を再び行うおそれ』が少しでも残されていると、ほとんど退院できる見込みがないということになります。もしなんとか退院しても、指定医療機関への通院は入院していた施設と同一とは限らず、その人の暮らす地域にあるものとは限らないわけですから、とうてい治療のための通院とは言えないものとなるでしょう。」「このような制度を担うことになる『精神保健審判員』と呼ばれる精神科医については、再犯予測は可能であると豪語する一部の『精神医学者』と、立場上拒否することが困難な国立病院に勤務する精神科医だけとなるでしょう。不可能なことを要求され、その失敗の責任を負わされることになる立場に、みずから進んで希望するような人はいないからです。」「しかし、ここで注意しておくべきことは、いったんこの制度ができあがってしまうと、失敗を明らかにすることは困難だということです。なぜなら、再犯の恐れがあるとして拘禁された人が、実際には再犯を侵さない人だったとしても、拘禁されている限りそれを証明することはできないからです。逆に、再犯のおそれがないとして退院した人が、もしも再犯を犯した場合には、その判断を行った精神科医と裁判官に非難が集中することになります。したがって、長期の拘禁が必要と判断する精神科医ほど、正しいことを行っている優秀な医師であるということになってしまいます。」（高木俊介「ソフトな保安処分としての医療観察法―これは医療ではない―」（『季刊福祉労働』九五号（二〇〇二年）四一頁―四二頁）

(19) 前掲・岩崎康孝「医療からみた現状」二五頁などを参照。

(20) 渡邊哲雄（精神科医）「医療観察法とは何か?」などを参照。www.kansatuhou.net/01_nyumon/01_nanika.html（二〇一二年三月一三日閲覧）。

(21) 日本病院・地域精神医学会理事会「医療観察法省令改正に反対する見解」（二〇〇八年一〇月）などを参照。

(22) 厚生労働省医療観察法医療体制整備推進室「心神喪失者等医療観察法にかかる申立、決定等の状況」を参照。www.mhlw.go.jp/bunya/shougaihoken/sinsin/kettei.html（二〇一二年三月一三日閲覧）。

(23) 厚労省の「ガイドライン」は、入院期間を急性期一二週、回復期三六週、社会復帰期一二週の三段階に分けて、この一年六ヶ月間を標準的な在院期間としているが、これはモデルに過ぎない。通院処遇については、標準三年（前期一～六ヶ月、中期七～二四ヶ月、後期二五～三六ヶ月）をモデルとしながら、最長五年を超えることはないと規定（法第四四条）しているが、入院期間については、指定医療機関は入院決定後六ヶ月ごとに裁判所に入院継続の確認の申し立てをしなければならない（法第四九条）とするだけで、上限を定めた規定はない。そのために、対象者は、裁判所が法の定める「対象行為を行った際の精神障害を改善し、これに伴って同様の行為を行うことなく、社会に復帰することを促進するためにこの法律による医療を受けさせる必要があると認められなく」なったとして、通院治療への移行、または退院を決定しない限り、いつまでも退院することはできない。

(24) ちなみに、来住由樹「心神喪失者等医療観察法の運用の現状と今後の見直し―指定入院機関の立場から―」(『法と精神医療』二五号（二〇一〇年）五四頁以下）によれば、入院対象者の通院処遇への移行率は二九・二%で、全入院者の退院までの期間は、カプランマイヤー法で推定すると、入院日数の中央値は六八八日、平均値は七四〇日であるとされる。入院期間が長期間に及んでいることが窺える。

(25) 法務省の集計によると、昭和六一年〜平成二年の累計では、六月以下が四六・〇%、一年以下が二二・〇%、三年以下が一四・〇%、三年超えが一一・六%とされる。『平成三年版犯罪白書』第一編第二章第六節三「精神障害のある犯罪者の特色」の「1―50表　措置入院歴者の措置入院期間」を参照。

(26) 日本精神神経学会「再犯予測について（精神医療と法に関する委員会報告）」（平成一四年九月二〇日）によれば、「国会審議中の議論では、リスク評価の枠組み、特に予測期間はあいまいにされている。予測期間を明示しなければ、出現する再犯のベースレートは算出されない。したがって予測法は見出されえず、リスクの高低を論じることはできない。」「期間を問題にしない予測は、リスク概念から危険性概念への逆行を意味する。」「本法案が求める再犯予測法の今日の到達点は精神病質がある場合に限られた有効性を持つにすぎない。要するに現在水準の再犯予測と本法案の本来の対象者はミスマッチである。現在水準の正確な予測を行うためには、精神病質を本法案の対象に紛れ込ませねばならなくなる。もしそうなれば精神病質者の責任能力判断は変質する。簡易鑑定における精神病質者の二割が心神耗弱…とされていることはこの危惧を大きいものにする。（措置入院制度のあり方に関する研究：厚生科学研究平成一三年度森山班「触法精神障害者」の精神医学的評価に関する研究）」とされた。

(27) 二〇〇五年三月の厚生労働省の「医療観察法に基づく鑑定入院医療機関の推薦依頼について」という精神保健福祉課長通知において指針が別添参考資料として配付されるにとどまっている。

(28) 伊藤哲寛「医療観察法の行方」を参照。www.kansatuhou.net/07_genzai/02_yukue.html（二〇一一年三月一三日閲

覧）。前掲・岩崎康孝「医療からみた現状」二八頁によると、二〇〇六年（平成一八年）七月三一日現在の鑑定入院医療機関数は全国で二一九ヶ所だとされる。

(29) 最二小決平成一九年七月二五日刑集六一巻五号五六三頁によれば、「医療観察法の目的、その制定経緯等に照らせば、同法は、同法二条三項所定の対象者で医療の必要があるもののうち、対象行為を行った際の精神障害の改善に伴って同様の行為を行うことなく社会に復帰できるようにすることが必要な者を同法による医療の対象とする趣旨であって、同法三三条一項の申立てがあった場合に、裁判所は、上記必要が認められる者については、同法四二条一項一号の医療を受けさせるために入院をさせる旨の決定、又は同項二号の入院によらない医療を受けさせる旨の決定をしなければならず、上記必要を認めながら、精神保健及び精神障害者福祉に関する法律による措置入院等の医療で足りるとして医療観察法四二条一項三号の同法による医療を行わない旨の決定をすることは許されないものと解するのが相当」であるとされた。

(30) 法務省の集計によると、平成一七年七月から平成二三年七月までの医療観察法における検察官の申立て・地方裁判所の決定状況は、申立て合計が二二四四件で、うち入院決定が一三三三件、通院決定が三七〇件、不処遇決定が三四七件、申立て却下決定が七七件、申立て取下げが一六件となっている。都道府県別にみると、東京都は申立件数二四二件、入院決定一五四件、通院決定一五件、不処遇決定三五件、却下決定二一件、大阪府は申立件数一四五件、入院決定八〇件、通院決定四九件、不処遇決定八件、却下決定二件、埼玉県は申立件数一三三件、入院決定九四件、通院決定一三件、不処遇決定二二件、却下決定〇件、神奈川県は申立件数一一八件、入院決定六七件、通院決定二二件、不処遇決定一七件、却下決定九件、北海道は申立件数一〇六件、入院決定六七件、通院決定二七件、不処遇決定一五件、却下決定〇件、福岡県は申立件数八八件、入院決定四九件、通院決定一五件、不処遇決定一五件、却下決定六件で、却下決定が〇件のところは二二道県（北海道、青森県、秋田県、山形県、福島県、茨城県、群馬県、埼玉県、新潟県、石川県、岐阜県、福井県、滋賀県、奈良県、和歌山県、島根県、徳島県、香川県、愛媛県、高知県、佐賀県、大分県）に及んでいる。申立てられた対象者の内訳は、刑事人員二二四四名のうち不起訴処分に基づく申立ては一九七七名、確定裁判に基づく申立ては二六七名、性別は二二四四名のうち、男一六七八名（七四・八％）、女五六六名（二五・二％）、対象行為は二二九〇名のうち、放火等（二条二項一号）六三五名、強制わいせつ・強姦等（二号）一二八名、殺人等（三号）六二六名、傷害（四号）七七四名、強盗等（五号）一二七名、年齢は二〇～二九歳が四一四名（一八・五％）、三〇～三九歳が五九三名（二六・四％）、四〇～四九歳が四八〇名（二一・四％）、五〇～五九歳が四〇三名（一八・〇％）、六〇～六九歳が二二八名（一〇・二％）、七〇～七九歳が一二四名（五・五％）となっている。

（31）ちなみに、前掲・伊藤哲寛「医療観察法の行方」（二〇一二年三月一三日閲覧）によれば、裁判所の審判決定についても問題があるとして、次のように指摘されている。「個別の事例をみると、指定入院医療機関や指定通院医療機関の整備状況、地域の精神科病院による精神保健福祉法上の入院受け入れ可能性、地域の支援体制の充実度、社会復帰調整官の関与、あるいは付添人の積極的な取り組みなどが審判結果に相当影響しているようで、同じ程度の他害行為、疾病の程度、治療反応性であっても審判決定に違いが出ている。審判における入院決定率の地域差もみられ、たとえば、日弁連の医療観察法部会による二〇〇七年四月までの集計によると、大阪では通院決定が入院決定を大幅に上回っているのに、埼玉では逆に入院決定が通院決定に比してきわめて多い。」「外的諸要因に大きく依存する『社会復帰要因』が、『疾病性』や『（この法律による）治療可能性』を超えて審判決定に大きな影響を与えていることには問題がある。」「曖昧な規定の下で、入院、通院、この法による医療不要（不処遇）、却下のいずれの決定になるのか、その分岐点が不明確になっている。」

前掲・来住由樹「心神喪失者等医療観察法の運用の現状と今後の見直し」五八頁でも、「平成二〇年七月時点での都道府県別の人口一〇万人当りの入院決定件数は、最多は沖縄県で一・五件、最小は大分県で〇・一五件であり、一〇倍の格差があり、対象事件が少ないなど偶然の要素では説明ができないレベルである。なお、平均は〇・四九件であった。」と分析されている。また、村上優「医療観察法の運用の実態と問題点―指定入院医療施設より―」（二〇〇六年五月一一日の日本精神神経学会総会シンポジウムにおける口頭発表）によれば、指定入院医療機関からの報告によると、審判における診断や治療反応性の判断に問題があり、入院患者の六％は入院命令不要で、二六％は入院決定に疑問があるとされる。

（32）厚生労働省集計の「月別入院対象者数」によると、平成一七年度は九月（四名）、一〇月（一八名）、一一月（二八名）、一二月（四九名）、一月（六三名）、二月（八一名）、三月（九四名）、平成一八年度は四月（一〇六名）、五月（一一五名）、六月（一二八名）、七月（一四六名）、八月（一五四名）、九月（一六八名）、一〇月（一八〇名）、一一月（一九二名）、一二月（二〇八名）、一月（二一六名）、二月（二三六名）、三月（二五〇名）、平成二二年度は四月（四七二名）、五月（四七六名）、六月（四七七名）、七月（四八〇名）、八月（四九三名）、九月（四八九名）、一〇月（四九六名）、一一月（五〇九名）、一二月（五三〇名）、一月（五四七名）、二月（五四七名）、三月（五四〇名）、平成二三年度は四月（五六三名）、五月（五八〇名）、六月（五九〇名）、七月（六〇一名）、八月（六一七名）、九月（六一一名）となっている。年々、増加傾向にあることがうかがえる。これに対して、平成二三年一〇月一日現在の指定入院医療機関の指定数は二八か所（六六六床）で、平成二三年六月三〇日現在の指定通院医療機関の指定数は二・八二二か所である。なお、厚生労働省社会・援護局障害福祉部精神・障害保健課が平成二四年二月二〇日に開催した障害福祉関係主管課長会議の資料によれば、指定入院機関の整備については全国で七二〇床程度（予備病床を含めて八〇〇床程度）を目標として整備したいとされる。

(33) 前掲・来住由樹「心神喪失者等医療観察法の運用の現状と今後の見直し」五八頁。なお、同五八頁および六四頁によれば、岡山県精神科医療センターの統計では「認知症、広汎性発達障害や精神遅滞などの不適応状態、パーソナリティ障害など、その多くは医療観察法において不処遇決定になっており、本法で新たな課題の解決にはなっていない」とされる他方で、「鑑定時診断の多くは統合失調症圏（八一％）であるが、知的障害や人格障害が主診断で入院に至った症例が二例ある。」とされる。

(34) 前掲・来住由樹「心神喪失者等医療観察法の運用の現状と今後の見直し」六三頁によれば、「医療観察法通院中にも、精神保健福祉法での入院が多用されており、…対象者が自ら病状の悪化時には入院を選択できる等の自己コントロールとしても用いている。」とされる。医療観察法による通院治療の内容が、入院治療の場合以上に一般の精神保健福祉法による治療に近づいているとすれば、医療観察法による通院治療の特徴は対象者に対する強化された管理の実施ということになろう。

(35) 前掲・伊藤哲寛「医療観察法の行方」（二〇一二年三月一三日閲覧）によれば、「指定入院医療機関からの退院準備、退院後の通院確保、地域での生活保障と生活支援、病状悪化時の危機介入など、通院決定がなされた対象者への医療、保健、福祉サービスには困難が伴う。特に、特別な入院施設から退院し、保護観察所の精神保健観察下に置かれた患者には負の刻印が相当な重荷となる。地域処遇における調整役としての社会復帰調整官の役割が期待されるが、少ない配置数、広い担当区域、乏しい予算措置、乏しい社会資源などを考えると、その機能は管理的な精神保健観察に限定されよう。」と指摘される。精神保健観察を実際に担う現場の社会復帰調整官からも、「兵庫県内においては、指定入院医療機関が存在せず、指定通院医療機関が遠方にしかない地域が未だに存在するなど、本制度で提供される医療体制のさらなる整備が強く望まれる。本法附則第三条では、精神科医療、精神保健福祉全般の向上が謳われているが、その実現を心から願う」（新谷和永「社会復帰調整官の業務の実際と課題」（前掲『法と精神医療』二五号）六六頁以下）との声が寄せられている。

（36） 法施行から約五年間で、対象者の中から十数人の自殺者が出ているという事実もここで紹介しておかなければならない。「五年間で千数百人の対象者のうち自殺例が十数人というのは、並みの数字ではない。社会的スティグマ性が高く、形式主義的で柔軟性に乏しい医療観察法で処遇されることによって、対象者が癒されるのではなく逆に追い詰められた可能性が高い」（岡崎信郎『精神保健・医療・福祉の根本問題2』（二〇一一年、批評社）三八頁）との指摘もあるが、国は個人情報の保護を理由に個々の詳しい経緯を明らかにすることはできないとしている。しかし、社会復帰の促進を掲げた法の下で十数人という自殺者が出ているというのは法の存在意義にかかわる重大問題である。法の見直しに当たってこの点の検証は必要不可欠ではないか。

（37） 前田雅英「責任主義と精神医学」（『こころの科学』一三二号（二〇〇七年））一七頁によれば、「社会的制度として犯罪を犯した障害者の対策を考える場合には、『犯人に最も治療効果が上がる方法以外は採用し得ない』という考えはあまりに片面的なものとなる。少なくとも国民の支持は得られない。犯罪や刑罰に関連する議論が、患者の治療という視点のみで処理し得ないことは、認めざるを得ないように思われる。」とされる。また、岡江晃『刑事責任能力判断の新たな動向』（日本精神神経科診療所協会医療観察法等検討委員会、二〇〇八年）一九頁によれば、「検察官から是非一度話をしたいといわれて会ったことがあります。いろいろな話があったのですが、中でも印象深かったのは、医療観察法では刑罰の代わりとはならない、医療観察法は一般の人に認知もされていない、という検察官の発言です。重大犯罪の場合に責任無能力となれば、例え医療観察法で入院させることができても、とても被害者感情、市民感情を納得させることはできないと検察官は考えていると受け取りました。」とされる。

（38） 山上皓「司法精神医学の視点からみた医療観察制度施行の現状と課題」（『法律のひろば』二〇〇六年一二月号）三九頁。「入口の拡大」論については、その他、吉川和男・山上皓「医療観察法制度の意義と課題」（『精神神経学雑誌』一〇八号（二〇〇六年）四九〇頁以下）なども参照。山上論文によれば、「充実した設備、人員配置を誇る指定入院医療機関は、治療困難、精神遅滞、物質関連障害、人格障害という誰もが忌避しがちな問題に正面から取り組むことが期待されている。もし、ここに挙げた問題が医療観察法後も未解決であるとすれば、この新しい医療制度の存在意義は失われてしまいかねないだろう」とされる。ちなみに、厚生省医療観察法医療体制整備推進室調によると、入院対象者の平成二三年六月三〇日現在の状況は、対象者五九〇名（うち男性四六四名）のうち、急性期一二五名（八八名）、回復期三一一名（二五〇名）、社会復帰期一五四名（一二六名）で、疾病別内訳は、症状性を含む器質性精神障害八名（うち男性五名）、精神作用物質使用による精神および行動の障害三四名（二九名）、統合失調症、統合失調型障害および妄想性障害四九七名（三九七名）、気分（感情）障害二六名（一三名）、神経症性障害、ストレス関連障害および身体表現性障害四名（三名）、成人のパーソナリティおよび行動の障害五名（二名）、精神遅滞（知的障害）五名（四名）、心理的発達の障害一一名（一一名）となっている。

（39） 内田博文「精神科病院への『強制入院』は合憲か？―精神保健福祉法と心神喪失者等医療観察法を検証する」（月刊『部落解放』二〇〇九年六月号八二頁以下）などを参照。

（40） 前掲・岡崎信郎『精神保健・医療・福祉の根本問題二』三九頁。

（41） 二〇〇九年一〇月三一日に名古屋市内で開催された「患者の権利法をつくる会」他主催の「患者の権利宣言」二五周年記念集会における内田博文「医事法におけるパラダイムの転換―国策に奉仕する医療から国民の命を守る医療へ―」の講演などを参照。sites.google.com/site/kenri25/shinpo-tepu-okoshi-2（二〇一一年三月一三日閲覧）

医療観察法施行五年の見直しの問題

内山真由美

一　はじめに

本稿では、施行五年の見直しが予定されていた「心神喪失等の状態で重大な他害行為を行った者の医療及び観察等に関する法律」（以下、医療観察法）について、まず、その見直しに向けた議論を整理し、「現時点において、早急に医療観察法を改正すべきものとまでは認められない」とした法務省・厚生労働省の「施行の状況についての検討結果」を概観する。次いで、現在進められている精神保健医療福祉の改革と障害者制度改革に目を向け、それらの改革の現状と課題に触れる。最後に、障害者に係る制度の改革に関する議論において、精神障害者に係る現行制度が「障害のある人の権利に関する条約（仮称）」（Convention on the Rights of Persons with Disabilities. 以下、障害者権利条約）の観点から点検されていることに鑑みて、医療観察法が障害者権利条約との関係でいかなる問題を抱えるのかを論じる。

二　医療観察法施行五年の見直しに向けた議論の整理

医療観察法附則第四条は、五年間の実施状況の報告と必要があれば見直しを行うよう求めている。[1]これをめぐり医療観察法の現状と課題が広く議論され、医療観察法廃止論もなされてきた。[2]

弁護士は付添人として医療観察法対象者と関わる者であるが、日本弁護士連合会は「医療観察法の見直しに関する意見書」（二〇一〇年三月十八日）をまとめ、医療観察法自体に一貫して反対という立場でありつつ実務に携わらなければならないという立場から、「医療と社会復帰促進の法」として運用できるようにするために必要な当面の「見直し案」を提言した[3]。

日本刑法学会では、その第八九回大会（二〇一一年五月二九日）において、「心神喪失者等医療観察法の運用状況と課題」と題して、刑事法研究者、検察官、判事、弁護士、精神科医、社会復帰調整官を報告者とするワークショップが開催された。各報告者によれば、医療観察法の運用状況は、それぞれ「順調」「良好」「一定の成果を上げている」と評価され、その上でいくつかの課題が述べられた[4]。

本法へのこのような肯定的評価は、その他の刑事法学者にも見られる。たとえば、瀬川晃は、「本法は施行後五年の間きわめて慎重に運用されてきており、大きな問題状況を露呈していない」ようであり、「現在のところ、本法の運用は精神医療関係者の努力により保安処分的色彩を薄める方向ですすんでいるようにみうけられる」と施行後の状況を評価した上で、医療機関の不足及び人員の不足、診療報酬面での不採算性といった問題点を指摘し、結論として、「心神喪失者等医療観察法の制定によって、触法精神障害者に対する高度で専門的な医療を手厚く実施する体制が整いつつあることも事実であり、今後は触法精神障害者の人権に配慮しつつ、その適正な運用の実績を積み重ねていくことが望まれる。そうした積み重ねによって、わが国の触法精神障害者処遇は一層安定感を増すことになろう[5]」と述べている。また、川本哲郎は、「医療観察法については、概ね謙抑的に運用されていると思われる」と評価した上で、成果と課題に言及し、「ともあれ、医療観察法の制定によって、司法精神医療の世界に大きな変化が起きたことは確かである。この経験を将来にどう生かすかを考えていくことが、極めて重要であることに疑いはない。今後の動向を注視し、絶え間なく改善の提案を行っていくことが必要であろう[6]」と述べている。

三　政府報告及び検討結果

医療観察法施行五年を迎えた二〇一〇年、法務省と厚生労働省は十一月二六日、施行状況に関する報告を国会に行い[7]、二〇一二年の七月三一日に「施行の状況についての検討結果」（以下、「検討結果」）を公表した[8]。「検討結果」は、医療観察法の実務に携わる者からのヒアリングで指摘された事項、それへの取り組み状況、および検討結果からなる。そして、施行状況はおおむね良好であり、医療観察制度は同法の目的に照らして対象者に有効に機能しており、そのため現時点において、早急に医療観察法を改正すべきものとまでは認められない、このようにまとめられる。「検討結果」は全十二頁に過ぎず、同法の抱える問題が検討されたといえるか疑わしいが、そのまとめは既述の刑法学会のワークショップや刑事法学者のまとめと似通っている。

法務省・厚生労働省の報告では、精神保健医療福祉をめぐる現在の状況には触れられていないが、精神保健医療福祉をめぐる状況は、大きく変わろうとしている。そこで、以下では、法務省・厚生労働省の報告で問われることのなかった精神保健医療福祉をめぐる現況を取り上げて、医療観察法を再度検討したい。

四　精神保健医療福祉の改革と障害者制度改革

(1)　精神疾患の医療体制構築に向けて

注目すべきは、精神疾患の医療体制が大きく変わろうとしている点である。厚生労働省が二〇〇四年に「入院医療中心から地域生活中心へ」という基本理念を掲げて始まった精神保健医療福祉の改革[9]は、二〇一二年、その医療分野について精神疾患が「五大疾病」の一つに位置づけられたことから、大きな転換期を迎えている。

こうした変化は、「入院医療中心から地域生活中心へ」の基本理念に基づく施策の実施状況を踏まえて更なる改革の具体像を示すものとして二〇〇九年にとりまとめられた「今後の精神保健医療福祉のあり方等に関する検討会」の報告書（精神保健医療福祉の更なる改革に向けて）[10]において、医療計画で目標や医療連携体制を定める「四大疾病」に精神疾患を追加することについて検討すべきとされたことに遡る。[11]具体的な検討は「医療計画の見直しに関する検討会」でなされ、二〇一一年十二月に、都道府県において精神疾患患者やその家族に提供できる医療体制の構築を目指すよう促す「精神疾患の医療体制構築に係る指針の骨子」が出された。[12]以後、「医療計画について」（二〇一二年三月三十日厚生労働省医政局長通知）、「医療計画作成指針」（その別紙）、「疾病・事業及び在宅医療に係る医療体制について」（二〇一二年三月三十日厚生労働省医政局指導課長通知）、「疾病又は事業ごとの医療体制構築に係る指針」（その別紙）が出されており、これらは二〇一三年度以降の医療計画に反映されることになっている。

精神疾患に関する医療体制の構築が医療計画に盛り込まれ、精神保健医療福祉のあり方が「精神疾患の医療体制構築に係る指針の骨子」で示された方向[13]へ、つまり、誰もが必要なときに地域で適切な医療と支援が受けられるものへと転換するか否か、期待される。これまで「入院医療中心から地域生活中心へ」という基本理念が掲げられるも改革は遅々として進まず、ついには医療観察法の成立に際して一般医療の質の向上が約束されるに至ったが、[14]いまなお精神科医療現場における医師や看護師等の人員体制は一般病床より低い水準にとどめおかれている。[15]また、社会的入院の解消のために、国は地域移行に向けての支援として「精神障害者退院促進支援モデル事業」（二〇〇三年度～）、およびそれを拡大した「精神障害者地域以降支援特別対策事業」（二〇〇八年度～）、さらに地域生活への移行後の地域への定着支援も行う「精神障害者地域移行・地域定着支援事業」（二〇一〇年度～）に取り組んでいるが、二〇〇三年から二〇一〇年の間で事業の対象となった者は七千九百三人であり、退院者は二千八百十九人にとどまっている。[16]

（2）障害者制度改革

また、精神障害者に係る制度が、障害者権利条約の批准に向けて大きく議論されている点も注目すべきである。すなわち、障害者制度の集中的な改革を行うため、内閣に「障がい者制度改革推進本部」（以下、「推進本部」）が設置され（二〇〇九年十二月八日閣議決定）、次いで、障害者施策の推進に関する事項について意見を求めるため、「推進本部」の下に「障がい者制度改革推進会議」（以下、「推進会議」）が設けられた。推進会議では二〇一〇年一月から障害者に係る制度の改革についての議論が行われ、同年四月、障害者に係る総合的な福祉法制の制定に向けた検討を効果的に行うため、推進会議の下に「障がい者制度改革推進会議総合福祉部会」（以下、「総合福祉部会」）が、同年十一月に「差別禁止部会」が設けられた。

「推進会議」では、精神障害者に対する強制入院が議論になった。なぜなら、障害者権利条約が第十四条で、「締約国は、次のことを確保する。」として、「（a）障害のある人が、他の者との平等を基礎として、身体の自由及び安全についての権利を享有すること。」「（b）障害のある人が、他の者との平等を基礎として、自由を不法に又は恣意的に奪われないこと、いかなる自由の剥奪も法律に従い行われること、及びいかなる場合においても自由の剥奪が障害の存在により正当化されないこと。[17]」と規定するためである。「精神保健及び精神障害者福祉に関する法律」（以下、精神保健福祉法）の措置入院、医療保護入院に続き、医療観察法の入院がこれに違反しないか否かが議論され、委員の中に「医療観察法は障害者権利条約に違反しない」と述べた者は存在しなかった。[18]同じく、障害者権利条約が第十七条において「障害のあるすべての人は、他の者との平等を基礎として、その身体的及び精神的なインテグリティ〔不可侵性〕を尊重される権利を有する。」と規定すること、また、第二五条において「他の者と同一の質の医療〔ケア〕（特に、十分な説明に基づく自由な同意に基づいたもの）」を規定することから、精神保健福祉法における強制医療介入と医療観察法における強制医療介入がこれに違反しないか否かが議論され、これについても、条約違反の疑義が強いとみる委員が大勢であった。[19]

障がい者制度改革推進会議第一次意見を踏まえて二〇一〇年六月二九日に閣議決定された「障害者制度改革の推進のための基本的な方向について」は、医療分野について、①精神障害者に対する強制入院、強制医療介入等について、いわゆる「保護者制度」の見直し等も含め、その在り方を検討し、二〇一二年内を目途にその結論を得ること、②「社会的入院」を解消するため、精神障害者に対する退院支援や地域生活における医療、生活面の支援に係る体制の整備について、総合福祉部会における議論との整合性を図りつつ検討し、二〇一一年内にその結論を得ること、③精神科医療現場における医師や看護師等の人員体制の充実のための具体的方策について、総合福祉部会における議論との整合性を図りつつ検討し、二〇一二年内を目途にその結論を得ることとした。[20]

障害者権利条約を前提として議論を重ねていた「総合福祉部会」は、二〇一一年八月に「障害者総合福祉法の骨格に関する総合福祉部会の提言—新法の制定を目指して[21]」を公表した。精神障害者の医療については、精神障害者の医療と地域生活、精神障害者に係る非自発的入院や入院中の行動制限、入院中の精神障害者の権利擁護、精神障害者に対する精神医療の質の向上、保護者制度、障害を理由とした医療提供の拒否の禁止といった問題が検討されている。すべては「障害者の医療をめぐる現状を踏まえつつ、障害者は保護の対象ではなく権利の主体であるとの考えに立ち、障害当事者の経験に即した視点から、諸課題への解決策につながるよう、制度の在り方につき検討を行った[22]。」ものである。

先の「障害者制度改革の推進のための基本的な方向について」で示された①〜③に関しては、「総合福祉部会」とは別に、二〇一〇年五月、厚生労働省内に厚生労働大臣政務官を主担当とする「新たな地域精神保健医療体制の構築に向けた検討チーム」(以下「検討チーム」)が立ち上げられ、順次検討が行われた。「検討チーム」から二〇一二年六月二八日に「入院制度に関する議論の整理」が公表され、主に医療保護入院の見直しが提言された[23]。これを受けて、厚生労働省は、医療保護入院について家族の同意を不要とし、入院中の患者の言い分を伝える「代弁者」(権利擁護者)を患者本人が選べる仕組みを導入する方針を決めた[24]。また、二〇一二年四月に発足した「精神科医療の機能分化と質の向上等に関する検討会」（以下「検討会」）からは同年六月二九日にとりまとめが公表され[25]、これを受けて、厚生労働省は、精神科への入院を原則一年以内とする方針を決めた[26]。

こうして「検討チーム」と「検討会」から、保護者制度の廃止と早期退院の目標が具体的に提示されるに至ったが、「推進会議」や「総合福祉部会」で議論されていたその他の問題点については踏み込まれないままになっている。当事者主体の「推進会議」と「総合福祉部会」での議論が国内法整備に活かされず、これまでの人権条約同様に当事者不在のまま条約が批准されてしまうのではないかが懸念される。

医療観察法は、「推進会議」と「総合福祉部会」において障害者権利条約の観点から大いに問題あるものとして議論されたにもかかわらず、精神障害者に係る改革から取り残され、先述した「検討結果」では「見直す必要なし」と判断された。果たして、医療観察法には、医療・福祉の分野が大きく変化しつつある状況は波及しないのだろうか。医療観察法は、重大な他害行為を行った精神障害者に対する保安処分法であるとの批判から、対象者の社会復帰の促進と対象者への手厚い医療の提供を掲げて、医療・福祉法として成立したのではなかったか。これまで見てきたように、医療観察法施行後に精神保健医療福祉のあり方が問われるようになる中で、医療観察法は医療・福祉から置き去りにされている。ここに、触法精神障害者に対する処遇が、たとえ医療・福祉目的で採用されようとも、それが医療・福祉とは切り離されて治安政策として運用されてしまうという現実が明らかになっているのではないだろうか[27]。

五　障害者権利条約と医療観察法

最後に、障害者に係る制度の改革において等閑視されている触法精神障害者について、その処遇を規定する医療観察法の問題を障害者権利条約のいくつかの点から若干検討したい。

(1)「障害」とは何か

障害者権利条約[28]は、前文(e)において、「障害が機能障害〔インペアメント〕のある人と態度及び環境に関する障壁との相互作用であって、機能障害のある人が他の者との平等を基礎として社会に完全かつ効果的に参加することを妨げるものから生ずることを認め」る。そして、障害のある人の他の者との平等を確保するため、第三条において、固有の尊厳、個人の自律(自ら選択する自由を含む)、個人の自立等を一般原則に掲げる。このように、障害者権利条約は、障害のある人を保護して治療する客体と捉えてきたこれまでの社会が、障害のある人の平等と自立を妨げ、障害のある人を社会から排除してきたことを厳しく問う。

精神障害者に対して、精神障害者は自身を傷つけたり他人を傷つけたりするおそれがあるとする「ポリス・パワー」、および精神障害者は自己決定することができないから社会がかわりに決めてあげようとする「パレンス・パトリエ」を根拠に、隔離して精神病院に収容することを中心としてきたわが国の精神保健医療福祉政策、そして、それをもとに制度設計された医療観察法が、障害のある人が受ける不利益の原因と責任を個人に帰属させていることは明らかである。医療観察法対象者は、退院後の社会生活にさらに困難を伴う。法務省と厚生労働省が医療観察法施行五年後の見直しの関係で行った医療観察法の実務に携わる者からのヒアリングにあるとおり、医療観察法指定入院医療機関入所対象者の住居確保、および受入れ先確保は、容易でない[29]。

既述の「障害者制度改革の推進のための基本的な方向について」では、「あらゆる障害者が障害のない人と等しく自らの決定・選択に基づき、社会のあらゆる分野の活動に参加・参画し、地域において自立した生活を営む主体であること」が「改めて確認」され、「日常生活又は社会生活において障害者が受ける制限は、社会の在り方との関係によって生ずるものとの視点に立」つことが宣言された[30]。このように、わが国においても、障害のある人が自己決定の主体であり、障害が社会の在り方との関係によっていることが確認され、これが障害者権利条約の批准に向けて進められる障害者制度改革の基本的な考え方とされている。触法精神障害者の処遇についてもこの観点から検討されるべきではないだろうか。

（２）自己決定

これまでの精神保健医療福祉政策では、精神に障害があると「パレンス・パトリエ」によってその人は自己決定をすることのできない存在とみなされてきた。障害者権利条約はこれを否定し、先に紹介したように、第三条で「（ａ）固有の尊厳、個人の自律（自ら選択する自由を含む）、個人の自立」を一般原則として掲げる。さらに、第十二条は、障害のある人が法的能力を有することを認めて、締約国にその能力を行使するにあたり適切な措置をとることを要請する。つまり、障害者権利条約は、誰もが自己決定する能力を持っていることを明確にした上で、障害のある人がそれを実現できるよう、締約国に方策を尽くすことを求めるのである。適切な支援がなされないがゆえに自己決定できない場合、それは「合理的配慮」に欠ける差別である[31]。

（３）障害に基づく差別

そもそも（触法）精神障害者を、医療観察法や精神保健福祉法という特殊な法律で扱い、将来の危険性、および自己決定を否定して（触法）精神障害者に対する人権の制限を正当化することは「障害に基づく差別[32]」であると解される。なぜなら、将来の危険性という「ポリス・パワー」は精神障害のない人には考慮されないことであるし、インフォームド・コンセントが医療の原則であるとされる現在、自己決定を否定する「パレンス・パトリエ」は精神障害のない人ではありえないことであるためであるし、医療観察法は、触法行為を理由として精神障害者だけを対象とするからである。

六　おわりに

内閣府が二〇一二年九月二二日に発表した世論調査では、「世の中には障害者に対する差別や偏見がある」と思う人が八九％に上っている[33]。差別と偏見を解消するためには、精神障害者だけにさらなる人権侵害を加えて「障害に基づく差別」を行う医療観察法は廃止されなければなるまい。触法行為を行った精神障害者も含めて適切な医療を提供できる体制をいかに構築するかが課題である。

一方、先の世論調査では、障害者権利条約の周知度は「知らない」が八二％であった。果たして、先述したように、法務省・厚生労働省においても医療観察法施行五年の見直しにあたって、医療観察法と障害者権利条約の関係に触れられるところはなく、刑事法学者においても同様であった。

批准するも国内法に改善は見られないという従来の人権条約の轍を踏まぬために、障害者権利条約の関係から、触法精神障害者の処遇を含めた精神保健医療福祉のあり方を再検討することが喫緊の課題ではなかろうか。

〔註〕

（1）「政府は、この法律の施行後五年を経過した場合において、この法律の規定の施行の状況について国会に報告するとともに、その状況について検討を加え、必要があると認めるときは、その検討の結果に基づいて法制の整備その他の所要の措置を講ずるものとする。」（医療観察法附則第四条）。

（2）「特集　医療観察法のない社会に向けて」精神医療五九号（二〇〇九年）三頁以下参照。

（3）意見書は、日本弁護士連合会 http://www.nichibenren.or.jp/library/ja/opinion/report/data/100318_6.pdf で閲覧できる（二〇一二年八月三十日閲覧）。意見書については、伊賀興一「日弁連の医療観察法『見直し』意見書の射程」自由と正義六二巻三号（二〇一一年）九十頁以下も参照。意見書案に対する反対意見書の内容を「医療観察法改正私案」としてまとめたものに、森豊「医療観察法を考える　医療観察法改正私案」自由と正義六二巻三号（二〇一一年）九八頁以下がある。

（4）刑法雑誌五一巻三号（二〇一二年）四六九～四七四頁。

（5）瀬川晃「触法精神障害者処遇の変遷と現在」井上正仁＝酒巻匡編『三井誠先生古稀祝賀論文集』（有斐閣・二〇一二年）九二八頁。

（6）川本哲郎「医療観察法の現状と課題」町野朔他編『刑法・刑事政策と福祉　岩井宣子先生古稀祝賀論文集』（尚学社・二〇一一年）六五頁。

（7）法務省・厚生労働省「心神喪失等の状態で重大な他害行為を行った者の医療及び観察等に関する法律の規定の施行の状況に関する報告　平成十七年七月十五日から平成二二年七月三一日まで」厚生労働省 http://www.mhlw.go.jp/stf/houdou/2r9852000000wvym—img/2r9852000000ww3s.pdf（二〇一二年十月十九日閲覧）。

（8）法務省・厚生労働省「心神喪失等の状態で重大な他害行為を行った者の医療及び観察等に関する法律の施行の状況についての検討結果」厚生労働省 http://www.mhlw.go.jp/stf/houdou/2r98520000002gk0i—att/2r98520000002gk49.pdf（二〇一二年十月十九日閲覧）。

（9）改革の方針は、二〇〇二年十二月九日の社会保障審議会障害者部会精神障害分会報告書において、「受け入れ条件が整えば退院の可能性がある」患者数が約七万二千人ないし七万人とされたことで定まった。厚生労働省は、二〇〇二年十二月に社会的入院患者を十年間で七万二千人退院させることを宣言し、二〇〇四年に「精神保健福祉施策の改革ビジョン」において「入院医療中心から地域生活中心へ」という基本理念を掲げた（拙稿「精神科医療・福祉政策の改革と医療観察法」九大法学九七号（二〇〇八年）十一頁）。

（10）「今後の精神保健医療福祉のあり方等に関する検討会」報告書について、拙稿「医療と人権—イギリスの精神保健から—」九大法学一〇一号（二〇一〇年）九十～九一頁参照。

（11）四大疾病とは、がん、脳卒中、急性心筋梗塞、糖尿病である。二〇〇八年の患者調査によれば、精神疾患の患者数は約三百二十三万人であり、四大疾病の中で最も患者数が多い糖尿病（約二百三十七万人）を大きく上回り、がん（約百五十二万人）の二倍である。

（12）厚生労働省 http://www.mhlw.go.jp/stf/shingi/2r985200000lyj85-att/2r985200000lyj9m.pdf（二〇一一年十月二三日閲覧）。

（13）「精神疾患の医療体制構築に係る指針の骨子」は、精神疾患患者やその家族等に対して、以下の①～⑤を提供できる体制の構築を目指すとする。①住み慣れた身近な地域で基本的な医療やサービス支援を受けられる体制、②精神疾患の患者像に応じた医療機関の機能分担と連携により、他のサービスと協働することで、適切に保健・医療・介護・福祉・生活支援・就労支援等の総合的な支援を受けられる体制、③症状がわかりにくく、変化しやすいため、医療やサービス支援が届きにくいという特性を踏まえ、アクセスしやすく、必要な医療を受けられる体制、④手厚い人員体制や退院支援・地域連携の強化など、必要な時に、入院医療を受けられる体制、⑤医療機関等が、提供できるサービスの内容や実績等についての情報を、積極的に公開することで、各種サービス間での円滑な機能連携を図るとともに、サービスを利用しやすい環境（厚生労働省・前掲（12））。

（14）医療観察法附則第三条を参照。

（15）医療法上の精神病床の医師・看護師等の人員配置基準は、医師が入院患者四八人に一人（一般病床では十六人に一人）、看護職員が入院患者四人に一人（一般病床では三人に一人）。

（16）独立行政法人福祉医療機構 http://www.wam.go.jp/wamappl/bb15GS60.nsf/0/2c116f897613f4a4925783f0016cba/$FILE/20110222_1shiryou4_3_3.pdf（二〇一一年十月十九日閲覧）。

（17）本稿では、障害者権利条約の日本語訳に川島聡＝長瀬修仮訳（二〇〇八年五月三十日付）を用いている。

（18）内閣府「障がい者制度改革推進会議　第六回　資料三　医療に関する意見一覧」http://www8.cao.go.jp/shougai/suishin/kaikaku/s_kaigi/k_6/pdf/s3.pdf（二〇一一年十月十九日閲覧）。

（19）内閣府・前掲（18）。

（20）内閣府 http://www8.cao.go.jp/shougai/suishin/kaikaku/s_kaigi/k_16/pdf/ref.pdf（二〇一一年十月十九日閲覧）。

（21）厚生労働省 http://www.mhlw.go.jp/bunya/shougaihoken/sougoufukusi/dl/110905.pdf（二〇一二年十月十九日閲覧）。
（22）総合福祉部会「障害者総合福祉法の骨格に関する総合福祉部会の提言―新法の制定を目指して」前掲（21）九五頁。
（23）厚生労働省 http://www.mhlw.go.jp/stf/shingi/2r9852000002e9rk.html（二〇一二年十月十九日閲覧）。
（24）読売新聞二〇一二年六月三十日夕刊（ヨミダス文書館より）
（25）厚生労働省 http://www.mhlw.go.jp/stf/shingi/2r9852000002ea3j.html（二〇一二年十月十九日閲覧）。
（26）読売新聞二〇一二年六月二九日朝刊（ヨミダス文書館より）
（27）近年官民を挙げて取り組まれている罪を犯した障害者に対する支援にも同様の問題を提起しうる（拙稿「治安政策と元受刑者に対する社会復帰支援の関係」九大法学九八号（二〇〇九年）一頁以下参照）。
（28）障害をめぐる「医学モデル」と「社会モデル」という二つの考え方については、拙稿「刑事法学と精神保健医療福祉」法と民主主義四五三号（二〇一〇年）六二～六三頁参照。
（29）法務省・厚生労働省・前掲（8）。この指摘について、厚生労働省は「グループホーム等において、対象者を受け入れて地域で生活するために必要な相談援助や個別支援を行った場合の報酬上の加算措置を設けるなど、対象者の受入れの促進を図っている」等とする（「検討結果」十頁）。
（30）内閣府・前掲（20）。
（31）「合理的配慮」については、拙稿・前掲（28）六二～六三頁参照。
（32）「障害に基づく差別」とは、「障害に基づくあらゆる区別、排除又は制限であって、政治的、経済的、社会的、文化的、市民的その他のいかなる分野においても、他の者との平等を基礎としてすべての人権及び基本的自由を認識し、享有し又は行使することを害し又は無効にする目的又は効果を有するものをいう。障害に基づく差別には、合理的配慮を行わないことを含むあらゆる形態の差別を含む。」（障害者権利条約第二条）。
（33）週刊福祉新聞二五九三号（二〇一二年十月一日発行）。

組織的犯罪処罰法──弾圧立法としての危険性に関する一考察──

遠藤　憲一

一　はじめに

いわゆる組織的犯罪対策三法（組織的な犯罪の処罰及び犯罪収益の規制等に関する法律、犯罪捜査のための通信傍受に関する法律、刑事訴訟法の一部を改正する法律。以下、三法を総称して「組対法」ともいう。一九九九年八月一八日成立）は、その制定過程において、多くの反対と批判にさらされた悪法である。[1]それはすなわち、これらの法律が弾圧立法として政治党派や労働運動などに向けられる危険性が看取されたからである。制定後約一〇年を経過してその懸念は現実化し、二〇〇八年五月、ついに組織的犯罪処罰法が左翼政治党派に適用された。[2]本稿は、三法のうち、組織的犯罪処罰法（以下「組処法」ともいう。）に限定して論ずるものであるが、紙幅の都合により法律の一般的解説は省略し、もっぱらその弾圧立法としての側面に焦点を当てて論及する。

二　制定に至る背景事情

組処法の立法化に際し、法務省は「暴力団、オウム、企業犯罪」などの組織犯罪を取り締まるための立法が必要と大々的にキャンペーンした。[3]しかし、それはあくまでも表向きの理由であり、当時から立法事実の不存在が指摘されていた。[4]にもかかわらず、制定が急がれた背景として以下のふたつの事情を指摘できる。

第一は、治安当局が破壊活動防止法（以下「破防法」という。）に代わる新たな規制立法を求めていたということである。破防法の団体規制手続は、結社の自由等に重大な影響を及ぼすため一九五二年の制定後一度も適用されたことはなかったが[5]、一九九〇年代に入り二度適用されそうになった。一度目は、一九九〇年の即位の礼を睨んでのいわゆる「過激派」への適用検討であり[6]、二度目は、一九九五年一二月のオウム真理教への団体解散処分請求である。

しかし、前者については、ぎりぎりの政治判断で処分請求が見送られ[7]、後者については、弁明手続が開始されたが公安審査委員会によって棄却された[8]。

こうした破防法の団体適用を巡る過程の中で明らかになった同法の「できの悪さ[9]」が、「破防法の改正[10]」ではなく、破防法に代わる組織犯罪対策立法を要請することになったのである[11]。

第二は、主要国首脳会議（サミット）や国際連合等の「国際組織犯罪対策」、「テロ対策」の強化を求める流れである。「組織犯罪対策」という概念は、もともと「先進諸国」におけるマフィアによる正常な経済活動に対する支配への危機感から生じたものであり、「その実質において経済犯罪の問題」であるが[12]、それが犯罪収益一般の取締から「重大犯罪」対策一般へと拡大され、さらに「重大犯罪」から「テロ対策」へと転回していく[13]。

このような一連の「国際組織犯罪対策」＝「テロ対策」の強化の国際情勢の流れの中で、本法が立法化されたのである[14]。

このように、組処法制定は、九〇年代の破防法団体適用が頓挫したことに基因し、破防法よりも柔軟に組織や団体を取り締まれる法律として待望されたものである。その意味で、組処法は、破防法を補完する治安立法ということができる。また、それは「国際組織犯罪対策」の「テロ対策」への転換という流れと相即し、その圧力下で推進されてきた。すなわち、表向きは「オウム、暴力団、企業犯罪」という「組織犯罪」取締あるいはマネーロンダリングによる不正収益の規制を標榜しながら、「テロ対策」つまり「過激派」と労働争議などの組織弾圧、その解体を常に射程に入れた法律として制定されたのである。組処法の法案作成の過程で、警察庁は、別表一の犯罪に、証人威迫、公務執行妨害、凶器準備集合、建造物損壊、暴力行為等処罰法を加える要求を出している。[15]また、二〇〇二年四月の「テロ資金供与防止条約」発効を承けて「公衆等脅迫目的の犯罪行為のための資金の提供等の処罰に関する法律」(テロ資金供与処罰法)が制定されたが、それに連動して組処法が改正され、マネーロンダリングの前提犯罪に、テロ資金供与罪と収集罪が追加された。[16]さらに組処法の改正による共謀罪(テロ・組織犯罪謀議罪)導入が再三試みられている。これらは、まさに治安当局の狙いが「組織犯罪」対策という名の「テロ」対策、「過激派」対策であったことを物語るものである。[17]

三　組処法の規制構造

組処法は、大きく分けるとふたつの規制立法から成り立っている。

第一は、重罰化による規制である。すなわち、一定の犯罪が、団体の活動として当該犯罪行為を実行するための組織により行われた場合に加重処罰される(三条一項)。また、団体に「不正権益」を得させ、団体の不正権益を維持し、若しくは拡大する目的で一項の犯罪を行った場合にも加重処罰される(三条二項)。後者は団体の構成員でなくても適用され、それ自体が組織的に行われることを要しない。一種の団体犯罪助成罪のようなものとされている。[18]さらに、組織的犯罪にかかわる犯人蔵匿行為などをした者は、組織的に行わなくても加重処罰される(七条)。こうして行為者を加重処罰することにより実質的に団体の活動を規制する。[19]

第二は、資金面からの規制である。不法収益による事業経営支配の禁止(九条)及び犯罪収益隠匿、収受の処罰(一〇、一一条)犯罪収益等の没収、追徴(一三条ないし一七条)没収保全、追徴保全(二二条ないし四九条)などである。不法収益による事業経営の支配禁止と不法収益の徹底追求による団体の活動規制である。

これらの組処法による規制を弾圧という観点から捉え返すと、第一に、政治団体の活動はもとより、労働組合の活動、争議行為や諸反対運動というものはすべて「団体の活動として」「組織により」行われるのであるから、これらに対し、「組織的＊＊罪」を適用することができる。その結果、①「組織的＊＊罪」によって逮捕、勾留されれば重罰化の威嚇による転向強要が執拗に行われ、長期の接見禁止、長期勾留も正当化される。②起訴されれば「組織的＊＊罪」事件として、ほとんどの場合、権利保釈（刑訴法八九条）が認められないため、長期勾留が続きかつ実刑の可能性が高まる。③救援活動、裁判支援活動等に対し、組織的犯罪についての犯人蔵匿、証拠偽造、面会強請、証人威迫、裁判員威迫行為の加重処罰（七条一項）規定の発動による事後弾圧が可能となる。④犯罪関連通信の傍受として盗聴が正当化される（通信傍受法三条一項）。第二に、「事業経営支配」罪による規制により一株運動の規制[20]やマネーロンダリング規制により活動資金の獲得、管理、移動を「犯罪収益隠匿、収受」罪に問擬し、どこまでも監視、追跡の対象とすること、あるいは没収保全により予防的に凍結することが可能となる。こうして、組処法は、団体や組織で活動する個人の行動を萎縮させ、抑圧し、資金面でも枯渇させることを通じて、権力、資本にとって脅威となる団体や組織を解体する弾圧立法として機能するのである。

四　組処法の「団体」概念

1　組処法において「団体」とは、「共同の目的を有する多数人の継続的結合体であって、その目的又は意思を実現する行為の全部又は一部が組織（指揮命令に基づき、あらかじめ定められた任務の分担に従って構成員が一体として行動する人の結合体をいう。以下同じ。）により反復して行われるもの」と定義されている（二条一項）。したがって、第一に、「共同の目的を有する多数人の継続的結合体」であれば、その目的の如何を問わない[21]。団体の定義それ自体としては格別目新しいものではないが、このような抽象的団体概念を加重処罰規定にそのまま取り込んだため、対象となる団体の活動は際限なく拡大していくのである。例えば、学生自治会、労働組合、争議団などの活動は、常に「共同目的を有する団体」の活動として「組織的に」行われるのであるから該当行為を行った場合に加重処罰の対象とされうるということになる。それは、さらに原発反対運動や住民運動、消費者運動などをも捕捉していくのである。この点、従前の団体規制法が規制対象となる団体や結社の目的を限定していたのと異なる。(22)

第二に、組処法上の団体は、諸外国の組織犯罪対策立法に見られるように、一定の犯罪との関連性も要件とされていない(23)。本法の「事務局参考試案」の段階では、(一)「犯罪を実行するための法人その他の団体を作り実行したもの(二)「団体の活動として犯罪を実行するため、その内部に組織を作り、又は団体若しくはその一部を構成する組織をそのための組織とし、実行したもの」とされていたが、成案では団体と犯罪との結びつきが不要とされた(24)。

第三に、組処法の団体は、集団、集会、共謀共同正犯、共同正犯等と截然と区別しうるか疑問であり、当局の解釈のしようでどのようにでも団体性を付与しうる危険性がある(25)。組処法がモデルとしたアメリカの組織犯罪規制法であるリコ法(一九七〇年(26))は、規制の対象となる団体(「エンタプライズ」enterprize「業体」と訳されている)を、「個人、組合、会社、社団又はその他の法人及び人格を持たないが事実上結合した個人の団体又は集団を含む」(一九六一条)としている。

2 「団体」と「組織」

組処法上の団体であるためには、団体の目的又は意思を実現するための「組織」が必要とされている。「組織」とは、団体の中にある①指揮命令に基づいて②あらかじめ定められた任務の分担に従って構成員が一体として行動する人の結合体である。団体の目的又は意思を実現する行為の全部又は一部がこのような「組織」により行われるのが「団体」とされるのである(二条一項)。この「組織」について、立法当局者は、「団体とは異なり、臨時的なものでもよく、かつ、構成員の交代によってもその同一性が保持されるという意味での独立性までは必要としない」としている。[28] ここにいう「指揮命令」は、これを受ける側において、絶対服従を要求されるほど強度の内部統制である必要はないとされ、当該組織における上位者と下位者との人的関係、指揮命令の内容・範囲・具体性、下位者から上位者への報告体制の存否・報告状況、命令違反に対する制裁・不利益等の有無・その程度などの諸事情を総合して指揮命令系統の存否が決せられるとされる。[29] また、「任務分担」は、犯罪行為等違法な行為に向けられた任務分担に限られず、「構成員の各人の行為が、犯罪行為の遂行に向けて有機的に結び付いた分業体制であると客観的に評価できるような実態があればよい」とされる。[30] このように「指揮命令関係」「あらかじめ定められた任務の分担」という「組織」概念の構成要素は、いずれも規範的要素の多い概念であり、恣意的解釈・適用がなされうるのである。[31]

五　左翼団体への組処法初適用

組処法が施行された二〇〇〇年二月以降の適用状況は、必ずしも明確ではないが、三条一項の適用はせいぜい年間十件前後と見られる。[32] 実際の必要性に乏しいのか、団体や組織についての立証が負担になるためか不明であるが、いずれにしても大して使われていないのは確かであり、立法事実がないという反対論の正当性が検証される結果となっている。そうした中で、今般、当局があえて新左翼団体への初適用に踏み切ったのは適用対象の拡大へ一歩踏み出したと見るべきであろうか。[33]

1　二〇〇八年五月一三日、福岡県警は、「極左暴力集団革命的労働者協会（社会党・社青同解放派）福岡県委員会」が組処法の団体であるとして、その「構成員」とされた七名を同法三条一項九号（組織的詐欺）の容疑で逮捕し、福岡地方検察庁は、同年六月三日、全員を同罪で起訴した。起訴状によれば、被告人A及びBは、「福岡市を拠点とする革命的労働者協会（社会党・社青同解放派）福岡県委員会」を統括していた者、他の五名は「委員会の構成員として活動していた者」、上記委員会は被告人ら「多数で構成された継続的な人の結合体であって、共産主義革命を指向する対国家権力闘争の一環として障害者行政を糾弾し、障害者への保護給付を増加させることなどを共同目的とする団体」であるとし、被告人七名が身体障害者であるMと共謀の上、生活扶助の障害者加算他人介護料を、実際には、Mが介護を受けたこともなく、被告人らに介護報酬を支払ったこともないのに、太宰府市福祉課職員を騙して他人介護料の支給決定をさせ、合計約一八七万円をMの口座に振り込み送金させたことが、「団体の活動」として、「詐欺罪に当たる行為を実行するための組織により人を欺いて財物を交付させた」というものである。

2　本件では、「福岡市を拠点とする革命的労働者協会（社会党・社青同解放派）福岡県委員会」なる団体の存在、それが組処法上の「団体」に該当するか、被告人らが団体構成員と認定できるか、本件が「団体の意思決定」としてなされたといえるか、本件が詐欺に該当するか、Mと被告人らとの間に共謀が成立するか等が争点となった。

3　判決（福岡地裁平成二三年九月一四日　判例集未登載。筆者は当該事件の弁護人である。）は、組処法の適用は認めなかったが、被告七名全員に単純詐欺罪を適用し、実刑判決を言渡した。検察官は控訴を断念し、組処法不適用は確定した。

判決では、まず、「革命的労働者協会福岡県委員会」を、組処法二条の「団体」として認定しなかった。すなわち、「革労協福岡県委員会は、革労協の下位組織のひとつである福岡県あるいは九州地方の革労協の組織、機関であろうと想定できる」としながら、「革労協福岡県委員会の革労協における組織内での位置づけや独立性、構成員など、その実態については全証拠によるも明らかではない」「福岡県委員会の実態やその構成員は証拠上不明であり、被告人らがその構成員であるのか否かも不明」「そもそも多数人の継続的結合体と認めるに足りる証拠はない」等の理由である。つぎに、「団体の活動として」（三条）の構成要件該当性については、「福岡県またはその周辺で活動する革労協構成員相互で、どのような意思決定機関や方法でもって活動や方針等を決定し、実際の活動をどのように指揮命令しているかなどの実態は証拠上不明」「Aが『革労協福岡県委員会』の代表者、統括者であるとまで認めることはできない」「Bも指揮命令する立場にあったと認めることはできない」「『福岡県委員会』を福岡県ないしその周辺で活動する革労協構成員からなる団体とみたとしても、本件詐欺が団体の意思決定に基づくと認めるには足りない。」「被告人らが共謀を遂げたことで、被告人ら以外の構成員をも含む団体の意思決定があったとするには無理がある」「結局、本件詐欺が団体の意思決定に基づくとの立証は十分でない」とした。さらに、判決は、「組織により行われた」との点も否定した。「被告人ら相互に上命下達や指揮命令等の関係があるかは証拠上不明」等の理由である。

4　この判決は、結果的に、組処法の適用を斥けたものの、以下のような問題点を孕むものである。第一に、組処法の解釈については立法当局者の見解にすべて依拠し、一条の立法目的からする厳格解釈の姿勢はまったく見られない[34]。単に証拠不十分で認定することができないとしたにすぎない。第二に、「革労協福岡県委員会」という団体の存在は「想定」できるという曖昧な判旨を残した。その存在を認めるだけの証拠がないが証拠（自白）さえ出てくれば認めうるという判旨である。第三に、検察官が訴因で掲げる団体の存在が認定できなければ、その余の要件判断は不要のはずであるが、他方で「検察官の主張する『福岡県委員会』とは、福岡県ないしその周辺で活動する革労協構成員の全ての者を指すとも理解できなくはない」等と踏み込んで判示し、あたかも検察官の主張の仕方が悪いから団体性の認定ができないのだといわんばかりの口吻である。第四に、判決は、「団体」を認定できないとしながら「団体の活動として」の要件充足性にも論及し、「団体の活動として、組織により行われたとの要件を充足することの証明は十分ではない」との判断も示している。第五に、判決は、被告人らを「革命的労働者協会」の「構成員」と推認した。その根拠は、機関紙における「同志」との記載や機関紙に掲載された主義主張に基づいた活動をしていること、被告人らが参加した活動が機関紙に掲載されていること、マンション（活動拠点）での共同生活をしていること等であり、このような構成員認定手法では、単なる同調者や運動参加者、集会参加者も容易に団体の構成員とされてしまう危険性がある。第六に、判決は、被告人らの「障害者」解放闘争が勝ちとってきた正当な他人介護料の受給に「詐欺罪」の共謀を認定し、全員に長期勾留と実刑を科した点において実質上組処法の加重処罰を貫徹したということである。

5　そして本裁判は、組処法自体を裁く裁判であったにもかからず、裁判所全体が、公判運営や訴訟指揮、傍聴人対策のすべてにおいて「組織犯罪対策」を貫徹した。公安警察の常時構内導入、法廷の動静の逐次報告、支援者傍聴人一一名の令状逮捕（二〇〇九年二月）と起訴、長期勾留、傍聴人の監置処分や特定の傍聴人の永久傍聴禁止、退廷措置の濫発、警察官以外全証人のビデオリンクと遮蔽措置による証人尋問の強行等々。結果として、組処法適用を阻止したものの、このような裁判所、裁判官の姿勢からは同種事案に対する組処法の適用の危険性は十分に残されているといえよう。しかし、判旨からも明らかなように、組処法適用攻撃に対して、被告人らが徹底した黙秘を貫徹したことが適用を阻む大きな要因となった。とりわけ「指揮命令」「役割分担」や「団体の意思決定」については「基本的には各被疑者の自白に重点を置いて立証せざるを得ない」とされているように[35]、黙秘こそ組処法の弱点であり、不当弾圧との闘いの最大の武器であることがますます鮮明になったのである。

六　刑事司法改悪の一環としての組対法改悪と戦時司法への転換

国家戦略の一環としてなされた司法改革、その要である刑事司法改革及びそれと併行する治安立法の簇生により、刑事司法は、戦時型司法へと急速に転換しつつある。戦時型司法とは、刑事（裁判）手続における人権、適正手続重視から簡易・密室・迅速処罰・重罰化へのシフトの転換であり[36]、個人責任原理と罪刑法定主義に基づく近代刑法の理念及び指導原理の徹底した解体である。この間の一連の刑事司法改革による公判前整理手続（密室裁判）、「国民の健全な社会常識」により人を裁くとする裁判員制度、被害者参加制度の導入こそまさにこの迅速・重罰化の戦時司法を形成する実体的支柱である。このような刑事法理念の転換の物質的根拠こそ資本主義の行き詰まりによる体制的危機の深化である。危機による社会不安の蔓延を抑止し、支配の危機を乗り切るために、国内治安を強化し、反体制的組織や運動を抑圧、解体することが至上命題とされているのである。その表看板が「安心・安全な社会」の実現である。

とりわけ、三・一一大震災・福島原発事故下、被災や首切り、非正規化、福祉切捨て、増税による生活苦に対する労働者・人民の怒りはますます高まっている。こうした怒りの爆発に身構え、これを解体するために今後組対法は、ますます強化・拡大適用されるであろう。今また法制審（新時代の刑事司法制度特別部会）で「新たな捜査手法導入」を初めとした組織的犯罪対策の強化が急ピッチで進められているのはその一環である[37]。また、これまでに立法化が三回にわたって阻止されてきた「共謀罪」法案がまた復活しようとしている[38]。組織的犯罪対策の強化は、まさしくこのような戦時司法の一環として、刑事司法改革と連動して近代刑法の原則を解体させる治安立法の増強である。

私たちは、これ以上の刑事司法の改悪を絶対に許してはならない。

〔註〕

（1）足立昌勝・宮本弘典・楠本孝『警察監視国家と市民生活』（白順社一九九八年）、足立昌勝「組織犯罪対策法という名の悪法」（『週刊金曜日』一九九七年五月三〇日号）、日本弁護士連合会「組織的な犯罪に対処するための刑事法に関する意見書」一九九七年五月二日、同「組織的な犯罪に対処するための刑事法整備要綱骨子に関する意見書」一九九八年二月三日等。この法案のもととなった「組織的な犯罪に対処するための刑事法整備要綱骨子」に対しては、九七年一一月、中山研一教授ら刑事法の専門家約九〇名により「骨子に重大な疑問を感じており、臨時国会において拙速に立法に至ることを憂慮している。」との声明が発表されている（法学セミナー一九九八年一月号）。

（2）マスコミ各紙は、一斉に「過激派への同法の適用は初めて」等と報じた（読売新聞二〇〇八年五月一三日付夕刊等）。

（3）東京新聞一九九六年七月三日等。法務省は同月四日、初の「組織犯罪担当検事会同」を開催し、則定衛事務次官（後に東京高検検事長）が「組織的な不法事犯が頻発しており、……犯罪組織を壊滅させるためには、関係機関が連携して施策を講ずるなど、あらゆる努力を傾注する必要がある」と述べた（朝日新聞一九九六年七月四日付夕刊）。

（4）浅田和茂「『組織的な犯罪』対策立法の問題点」（法時六八巻一三号一九九六年二頁以下）等

（5）法務省は「破壊活動防止法は『伝家の宝刀』と言われるがあちこちにカギがかかっていて抜けないようにできている」などと述べ発動には消極姿勢をとっていた（長谷川法相　読売新聞一九九〇年五月二三日付朝刊）。

（6）同年二月ころから「成田の過激派のゲリラ対策」等として適用論が出始め（東京新聞一九九〇年一月一三日付夕刊）国会においても、（多発するゲリラ事件に対して）「個々に刑法を適用して違法性を摘発してみても、これだけの大きな極左暴力集団という集団の組織を解体することにはつながらないと思うのですが、今一体どういうことになっているのか、その辺の取り締まり責任者の国家公安委員長、ぜひ御所見を伺いたい」との質問に奥田国務大臣が「……ご指摘のように組織的犯罪集団を解体にまで追い込むという形でなければ、これから今御指摘のような国家的な大行事を控えている事態を踏まえて大変憂慮しておるというのが現実です……」と答えている（衆議院予算委員会議事録第二号平成二年三月八日）。

（7）同年八月には公安調査庁が「破防法を適用して中核派などの過激派を解散させる検討に着手する方針を固めた」と

され（一九九〇年八月一七日朝日新聞朝刊）、同年一〇月二三日には、政府は法相と国家公安委員長連名の「過激派対策についての決意と国民の皆様へのお願い」と題する声明を発表し（ここでは「過激派」団体について「犯罪者集団」とされていることに注意。毎日新聞一九九〇年一〇月二三日付夕刊、同読売新聞夕刊等）、適用へ向けて事態は緊迫したが、結果的に、同年一〇月末になって適用は見送られた。その理由については明確ではないが、団体解散の要件（破防法七条）の厳格さや手続に時間がかかること、かえって組織の非公然化を招くこと等が指摘された（日本経済新聞一九九〇年一〇月三一日付夕刊、東京新聞一九九〇年一〇月三一日付。）。ところが、その直後に警視庁寮の爆破事件が発生し、奥田国家公安委員長が閣議で破防法適用を要請したが、「慎重論」に阻まれて適用には至らなかった（毎日新聞一九九〇年一一月二日付夕刊、日本経済新聞一九九〇年一一月三日付朝刊）。

（8）弁明手続が長期化し、その間に、教団自体の瓦解・潰走によって、結果的に七条の団体解散要件を充たすほどの将来の危険性はないとして請求が棄却された（公安審査委員会決定一九九七年一月三一日）。

（9）「破防法は、できのよくない欠陥法だ。カルト集団をはじめ組織犯罪を取り締まるきちっとした法律をつくらなければならない」（佐々淳行・元内閣安全保障室長　朝日新聞一九九七年一月一〇日付朝刊）

（10）法務省は、「過激派」への破防法適用を容易にするため、七条の「団体の活動として暴力主義的破壊活動を行った団体」の立証要件を緩和するなど同法の改正をする方針を固め検討に着手したと報道されたが（河北新報一九九〇年一一月二九日）この「改正作業」は水面下に入り、その後の具体的進展状況については明らかではない。

（11）読売新聞一九九七年二月一日付朝刊社説は、「今まさに進行中の集団犯罪を食い止めるのに、破防法がほとんど役に立たない法律であることがはっきりしたと言えるだろう。……あれだけの反社会的なテロを繰り返した組織を、本質に変化のないまま放置するのでは、テロに甘い国家として国際社会の強い批判を招きかねない。しかもわが国には、組織的な犯罪を効果的に食い止め、抑え込む法律はない。」と論じている。

（12）古田佑紀「組織犯罪対策をめぐる国際的な動向」商事法務№１３７７（一九九五年）六五頁

（13）国際組織犯罪対策については、一九八九年アルシュサミット経済宣言以降累次にわたり宣言等が出されているが、一九九九年一〇月モスクワで開かれた「国際組織犯罪対策Ｇ８閣僚級会合」においては「あらゆる形態のテロに対して共同で取り組み、テロを支援する国際ネットワークと闘う決意を込めて表明する」と明確なテロ対策が宣言され、「国際組織犯罪対策」はテロ対策へと全面的にシフトした。二〇〇〇年一二月に国連で「国際的な組織犯罪の防止に関する国際連合条約」が採択されたが、同条約は、「組織的な犯罪集団への参加の犯罪化」や「共謀罪」を締約国へ義務づける内容となっている。二〇〇一年九月一一日の反米テロは、このようなテロ対策強化に拍車を掛け、わずか一月後にアメリカで悪名高き「愛国者法」(PATRIOT ACT)が制定された。そして、ＦＡＴＦ(資金洗浄に関する金融活動作業部会)は、二〇一二年二月には、組織犯罪対策とテロ対策を統合した新勧告を出すに至っている。

(14) 一九九八年五月の衆議院本会議における法務大臣による組対法の趣旨説明においては、「暴力団、宗教団体、詐欺商法」と並んで、最後に「このような組織的な犯罪の問題については、最近における国際連合の会議や先進国首脳会議等においても、最も重要な課題の一つとして継続的に取り上げられており、国際的にも協調した対応が求められ、主要国においては、法制度の整備が進んでおります」と述べられている(三浦・松並・八澤・加藤『組織的犯罪対策関連三法の解説』財団法人法曹会二一頁)。

(15) 日弁連刑事法制委員会資料

(16) 組織的犯罪処罰法二条二項四号は、テロ資金供与防止法二条(資金提供)に規定する罪に係る資金を掲げている。

(17) 組対法制定後も九・一一事件を受けて、政府は、「テロ関連団体」を直接規制の対象とする「テロ対策新法」や「テロ組織指定新制度」などを検討している(読売新聞二〇〇三年一月二〇日付朝刊、日本経済新聞二〇〇四年一二月四日付夕刊)。

(18) 法制審議会刑事法部会第六二回会議(一九九六年一一月一一日)

(19) この加重類型は、あくまでも個人責任の原則を前提としており団体規制を目的とするものではないとの見解がある(例えば、渡邉一弘《鼎談》「組織的犯罪対策関連三法の制定と今後の展望」現代刑事法№7一九九九年八頁)。そういうのであれば治安維持法も個人を処罰するもので国体変革結社等を規制するものではないということになろう。行為者個人の処罰(重罰化)を通じて組織、団体としての活動を抑圧する機能を有するのである。

(20) 例えば、一%の株式を取得して株主総会を荒れる総会にするようなことも規制対象となる(法制審議会刑事法部会

第六五回会議一九九七年二月三日）。

（21）前掲『解説』においても、「観劇、旅行等を行うことを目的とするいわゆる同好会は、通常『共同の目的を有する多数人の継続的結合体』には該当する」としたうえで、「指揮命令関係やあらかじめ定められた任務の分担がなく、したがって、組織による団体の活動が行われないことから、……『その目的または意思を実現する行為の全部又は一部が組織により反復して行われるもの』には該当しないので、本項の『団体』には該当しない場合が多いであろう」としている。同好会でもまず本法の「団体」に当たるとしたうえで組織性の要件で絞っていくという思考プロセスに恣意と拡大解釈の可能性が伏在する。

（22）治安維持法（一九二五年四月成立、一九二八年緊急勅令による改悪）においても取締対象結社は、「国体の変革」結社または「私有財産制度の否認」結社であり、その意味で禁止される「団体」は目的によって限定されていた。破防法は、団体を「特定の共同目的を達成するための多数人の継続的結合体又はその連合体」と規定しているが（同法四条三項）、規制の対象を「団体の活動として暴力主義的破壊活動を行った団体」と限定している（五条、七条）。このような規制方法は、かってのアメリカの反共治安法であるスミス法（Alien Registration Act of 1940 いわゆる外国人登録法の第一章一九四〇年六月）や破防法の母法といわれるマッカラン法（一九五〇年国内安全保障法）を承けたものである（右崎正博「言論・結社の自由に関する一考察」憲法理論研究会編『精神的自由権』有斐閣　昭和五七年一四八頁以下等）。

破防法の前身である団体等規正令（政令六四号一九四九年四月施行）においても、「占領軍に対して反抗し、若しくは反対し、又は日本国政府が連合国最高司令官の要求に基づいて発した命令に対し反抗し、若しくは反対すること」等七つの行為類型に目的や行為が当てはまる団体等の結成、指導が禁止され、法務総裁の指定によって解散させるとしていた。

（23）例えば、ドイツ刑法では、一定の犯罪について「当該犯罪の連続的実行のために結合した団体の構成員として実行したもの」について加重処罰規定を設けている（法務省刑事局刑事法制課編『基本資料集　組織的犯罪と刑事法』有斐閣一九九七年）。また、テロリスト団体の結成に関する刑法一二九条aは、「一定の犯罪を目的とし、又はそのような罪を犯す団体を編成し参加した者」を処罰の対象としている（注解『暴力団対策法』三六六頁以下）。

フランス刑法では、一定の犯罪について「組織集団が実行したとき」に加重処罰をしている。ここで「組織集団」とは、「一又は数個の客観的事実に特徴付けられる、一又は数個の犯罪の準備のために形成されたすべての集団又は成立したすべての共謀は、法律上、組織集団とする」とされている（第一三二―七一条　前掲基本資料集）。

イタリア刑法では、「数個の犯罪を犯す目的で三人以上が結社したときは、結社を発起し、構成し、又は組織した者」及び「結社に加入した行為」を処罰している（注解『暴力団対策法』三二五頁以下）。

中国刑法では、「暴力、威嚇又はその他の手段により犯罪活動を組織的に行い、地域の覇権を唱え、悪事を働き、群衆を蹂躙し、経済の秩序若しくは社会生活の秩序を著しく破壊する黒社会的な組織を構成し、指導し、又はこれに積極的に参加した者」等、いわゆる黒社会的組織の構成・指導・参加罪を規定している（二九四条　足立昌勝「日本における組織犯罪対策の現状と課題」関東学院法学一七巻三・四号二〇〇八年三頁）。

ロシア刑法では、「二ないし数個の重大ないし特に重大な犯罪の共同実行の目的での犯罪的団体（犯罪的組織）の結成もしくはそのような団体（組織）またはその構成部分の指導……」「犯罪的団体（犯罪的組織）への参加」等について処罰している（二一〇条「犯罪的団体（犯罪的組織）の組織化ないしはそれへの参加」УГОЛОВНЫЙ КОДЕКС Российской Федерации по состоянию на 1 мая2011 года）。

(24)　「組織的な犯罪に対処するための刑事法整備に関する法制審議会への諮問及び事務局参考試案」ジュリスト№.１１０３　一九九六年一二月一五日号一六五頁

(25)　吉橋敏雄「團体等規正令について」（法律時報二二巻一〇号五二頁昭和二五年）は、「結成準備会」や「集会」についても「明らかに團体の範疇に入る」とされている。

(26)　米連邦刑法典第一八編 Racketeer Influenced and Corrupt OrganizationAct 一九九〇年改正法

(27)　G・E・リンチ「RICO法」（警察学論集第五二巻五号九五頁（一九九九年）によれば、「業体」は、経済的目的を追求する組織である必要はなく、「政治的動機を持つテロリストグループや政治団体等」も対象となり、中絶禁止を主張する組織及び個人からなるグループ」「政治団体やテロ集団も」業体たり得、「テロ組織に対して、有効な訴追手段となる」等とされている。また、「ブリッジ・クラブや有名芸能人のファンクラブといった純粋に社交的な団体も業体に当たり、犯罪者がこれを乗っ取ることや、団体の幹部が犯罪的なやり方で運営することが禁じられる」とされ、こうして「組織犯罪を超えて広く一般の犯罪にも適用されるものとなった」とされている。リコ法については、佐伯仁志「組織犯罪への実体的対応」岩波講座『現代の法』六巻「現代社会と刑事法」所収、同「アメリカ合衆国ＲＩＣＯ法について」（上）（下）商事法務（一九九〇年）№１２２１　九頁、№１２２２　三三頁、黒川智「組織犯罪と日米の立法比較」『警察政策』第三巻一号六七頁（二〇〇一年）など。

(28)　前掲解説六九頁。なお、「当該組織の構成員、すなわち犯罪の主体は、団体の構成員であることが多いであろうが、それが要件ではなく、団体の構成員以外の者が犯罪実行部隊の一員となっても差し支えない」（松並孝二『捜査研究』№６５６　六頁二〇〇六年）。

(29)（30）（松並孝二『捜査研究』№６５８　一七頁、二二頁二〇〇六年）

(31)　事案が少ないためか公表されている判例も極めて少ない。横浜地裁川崎支判平成一三・三・一二日（公刊物未登載）は、「紳士録」への掲載料又は記事抹消料名下に詐欺又は恐喝を繰り返していた被告人らに対し、「宗教団体や暴力団等に見られる組織の指揮命令関係による強い内部統制を及ぼすことができていた団体というには疑問があり、その「団体性」は希薄であって、同法が予定する団体とは著しく異なっている」とし団体性を認めなかったが、控訴審である東京高判平成一四・一・一六（高等裁判所刑事判例集五五巻一号一頁）は、「内部統制の強さは、刑加重の要件ではなく、加重の立法根拠にすぎないのであり、組織性の要件（中略）に該当すれば、偶々、内部統制が強くない団体であっても、法の規制対象となるのであり、内部統制の強弱は、単なる犯情の差にすぎないのであって、これを適用要件に絡めて判断するのは相当でない。このことは、いわゆる悪徳商法を会社ぐるみで行う場合などを想定すれば、法が予定している組織的犯罪の典型のような場合であっても、必ずしも団体に強い内部統制が加えられているとは限らないことからも明らかである……むしろその立法趣旨からすれば、団体の構成員の結びつきは、組織的な犯罪を行うという共同の目的に沿った合理的なもので足りるはず……」として原判決を破棄した（杉山徳明「いわゆる『紳士録』への掲載料又は記事抹消料名下に詐欺又は恐喝を繰り返していた被告人らに、組織的犯罪処罰法第三条第一項の適用を認めた事案」『研修』六五二号一三頁（二〇〇二年）。熊本地判平成二一・二・六（判例秘書登載）は、預金通帳及びキャッシュカードを詐取し、これらを転売して利益を得る振り込め詐欺を行っていた被告人らにつき組織的詐欺罪を適用した。集団の「雇用主ともいうべき指導的な立場」「受付役」「欺罔役」「受け取り役」「販売役」などの役割分担と指揮命令関係を認めた。東京高判平成二一・一〇・二〇（高等裁判所刑事判例集六二巻四号一頁、判タ一三五一号二四九頁）は、いわゆるパチスロ賭博を行っていた経営者の行為に三条一項一号を適用した。弁護人が、被告人及びその雇用される従業員の単なる集合体であり「共同の目的を有する多数人の継続的結合体」といえないと争ったのに対し、判決は、経営者である被告人による指揮命令関係と店舗責任者、従業員、さくら役などの任務分担関係を認定し「被告人、店舗従業員及びさくら役の集団は、同店におけるパチスロ機を使った賭博営業により犯罪収益を上げることを共同の目的とする多数人の継続的結合体としての実体を備えて」いるとして本条の団体に該当することは明らかとした。福岡地判平成二四・三・一九（判例秘書登載）は、CDセットの販売名目で金員を詐取することにより会社の利益をはかることを共同の目的として、各部署の社員や勧誘を担当する会員等多数の構成員らが、継続的結合体として、代表者である被告人の指揮命令に基づき、顧客（会員）の勧誘、勧誘を行う「インストラクター」や「特隊」と称する構成員らの管理及び教育、会員に対する活動支援金名目での配当金の計算及び支払、CDセットの送付などのあらかじめ定められた役割の分担に従い、一体となってCDセットの販売名目で金員の詐取を事業として反復して行っていたという事案について、組織的詐欺罪を適用した。

(32) 警察白書によれば、三条一項の加重処罰規定が二〇〇〇年に六件、二〇〇一年に一一件、二〇〇二年に一三件、二〇〇三年に一三件、二〇〇四年に一八件に適用されている（平成一七年版警察白書）が、それ以降の白書では三条一項についての集計が見られなくなった。

(33) 「『膨張する公安』ついに初適用された『組織犯罪処罰法』」（『週刊金曜日』二〇〇九年五月二九日号）。本件以外に、新左翼党派への適用がなされた事件として二〇〇八年三月一日の成田空港ゲリラに対する銃刀法の組織的発射罪を被疑事実（銃刀法三条（発射罪）の加重処罰規定　銃刀法三一条二項）とする千葉県警による捜索がなされているが（二〇〇八年七月三日）、詳細は不明である。

(34) 足立昌勝教授は、本事件の弁護側証人として出廷され、本法の危険性を全面的に展開された。とりわけ本法の目的規定(一条)からする厳格解釈の重要性、本件適用がその目的に照らしても逸脱していることを鮮明に証言された(二〇一一年一月二一日第三〇回公判)。

(35) 前掲『捜査研究』二〇〇六・四・五)

(36) 松阪広政「大東亜戦争と治安維持の重要性」法曹公論一九四二年四月号、「戦時犯罪処罰ノ特例ニ関スル法律」(一九四一年)、「戦時刑事特別法」(一九四二年)、裁判所構成法戦時特例(一九四二年、一九四三年改正)等。

(37) 法制審刑事司法制度特別部会は、二〇一三年一月二九日「時代に即した新たな刑事司法制度の基本構想」を発表した。そもそもの課題であったはずの「取調べの可視化」は大きく後退し、捜査側にさらに協力な武器を与える動きのみが顕著であるためマスコミ等からも「可視化口実に捜査機関焼け太り」と批判されている(東京新聞二〇一三年一月三一日)。現在ふたつの作業分科会に分かれて、通信傍受の対象犯罪の拡大、室内盗聴、捜査協力型司法取引、証人保護の強化など捜査から公判レベルに至るまで組織的犯罪対策の大幅な強化が目論まれている。

(38) 共謀罪　組織的犯罪対策法の改正法として二〇〇三年三月以降三回法案が上程されたがいずれも廃案となった。二〇一一年一一月のＦＡＴＦの圧力により、今また国会上程が画策されている。

少年司法に関する立法とEBP
―不定期刑などの上限引き上げを中心に

岡田　行雄

一　はじめに

エビデンスに基づく政策（Evidence Based Policy：ＥＢＰ）は、「わが国では、刑事立法…において、それによる犯罪防止効果を必ずしも厳密に検証することなく一定の施策がとられてきたという面があることは否定しがたく、それに反省を促す意味で重要な指摘である[1]」と評されている。

ところで、二〇一二年九月七日、法務大臣は、国選付添人の選任対象事件の拡大等に加えて、少年への不定期刑の上限を短期は五年から一〇年に長期は一〇年から一五年に、無期刑で処断すべき場合の代替有期刑の上限を一五年から二〇年に引き上げることを内容とする少年法改正案を、法制審議会に諮問し、翌年一月二八日の法制審議会少年法部会は、こうした内容の少年法改正案を法制審議会総会に意見として報告することを決定した上で、それは同年二月八日の総会で採択され、直ちに法務大臣に答申された。

そこで、本稿では、この少年への不定期刑ならびに代替有期刑の上限引き上げの根拠と、従前の少年の不定期刑に関する実証研究を概観した上で、こうした少年に対する自由制約の拡大が少年非行を防止することについて、ＥＢＰでいうところのエビデンスがあると言えるのかの検討に取り組む。この作業を通して、少年司法に関する立法へのＥＢＰ応用のあり方を明らかにすることが本稿の課題となる。

二　不定期刑などの上限引き上げの根拠

まず、今回の不定期刑などの上限引き上げの根拠を確認しておこう。

八木正一は、二〇〇四年の刑法改正によって有期処断刑の上限が三〇年に引き上げられたことを受け、成人については、死刑から有期刑に至るまで、科刑の範囲に連続性があるが、一八歳以上の少年については、無期刑と五年以上一〇年以下の不定期刑という有期刑の上限には大きな乖離があり、こうした科刑上の断絶を埋める立法上の手当ての必要性を次のような事例を根拠に説いた。即ち、少年と成人との共犯事件で少年の方が主導的な役割を果たした強盗致傷等の事案で、成人に対して一〇年を超える量刑をしたが、少年に対しては五年以上一〇年以下の不定期刑を言い渡すしかなかったというものがそれである。このような事例で、成人共犯者に対して二〇年を超える量刑がされたのに、犯情の重い少年に対して五年以上一〇年以下の不定期刑に処するしかないとすれば、量刑の不均衡はより顕著となろうとして、有期刑の上限の引き上げの必要性を説いたのである。[2] 次いで、一八歳未満の少年について無期刑の代替有期刑の上限を、二〇〇四年改正前の刑法が有期刑の上限を一五年としていたことに平仄を合わせたものとも理解できるとして、有期刑の上限を二〇年とした二〇〇四年の刑法改正の下では、無期代替刑の上限も二〇年とし、現行のそれに一律五年の加算をして、一五年以上二〇年以下の定期刑とするのが相当であろうと指摘する。[3]

この八木の立法提案を受ける形で、角田正紀も、いわゆる「原則逆送」事件の刑事裁判における量刑データを概観し、かなりの割合において、「五年以上一〇年以下」という不定期刑の上限ないしこれに準じた刑が言い渡されている実情にあるとした上で、これは悪質事案に対応するために処断刑を引き上げる必要がある場合にあたるのではないかと問題を提起した。[4] なお、角田は、二〇〇四年の刑法改正以前から、多くの刑事裁判官は、この不定期刑の上限である「五年以上一〇年以下」を、やや軽きに失すると感じつつやむを得ずこれを選択するケースがほとんどなのではないか、つまり、少年の場合、無期懲役と最も重い不定期刑との間にあまりにも大きな断絶があって、そのために適正な量刑が阻害されているのではないかとの感想を抱いているとも指摘した。その上で、刑法改正により、量刑も重い方向にシフトしていることとのバランスなどを考え併せると、少年事件に適正な量刑が可能となるような制度的な手当の必要性があると説いたのである。(5)

さらに、植村立郎は、上記の事情に加えて、二〇〇四年刑法改正に至る立法過程において、少年法によって生じる量刑格差の大きさが検討されたことが公刊された資料からは窺われないことも根拠として、この格差を立法によって早急に調整することが必要な段階にあることを説いた。(6)

このような刑事裁判官としての経験を根拠とした、少年に対する不定期刑や無期刑の代替有期刑の上限引き上げ論が説かれる中で、二〇一一年二月一〇日に大阪地裁堺支部で少年に対する裁判員裁判の結果、殺人罪で検察官の求刑通り懲役五年以上一〇年以下の不定期刑が言い渡された有罪判決の中で、裁判長が、「少年に科せられる最も重い有期懲役刑の懲役一〇年でも十分と言えないが、少年法は狭い範囲の不定期刑しか認めていない。これを機に議論が高まり、適正な改正が望まれる」との異例の言及をしたことが報じられた。(7)

以上のように、不定期刑などの上限引き上げは、二〇〇四年刑法改正による殺人などの一定の重大な罪の法定刑引き上げが適正なものであることを前提として、引き上げられた法定刑と不定期刑などとの間で生じた科刑の断絶を埋める必要性が、その根拠とされていると言えよう。

三　不定期刑などの少年非行防止効果に関するエビデンス

それでは、不定期刑などの上限引き上げは、ＥＢＰに照らして、非行・犯罪を予防する効果についてエビデンスがあると言えるものなのであろうか。

まず、非行・犯罪の予防のうち、特別予防の面から検討することにしよう。

不定期刑がそれを受けた犯罪少年の再非行・再犯を防止する効果を持つのかについて、直接的に検討したものではないが、かつて森下忠は、実証的なデータに基づき不定期刑の処遇効果を論じたことがある。

森下は、正木亮が、不定期刑を受けた者が釈放されて五年の間に刑事施設に再入する割合が五〇%を超えており、定期刑との間に差がないと指摘したことから生じうる不定期刑の処遇効果への疑念を解消すべく、まず、少年刑務所からの出所者を母数とする正木の分析を問題視した上で、[8]正木が検討した時点では、刑事施設は過剰収容などの悪条件下にあり、再入率の高さを以て不定期刑の処遇効果は挙がっていないという結論を出すことはできないと論難した。[9]そして、奈良少年刑務所から一九六九年から一九七一年までに不定期刑を受け仮釈放ないし満期釈放された者と、定期刑を受け仮釈放ないし満期釈放された者の一九七四年一二月末時点での再入率を比較すると平均で不定期刑受刑者のそれが四九・一%であるのに対し定期刑受刑者の場合三四・八%になることを示したが、これを以て不定期刑が定期刑に比較して処遇効果がないとは言えないと主張したのである。[10]森下によれば、柳本正春の研究も示すように、[11]そもそも不定期刑に処遇効果がないと断定することが困難であるという。[12]その理由の主要なものとして以下の二つが挙げられる。第一に、受刑後の再犯の原因となる因子には多様なものがあるため、そうした諸因子を具体的な再犯事例について分析し、再犯にとって重要な因子を取り出した上で、そこに不定期刑の運用が適切でないとされる因子が多数挙げられる場合に、初めて不定期刑の処遇効果が低い、あるいはないと言えるけれども、その前提となる再犯の因子に関する分析作業がなされていないため、およそ自由刑の処遇効果の測定が困難であること。第二に、不定期刑受刑者の再犯危険性が、定期刑受刑者のそれと異なることが確実であるならば、少なくとも、不定期刑出所者と定期刑出所者につき、同一種類の者を同一数選び出し、処遇効果の測定に役立つ多数の因子につき、客観的で信頼度の高い、そして実務上利用可能な基準を見つけ出した上で、それらの因子に基づき、両者を比較するという作業が必要であるが、それは、「現段階では不可能ないし非常に困難である」こと。[13] 森下は、二つ目の理由について、定期刑受刑者と不定期刑受刑者でいわゆる同一種類の実験群と対照群を設定することが、少年については等しく少年法の適用を受けるので不可能であり、[14] 処遇効果を測定する基準として再入率を用いる場合、再犯には暗数が存在するとともに、再犯が必ずしも再入につながらないことから、不定期刑やその処遇効果を過大評価することにつながり妥当ではないと、詳述している。[15]

他方、岡部俊六と奥出安雄は、不定期刑受刑者の実態と成行きに関し、不定期刑受刑者の特性及び仮釈放の状況を検討するとともに、少年行刑の主要な処遇要因と釈放された受刑者の再入状況との関係を分析することを目的とした研究を公表したが、その中で、一九七四年中に全国の少年刑務所及び刑務所を出所した不定期刑受刑者を調査対象として、その再入状況などについて全国の刑事施設に照会した上で、特別少年院在院者を対照群として、それぞれが矯正施設から出た後の三年間の成行きの比較を行った。それによると、不定期刑受刑者二八二人のうち三年間に再収容された者は六四人で、対照群である特別少年院在院者三四六名のうち再収容された者は六五人であったことが明らかにされている。[16] 岡部らは、この研究において、不定期刑を受けた少年の特徴に関しても調査結果を明らかにしているが、結局、釈放後の生活状況を把握しなければ、再入原因が施設処遇にあるか否かは明確でないとまとめている。[17]

以上、日本における不定期刑の処遇効果に焦点があてられた二つの実証研究を概観した。この二つの研究においては、いずれも再入率あるいは再収容率については、不定期刑を受けた者のそれが、対照群よりもそれぞれ高く、単純に見れば、これらの研究で提示されたデータからは、不定期刑には特別予防効果が認められないと解することも可能である。しかし、岡部らの研究において、再収容とは、後に逮捕され、少年院送致・懲役・禁錮の決定ないし処分を受けて矯正施設へ収容された者を指すが、これと区別される非収容とは、逮捕されないことだけでなく、出所後逮捕されたが、審判不開始・起訴猶予・罰金刑などで終結し、矯正施設に再収容されなかったことも含んでいる。[18] 従って、森下も指摘するように、再入率ないし再収容率の対比では、不定期刑が厳密な意味での特別予防効果を有していないと必ずしも言明できないことは確かである。

ところで、ＥＢＰの観点から犯罪者処遇などに関する多数の研究を再検証したシャーマンらによってまとめられた『エビデンスに基づく犯罪予防』において提示された実証研究のレベルによれば、上で取り上げた二つの研究は、五つのレベル[19]のうち、どこに位置するのであろうか。端的に言えば、これらの研究は、最大限の評価をするにしても、その最低段階にある、レベル一（ある時点での犯罪予防プログラムと犯罪発生に関する指標との相関を示すもの）に過ぎない。しかも、これらは、不定期刑がそれを受けた者による再非行・再犯を減少させていることもデータ上は明らかにしえていないのである。

なお、管見の限りでは、これらの研究が公表された後に、不定期刑と、それを受けた者の釈放後の再犯・再非行との関連性を実証的に検討した研究は見当たらないように思われる。また、「平成二〇年改正少年法等に関する意見交換会」の第三回と第四回において、不定期刑についても論じられているが、不定期刑を受けた者が、刑事施設から釈放された後に、どれほど再非行・再犯に走ったのかについての具体的なデータは、やはり提出されていない[20]。また、この点については、無期刑の代替有期刑についても同様に当てはまる。

ちなみに、ドイツでは、一九四一年に少年への不定期刑が導入され、一定の要件を満たした少年に不定期刑ないし定期刑を選択することが可能であったが、一九九〇年の少年裁判所法改正によって不定期刑は廃止された。その主な理由は、少年への定期刑と比較した場合、その有用性や優越性が実証的に証明されないばかりか、逆に、再犯が多いことが示されたことにある[21]。

もっとも、シャーマンらの研究では、高率で犯罪を続ける犯罪者でまだ犯罪経歴の終盤にきていない犯罪者の社会からの隔離は、地域社会の犯罪削減には効果があるとのエビデンスが挙げられている。しかし、同時に、誰がこうしたハイリスクの犯罪者かを特定することが困難であるとの問題点も指摘されているのである[22]。さらに付言すれば、これは少年の犯罪者に対する社会からの隔離に関するエビデンスではない。

従って、少なくとも、不定期刑及び無期刑の代替有期刑と、それを受けた少年に対する特別予防効果との関連性を示すレベルの高いエビデンスはないと言わざるをえないのである。それでは、不定期刑などの上限の引き上げが、それを受けた少年に対して特別予防効果を持つことについてのエビデンスはあると言えるのであろうか。これも、例えば、無期刑の代替有期刑が不定期刑に比べ、高い特別予防効果を持つことを示す高レベルの実証研究があるならともかく、現状ではそれが見当たらない以上、エビデンスはないと言わざるをえないように思われる。

次に、不定期刑などの上限引き上げが一般予防効果を持つことのエビデンスの有無も問われなければならない。この点について検討するために、近時の研究で参照されるべきものとして園部典生らの研究が挙げられる。園部らの研究によれば、二〇〇五年二月の時点で少年院又は刑務所に収容中であった一三八人に対する「非行に関する意識調査」を通して、二〇〇〇年の少年法第一次改正後に実際に重大事件に及んだ少年のうち約半数がいわゆる「原則逆送」制度を全く知らず、少年院在院者で一五％、刑務所在所者で一〇・二％が、それを知識としてよく知っていたにもかかわらず実際に重大事件に及んでいたことが明らかになっている[23]。このことは、一定の重大事件を犯した少年が原則として家裁から逆送された後の刑事裁判で不定期刑などの処罰を受けるような実務運用になったことが、一般予防効果を持つことに強い疑念を抱かせる[24]。

このように、不定期刑ないし無期刑の代替有期刑が、実際に非行に走った少年に対して一般予防効果を持つことには強い疑念が生じるが、いわゆる潜在的な犯罪者に対してはどうであろうか。この点については、宮澤節生が、アメリカにおける刑事制裁の威嚇効果に関する研究を参照しつつ、刑事制裁たとえ重大であることが認知されたとしても、それが潜在的犯罪者に対して威嚇効果を持つことは実証されていないことを指摘した[25]。同様に、津富宏も、刑罰の厳しさの認知が犯罪を行う見込みに影響を与えないことを見出した実証研究に基づき、厳しい罰が一般の人々が罪を犯さないことに効果を持つとのエビデンスは得られていないことを指摘している[26]。なお、シューマンは、ドイツで麻薬犯罪の可罰範囲の拡大とそれに対する重罰化立法がなされた前後に、少年にインタビューを行い、立法の前後で、刑罰規範の受容の程度に影響が生じたか否かを調査したが、その結果、立法後の方が規範の受容は低下し、しかも、立法を知っていた少年の方が、知らなかった少年よりも低下率は若干高かったことを明らかにした[27]。

以上で概観した研究は、必ずしも日本の不定期刑や無期刑の代替有期刑が一般予防効果を有することを検証しようとする目的でなされたものではない。しかし、いずれの研究も、厳しい刑罰が一般予防効果を持つことに疑問を提示し、あるいはそれにエビデンスがないことを示していると言えよう。そうすると、少年に対する不定期刑などの上限の引き上げが、未だ非行に走ったわけではない少年に対する一般予防効果を持つことについてもエビデンスはないと言わざるをえないのである。

以上の検討からは、今回法制審議会に諮問された、少年に対する不定期刑などの上限引き上げが非行・犯罪の予防効果を持つことについてのエビデンスは現状では見当たらないことが明らかになる。

四　少年司法に関する立法へのＥＢＰ応用のあり方

ところで、少年に対する不定期刑などの上限引き上げを必要と説く見解の前提には、二〇〇四年の刑法改正による有期自由刑の上限引き上げがあることは既に見た通りである。

しかし、そもそも、この有期自由刑の上限引き上げは適正なものだったのであろうか[28]。既に見たように、こうした自由刑の上限引き上げが一般予防効果を持つことを十分に示す実証研究がなされてきたわけではなく、また、ハイリスク犯罪者の社会からの隔離が犯罪を減少させるとのエビデンスはあっても、そうした犯罪者の選別には困難が伴う。従って、ＥＢＰの観点から見ると、そもそも、二〇〇四年の刑法改正について、立法の前提として、有期自由刑の上限引き上げが犯罪を減少させるという点につき、レベルの高いエビデンスが存在していたとは言えないように思われる。もちろん、この立法がなくとも、悪質な少年事件に適切な量刑ができないとの、現行少年法に対する批判は可能かもしれないが、それは発達障害などの少年の負因が非行に与えた影響を適切に考慮しないままなされた「悪質」とのレッテル貼りを前提とするものかもしれないのである。[29]

もっとも、既に概観した研究からも明らかな通り、不定期刑や無期刑の代替有期刑が、それを受けた者による犯罪を増加させていることを示すレベルの高い実証研究がなされたわけではなく、その意味で、ＥＢＰにおけるエビデンスがこの点についてあるわけではない。つまり、不定期刑や無期刑の代替有期刑、さらには、それらの上限の引き上げられたものが、シャーマンらの研究において、政府が予算配分をやめなければならないと提示される「無効な犯罪予防プログラム[30]」に直ちに該当するわけではない。

しかし、不定期刑や無期刑の代替有期刑は、そもそも、少年に長期間の自由制約をもたらすものであり、それらの上限の引き上げは、さらなる自由制約の拡大をもたらしうるものなのである。これらを、少年による非行・犯罪の防止に、有効とのエビデンスも、無効とのエビデンスもないから、ＥＢＰの観点からは、不定期刑などの上限引き上げは妥当であると評価してよいのであろうか。

そもそも、ＥＢＰを刑事・少年司法に応用する場合には、それが、不要な人権制約をもたらす危険性に鑑み、刑事・少年司法において歴史的な検討を経て承認されてきた証明原理に基づくフィルターを通す必要性がある[31]。こうした帰結からは、少年司法に関する立法が、その対象となる非行少年の自由制約を拡大するものである場合には、とりわけ、それと非行・犯罪予防の関連性について高度の蓋然性を以て証明されねばならないはずである。

なお、葛野尋之も、「人権制約の例外性という憲法原理からすれば、刑事立法の合理性は、より重大な人権制約を提案する側が明確かつ説得的に示す責任を負うことになる。…すでに存在する刑罰または人権制約処分を変更する場合には、より厳格な刑罰ないし処分の選択を主張する側が、その合理性を明示する責任を負う。刑事立法において、この意味での『疑わしきは自由の利益に』の原則が妥当するのである[32]」と指摘している。

そうすると、ＥＢＰの観点からは、無効とのエビデンスがないから不定期刑などの上限引き上げは妥当であると評価することはできないのではなかろうか。さらには、ＥＢＰにおいて、個々の事例に関する研究はエビデンスとして位置づけられていない旨の指摘もなされているが[33]、以下で紹介する事例は、少なくとも不定期刑が受刑者の再犯を防止に無効であった、あるいは不定期刑が受刑者の再犯の要因となる問題点を改善し得なかった可能性を示すように思われる。

その事例とは、不遇な成育歴から同世代や年上の者と関係を結ぶことができないまま、少女への強制わいせつ事件で初等少年院に送致された後、さらに七歳の男子を誘拐し殺害したとして言渡された五年以上一〇年以下の不定期刑を受刑した元少年が、満期で刑事施設から釈放された後、下校中の女児への強制わいせつ被疑事件で逮捕されたことを契機に、同様の事件が多数立件され、刑事裁判の過程で、この元少年には発達障害があることが明らかにされたというものである[34]。ちなみに、浜井浩一によれば、重大事件を犯した発達障害のある少年に懲役刑を科したとしても、少年が不適応を起こして、問題受刑者となり障害がさらに悪化するか、逆に、発達障害に特有の常同性が、刑務所の規律重視で同じ動作とスケジュールを繰り返させる環境に適合して、何も考えずに時間だけが経過して刑期を終了し、事件を顧みることなく淡々と時間を過ごしていくパターンのどちらかであり、この場合、再犯防止や罪障感の喚起という意味では問題は何一つ改善されないことになるという[35]。この浜井の指摘を裏づけるかのように、現にこの元少年と不定期刑の満期間近に接見した保護司によれば、元少年の様子は一〇年前と全く変わっていなかったというのである[36]。こうした事例に照らせば、少なくとも、現行の不定期刑がこの元少年の再犯防止に無効であった可能性が全くないとは言えないことは明らかであろう。

このように、少年の人権制約が大きな不定期刑に非行少年の再非行・再犯防止効果がないとの可能性がある以上、少年司法にＥＢＰを応用するにあたっては、少年の人権制約を拡大する少年司法の立法に先立って、速やかに、日本の不定期刑とその特別予防効果との関連性について、一定のレベルの実証研究がなされるべきである。もちろん、シャーマンらによって示された最高レベルの実証研究を直ちに実施することは困難であろう。しかし、そうした困難性を理由にして、少なくとも、上で見たような可能性があるにもかかわらず、一切の実証研究もなされないまま、不定期刑などの上限を引き上げる立法がなされるとすれば、正にその立法はＥＢＰの観点からも妥当と評価されてはならない。そして、当然ながら、そうした立法は、犯罪を減らさない対策への無駄な税金の投入を増やすだけに終わる危険性も高いと言わざるをえないのである。

五　結びに代えて

本稿における検討を通して明らかになったことをまとめると以下のようになる。

第一に、刑法における有期刑の上限引き上げを前提とし、刑事裁判官による量刑実務上の必要性に根拠づけられた、少年に対する不定期刑などの上限引き上げには、それが少年の非行・犯罪の予防効果を有することについて、ＥＢＰにいうエビデンスが、現状では見当たらないこと。

第二に、刑事・少年司法へのＥＢＰの応用のあり方からは、不定期刑が少年の非行・犯罪の予防に無効であるとのエビデンスも見当たらないとしても、その可能性を示唆する事例がある以上、不定期刑などが少年の再非行・再犯を防止する効果を持つことを示す実証研究が、不定期刑の上限を引き上げる立法の前になされなければならないこと。

第三に、不定期刑などが少年の再非行・再犯を防止する効果を持つことを示す実証研究を欠いたままなされた、不定期刑などの上限を引き上げる立法は、ＥＢＰの観点からは妥当と評価されてはならないこと。

もっとも、不定期刑とその再非行・再犯防止効果との関連性を実証する研究の方法を提示するなど、本稿に残された課題は数多い。これらの課題に今後取り組むことを約して筆を擱くことにしたい。

〔註〕

（1）川出敏裕＝金光旭『刑事政策』（成文堂・二〇一二年）五頁。

（2）八木正一「少年の刑事処分に関する立法論的覚書―裁判員裁判に備えて」『小林充先生　佐藤文哉先生古希祝賀刑事裁判論集上巻』（判例タイムズ社・二〇〇六年）六三五頁以下参照。なお、八木は、不定期刑に裁判員の理解を得られるかに疑問があり、不定期刑を受けた者が短期の三分の一の期間での仮釈放はなされておらず、仮釈放中ないし短期経過後の不定期刑の終了もほとんどなされていないなど、不定期刑制度が実質的には機能していないことなどを根拠に、不定期刑の廃止も主張した。

（3）八木・前掲注（2）論文六三七頁参照。

（4）角田正紀「少年刑事事件を巡る諸問題」家裁月報五八巻六号（二〇〇六年）一五頁参照。

（5）角田・前掲注（4）論文一六頁参照。

（6）植村立郎『少年事件の実務と法理』（判例タイムズ社・二〇一〇年）三五八頁参照。なお、植村は、二〇一二年四月二〇日に法務省にて開催された第三回平成二〇年改正少年法等に関する意見交換会において、「少年刑の改正について」というレジュメに基づき、不定期刑・無期代替刑の上限引き上げの必要性を説明している。これについては、下記のURL内の第三回の配布資料・議事録を参照。http://www.moj.go.jp/keiji1/keiji12_00053.html

（7）毎日新聞二〇一一年二月一一日付朝刊参照。

（8）正木亮『刑法と刑事政策』（有斐閣・一九六三年）八五頁参照。

（9）少年刑務所には成人の受刑者も多数収容されており、そこからの出所者には、定期刑を受けた者も含まれているため、その再入率は、不定期刑受刑者の再入率を意味しないことがその根拠とされた。森下忠「少年に対する不定期刑の処遇効果」家裁月報二七巻八号（一九七八年）七頁以下参照。

（10）森下・前掲注（9）論文一一頁参照。

（11）森下・前掲注（9）論文三五頁以下参照。

（12）柳本は、森下の研究に先立ち、当時の西欧諸国における研究を参照しつつ、犯罪者処遇の効果測定について検討を加え、処遇プログラム内容の明確性やその成功失敗につき客観的で信頼度の高い基準と定義など、その必要条件を明らかにした。柳本正春「犯罪者処遇の効果測定２」法律時報四六巻五号（一九七四年）一〇一頁以下参照。

(13) 森下・前掲注（９）論文三九頁参照。

(14) 森下は、日本で可能な取り組みとして、一九歳の時に窃盗罪で不定期刑に処せられた一〇〇人の出所者と二〇歳の時に窃盗罪で定期刑に処せられた一〇〇人の出所者とを比較することを挙げるが、これも、両者に資質面にかなり違いがあり、どちらも少年刑務所で同一の処遇を受けるので、比較の意味がないと指摘している。森下・前掲注（９）論文三九頁参照。しかし、不定期刑の特別予防効果の検証作業としては、こうした比較の取り組みは意義があるように思われる。

(15) 森下・前掲注（９）論文四〇頁参照。

(16) 岡部俊六＝奥出安雄「不定期刑受刑者に関する成行調査」法務総合研究所研究部紀要二二号（一九七九年）二五八頁参照。

(17) 岡部＝奥出・前掲注（16）論文二六一頁参照。

(18) 岡部＝奥出・前掲注（16）論文二五〇頁参照。

(19) シャーマンらは、実証研究を以下の五つのレベルに区分する。レベル一：ある時点での犯罪予防プログラムと犯罪発生に関する指標との相関を示すもの。レベル二：犯罪予防プログラムが実施された場合に、その実施前と実施後との犯罪発生に関する指標を比較するもの。レベル三：犯罪予防プログラムが実施された地域やグループ等と、それを実施しなかった統制群との間で、その実施前と実施後との犯罪発生に関する指標を比較するもの。レベル四：犯罪予防プログラム以外に犯罪発生に影響する他の変数を統制するために、複数のプログラム実施地域やグループとそれと対比するための統制群を設定し、そのプログラム実施前後の犯罪発生に関する指標を比較するもの。レベル五：犯罪予防プログラム実施地域やグループと、それと対比するための統制群を無作為に割り当て、プログラム実施前後の犯罪発生に関する指標を比較するもの。なお、このレベルを一見満たしている研究であっても、統計分析が不適切である、効果の統計的検出力が低い、結果の回収率が低いなどの重大な問題があった場合、レベルは一ランク落とされる。

Cf. Lawrence W. Sherman et al., Evidence-Based Crime Prevention, 2002, Routledge,17p. ローレンス・W・シャーマンほか（津富宏・小林寿一監訳）『エビデンスに基づく犯罪予防』（社会安全研究財団・二〇〇八年）一七頁参照。

（20）この内容については、前掲注（6）で掲げた法務省のウェブサイト内の第三回・第四回の配布資料・議事録を参照。

（21）Vgl., Deutscher Bundestag (1989), Entwurf eines Ersten Gesetzes zur Änderung des Jugendgerichtsgesetzes (1.JGGÄndG), BT-Drucksache 11/5829, S.12.

（22）Cf. Sherman et al., op. cit., 385p.

（23）園部典生＝近藤日出夫＝出口保行＝大場玲子＝小島まな美＝中村統吾＝小國万里子＝清水大輔＝橋本俊介「重大事犯少年の実態と処遇」法務総合研究所研究部報告三一号（二〇〇六年）四三頁以下参照。

（24）武内謙治「『原則逆送』再考」法政研究七八巻三号（二〇一一年）七一七頁参照。

（25）宮澤節生「法の抑止力」木下冨雄＝棚瀬孝雄編『法の行動科学』（福村出版・一九九一年）三〇〇頁参照。

（26）津富宏「厳罰化の時代に」国際関係・比較文化研究一巻一号（二〇〇二年）一八頁参照。

（27）Vgl., Karl F. Schumann, Positive Generalprävention, Ergebnisse und Chancen der Forschung, Heidelberg, 1989, S.35ff.

（28）この有期自由刑の上限引き上げに疑問を提起した論考として、松宮孝明「『過剰収容』時代の重罰化」法律時報七七巻三号（二〇〇四年）一頁以下などがある。

（29）悪質という概念が、極めて容易に適法な行為を選択できたにもかかわらず敢えて違法な行為に走った点を規範的に評価したものであるならば、発達障害によって、目の前の状況に適法に対処することができないまま、重大な結果を引き起こす非行に走ってしまった少年の行為を悪質と直ちに評価することはできないように思われる。

（30）シャーマンらによれば、これに該当するには、有意検定で効果がないことを示す、犯罪予防プログラムが実施された地域やグループ等と、それを実施しなかった統制群との間で、その実施前と実施後との犯罪発生に関する指標を比較するレベル（レベル三）以上の調査研究が少なくとも二件あり、残る大多数の調査研究も同じ結論を支持していなければならない。Cf. Sherman et al., op.cit., 418p. シャーマンほか・前掲注（19）書四〇四頁参照。

(31) 岡田行雄「刑事・少年司法におけるＥＢＰ」浅田和茂他編『刑事法理論の探求と発見』(成文堂・二〇一二年) 四二八頁参照。
(32) 葛野尋之「刑事立法の合理性」葛野尋之編著『少年司法改革の検証と展望』(日本評論社・二〇〇六年) 三六一頁。
(33) 津富は、イギリス・オックスフォード大学に設けられた、証拠に基づく医療センターによるエビデンスの分類表には、「犯罪者処遇の研究として、我々がしばしばみる、個々の事例研究など、…どこにも存在しないことには注意を喚起しておきたい」と指摘している。津富宏「ＥＢＰ(エビデンス・ベイスト・プラクティス)への道」犯罪と非行一二四号(二〇〇〇年) 七二頁参照。
(34) この事例の詳細については、岡田行雄『少年司法における科学主義』(日本評論社・二〇一二年) 五頁以下参照。
(35) 浜井浩一『実証的刑事政策論』(岩波書店・二〇一一年) 三八七頁以下参照。
(36) 西日本新聞社「少年事件・更生と償い」取材班『少年事件・更生と償い　僕は人を殺めた』(西日本新聞社・二〇〇五年) 三八頁参照。

(付記) 本稿は、科学研究費補助金(基盤研究(Ｃ))「少年の再非行防止対策に関する基盤的研究」の研究成果の一部である。

戦後日本における団体・結社に対する刑事立法について　序論

岡本　洋一

一　はじめに

本稿は、足立昌勝先生の古稀を記念して、一九四五年以降の戦後日本における団体・結社に対する刑事立法を概観し、その特徴を明らかにし、そこに通底する普遍的性格を素描しようとするものである。限られた字数ではあるが、本稿が、足立先生がこれまでに考察されてこられたことの歴史的かつ現在的な意味を深める一助になれば、と考えている。(1)

二　戦後日本における団体・結社に対する刑事立法とその変遷

1　治安立法における「治安」概念と時期区分との関連性

団体・結社に対する刑事立法は、いわゆる治安立法の一領域と理解され、ここにいう「治安」には、二つの意味があると説明されてきた。すなわち、①政治的な意味における治安―つまり、既存の政治的・社会的、そして法的秩序の維持・確保―と、②市民的・日常的な意味における治安―つまり、一般市民の生命・身体・自由・財産などの保護―である。(2)

このような知見は、本稿における時期区分と関連する。すなわち、刑法を含む法分野における時期区分は、従来おおむね四期に分けられてきた。すなわち、一九四五年のポツダム宣言受諾から一九五二年のサンフランシスコ講和条約締結まで、一九六〇年の日米安全保障条約改定を経て、一九八〇年代末の冷戦構造の崩壊前後の区分である[3]。本稿は、このような先行研究を加味しつつ、戦後日本を以下の三つに時期区分する。すなわち、一九五二年成立の破壊活動防止法（法律第二四〇号、以下「破防法」）の前後（再編期）、いわゆる冷戦構造下における戦後日本の社会を経て（重点の変遷期）、さらなる段階となった一九九一年成立のいわゆる暴対法と麻薬特例法の成立後から現在までである（展開期）[4]。この時期区分は—本稿の結論を先取りすることになるが—、各時期を代表する団体・結社に対する刑事立法の特徴、立法目的の変遷と対応している。たとえば、—政治的な意味における治安概念である—「公共の安全の確保」を法の目的とする破防法一条から—日常的な意味における治安概念である—「市民生活の安全と平穏の確保」（暴対法一条）という治安概念における一方から他方への重点の変遷である。

２　時期区分ごとにおける団体・結社に対する刑事立法の特徴とその変遷について

（1）戦後治安体制への再編期（一九四五年八月から一九五二年まで）

先行研究によれば、この時期を以下のようにまとめることができる。すなわち、ポツダム宣言受諾後のＧＨＱ対日占領下においては、アメリカの国益に則した対日占領方針による、戦前からの団体・結社に対する刑事立法の廃止—たとえば、治安警察法（一九〇〇年成立、法律第三六号）や治安維持法（一九二五年成立、法律第四六号）—と、新たな立法をふくめた治安体制の再編—たとえば、勅令一〇一号（一九四六年成立）、団体規正令（一九四九年成立、政令第六四号）—である、と[5]。たとえば、勅令一〇一号や団体規正令は、結成が禁止され、内務大臣の指定による解散、資産取引、構成員氏名などの届出義務を課せられる団体として、占領軍などへの反対と日本の侵略の正当化、暗殺などの暴力主義的な計画による政策変更の助長の正当化などを目的とする団体が並列規定されていた。ここにも、占領軍支配に対する抵抗と過去の侵略傾向、双方の抑止が目指されていたことが看て取れる。

その後、サンフランシスコ講和条約と日米安保条約調印後における日本の占領軍撤退の空白期を埋めるべく、団体規正令などを継承した、破壊活動防止法（一九五二年成立）を中心とする戦後治安体制の確立がなされた[6]。破防法の構造は、個人的な犯罪行為も含む「暴力主義的破壊活動」の処罰と、それに基づく団体への規制とその手続から成る。包括的な行為として設定される「暴力主義的破壊活動」には、内乱罪やその教唆、せん動、文書・放送などでの正当性の主張、政治上の主義の推進あるいは反対目的などでの騒乱、放火、殺人、そして各罪の予備、陰謀、教唆、せん動を含み（四条一項各号）、それが処罰される（三八条ないし四〇条）。そして、手続では行政機関たる公安審査会の処分による破壊的団体活動の禁止（五条）、団体解散（七条）、財産整理（一〇条）、そして団体構成員の団体のためのすべての行為が処罰される（八条、四二条、四三条）。このような破防法は、たしかに、占領期の法令と異なり、特定目的の団体結社の結成そのものを禁止し、処罰してはいない。しかし、当時の批判においては、指定団体の構成員の行動を包括的に規制することで指定団体に致命的なダメージを与えること、「公共の安全の確保」（一条）という抽象的な法の目的と、処罰対象・団体規制の根拠である「暴力主義的破壊活動」の―たとえば内乱罪など―内容における政治的な性格との齟齬、そして公安調査庁の調査権が日常的な監視・思想調査へと繋がることなどの指摘があった[7]。

以降の時代では、この破防法を一つの柱とし、各時代に起きた衝撃的な事件を契機として、破防法の拡大・簡便化を図る動き―たとえば、いわゆる右翼テロ事件を契機とした一九六一年提案の政治的暴力行為防止法案（以下、政暴法案）、オウム真理教の一連の事件を契機とした一九九九年成立のいわゆる団体規制法―となっていく[8]。

（2）重点の変遷期（一九六〇年代～一九八〇年代末まで）

しかし、一九六〇年代となり、いわゆる高度経済成長期へと社会が変化すると、破防法のような政治的な秩序維持を法の正当化根拠とする立法は、逆に厳しい批判にさらされる。むしろ、当時の社会情勢を前提にした日常生活の平穏さの維持を正当化根拠とする動きへと変化していく。前者の例が、いわゆる政治的暴力行為を処罰・規制しようとした政暴法案の挫折であり、後者の例が、不良集団による「小暴力」、「日常的な暴力」規制を立法根拠とする、いわゆる迷惑防止条例といわゆる暴力行為等処罰法の改正である。(9)

政暴法案は、当時の右翼による殺傷事件をうけ、自民党などの議員立法として国会に提出されたものであった。法案の目的は、政治上の主義または思想的信条の推進、支持、または反対目的での暴力行為である「政治的暴力行為」を防止し、処罰することで「わが国の民主主義の擁護に資する」とされた（一条）。その法構造は破防法とパラレルであり、「政治的暴力行為」の処罰と、それに基づく団体規制である。「政治的暴力行為」という抽象的な行為には、政治目的などでの殺人、傷害、逮捕監禁、暴行などを伴う国会議事堂などへの侵入などがあり（四条）、その処罰（一四条ないし二一条）、これらの行為への教唆、せん動、幇助、反復継続的な文書・言動などによる正当性などの主張なども処罰する（二二条、二三条、二四条）。また、政治的暴力行為を行う団体に対しては、行政機関である公安審査委員会の処分により各種規制ができ（七条、八条）、団体の内部情報の届出義務（九条）、解散指定（一〇条）などができるとされた。

しかし、このような政暴法案は、その立案動機と現実の適用の可能性との乖離、とくに犯罪抑止効果への疑問から厳しい批判を受けた。すなわち、その立案動機が右翼などによる個人的な殺傷事件であるにもかかわらず、政暴法案が基礎とする破防法そのものは、組織的な暴力集団への規制を目的としており、右翼事件に対する犯罪抑止の実効性は疑わしいこと、さらに、性質の異なる左右の行動を「暴力」として同列に論じることの問題性が指摘されていた。(10)とくに同法案の犯罪抑止への疑念は、当時の警察庁幹部からも指摘され、ここで必要なのは「遵法意識」の高揚、「法秩序を尊重する気風」の「馴致」であり、とくに暴力団対策と「一般民衆が日常不愉快な迷惑」を抱かされる犯罪対策が必要とされていた。(11)

他方、一九六二年に成立した東京都迷惑防止条例は、その目的を「公衆に著しく迷惑をかける暴力的不良行為等を防止し、もって都民生活の平穏を保持すること」とし（一条）、以下の行為を処罰する（八条）。すなわち、公共の場などでの、いわゆるダフ屋行為（二条）、座席等の不当な供与行為（三条）、パチンコ店などでの景品買行為（四条）などのつきまといなどの行為、婦女に対する卑わいな言動（五条一項）、うろつき、たむろしての公衆などに不安を覚えさせる言動（同二項）などである。本条例制定の理由として、軽犯罪法など既存法令による規制の不十分さ、ぐれん隊と少年非行、ぐれん隊の資金源である各種行為の規制、そして「小暴力、いわゆる街頭犯罪」防止が挙げられていた。本来は、「ぐれん隊結集罪」が「一番望ましい」とされつつも、それは法律のみが可能であるとして、「外形的周辺行為」を迷惑行為として規定したと説明されていた[12]。しかし、本条例施行一年後の運用実績は、すでにそのような立法段階とは別の側面を見せていた。たとえば、全検挙者に占める、ぐれん隊などの構成員は二割程度とされていた。しかし、この点は、本条例の「小暴力」「日常生活上の迷惑行為」規制という側面から正当化されていた[13]。

また、一九六四年には、銃刀類を用いた傷害などを含んだ、暴力行為等処罰法の改正があった。立案当局者たちは、当時の暴力事犯の多さ、そこに占める暴力団員の多さなどを強調し、法改正の必要性を主張していた[14]。しかし、同法に対しては、一九二五年の成立当時から、その立法理由―暴力団対策―と現実の運用―戦前・戦後を通じての労働運動などへの適用―との著しい乖離という根本的な批判があった[15]。ただし、この点は、戦前・戦後ともに、いわゆる左右暴力論と同じく、同法は戦前・戦後も労働運動など運動そのものに直接適用されたことはなく、ただ各運動の正当性を逸脱した「暴力行為」にのみ個別的に適用されたものとの説明がされていた[16]。さらに、ここでも注目すべき主張は以下のものである。すなわち、最も有効な方法は「暴力団の解散等の規制措置」であるが、その実態把握と法律上の定義の困難さから、「当面の方策」としては、暴力団の存在を許さない社会的基盤の醸成と、一般市民の日常生活に迷惑を及ぼす、街の「小暴力」に対する対策が必要である、と[17]。

以上のように、一九六〇年代からの重点の変遷期と呼ぶべき時期を、三つの法令（案）を例に挙げて概観した。

これらの論議の中心は、いずれも、いわゆる左右暴力論であり、立法の動機・正当化根拠と立法後の現実の適用可能性との乖離をめぐる議論であった。政暴法案は、法の性格としてより鮮明な政治性が厳しい批判を招き挫折した。他方で、迷惑防止条例と暴力行為等処罰法改正の議論では、日常的な「暴力」の規制として立法化が正当化され、このことが「迷惑行為」「暴力」という抽象的で包括的な概念設定による運用者・解釈者に与えられた政治的な判断を伴う広い裁量・解釈権限を正当化することに成功した。そして、残された課題とされた、暴力団など犯罪組織そのものへの法規制は、一九九一年の暴対法以後の展開へといたることになる。

（3）展開期（一九九〇年代から現在まで）

冷戦構造崩壊後の一九九〇年代における日本社会の変化は、団体・結社に対する刑事立法にも新たな展開となって現われた。その典型例が、一九九一年成立の暴対法と麻薬特例法である。とくに、これらの正当化根拠は、いわゆる健全な社会の保護と「国際化」とされた。そして、これらは、一九九九年のいわゆる組織犯罪等処罰法、[18]そして立法当時オウム新法と呼ばれた団体規制法成立以降へといたる動きとなる。

まず、暴力団対策法は、破防法と類似の法構造を持ちつつも、その目的を、新たに「市民生活の安全と平穏の確保」をふくむ「国民の自由と権利」の保護とする（一条）。「暴力的不法行為等」という包括的な前提行為と、それに基づく行政機関による認定判断と指定暴力団構成員による各種行為に対する規制があり、たとえば事務所の使用禁止（一〇条、一五条、一八条）、指定暴力団への加入・勧誘への規制（一六条、一七条）などがある。次に、麻薬特例法は、一九八八年のいわゆる麻薬新条約の国内実施のための法整備として立法化された。同法で麻薬新条約から導入された新たな規制方法は、三つである。すなわち、①薬物犯罪から得られた不法収益等に対する金融機関等による疑わしい取引の届出制度（第二章）、②薬物不法収益の隠匿などの罪を処罰する、いわゆるマネー・ロンダリング罪の新設（第三章）、③薬物不法収益等の没収・保全などの手続（第四・五章）である。[19]両法は、一方は市民生活の安全と平穏の確保を正当化理由とし、他方は、いわゆる「国際化」、つまり、国際条約の国内法整備を理由としていた。しかし、立法当時においては、両者ともに暴力団組織に対する法的な規制として一体のものとして理解されていた。[20]

そして、上記の平穏な市民生活の安全と「国際化」双方を理由とし、麻薬特例法の規制手段をその対象である「犯罪収益等」の対象犯罪を一般犯罪へと拡大することを実現したのが、オウム真理教や暴力団などによる各事件を理由にした、一九九九年成立の組織犯罪処罰法であった。[21] 本法は、その名称とは異なり、特定の組織的な犯罪の重罰化（三条ないし七条）以外は、すべて麻薬特例法における上記三つの規制手段の拡大適用を内容とするものであった。このことによって、同法は、個人への適用可能性をさらに拡大させ、立法理由そして法の名称である組織犯罪から、さらに乖離するものとなった。[22] また同年には、オウム真理教の一連の事件を受け、「国民の平穏を含む公共の安全の確保」（一条）を目的とする団体規制法が成立した。本法は、破防法の暴力主義的破壊活動を前提とする「無差別大量殺人行為」に基づき公安審査委員会による観察処分（五条）と、破防法にはない立ち入りと検査権限を認め（七条）、さらに再発防止処分（八条）を可能とした。同法に対しては、オウム事件を契機として破防法が本来予定してこなかった――そしていわゆる政暴法案とも異なる――非政治的な団体・結社への規制を拡大するものとの批判があった。[23]

その後の展開においては、いわゆる平穏な日常生活を立法理由とした暴力団に対する法令やその改正がある。たとえば、暴対法の数度にわたる法改正、あるいは二〇一一年成立の東京都暴力団排除条例（条例第五四号）などである。東京都暴力団排除条例においては、暴対法よりも一般市民の責務として暴力団排除への協力を求め（一五条各号）、また暴対法成立当時から課題であった暴力団に対する事業者の各種の利益供与の禁止と公表（二四条と二九条）などが定められている。[24]

他方で、現在までの、この時期を象徴する「国際化」という立法正当化根拠がある。しかし、このような新たな犯罪化と法規制導入の根拠としての偏頗な「国際化」理解に対しては、刑事法における人権保障という「国際化」の側面もより強く主張されなければならない[25]。前者の例としては、廃案とされた、組織犯罪処罰法の改正による、いわゆる共謀罪法案が代表的であり、後者の例としては、刑事法における究極の人権問題と言える死刑廃止が代表的なものであろう[26]。

3　小括：各時期に通底する共通性あるいは普遍性について

以上、戦後日本における団体・結社に対する刑事立法を駆け足で概観してきた。そこには再編期、変遷期そして展開期といった各時代における―法秩序の維持という政治的な治安から平穏な生活の維持という日常的な治安へと―いわば治安概念における二面性の一方から他方への重点の変遷があった。とはいえ、もちろん、これは治安概念の二面性における一側面の強調にすぎず―たとえば、日常的な治安概念で維持されるという「健全な社会」とはどんな社会なのかといった価値判断が含まれる（政治）判断は免れない―、社会のすべての事象に対する刑罰権発動条件を可能とし、正当化するという意味で、二つの治安概念は、互いに補完し強化する機能を有している。

さらに、この時期の立法としては以下の二つの系統が認められる。すなわち、まず、破防法→政暴法案→暴対法そして団体規制法という行政機関が関与し、刑罰が規制の担保となる行政法的な系統と、麻薬特例法→組織犯罪法という新たな法規制と犯罪化を中心とする刑事法的な法系統である。さらに共通の個別的な法規制手段としては以下の三つが挙げられる。すなわち、①特定の団体・結社の構成員による特定行為に対する禁止、規制あるいは処罰であり―戦前の治安維持法や占領時の団体規正令などのような―特定の団体・結社結成そのものの禁止・処罰などではないこと、さらに―刑罰による最終的な担保をともないつつ―②財産の捕捉・流通に対する規制、そして③団体・結社に関する情報の統制・管理を伴うことである[27]。

そして、いかなる正当化理由であれ、団体・結社に対する刑事立法が、「治安」の問題として捉えられてきた以上、そこには社会にアピールする形での〝国家刑罰権のもつ法的な実効制圧力〟による国家的権威の回復という側面は否定できないものがある。それは、特定の団体・集団的な行為を処罰、規制することが、象徴的に〝社会秩序あるいは法秩序の維持〟として理解されていることからうかがえる。たとえば、迷惑防止条例における公共の場での多数でのうろつき等の禁止、暴対法における公安委員会の中止命令の対象としての指定暴力団員による暴力団事務所周辺での周辺住民などに不安を覚えさせる粗野な言動などである。[28] これらは、明治初期の、いわゆる博徒による四隣の横行などを一〇年までの行政的懲罰とした賭博犯処分規則（一八八四年成立、太政官布告第一号）とその立法過程を思い起こさせる。[29] ここではまさに近代国家が独占する刑罰を最終手段とする法的な実効制圧力と、「治安」との関連性が問われているのである。[30]

三　結　語

本稿における戦後の団体・結社に対する刑事立法をめぐる議論での中心は、これらの刑事立法における目的と手段・内容の〝齟齬・乖離〟であったと言える。すなわち、これらの立法の正当化根拠―政治的あるいは日常的な「治安」維持のための組織犯罪対策―と、立法後の適用が個人へと拡大する危険性への認識の如何である。立法の正当化根拠の変遷は、占領期のようなまさに社会・国家体制存立の危機ともいうべき時代から、高度経済成長を経た安定した社会への変化に対応していると言える。しかし、このような「治安」概念における一方から他方への変遷は、「治安」概念そのものが有する近代国家刑罰権による特定空間に対する実行制圧力の合法的な独占化そのものを変化させるものではない。

このような認識に至ったときに、わたしたちは、もう一度〝原点〟に立ち返る必要がある。すなわち、これらの団体・結社に対する刑事立法が、近代刑事法原則との厳しい対立・緊張関係にあること―つまり、特定団体などに属する個人の前段階的な行為を法規制することが、社会侵害行為のみを「犯罪」とすべしとする行為原理に抵触するのではないか、また、このように特定の団体への所属が法的な不利益に結びつくことが、団体責任を否定してきた責任原理に抵触するのではないか―に対する再認識と、新たな近代刑事法原則に対する理論的深化である。

かつて、風早八十二は、一九二八年に、治安維持法による共産党員の大量検挙（三・一五事件）、最高刑を死刑とした治安維持法改正（同年、勅令第一二九号）に対して、「罪刑法定主義を復活させよ」と題し、罪刑法定原則の歴史的意義と現代的な意義を論じた。そして、足立先生は、一九九九年の組織犯罪対策関連法の成立を受けて、この風早の主張に触れ、近代刑事法原則の再確認をすべしと述べた(31)。

これらの言葉は、深い暗闇のような時代において、数々の刑事立法に対して叫ばれた〝理性の声〟なのであり、それを目印に歩き続ける者にとっての〝理性のかがり火〟となりうる言葉なのである。これらの言葉は、まさに、わたしたちに数々の刑事立法に対する批判的な考察と、近代刑事法原則へのさらなる理論的な深化を求めているのである。

（二〇一二年一二月二一日最終脱稿）

〔註〕

（1）足立昌勝『刑法学批判序説』（白順社、一九九六年、以下『序説』）の「プロローグ　破防法を素材として刑法のありかたを考える」、足立『近代刑法の実像』（白順社、二〇〇〇年、以下『実像』）の「プロローグ」。なお、岡本「戦後日本における団体・結社に対する刑事立法」関東学院大学大学院法学研究科　法研論集一一号（二〇一三年）も参照。

（2） 宮内裕『戦後治安立法の基本的性格』（有信堂、一九六四年）二〜三頁、宮内『安保体制と治安政策』（労旬新書、一九六六年）二四、三〇〜三二、九〇頁。中山研一『現代社会と治安刑法』（岩波新書、一九七〇年）の「序章　治安法の意味」、中山「治安立法」ジュリスト一九七六年一月一日号二二六頁以下。

（3） 刑法理論研究会『現代刑法学原論〔総論〕第三版』（三省堂、一九九六年）第三章第三節、小田中聰樹「民主主義刑事法学の基本的課題と方法」の「二　民主主義刑事法学の具体的課題の推移・展開」井戸田侃ほか編『竹澤哲夫先生古稀祝賀記念論文集』（現代人文社、一九九八年）、さらに藤田正・吉井蒼生夫編著『日本近現代法史（年表資料）』（信山社、二〇〇七年）の「はじめに」、福永俊輔・永住幸輝「戦後刑事立法史年表（一）〜（四）」九大法学九三〜九六号（二〇〇七〜二〇〇八年）、とくに九三号二五、一〇六頁。

（4） 暴力団員による不当な行為の防止等に関する法律（一九九一年成立、法律第七七号、以下「暴対法」）、国際的な協力の下における規制薬物に係る不正行為を助長する行為等の防止を図るための麻薬及び向精神薬取締法等の特例等に関する法律（同年法律第九四号、以下「麻薬特例法」）。

（5） 星野安三郎「戦後治安立法の制定過程」法律時報臨時増刊号三〇巻一三号（一九五八年）五五頁以下、藤田ほか編（3）〔以下、算用数字は註の番号〕一五四〜一五五頁の「一三五　降伏後に於ける米国の初期の対日方針」。

（6） この時期のトータルな分析として荻野富士夫『戦後治安体制の確立』（岩波書店、一九九九年）。また、破防法についての論考は無数にあるが、とくに夏目文雄「コンメンタール　破壊活動防止法」法律時報四一巻一三号（一九六九年）とその一七頁註一の文献参照。さらに夏目「戦後治安立法史（Ⅳ）」と「同（Ⅵ）」愛知大学法経論集二八号（一九五九年）五二頁以下、同三九号（一九六二年）四六頁以下の「第二節　破防法の構造」を参照。

（7） 杉内敏正・宮内裕・片岡昇「戦後治安立法の発展と特質」法律時報臨時増刊号三〇巻一三号（一九五八年）三三頁以下の「第二　破壊活動防止法」。足立（1）『実像』二七頁以下の「第三章　破壊活動防止法の論理と構造」を参照。

（8） 無差別大量殺人行為を行った団体の規制に関する法律（一九九九年、法律第一四七号、以下「団体規制法」）。

（9） 公衆に著しく迷惑をかける暴力的不良行為等の防止に関する条例（一九六二年成立、東京都条例第一〇三号、以下

「迷惑防止条例」）、暴力行為等処罰に関する法律等の一部を改正する法律（一九二五年成立、法律第六〇号、以下「暴力行為等処罰法」、改正は一九六四年、法律第一一四号）。

(10) 中田直人「弾圧立法の決定版―「政治的暴力行為防止法案」」労働法律旬報一九六一年五月下旬号五頁以下、有倉遼吉「団体規制の憲法的意味―政治的暴力行為防止法案に関して」法律時報三三巻八号（一九六一年）一一頁以下、吉川経夫「政治的暴力行為防止法案について」ジュリスト一九六一年七月一日号二四頁以下、吉川「八　政暴法案」（一九六一年初出）『吉川経夫著作選集　補巻　憲法と治安刑法』（法律文化社、二〇〇三年）一六五頁以下、「〈座談会〉「暴力」とその取締まり」法律時報三三巻四号（一九六一年）五五～五六頁の吉川・櫻木澄和の発言。

(11) 町田充（警察庁保安局参事官―以下、すべて肩書きは執筆当時）「暴力犯罪防止のために」警察研究三三巻一号（一九六二年）五二～六一頁。

(12) 「座談会　ぐれん隊防止条例」ジュリスト一九六二年一一月一日号一一～一四頁の上村貞一（警視庁防犯部長）の説明、一六～一七頁の平野龍一と上村とのやりとりを参照。また、乗本正名（警視庁防犯課長）「公衆に著しく迷惑をかける暴力的不良行為等の防止に関する条例の制定について（一）（二）」警察研究三三巻一一号五七頁以下・同一二号（ともに一九六二年）三三頁以下。

(13) 榧野敏夫・原田達夫（ともに警察庁防犯少年課）「いわゆる「ぐれん隊防止条例」施行一年をかえりみて」警察研究三五巻一号（一九六四年）一〇四頁以下。

(14) 海治立憲（法務省刑事局参事官）「暴力行為等処罰に関する法律等の一部改正法案について」法律時報三五巻三号（一九六三年）七四頁以下、吉田淳一（法務省刑事付検事）「暴力行為等処罰に関する法律等の一部を改正する法律」ジュリスト一九六四年八月一日号五四頁以下、大堀誠一（法務省刑事局参事官）「暴力行為等処罰に関する法律等の一部を改正する法律について」警察研究三五巻八号（一九六四年）四頁以下。

(15) 末弘厳太郎「法治と暴力」（一九三二年）、戒能通孝「暴力追放の階級性」（一九五八年）を並べた末弘・戒能「暴力立法の暴力性」法律時報三〇巻二号（一九五八年）九二頁以下、内藤功「暴力行為等処罰法改正と労働運動」法律時報三五巻七号（一九六三年）二六頁以下の「三　暴力団対策とは暴力法改訂の本質をかくす論議」。

(16) 大堀(14)六〜八頁。塩野季彦(司法書記官)『暴力行為等処罰法釈義 第六版』(厳翠堂書店、一九二五年)五頁以下の「第四 不良者の種別及其の発生原因」の「ハ、思想的不良の輩…」と「ニ、博徒その他の無頼漢…」の並列や「第七 本法と多衆運動との関係」、法務総合研究所編『暴力行為等処罰に関する法律 補正版』(二〇〇五年)一頁以下の「第一章 法の性格」を参照。

(17) 海治(14)七五頁以下、吉田(14)五五頁、大堀(14)七頁。

(18) 組織的な犯罪の処罰及び犯罪収益の規制等に関する法律(法律第一三六号)。

(19) 麻薬及び向精神薬の不正取引の防止に関する国際条約(一九八九年署名・承認以下、麻薬新条約)。古田佑紀・本田守弘・野々上尚・三浦守(いずれも法務省刑事局)「『国際的な協力の下に規制薬物に係る不正行為を助長する行為等の防止を図るための麻薬及び向精神薬取締法等の特例等に関する法律』及び『麻薬及び向精神薬取締法等の一部を改正する法律』の解説(一)〜(五・完)」法曹時報四四巻七号・同八号・同九号・同一〇号・同一一号(いずれも一九九二年)。

(20) たとえば、立法への積極論からは「座談会 暴力団対策法をめぐって」ジュリスト一九九一年九月一日三一頁以下の成田頼明、二四頁の成田と篠崎芳明とのやりとり、同号五〇頁以下の加藤久雄「『組織犯罪』に対する法的対応について」、消極論からは村井敏邦「暴力団・麻薬立法の問題」法律時報六三巻七号(一九九一年)二頁以下。

(21) 三浦守(法務省刑事局参事官)「組織的犯罪対策三法の概要等」ジュリスト一九九九年一一月一日号七〇頁以下。

(22) この点は、たとえば、岡本洋一「いわゆる『組対法案』における『組織的な犯罪の処罰』と『犯罪収益の規制等』とのあいだにあるもの」ジュリスコンサルタス(二〇〇〇年)一三一頁以下。足立(1)『実像』第二部第四章「[Ⅱ]マネー・ロンダリング罪の拡大—組織犯罪対策法」三一三頁以下。

(23) 松本裕(法務省付検事)「無差別大量殺人行為を行った団体の規制に関する法律の概要」ジュリスト二〇〇〇年三月一五号四八頁以下、川崎英明・三島聡「団体規制法の違憲性—いわゆる『オウム対策法』の問題性」法律時報七二巻三号(二〇〇〇年)五二頁以下。

(24) 「座談会 暴力団対策法をめぐって」(20)二五〜二六頁の篠崎、成田と竹花豊(警察庁暴力団対策室長)とのやりとり、後藤啓二『企業・自治体・警察関係者のための暴力団排除条例入門』（東洋経済新報社、二〇一二年）。
(25) 内田博文「刑事法の「国際化」について」刑法雑誌三七巻一号（一九九七年）一頁以下。
(26) 共謀罪については、たとえば、足立「刑法を変質させる共謀罪」法律時報七八巻四号（二〇〇六年）二頁以下、足立「共謀罪法案の理論的検証」関東学院法学一六巻二号（二〇〇六年）一頁以下、足立監修『さらば！　共謀罪』（社会評論社、二〇一〇年）、死刑については、足立（1）『序説』二八九頁以下の「第三章　死刑廃止にむけて」、足立（1）『実像』二〇〇頁以下の「第七章　近代刑法における死刑」参照。
(27) 簡単なまとめとして、岡本洋一「日本における組織犯罪対策立法の共通性と時代性―集会及政社法から、いわゆる団体規制法まで」ジュリスコンサルタス一六号（二〇〇七年）二〇五頁以下がある。
(28) 迷惑防止条防止条例についての乗本（12）の解説「（一）」六〇～六一頁、「座談会　暴力団対策法をめぐって」（20）一六頁の成田発言、二四頁の篠崎発言。
(29) 岡本洋一「賭博犯処分規則についての一考察」関東学院法学一八巻三・四号（二〇〇九年）一二九頁以下を参照。
(30) たとえば、マックス・ヴェーバー（脇圭平訳）『職業としての政治』（岩波文庫、一九八〇年）九頁における国家の定義を参照。
(31) 風早八十二「罪刑法定主義を復活させよ」『政治犯罪の諸問題』（研進社、一九四八年）一六九頁以下、足立（1）『実像』「プロローグ」。

盗聴法（通信傍受法）の立法過程の批判的検討とその拡大をくいとめるための課題

海渡　雄一

一　はじめに

足立昌勝先生の刑事立法学を主題とする古稀記念論集に「盗聴法」をテーマに論考を寄せる機会を与えられた。本項では政府が用いた「通信傍受法」という名称ではなく、市民や野党が名付けた「盗聴法」という名称を使うこととする。「通信傍受」は、この法案の持つ非倫理的性格を覆い隠すために井上正仁氏と法務省が作り出した造語であり、この法律が認めている電気通信の内容を捜査機関が知るという制度は、英語では wire tapping と呼ばれ、これを正確に日本語とするなら、「盗み聴きすること」＝「盗聴」が最適な訳語といえるからである。

思い返すと１９９６年10月の法制審議会への諮問の時から活動を始め、徹夜国会で無念の法案成立が１９９９年8月であり、その後も盗聴法廃止法案の国会への連続提出に執念を燃やしてきた。

法案反対運動を続けていた１９９６年から１９９９年頃に考えていたことを思い出しながら、この立法の拠ってきた流れとわたしたちが法的に問題点として指摘したこと、そして市民運動と国会での反対のための活動はどこで盛り上がり、完全に阻止する上では何が足りなかったのか、成立した法案のその後の運用をどう評価できるか、刑事司法改革の議論の場である法制審の「新時代の刑事司法特別部会」において捜査機関側から提起されている対象罪名の拡大と室内盗聴までを含む盗聴法の大幅拡大の議論を紹介し、これを阻止するための課題についてまとめたい。研究論文と言うより、反対運動の総括のような論考となるが、足立先生の記念論集ならば許されるであろう。

二　立法化の経緯とわたしたちの指摘した法案の問題点

1　法案提案前史

１９９７年9月10日、法制審議会刑事法部会において「組織的犯罪対策法」の要綱骨子案が採択された。政府からこのような法案の立案の予定が正式に公表されたのは１９９６年10月８日の法務大臣による法制審議会に対する諮問のときであった。

法務省は「事務当局参考試案」という法案の体裁の文書を審議会に提出した。参考試案とはいうものの、審議はこの試案の是非を巡って行われた。

法制審議会では、一般の傍聴はおろか、顕名の議事録すら公開されなかった。公聴会も実施されず、要綱骨子の採択は日弁連推薦の委員三名を除く多数の委員の賛成によるものであった。

法制審議会の終了後、政府自民党は当時の連立与党であった社会民主党とさきがけによびかけ、同法案についての与党プロジェクトチームを発足させた。このプロジェクトチームは自民党の与佐野馨議員を座長として、社民党からは保坂展人議員らが出席した。１９９８年2月までに全体で22回の会議が持たれ、協議の最終段階では、自民党は社民党の主張を入れて法案の大幅修正に応じてもよいと述べた。しかし、社民党は法案の欠陥は修復不可能と考え、この提案を受けなかった。国会に提出された法案は原案のままであった。

2　法案の提案と立法事実をめぐる論争

１９９８年3月、通常国会に「組織的犯罪対策法案」が提出された。この法案は次の三つの法案からなっていた。盗聴制度の新設の根拠となる規定と証人保護の規定を含む「刑事訴訟法改正案」、盗聴制度の詳細を定める「捜査のための通信傍受法案」（以下盗聴法案と略称する）、組織的犯罪の重罰化とマネー・ロンダリング規制の飛躍的強化を内容とする「組織的犯罪対策法案」の三法案である。

この三法案は立案の経過から組織的犯罪対策法案と呼ばれたが、法文上組織的犯罪を対象としているのは「組織的犯罪に対する重罰化」だけであり、盗聴捜査の合法化、マネーロンダリング規制の強化、証人保護のための弁護活動の制限などは法文上も組織的犯罪だけが対象とされているわけではなかった。この法律は暴力団・マフィアなど組織犯罪集団だけを対象とするようにカムフラージュされていたが、その本質は刑法、刑事訴訟法を改正し、刑罰を重罰化し、犯罪摘発のため捜査権限について飛躍的な拡大を図った法案であった。

この法案の立案当時、オウム事件や悪徳商法などの対策のためという説明もされたが、むしろ政府は国内の犯罪状況に立法事実を求めるのではなく、マネーロンダリング規制や盗聴制度の立法化は日本が組織犯罪集団の活動の抜け穴になることのないよう、国際機関からの強い要請によるものだと説明した。法務省は「資金洗浄に関する金融活動作業部会」（ＦＡＴＦ）の改訂された「四〇項目の勧告」を根拠として指摘した。このような理屈付けはその後の共謀罪では国連越境組織犯罪防止条約の国内法化という、より純化した形態をとることとなった。

３　争点となったアメリカの盗聴捜査の実情

法務省は法案の提案の根拠として国際的な流れ、とりわけアメリカにおける大規模な盗聴捜査を日本にも導入するのだという説明を行った。したがって反対運動にとっては、アメリカの盗聴捜査が大規模な人権侵害を引きおこしていることを立証することが課題となった。１９９９年３月22日から25日までアメリカ自由人権協会の副理事長バリー・スタインハード氏が福島みずほ議員、枝野幸男議員、円よりこ議員、保坂展人議員、中村敦夫議員ら超党派国会議員の招きで来日した。来日中３月22日にはインターネット関係者との懇談会、23日には市民集会、

24日には国会議員向けの勉強会と記者会見、25日には日弁連での講演会が相次いで行われた。このプロジェクトが当時の反対運動の陣形を反映していた。

バリー氏の講演は盗聴先進国でどのようなプライバシー侵害が発生しているか、その生々しい実態を人権問題を専門とする弁護士の立場から説明された。そして、バリー氏は「アメリカは大変な間違いをおかした。日本はその轍を踏まないようにして欲しい。」と市民・国会議員・弁護士に語りかけた。当時日本でも公開されたアメリカ映画「エネミー・オブ・アメリカ」（１９９８年製作）はウィル・スミスとジーン・ハックマンという名優による演技でアメリカの捜査当局による違法な盗聴捜査の実情を余すところなく明らかにした。同氏の講演内容は法案審議の間、繰り返し議員の質問やマスコミ報道の中で言及された。同氏の講演は法案に対する批判的な見解に事実に基づく根拠を与えた。

・アメリカ憲法は日本国憲法のように明確な通信の秘密の保護の規定を設けていない。しかし、アメリカの憲法は修正四条は一般的捜索を禁止している。

・アメリカの盗聴制度は電話の発明の時から始まっている。しかし、特に60年代から70年代にかけて広範に使用されることとなった。

・１９６７年のカッツ事件では公衆電話ボックスにおける盗聴には令状が必要との連邦最高裁判所の判決が示された。この判決を受けて、１９６８年「包括的犯罪取締及び街路安全法第３編」（通称タイトル３）によって、盗聴捜査は法的に規定された。１９６８年のアメリカにおける盗聴法制度の特徴は令状なしに行われていた盗聴に令状主義の枠をはめたものであり、電話による会話だけが対象とされていた。

・アメリカ政府は盗聴制度を拡大していくときに常に「盗聴制度はテロと闘うために必要」と議会を脅してきた。しかし、実際にはテロ犯罪ないしテロ犯罪に類する犯罪の捜査に対して盗聴が使用されたことはほとんどない。過去13年間の盗聴対象の事件の内で、放火・爆弾・武器使用などの事件の割合はわずか０・２パーセントに過ぎない。
・近年盗聴の件数は急増しており、会話の内で83パーセントは捜査機関によっても犯罪とは全く関係のない市民の会話であった。一令状当たり、6万ドルも費用がかかっており、コスト的には大変割高となっている。
・盗聴捜査によって起訴された事件の有罪率は50パーセントに過ぎず、一般事件に比べても低い。
・アメリカでも盗聴制度は政治的な目的のために使われている。1960年代の初頭にロバート・ケネディ司法長官はマルティン・ルーサー・キング牧師の家や事務所を盗聴することを許可した。ニクソン大統領も「敵のリスト」に掲げられた政治家・ジャーナリストなどの盗聴を常習的に行っていた。ウォーターゲート事件は民主党本部に仕掛けられた盗聴器に端を発している。70年代にはベトナム反戦運動の活動家が盗聴の対象とされた。
・令状制度によって歯止めがかけられなかった。この10年間、タイトル3について令状が却下されているのはわずか1件である。外国諜報関係の盗聴については秘密裁判所の令状は1件も却下されていない。
・盗聴を制度化しても、違法な盗聴はなくならず、盗聴できる範囲を拡大しようとする捜査機関の欲望には限りがない。日本のような権利意識が未確立で警察組織の透明度が低い国では恐ろしい人権侵害は避けがたい。

三　盗聴捜査と憲法

法案が審議される前に発刊された研究者による批判書としては、小田中聡樹・村井敏邦ほか『盗聴立法批判』（日本評論社、1997年）がある。また、法案が成立した後に、発刊されたものに奥平康弘・小田中聡樹監修『盗聴法の総合的研究』（日本評論社、2001年）がある。

このような理論的批判を市民にわかりやすく、反対への確信につなげる宣伝活動が重要な課題であった。(1) 我々は、この法案について次のようなポイントを指摘して批判した。

まず、法的に重要な争点は盗聴捜査が憲法に違反しないかどうかであった。

憲法35条は「正当な理由に基づいて発せられ、且つ捜索する場所及び押収する物を明示する令状」を要求している。このような憲法からみれば「本件に関係する資料」などという現在多用されている無限定な令状は到底許されないはずである。

盗聴捜査に対して私たちが本質的に危惧をもったのは、盗聴が個人の内心の秘密に対する著しい侵害性を持つにもかかわらず、すでに存在している犯罪の証拠物件を対象とするのではなく、これから話される個人の会話を対象とするため、強制処分の範囲がまったく特定されないという特質を持っているからである。

法務省の提案の理論的支柱とされた井上正仁教授の見解は、盗聴についても憲法35条により特定性が必要としながら、そもそも押収物の表示の特定は抽象的、概括的なものとならざるをえないとし、まだ存在もしていない会話の盗聴について、裁判官から見たとき既に発生した事件の存否の判断も将来発生するかもしれない事件についての予測も「蓋然性判断」としては共通であるとし、「本件犯行に関係する通信ないし会話」という表示でも特定性は満たされているとしたのである。(2) このような見解は捜査の便宜の前に令状主義による押収対象の特定の要請を事実上否定したものであり、憲法35条を有名無実化するものであった。

また、将来犯罪を犯すおそれのある時に盗聴できるという「事前盗聴」の制度を認めている。これは犯罪を犯す恐れのある人間を事前に逮捕できる予防検束と同質の制度であり、犯罪捜査の概念を根底から覆してしまう。法案は、予備的盗聴を認めていた。すなわち、該当性判断のための傍受として、「令状に記載された通信に該当するか否かを判断する傍受」を認めていた。

法案は別件盗聴も認めていた。傍受中に長期三年以上の懲役に当たる「犯罪を実行しまたは実行することを内容とするものと明らかに認められる通信」がなされたときには傍受できるものとされていた。

法案は傍受中の通信についての相手方の探知には別に令状を要しないと定めていた。

このように法案は、強制処分についてその内容を特定し、事前の令状提示を要求する憲法35条の令状主義に真っ向から反するものであり、ひいては、憲法13条（プライバシー）及び21条（通信の秘密、表現の自由）にも反するものといわざるをえないものであった。

四　国会審議で明らかになった問題点

法案は電話だけでなく、電子メールやファックスなどの盗聴も認めており、この場合には犯罪と関係のない情報もすべて警察の知るところとなることは防ぎようがない。裁判に提出されない通話の当事者には通知もされず、すべてが闇の中で行なわれ、何もわからないし、取るべき手段もない。

傍受の原記録中の無関係通話は削除抹消するとされている。しかし、削除・抹消を担保する手段はない。削除すべき通話を削除しなかったり、無関係通話の内容をメモしたり、これを他の事件の捜査の端緒としても何の罰則もない。市民のプライバシーの侵害を食い止める歯止めは法の中には存在しないことが明らかになった。

日本で制定された盗聴法はアメリカのタイトル3とデジタル・テレフォニー法を包含する内容を持つものであった。しかも、法案はEメールなど内容を即時に復元できないもの、暗号化された情報は全て傍受できるとした。全ての記録を収集してこれを後から分析するやり方を認めている。

法案によれば傍受の原記録中の無関係通話は削除抹消するとされているが、削除・抹消を担保する手段はない。削除すべき通話を削除しなかったり、無関係通話の内容をメモしたり、これを他の事件の捜査の端緒としても何の罰則もない。市民のプライバシーの侵害を食い止める歯止めは法には存在しない。

法務委員会における野党委員の調査によって、ＮＴＴ外で、たとえば警察署内部でパソコンを利用しての盗聴が可能とされる技術の存在が明らかになった。このことは参議院の審議でも大きな争点となったが、法務省は警察内部での盗聴を行なうつもりはないという答弁で徹底的にこの問題をはぐらかした。

五　公明党修正案の評価

1　修正点

最終的に可決された法案は公明党が提案した修正案である。修正のポイントには罪種の限定と、立会人の立ち会い範囲の拡大、国会報告制度などである。国会報告制度などは、この制度の自己増殖を食い止めるという意味では意味のある修正であった。

2　罪種の限定

公明党修正案によって、傍受対象犯罪が薬物関連犯罪・銃器関連犯罪・集団密航に関する罪及び組織的な殺人の罪の四種類とされた。このため「四つの罪に限定された」と誤解されがちだが、実際にはあくまで「四類型」の罪であり、犯罪の種類、数ともに極めて広範である。この中には覚せい剤や大麻の単純な所持も含まれており、例えば、２人で金を出し合い覚せい剤を買ったというごくありふれた事案も、傍受対象となりうる。集団密航に関する罪を対象犯罪とすることについては、公明党も消極的で、当初の修正案では傍受対象に含まれていなかったものの、法務省の強い要請により追加された。

3　立会の強化

修正案では、始めと終わりだけ立ち会えば良かった立会人を常時立ち会うことにしたとされる。しかし、立会人が常時立ち合うと言っても、立会人は事件の内容も知らされないし、通信の内容を聞くことは認められない。したがって、犯罪と無関係な通信を盗聴対象から除外する切断権は認められていない。したがってこの立会人制度は人権侵害に対する有効な歯止めとは言えない。

もし、実効性のある立会人制度を作るのであれば最低限内容を聞くことができ、関係のない会話を切断したり、関係のない情報の消去をその場で命ずることのできる権限を持った公平な第三者、例えば弁護士などの立会が不可欠であったといえる。

六　法案反対運動の総括―何が運動を盛り上げ、何が不足していたのか―

1　国会会期末に強行採決された

通常国会会期末を1999年8月13日に控えた12日、盗聴法・組織的犯罪対策法は参議院での徹夜国会での後、自民・自由・公明三党の賛成で成立した。

この法案が採決された時点では、各種の世論調査でも警察による濫用への懸念から法律制定への反対意見は5割を超えていた。法案に対して反対や疑問の声を表明した団体は人権団体や市民団体はもちろん連合、NTT労働組合、新聞労連、民放労連などの労働組合やペンクラブ、民間放送連盟、日本書籍出版協会などの言論関係の機関、日弁連、新宗連、日本インターネット協会、日本青年団協議会など広範な団体に及んだ。政府は国民的な反対の声を国会の多数の力で押し切ったのである。

2　警察組織は信頼できるか

われわれは、法案に対する理論的批判を普通の市民にもわかりやすく展開することに力を注いだ。警察組織は信頼できないということを事実をもって示した。警察組織に対する信頼感とこの法案への賛否には大きな相関関係があった。共産党の国際局長であった緒方氏宅の盗聴事件について、神奈川県警が組織的に盗聴を行なっていたことは裁判でもはっきりと認定された（東京高裁1997年6月27日判決）。裁判所が警察の組織的な行為であると認めているにもかかわらず、警察庁は最後まで責任を認めなかった。盗聴法反対運動では、この事実をアピールすることが重要であった。

反対運動の過程で、補聴器メーカー「リヨン」の元技術者・丸竹洋三氏が「警察に盗聴器を納入していた」と証言した。国会では、保坂展人衆議院議員（社民）が、この証言に基づいて、警察による違法盗聴の事実を追及した。しかし政府は、「とにかく警察というのは、この盗聴と言われるような行為を行ってはおりませんから、そうした機材というのは調達しておらない」と答弁した。丸竹氏が開発していたのは集団補聴器であるとも答弁している（衆議院5月19日保坂展人28ページ、21日保坂展人27、28ページ）。しかし、なぜ警察に集団補聴器が必要なのか説明はできなかったのである。理論的批判も重要であるが、警察組織による組織的で大規模な違法盗聴が行なわれていた可能性があるという事実こそが反対の世論を創り上げる上で決定的であった。

3　裁判官による令状審査は信頼できるかを争点に押し上げた寺西分限裁判

法務省は裁判官による令状審査が権利侵害の歯止めであると説明した。しかし、令状の発布率が99・9パーセントを超えている現状では裁判官の審査は到底権利保障のための歯止めとはいえない。このことを自らの裁判官としての経験に照らして積極的に発言したのが寺西裁判官であった。

朝日新聞1997年10月2日朝刊に投稿した現職の裁判官寺西和史氏は「裁判官の令状審査の実態に多少なりとも触れる機会のある身としては、裁判官による令状審査が人権擁護のとりでになるとは、とても思えない」と書いた。同氏は1998年四月に開催される予定の「組織的犯罪対策法に反対する全国弁護士ネットワーク」主催の盗聴法反対集会に出席することを承諾した。これを知った仙台地裁所長が、「寺西裁判官のしようとしていることは、裁判所法52条1号の禁止する『積極的に政治運動をすること』にあたり、懲戒処分もありうる。」と警告した。

寺西裁判官は、この警告を受けて、パネリストとして参加することは辞退したが、集会当日に会場に行って、パネルディスカッション開始直前に「当初、この集会において、パネリストとして参加する予定だったが、仙台地裁所長から集会に参加すれば懲戒処分もありえるとの警告を受けて、パネリストとしての参加は取りやめた。仮にパネリストとして、法案反対の立場で意見表明をしても、自身としては積極的な政治運動に当たるとは考えないが、パネリストとしての発言は辞退する。」と発言した。ところが、仙台地裁所長はこれでも政治活動にあたるものとみなし、仙台高裁に分限裁判の申立がなされ、仙台高裁は寺西裁判官に対して懲戒処分（戒告）を行なった。

私はこの集会の責任者であり、勇気ある裁判官に対する懲戒の動きを引き出したとして強く批判された。同時に、この処分に反対する活動は弁護士会内外で大きく広がり、1000名を超える弁護士が代理人となった。寺西裁判官事件の1998年12月1日の最高裁大法廷判決は高裁の懲戒処分を追認したが、園部逸夫判事、尾崎行信判事、河合伸一判事、遠藤光男判事、元原利文判事は、手続、実体の両面での反対意見を展開し、多数意見の結論に異を唱えている。結果としてこの事件は、裁判官の市民的自由を拡大する大きなきっかけとなり、寺西裁判官を懲戒に処している裁判所に盗聴令状の適切な審査を期待できるだろうかという市民の懸念を引き出し、法案に反対する具体的な根拠を創り上げることに貢献したと歴史的には総括することが許されるであろう。

4　運動の高まりと限界

市民的批判の質は粘り強い運動の結果、かなり高まったが、結果として与党を断念させる力にはなり得ず、法案は1999年8月に徹夜国会の末に強行可決された。

何が不足していたのか。この運動はネット市民運動の走りではあったが、デジタル時代の到来前夜であり、2007年の共謀罪反対運動の時には、一気に反対の動きをネットを通じて作ることができたが、盗聴法ではそこまでの動きは作れなかった。

他方で、このような悪法反対運動の核となってきた労働運動は、かなり弱体化しており、市民運動主体で取り組んだ1999年6月24日の日比谷野音大集会とデモには8000人が集まったのに対し、1999年8月3日の連合主催の日比谷野音集会には5000人しか集められなかった。組織労働者がプライバシーという人権問題で立ち上がることが難しくなってきていることがわかる。法案の強行採決のときには国会が市民に取り囲まれるような事態になったが、政府の強行突破は止められなかったのである。

七　法案成立後も盗聴法廃止運動を続けたこと

1　盗聴法廃止法案を10回以上国会に提出

法案は成立したが、私たちはあきらめられなかった。違法な手続きで成立した法律を私たちは絶対に認めないという強い意志を示す必要があると考えた。今後の施行の監視というようなレベルの活動ではなく、国会が制定した法律を国会の多数をとって廃止するための活動を始めることにした。

当時私が書いた盗聴法廃止署名実行委員会の運動への呼びかけの末尾は次のように結ばれている。

「盗聴法の目的は人々が自由に議論し、未来を作り替えていく営みを威嚇と恐怖によって押しつぶすことにありました。だとすれば、あきらめこそが最大の敵なのです。日本の国の未来についてともに議論し、夢と希望を育み、誇りの持てる社会を実現するため、ともに闘い続ける勇気を持ちましょう。盗聴法廃止の国民運動にぜひともご協力を。」

盗聴法の廃止を求める署名実行委員会が集めた国会請願署名は約23万筆におよんだ。当時の野党の多くが続く選挙で公約に盗聴法廃止・凍結をかかげた。国会では盗聴法廃止法案が衆議院、参議院で民主党・社民党・共産党の議員らにより合計11回も提出された。悪法の成立後も廃止を求め続けた市民と国会議員による粘り強い協働の実例として特筆されるべきである(3)。

2 徐々に拡大しつつある盗聴

盗聴法は法案可決の翌年である2000年に施行されたが、警察は2001年まで盗聴法による令状請求すらできなかった。2002年盗聴の実績をつくるために、本来は盗聴法を適用すべきでないような末端の覚せい剤の売買事件にはじめて盗聴法を適用した。

以来、国会報告によってわかる範囲での盗聴法の実施状況によれば、盗聴法は年々適用が拡大されている。また、犯罪関連盗聴のなかった件数は当初はほとんどなかったが、2011年には16件に達し、無関係盗聴率も当初は7割程度であったにもかかわらず、2011年にははじめて91パーセントと9割を超えた。令状請求が却下された件数もずっとゼロが続いていたにもかかわらず、2011年には2件の却下事例が報告されている。犯罪に関連しない多数の通話が傍受され、徐々に警察は盗聴法を大胆に適用しようとしていると見なければならない(4)。

八 「法制審新時代の刑事司法特別部会」における通信傍受の拡大と会話傍受の提案

1 取調べ及び供述調書に依存しない捜査・公判の在り方

足利事件などの再審無罪、村木厚生労働省局長事件の無罪判決と検察官による証拠のねつ造の発覚などをきっかけとして、「検察の在り方検討会議」が設けられ、２０１１年3月にまとめられた同会議の提言「検察の再生に向けて」にもとづいて、２０１１年6月法制審議会に「新時代の刑事司法特別部会」が設けられた。この部会では、取調の可視化や弁護人立会権、証拠開示の拡大、被疑者・被告人の勾留保釈制度の在り方を含む人質司法の見直しなどが議論されることとなっており、えん罪を生み出す日本の刑事司法制度の抜本的な改革案の策定が期待されている。

しかし、他方で、法務省や警察庁は「取調べ及び供述調書に依存しない捜査・公判の在り方」というテーマの中に、通信傍受制度の拡大や会話傍受、司法取引やおとり捜査、被告人の証人適格などの「新たな捜査手法」等の導入を忍び込ませ、同時に議論しようとしている。まさしくみずからの不祥事による捜査への厳しい規制の導入を契機として盗聴法の拡大、さらには室内盗聴の導入という「焼け太り」を目指しているのである。

2　通信傍受の拡大と会話傍受の導入の提案

（1）通信傍受についての考えられる制度の概要

２０１２年11月21日の第15回の同部会では、法務省事務局から次のような内容の提案がなされている。通信傍受についての考えられる制度の概要は、「犯罪の高度な嫌疑、捜査手法としての補充性といった現行法の基本的枠組みは維持しつつ、以下のような見直しをすることにより、通信傍受を行い得る範囲を拡大するとともに通信傍受の実施手続の合理化・効率化を図る。」として、「① 対象犯罪の拡大／② 立会い、封印等の手続の合理化／③ 該当性判断のための傍受の合理化」を検討事項としている。

対象犯罪の拡大については、窃盗、詐欺等が提案され、立会い等については、「暗号等の技術の進歩を活用することで、傍受の実施の適正を担保しつつ、合理化が図れないか。」とされている。

また、該当性判断のための傍受の合理化については、「現行のスポット傍受の趣旨を維持しつつ、合理化が図れないか。例えば、傍受の対象である通信手段を用いて行われる全ての通信を、聴取することなく一旦記録した上、事後的に記録された音源をスポット傍受の方法で聴取する方法を採用するなど。」と提案されている。

(2) 会話傍受についての考えられる制度の概要

また、会話傍受についての考えられる制度の概要は、「犯罪の高度な嫌疑、捜査手法としての補充性といった通信傍受の実施要件と基本的に同様の要件の下で、犯罪に関連する会話がなされる可能性が高く、かつ犯罪と無関係の私的な会話がなされる可能性が乏しい場所に対象を限定し、捜査機関が傍受機器を設置し、犯罪の実行に関連した会話等を傍受することができるものとする。」としている。「会話傍受の必要性、会話傍受の許容性・要件、プライバシー権との関係、会話傍受の適用場面をどのように限定するのか、傍受の実施の適正を担保するための手続の在り方」などが検討事項とされている。

3 法務省提案に対する具体的な反論

(1) 適用犯罪

まず、このような提案に対して個別の論点ごとに見解を示したい。適用犯罪の拡大には原則として反対すべきである。盗聴捜査は少なくとも組織犯罪の捜査手法に限定させ、一般犯罪への拡大を阻止することで、捜査機関の恣意的な濫用を未然に防ぐ必要がある。外国人窃盗団による窃盗や振り込め詐欺集団による電話を利用した組織的詐欺等への適用拡大が捜査側からは主張されているが、詐欺罪や窃盗罪の事犯は極めて数が多く、その全体に拡大することは広範に過ぎる。要件を組織犯罪だけに限定するような法制を日弁連は推挙しているが、捜査機関側はこれにすら反対している。

（2）立ち会い

立会については、前述したように現在の制度に合理性が乏しいのは事実である。しかし、「通信事業者は通信を暗号化した上で送信し、捜査機関がそれを復号化することにより傍受を行う」という方法で、確実に令状に特定された以外の通話の盗聴を除外できるという制度的保障にはならない。むしろ、内容を聞くことができ、関係のない会話を切断したり、関係のない情報の消去をその場で命ずることのできる権限を持った公平な第三者、例えば弁護士などの立会の制度化を求めるべきである。

適正確保のためには第三者による認証が必要であると日弁連は主張しているが、これに対しても技術的な措置だけで十分だと捜査機関側は主張している（二〇一三年一二月一一日第一作業部会）

（3）該当性判断のための傍受

該当性判断のための傍受は、必要性のない会話の記録を捜査機関の手元に残さないことを確実にし、濫用の可能性をなくすことが目的であった。「全ての通信を、聴取することなく一旦記録した上、事後的に記録された音源をスポット傍受の方法で聴取する方法」では、捜査機関の手元にすべての会話記録が残ってしまう。これがなぜ代替手段となるのか、全く意味が不明である。

（4）会話傍受　明らかな違憲性

会話傍受の提案がなされているが、余りにも不見識である。１９９８年ドイツは憲法を改正し、憲法13条の住居の不可侵条項に、組織犯罪対策とした室内盗聴（盗聴器の設置）を認める改正を行った。聖職者、刑事弁護人、議員は盗聴の対象から除外された。医者、ジャーナリスト、一般の弁護士などは除外されていない。３名の裁判官の令状が必要だが、急を要するときは事後でよい（3、四項）。議会への報告義務と、特別委員会によるチェックの仕組みが定められている（6項）。

我が国においても、住居の不可侵は憲法35条の定めるプライバシーの根幹であり、捜査機関の権限濫用によって侵された場合には事後的な回復は困難である。

法務省提案では、「振り込め詐欺の拠点」「対立抗争が行われている場合の暴力団事務所、暴力団幹部の使用車両」「コントロールド・デリバリーにおける配送物」など異論が出しにくい対象を例示しているが、このような制度を設ければ、法律上対象をピンポイントに厳しく限定するような条項を作成することは難しく、結局広範に濫用されるものとなりかねない。

そもそも、室内に盗聴器の設置を認めるような制度はドイツの例を見ても、憲法の改正なくしては導入不可能なものであり、法制審議会での検討対象から速やかに除外すべきである。

4　えん罪防止のための科学的捜査の名目による盗聴拡大と如何に闘うか

いま、我々が目にしている状況は、えん罪防止のための捜査機関への規制強化と引き換えに、捜査機関が通信傍受の拡大と会話傍受の権限まで求めるという前例のない事態である。

可視化や証拠開示などの我々が求めてきた改革課題をいわば人質に取られた状態での議論で、弁護士会による新たな捜査手法拡大への批判の矛先を鈍らせようという高等戦術のようにも見える。

このようなことが、刑事司法改革のための法制審議会で議論がなされていること自体がほとんど報道もされず、市民には全く知られておらず、反対運動の構築には、１９９９年の時点よりも更なる困難が予測される。

しかし、盗聴という手段がもつ非倫理的な性格への嫌悪の感情は市民の間にも根強く残っている。市民の間には「私は通話を人に聞かれても平気」という声もある一方で、個人情報保護意識の高まりによって、警察に勝手に会話を聞かれ、メールを見られてしまうことへの忌避意識も広範に認められる。

政府機関などによって非公開とされているが、社会にとって大切な事実・情報を明らかにしようと活動しているジャーナリストや政治家、ＮＧＯ活動家などが違法な盗聴のターゲットとなりやすい。ウォーターゲート事件の例をみても、盗聴は権力を握る者による政敵に対する情報工作の一環として使用されてきた歴史がある。このような通信こそが、政府機関にとって最も監視したいものだからである。盗聴が横行すると、我々市民はファシズム体制やソビエト・東欧などの共産主義体制のもとにおけるように、自由に意見交換することそのものができなくなる。

ＮＳＡ（アメリカの「国家安全保障庁」）の契約先の技術者であったエドワード・スノーデン氏は、２０１３年6月米ワシントンポスト紙と英ガーディアン紙に情報を提供し、ＮＳＡがあらたに開発した「プリズム」というシステムを使って、ＳＮＳやクラウド・サービス、あるいはインターネットの接続業者など大手のＩＴ企業9社から網羅的にデータを収集していたという事実を暴露した。この9社とは、Microsoft、米Yahoo、Google、Facebook、AOL、Skype、YouTube、Apple、Paltalkであり、ＮＳＡはこれらの会社の保有するサーバーなどに自由にアクセスすることができたという。

米政府は議会の秘密委員会の許可を得ていたとし、アメリカ市民の情報は原則として取得していないなどとしているが、ほとんど無限定で膨大な情報が実効性のある司法審査抜きにＮＳＡのもとに集積され、アメリカの同盟国イギリスの諜報機関ＧＣＨＱとは情報共有が図られていたという。

ＮＳＡは、同時テロ以降、情報収集活動で得た手掛かりがテロ阻止につながった例は、世界２０カ国以上で５０件余りに上るなどと報告し、このデジタル盗聴網の暴露は、アメリカ政府によるテロとの闘いに悪影響を与えたとしている。ＦＢＩは、同氏に対するスパイ防止法違反容疑での犯罪捜査を開始した。他方で、プライバシーを守った英雄として、その検挙に反対するネット上の国際世論も生まれており、今後の捜査の行方はダニエル・エルズバーグ事件以来の関心を集めている。

今後の日本における盗聴制度の拡大の是非についての議論においても、「プリズム」の存在を前提として、日本の情報機関がこのシステムとどのような関係を結んでいたかを究明することが、前提となるであろう。

このように、盗聴制度や共謀罪法案に盛り込まれていた密告制度、二〇一三年一二月に成立した秘密保護法によって導入されようとしている秘密漏洩行為の厳罰化などの措置は、表現の自由を抑圧し、結果として市民の生命と安全を危険にする可能性がある。盗聴をおそれて市民の自由な情報流通が妨げられれば、我々が主権者として民主主義的な意思決定をする上で、正確な判断に失敗する危険があるからだ。このようにして、民主主義的な決定過程が根底から覆され、機能不全を生じてしまう可能性がある。

えん罪防止のための取調の可視化や証拠開示はなんとしても実現しなければならない。しかし、そのために表現の自由とプライバシーを危うくする秘密保護法や共謀罪、盗聴制度の拡大を許してはならない。法制審議会の議論を注視しつつ、機敏に行動を起こさなければならない。

〔註〕
（1）このような要請に応える宣伝物として現代人文社編集部編『盗聴法がやってくる』（現代人文社、1997年）『盗聴法がやってきた』」（現代人文社、1998年）などを実質的には市民運動が主体となって出版した。後者には、各党の国会議員による公開座談会や寺西裁判官が出席する予定であったシンポジウムの内容なども採録されている。
（2）井上正仁『捜査手段としての通信・会話の傍受』（有斐閣、1997年）5頁以下「第1章通信・会話傍受の合憲性」
（3）参議院8回：第147国会、第149国会、第150国会、第151国会、第153国会、第154国会、第155国会、第156国会
衆議院3回：第149国会、第150国会、第151国会
（4）2003年2件、2004年4件、2005年5件、2006年9件、2007年7件、2008年11件、2009年7件、2010年10件、2011年10件

共謀罪立法の問題点

山下　幸夫

一　はじめに

足立昌勝教授は、早くから、共謀罪法案の危険性を指摘し、市民運動の先頭に立って共謀罪法案に反対し続けてきた。

そこで、本稿では、足立教授の見解を紹介しつつ、それ以外の研究者の議論状況を紹介し、共謀罪立法の問題点について論じることにしたい。

二　共謀罪法案をめぐる状況

政府は、２０００年（平成12）年12月、国連越境組織犯罪防止条約（United Nations Conventionagainst Transnational Organized Crime）[1]に署名している。同条約は、越境的な組織犯罪が近年急速に複雑化・深刻化してきたことを背景として、これに効果的に対処するためには、各国が自国の刑事司法制度を整備し、強化するのみならず、国際社会全体が協力して取り組むことが不可欠であるとの認識を踏まえて、越境的な組織犯罪を防止し、これと戦うための協力を促進する国際的な法的枠組みを規定するものであった。ちなみに、この条約は、２００３（平成15）年5月、国会において批准することが承認されている。

法務省は、同条約の締結に伴い必要となる国内法整備のために法制審議会に諮問し、法制審議会刑事法（国連国際組織犯罪条約関係）において審議され、[2] 共謀罪や証人等買収罪などの要綱骨子を答申し、これを受けて、政府は、２００３年（平成15年）３月、第１５６回通常国会に「犯罪の国際化及び組織化に対処するための刑法等の一部を改正する法律案」を提出した。

上記法案は、組織的な犯罪の処罰及び犯罪収益の規制等に関する法律6条の2として、「団体の活動として、当該行為を実行するための組織により行われるものの遂行を共謀」することを犯罪として処罰すると定め、死刑又は無期若しくは長期10年を超える懲役若しくは禁錮の刑が定められている罪の共謀については5年以下の懲役又は禁錮、長期四年以上10年以下の懲役又は禁錮の刑が定められている罪の共謀については2年以下の懲役又は禁錮に処する旨を規定していた。

その後、衆議院の解散に伴って廃案となり、２００４年（平成16年）2月、第１５９回通常国会に、サイバー犯罪条約の国内法化のための法案と合体されて、「犯罪の国際化及び組織化並びに情報処理の高度化に対処するための刑法等の一部を改正する法律案」として再上程された。

その後、何度か実質審議が行われている。

特に、２００６年（平成18年）の第１６１回通常国会においては、与党と野党の実務者協議を行い、その結果を踏まえて、当時の与党は、①対象となる団体を組織的な犯罪集団（組織的な犯罪集団の活動等の意思決定に基づく行為であって、その効果又はこれによる利益が当該集団に属するもの）に限定すること、②過失犯など、共謀罪の対象となりえないものを対象犯罪から除外すること、③単なる「謀議」ではなく、「具体的な謀議」に限定すること、④処罰条件として「共謀した者のいずれかによりその共謀に係る犯罪の実行に必要な準備その他の行為が行われた場合」を追加すること、⑤その処罰条件を満たさなければ逮捕・勾留を認めないことなどを盛り込んだ修正案をまとめている。

その後、第１７１回通常国会において、衆議院解散によって廃案となり、その後、「共謀罪を導入することなく国連組織犯罪防止条約の批准手続きを進めます。」ということを公約に掲げた民主党に政権交代したこともあり、共謀罪法案は国会に上程されていない。

ちなみに、政府は、従来提出していた「犯罪の国際化及び組織化並びに情報処理の高度化に対処するための刑法等の一部を改正する法律案」から共謀罪の新設などの組織犯罪処罰法の改正案部分を切り離し、それ以外の部分を一部修正の上で、「情報処理の高度化等に対処するための刑法等の一部を改正する法律案」として、２０１１年（平成23年）４月１日、第１７７回通常国会に上程し、同法案は同年６月17日に成立し、同月24日に公布された。同改正法のうち、刑法改正部分は同年７月14日に施行され、刑訴法改正部分は２０１２年（平成24）年６月24日に施行されている。[3]日本は、国内法整備を終えたとして、同年11月１日からサイバー犯罪条約に正式加盟している。

三　共謀罪立法をめぐる論点

国連越境組織犯罪防止条約５条１項（a）は、締約国に対して、同（i）及び（ii）に定める２種の行為の一方又は双方を、未遂又は既遂とは別個の犯罪として、国内法で処罰できるようにすることを義務づけている。ここでは、英米法系の共謀罪法制と大陸法系の結社罪又は参加罪のいずれかをオプションとして選択することが可能とされている。

我が国における共謀罪立法は、これを受けて、同条約の要請で提案されていることから、共謀罪立法について論じる際には、①同条約が求める措置が、憲法や国内法の諸原則に照らして、そもそも国内への導入が許されるのかどうか（許容性）、②同条約に基づいて国内法的措置が必要か（必要性）、③同条約に基づいて、いかなる措置をとるべきか（選択の当否）という前提問題が存在しており、[4]それらを前提として、政府案やかつての与党の最終修正案で提案された共謀罪が、刑事立法として許容できるがどうかが議論されることになる。
本稿では、紙幅の関係から、前提問題には触れず、共謀罪立法が刑事立法として許容できるかどうかに絞って論ずることとする。

四　足立教授の見解

足立教授は、政府原案だけでなく、かつて与党であった時期の自民党の修正案、当時の野党であった民主党の修正案、自民党の再修正案、再々修正案、「最終」修正案を批判的に検討し、共謀罪立法の問題点について、大きく2つの観点から指摘している。

第1には、法益侵害の危険性すらない行為を処罰しようとすることへの批判である。足立教授は、「共謀は、二人以上の者が犯罪の遂行を相談し、その相談がまとまったことにより成立する。これは、共謀を行った者の内心の問題であり、単独で犯罪の遂行を計画する場合と同じである。これだけでは、犯罪の準備も行わず、予備行為も行っていないので、外部にはなんらの害悪を惹起してはいないし、その危険性すらない。それにもかかわらず、政府案のように、『長期四年以上の懲役又は禁錮を定めている罪』を共謀罪の対象とした場合、建造物損壊罪のように、既遂しか処罰されず、未遂や予備が処罰されない犯罪に共謀罪が成立することになる。未遂や予備が処罰されないのに、それより以前の共謀がなぜ処罰されるのかという問いに対し、政府側は明確な答弁をしていない。ただ、『条約による』と答えるのみである。このような既遂のみが処罰され、未遂や予備が処罰されず、共謀は処罰されるという処罰の『中抜け現象』は、対象となる619の犯罪のほとんどに当てはまることである。」などと指摘している[5]。

第2には、国連越境組織犯罪防止条約が締約国に新設するように求めている組織犯罪に対処するための刑法と従来の刑法の比較という観点からの批判である。足立教授は、これを、市民社会を規律する刑法（市民刑法）と、跨国的な組織犯罪を規律する刑法（組織犯罪刑法）に分け、両者は別物であり、組織犯罪刑法は市民社会に適用されてはならないと述べる。その上で、組織犯罪刑法は、本来的に予定されている組織犯罪に限定されるべきであり、その刑法の効力が市民社会に影響を及ぼしてはならないのに、そのような限定的な組織犯罪刑法が限定できないのであれば、条約に従う義務はないと論じている(6)。

五　共謀罪立法に反対する見解

足立教授の見解と同じ方向で、より精緻にして論じたのは、浅田和茂教授である。浅田教授は、「共謀罪は、予備・陰謀と同様に未完成犯罪として提案されている。そうすると、現在予備・陰謀の規定を有していない四年以上の懲役・禁錮に当たる罪にすべてに一挙に予備罪と同等の規定を置き、同時に、すでに予備・陰謀の規定を有する罪に新たに予備罪と同等の規定を置くという提案がなされていることになる（広範な刑法的介入の早期化を意味する）。重大な犯罪に限って予備罪を規定するという従来の刑法の立場とは全く相容れない異質の立法といわざるをえない。」などと述べ、「もし立法がなされれば解釈・適用に混乱をもたらすのみならず、現在のわが国における共謀共同正犯の判例の動向からすると、濫用に関する歯止めもないといわざるを得ない」と論じている(7)。

他方で、我が国の判例理論において確立された共謀共同正犯論を前提として、共謀罪が予定するような事態は既に、共謀共同正犯として処罰可能であるから、共謀罪を新説する必要がないと述べる見解がある。

亀井源太郎教授は、「一定以上の重大な犯罪類型においては、結果の発生（未遂犯を処罰する犯罪類型においては実行の着手）を待ってから処罰するのでは遅すぎるという場合は存在するであろう。」、「しかし、そのことが、直ちに共謀罪創設の必要性を基礎づけるものではないようにも思われる。そのような重大な犯罪類型においては、予備罪処罰が可能なのが通例であり、かつ、予備罪の共謀共同正犯も可罰的であることを想起すれば、『未完成犯罪として』『組織犯罪に対処する』必要性が高い場合、一定の対処は、現行法でも可能なようにも思われる。」、「未完成犯罪としての機能を果たすための道具立てとしては、予備罪の共同正犯を処罰する（あるいは、必要があれば、現在予備罪処罰の規定を持たない犯罪類型につき、予備罪を新設する）という方法では不十分だったのか、疑問は残る。このような手法での立法による方が、処罰範囲が過度に広範囲にならずに、必要な限りで処罰の早期化を実現できるという意味で優れているというべきではないか、予備罪の共同正犯を処罰するだけでは不十分だと十分に説明されていないのではないかと思われる。」と論じている。(8)

松宮孝明教授も、「現在の実務の『共謀共同正犯』の運用が変わらない限り、それは『屋上屋を架すもの』だということである。なぜなら、妥当な範囲でなら『共謀者』はすべて、何らかの犯罪の『共謀共同正犯』として処罰できるし、その法定刑も実行者と同じ重いものになるからである。一体どのような論理で、このような『共謀者』を、しかも組織犯罪の関与者に限って、二年以上の懲役または禁錮ないし五年以下の懲役ないし禁錮といった軽い刑罰で処罰すべきなのであろうか。また、反対に、現行法で処罰できないような『共謀者』を処罰しようとするなら、それこそ『自由主義』、『客観主義』を基本原理とする近代国家の刑法にはふさわしくない『現代版治安維持法』であろう。」と論じている。(9)

なお、日本弁護士連合会の意見書は、この後者の見解に近い立場である。(10)

六　共謀罪立法に賛成する見解

これに対して、結果ではなく、危険を重視して犯罪の処罰を考えるべきだとする見解を述べるのは、中野目善則教授である。

中野目教授は、「コンスピラシー（共謀）は、それ自体が、結果・実害をもたらす危険の高い行為であり、また、他の犯罪の温床・母体となると見て、危険犯の観点からこれを独立の類型として処罰しようとしているものと解することができる。」、「予備は、計画された犯行を実現するためにその準備段階に当たる行為を行う場合であり、犯罪の着手に至る前の、犯罪の全体の一部にかかわる行為を処罰するにとどまる場合である。これに対し、コンスピラシー（共謀）は、犯罪の計画の謀議の処罰に関係する。コンスピラシー（共謀）は犯罪のプランニングに焦点を当てており、あとの行為はすべてこの計画に従って実行されるという性質を持つ。コンスピラシー（共謀）は、役割を分担し協働して犯罪結果を実現するという全体のフローの中で要を成す。コンスピラシー（共謀罪）は、この要を成す行為に焦点を当てる点でも、他の犯罪に繋がるポテンシャルを重視する点でも、全体の一部にある行為を処罰するのにとどまる予備罪とは異なっている。」、「国際社会の掲げる、国境を越える組織犯罪への対処という基本目的は、共有されてしかるべきものであり、共謀罪はこの求めに応じようとするものである。」、「共謀罪は、従来の刑法でとられてきた考え方とは相当な違いがあることは事実だが、共謀罪に関しては、従来の刑法体系との整合性よりもむしろ、犯罪に対する脅威から社会をどう守り、同時に自由への正当根拠のない干渉をどう防ぐかが問われるべきである。我々の社会を、組織犯罪から守り、安全、安心な社会にするためにはどうすべきかを今一度真剣に問い直してみるべきであろう。」と論じている。[11]

この見解は、共謀罪と予備罪とを対比しながら、その違いを説明するとともに、共謀罪を英米法のコンスピラシーと同様に、その危険性に鑑みて処罰する必要があると論じるものであり、仮に、共謀の内容が実行された場合であっても、その実行された犯罪とは別個に共謀罪が処罰されることになる。

しかしながら、立法担当者は、共謀罪は実行された犯罪と別個に処罰されずにこれに吸収されると説明しており、中野目教授の議論は、少なくとも、共謀罪法案を作成・提出していた立法担当者とは異なる見解であるということができる。

七　新たな視点に基づく見解

これに対して、塩見淳教授は、共謀罪立法について、新たな視点から議論している。

従来、陰謀罪・共謀罪は、予備以前の段階の行為であると考えられていた[12]。

これに対して、塩見教授は、予備罪と陰謀罪（共謀罪）との異同について検討し、予備罪の成立時期を検討した上で、①共謀罪・陰謀罪の実質は予備罪の共同正犯であり[13]、その一人による予備行為の開始をもって犯罪が成立する、②可罰的な予備とは犯罪の準備一般ではなく、実行行為に接近したもの、条件成就の後に速やかに実行へと移行可能なものに限られるとの見解を導いている。

その上で、このような限定は、思想・内心の自由を実質的に保障するためには、明文化の有無に関わりなく、陰謀罪・共謀罪に要求されなければならないが、共謀罪立法に当たっては明文で規定されることが望ましいと論じている[14]。

この見解は、これまでの立法例の中で、予備罪を処罰しないで陰謀罪を処罰する例について[15]、「予備は犯罪実行の準備行為であって、犯罪完成へと一歩前進しており、単なる犯罪実行の合意である陰謀よりもさらに進んだ段階である。前段階の陰謀を罰して後段階の予備を罰しなかった理由については疑問を生ずるのが当然である。」と指摘されていたところであるが[16]、塩見教授の見解によれば、このような立法例も、理論的に説明が可能になると考えられる。

また、共謀罪を予備罪の共同正犯と捉えることは、前述した亀井教授や松宮教授の見解と矛盾するのではなく、むしろ、その見解を理論的に補強するものであると考えられる。

塩見教授は、解釈上当然に実行行為に接近した行為に限定されるが、明文規定で限定することが望ましいと控えめな見解を述べているが、むしろ、共謀罪の実質は予備罪の共同正犯であり、現行法上、重大な犯罪については既に予備罪が規定されているから、新たに６００以上もの共謀罪を新設する必要はないと説明することが、有益であると考えられる。

八　終わりに

前述した「情報処理の高度化等に対処するための刑法等の一部を改正する法律案」の審議の際に、江田法務大臣（当時）が、国連越境犯罪防止条約の批准のために省庁間で協議しており、法務省においても何らかの立法措置が必要であると考えて準備していることを窺わせる答弁をしたことがあった。

２０１２年1月には、当時は野党であった民主党の法務委員会の筆頭理事として共謀罪法案に強く反対し、後に法務大臣になった平岡秀夫法務大臣が更迭されるという事態があった。

それ以降、民主党政権下において、共謀罪法案が国会に上程されるおそれが高まっていた。

２０１２年11月16日には野田内閣の下で衆議院が解散されて総選挙となり、その結果、再び政権交代がなされ、自民党を中心とする政権ができたので、共謀罪法案が国会に上程される可能性はさらに高まっている。政治情勢は極めて緊迫してきている。本稿が、共謀罪立法をめぐる議論の参考になれば幸いである。

足立教授は、これまでも、共謀罪法案に強く反対する立場から、市民集会で講演をしたり、国会議員への要請活動を行うなど、実に活発な活動を行ってきた[17]。私も、同じ集会に参加させていただく機会を得るなどした。

私自身は、長らく、日本弁護士連合会の刑事法制委員会において、色々とお世話になっている。

古稀を迎えてますますお元気な足立先生が、今後も、この問題を含む多くの場で活躍されることを心から願っている。

（２０１２年11月19日記）

〔註〕

（1）一般的には国連国際組織犯罪防止条約と訳されているが、日本弁護士連合会は、これを国連越境組織犯罪防止条約と約している（２００３年1月20日付「国連『越境組織犯罪防止条約』締結にともなう国内法整備に関する意見書」）。これは、同条約の Transnational をどう訳するかの問題であるが。足立教授は、国連跨国組織犯罪防止条約と訳すことを提案している（足立昌勝「共謀罪法案の理論的検証」関東学院大学16巻2号〔２００６年〕23頁（1））。本稿では、国連越境組織犯罪防止条約の訳語を使用する。

なお、我が国は、同条約の審議途中において、１９９９年（平成11年）、その内容を先取りする形で、組織的犯罪の処罰及び犯罪収益の規制等に関する法律、犯罪捜査のための通信傍受に関する法律等からなるいわゆる組織犯罪対策三法が成立している。

（2）同部会は、２００２年（平成14年）9月18日（第1回）から同年12月18日（第5回）まで開催されている。その議事録は、http://www.moj.go.jp/shingi1/shingi_keiji_kokusai_index.html（２０１２年11月18日閲覧）

（3）この改正法についての立法担当者の解説として、杉山徳明・吉田雅之「『情報処理の高度化等に対処するための刑法等の一部を改正する法律』について（上）」法曹時報64巻4号（２０１２年）1頁以下、同「『情報処理の高度化等に対処するための刑法等の一部を改正する法律』について（下）」法曹時報64巻5号（２０１２年）55頁以下。

（4）伊東研祐「国際組織犯罪と共謀罪」ジュリスト１３２１号（２００６年）73頁以下が詳しく論じている。なお、国際法の観点からの論文として、桐山孝信「『国連国際組織犯罪防止条約』の批准と国内法化の課題」法律時報78巻10号（２００６年）13頁以下、古谷修「国際組織犯罪防止条約と共謀罪の立法化―国際法の視点から―」警察學論集61巻6号（２００８年）42頁以下、同「国際組織犯罪防止条約の特質と国内実施における問題：共謀罪の制定を中心に」早稲田大学社会安全政策研究所紀要28号（２００８年）２２５頁以下。

（5）足立昌勝「共謀罪法案の理論的検証」関東学院大学16巻2号〔２００６年〕18頁以下。同「日本から見た環日本海における組織犯罪対策の必要性―共謀罪法案と修正案に対する徹底的批判―」関東学院大学法学研究所ジュリスコンサルタス16号（２００７年）２３３頁、同「わが国における組織犯罪対策と国連跨国組織犯罪条約―共同研究『広義の意義における環日本海諸国における組織犯罪対策の総合的研究』のまとめに代えて―」同ジュリスコンサルタス18号（2009年）11頁も参照。

（6）前掲・足立注5論文19頁以下

（7）浅田和茂「共謀罪が犯罪論に及ぼす影響」法律時報78巻10号（2006年）50頁以下

（8）亀井源太郎「共謀罪」『刑事立法と刑事法学』（弘文堂、2010年）137、138頁（初出は、同「コンスピラシーの訴追―コンスピラシー研究序説」東京都立大学法学会雑誌45巻1号〔2004年〕179、180頁）

（9）松宮孝明「共謀罪の新設と刑法の機能」法律時報78巻10号（2006年）44頁以下。併せて、同「実体刑法とその国際化―またはグローバリゼーション―に伴う諸問題」法律時報75巻2号（2003年）25頁以下、同「『共謀罪』および国際組織犯罪対策のための刑事立法の動向」法学セミナー590号（2004年）60頁以下も参照。その他、共謀罪に反対する見解として、宮本弘典『国家刑罰権正当化戦略の歴史と地平』（編集工房朔、2009年）69頁以下がある。

（10）日本弁護士連合会の2012年4月13日付「共謀罪の創設に反対する意見書」は、「我が国には、コンスピラシーが存在する英米法にはない独自の判例理論として、共謀共同正犯理論が確立しており、その当否はともかく、組織犯罪については広範な共犯処罰が可能となっている。しかも、我が国の判例上、予備罪についても共謀共同正犯の成立が認められるだけでなく、他人予備行為（他人に犯罪の実行をさせる目的で準備する行為）も予備罪が成立することが認められている。そのため、予備罪の適用範囲はさらに広く認められている。その結果、予備の共謀共同正犯の場合には、共謀をした者のうちの一人が予備行為を行えば、共謀者の全員に予備罪の共謀共同正犯が成立することになるが、その結果は、共謀罪の成立に顕示行為（overt act）を求める場合とほとんど異ならない結論になると考えられる。そうであるとすると、我が国の法制上、組織犯罪集団に関連した主要犯罪については、合意により成立する犯罪を、未遂に至らない段階から処罰できる法整備は既になされていると言っても過言ではない。」と述べている。
　なお、この意見書は、同連合会の2006年9月14日付「共謀罪新設に関する意見書」を、その後の情勢の変化を踏まえて改訂したものである。

(11) 中野目善則「組織犯罪対策と共謀罪（コンスピラシー）」川端博・椎橋隆幸・甲斐克則編集『立石二六先生古稀記念論文集』（成文堂、2010年）605頁以下。なお、中野目教授は、一般市民の干渉を受けるべきではない日常生活への刑罰法規による干渉を避けるために、共謀罪には overt act の要件は必要であると述べている（同619頁以下）。

(12) 足立昌勝「刑法を変質させる共謀罪」法律時報78巻4号（2006年）2頁、高田昭正「組織的な犯罪の共謀罪」法律時報78巻10号（2006年）5頁等

(13) 草野豹一郎『刑法要論』（有斐閣、1956年）100頁、瀧川幸辰『犯罪論序説』（有斐閣、1947年）187頁、木村亀二、阿部純二補訂『刑法総論（増補版）』（有斐閣、1978年）406頁など

(14) 塩見淳「犯罪成立時期の包括的な早期化について」『鈴木茂嗣先生古稀祝賀論文集［上巻］』（成文堂、2007年）501頁以下

(15) 例えば、日本国とアメリカ合衆国との間の相互協力及び安全保障条約第六条に基づく施設及び区域並びに日本国における合衆国軍隊の地位に関する協定の実施に伴う刑事特別法（昭和27年法律第138号）7条、日米相互防衛協定等に伴う秘密保護法（昭和29年法律第166号）5条、自衛隊法（昭和24年法律第165号）122条は、いずれも予備罪を規定していないが、共謀（自衛隊法）や陰謀を処罰している。

(16) 佐伯千仭・平場安治・宮内裕「防衛秘密保護法」別冊法律時報『教育二立法・秘密保護法―解説と批判』（日本評論新社、1954年）114頁。斉藤豊治『国家秘密法制の研究』（日本評論社、1987年）200頁も同旨。

(17) 市民向けに、足立昌勝監修『共謀罪と治安管理社会―つながる心に手錠はかけられない』（社会評論社、2005年）、同編『さらば！共謀罪』（社会評論社、2010年）を出版している。

Ⅱ　刑法解釈批判

共謀共同正犯論再考

大場　史朗

一　はじめに

日本判例法の特色の一つに共謀共同正犯論を挙げることができよう。周知のように、先行研究によれば、旧刑法期には、大判明治29年3月3日刑録2巻3号10頁を鼻祖として、すでに「共謀による共同正犯」という観念が創案され、現行刑法期の初期にはまず知能犯について共謀共同正犯を認め、実力犯については少なくとも実行行為又は密接且つ必要な行為に加担することを要求したが、漸次、実力犯にも共謀共同正犯の観念を拡張していった、とされる（齋藤金作）。そして、大連判昭和11年5月28日刑集15巻733頁が、従前の立場を変更し、強盗罪及び窃盗罪という実力犯にも共謀共同正犯の観念を及ぼし、これをもって共謀共同正犯に関する判例が確立したと位置づけられる。「近代刑法は、このような心情処罰の法理をきわめて例外的な場合を除いて徹底的に遮断し、行為刑法に推転するところに成立する」（桜木澄和「共謀・共同正犯の法理」法時36巻1号）とすれば、わが国における共謀共同正犯のありようは、近代刑法の変容を含んだ「近代刑法の実像」を端的に示すものといえよう。従来、学説は共謀共同正犯論に強く反対し対峙していたが、現在ではそれに反対する学説は少数となっている。このような状況において、原理原則を主張しつづける重要性はいくら強調してもしたりないが、他方で、近代刑法の変容過程の検証もいまなお残されている課題といえよう。本稿は、このような観点から、戦前の裁判例を紐解き、共謀共同正犯論を整理しようとするものである。

二　旧刑法施行後から現行刑法施行まで

維新政府は中央集権的な国家体制を築くために、全国統一的な刑法典の制定に向かうことになった。もっとも、周知のとおり、維新直後に順次制定された仮刑律、新律綱領、改定律令は封建的な形式を色濃く残すものであった。現実の刑政を指導していたのは特別刑法ないしは治安刑法であり、とりわけ明治初期においては言論規制を目的とする治安刑法であった（新聞紙発行条目など参照）。出版条例罰則（明治8年）も「凡ソ著譯ノ圖書讒謗律及新聞紙條例第十二條以下ヲ犯ス者ハ著譯者其罪ニ座ス」（5条）と規定していた。

わが国の刑事法体系が律令制から訣別するためには旧刑法を待たねばならなかった。明治15年から施行された旧刑法は、わが国ではじめて西欧の法に範を採ったものであり、連座及び縁座も廃止されることになった。しかし、旧刑法も一つの治安刑法であることには変りはなかった。旧刑法の共犯規定に即応して、新聞紙条例や出版条例罰則（いずれも明治16年）の共犯規定も改められた。たとえば、言論取締を強化した新聞紙条例の「新聞紙ニ記載シタル事項ニ關スル犯罪ハ持主社主編輯人印刷人及筆者譯者ハ共犯ヲ以テ論ス」（18条）という規定がそれである。

この点、「信濃勧農新聞」の持主らが官吏侮辱罪（旧刑法１４１条）に問われた事案において、大判明治17年6月21日刑録明治17年（6月下）１８４頁は、問題の記事が発行された当時、持主と印刷人らは旅行中であり「新聞紙條例第十八條ニ情ヲ知ラサル者ヲモ共犯ヲ以テ論スヘキ明文アラス」として被告人らが上告したのに対し、「新聞紙上署名アル上ハ法律上之レニ掲載スル事項總テ知得シタルモノト見做スハ當然漫リニ其罪ヲ免ル、ヲ得ス」と判示した（なお、この事例のように特別刑法の共犯規定と一般刑法が併せて適用された事例も散見され、別途検討が必要であるがここでは触れるに止める）。

しかし、明治新政府を脅かしたのは、言論だけではなかった。佐賀の乱、西南戦争などにみられる「不平士族」

の反乱に加え、福島事件（明治15年）、高田事件（明治16年）、秩父事件（明治17年）などの「激化事件」も新政府の脆弱な基盤を揺るがしたからである。周知のように、これらの事件には内乱罪や兇徒聚衆罪などの集団犯規定が適用され、仮借ない処罰が加えられた。他方で、加波山事件のような事例もみられる。

加波山事件とは、明治17年9月に自由党急進派の志士たち16名が、政府転覆を目指して茨城県真壁郡（当時）の加波山において蜂起し、山麓に近い下妻警察署町屋分署を襲って爆弾を投げ、あるいは山麓で警察隊と衝突して双方に死傷者を出した事件である。加波山事件では志士らが自らを国事犯として裁くことを要求したため、政府はこれを拒否して常事犯として裁き、結局、志士らは強盗罪などで処罰された。

被告人らは強盗傷人とされた事実について、河野広躰のみが爆発物を投擲して傷害したに過ぎないと主張したのに対し、大審院は「共犯者ハ同一体ト見做スヘキ者ニシテ下手人ノ誰タルヲ問ハサル者ナレハ河野広躰一人ノ所為ナリトノ論旨モ亦不相立モノトス」とした（東京管轄分）。

また、被告人らは故殺のような臨時に殺意を生じる罪に共犯はないと主張したのに対し、大審院は「…故殺ノ場合ニ於ケルモ決シテ刑法第百四条ヲ取除クヲ得ス…而シテ原判文ヲ閲スルニ現場逃ル丶ニ途ナキヲ知テ臨時殺意ヲ生シ刀ヲ揮ヒ爆発弾ヲ連投シ巡査Mヲ殺害シ云々トアリテ被告等ノ所為ハ連合一致ニ出タリト認メタルモノニシテ即チ共犯一体ノ所為ナルニ因リ固ヨリ之カ区別ヲ必要トセサルモノトス」（東京管轄分）、「故殺ニ共犯ナシトノ原則ヲ以テ一ノ論旨トナスト雖モ概シテ故殺ニ共犯ナキニ非ス即チ…数名連合一致シテ人ヲ殺傷シタル場合ノ如キ是ナリ故ニ故殺ニ共犯ナシト云フヲ得サルモノトス」（山梨管轄分）と判示した（いずれも大判明治19年8月12日。寺崎修「加波山事件大審院判決書」駒大法学論集37巻参照）。

なお、この加波山事件が制定を促したとされる爆発物取締罰則（明治17年）では「治安ヲ妨ケ又ハ人ノ身体財産ヲ害セントスルノ目的ヲ以テ爆発物ヲ使用シタル者及ヒ人ヲシテ之ヲ使用セシメタル者ハ死刑ニ處ス」（1条）と規定され、治安維持に活用された（4名が共謀してそのうち1人が時の内閣総理大臣を暗殺しようとした大判大正7年5月24日刑録24輯６１３頁など参照）。犯行の目的によって捕捉するという立法形式によって、関係者の身柄拘束及び処罰がきわめて容易になった（足立昌勝『近代刑法の実像』２２９頁以下も参照）。このような立法形式は治安警察法や治安維持法にもとり入れられ、数多の事例に適用されたことは言うまでもなかろう。

　このような紆余曲折を経つつも、明治政府は近代国家の建設にまい進していった。たとえば、明治15年には、日本銀行条例、為替手形約束手形条例及び郵便条例が、明治16年には造幣規則が整備された。さらに、明治17年には兌換銀行券条例が制定され、翌年から日銀が兌換銀券を発行することになった。このような近代化政策は、他方で、新たな犯罪を生み出さざるをえなかった。

　たとえば、大判明治28年10月28日刑録1輯3巻１８６頁は、被告人が本件の為替手形は商法７０６条によって無効であると主張したのに対して「假ニ…本件ノ爲替手形ハ法律ニ規定セル要件ヲ缺キタルモノトスルモ苟モ爲替手形トシテ人ヲ欺クニ足ルノ文書ヲ僞造行使シタル上ハ即チ之ヲ爲替手形ノ僞造行使トナサヽル可カラス」と判示し、また、原判決には被告人等三名の通謀が如何なる場所、方法においてなしたか判示されていないとの上告については「通謀ノ場所及ヒ方法ノ如キハ犯罪ノ構成ニ關セサルモノナレハ逐一之ヲ明示スルコトヲ要セス」とした。さらに、被告人らが通謀の上、原審相被告人が他人の名義を以て電報文を偽造し、郵便電信局から発送したことにつき私書偽造行使罪を構成するとした。

　大判明治29年2月18日判例彙報6巻１５４頁は、被告人Yが偽造であることを知って、氏名不詳の者より日本銀行の兌換銀券を取受し、この兌換銀券を真正の紙幣として行使させるため、まず、被告人Gに交付し、Bがこの銀券を受け取りSに交付し、Sはその意を受けて遂に銀券を行使したという事案について、「被告三名及ヒSハ僞造銀券ノ行使ヲ共謀シタルモノニシテ只其共謀ハ共ニ一所ニ會シ相謀リタルニアラスシテ甲ヨリ乙ニ乙ヨリ丙ニ丙ヨリ丁ニ其事ニ謀リ孰レモ合意シタルノ差アルノミ而シテ其共謀者ノ一人ナルSノ手ニ於テ其實行ノ遂ケタルニアレハ其共謀者ハ孰レモ僞造銀券行使ノ正犯ヲ以テ問フモノニシテ原院カ被告等ノ所爲ニ對シ刑法第百九十條第一項第百四條ヲ適用シタルハ相當ニシテ決シテ擬律錯誤ニアラス」として、偽造紙幣取受行使の順次共謀を認めた。

さらに、明治30年の貨幣法により金本位制が確立され、翌々年には日銀が日銀兌換券を発行することになると、大判明治37年11月14日刑録10輯27巻２２１４頁は、Y及びKが、日銀兌換10円券40枚を氏名不詳の者より収受し、被告人Tに偽造兌換券を示し、TはさらにNに偽造兌換券を示し、Nがこれを行使したという事案について、「良シ被告（T—引用者）カ自カラ收受セサルモY・K等カ情ヲ知テ僞造兌換券ヲ收受シ之ヲ行使セントスルノ謀議ニ贊同シ之ニ加功シテ行使ヲ遂ケタル事實換言スレハY・K等ノ僞造紙幣知情收受行使ノ犯罪ニ加功シタルモノナルヲ以テ被告ヲ該罪ノ正犯トシ刑法第百九十條一項ヲ適用處斷スヘキハ當然ナルニヨリ論旨ハ理由ナシ」とした。

早い段階から「見張り」は正犯とされていたが（大判明治16年3月13日刑録明治16年（12月）２６５頁など）、このような論理は当時問題となっていた「博徒」対策にも活用された。たとえば、賭博犯処分規則（明治17年）は「賭博ヲ為シタル者ハ一月以上四年以下ノ懲罰及ヒ五圓以上貳百圓以下ノ過料ニ處ス家屋ヲ貸与シ及ヒ見張ヲ為シ其他総テ幇助ヲ為シタル者亦同シ」（1条）としたからである（岡本洋一「賭博犯処分規則についての一考察」関東学院法学18巻３＝４号も参照）。また、このような運用を反映してか、大判明治22年12月25日粋誌刑事集4巻６０６頁は、被告人がSの依頼を受けて賭博の見張りをなした事案について、「賭博ヲ為スノ情ヲ知テSノ依頼ヲ諾シ賭博ノ見張ヲ為シタルモノナレハ則チ犯罪ノ施行ニ加功シタル分身一躰ノ事實ナルヲ以テ原裁判所カ正犯ヲ以テ論斷シタルハ至當ノ裁判」とした。

以上のことから、共謀共同正犯が、新政権の政治的、経済的基礎を直接又は間接に脅かす行為に対して適用されてきたことが看取できよう。

もっとも、当時の実務によれば「詐欺的犯罪ニ在テハ詐欺ノ謀議ニ參與スルコトカ共犯（正犯）ノ加擔行為トナル」（判例彙報16巻29頁以下）とされており、このような考えは当時の学説においても採られていた。たとえば、「犯罪ノ実行ニ必要欠ク可カラサル者ナレハ正犯」（富井政章）、「犯罪ヲ構成スルニ已ムヲ可カラサル者所ノ所為即チ犯罪ノ原因タル者ハ主タル共犯ニシテ之ヲ正犯ト云ヒ…」（宮城浩蔵）という定義がそれである。この定義は直接的にはボワソナードの見解に由来するものと思われる。この点、次のような事例も見られる。

古物商であった被告人ＫがＨらと共謀し「名ヲ刀劍賣買ニ托シ詐欺ノ手段ヲ設ケＭ等ヲ欺罔シ金圓ヲ騙取シタル」とされた事案において、立会検事が「（原判決の認定した事実は）被告ヲ詐欺取財ノ正犯ト爲シタルニ單ニ共謀ノ事實ヲ示シタルノミニシテ犯罪ノ實行ニ加功シタル事實ヲ示サヽルハ即チ理由ヲ付セサル裁判ト認ムル」ため附帯上告し、破棄を求めたことに対し、大判明治25年４月28日刑録明治25年（４―５月）67頁は、「被告ハ悪意ヲ以テＨ其他ノ者ト共ニ名ヲ名ヲ刀劍賣買ニ托シ人ヲ欺キ金員ヲ騙取シタルハ即チ詐欺取財ノ實行ヲ分擔シタルモノニシテ被告カ自カラ其事ヲ行ヒタルト同一ナレハナリ」と判示し、附帯上告を棄却した（大判明治27年７月５日判例彙報２巻１５６頁なども参照）。

他方、実力犯については、謀殺を共謀して現場において実行行為者（下手人）に助勢し、又は凶行の障碍排除に努めたものは「実行ノ一部ヲ分担」したものであるとした大判明治37年5月27日刑録10輯１１４５頁のように、少なくとも現場に臨むことが「実行分担」あるいは「密接不可欠な行為」の前提とされていた（この点、消極に解した大判明治24年４月27日粋誌刑事集６巻１８６頁など参照。また、現行刑法の制定過程における立法者意思なども参照）。

その他、必罰主義的な観点から共謀共同正犯を認めた事例もみられる。たとえば、大判明治20年11月２日判例摘要明治20年２２０頁は、被告人が氏名不詳の者と凶器を携えて強盗をなした事案において、被告人が被害者を負傷させたのは「氏名不知男」であり被告人ではないと主張したのに対し、「抑モ共犯罪ハ分身一体ナルヲ以テ設ヘ被告カ自ラ創傷セシメサルモ共犯者ニ於テ現ニ被害者ヲ負傷セシメシ以上ハ共ニ同一ノ刑ヲ科スヘキモノニ付原裁判所カ其事実ヲ認メテ現ニ手ヲ下セシハ氏名不知者ナルモ被告ハ其共犯者ニシテ即チ強盗人ヲ傷シタル者ナリト判定シ之レニ刑法三百八十條ヲ適用セシハ寔ニ當ヲ得タルノ裁判ニシテ破毀スヘキ瑕瑾ナシトス」とした。

また、大判明治36年3月13日刑録9輯342頁は、被告人が氏名不詳の男2名と被害者方に押入り、強窃盗をなした事案について、「蓋シ或者カ犯罪ヲ行フニ當リ他ノ者カ其事実ヲ知リテ其犯罪行為ニ干與シタルトキハ其者等ハ共犯者ニシテ其犯罪ヲ行フニキ必スシモ通謀ノ事実アルコトヲ要セス」とした。

このように、共謀共同正犯は捜査の救済、立証の緩和という実務上の機能も有していた。

三　現行刑法施行後から連合部判決まで

明治40年に公布された現行刑法は、当時、世界で最も主観主義的な刑法であったとされる。共犯規定は新しくなったものの、判例法上、共謀共同正犯の理論はそのまま踏襲されたといってよい。

もっとも、大審院は、旧法期と同様に、国家の正統性を脅かす行為については厳格な態度で臨んだ。たとえば、大逆事件がそれである。刑法73条に問われた被告人らは天皇暗殺を「決意」し「同意」したとして厳罰に処せられた（塩田庄兵衛・渡辺順三編『秘録・大逆事件下巻』137頁以下参照）。同事件は、わが国の共犯処罰にひそむ「権力性」を赤裸々に暴露することになった。

また、引き続き、新聞紙等に関する犯罪に対しても厳格な態度がとられた。たとえば、新聞紙法（明治42年）に関して、大判明治44年6月1日刑録17輯14巻1035頁は、被告人らが「阪神新聞」の発行人兼編集人であったSと、新規の届出をなさなかったなどの点につき「被告両名ハ右新聞紙法ニ發行兼編集人タル名義ヲ出ササルモ共謀者タルSニ於テ發行兼編集人トナリ其名義ヲ表示シタル以上ハ其行爲ハ共謀者一體ノ行爲ナルヲ以テ被告両名ハ其責ヲ免ルヘキモノニ非ス」とした。

次のような事例もみられる。「報知新聞」半田出張所の新聞配達夫であったS及びKは、X巡査の証拠捏造などに関する事実を聞知し、その事実を新聞上に掲載するために、まずS及びKから同出張所の販売係Bに対してこれを告げ、次にBはその事実を書面にしたためて同新聞名古屋支局の通信主任であったJに通信し、さらにJは「報知新聞」の編集人Mに電話を通じてその事実を伝え、Mは「報知新聞」中京版に「冤罪ヲ構ヘ人民ヲ脅喝セル悪徳巡査腐敗シタル半田署」と題して、巡査の不法を告発する記事を掲載した。これに対して、大判明治44年10月27日刑録17輯1803頁は、「原判決記載ノ趣旨ニ因レハ被告J、B、S、K等ハ順次ニ犯意ヲ共通シ前顕判示ノ事實ヲMノ手ヲ藉リ公然新聞紙上ニ摘示セシメ右Xノ名譽ヲ毀損シタルモノナルカ故ニ被告Mト共ニ共同正犯トシテ處分スヘキモノトス」と判示して、原判決を破棄し自判（直判）した。

上記のように、判例はとりわけ、警察官吏に対する犯罪には厳しい態度で臨んだ。次の事例もその一つである。大判昭和9年12月22日刑集13巻1797頁は、村会議員で公設消防組頭でもあった被告人が、村に新たに着任したY巡査が自分のもとに挨拶に来ないのを不服とし、また、Y巡査と神輿宮入に関してもトラブルがあったため、Y巡査は生意気であるとして他の仲間と暴行を加えることを共謀し、他の仲間と二度に亘ってリンチを加えた事案（但し被告人は実際に手を下していない）について「數人共謀シテ他人ニ暴行ヲ加ヘンコトヲ企圖シ之カ實行アリタル場合ニ於テハ自ラ暴行行爲ヲ爲ササル者ト雖之ヲ爲シタル他ノ共謀者ト等シク暴行ノ罪責ヲ負ハサルヘカラス蓋シ其ノ犯意ハ實行シタル共謀者ニ依リ遂行セラレタルモノニシテ刑法第六十條ニ所謂二人以上共同シテ犯罪ヲ實行シタルニ外ナラサレハナリ」として、刑法207条を適用した傷害罪の共謀共同正犯とした。

周知のように、この期においては、治安維持法（大正14年）をはじめとして治安刑法による再編が見られた。同時に制定された衆議院議員選挙法（普通選挙法・大正14年）は連座制を導入したが、その他、違反者は同法の共謀共同正犯として広範に取り締まられた（大判昭和5年12月23日刑集9巻939頁など参照。なお、大判大正4年3月2日刑録21輯212頁なども参照）。他方、次のような事例も見られる。

長野市長の任期満了に伴う選挙において、政友会派は現職のMを推し、民政系一派はNを推して、激しく争っていたところ、Mの教え子（Mはかつて商業学校で教鞭を執っていた）であったSは、恩師に対する情誼からMを支援しようとし、市会議員のTを説得してMに投票させようとして、Tと親密であったWらと共同して選挙運動をしていた。大判昭和10年12月3日刑集14巻1255頁は、S及びWらが共謀し、反対派になびいていたTを車で拉致しようとしたとして同人等を監禁罪に処し、その車を運転していた運転手についても「被告人ハ判示監禁ニ付原審相被告人等ト共謀ヲ為シタルモノナレハ假ニTヲ強ヒテ自動車ニ乗車セシメタルモノハ所論ノ如ク共謀者タルW其ノ他ノ者ニシテ被告人ニ於テ實行行爲ヲ分擔セサリシトスルモ共同正犯トシテ責任ヲ負擔スヘキモノナルノミナラス…被告人ハTノ乗車セシメラレタル自動車ヲ判示區域間ヲ運轉疾走シタルモノニシテ該行爲ハ同人ヲシテ容易ニ自動車ヨリ脱出スルコトヲ得サラシメ其ノ自由ヲ拘束スルモノナレハ不法監禁罪ノ實行行爲ノ一部ト解スルヲ相當トスルカ故ニ被告人ハ共同正犯トシテ責任ヲ負擔スヘキヤ勿論ニシテ從犯ヲ以テ目スヘキモノニ非ス」とした。

治安警察法17条の廃止に伴って制定された「暴力行為等処罰ニ関スル法律」（大正15年）は「団体若ハ多衆ノ威力ヲ示シ、団体若ハ多衆ヲ仮装シテ威力ヲ示シ又ハ兇器ヲ示シ若ハ数人共同シテ刑法…第二百八条、第二百二十二条又ハ第二百六十一条ノ罪ヲ犯シタル者ハ三年以下ノ懲役又ハ三十万円以下ノ罰金ニ処ス」（1条1項）と規定し、労働争議や小作争議などに対して広範に適用されたのは周知の通りである（宮本弘典「刑法のプレ・モダンの現実」関東学院法学20巻4号も参照）。集団犯規定である同法1条1項についても、共謀共同正犯が適用された。

たとえば、土木請負業T組の配下であったMは、Iと共に、Oが払下げを受けた専売局建物の取り壊し工事の請負を交渉したところ、Oに拒絶されたため、Mは同じくT組の配下であったFに事情を告げ、Iを含めた3名は、A及びBを伴って、O方に赴き、A及びBを指揮して、Oが所有していた植木鉢等の器物を損壊させて、家人を脅迫したとされた事案について、大判昭和7年11月14日刑集11巻1611頁は「苟モ二人以上ノ者ニ於テ共同シテ右脅迫又ハ毀棄ヲ敢テスル以上豫メ其ノ者等ト右ノ實行ヲ謀議シ而モ自己ハ其ノ實行ニ當ラス右ノ者等ヲシテ之ニ當タラシメタル者アルニ於テハ其ノ者ハ刑法第六十條ニヨル實行正犯ノ責ニ任スヘキコト一般犯罪ニ於ケルト異ナルトコロナシ」とした。

また、米穀商同業組合の部長であった被告人は、同組合員Yが組合協定値段以下で米を安売りしていたため、被告人ら組合員はYに度々中止を勧告したが、Yは中止することなく、宣伝ビラを配布するまでになったところ、被告人らは例会を開き、C及びDを交渉委員として他十数名がYに中止の交渉をすることになり（但し、被告人を除く）、その交渉中、C及びDらがY方の器物を損壊したとされた事案につき、大判昭和8年11月20日刑集12巻2054頁は「數人共謀シ其ノ中ノ數人共同シテ他人ノ物ヲ損壞セムコトヲ定メ之ニ基キ其ノ數人共同シテ他人ノ物ヲ損壞シタル場合ニハ其ノ實行ノ衝ニ當ラサル者ト雖刑法第六十條ニ依リ暴力行爲等處罰ニ關スル法律第一條第一項ノ正犯トシテ其ノ罪責ニ任セサルヘカラス蓋シ其ノ實行ノ衝ニ當リタル者ハ共謀ニ基キ共謀者ノ總意ヲ實行シタルモノナレハナリ」として、被告人も同法1条1項の共同正犯であるとした。

さらに、大判昭和10年10月25日刑集14巻1405頁は、信用販売利用組合における決議にしたがった執行部の行動が、その決議の反対者に対する同法1条1項違反及び強要、業務妨害罪とされた事案において、決議の賛成者も共謀者として、上記の共謀共同正犯となるとした。

他方、従前のように、政府は「博徒」に対して厳しい態度で臨んだ。たとえば、大判大正4年11月1日刑録21輯1821頁は、被告人が共犯者を使用して一定期間賭博行為をさせたという事案につき、「苟モ二人共謀シ一體トナリテ賭博ノ犯行ヲ為ス以上ハタトヒ直接ニ實行ノ局ニ當ル者ハ共謀者中ノ一人トナリトスルモ其犯行ハ共謀者全員ノ意思ヲ實行シタルモノニシテ此場合ニ直接ニ實行ノ局ニ當ラサル一人ハ他ノ一人ヲ使用シテ自己ノ意思ヲ實行シタルモノニ外ナラス故ニ共謀者全員ハ何レモ實行正犯トシテ其罪責ニ任スヘキモノトス」とした。（大判昭和6年11月9日刑集10巻655頁なども参照）。

「決闘罪ニ関スル件」（明治22年）は、当時の輿論の高まりを契機に制定されたが、「決闘」概念が「当事者間ノ合意ニ因リ身体生命ヲ傷害スヘキ暴行ヲ以テ争闘スル行為ヲ汎称シ員数ノ多少兇器ノ種類等ニ付キ何等ノ制限存セサルモノト解スヘキモノトス」（大判大正2年2月27日刑録19輯261頁）とされたこともあり、抗争事件に柔軟に転用された。たとえば、大判昭和8年2月24日刑集12巻92頁は、被告人Sをトップとする「松竹座」グループ及びSの義兄である被告人Nをトップとする「松鶴楼」グループと、被告人K兄、K弟、Aのグループが決闘をなした事例（但し、Sは配下の者に決闘現場に行くよう命じて配下の者に短刀を交付したに止まり、現場には赴いていない）につき、「決闘行為ノ當事者ハ挑発者ト應諾者又ハ其ノ雙方ニ參加シテ闘争ヲ實行シタル者ノミニ限ラスシテ是等ト共同シテ決闘行為ノ實行ヲ謀リ之ヲ指揮命令シ又ハ應援シタル者亦決闘行為ノ當事者ト云フニ妨ナシ然ラハ決闘行為ノ共同者ニシテ他ノ共同者ニ對シ指揮命令シ又ハ應援シタル者ハ假令自ラ決闘現場ニ至リ闘争ヲ實行セスト雖他ノ共同者ノ闘争行為ニ付共同正犯トシテ其ノ責ニ任セサルヘカラス」とした。

周知のように、昭和恐慌は日本経済に大きな影を落とした。たとえば、身売りの増加もその一つである。政府はすでに娼妓取締規則（明治33年）において、娼妓契約を合法としていたが（なお、同規則1条は「十八歳未満ノ者ハ娼妓タルヲ得ス」としていた）、身売りの増加を背景に台頭してきた違法紹介業者に対しては厳しい態度で臨んだ。

大判昭和7年10月11日刑集11巻1452頁は、Tとともに芸娼妓酌婦の紹介業を営んでいた被告人Mが、十八歳未満の少女に娼妓稼業をさせるため、その出生年月日を娼妓適齢の満十八歳以上に達しているように戸籍原本ならびに謄本（又は抄本）を偽造又は変造して行使するため、Tの知合いであった函館市役所戸籍係の被告人Aに対して、Tより戸籍原本の変造と共にその謄本（又は抄本）の作成交付を依頼し、Aは十余名の出生年月日を遡及させることで戸籍謄本又は抄本を偽造し、その都度、Tを介してMに交付させ、Mは情を知らない抱主側の紹介人にこれを交付して行使した事案につき、「刑法第六十條ニ…規定セル共同トハ必ス數人間ニ於テ面識アルコト及犯罪ニ關シテ直接ニ謀議シタル事實アルコトヲ要セス數人中ノ或者ヲ通シテ他ノ者相互ノ間ニ犯意ノ連絡アリト看ルヘキ場合ナルニ於テハ共同ト謂フニ妨ナキヲ以テ數人互ニ犯意連絡ノ下ニ各自カ夫々犯罪ノ一部ヲ實行シタルトキハ縦令數人相互ノ間面識ナク且直接謀議シタル事實ナシトスルモ數人共同シテ犯罪ヲ實行シタルモノト謂フヘク從テ孰レモ共同正犯トシテ犯罪全部ニ付其ノ責ヲ免ルルコトヲ得サルモノトス」とした（違法紹介業者取締りに関する昭和9年11月21日付内務省通牒も参照）。

関東大震災に伴う「見舞金」問題、そして当時の不況を背景とした火災保険会社の過当競争は、超過保険の横行をもたらした。こうして超過保険に目をつけた保険金詐欺が続発し社会現象ともなった（超過保険及び放火に関する昭和6年6月18日付商工省通牒も参照）。巧妙となっていた保険金詐欺の手法に対して、共謀共同正犯論が用いられた。

大判昭和6年11月9日刑集10巻568頁は、被告人がその居住していた家屋等に火災保険をかけ、多年親交のあったSも同様に火災保険をかけていたところ、被告人両名は債務の返済に窮していたため、近隣の空き家に放火して両名の家屋に延焼させて保険金を獲得することを共謀し、両名のうち一名のみが保険金を取得した時は内金200円を他方に与えること、Sが放火の実行を担当することを申し合わせて、実際に放火を実行したという事案について、「數人カ共同シテ犯罪ヲ遂行スルノ意思ヲ以テ相謀リテ實行行為ノ擔當者ヲ定メ因テ犯罪ヲ遂行シタルトキハ自ラ實行ノ衝ニ當ラサル者モ尚擔當者ノ行為ニ依リテ犯罪ヲ實行シタルモノト謂フヘキヲ以テ共謀者ハ總テ共同正犯タルヘキモノトス」とした（大判昭和8年6月8日刑集12巻864頁なども参照）。

当時、刑法典には姦通罪が置かれていたが、他方、判例によれば夫にも「貞操義務」があるとされていた（大判大正15年7月20日刑集5巻318頁）。モラル刑法の観点からすれば、違反者に対して必罰主義的考慮がなされるのは当然であったといえよう。

大判大正8年2月27日刑録25輯261頁は、被告人が相被告人C（女性）と私通し、Cは懐胎するに至ったところ、被告人は堕胎を共謀し、Cより相被告人Nに堕胎を依頼し、Nをして堕胎手術を施させた事案につき、原判決は「三名通謀一體トナリテ本件堕胎罪ノ實行ヲ完了シタルモノト認定シタルモノ」であり事実及び理由には何らの不備はなく、「懐胎ノ婦女カ他ノ男子婦人ト共謀シテ相與ニ堕胎ヲ遂ケタル事實ハ數人共同シテ同一ノ法益ヲ侵害シタル共犯ニシテ刑法第六十條ニ該当シ且懐胎者ノ行為ハ同法第二百十二條ニ他ノ男子婦女ノ行為ハ同法第二百十三條前段ニ該当スルモノトス」として、被告人の行為は同法第二百十三條前段ノ刑の範囲内で処断すべきものであるとした。

大判昭和8年11月13日刑集12巻1997頁は、被告人Sが被告人Y（女性）と姦通していたところ、Yの夫Gに関係を察知され危害を加えられそうになったため、Gを殺すことを共謀し、まずHにG殺害を教唆したものの果たすことができなかったが、更にHより「ヨイザシ」で就寝中のGの頭部を2、3回打つと容易に殺害できると申し聞け、YがGの就寝中に「ヨイザシ」にてGを殺害した事案につき、「犯罪ノ共同正犯タルニハ必スシモ實行行為ヲ分擔スルコトヲ要スルモノニ非ス犯意アル二人以上ノ者カ其ノ犯罪ノ實行行為ヲ謀議シ其ノ共同意思ヲ遂行スル為謀議者ノ一人ノミカ實行行為ヲ擔當シテ其ノ任ニ當リタル場合ニハ共謀者全員ニ付共同正犯ヲ構成スルモノト解スヘキモノトス」とし、実行に何ら加功しなかった被告人Sも共同正犯とした。

以上のように、この期の共謀共同正犯の適用にも一定の政策的考慮が伏在しているように思われる。とりわけ、当時の社会問題に対して機敏に対処していたことが看取できる。もっとも、この期においても、実力犯における順次共謀のような事例は見られず、その意味で一線が引かれていたといえよう。

四　連合部判決以降から敗戦まで

治安維持法の検挙人員は昭和8年にピークに達し、昭和11年には思想犯保護観察法が成立した。現行法規において、事案に応じて柔軟に適用されてきた共謀共同正犯論は、前掲・大連判昭和11年5月28日において確固たるものになった。問題となった私文書偽造、窃盗、強盗予備、強盗の各犯罪は、治安維持法にいう「役員トシテ指導的任務ニ従事シ（タ）行為」及び「其ノ目的遂行ノ為ニスル行為」とされた。実力犯について順次共謀が認められたともいいえよう。特別刑法に端的にみられた治安刑法の論理が一般刑法を完全に侵食した観がある（なお、当時の植民地において朝高院連決昭和7年4月7日高等法院判決録19巻328頁がいちはやく同様の判断を下していたことが特筆されよう）。そして、この大連判以降、戦時体制への再編に伴って、判例は通常の事件においても、順次共謀をなしくずし的に認めていくことになった。

たとえば、大判昭和11年6月18日刑集15巻812頁は、Hは株式会社Nを退職するにあたり、その退職手当の額を不服とし、同会社の不正事実をタネに他人を介して同会社に金員を要求させようとして、Eに協力を求めたが、Eはさらに本件被告人に適任者を探すよう依頼し、被告人は之を了承してAに同会社の不正事実を告げ、Aは同会社の担当者に不正事実を告げて金員を交付させた事案につき、「斯ノ如ク被告人等四人カ順次二人宛共謀シタル場合ニ於テハ其ノ一人ハ他ノ一人ヲ通シテ順次通謀シ結局四人共謀シタルモノト謂フヘク即被告人等ハ共謀シテAヲシテ實行ノ任ニ當ラシメ因テ共同ノ犯意ヲ實行シタルモノト為スヘキヲ以テ原判決カ被告人等四人ヲ總テ恐喝罪ノ共同正犯トシテ處斷シタルハ正當」とした（その他、大判昭和13年10月28日刑集17巻788頁なども参照）。

なかには、大判昭和12年3月5日刑集16巻254頁のように、「慰安婦」の事案に国外移送目的誘拐罪の順次共謀を認めた興味深い事例も存する（昭和13年2月18日付内務省通牒「支那渡航婦女ノ取扱ニ関スル件」も参照）。共謀共同正犯論は検察官の起訴裁量と結びついて、国家目的の貫徹と国家責任の棚上げを両立させる面も有した。

このように判例は順次共謀をなしくずし的に認めていったのであるが、他面、そのことは共謀の認定を必然的に簡略なものとすることに繋がった。たとえば、大判昭和15年2月2日全集7輯6号23頁は、順次共謀の事案につき、「刑法第六十條ニ所謂二人以上共同シテ犯罪ヲ實行シタル者ト云フハ必スシモ數人間ニ互ニ面識アリ且其ノ間ニ犯罪ニ關シ直接ニ謀議シタル事實アルヲ必要トセス只數人ノ者相互ノ間ニ犯罪ニ付テノ犯意ノ連絡アリト認ムヘキ場合ナルニ於テハ犯罪ニ關スル共同即共謀關係アリト云フニ妨ナキカ故ニ數人互ニ犯意連絡ノ下ニ其ノ一人カ犯罪實行ノ衝ニ當リタル場合ハ共謀者全部ニ於テ共同正犯トシテ其ノ責ヲ負フヘキモノト解スヘク從テ共謀者相互間ニ於ケル面識若シクハ直接謀議ノ存否如何ノ如キハ共同正犯ノ成立ニ何等消長アルコトナシ」としたからである（大判昭和16年8月14日全集7輯35号19頁なども参照）。

このように、大審院は戦時体制への再編に伴って、共謀共同正犯の成立範囲を拡大させ、共謀の内実も空虚なものにしていった。そして、戦後の共謀共同正犯論はここから始まるのである。

昭和15年7月には、商工省が土木建設業に工業組合法を適用し（同月16日付商工省通牒参照）、事実上、すべての談合を合法化したが、他方で、刑法典に談合罪（昭和16年）が制定され、国家にとって「悪い談合」が取り締まられることになった（大判昭和19年4月28日刑集23巻97頁など。足立昌勝「日本における談合罪の制定と契約の自由」ジュリスコンサルタス21号も参照）。このような事実もわが国の共犯処罰のありようを示すシンボリックな意義を有するように思われる。

五　おわりに

周知のように、共謀共同正犯の理論は戦後も引き続き踏襲された（「暗黙の共謀」を認定したものとして最判昭和25年6月27日刑集4巻6号1096頁など）。本来、刑事判例にこびりついた戦時刑法ないし治安刑法の汚れを刑法の基本原則に基づいて洗浄しなければならなかったが、裁判官の戦争責任に起因する法意識も与ってそのような発想は困難であったとされる。これまで見てきたように、旧法以来の共謀共同正犯論も戦時体制においてその適用が拡大強化されていたにもかかわらず、それが省みられることはなかった。むしろ、戦後の日本国憲法のもとで、最高裁判所がいちはやく確立しようとしたものは共謀共同正犯論であった。こうして共謀共同正犯論に内在する「戦時体制」は日本国憲法のもとでも延命することになった。練馬事件大法廷判決は、戦後の個人主義の価値観に即応して、共謀共同正犯論に市民刑法的な装いを施した。以後の労働・公安事件に同理論が積極的に適用されたのは言うまでもなかろう。昭和50年代以降、「事実認定の適正化」に即応して、一時、運用の厳格化が企図されたが、近年では「敵味方刑法」の拡大強化に呼応して、「練馬以前」への回帰がみられる。

以上の簡単な素描から分かることは、共謀共同正犯論がわが国のその時々の政策を貫徹し、あるいは補強するために用いられてきたということである。とりわけ、立法（集団犯規定も含む）と運用（共謀共同正犯）が共鳴しあいながら、時には実体刑法を柔軟に解釈しつつ、適用、拡大されてきたことがわかる。また、特定の団体を狙い撃ちしたかの事例も多く見られた。したがって、従来の罪名・罪質という切り口で共謀共同正犯を分析することは困難であり、また、表面的な分析に止まるように思われる。

このように戦前の裁判例に鑑みれば、共謀共同正犯論は理論に還元できない、いわば「裸の政策」ともいうべきものであった。既存の共犯規定で十分取り締まりが可能であるにもかかわらず、その理論構築を放棄し、同理論を安易に自己の刑法体系に持ち込むことは、「権力の侍女」を自認することになりはしないだろうか。

（紙幅の関係上、参考文献等は文中のものを除いて、一切省略させていただいた。）

【付記】

本校脱稿後、黄士軒「共謀共同正犯理論の形成に関する一考察―旧刑法時代の大審院判例における共同正犯を中心に（一）（二）」法協１２９巻11号２１５頁以下、同12号１８２頁以下（２０１２）に接した。同論文は、共謀共同正犯論に関する詳密な労作であり、旧刑法期の大審院判例が「実行正犯」概念を実質化してきた点について、新たな見解を打ち出している。

しかし、同論文が治安刑法たる旧刑法の性格、そして判例における「実行正犯」概念の実質化の契機を等閑視したうえで（おそらくは共謀罪の導入を念頭において）「現行刑法六十条を解釈する際に…旧刑法時代の大審院のように、犯行時に犯行現場にいない共謀者を…『共同（して）実行』した正犯とする文言解釈の可能性が示されている…」（同12号220頁）と結論するのは重大な問題があるように思われる。

本稿がごく簡単に整理したように、「実行正犯」概念の実質化の背景には、政府の治安対策が伏在していたのであって、現行刑法期、そして戦時体制への改編に伴って、さらに「実行正犯」概念および「共謀」概念が希薄化されていくのである。わが国における共謀共同正犯論においては、この点を見逃してはならない。

医療事故と刑事司法——医療事故調のための予備的考察——

鈴木　博康

一　はじめに—原因究明機関にかかる動向

２０１２年10月1日消費者安全法に基づき、消費者庁に消費者安全調査委員会（いわゆる消費者事故調）が置かれた。[1]消費者事故調は、消費者の消費生活上の生命身体等の被害事故に対して、それら被害の発生・拡大防止を図るために、事故原因等の究明のための調査を行うものとされている。原因究明機関については、すでに、航空・鉄道・船舶の分野では運輸安全委員会が存在するが、消費者事故調は、他の行政機関等による調査等が行われている場合に、その結果につき事故原因等を究明しているかどうかにつき「評価」[2]を行うことをその所掌事務としているほか、国民消費者側からの事故調査の申出制度が設けられるなどの点も、その特徴としてあげられるであろう。

医療事故[3]については、その法的紛争につき司法の場において「解決」を図ろうとする事例が一般の紛争事案に比し、民事事件においては少なく、刑事事件として問題になる事案も民事以上に極めて少ないことが言われている。[4]これについては、医療のその専門性、密室性、閉鎖性の壁により、とくに民事では（とくに不法行為につき）患者側、刑事では捜査機関側の立証が極めて困難であるということもまた指摘されるところである。

刑事医療「過誤」事件[5]の多くは過失犯事案であろうが、これに関連して筆者は、以前、運輸安全委員会を題材に、責任追及型の刑事司法制度による過失犯としての認定すなわち「解決策」につき検討した。[6]とくに航空機事故に典型的であるが、いわゆるシステム性事故については、事故にかかわった関係者に対する（刑事）司法による責任追及の方法によるのよりも、運輸安全委員会のような、原因究明をその目的とし、その改善策を構築する方が、事故の再発防止には資するとする考え方がある。[7]

もちろん、医療事故に対する対応策が、このような大量輸送交通機関での事故に対する運輸安全委員会や、消費者事故に対する消費者事故調といったことと、直ちにパラレルに把握することはできないとしても、一定程度、その対応関係については参考になるものがあるように思われる。

厚労省では現在、２０１２年２月から原因究明機関の制度に関わる議論が進んでいるが、[8]これはすでに、２００８年に「医療の安全の確保に向けた医療事故による死亡の原因究明・再発防止等の在り方に関する試案」（第三次試案）及び、「医療安全調査委員会設置法案（仮称）大綱案」（大綱案）を公表していることとも関わる。これらの案の骨子は、①医療機関の届け出や遺族からの求めにより第三者機関が調査を行う、②標準的な医療から逸脱したことが原因で死亡した場合などには、警察への通知を義務づける、などであった。しかし、医療界からはとくにこれらのうち、警察の介入を認めることなどを中心に反対の声が相次ぎ、その後の議論は止まったままであった。医療事故調をめぐる議論にはなおも紆余曲折が予想されるところではあるが、本稿では、そうした医療事故調の議論のために、医療事故の現状を踏まえたこれまでの問題を意識しつつ、予備的考察を為すものである。

二　医療事故の刑事事件化[9]の背景

医療事故の刑事事件化に関して、飯田によれば、近年「激増」にあるようである。[10]続刊では１９９９年以降の5年間が取り上げられているが、この5年間だけで80件弱に上っていることは、前著の戦後の収集分が１３７件であったことに比して、率直に刑事事件としての対応変化を見てとることが一応はできるように思われる。

もちろん、こうした医療事故の刑事事件としての増加の（実態とその）背景については、慎重な分析が必要なのは言うまでもないが、ここに示される１９９９年という年が一つの転換期であったこともまたよく指摘される。[11]１９９９年に起きた医療事故として注目されるのは、横浜市立大学病院事件[12]と、都立広尾病院事件[13]がある。

これらの事件は医療行為のミスが刑事事件となった事案であるが、同時に、広尾病院事件については、医師法21条が問題となった事案でもある。医師法は、異状死を認めた際には、警察に届け出ることを義務付けており、点滴ミスによる患者の死亡につき届け出をしなかったことが問われた。２００４年の最高裁判決は、医師法21条の届出義務の意義につき、医師免許に付随する合理的根拠に基づき許容されるものであるとして、被告人の憲法38条1項の自己負罪拒否の主張を退け、届出義務の正当性を認めた。この判断は、その後の医療事故につき、医師法21条を適用強化する嚆矢となった事件ともいえよう。なぜなら先にみた通り、警察への届け出が一定程度増加している実態に鑑みると、医療機関が自ら医療事故を警察に届け出ることを強制する根拠としての機能を同条が担うこととなったと考えられるからである。このような形で刑事事件化への道が開かれ、それによって、近年の潮流が、医療事故の犯罪化・重罰化として特徴づけられ語られることには[14]、首肯しうるものがある。[15]

もっとも、医師法21条の運用の変化が医療事故の刑事事件化潮流の要因の一つになった反面で、同じく21条が問題にもなった福島県立大野病院事件[16]では、刑事事件としての判断は、医療行為そのものについて無過失としたのみならず、医師法違反についても無罪[17]であった。医療事故とその事故調の議論が加速化する一因となった事件であるが、また、この事件がもたらした社会的影響として、（とくに産科の）医療崩壊が語られる結果を導いたこと[18]も想像に難くないであろう。

三　医療不信

刑事責任の追及が事故の真相究明、ひいては再発防止の妨げになるという指摘は、事故調の意義目的、制度設計を議論する場合において、とくに航空機事故の場面でよく指摘されるところである。これを医療の問題に当てはめれば、刑事介入が医療事故の真相究明の妨げにならないかという疑問になる。もちろん、これについては反論も予想される。本稿の関心との関係で言えば、医療界への患者側からの不信は、医療の密室性、隠蔽体質にも原因があるのであって、強制力を伴う犯罪捜査は、真相究明にも役立つのではないか、という類である。

加藤[19]は、医療被害者が望むものは、「原状回復」「真相究明」「反省謝罪」「再発防止」「損害賠償」の5つであると指摘する。これらを俯瞰するに、「原状回復」は事故の内容にもよるが不可能なものが多いであろうし、まして刑罰での回復はあり得ない。「損害賠償」は、基本的には民事の問題であるが、とくに立証や訴訟経済の問題の観点からADRの可能性[20]、またノーフォールトの制度化を検討[21]する向きもある。「反省謝罪」については、なるほど被害者感情の慰謝として刑罰によっても一部それを機能させることも可能ではあろうが、刑事法の対応でなければ必ずしも実現しないというものでもなかろう。「真相究明」「再発防止」は、まさに、事故調がその目的とするところである。もっとも、他方で、「真相究明」「再発防止」を司法の場で求める被害者も存在するのもまた事実である。しかし、これは、被害者の願いに向けた十分に機能しうる制度が存在しない中で、司法による（それもしばしば刑事裁判による）「解決」が消極的に期待されざるを得ない[22]という見方もできるように思われる。

医療不信がいかなる形で形成されるかは1つの大きな問題[23]であるが、国民の医療に対する期待と専門家としての医療水準からみた医学的適応性・医術的正当性の齟齬・乖離の存在を指摘しなければなるまい。医療行為がそもそも身体への侵襲を伴うものである以上、常にリスクの存在があることはよく言われることであるが、医療は安全であることが当然という患者側の認識と医療側のそれとの乖離は甚だしいもののようである[24]。

また、医療不信に関しては、医療自身の対応、すなわち、従前、（とくに類似の事故の発生、研修医を単独で従事させる中での過誤事例の多発、単純ミスの続発などを挙げながら）医療側が、過去の事例を教訓にして事故を防止するために真剣な努力をしているのか疑問である（前掲・飯田=山口2頁）、とする指摘がある。これに関しては、例えば、厚労省の大綱案を意識した日本医師会の手による提言[25]もある。具体的な提言内容自体に対する評価はひとまず置くにしても、専門家の自律集団としての（ひいては、いわば医療自治とでもいうべき問題となろうか）その社会的責務という視点から、国民の求める安心と信頼を持って受けられる医療の提供という姿勢は、基本的には受け入れられるものであろう。

四　刑事事件と医療事故調

医療事故の解決のためには、刑事介入が望ましいのであろうか。

例えば、前田[26]は、最近は患者・遺族の処罰要欲求が高まっているとして、医療不信と刑罰のかかわりについて触れる。また、飯田[27]は、刑事介入の存在が医療萎縮・医療崩壊につながっているという意見の存在を紹介しながらも、医療過誤が刑事事件になる事例は年間15件程度にしか過ぎないとして「かなり謙抑的に行われている」[28]とし、むしろ、医療の隠蔽体質が不信感の増大の実態だとする。そのうえで、医療事故を公表し、調査委員会による事故原因の究明を通じた、負の連鎖の切断を期待する。[29]

この「謙抑的」な運用に関しては、井田[30]も触れるところである。すなわち、断片的な（すなわち不平等な）刑事訴追が生じうる可能性を指摘しつつも、堕胎罪の処罰の実態（一方の性のみに責任を求めようとし、また国などの政策的失敗を個人責任に転嫁させているという不正義な実態）になぞらえて、医療事故につき、捜査機関の現場の力学に従った訴追への躊躇により、非犯罪化・非刑罰化が実現することを述べる。[31]

しかし、ここでの「現場の力学」の意味するところは必ずしも明らかにはされていないが、医療事故の非犯罪化・非刑罰化をこのような訴追機関の裁量にだけにゆだねることには、疑問なしとしえない。仮に、患者側やメディアの反応を「力学」とするのであれば、そのような裏付けの起訴は大衆迎合的な犯罪訴追になろうし、他方で、立証に向けた専門性の壁の存在であるのだとすれば、医療について素人である捜査機関の姿を如実に物語る（1999年に始まったメディアの医療事故報道の激増を想起せよ）。大野病院事件や北九州の爪切り事件[32]は、無罪事件[33]であったことから、結果論とは言え、果たして適切な訴追であったかが、なおのこと意識されることとなろう。そうであれば、先の日本医師会の提言にみられるような、刑事司法に対する警戒感（端的には刑事司法不信）は、あながち理解できないものではないように思われる。

事故調に関して、佐伯[34]の指摘は、（医療事故の問題として考えることは、原因究明、責任追及、再発防止の3点にあるとして）「従来は、このような目的を達成する方法が限られていて、刑事司法制度に過度に依存してきた面があるように思われる」として、医療における原因究明や被害者への説明不足ゆえに捜査機関の捜査権限に期待するところがあったことを述べる[35]。この犯罪捜査への期待という佐伯の指摘は、逆説的ではあるが、だからこそ、捜査機関によらない原因究明、再発防止を本旨とする制度の必要性が求められるのであり、それこそ国民の医療に寄せる期待に合目的に資するものである、と理解することも可能であろう。そうであれば、このような限りにおいて、期待に対する応答を通じた、すなわち捜査機関との代替性からは、もはや刑事責任追及は、それ自体が目的化し必ずしも必要不可欠なものではないとすることも導き得るように思われる。

航空機事故に関しては、すでにシカゴ条約の存在があり、その第13付属書は、事故調査の唯一の目的が事故の再発防止であり責任追及ではないことを明示的にうたい、委員会資料の目的外使用を制限している。この条約及び付属書の解釈・適用が問題となった刑事事件として、1997年の日本航空706便事故があるが、名古屋地裁は「国の適切な司法機関」の意を裁判所ではなく、運輸安全委員会として解したことで、原因究明のために作られた調査情報を、安易にも、刑事裁判での利用を認める解釈を為した。なお、この点は強く批判されるべきである。（これについては前掲・拙稿「福知山線列車事故報告書をめぐって」）261頁参照。）

このような世界標準の認識につき、医療についても飛行機とパラレルに解するのが許されるのであれば、ガイドライン案ではあるが、医療事故調の位置づけ、とくに、事故調が収集した情報の利用方法（制限）にあっては、世界保健機関が各国の制度を分析したうえでまとめている、２００５年に公表した提言が参考になるものと思われる。すなわち、WHO Draft guidelines for adverse event reporting and learning systems（邦訳としては、日本救急医学会『有害事象の報告・学習システムのためのＷＨＯドラフトガイドライン』（へるす出版、２０１１年）がある。）の6章49頁以下では、7項目にわたって事故調の制度設計の骨子を示しており、医療安全のための委員会への報告を根拠とした刑罰は避けられなければならないとするほか、委員会は国の刑罰を科すいかなる権限からも独立していなければならないとしている。

原因究明のシステムをどのような組織、運用とするかには、他にも検討すべき問題がある。例えば、刑事事件としては無罪になる反面、福島県が設置した大野病院医療事故調査委員会は、事故後病院側に過失があったことを認め、民事賠償の交渉に入ることを予定していた。ここには、法域の違いに加え立証負担の問題もあるが、委員会の調査の在り方それ自体、すなわち調査目的、対象、委員会の人員、規模、専門性といった調査能力や権限といったことも問われているように思われる。このことは、爪切り事件においていったんは認めた虐待認定を見直した委員会調査が典型的で、運用の如何によっては、ひいては、福知山線事故をめぐるＪＲ西日本の関係者と委員会との接触問題のように、制度自体の信用を失いかねない問題になるからである。

四　結びにかえて

限られた紙幅の中で医療事故を扱うには、問題はあまりに多岐にわたる。必然的に部分的、表層的にならざるを得なかったが、今後の課題の意も込め、事故調の意義・必要性、また、刑事司法が医療にもたらした社会的影響という関心をもとに考察を試みた。あえてタイトルを予備的としたのもそこにある。医療事故解決の制度設計について、医療従事者と患者間の信頼関係[36]をその基礎に置くのであれば、基本的に両当事者を対立させる構造である刑罰での解決はむしろ逆行のような呈すらあろう。医療崩壊の原因の一端が刑事罰の適用にあるという医療界からの指摘[37]は、果たして医療事故に真摯に向き合ってきたのかという医療界に向けての指摘とパラレルに、刑法学徒として真摯に受け止める必要があるように思われる。

（２０１２年10月31日脱稿）

〔註〕

（1） 消費者庁の「検討会」関係者の論考として、ジュリスト１４３２号（２０１１年）の特集中の、宇賀克也「「事故調査機関の在り方に関する検討会取りまとめ」について」20頁、笹倉宏紀「事故調査と刑事司法（上）―「事故調査機関の在り方に関する検討会」の「取りまとめ」をめぐって」29頁、曽和俊文「事故調査機関の在り方について」37頁、及び、笹倉宏紀「事故調査と刑事司法（下）―「事故調査機関の在り方に関する検討会」の「取りまとめ」をめぐって」ジュリスト１４３３号（２０１１年）64頁を参照。

（2） 「評価」の意義については必ずしも明確ではないようであるが、消費者事故調が他の事故調との関係で、その権限など組織的位置づけに大きくかかわってくることが予想される。とくに法定の適用除外でもしない限り、例えば医療事故調も評価の対象になることも考えられるからである。今後の運用を含め、注意したい。

（3） 一般に事故調を通じた刑事事件としての介入の余地については、議論の分かれるところである。例えば、厚労省において示した第三次試案や大綱案に示されるように、医療事故調を通じた刑事介入に関して、仮に、この制度設計を前提に考えたとしても、その刑事責任の追及の範囲については、「故意」や「標準的な医療から著しく逸脱した医療」（「大綱案」第25）がうたわれているように、事故の対象範囲の問題がある。もっとも、ここで、故意によるものを果たして医療事故として呼んでよいかは疑問なしとしえない。当該行為は、すでに医療行為には当たらないとする見方もできるであろうからである。(もちろん現象的には両者の区別は難しいものがあるが、)その場合、行為者が医療従事者、行為場所が医療機関であったにすぎないのであって、一般的な犯罪と同様にとらえてしかるべきもののように思われる。なお、医療行為の「明確な過失」と「重大な過失」は重なるとするものに、前田雅英「医療過誤と重過失」法学会雑誌49巻1号(2008年)108頁がある。

(4) 飯田英男=山口一誠『刑事医療過誤』(判例タイムズ社、2001年)1頁以下によれば、刑事医療過誤訴訟の公式統計は存在しないものの、戦後に起訴された事例のうち、これまでに収集して公表された略式事件を含む刑事裁判例は、合計で137件であるとしている。これに対して、民事医療過誤訴訟の全国裁判所における新受件数は、1976年(昭和51年)には234件であったものが、一時的に減少した年があるものの、ほぼ一貫して増加しており、1998年(平成10年)には、629件と、約2・7倍になっていると言う。刑事医療過誤訴訟の件数は、若干の収集漏れがあるにしても、民事のそれに比して極めてわずかな件数であるとされている。

(5) 前掲・飯田=山口2頁では、刑事医療過誤事犯の犯罪捜査は、医療行為の専門性、密室性、閉鎖性の壁に阻まれており、起訴に至ってもなお、鑑定合戦となり、無罪事例も少なくなく、結果として、捜査機関が消極的判断をすることも非難できないとしている。

(6) 拙稿「福知山線列車事故報告書をめぐって—原因究明型システムの議論のために」森尾亮=森川恭剛=岡田行雄編著『人間回復の刑事法学』(2010年、日本評論社)261頁。

(7) 医療におけるヒューマンエラーは不処罰とするものに、日山恵美「医療事故と刑事過失責任」甲斐克則編『医療事故と医事法』(2012年、信山社)237頁がある。

(8) 「医療事故に係る調査の仕組み等のあり方に関する検討部会」として、2012年10月までに第8回を数えている。

(9) さしあたり、本稿において、法的責任の追及として民事事件に限らず、刑事事件に発展したことを指すものとして狭義では使わせていただくが、広義では、以下にも述べるように、医師法21条を通じて、刑事事件としての立件の可能性がある場合も含めて用いることとしたい。

(10) 前掲・飯田=山口、及びとくにこの後続である、飯田英男『刑事医療過誤Ⅱ』(判例タイムズ社、2006年)まえがき。

(11) 山内桂子・山内隆久『医療事故―なぜ起こるのか、どうすれば防げるのか』（朝日新聞社（朝日文庫）、2005年）は、医療事故研究元年と評し（16頁）、また、これらの事故を契機にメディアの報道も増加したことを示している（19頁）。また、児玉安司「医療現場からみた医療安全・医事紛争の10年―1999年から2006年までの3つの物語をめぐって」ジュリスト1396号（2010年）34頁、米田泰邦『医療者の刑事処罰』（2012年、成文堂）123頁。

なお、同書・米田は、警察庁統計によれば広尾病院事件の略式処罰や起訴のあった2000年以降医療事故関係届け出等件数と立件送致数が急増しており、背景に広尾病院事件の影響の可能性を指摘する（193頁）。また、押田茂實「医療事故に対する刑事処分の最近の動向」甲斐克則編『医療事故と医事法』（2012年、信山社）29頁も参照。無論、ピーク時の2004年ほどで推移はしていないが、1999年以前の例えば97年の警察への届け出が21件、立件送致3件であったことと比較すれば、高止まり感がうかがえようか。

(12) 1999年1月11日、各々心臓と肺を手術する予定であった2名の患者について、両者を取り違えて手術、手術の終了後にICU（集中治療室）において取り違えが発覚した。2001年9月20日横浜地裁は、業務上過失傷害で執刀医ら3人の医師と病棟看護師に対して罰金、患者を取り違え手術担当看護師に引き継いだ手術室看護師に対しては禁錮1年（執行猶予3年）の有罪を言い渡し、疑問を持ち患者の同一性の確認を主治医等に求めた麻酔医については無罪とした（なお、2003年3月25日東京高裁は、地裁で禁錮刑となった看護師には罰金、無罪であった医師には改めて罰金を言い渡している。）。

(13) 1999年2月11日手術を終了した患者に対して点滴用チューブに誤って消毒薬を注入、患者は同日のうちに死亡した。点滴ミスをした看護師2人に対し、業務上過失致死罪でそれぞれ禁錮1年（執行猶予3年）、禁錮8月（執行猶予3年）を言い渡し、確定した。またこの事件について、異状死体等の届出義務を課している医師法21条に違反したとして、主治医が東京簡裁で略式命令を受けているほか、病院長及び都衛生局参事が起訴されるが、参事は無罪で確定、院長については2004年4月最高裁が上告棄却したため、東京高裁の懲役1年（執行猶予3年）、罰金2万円の判断が確定した（院長の事件については、東京高判平15・5・19 高刑集56巻2号6頁、及び、最三小判平16・4・13 刑集58巻4号247頁がある。）。

(14) 前掲・米田145頁以下、とくに147頁以下。

(15) なお、前掲・児玉によれば、1999年は「医療不信」が生じ、2006年からは「医療崩壊」が進行していると指摘する（37頁以下）。すなわち、1999年を境に医療事故の報道がそれまでの約10倍にまで突如増加し、メディアによる医療バッシングの不信報道一色に塗りつぶされ、2006年からのストーリーとしては、横浜市大病院事件、都立広尾病院事件が契機になっているとしている。

(16) 2004年12月17日、事前の検査で前置胎盤であったことが判明していた妊産婦（状況によっては子宮摘出もやむなしという医師の説明もあったが、妊産婦としては温存を望んでいた。）につき、帝王切開手術において女児を正常に娩出した。その後、胎盤の剥離にかかったが、癒着胎盤であったために胎盤剥離の際に出血が増加し、胎盤娩出後も出血が続くなどが確認され、輸血の終了とともに子宮摘出に移行し、摘出を終えたが、その後産婦は死亡した。分娩当日のスタッフは執刀医である被告人（同病院において一人医長であった産婦人科医）のほか、助手である外科医、麻酔医、及び4人の看護師（途中から5人）であった。

2006年2月に業務上過失致死と医師法（異状死の届出義務）違反の疑いで逮捕、翌月に起訴され、大量出血は当初から予見でき、無理に胎盤を剥離することなく子宮摘出手術に移行すべきであったとする検察側の主張に対し、2008年8月20日福島地裁は、被告人の行為は臨床上の標準的な医療措置であるとして、また、医師法違反についても、診療中の患者が診療を受けている当該疾病によって死亡した場合は法の定める異状死の要件には当てはまらないとして、いずれについても無罪を言い渡した。検察側が控訴を断念したために、この判断が確定した。

これまでにも福島県は県立病院の事故が起きた場合には、調査委員会を設置し、結果を公表してきた。本件については、2005年5月に第一回目の委員会を開催してのち、翌月2月の第3回委員会で報告書（用語集も付せられ、表紙・目次を入れ全7頁である。）がまとめられた。なお、出河雅彦『ルポ医療事故』（2009年、朝日新書）270頁によれば、起訴状はほぼこの報告書の内容に沿ったものであるようである。

(17) 医師法21条にいう異状には、診療中の患者が診療を受けている当該疾病によって死亡したような場合は、そもそも要件を欠くものとして無罪としている。この点において、点滴ミスと胎盤剥離の違いはあるが2004年の最高裁判断とは位相を異にする部分があるようであるが、ここではその指摘だけにとどめておく。

(18) 小松秀樹『医療崩壊――「立ち去り型サボタージュ」とは何か』(2006年、朝日新聞出版)4頁は、多くの診療科目の中でも、リスクの高い(すなわち潜在的には法的紛争として司法の場に持ち込まれうる)部類に入る小児科医療や産科医療での医療崩壊は顕著であると指摘する。また、田中政信「周産期医療の現状と将来―産科医が消える?―」東邦医学会雑誌52巻3・4号(2005年)190頁では、産婦人科医師が増えない理由として、医療事故が産婦人科の新人教育の妨げになるからだとしている。

(19) 加藤良夫「救済システムが事故防止に機能する」年報医事法学18号(2003年)94頁。

(20) 植木哲『医療裁判から医療へ』(2011年、ぎょうせい)は、現行の訴訟では当事者間相互に医療不信・患者不信を増幅するとしている(はしがき)。

(21) 手嶋豊「医療事故無過失補償制度の創設への課題」ジュリスト1435号(2011年)2頁。

(22) 豊田郁子「被害者からみた医療過誤刑事事件」年報医事法学23号(2008年)89頁、とくに90頁。

(23) 前掲・山内=山内44頁以下では、心理学における帰属過程の研究が説かれる。すなわち、重大事が起きたときに、その結果の責任(原因)は誰(何)にあるのかという関心につき、行為者自身は外的要因に、観察者(ここでは患者・家族側)は、行為者の内的個人的要因に目を向ける傾向にあるとしている。どちらの思考法がより適切かということ以前に、人間の考え方の癖として、両当事者が異なる思考過程を持つことは確認しておくべきことと思われる。

(24) 意識調査に基づいた分析から、上杉奈々「産科医療をとりまく社会と法―法の翻訳の試み」法社会学67号(2007年)74頁、とくに81頁以下は、社会背景として存在する、正常産が当然とする産科医療の危険性認識の不足が医療訴訟を招いていると指摘する。

(25) 日本医師会医療事故調査に関する検討委員会「医療事故調査制度の創設に向けた基本的提言について」(2011年)。もっとも、ここでは、事故調や医師法21条をもとに刑事事件化の余地があることにつき、医療萎縮やその他の社会不安を理由として、刑事司法の介入に警戒的である（とくに2頁、4―6頁、10・11頁、17頁）。

(26) 前田雅英「医療過誤と重過失」法学会雑誌49巻1号（２００８年）１１５頁以下。

(27) 飯田英男「刑事医療過誤の現状と課題」郷原信郎＝小林健一＝岩澤由子編著「社会が医療に求めるもの」（コーポレートコンプライアンス季刊14号）（２００８年）１２８頁以下。

(28) 仮に件数的にはそうであるとしても、医療に限らず刑罰運用一般の問題にもなるが、一般予防効果として一罰百戒的な適用の可能性、ひいては大野病院事件のようにこれが医療崩壊につながる契機となるものであることについては指摘だけにとどめる。

(29) 前掲・飯田「刑事医療過誤の現状と課題」１２９頁。

(30) 井田良「医療事故に対する刑事責任の追及のあり方」『三井誠先生古稀祝賀論文集』（有斐閣、２０１２年）２２９頁。

(31) 前掲・井田２３６頁、２４７頁以下。

(32) ２００７年６月北九州八幡東病院において看護師が認知症患者の爪を剥いだとする内部告発を契機に、事件が明るみとなった。市の第三者機関である虐待擁護委員会は、調査のうえ、高齢者虐待に当たると判断した。１審の福岡地裁小倉支部は供述調書などを採用の上、有罪としたが、２審福岡高裁では、捜査官の誘導の可能性を指摘し供述調書の信用性に疑問を挟み、また、当該行為を看護行為として必要性を認め、手段方法においても適切な正当業務行為であるとして違法性を阻却、無罪となりこれが確定した。その後、委員会の虐待認定は見直され、解雇した病院とも和解が成立している。本件については、傷害事件としての起訴後に、日本看護協会が看護師を擁護する見解を表明したほか、日本看護管理学会も、１審判断に対する批判的な意見書を示している。とくに日本看護協会では、職能団体としての社会的責任という意識から意見表明していることにも注意したい。なお、解雇訴訟の和解を報じる、地元紙の西日本新聞２０１１年11月19日付では、代理人弁護士のコメントとして、この事件の教訓は、捜査機関の誤ったストーリーの押し付けとそれによるマスコミの世論誘導の問題であると指摘する。

(33) このほか、東京女子医大事件、杏林大学割り箸事件も無罪事案である。もともと有罪率が９９・９パーセント（略式事件等も含めると99・99パーセント）と言われる日本の刑事裁判において、医療事件の無罪率は極めて高率になろう。

（34） 佐伯仁志「医療の質の向上と刑事法の役割」ジュリスト1396号（2010年）33頁。

（35） もっとも、佐伯は「医療上の過失に対する刑事責任の追及をすべてなくすことは現実的ではない。」としている（33頁）。

（36） これについては、筆者の2年前の入院経験を付記させていただく。その医療機関は卒業生（退院した元患者をこう呼ぶ）に呼びかけた「同窓会」を毎年開催し、出席者も多い。この様なことができるのも、診療科目の属性として、転帰の良さをはじめ疾病の内容や医療行為の侵襲性につき比較的リスクが小さいというのも影響するのだろうが、入院中は、食事時間は食堂で患者が一堂に会し自分たちで配膳する（廃用性萎縮対策でもあろう）など、寮生活のようでもあった。患者間の一体感に加え、闘病に対する病棟内の明るさが実感でき、こうした中で、筆者としては医療人のプロ意識を間近に接することができた上、患者と医療人との間の信頼関係を考える場でもあったように思う。ラウンジには、観光地にある思い出ノート様のものが常備され、患者の書き綴ったものが残されており、筆者もスタッフへの感謝とともに、自己の健康管理につき自戒の念を込めしたためてきた。ノートの記載の中には「不謹慎ながら、もう一度ここに入院したいと思う位、楽しい入院生活であった」旨の記述も少なからず散見された。信頼関係の構築が、刑罰による対応で可能なのか考える契機となった。

（37） 前掲・小松280頁は、「裁判所、検察は、一部の例外的な裁判官と検察官を除き、自分たちの行動が医療を破壊しているという自覚を持っていない」と結ぶ。

※なお脱稿後の2013年5月29日、厚労省の検討部会が医療事故調査制度の概要をまとめた旨報道があったが、指摘するにとどめる。

自動車運転過失の重罰化と自動車運転過失致死傷罪

福永　俊輔

一　はじめに

近時のわが国の刑法典をめぐる状況を眺めたとき、一部改正の活発化が目を惹く。わが国の刑法典は、一九〇七年の公布以来百年余りの歴史の中で二十六回の一部改正を経験してきたが、そのうちの半数に当たる十三回の一部改正が二〇〇一年からの十年間に集中しており、二〇〇一年以降は、ほぼ毎年、何らかの改正が行われているといってよい状況にある。

二〇〇一年以降のこうした刑法状況について、その改正内容にも目を向けると、ひとつの特徴が浮かび上がる。すなわち、これ以前には、あえて自動車を用いて人を轢き殺す、あえて自動車を用いて人を轢き怪我をさせるといった、殺人罪、傷害罪に該当する場合でない限り、自動車運転による事故に伴い致死傷結果を生ぜしめた場合には刑法上過失犯とされ、一様に業務上過失致死傷罪によって対応してきた。しかし、二〇〇一年改正において、「四輪以上の自動車」を対象とした危険運転致死傷罪が新設されるとともに、軽微な自動車運転による業務上過失致傷事犯の刑の裁量的免除の規定が新設された。[1] 二〇〇四年改正において、危険運転致傷罪の法定刑が引上げられた。[2] 二〇〇六年改正において、業務上過失致死傷罪の罰金刑の上限が引上げられた。[3] 二〇〇七年改正において、自動車運転過失致死傷罪を新設し、加えて、従来「四輪以上の自動車」に限っていた危険運転致死傷罪の対象を「自動車」へと改め、自動二輪車や原動機付自転車にまで拡大した。[4] このように、二〇〇一年以降、自動車運転によって惹起される交通事犯と密接にリンクした刑法典の改正が数次に渡り行われてきたのである。このことから、この間の刑法状況として、自動車運転過失による交通事犯対策がひとつの軸として展開されてきたといっても過言ではあるまい。

ところで、これら一連の刑法典の改正を、個々のものとしてではなく相互的に眺めてみると、次のようにまとめることができよう。すなわち、従来、業務上過失致死傷事犯とされるものの中に自動車運転過失による交通事犯とそれ以外の事犯があり、自動車運転過失による交通事犯について、その態様は問題とされてこなかった。こうした中から、自動車運転過失による交通事犯に関して、まず、四輪以上の自動車によって惹起された場合につき、アルコールや薬物の影響により正常な運転が困難な状態で走行した場合等一部の態様を故意犯として従前の業務上過失致死傷事犯より分離して重罰化した（危険運転致死傷罪）[5]。そして、残った業務上過失致死傷事犯について、自動車運転過失による交通事犯とそれ以外の業務上過失致死傷事犯との区別なく罰金額の上限を引上げた上で、自動車運転過失による交通事犯に関して、二輪の自動車によって惹起された場合つき、アルコールや薬物の影響により正常な運転が困難な状態で走行した場合等一部の態様を故意犯として分離して先の故意犯に取り込む一方で（危険運転致死傷罪）、その余について、過失犯としての形態を維持したまま、態様を問わず特別類型[6]として分離して重罰化した（自動車運転過失致死傷罪）。

結果として、一連の刑法典改正を通して、二〇〇一年以前に業務上過失致死傷事犯とされていたものは、①自動車運転過失による交通事犯の一部態様を故意犯として重罰化した危険運転致死傷事犯、②①を除いた自動車運転過失による交通事犯を—業務上—過失致死傷罪の特別類型として重罰化した自動車運転過失致死傷事犯、③自動車運転過失による交通事犯以外の従前の業務上過失致死傷事犯に三分されることとなり、自動車運転過失による交通事犯は全体として法定刑の底上げがもたらされ、重罰化が果たされるに至ったのである。

このように眺めると、二〇〇一年以降の一連の刑法典改正の中で、二〇〇七年の自動車運転過失致死傷罪の制定こそ、自動車運転過失による交通事犯の大部の法定刑の引上げを果たすに至った立法であったということになる。そこで本稿では、この間の自動車運転過失の重罰化について、とりわけ二〇〇七年改正に焦点を当てて検討を行うこととしたい。

二　業務上過失致死傷罪と自動車運転過失の重罰化

二〇〇七年改正による自動車運転過失の重罰化の動機として、刑の不均衡[7]や量刑・法定刑の面での国民の規範意識への対応[8]が説かれる。すなわち、飲酒運転により死傷事故を起こして危険運転致死傷罪が認定されれば、致死の場合最高二十年の懲役、致傷の場合最高十五年の懲役が問われうるのに対して、救護せずに逃走して飲酒検査を免れた場合、改正前の法によると、業務上過失致死傷罪と道路交通法の救護義務違反との併合罪として最長で懲役七年六月となるが、これでは著しい不均衡が生ずるといえるし、また、危険運転致死傷罪の制定により人の死傷という結果を惹起した飲酒運転等をした者に対してはより厳しい評価が妥当すべきこととなったが、こうした評価の変化を踏まえれば、危険運転致死傷罪には該当しない飲酒運転等の悪質・危険な運転行為によって人を死傷させた事案についても、事案の実態に即してより厳しく評価すべきというのである[9]。これらの動機を約言すれば、業務上過失致死傷罪が定める長期五年の懲役または禁錮では軽きに失し、自動車運転による交通事犯に十分に対処しきれていないということになろう。さらに、二〇〇七年の自動車運転過失の重罰化については、自動車運転による業務上過失致死傷事犯の処断刑が法定刑の上限近くで量刑されている事案が従前に比べて増加しており、かつ、自動車運転以外の業務上過失致死傷事犯については同様の状況が認められないという、いわゆる量刑の「張り付き現象[10]」もその動機として説かれる[11]。そこで、まず、業務上過失致死傷罪に着目して自動車運転過失の重罰化について検討を行ってみよう。

人の死傷という法益侵害に関して、そもそも飲酒のうえ自動車を運転し、よって人を死傷させたものといえども、その死傷結果については認容していない過失犯であるので、故意犯と比して一段と軽い刑で足りるはずである。だからこそ、後述するように、危険運転致死傷罪は、同じく人の死傷を認容していない業務上過失致死傷罪との法定刑の大幅な違いを根拠づけるために故意犯とされ、結果的加重犯という構成が採られたのである。そうした観点から見ると、長期五年の懲役・禁錮とする業務上過失致死傷罪は、殺人罪や傷害罪と比して十分重かったのである。[12]加えて、現行刑法典における他の過失犯規定との関わりにおいても、自由刑を定めた他の過失犯規定がいずれも長期三年としており、かつ、いずれも選択刑で懲役刑を有する規定が存しないのであり、過失犯体系という点からみても突出して重いといえる。してみると、業務上過失致死傷罪に関して、その法定刑が軽きに失するとは決して思われない。

さらに、制定時における法定刑は「三年以下の禁錮」であり、[13]これが「五年以上の懲役・禁錮」とされるに至ったのは、一九六八年改正によってである。業務上過失致死傷罪の法定刑を「五年以上の懲役・禁錮」とする改正案は、一九六四年以降二度にわたって提案されたがいずれも廃案となっており、三度目の提案で可決・成立に至ったものである。この間の国会における議論状況を見るに、こうした改正は、酩酊運転・無免許運転・高速度運転などの無謀運転といった、「未必の故意と紙一重」の悪質重大事犯を厳重に処罰するためとされていた。加えて、こうした改正が、「国民感情」に応えるものともされている。してみると、「長期五年」という法定刑はすでに国民感情を反映して量定されたものであり、しかも、この中に、すでに飲酒運転・高速度運転などの悪質・危険な運転行為によって人を死傷させた場合も含まれていたのである。[14]してみると、業務上過失致死傷罪が軽きに失し、自動車運転による交通事犯に十分に対処しきれていないという動機は必ずしも当てはまらないように思われるのである。

さらに、実際の運用を見ると、二〇〇一年以降確かに法定刑の上限近くで量刑されている自動車運転による業務上過失致死傷事犯が増えているといえるが、[15]上限域に刑期分布の最頻出部は見出せず、最も言渡しがなされているのは一年を超えて二年以下の刑である。それゆえ、上限よりもかなり低い一年を超えて二年以下の域が最頻出部となる。[16]したがって、業務上過失致死傷事犯には、法定刑の下限域の事例の消滅、刑期分布の最頻出部の上限方向への移動と集中といういわゆる「頭打ち現象[17]」は発生していない。また、業務上過失致死傷罪の上限近くの刑を言渡された事案の中には、速度違反等他の道路交通法違反の罪が存在していたにもかかわらず併合罪加重されていない事案もあり、刑を適用する裁判官が法定刑の上限を上げなければ窮屈だと考えているとは必ずしもいえないとも指摘されている。[18]してみると、業務上過失致死傷罪が、自動車運転による交通事犯に十分に対処しきれていないとも思われないのである。

このように見てくると、従前の業務上過失致死傷罪から自動車運転過失を重罰化する必要は必ずしもなかったといえよう。

三 「自動車運転」の特別視と自動車運転過失の重罰化

二〇〇七年改正は、従前の業務上過失致死傷罪の法定刑の引上げという形態を採らずに、業務上過失致死傷罪にいう「業務」から自動車運転を抜き出し、―更なる―特別類型化することによって重罰化を果たした。すなわち、「自動車運転」という態様が特別視され、その特別性が重罰化の根拠となったのである。そこで、次に、「自動車運転」を特別視した自動車運転過失の重罰化について検討を行ってみよう。

自動車運転を特別視して重罰化する理由について、自動車運転は業務上過失致死傷罪が適用される業務の中でも人の生命・身体を侵害する危険性が類型的に高いということが説かれる。[19]確かに、時速一〇〇Ｋｍをはるかに越す速度を出すことができ、車両の構造や大きさによって異なるものの、相対的にかなりの重量がある自動車が何らかの事故を起こした場合、人の生命・身体を侵害する危険性は高いといえる。[20]しかし、自動車運転が、業務上過失致死傷罪が適用される他の業務と比べて人の生命・身体を侵害する危険性が類型的に高いかと問われれば、必ずしもそうではあるまい。例えば、発破解体を行う工事現場での作業や危険な薬品を用いる工場の作業などの業務と比べて、自動車運転が危険であるとは必ずしも断定できないのである。それにもかかわらずこうした理由付けがなされる背景として、自動車運転が極めて身近であり、誰しもが「被害者」になりうる―それは、反面、誰しもが「加害者」になりうることも示しているのであるが―がゆえに、自動車運転の危険性が「水増し」されているのではなかろうか。すなわち、自動車の運転は、一定の要件を満たした上で免許を受ければ誰しもが可能である業務であり、現在では八千万を超える人が免許を有しており、十六歳以上の人口における免許保有率も七〇％を超える。[21]こうした免許保有者、免許保有率の高さは、必然的に車両保有台数の増加をもたらし、現在では七千九百万台を超える台数が保有されている。[22]その結果、一度外出すれば、自動車を見ない機会はないという状況に至っている。しかも、このように数多溢れる自動車の運用の場は、その多くが歩行者と同じ平面であり、また、排他的ではなく他の車両も往来する平面でもある。こうした「日常生活に身近」と言う意味での自動車運転による生命・身体の侵害の危険性が高いということが、そのまま「自動車運転の危険」と見られている嫌いがあるのである。[23]しかし、「身近で起きやすい」ことと「自動車運転が他の業務よりも危険」ということは問題を異にする。してみると、「身近で起きやすい」ことを理由として自動車運転につき特に対策を講じる余地はあろうが、[24]「身近で起きやすい」ことを根拠に自動車運転が他の業務よりも危険だとして、自動車運転という態様を特別視して重罰化することは不合理であろう。

また、自動車運転者は、道路において自動車を運行に供することの許可を得ていることの反面として、当該許可の行使に際しては特段の注意が要求されていると解することができるから、他の業務者との比較において、運転者に重い責任を認めることができるということも、自動車運転を特別視する理由として説かれる。[25]しかし、こうした理由に対しては、社会生活上あるいは法令により容認されて業務に携わる者に対しては、通常人には行いえない特別な権利が排他的に付与されているという特殊の地位との関係により、注意義務を尽くすことに対する期待が一般人に比べていっそう強いという観点から、義務に違反した場合に責任非難が高まるのは全ての業務上過失に当てはまる事柄であって、自動車運転に限ったことではなく、「業務者」一般がすでに責任加重身分であって、自動車運転者にさらに重い責任が科せられているとは考えられないとする批判[26]が妥当しよう。してみると、自動車の運転者には特に重い責任が認められるとして、自動車運転という態様を特別視して重罰化する理由はないのである。

このように見てくると、「自動車運転」という態様を特別視する理由はなく、その特別性ゆえに―業務上―過失致死傷罪の特別類型として自動車運転過失を重罰化する必要はなかったといえよう。

四　二〇〇七年改正の特徴

これまで見てきたように、自動車運転過失の大部を重罰化するに至った二〇〇七年改正につき、その前提とされた重罰化の動機、自動車運転を特別視する理由を必ずしも見出すことが出来ない。したがって、そもそも論として自動車運転過失の重罰化の必要性それ自体に疑問があるといえる。

ところで、この点を一先ず措くとして、自動車運転過失致死傷罪の新設という点に着目して二〇〇七年改正を眺めると、ある特徴が存在することを指摘しうる。それは、とりわけ上述の刑の不均衡や国民の規範意識への対応という動機と関わる。すなわち、すでに示したように、二〇〇七年改正による自動車運転過失の重罰化は、危険運転致死傷罪と比較して刑が不均衡であり、また、危険運転致死傷罪との比較で評価が軽い、換言すれば、業務上過失致死傷罪は、危険運転致死傷罪と比較して軽きに失するとされて重罰化が唱えられているのである。このように、二〇〇七年改正による自動車運転過失の重罰化の背景に、危険運転致死傷罪が見え隠れするのである。

してみると、二〇〇七年改正による自動車運転過失致死傷罪によって自動車運転による交通事犯の大部の法定刑の引上げを果たすに至ったわけであるが、二〇〇七年改正の特徴として、自動車運転過失致死傷罪の前提には危険運転致死傷罪があり(27)、危険運転致死傷罪との関係が重視された法改正であったということを指摘しうるのである。

しかし、この点にこそ、二〇〇七年改正による自動車運転過失致死傷罪の最大の問題点が内在しているように思われる。以下、章を改めてこの点につき検討を加えよう。

五　危険運転致死傷罪を前提として自動車運転過失致死傷罪を新設することの不合理性

危険運転致死傷罪は、自動車運転による死傷事犯の実情等に鑑み、悪質・危険な運転行為による重大な死傷事犯に対応するとして、酩酊運転、制御困難運転、未熟運転、妨害運転、赤色信号無視運転といった悪質・危険な運転行為を行ない人を死傷させた者を、その行為の実質的な危険性に照らし傷害罪・傷害致死罪に準じて処罰するとして、二〇〇一年に新設された犯罪である(28)。右の危険運転行為により致傷結果を惹起した場合には一月以上一〇年以下の懲役、致死結果を惹起した場合には一年以上十五年以下の懲役が科せられることとなった。従前の業務上過失致死傷罪と比べて、致傷結果を惹起した場合で二倍、致死結果を惹起した場合で三倍の法定刑の長期の引上げがなされたこととなる。

その後、二〇〇四年改正において法定刑の変更が行われたことにより、右の危険運転行為により致傷結果を惹起した場合には一月以上十五年以下の懲役、致死結果を惹起した場合には一年以上二十年以下の懲役が科せられることとなった。結果として、現行では、危険運転致死傷罪は、従前の業務上過失致死傷罪と比べて、致傷結果を惹起した場合で三倍、致死結果を惹起した場合で四倍の法定刑の長期の引上げがなされたこととなる。

危険運転致死傷罪と業務上過失致死傷罪を比較すれば、いずれも自動車運転によって死傷結果が発生することが処罰の基礎とされ、しかも、そうした死傷結果について認容がないという点で、基本的な構造を同一にする。ところで、死傷結果につき認容していない以上、いずれの場合も死傷結果につき認容のある殺人罪や傷害罪よりは一段と軽い刑で足りるはずである。しかしながら、右に見たように、危険運転致死傷罪は傷害罪・傷害致死罪に準じた処罰がなされており、業務上過失致死傷罪の法定刑と比しても極端に重い法定刑が設定されている。こうした危険運転致死傷罪の法定刑を根拠づけるために、危険運転致死傷罪をして故意犯とされた。すなわち、酩酊運転、制御困難運転、未熟運転、妨害運転、赤色信号無視運転を故意に行って人を死傷させた場合につき、故意の犯罪として構成したのである。しかしながら、いかにこれら危険運転行為に故意を要求したとしても、人の死傷という結果については認容を欠くことに変わりはない。仮に認容がある場合、故意があるということになり、傷害罪、傷害致死罪、殺人罪の適用が問題となるからである。それゆえ、危険運転致死傷罪は結果的加重犯であるという構成を採用したのである[29]。

こうした危険運転致死傷罪の構成については、例えば法定刑を根拠づける役割を果たす故意と関連して、次のような問題点が指摘されている。すなわち、危険運転致死傷罪は傷害罪や傷害致死罪の特別類型とされるが、傷害罪や傷害致死罪については傷害の故意があることが原則とされる一方で、危険運転致死傷罪については傷害の故意がない場合に限定されている。いわば、「危険な自動車運転」という暴行致死傷罪としての暴行の故意しか認められない場合に、さらには赤色信号無視運転など「暴行」に相当する行為すらない場合にも危険運転致死傷罪が成立しうる点に鑑みたとき、危険運転致死傷罪に傷害罪・傷害致死罪と同様の長期十五年ないし二十年という重い法定刑を設定することは果たして妥当であろうか[30]。このような指摘である。こうした指摘をはじめとして、危険運転致死傷罪をめぐっては問題点が数多く指摘され、批判も少なからず唱えられている[31]。したがって、危険運転致死傷罪を俎上にのせる場合、まずもってこうした指摘、批判をつぶさに検討し、危険運転致死傷罪自体の意義や妥当性についての検討を要することとなろう。しかし、紙幅の関係上ここではそうした点については一先ず措くとして、二〇〇七年改正による自動車運転過失致死傷罪の前提とされた危険運転致死傷罪をそのものとして眺めると、上述の通り、本罪は「故意犯」とされているのである。

わが国の刑法は、三八条一項において、原則として故意犯を処罰することを明らかにしている。過失犯は、あくまでも例外として「法律に特別の規定がある場合」に限って処罰されるに過ぎない。そして、過失犯は例外であるがゆえに、それが処罰される場合であっても、例外たる過失犯の構造の特殊性に鑑みて、故意犯に比べて伝統的に軽い法定刑が設定されてきた。してみると、故意犯の法定刑が過失犯のそれより重いのは当然であって、過失犯たる業務上過失致死傷罪と故意犯たる危険運転致死傷罪との間に法定刑に差があるのは、その前提構造の面から見て論を俟たないのである。

また、危険運転致死傷罪は、人の生命・身体の安全を第一次的な保護法益とするものであるが、本罪の行為である危険運転が交通の安全に対する高度の危険を内包しており、周囲の他の自動車や歩行者等不特定又は多数人の生命・身体を侵害する危険を有しているという点で公共危険罪としての性格を併せ持っており、第二次的には交通の安全をも保護法益としていると説明される[32]。一方、業務上過失致死傷罪の保護法益は、人の生命・身体の安全という個人的法益であり、公共危険罪としての性格は付与されていない。

ところで、危険運転致死傷罪は傷害の故意を含んでいないにもかかわらずその法定刑を傷害罪・傷害致死罪と同様にしたことは右に見たとおりであるが、こうしたことを正当化するために、公共危険罪としての性格が強調されているとされる[33]。してみると、上述のように危険運転致死傷罪と業務上過失致死傷罪は基本的な構造を同一にするわけであるが、その法定刑の極端な差は、故意犯・過失犯という差異もさることながら、公共危険罪としての性格の有無にも根拠づけられていることとなる。そうである以上、個人的法益のみを保護法益とする業務上過失致死傷罪には公共危険罪としての性格が付与されていないのであるから、個人的法益に対する罪と公共危険罪との複合的性格から量定された危険運転致死傷罪と比べて法定刑に差があるのは、当然のこととなろう。

このように見てくると、危険運転致死傷罪と業務上過失致死傷罪との間に法定刑に差があるのは両者の構造上の相違から見て必然的なのであって、あえて危険運転致死傷罪の法定刑を前提とし、それとの関係を重視して自動車運転過失を重罰化すること自体、不合理であったのである。それにもかかわらず、危険運転致死傷罪の法定刑と業務上過失致死罪の法定刑を比較して、後者が前者に比べ軽きに失するために法定刑を引上げるというのは、本来構造を異にするはずの故意犯の刑に過失犯の刑が引っ張り上げられ、法定刑の面での「過失犯の故意犯化」がもたらされているということになろうし、本来業務上過失致死傷罪の担う領域ではなく、その法定刑の量定の基底に置かれてはいない事柄も考慮されることともなろう。これらの点にこそ、自動車運転過失致死傷罪の最大の問題点が存するように思われるのである。

六　むすびにかえて

飲酒運転の自動車による死傷事故を契機として、自動車運転による交通事犯を取り巻く状況は一変した。厳罰化を求める世論の声に後押しされて、刑の引上げや新たな犯罪類型の新設が相次いでなされた。本稿が取り上げた二〇〇七年改正も、この流れの中に位置する。

近時、法務大臣が、悪質運転による交通事故の罰則を強化する「準危険運転致死傷罪」の新設を、法制審議会に諮問した。危険運転致死傷罪と自動車運転致死傷罪との処罰の間隙を埋めることを目的とするとのことである。[34] これについては、無免許運転による自動車事故や運転中の病気の発作による自動車事故がきっかけとなった。この流れは、現在でも続いているといえる。

自動車運転過失による痛ましい死傷事故の報道を見るたび、被害者や遺族の心情を察するに余りあり、厳罰化を求める感情も一面では理解できる。しかしながら、自動車運転過失による交通事犯は、被害者の立場と加害者の立場とが拮抗する最たる事犯であるとされており、(35)毎日の生活の中で自動車のない生活はおよそ考えられない現代において、自動車運転過失による交通事犯は、刑法典に犯罪として規定された中でも、もっとも問われる可能性の高い事犯であるといっても過言ではない。しかも、それが特殊な状況下ではなく、日常の何気ない生活の中に組み込まれているのである。自動車運転をめぐる刑事立法に関しては、常にこの事を意識し、感情論とは一線を画した上でその必要性・理論的側面が考慮されなければならない。(36)

二〇〇一年以降の一連の自動車運転過失の重罰化、そして、今回諮問された「準危険運転致死傷罪」は、果たして刑法原理論からこれを照射したとき、明確に説明のつくものなのであろうか。慎重な検討が求められよう。

〔註〕

(1) 二〇〇一年改正にかかる内容に関して、井上宏「自動車運転による死傷事犯に対する罰則の整備（刑法の一部改正等について」ジュリスト一二一六号（二〇〇一年）三六頁以下。

(2) もっとも、二〇〇四年改正は危険運転致傷罪をターゲットとしたものではなく、傷害罪等の法定刑が改正されたことに伴うものである。なお、危険運転致死罪に関しても、同改正によって有期懲役の上限が二十年とされたことから、実質的には法定刑の加重がなされたと見ることができよう。二〇〇四年改正にかかる内容に関して、佐藤弘規「刑法等の一部を改正する法律」ジュリスト一二八五号（二〇〇五年）三三頁以下。

(3) 二〇〇六年改正にかかる内容に関して、眞田寿彦＝安永健次「刑法及び刑事訴訟法の一部を改正する法律」ジュリスト一三一八号（二〇〇六年）六七頁以下。

(4) 二〇〇七年改正にかかる内容に関して、江口和伸「刑法の一部を改正する法律について」ジュリスト一三四二号（二〇〇七年）一三五頁以下。
(5) 長井圓「道路交通犯罪と過失犯―自動車危険運転致死傷罪への疑問―」現代刑事法四巻六号（二〇〇二年）三五頁。
(6) 今井猛嘉「飲酒運転対策立法の意義と課題」ジュリスト一三四二号（二〇〇七年）一三〇頁。
(7) 今井猛嘉「飲酒運転対策としての罰則の整備」ジュリスト一三三〇号（二〇〇七年）二四頁以下。
(8) 江口・前掲「刑法の一部を改正する法律について」一三七頁。
(9) 今井・前掲「飲酒運転対策立法の意義と課題」一二八～一二九頁。
(10) 原田國男「法定刑の変更と量刑（一）」『裁判員裁判と量刑法』（成文堂　二〇一一年）二六頁
(11) 江口・前掲「刑法の一部を改正する法律について」一三七頁。
(12) 内田博文「危険運転致死傷罪と結果的加重犯論」現代刑事法五巻四号（二〇〇三年）七二頁、長井・前掲「道路交通犯罪と過失犯」三五頁。なお、比較法的に見ても、業務上過失致死傷罪の法定刑は決して軽いものとはいえないとされる（井田良「危険運転致死傷罪の立法論的・解釈論的検討」法律時報七五巻二号（二〇〇三年）三二頁）。
(13) 刑法二一一条「業務上必要ナル注意ヲ怠リ因テ人ヲ死傷ニ致シタル者ハ三年以下ノ禁錮又ハ千圓以下ノ罰金ニ處ス」。なお、現在では、二一一条後段に重過失致死傷罪の規定があるが、重過失致死傷罪は制定時には規定がなく、一九四七年の一部改正時に新設されたものである。
(14) 内田・前掲「危険運転致死傷罪と結果的加重犯論」七二頁、長井・前掲「道路交通犯罪と過失犯」三七～三八頁。
(15) 司法統計年報をもとに二〇〇六年までの通常第一審で言渡された業務上過失致死傷事犯における有罪判決の刑期を経年的に見ていくと、三年を超えて五年以下の刑を言渡される人員が、二〇〇〇年以前は一桁であったが、二〇〇一年に二二人に増加し、以後、大方四〇人前後で推移し、二〇〇六年には六〇人に達しており、二〇〇一年を境に増加していることが見出される。さらに、この間、四年以上五年以下の刑を言渡された事案がいずれも自動車運転によるものであり、それ以外の態様のものはないとする調査結果（江口・前掲「刑法の一部を改正する法律について」一三七頁註四））も存する。
(16) 司法統計年報をもとに調べたところ、二〇〇六年以前の五年間において、一年を超え二年以下の刑の言渡しの占める割合は五八・七％であった。
(17) 小島透「法定刑の引き上げと量刑―罰金等の引上げ（平成三年）における統計データから見た科刑状況の変化とその検討―」岡山理科大学紀要三九号B（二〇〇三年）六六～六七頁
(18) 日弁連「『刑法の一部を改正する法律案（自動車運転過失致死傷事犯関係）』に対する意見書」（二〇〇七年）三頁。
(19) 江口・前掲「刑法の一部を改正する法律について」一三七頁。
(20) 佐久間修「危険運転致死傷罪と故意・過失」刑事法ジャーナル二六号（二〇一〇年）六頁も同様のことを指摘する。
(21) 総理府編『交通安全白書〈平成二三年版〉』（二〇一一年）五二頁。
(22) 総理府編・前掲『交通安全白書〈平成二三年版〉』六五頁。
(23) 例えば、江口・前掲「刑法の一部を改正する法律について」一三七頁。
(24) このことを指摘するものとして、亀井源太郎「刑事立法の時代と自動車運転過失致死傷罪」刑事法ジャーナル八号（二〇〇七年）一二頁。
(25) 今井・前掲「飲酒運転対策としての罰則の整備」一三〇頁。
(26) 曽根威彦「交通刑法の改正問題」刑事法ジャーナル八号（二〇〇七年）四頁。
(27) このことを指摘するものとして、金澤真理「交通事故と刑罰」内田博文＝佐々木光明編『〈市民〉と刑事法〔第二版〕』（日本評論社　二〇〇八年）六五頁。
(28) 井上・前掲「自動車運転による死傷事犯に対する罰則の整備（刑法の一部改正）等について」三六頁以下。
(29) 内田・前掲「危険運転致死傷罪と結果的加重犯論」七二～七三頁。もっとも、危険運転致死傷罪は、その基本行為である危険運転行為自体は刑法典において処罰されていないため、基本行為の処罰規定を持たない結果的加重犯という「極めてユニークな形式」（曽根威彦「交通犯罪に関する刑法改正の問題点」ジュリスト一二一六号（二〇〇二年）四七頁）と評される。
(30) 曽根・前掲「交通犯罪に関する刑法改正の問題点」四六頁以下。
(31) 例えば、曽根・前掲「交通犯罪に関する刑法改正の問題点」四八～四九頁、内田・前掲「危険運転致死傷罪と結果的加重犯論」七五～七六頁など。
(32) 井上・前掲「自動車運転による死傷事犯に対する罰則の整備（刑法の一部改正）等について」三九頁。
(33) 内田・前掲「危険運転致死傷罪と結果的加重犯論」七三頁。
(34) この点につき、http://www.moj.go.jp/hisho/kouhou/hisho08_00330.html（二〇一二年一〇月一六日確認）。
(35) 内田・前掲「危険運転致死傷罪と結果的加重犯論」七一頁。
(36) なお、この点につき内田博文「市民が刑事法を学ぶ意義」内田博文＝佐々木光明編『〈市民〉と刑事法〔第三版〕』（日本評論社　二〇一二年）一頁以下。

二〇一二年一〇月の脱稿後、法務大臣の諮問を受けた法制審議会は、二〇一二年一〇月二日から二〇一三年二月一三日までの間、計七回にわたって刑事法部会において調査・審議を行い、危険運転致死傷罪と自動車運転過失致死傷罪の中間的位置づけなる罪等を新設するとする要綱案をまとめ、法務大臣に答申するに至った。その後、第一八三回国会に、要綱案に示された罪と現行の危険運転致死傷罪、自動車運転過失致死傷罪等をあわせた新たな特別法として「自動車運転により人を死傷させる行為等の処罰に関する法律案」が提出され、審議が行われている。新たな罪の新設の是非をはじめ、自動車運転による死傷事犯を特別法とすることについて等、検討を要する点が多々存在するように思われる。この点についての検討は、別稿に期することにしたい。

騒乱罪の基礎——治安秩序の意義——

永嶋　久義

一　はじめに

現行刑法は、各則第八章を「騒乱の罪」とし、第一〇六条に「騒乱罪」を規定する。「多衆で集合して暴行又は脅迫をした者は、騒乱の罪」となり、その役割に応じて刑罰が科される。本条はかつて「騒擾罪」とされていたが、一九九五年の「刑法の平易化」によって「騒乱罪」という名称に変更された(1)。とはいえ、その後今日まで本条が適用された事例は無い。

「第一に、本罪には集団的政治運動の抑圧というイメージが強く、その安易な多用が国民から厳しく批判されることは火を見るより明らかである。第二に、騒擾状態の発生は、事前にそれを規制できなかったという点で、実は警察の失敗を意味しているということである。したがって、治安当局としては、できるかぎり騒擾罪成立以前の段階において、圧倒的な警察力によって騒ぎを沈静化しようとする。事実、本件〔新宿駅事件〕以後は概ねそれが成功してきたのであった。第三に、公判審理において騒擾罪の成立要件（特に共同意思）を立証することが容易ではないため、裁判の異常な長期化が予想されることである。……これでは裁判規範としての騒擾罪の機能は失われたも同然で、特に検察当局がその適用に消極的になるのは当然であろう(2)」といった理由が予想されていたにもかかわらず、「メーデー事件」・「吹田事件」・「大須事件」以降一六年の沈黙を破って適用された「新宿駅事件」を最後に、騒乱罪は我々の前から消え去ってしまった。

二〇一一年現在では、とりわけ原子力発電所の廃止ないし再稼働禁止を求める大規模集会などが各地で展開されているが、暴力行為を伴う「騒乱状態」などは発生せずに平穏に行なわれているようである。今後も「騒乱罪」に該当する犯罪の発生は予測不可能ではあるが、犯罪認定の困難性を下地に、この種の犯罪の取締りが「兇器準備集合罪」や「暴力行為等処罰に関する法律」、「公安条例」にその役目を譲ってしまったことが指摘される以上、[3]騒乱罪の存続理由に疑問符が付け続けられるのは避けられないだろう。

「騒乱罪」を巡る先行研究の多くによっては、この犯罪の本来的性質において、「弾圧規定と秩序維持規定」といった対立枠組みが示されつつも、その解消に向けて一定の均衡を図った理論構築が模索され、その限界範囲の画定に成果がもたらされたと見てよい。しかし、「地方の静謐又は公共の平和」[4]の保護を目的とする本罪が、その他の法規定によって前倒し的かつ具体的に—あるいは人の生命・身体・財産への危険として—予防ないし取締まりがなされているとしても、これらの背後には、「およそ公共空間での犯罪」への刑事規制の共通のあり方ないし理由が存在する。これを標榜する「新たな刑事規制のあり方」の是非は別にして、しかしその判断の前提となる実体—あるいは騒乱罪の本質—については、先行研究の多くは、その提示を意図的あるいは無自覚に控えてきたのではなかろうか。[5]本稿は、この見通しを立てるために、先行研究の議論や時代状況を踏まえつつ、若干の補足を加えるものである。[6]

二　兇徒嘯聚罪

現行刑法「騒乱罪」の前身は、旧刑法（第一三六—一三八条）に遡れば、これを「兇徒嘯聚ノ罪」に見出すことができる。「静謐ヲ害スル罪」の章下には、次の規定が存在した。[7]

第一三六条　兇徒多衆ヲ嘯衆シテ暴動ヲ謀リ官吏ノ説諭ヲ受クルト雖モ仍ホ解散セサル者首魁及ヒ教唆者ハ三月以上三年以下ノ重禁錮ニ処ス附和随行シタル者ハ二円以上五円以下ノ罰金ニ処ス

第一三七条　兇徒多衆ヲ嘯衆シテ官庁ニ喧閙シ官吏ニ強逼シ又ハ村市ヲ騒擾シ其他暴動ヲ為シタル者首魁及ヒ教唆者ハ重懲役ニ処ス其嘯衆ニ応シ煽動シテ勢ヲ助ケタル者ハ軽懲役ニ処シ其情軽キ者ハ一等ヲ減ス附和随行シタル者ハ二円以上二十円以下ノ罰金ニ処ス

第一三八条　暴動ノ際人ヲ殺死シ若クハ家屋船舶倉庫等ヲ焼燬シタル時ハ現ニ手ヲ下シ及ヒ火ヲ放ツ者ヲ死刑ニ処ス
　首魁及ヒ教唆者情ヲ知テ制セサル者亦同シ

これらは、一三六条の不解散罪を基本として、一三七条は暴動を、一三八条はその際の殺人・放火罪を加重類型とする相互に関連した規定である。一三六条は、「兇徒」が「多衆」を「嘯衆」することが要件であり、初期の学説ではそのように解する傾向があったが、[8]後に、一三六・一三七条を、それぞれ「多衆集合ノ罪」及び「多衆暴動ノ罪」と称し、その要件として単に「多衆ナルコト」としたり、[9]そもそも「兇徒ノ名ハ、廃シテ可ナリ」としたり、「兇徒」とは「暴動ヲ為ス目的ヲ以テ多衆相集リタル跡ニ就キテ謂ヒタル文辞」であるとしつつ、「兇徒」と「多衆」をまとめて「兇徒多衆」とするものや、「兇徒」という名称は不要であるとの解釈も台頭してきた。[10]首謀者を頂点とする計画的犯行に対応するものから、偶発的・無秩序な暴徒をも対象として想定するものに変化していったのである。

学説のこのような傾向は、判例においても承認されることとなった。すなわち、いわゆる「足尾鉱毒兇徒聚衆事件（川俣事件：一九〇〇年）」（大判明治三五・五・一二刑録八輯一〇五頁以下）によって、「強訴＝暴動目的を当初から持つところの首魁を頂点とする指導者層＝兇徒を持つ集団ないし群集」を予想した規定が、「必ずしも首魁を持たない、無目的な、群衆心理に支配されて行動する集団ないし群衆」をも予想し、しかもその群衆を「暴行脅迫の場面で把らえよう」とするものに変質させられたのである。この兇徒嘯聚罪の「騒擾罪」化は、「足尾銅山暴動事件（一九〇七年）」（大判明治四一・四・一四刑録一四輯三九六頁以下）によって完成することになった。[11]

こうした学説と判例の動向は、現行刑法の騒擾罪一〇六条（「多衆聚合シテ」）及び一〇七条多衆不解散罪（「暴行又ハ脅迫ヲ為ス為メ聚合シ」）をもたらすことにつながるのである。

三　兇徒嘯聚罪・騒擾罪適用の歴史

兇徒嘯聚罪あるいは騒擾罪の運用の歴史は、日本の近代化に伴う国内の動乱の状況と対応関係にある。この歴史を振り返ってみよう。

明治初年（一九六八年）には政府により諸種の重要な政治上の改革が行われ、経済状況、社会情勢は大きく変動した。一八七一年には廃藩制度が確立し、一八七三年には徴兵令が実施され、地租改正条例も公布された。しかし、一連の変革に対しての不満の発露である「世直し一揆」は、[12]旧刑法に兇徒嘯聚罪を置く一因ともなった。自由民権運動の広がりの中では、「秩父事件（一八八四年）」に代表される農民騒擾が続発する。大日本帝国憲法が成立した後、日清戦争を契機に日本の資本主義が急速に発展する中で、「足尾鉱毒兇徒聚衆事件（一九〇〇年）」が発生する。上に述べたように、続く「足尾銅山暴動事件（一九〇八年）」では「兇徒嘯聚罪の騒擾罪化」がはかられることになった。

一九〇〇年は、治安警察法が制定された年でもある。日清戦争後の恐慌にあって、各地でストライキが起こり、労働組合が次々に生まれ、日本鉄道機関方のストライキ闘争なども行われた。治安警察法はこれに対する敏感な反応でもあったのである。こうした情勢と、大衆運動弾圧治安立法としての治安警察法の誕生とが、兇徒嘯聚罪の適用をより自然発生的な、より非組織的な、したがってより広範な大衆の運動に向けられることになり、大審院もこれに即応し、一九〇七年制定の刑法が騒擾罪を設けたひとつの理由でもある。[13]「騒擾罪化した兇徒嘯聚罪」は、次いで、「日比谷焼討事件（一九〇五年）」、「日比谷電車賃値上げ反対兇徒聚衆事件（一九〇六年）」などに適用されていった。

一九〇八年に施行された現行刑法での「騒擾罪」は、足尾銅山兇徒聚衆事件判決や、足尾銅山暴動事件判決の影響を受けて、必ずしも首魁の存在を必要とせず、無目的な群集心理に支配されて行動する集団を予想し、群集を暴行脅迫の場面でとらえるものへと変化し、明治後年からは、治安警察法一七条[14]と共に代表的抑圧法令としての機能を発揮していった。

騒擾罪は、一九一三年二月のいわゆる第一次憲政擁護運動での「東京騒擾事件（一九一三年）」への適用を経て、一連の米騒動への取締りへと向かう。非組織的な米騒動は、その経験を後の労働争議の組織性・計画性へと影響を与えたが、これに対する反応でもある治安維持法（一九二五年）、労働争議調停法（一九二六年）、暴力行為処罰法（同年）の成立を背景として、労働運動、農民運動に対する集中利用がなされた。公安調査庁審理課作成「騒擾事件等一覧表」[15]によれば、一九二二年から二八年までの騒擾罪が発動された労働争議は一五件、小作争議八件、その他の大衆運動四件である。

戦後も騒擾罪が適用された事件は少なくない。「長崎警察署事件（一九四六年）」をはじめとして、「大阪府朝鮮人学校事件（同年）」、「島根県益田町警察署事件（一九四九年）」、「下関事件（同年）」、「鳴尾競輪場事件（同年）」、「第二次神戸事件（同年）」等々、様々な事件に適用され続けてきた。

中田直人は、これらの事件を総括して「鳴尾競輪場事件を除けば、ほとんど官憲の処置を不法不当とする大衆抗議・交渉に対して、警察官が実力行使を加えたことをきっかけとしている」と分析する。[16]確かに兇徒嘯聚罪・騒擾罪は比較的規模の大きい事件に適用されてきたことは事実であるが、その一方で、必ずしもそうではない小規模の事件に対しても適用されていたことにも注意しなければならないだろう。例えば、大審院は、入会権をめぐる紛争における二〇数名の暴力行為（大判明治四四・九・二五刑録一七輯六巻六七頁）、七、八〇名の工場労働者が工場宅を襲撃した事例（大判大正一三・七・一〇刑集三巻五四六頁）、十数名の博徒の殴り込み（大判昭和二・

三・四刑集六巻七六頁)、四〇数名の沖仲仕等の暴力行為(大判昭和二一・一二・八刑集六巻四七六頁)等にも、最高裁判所は、三〇数名の暴力団員の殴り込み(最判昭和二八・五・二一刑集七巻五号一〇五三頁)等にも騒擾罪を認めている。大衆運動弾圧のための運用の歴史のなかにも、治安秩序の維持を目的として活用された側面が強い事例も散見されるのである。

四 「公安」と警察

なるほど、民衆運動ないし集団的政治活動の側から見た運用実体への批判は、上のような歴史を辿ってきた以上、一定の客観的有効性を持つ。しかし一方で、騒擾罪が—積極的に—運用されてきたなかで「地方の静謐又は公共の平和の維持」が目的として掲げられ続け、それに重点が置かれた適用がなされてきたことも事実である。実際の展開場面においては取締りの側である「警察」は、これをどのように捉えていたのだろうか。

近代日本警察史を詳細に分析した大日方純夫によれば、警察のあり方は騒擾事件を契機として「警察の民衆化」(日比谷焼討事件)と「民衆の警察化」(米騒動)が図られたという分脈のなかで、これらの事件と警察との関係性を、主に警察の側の認識をもとに、次のように明らかにしている(17)。

一九〇五年の日比谷焼討事件以降、一九一八年の米騒動にかけては、日比谷電車賃値上げ反対兇徒聚衆事件、東京騒擾事件、シーメンス事件(一九一四年)の際の騒擾など、東京での民衆騒擾が相次いだ。これを重く見た当時の警保局長古賀廉造は、一九〇八年、「時勢の進運」は犯罪の性格に変化をもたらし、「社会犯罪」を増加させたと述べ、これに対する「犯罪前の予防法」と「犯罪後の撲滅法」を強調した。この文脈において「社会犯罪」は民衆騒擾であり、取締り当局にとっての認識は「内乱」・「国内の戦争」だったとされる。

具体的対策は、日比谷焼討事件での取締りを再検討し、①職務執行に際しては忍耐して目的を達成すべきこと、

②「多衆集合」した場合であっても「公安」に害がない場合はみだりに干渉しないこと、③群衆を制止する場合は決して抜剣しないことを強調しつつ、不必要に民衆を刺激せず、これを誘導して全面対決を避けようとするものであった。この取締り方法は、電車賃値上げ反対兇徒聚衆事件においては、焼討ち事件と比べて衝突が激しくならなかったことから「評価」されたが、一方で、犯罪を「敵」に見立て、警察官を「敵前の兵」にたとえて、「社会的暴動」に立ち向かうことが要請された。

具体的取締り方法は、警察官を兵に見立て、これを一団として集中し民衆に対峙させると共に、他方で私服警察官を密行させ摘発にあたり、これをもって群集全体の「征伐」にあたるという提案がなされた。こうしてなされた効率化・巧妙化した取締り方式は、米騒動の際の取締り方法に継承されていったという。

これらの警察の姿勢からは、現行刑法成立当初の段階においても、多分に「静謐又は公共の平和」の維持にあたり自覚的かつ積極的であり、しかも民衆との対立を強く意識していたことが窺える。取締りの変化という点では、民衆との直接衝突の回避が提唱されたが、いずれにせよ警察当局にとっては、騒乱の動機・目的何如を問わず、そもそも犯罪一般に対する取り組みという意味において、基本的には「騒擾の取締り」も「治安秩序の維持」であることに意義が見出されていたのである。

騒擾事件の多くは、その時代の民衆の間に蓄積した不満の発露場面であり続けた。とりわけ「日比谷焼討事件」においての「警察署の焼討」に象徴されるように、権力（警察）と民衆との本質的な対抗関係は、「騒擾」という抵抗の原初形態となって現出してきた。

「民衆にとって、警察は国家権力の抑圧的な側面を最も具体的に感じさせる機関であった。戦前期天皇制下における警察の日常的な機能は…民衆の日常生活のあらゆる側面にわたっていた。警察は民衆の日常生活に介入し、干渉し、監視を続けることによって、体制的な秩序の維持を追及した。こうした民衆と警察との対抗関係は、民衆と国家との対抗関係の鋭い現象形態として…集中的な対抗を見るようになる。[18]」

純然たる「騒擾現象」という事実認識を前提とした思考方法は、あるいは「保護法益」の理論形成に資するものとも考えられるが、そこで捨象されるこうした市民と権力との関係性によっては、本罪の刑法における座標が不明瞭なものとなってしまうのではないだろうか。

五　旧刑法上の学説

上にも述べたように、およそ無目的な暴力集団を取締まる規定へと変化していった兇徒嘯聚罪と騒擾罪だったが、これを支える理論的側面の変化過程はどのようなものだったのだろうか。旧刑法の立法理由から振り返ってみたい(19)。

旧刑法の兇徒嘯聚罪の後には、官吏に対する脅迫、市村の騒乱を内容とする暴動罪が規定されていた。同一の章下には、公務執行妨害罪、犯人蔵匿罪、往来通信妨害罪、住居侵入等罪などが規定され、この章は「第二編　公益ニ関スル重罪軽罪」であった。こうした規定形式からすれば、立法者たちは、「静謐」を法的な秩序が維持されている状態と捉えていたのではないかと考えられる。

「日本刑法草案」の注釈である『ボアソナード氏起稿刑法草案註解』四一五頁は、「公ケノ静謐ヲ害スル重罪軽罪」について次のように述べる。「本按ハ此総称中ニ頗ル許多ノ犯罪ヲ聚記セリ此犯罪ノ普通ノ性質ハ官憲ヲ蔑如シ且以テ官憲ニ於テ主トシテ保護セントスル所ノ平穏ヲ妨害スルニ外ナラサルナリ」（傍点筆者）。さらに、『ボアソナード氏起稿翻訳校正刑法草案注釈上巻』七三七頁は、「本案ハ此「公ケノ静謐ヲ害スル重罪軽罪」ノ総称中ニ頗ル許多ノ犯罪ヲ聚記セリ蓋シ概ネ仏国刑法典ニ拠ル此犯罪ノ普通ノ性質ハ官憲ヲ蔑如シ且以テ官憲ニ於テ主トシテ保護セントスル所ノ平穏、秩序、安寧ヲ妨害スルニ外ナラサルナリ」とする（傍点筆者）(20)。ボアソナードは「公ケノ静謐」を害する罪を、「官憲（公権）」が保護する「平穏（安全）、秩序、安寧（静謐）」を害するもの理解していたことが窺えよう。単に抽象的な保護対象を提示するのではなく、それを支えるものとして「官憲」の存在を明確に前提としている点が注目される。

旧刑法上の学説はこうした理解に対応するものが見られる。例えば、千坂彦四郎編述＝菅生初雄＝宮城浩蔵校閲『日本刑法実用完』（一八八〇年）一一二頁では、「静謐ヲ害スルノ罪ハ……皆直接ニ社会ヲ害スト雖モ唯其警察権ヲ害スルニ在リテ社会構成権ニ関セサルモノナリ」（傍点筆者）とされ、宮城前掲書（註10）八七―八八頁では、「本章ハ公衆ノ安寧ニ関スル罪即チ警察権ニ対スル罪ヲ規定セル者ナリ「静謐ヲ害スルノ罪」トハ猶ホ公安ヲ害スル罪ト云フカ如シ…」（傍点宮城）とする。飯田宏作『和仏法律学校第二期講義録刑法各論』（一八九四年）三七頁以下は、「兇徒聚衆罪」を「立法行政ノ処置若シクハ或種ノ公衆ニ対スル罪」という意味で、「公権ニ対スルモノ」と解し、岡田朝太郎『日本刑法論完（各論之部）』（一八九六年）一二一―一二二頁は、「静謐ヲ害スル罪」を、「公権ノ安寧ヲ害シ秩序ヲ紊ル」ものと捉え、「仏文草案中ニ所謂公ノ平和《ペイーブユプリク》ヲ侵ス」という意味についても、「社会ノ公権ニ最モ必要ナル安全《セクユリテ》ト秩序《オルドル》ト静妥《トランキリテ》トヲ動揺スルノ義ニ外ナラズ」としている。

これらの学説においては、立法理由に即し、「警察権」もしくは「公権」を害するものとして兇徒嘯聚罪の理解がなされている。兇徒嘯聚罪を「改定律令」（一八七三年）中の兇徒聚衆條例（さらには「新律綱領」（一八七〇年）・「仮刑律」（一八六八年）・「公事方御定書」（一七四二年））に遡れば、これは官憲に反くことをも指標とする強訴・一揆や徒党の禁圧規定であって、その形式（抗命罪・抗拒罪類型）を継承したものと考えていることが窺えよう。

一方で、兇徒嘯聚罪の判例が蓄積される中、旧刑法末期の学説においては次のような見解も台頭してきた。例えば、小疇傳『大審院判決引照批評 日本刑法各論』（一九〇五年）九二―九三頁では、次のように述べられている。「所謂公ノ平和 Der öffentliche Friede トハ人類カ共同団体ノ一員トシテ享有スル所ノ法益ノ一種ニシテ此ノ法益ハ客観的及ヒ主観的双方ヨリ観察セサルヘカラス即チ客観的ニハ法規ニ依テ其行使方法ノ一定セラレタル国権ノ保護力ニシテ主観的ニハ共同団体カ此ノ国権ノ保護力ニ対スル信頼換言スレハ法規カ侵害セラレスニ継続スヘシトノ信頼ヲ意味ス……此ノ法益ハ有形的（暴行）及ヒ無形的（脅迫）手段ニ依リ之ヲ侵害スルコトヲ得ヘシ」としたうえで、「第一節ニ規定スル兇徒聚衆罪ハ明ラカニ此ノ種ノ法益侵害ニ属スト雖モ第二節官吏ノ職務ヲ行フヲ妨害スル罪以下ノ罪ハ未タ以テ直ニ公ノ平和ヲ侵害スルノ行為ト云フコトヲ得サルヲ以テ本章静謐ヲ害スル罪ノ下ニ此等各般ノ罪ヲ包含セシメタルハ法規ノ編纂上穏当ナラス」と。

第二節「官吏ノ職務ヲ行フヲ妨害スル罪」以下の罪は、直ちに静謐を害するものでないとされていることから、一見すると、「官吏」と「静謐」が分離されているように捉えられるが、「公ノ平和」が安定的に「国権」によって保護されている状態（法規力）を想定している以上、両者は密接不可分な関係にある。このような理解は、いわば本罪の目的・機能に着目し、抽象的な「公共の秩序・平穏」を前景化することによって、その理論形成を企図する試みに通じるものがあろう。

後述のように、現行刑法上の学説においては、大場茂馬、小野清一郎らによって、騒擾罪は「社会の公安に対する罪」として構想されるに至るが、上の見解においては、既にその方向性が認められる。騒擾罪の保護法益に関する議論は、徐々に権力との対抗関係を捨象して、理論的に純化したものへと変化して行ったのである。

六　現行刑法上の学説

現行刑法成立時の「騒擾ノ罪」に関する立法理由は次のようなものであった。

「現行法ハ本罪ノ規定ヲ兇徒聚衆ノ罪ト称シ兇徒多衆ヲ嘯衆シテ暴動ヲ為ス場合ノ規定ナリト雖モ唯其用語不当ナルノミナラス其趣旨ニ至リテハ広ク内乱ノ目的ヲ除キ総テ其他ノ目的ヲ以テ多衆聚合シ暴行又ハ脅迫ヲ為ス場合ニ適用セントスルコト明白ナリ故ニ改正案ハ其ノ趣旨ニ依リテ語句ヲ改変シタリ」、「第百七条ハ現行法第百三十七条ヲ修正シタルモノナリ現行法ハ暴動ヲ例示スト雖モ是全ク不必要ノ規定ナルヲ以テ之ヲ削リ暴動ノ教唆者ヲ処罰スト雖モ其必要ナシトシテ之ヲ刪除セリ[21]」。

これを見る限りでは、「兇徒聚衆罪」と「騒擾罪」との違いは、「用語」「語句」の改変、「暴動の例示」削除にとどまるが、その後の本罪の理解は大きく変化することになる。

「静謐ヲ害スル罪」（第九章）は、すでに一八九〇年旧刑法典改正案において「官ニ抗スル罪」（第五章）とは独立した章として規定され、両者は隔たった位置に置かれていた[22]。数度の改正案を経たが、果たして「騒擾罪」は独立した章を獲得し、別個独立の犯罪類型として現行刑法典（一九七〇年）において規定されるに至ったのである。

刑法理論においては、これにある一定程度の制限を加えるべく、法益論ないし構成要件論において新たな説明枠組みを提示する動きが広まった。とりわけ法益論上の「静謐」の概念は、ドイツ刑法学上の理論を参照しつつ構成されることになる。

現行刑法下では、まず大場茂馬によって解釈論が展開されることになる。

「騒擾罪ノ法益ハ不特定多数ノ民衆ニ存スル法律的安全ノ状態若クハ法律的安全ノ感覚ヲ謂フ又其犯罪ハ多数人ニ依リテノミ犯シ得ルモノニシテ暴行又ハ脅迫ノ故意アル外聚合モ亦多衆人ノ故意ニ基クコトヲ要ス而シテ聚合シタル多数人カ合同力ヲ以テ手段ト為スニ因リテ成立スルナリ[23]」。

騒擾罪の保護法益である静謐は「公安」であり、具体的には「法律的安全ノ状態若クハ法律的安全ノ感覚」であるとされた。騒擾罪は「社会の公安に対する罪」として位置付けられ、放火罪などの公共危険犯と切り離されて構想されたのである。

小野清一郎は、法によって保護されているという安心感を騒擾罪の保護法益と捉えた。

「ここに『公共の静謐』とは、国内における公共の社会生活が平穏且つ安全に営まれる状態を指す。特殊の社会生活を保護するのではなく、国内の公共的な社会生活一般を保護するのである。しかし、全国的に其の静謐を破ることのみではなく、或る一地方の静謐を破ることがすでに公共の静謐を破るものである。又必ずしも外形的に静謐が破られることだけを謂ふのではない。一地方における住民一般の精神的な平穏感、安全感が害されたとき、すでに公共の静謐が害されたと謂ひ得るのである[24]」とする。

これらの見解によれば、公共の静謐は、秩序という形で抽象化されるとともに、その侵害は住民の安心感・安全感の侵害のときに認められるとして、いわば感覚的なものとされてしまったのである[25]。

もっとも、これらある種の個人的「法益」の内容を人格的・財産的ものとして把握し、公共危険犯と捉える説明形式も、宮本英脩によって示されていた。

「公共の法益に対する罪は、その本質においては個人の法益に対する罪である。…謂ゆる公共の法益は法益その者として単一の存在又は性質を有するものではない。多数人の人格的および財産的法益を一体として観察する場合に、これを公共の法益と称するに過ぎない。即ち問題は質に存せずして量に存する。故に学者が例えば公共の法益について公共の安全または公共の平穏と説くことがあるが、しかし安全または平穏その者が法益であるのではない。安全または平穏な状態に於ける多数者の人格的及び財産的法益が即ち法益である」とされ[26]、これらに対する抽象的危険が騒擾罪と理解されている。

いずれにせよ、騒擾罪の法益の内実を、「社会」を媒介に、そこで前提となる「個人」的なものへと解消する見解においては、これらの「安定状態」や「感覚」が、「どちらかの前提があってどちらかが決定される／どちらかの前提がなければどちらかを決定しえない」というー種のトートロジーで説明されており、その失調をきたした輪郭付けによって、これらが不明瞭なものとして提示されてしまったのではないかと考えられる。この陥穽は、本罪が本来的に「治安秩序の維持」を目的としており、したがっていかにしてそれらの「安定状態」が保たれ、それゆえその侵害が処罰に値するのかを、一方で具体性をもって提示できなかったことにあったのではないだろうか。

七　警官と住民―あるいは警官と治安―

町野朔（前掲書・一八九頁以下）の指摘は、上の意味において多分に示唆に富むものである。補足を加えつつ、これに即して論を進めてみよう。

まず、裁判実務は「騒乱罪」をどのように把握するようになったのかである。

戦後初の大規模な騒擾事件、「平事件」は、掲示板の設置許可をめぐって平警察署に押しかけた二〇〇名以上の者が警察署を取り囲み、署内に入った二〇数名の者が所長らに暴行・脅迫を加えたというものであった。かつての騒擾事件にも警察署を襲撃するものが散見されたが、これはその中でもとりわけ大きな事件であり、いわば「警察との直接対決」における騒擾罪という観点からすれば、「治安・秩序」の実質を捉えるにあたって、大きな意義を有するものであった。

一審は、暴行・脅迫は静謐を害するものであったとは認めがたいとして騒擾罪の成立を否定したが、控訴審（仙台高裁）は、検察官の控訴趣意書の主張（署前における群集の激烈な暴行により…制圧され、警備能力を失い…不法占拠し…警察機能を喪失せしめていること自体、警察の秩序確保という特殊性からみて、一地方の静謐を害すべき危険性を発生せしめた旨）を、「群衆による不法占拠状態となって六時間余継続して…市署の警察機能は殆ど喪失して…一地方の静謐を害する危険を発生せしめた。…その暴行脅迫は一地方の公安を害する危険性を帯びるに至る程度になっていたものと認められる」（傍点筆者）と判断し、騒擾罪の成立を認めた（判例時報一一六号、四九―五〇頁・最高裁判決（最判昭和三五・一二・八刑集一四巻・一三号・一八一八頁）により確定）。ここでは、公共の静謐は公共の安全であり、治安の担い手である警察への攻撃がその侵害をもたらすと考えられていたことが分かる。

ところが、「メーデー事件」の控訴審判決（前掲東京高判昭和四七・一一・二一）は、平事件とは異なる論理構成をもとに、全く異なる判断をした。この事件は神宮外苑から出発し、皇居前広場に向かったデモ隊が、これを規制しようとした警察官と二度にわたって衝突し、警察官の発砲によりデモ隊の側に死傷者が出たというものである。一審は第二次衝突以降について騒擾罪の成立を認めたが、控訴審は否定した。被告人らの暴行は一般住民の往来の比較的少ない場所で行なわれ、現にその対象は警察官であり一般住民ではなかったと判断したのである。「（集団員のした暴行、脅迫は）…一般人の往来が比較的少ない…極めて限定された場所であって、…その暴行、脅迫は、専ら集団員に対する警官隊の規制措置に対抗するためにのみなされたものであって、警察の機能に著しい支障を与える程度に達していたものと認めがたいことはもとよりとして、未だ一般住民の生命、身体、財産に危害を及ぼす虞れのある程度に達していたものとは認め難く、一地方の静謐を害するに足りる程度のものとはい難いものといわざるを得ない」（傍点筆者）[27]。

警察官の違法な行為がこの事件のきっかけとなったのであり、「「暴徒」とは警官隊にほかならなかった」という事情が、この無罪判決をもたらした重要な要因であったことは、すでに指摘されているところである[28]。しかし、公共の静謐の内容を、「一般住民の生命、身体、財産の具体的な安全」と理解するこの判例は、従来の学説・判例とは異なるものであった。法執行機関を攻撃して秩序の維持を困難にすることによって騒擾罪が成立するのではないと判断されたのである。

平野龍一はこの判例を評価し、「法の権威に対する反抗という点から見るならば、警官隊の行動を阻止し後退させる行為は、まさに「公共の平和」を侵害するであろう」としつつも、多衆という一度動き始めたら統制困難な力によって不特定多数人の生命、身体、財産に対する危険を及ぼすことを処罰するのが騒擾罪処罰規定と解することによって、火や水による公共危険犯と同一視し、危険概念を、無法状態に対する市民の不安感という漠然としたものではなく、彼らの生命・身体・財産という法益に対する現実的な危険だとした(29)。

こうした保護法益の「具体化」の提案は、確かに成立要件の限定に対する説得性を有する。しかし、それでもなお集団犯罪として公共空間で取締まる理由の説明としては、騒乱罪が「兇器準備集合罪」や「暴力行為等処罰に関する法律」、「公安条例」にその役目を譲ってしまった段階では、なおのことその有効性に疑問が残るだろう。冒頭に挙げた松本の「批判」(「騒擾状態の発生は、事前にそれを規制できなかったという点で、実は警察の失敗を意味しているということである」)をこれに対置すれば、結局は治安当局によって保護されている「もの」が侵害されるに他ならないことになるだろう。

この問題は、いわば論理の転倒として、後の「新宿駅事件」において、「一地方」という概念の解釈をめぐる問題において顕在化した。平事件の最高裁判例(前掲最高裁昭和三五・一二・八)は、騒擾罪の要件である「多衆」とは「一地方における公共の平和、静謐を害するに足りる暴行、脅迫をなすに適当な多人数であることを要する」としていた。新宿駅事件の第一審は、「国鉄新宿駅周辺及びその一帯」は、多数のビル、商店が密集するところであり、「交通の一大要衝」をなし、その電車等の運行が及ぼす影響は「少なくとも本土全土に亘る」というように、交通上、社会生活上重要な機能を営んでいるから、これを「一地方」に当たるとした。控訴審(東京高裁昭和五七・九・七刑集三五巻二号一二六頁)も同様に判示して「新宿駅構内」は「一地方」に当たるとした。弁護側は、新宿駅構内は一般住民の生命・身体・自由に対し直接危害の及ぶことのない場所であるから「一地方」とはいえない、メーデー事件の控訴審判決の趣旨からして本件では騒擾罪は成立しないとして主張したが、最高裁は控訴審判決を支持し、上告を次のような判断により棄却した。

「『一地方』に該当するか否かについては、単に暴行・脅迫が行われた地域の広狭や居住者の多寡などといった静的、固定的要素のみによってこれを決めるべきものではなく、右地域(同所にある建物・諸施設、事業所などをも含む。)が社会生活において占める重要性や同所を利用する一般市民の動き、同所を職域として勤務する者らの活動状況などといった動的、機能的要素をも総合し、さらに、当該騒動の様相が右地域にとどまらず、その周辺の人身にまで不安、動揺を与えるに足りる程度のものであったか否かといった観点からの考察も併せて行うべきであって、これと同旨の見解に立ち、交通の一大要衝である国鉄新宿駅の構内及びその周辺で敢行された被告人らを含む学生・群衆らによる本件集団暴力行動が『一地方』における公共の平和、静謐を害するに足りるものであるとした原判断は、記録及び証拠物に徴し正当として是認することができる」（傍点筆者）[30]。

町野はこのような論理構成に対して、「若干の周囲への影響の大きさによって「一地方」か否かが決まるというのは、盗めるから電気も「財物」だ、直接攻撃できるから一部露出した人の生命体も「人」だというのと同じである。まず「一地方」があってその平和・静謐が侵害されたかが問題とされるべきであることは、先ず「財物」があってそれが盗まれたか否かが問題とされること、先ず「人」があってそれが攻撃されたか否かが問題とされることと同じである。最高裁のような理屈では、航空管制室でさえ「一地方」で、それを破壊すれば騒乱罪になってしまうかも知れない…「人身の不安、動揺」および「社会生活上の機能の侵害」を理由として「一地方」の存否を決定するという最高裁は、結局これらが騒擾罪の実質をなすものであると認めたことになる」と指摘し、いわば「偉大な威力業務妨害罪」への変化とも取れる騒乱罪の「展開」を疑問視する[31]。

果たして騒乱罪は、この「奇妙な論理[32]」によって、「無限定的な地方」において「人心の不安」「社会生活上の機能」といった「もの」を侵害する罪へと変質してしまったのである。

八　おわりに

刑法理論上、騒乱罪の「目的」を判例に即して「公共の平和又は秩序の維持」としつつも、法益論的観点をもとに一定の制限を構想してきた試みは、実は、公共空間での何らかの―あるいは政治的―集団行動に伴うある程度の規制を無視できないがゆえに、「単なる集団的暴力犯罪」というあたかも価値中立的な犯罪現象を措定することで、これを局限せざるを得なかったという側面があると考えられる（騒乱罪は「国事犯」とは区別された「公共犯罪」）。また一方で、その成立範囲を局限する「公共の平穏または秩序の内実」の説明形式―一地方によってこれを確定する―のレトリックの内に、現時点での騒乱罪の終端である新宿駅事件判決が現れたとも考えられよう。

この文脈においては、騒擾罪あるいは騒乱罪の「抗命罪・抗拒罪」という本来的な性質は捨象され、現実的発露場面の把握、すなわち国家権力対市民という関係性への見通しが狭められてはいないだろうか。刑罰規定の機能・目的の面―治安秩序の維持―を前景に捉えるとき、そのための手段としての執行の具体的な態様は後景化し、本罪の持つ原初的形態の把握が困難となる。治安秩序の維持にあたる警察側の「自覚」は、むしろこれとは対照的であり、米騒動以降の騒擾事件、とりわけメーデー事件での「活躍」は、騒乱罪の本質、つまりは治安秩序の維持のあり方を端的に表すものだったのではないだろうか。

解釈によってその成立範囲を限定せざるをえない過度に広範な規定には、本来的に疑義が提示されるべきことは刑法理論の役割からは至極当然のことであるが、国家刑罰権の発露を「最終手段」と見る立場からすれば、その制限をもって直ちに良しとはしない。治安秩序の維持を目的とする公共空間における集団的暴力行為規制の背後には、常に国家公（高）権と市民の対立があったことは、「騒乱罪」の歴史から汲み取れるからである。

このような認識のもとで、例えば諸々の公共犯罪での新たな理論構成を図ることは困難な課題であるが、さしあたり以上のような―刑罰そのものに対する―最も基本的視座を騒乱罪の歴史的文脈から明らかにするとともに、本稿を閉じることとする。

〔註〕

（1）この事情は次のように説明されている「『騒擾』については、難解な用語であり、今日では一般社会においてもほとんど『騒乱』が使用されていることから、『騒乱』とされた。なお、『騒乱』は『騒擾』よりも大規模なものを指す言葉であるとの意見もあったが、『騒擾』は一〇六条の犯罪の呼び方にすぎず、構成要件自体を規定している言葉ではないから、『騒擾』と『騒乱』が完全に同じものとはいえなくても、処罰の対象となる行為の範囲に影響は無いと考えられた」麻生光洋＝井上宏＝三浦透＝園部典生「刑法の一部を改正する法律について―表記の平易化等のための刑法改正―」松尾浩也編『刑法の平易化』（有斐閣、一九九五年）四八頁。

（2）松本一郎「新宿駅騒乱事件」（ジュリスト九〇〇号〔法律事件百選〕）一七一頁。

（3）この点については、すでに町野・後掲書において、先行研究を踏まえつつ概括的な指摘がなされているところである。

（4）大判大正一三・七・一〇刑集三巻・五四六頁。

（5）騒擾罪・騒乱罪をめぐる先行研究は、その争点も多岐に渡ることから、非常に多くのものが存在するが、さしあたり総合的なものとして、町野朔『犯罪各論の現在』（有斐閣、一九九六年）、比較法的研究については、夏目文雄「騒擾罪判例概説」（法律時報四二巻八号）、伊藤司「騒擾罪の保護法益についての一考察（一）・（二）完―刑法における『社会』概念を視座において―」（北大法学論集三四巻一号・三五巻一・二号）、国内の展開過程の詳細は、萩原由美恵「わが国における騒乱罪規定の歴史的変遷」（上智法学論集四四巻三号）などが参考になろう。

（6）したがって本稿では、騒乱罪研究の「論点」の検討には深く立ち入らず、先行研究の論理展開や、その意義の解釈に集中する。

（7）「日本刑法草案」中には、本罪は規定されていなかった。したがって、「刑法草案審査局」による修正以降の段階において規定されたものだが、いわゆる「刑法修正審査第一稿（刑法草案修正稿本）」でその原型を認めることができる。この概要についてはさしあたり、伊藤・前掲論文（二）二一五―二二〇頁。中田直人「啓蒙思想と明治初期刑法・司

法制度の成立」（風早八十二先生追悼論文集『啓蒙思想と刑事法』（勁草書房、一九九五年）所収）四一〇頁参照。
（8）村田保『刑法注釈』、高木豊三『刑法義解』、大野堯運編『刑法要覧巻下』、森作太郎『増補・刑法治罪法註解大成』、中嶋信行『刑法講解』。
（9）亀山貞義『刑法講義巻ノ二』、江木哀『現行刑法各論全』、勝本勘三郎『刑法折義各論之部上巻』など。
（10）宮城浩蔵『刑法正義下巻（第六版）』・『刑法［明治一三年］講義』、江木衷『刑法学説實例全』、岡田朝太郎『日本刑法論』など。これらの点に関しては、伊藤・前掲論文（二）二二五頁以下が詳しい。
（11）小田中聰樹「足尾鉱毒兇徒聚衆事件―集団請願の弾圧と兇徒聚衆罪―」（我妻栄ほか編『日本政治裁判史録明治・後』（第一法規、一九六九年）所収）。
（12）一八七一年から七三年までが、騒擾事件が最も多発した時期だった。七一年＝一八件、七二年＝一四件、七三年＝二三件。その後は何れも毎年一桁を数えるのみである。武安将光「明治初年における騒擾罪」（『植松博士還暦祝賀　刑法と科学　法律編』（有斐閣、一九七一年）所収）五二三頁。
（13）中田直人「騒擾罪適用の実情―メーデー事件を中心に」（ジュリスト四四六号）五六頁以下。
（14）これは団体自体を禁止処罰してはいないが、オルグ活動や団体交渉の実質的禁止・処罰を意味する立法であった。小田中聰樹「足尾銅山暴動事件―日露戦争後の労働事件のピークと兇徒聚衆罪―」（我妻ほか・前掲書）四三九頁。
（15）警察学論集一四巻二号六八頁。
（16）中田・前掲論文（注13）五八頁。
（17）大日方純夫『警察の社会史』（岩波書店、一九九三年）一〇九頁以下参照。この時期の事情、後の展開は、同『近代日本の警察と地域社会』（筑摩書房、二〇〇〇年）一〇七頁以下が詳しい。
（18）大日方・前掲書一〇四・一〇五頁。
（19）これらの事情については、伊藤・前掲論文（二）において詳細に記述されている。以下の叙述は、確認できた原文と共に、主にこれに拠った。
（20）この二つの注釈書につき、荒井勉「旧刑法の編纂（一）」（法学論叢九八巻一号）六六頁参照。

(21) 高橋治俊=小谷次郎共編・倉富勇三郎=平沼騏一郎=花井卓蔵監修『刑法沿革綜覧』(清水書店、一九二三年)二一七一頁参照。

(22) 『刑法沿綜覧』七二頁以下、九五頁―一〇九頁。規定形式の変遷については、伊藤・前掲論文(二)二二四頁が詳しい。

(23) 大場茂馬「騒擾罪ヲ論ス(一)」(法學新報、二〇巻五號、一九一〇年)六四―六七頁。同『刑法各論(下)第七版』(中央大学、一九一八年)参照。

(24) 小野清一郎『全訂刑法講義各論』(有斐閣、一九四五年)四四五―四四六頁。町野・前掲書一八八―八九頁参照。

(25) 大場は主にビルクマイヤーを、小野はリスト=シュミットを参照する。その他、例えば、山岡萬之助(『刑法原理』)はマイヤー、リストを挙げる。ドイツ刑法学説と日本の論者の関係は、伊藤・前掲論文(一)九三頁以下、(二)二二八頁以下が詳しい。

(26) 宮本英脩『刑法大綱』(弘文堂書房、一九三五年)四二二頁。

(27) 「メーデー事件控訴審判決　騒擾罪の成立を否定した事例」(判例時報六八五号)三四頁。

(28) 小田中聰樹「メーデー事件」(ジュリスト九〇〇号)七五頁。

(29) 平野龍一「刑法各論の諸問題　一三」(法学セミナー二二〇号)六四―六五頁。

(30) 「新宿騒擾事件上告審判決」(判例時報一〇四一号)六五頁。

(31) 町野・前掲書一九二―一九三頁。

(32) 松本一郎「新宿騒擾事件最高裁決定について」(ジュリスト八三一号)五八頁。

けん銃不法所持の共謀共同正犯とその主観的要件について

松宮　孝明

一　問題の所在

本稿は、本稿が献呈される足立昌勝教授をはじめ、多数の国民が強く反対している「共謀罪」の立法が議論されている中で、立法論の前提作業として、現行法のもとで実務に広く用いられている「共謀共同正犯」の射程とその限界を、とくにその主観的要件に焦点を当てて、明らかにしようとするものである。具体的には、銃砲刀剣類所持等取締法（以下、銃刀法と呼ぶ。）３条１項および31条の３に規定するけん銃不法所持罪[1]に関して、暴力団の組長が、自己に随行させている配下の組員がけん銃を不法に所持していることを確定的に認識しておらず、せいぜい、その可能性があるかもしれないという心理状態にとどまっているときに、その組長にもけん銃不法所持罪の共同正犯（刑法60条）が成立しうるか否か、成立しうるとすれば、それはどのような場合なのかを、判例の現状を踏まえて検討する。

二　共謀による共同正犯の成立要件

まず、考察の前提として、現行刑法60条にいう「二人以上共同して犯罪を実行した者は、すべて正犯とする」の要件部分は何であるかが、あらためて確認されなければならない。というのも、筆者は、今日、俗に「共謀共同正犯」と呼ばれているものにつき、一部には、これを、刑法60条にいう共同正犯とは異なり判例が作り出した共犯形態であるとする誤解もあるように聞くからである。しかし、実は、この「共謀共同正犯」なるものも、刑法60条にいう「共同正犯」の一形態にすぎないのである。[2]そして、これに関しては、一般に、「二人以上の者の間に、主観的に共同実行の意思……が存すること（主観的要件）、客観的に共同実行の事実……が存すること（客観的要件）が必要とされる。[3]」と解されている。したがって、「共謀共同正犯」といわれているものの問題の本質は、共謀のみに関与した者もこの要件を充たしうるか否かにある。

これについては、この規定の立法時の議論に遡って、その文言の意味を確認することが必要であろう。そこで、明治40年に制定された現行刑法の60条と同じ文言を持つ明治34年および35年の草案にある共同正犯規定の説明を参照してみよう。[4]そこでは、次のことが明らかになる。すなわち、明治35年の貴族院特別委員会での質問に対して政府委員の石渡敏一が、「犯罪を行う相談のみによる共同正犯は入らない」ということをはっきり述べているということである。[5]ここで、現行刑法60条は、純粋に犯罪実行の相談だけをした人物を共同正犯としない趣旨であることが明らかとなる。

他方、それにもかかわらず、住居侵入窃盗において、そのリーダーが見張りをするような場合には、共同正犯、しかも実行共同正犯に当たると述べていることが注目される。[6]つまり、その当時の政府委員の考え方からすれば、一方で犯罪実行の相談のみによる共同正犯は認められないけれども、しかし、窃盗の実行共同正犯であるかどうかは形式的に窃取したか否かではなく、侵入窃盗という犯行の実現に重要な役割を果たしたか否かによって決まるのである。[7]この「重要な役割」の遂行は、共謀者の一部によって実行された犯罪を、「自己の意思の実現」（＝自己の行為）として他の共謀者に――「正犯」的に――帰属するための必要条件であるといえよう。

なお、この点については、共謀に関する、いわゆる「主観的謀議説」と「客観的謀議説」との間に実質的な相違があるわけではない。「客観的謀議説」では、「共謀」が認められるためには、単なる意思連絡ないし共同犯行の認識を超えた「謀議」または「通謀」行為が必要であるとされているが、[8]それは、「自己の意思の実現」（＝自己の行為）でありさえすれば、いわゆる「順次共謀」でもよく、また、「主観的謀議説」では、その謀議の内容は「犯罪の共同遂行に関する合意」として把握されており、[9] かつ、正犯としての「共同遂行」である以上、「自己の意思の実現」（＝自己の行為）という意味を持っていなければならず、単なる犯罪実行の相談のみで足りるとは解されえないからである。しかも、以上の意味での「共謀」は、「自己の意思の実現」（＝自己の行為）を内容とする「重要な役割」の遂行を伴うものでなければならないので、行為者が内心に単独で持っていればよいはずの「故意」とは別次元のものを含んでいると考えなければならない。

ゆえに、今日、俗に「共謀共同正犯」と呼ばれているものも、実は、刑法60条にいう「共同正犯」の一形態にすぎず、かつ、それは、厳密な意味では、犯罪の「実行行為」（＝「実行の着手以後の行為」）を分担した者でなくても、当該犯罪の実現にとって重要な役割を現に担い、または——未遂の場合等——担おうとした場合には、当該犯罪を「共同して実行した」と評価するということでしかないと理解すべきことになる。その際、「共謀」には、このような「重要な役割」を担おうとする意思が含まれていなければならない。

そこで、「共謀による共同正犯」の主観的要件を検討する際にも、まずは、その主観に反映すべき客観的要件を、すなわち、どのような場合に「重要な役割」が認められるのかを検討しなければならない。それに応じて、共同正犯成立に必要な主観的要件も変わる可能性があるからである。以下では、共謀共同正犯に関する代表的な裁判例の事案を、（1）対等共同型、（2）委託による監督型、（3）命令・利用型に分けて、検討する。[10] もちろん、後述するように、これらの類型の中で、さらに分類が必要な場合も考えられる。

三　共謀共同正犯の類型ごとの検討

(1) 対等共同型

「対等共同型」というのは、共同正犯者相互に上下関係や指揮命令関係ないし委託関係がなく、相互に対等独立の関係にある場合を指す。このような場合の共同正犯成立基準として代表的な裁判例は、いわゆる「練馬事件」の最高裁大法廷判決である。[11] そこでは、つぎのような一般基準が展開されている。

「共謀共同正犯が成立するには、二人以上の者が、特定の犯罪を行うため、共同意思の下に一体となって互に他人の行為を利用し、各自の意思を実行に移すことを内容とする謀議をなし、よって犯罪を実行した事実が認められなければならない。したがつて右のような関係において共謀に参加した事実が認められる以上、直接実行行為に関与しない者でも、他人の行為をいわば自己の手段として犯罪を行ったという意味において、その間刑責の成立に差異を生ずると解すべき理由はない。」

もちろん、この裁判例は「順次共謀」に関する事案についても共同正犯を認めたものであるから、ここにいう「謀議」は、共同正犯者が一堂に会して役割分担を決める内容の相談をするということを意味するものではなく、「犯罪の共同遂行に関する合意」を意味するものと解してよい。むしろ重要なのは、この判決が「特定の犯罪を行うため、共同意思の下に一体となって互に他人の行為を利用し、各自の意思を実行に移すことを内容とする謀議をなし、よって犯罪を実行した事実」を要求していることである。裏返して言えば、ここでは、「謀議」(=「犯罪の共同遂行に関する合意」)は、「互いに自己の行為が他人に利用されつつ、各自の意思が実行に移される」ことを内容とすることが要求されているのである。つまり、重要なのは「相互利用」による「各自の意思の実現」であって、このタイプでは、一方的な利用・被利用の関係は想定されていないということである。

加えて、ここでは、それが現に犯罪として実行に移されたことも要求されている。つまり、現に実行された犯罪は、いわゆる「実行行為」を分担しなかった者も、互いに自己の行為を他人に利用されるという形で、犯罪実現のために何らかの寄与をしたものであることが、要求されているのである。しかも、それは「各自の意思」を実行に移したものであるから、「他人の意思」に従属して犯罪実現に寄与する従犯的場合や、他人に「その他人の意思」を引き起こしてこれを実行に移させようと唆す教唆的場合を含まない。

このタイプの共謀共同正犯では、遂行を明示的に合意した犯罪行為(A)に付随してさらに重い結果(B)が引き起こされる場合に、その未必的認識を根拠として、重い結果(B)に対する共同正犯を認めることが可能である。たとえば、甲が乙と丙に対して日ごろから仲の悪いXを襲撃して暴行しようと相談した上、甲がXを呼び出した後その場を去り、その後乙がXを羽交い絞めにし丙がXを殴打することを約したが、その際、3名は、ひょっとすると力の強い丙の殴打によってXが死亡するかもしれないと考えつつ、それは自分たちの意図するところではないが、そうなってしまったらそれまでのことだと思っていたところ、現にXは丙の殴打によって死亡したという事例を考えてみればよい。この場合には、暴行の際には現場を去っていた甲を含めて、これら3名には、殺害結果の未必的予見を理由に、殺人罪の共同正犯を認めてよい。もちろん、甲は、いわゆる共謀共同正犯である。

これに対して、論理的・観念的にみて、遂行を合意した犯罪行為とは別個の犯罪行為が、他の共犯者によって行われる場合には、事情は異なる。たとえば、甲、乙が住居侵入強盗を共謀し、リーダー格の甲が屋外での見張り役を引き受けたが、強盗の実行を分担した乙が、甲との明示の合意なく、その家の女性を強姦した場合、甲に、一般に強盗犯人はときおり被害女性を強姦することがあるので、強盗を実行する乙も女性を見たらひょっとすると強姦するかもしれないという程度の認識しかなかったときや、とりわけ、乙が強姦行為に及ぶ可能性を心配した甲が、乙に対して、早く逃げなければ足がつくので、女性がいても強姦するなとくぎを刺していたときには、強姦に関する共謀は否定されるべきである。なぜなら、たとえば、遂行を合意した強盗には、通常、その遂行課程で暴行または脅迫に伴う傷害の発生がありうるが、強姦という新たな行為は合意されていないからである。つまり、**共謀の成立にとって未必の認識で足りるのは、実行を合意した行為に通常随伴する可能性のある付随結果だけ**なのである。[12]

(2) 委託による監督型

同様に、次の「委託による監督型」でも、犯罪結果に関する未必的認識・予見を理由に、共謀共同正犯を認めることは可能である。

その代表例は、「廃棄物処理法違反事件」に関する平成19年の最高裁決定[13]である。この事案では、被告人ら5名が代表取締役等であった被告会社が千葉市内の借地に保管中の硫酸ピッチ入りのドラム缶の処理を、その下請会社の代表者であったBに委託したところ、同ドラム缶が北海道内の土地で捨てられたという事案に関して、被告人らにこの不法投棄に関して廃棄物処理法違反の共謀共同正犯が認められたというものである。そこでは、以下のように述べられている。

「被告人5名は、Bや実際に処理に当たる者らが、同ドラム缶を不法投棄することを確定的に認識していたわけではないものの、不法投棄に及ぶ可能性を強く認識しながら、それでもやむを得ないと考えてBに処理を委託したというのである。そうすると、被告人5名は、その後Bを介して共犯者により行われた同ドラム缶の不法投棄について、未必の故意による共謀共同正犯の責任を負うというべきである。」

ここで重要なことは、この事案が、本来、被告人らが果たすべく請け負った処理を第三者に委託した、という関係があることである。そのため、処理の受託者は、廃棄物を不法投棄するという犯罪の実行に当たり、委託者の行為を利用するという関係にはない[14]。そうではなくて、委託者が受託者の行為を、いわば自己の事務処理の延長として、一方的に利用（し受益）するという関係でしかないのである。ゆえに、このタイプの共謀共同正犯では、（1）の対等共同型と異なり、犯罪の実行に関する「相互利用」は問題にならない。

むしろ、この（2）委託による監督型において重要なことは、委託された仕事は、本来、委託者が自分で実施しなければならなかったものだ、ということである。委託者は、それをさらに下請けに出したのである。この場合、自己の事務を委託した委託者は、受託者による事務処理について、それは自己の事務処理の延長にあるものであるから、それが適切に行われるように監督する責務を有することになる。ゆえに、これは、過失犯において背後者にいわゆる「監督過失」を根拠づけるような監督責任が認められるべき事案であったといえよう[15]。上記の「廃棄物処理法違反事件」では、そのような事案につき背後者に「未必の故意」が認められたので故意の「正犯」となったのだと考えれば、この事件で未必の故意でも共謀共同「正犯」が認められたことが、よく理解できるであろう。このような「委託・監督」関係があれば、その事務処理過程で受託者が遂行した犯罪は、それが想定不可能なものでない限り、委託者の「管轄」に属するものであり、ゆえに、「相互利用」関係がなくても、それだけで、この犯行は委託者の行為（＝「自己の意思の実現」）として委託者に――「正犯」的に――帰属するのである。そして、その際に「未必の故意」があれば、委託者には故意の正犯が成立する。

このような委託に伴う監督責任が認められるタイプの事例では、背後者が「単なる共犯」（＝教唆犯または従犯）にとどまることとなく、むしろ「正犯」となることは、監督過失に関する多数の裁判例が教えるところである。加えて、この事件では、委託者と受託者との間で「硫酸ピッチ入りのドラム缶の処理」が合意されたが、委託者はその処理過程で受託者が「不法投棄に及ぶ可能性を強く認識」しつつ、委託に伴う監督を故意に怠った。つまり、委託者に故意が認められ、かつ、受託者にも同様の故意があり、両者の心理状態が共通していたので、これを「共謀共同正犯」と名付けて処理したのが、先の平成19年最高裁決定なのである。ゆえに、受託者に故意がなければ委託者に故意の間接正犯が、委託者に故意がなく過失のみが認められれば——もちろん、過失を処罰する規定がある場合に限って——監督過失を理由とする「正犯」が認められることになっていたであろう。[16]

もっとも、このタイプの共謀共同正犯でも、委託したものとは別個の行為については、その未必的認識で共謀を根拠づけることはできない。たとえば、硫酸ピッチの処理を委託された者が、その硫酸ピッチ入りドラム缶をトラックで運搬する際に、制限速度違反や駐車違反を犯す一般的可能性が委託者に認識されていたとしても、それを理由に、受託者の道路交通法違反に関する共謀共同正犯を認めることはできないのである。

したがって、このように、犯罪結果については未必的認識しかなくても、あるいは過失であっても、それが「自己の行為」(＝「自己の意思の実現」)として客観的に帰属できるのであれば、背後者にも「正犯」が認められる。[17]しかし、これを裏返せば、他人の犯罪行為が背後者に「自己の行為」として客観的に帰属できないのであれば、背後者の認識如何にかかわらず、その結果は背後者に「正犯」として帰属できないのである。[18]

また、場合によっては、他人の犯罪行為が「自己の行為」(＝「自己の意思の実現」)として客観的に帰属されうるか否かが、その犯罪を強いられる客観的状況があることを前提としてではあるが、背後者の意図や認識の如何に左右されることもありうる。たとえば、制限速度を大幅に超過しなければ到達できない時刻であることを確実に知りながら、その時刻に物資を届けるよう受託者に厳命し、よって速度違反を犯させる委託者には、受託者の犯した速度違反を正犯的に帰属させる余地があるであろう。しかし、そのような場合でなければ、たとえ受託者が速度違反を犯す可能性を委託者が認識していたとしても、受託者の速度違反を委託者に正犯的に帰属させることはできない。[19]ゆえに、「**廃棄物処理法違反事件**」において他人の犯罪行為の「未必的認識」で共謀共同正犯が**認められたからといって、これをすぐさま、事案の異なる他の事例に一般化することはできない**のである。

(3) 命令・利用型

そこで問題となるのが、最後の「命令・利用型」である。とりわけ、ここでは、命令ないし依頼された行為とそれに伴う犯罪行為は、それぞれ別個のものと観念される場合を中心に検討する。たとえば、「廃棄物処理法違反事件」では、不法投棄は委託された硫酸ピッチ処分の内容をなす行為そのものであったが、これに対して、以下で述べる「フィリピンパブ事件」や「スワット事件」では、明示的に依頼ないし命令された行為は、それぞれ、店の様子を見ることや警護のために随行することであって、殺人やけん銃不法所持といった犯罪行為は、その内容をなす行為そのものではなく、一応、それとは別個の行為である[20]。したがって、これら別個の行為に対しても命令や合意がある場合を除いては、合意に基づく共謀共同正犯は認められない。ただし、後述するように、「フィリピンパブ事件」等の判例においては、現実には合意がなく、一方的利用関係しかない場合でも、双方に同一犯罪の故意の正犯が成立する場合、これを便宜的に「共謀共同正犯」と呼ぶことは、ありうる。

もちろん、この「命令・利用型」でも、他人の犯罪行為が「自己の行為」(=「自己の意思の実現」)として客観的に帰属されうるために、「相互利用」は重要でない。しかし、ここでは、そのために、論理的・観念的には**別個の犯罪行為に対する命令ないし利用が必要となる**。それは、本タイプの代表例である、けん銃不法所持に関する「スワット事件」上告審決定[21]ならびに「フィリピンパブ事件」上告審決定[22]から読み取ることができる。

先に、「フィリピンパブ事件」決定から検討しよう。そこでは、次のような事情が認められている。

「P(実行正犯)は、内心ではM(=被害者)に対し自分から進んで暴行を加えるまでの意思はなかったものの、Mとは面識がないからいきなり暴力を振るわれることもないだろうなどと考え、『A』(=本件犯行現場にあるパブ)出入口付近で被告人の指示を待っていたところ、予想外にも、同店から出て来たMに被告人と取り違えられ、いきなりえり首をつかまれて引きずり回された上、手けん等で顔面を殴打されコンクリートの路上に転倒させられて足げりにされ、殴り返すなどしたが、頼みとする被告人の加勢も得られず、再び路上に殴り倒されたため、自己の生命身体を防衛する意思で、とっさに包丁を取出し、被告人の前記指示どおり包丁を使用してMを殺害することになってもやむを得ないと決意し、被告人との共謀の下に、包丁で松村の左胸部等を数回突き刺し、心臓刺傷及び肝刺傷による急性失血により同人を死亡させて殺害した。」（傍線筆者）

この事件では、背後にいた被告人によって喧嘩の矢面に立たされ、暴力団員である被害者から激しい暴行を加えられた共犯者は、それでも被害者を包丁で殺害する決意をぎりぎりまで我慢していたが、「頼みとする被告人の加勢が得られず、再び路上に殴り倒されたため」、そのときに被害者の殺害を決意した。つまり、共犯者は、いわば被告人から見放されたと感じたときに初めて殺意を持ったのである。これについて本決定（および原判決）は、この、共犯者が被告人から見放されたと感じたときに殺人の共謀を認定している。つまり、ここでは、被告人による共犯者の「片面的利用」はあるが共犯者からの「相互利用」はないにもかかわらず、「共謀」が認定されているのである。

その際、背後にいた被告人は、暴力団員との喧嘩のために現場に向かう車の中で共犯者に包丁を持たせ、詳しい事情は打ち明けずに、いざとなったらこれを使うようにと指示するなどしている。この段階では、両者の間に合意されているのは、喧嘩になったら包丁を使うという程度の暴行ないし傷害の行為である。しかし、原原審等では、すでにこの時点で、背後者である被告人に殺人の故意が認定されている。しかも、それは、「未必の故意」ではなく、「確定的認識」とも解されるものである。(23) また、犯行現場では、被告人は渋る共犯者を文字通り矢面に立たせて、被害者による殴打を誘発している。これはまさに、被告人による共犯者の「利用」である。

したがって、この事件において実行に及んだ者に正当防衛が認められる場合には、通説によるなら、背後の被告人には「適法行為を利用する間接正犯」が認められるであろう。(24) ただ、この事件では、共犯者の行為は正当化されず過剰防衛にとどまったので、双方とも殺人罪の「正犯」となったのであり、かつ、被害者の殺害という点で両者の心理状態が共通していたので、「相互利用」ではなく「一方的利用」であるにもかかわらず、これを「共謀共同正犯」と名付けて処理したのが、上記の「フィリピンパブ事件」上告審決定なのである。(25) つまり、この事案における共謀共同正犯は、まさしく、背後者による利用型といってよいものなのである。

ゆえに、この「利用型」の共謀共同正犯では、背後者に直接行為者を犯罪行為に追い込む客観的な行為（＝「利用行為」）が必要であり、かつ、これに加えて、故意犯では、その「利用行為」の認識が必要である。そして、「利用行為」およびその認識が認められるためには、直接行為者が犯罪に及ぶことの「単なる可能性」とその認識、すなわち「ひょっとしたら」という程度とその認識では足りないと解するべきであろう。

「利用型」と同様に、「命令型」に属する「スワット事件」決定でも、「相互利用」は認定されていない。そこで重視されているのは、次の事情である。

「スワットらは、いずれも、被告人を警護する目的で実包の装てんされた本件各けん銃を所持していたものであり、被告人も、スワットらによる警護態様、被告人自身の過去におけるボディガードとしての経験等から、スワットらが被告人を警護するためけん銃等を携行していることを概括的とはいえ確定的に認識していた。また、被告人は、スワットらにけん銃を持たないように指示命令することもできる地位、立場にいながら、そのような警護をむしろ当然のこととして受入れ、これを認容し、スワットらも、被告人のこのような意思を察していた。」

「前記の事実関係によれば、被告人とスワットらとの間にけん銃等の所持につき黙示的に意思の連絡があったといえる。そして、スワットらは被告人の警護のために本件けん銃等を所持しながら終始被告人の近辺にいて被告人と行動を共にしていたものであり、彼らを指揮命令する権限を有する被告人の地位と彼らによって警護を受けるという被告人の立場を併せ考えれば、実質的には、正に被告人がスワットらに本件けん銃等を所持させていたと評し得るのである。したがって、被告人には本件けん銃等の所持について、B、A、D及びCらスワット5名等との間に共謀共同正犯が成立するとした第1審判決を維持した原判決の判断は、正当である。」

そこで、一般に、本決定は、①被告人が、スワットらによる警護態様、被告人自身の過去におけるボディガードとしての経験等から、スワットらが被告人を警護するためけん銃等を携行していることを概括的とはいえ確定的に認識していたこと、②被告人は、スワットらにけん銃を持たないように指示命令することもできる地位、立場にいたこと、③そのような警護をむしろ当然のこととして受入れ、これを認容していたこと、④スワットらも、被告人のこのような意思を察していたこと、⑤上記の①③④の事情から被告人とスワットらとの間にけん銃等の所持につき黙示的に意思の連絡があったといえること（主観的要件＝「共同実行の意思」の充足）、⑥スワットらは被告人の警護のために本件けん銃等を所持しながら終始被告人の近辺にいて被告人と行動を共にしていたこと、⑦上記⑥と②の事情を併せ考えれば、実質的には、正に被告人がスワットらに本件けん銃等を所持させていたと評し得ること（客観的要件＝「共同実行の事実」の充足）、といった事情を重視して、被告人に共謀共同正犯を認めたものと解されている。(26) しかし、ここでは、「共同実行」やそのための「意思連絡」という言葉は、実行者が命令者ないし利用者の行為を利用するという「相互利用」を意味しない。その利用関係は、先の「利用型」と同じく、一方的である。加えて、見逃せないのが、「被告人が、スワットらが被告人を警護するためけん銃等を携行していることを概括的とはいえ確定的に認識していたこと」が指摘されていることである。

同時に、本決定の前提として、「被告人は、遊興等の目的で上京することを決め、これを山健組組長秘書見習いB…に伝えた。Bは、スワットのC…に上京を命じ、Cと相談の上、これまで3名であったスワットを4名とし、被告人には組長秘書ら2名と山健組本部のスワット4名が随行することになった。」という事実が認定されていることに注意が必要である。この「スワット事件」を、次の講壇事例と比較してみれば、最高裁決定によって列挙されている諸事情の重要性が明らかになる。

すなわち、国会議員である政治家が、政治資金規正法12条で提出を義務づけられている政治団体の政治資金収支報告書の提出につき、その秘書からその概要の報告と提出の了承を求められてこれを承諾したが、提出された報告書に秘書が虚偽の記入をしていたという事例である。これは、政治資金規正法25条1項3号に罰則のある報告書虚偽記入罪に当たる。この場合に、この報告書に虚偽が記入されていることにつき、この政治家に「ひょっとしたら、秘書が報告書に正確な記入をしていないかもしれない」という一抹の危惧感ないし不安感があったというだけで、この報告書虚偽記入罪の共同正犯に問われるとしたら、また、そうでなくても教唆犯ないし従犯の責任を問われるとしたら、刑事責任を恐れて誰も政治家にはならなくなってしまうであろう。ゆえに、報告書虚偽記入罪については、**虚偽が記入されていることにつき漠然とした危惧感ないし不安感を持ちながらその提出を命じあるいは了承した**という事実だけでは、背後の政治家の共犯責任は認められない[27]。

そこで重要となるのが、部下の犯罪行為を国会議員や社長、組長といった上司の「自己の行為」（＝「自己の意思の実現」）とみなすための要件である。ここで、上記の「スワット事件」上告審決定は、被告人が上京の意思を間接的にスワットらに伝え、彼らの随行を命じた形になっていることと、被告人は、スワットらにけん銃を持たないように指示命令することもできる地位、立場にいたこと、そのような警護をむしろ当然のこととして受入れ、これを認容していたこと、スワットらは被告人の警護のために本件けん銃等を所持しながら終始被告人の近辺にいて被告人と行動を共にしていたこと、その際、被告人自身の過去におけるボディガードとしての経験等から、被告人にはスワットらが被告人を警護するためけん銃等を携行していることを概括的とはいえ確定的に認識していたことを指摘している。この指摘に合わせて、上記の政治家の事例を修正すれば、次のようになる。

すなわち、「政治家は、自己の秘書による報告書作成の態様、政治家自身の過去における政治家秘書としての経験等から、自己の秘書らが政治資金収支報告書を提出する際に虚偽記入を犯すことを概括的とはいえ確定的に認識していた。にもかかわらず、当該政治家は自己の秘書に、本件報告書を提出するように命じまたはその提出を了承した。もちろん、当該政治家は、秘書が虚偽記入を犯さないように指示命令することもできる地位、立場にいた。しかし、当該政治家は、そのような虚偽記入がなされている報告書の提出をむしろ当然のこととして受入れ、これを認容していた。秘書らを指揮命令する権限を有する当該政治家の地位と秘書らによって政治資金収支報告書の作成と提出の利益を受けるという当該政治家の立場を併せ考えれば、実質的には、正に当該政治家が秘書らに本件報告書に虚偽記入をさせていたと評し得る」と。

このうち、修正前の事例と決定的に異なるのは、「政治家は、自己の秘書による報告書作成の態様、政治家自身の過去における政治家秘書としての経験等から、自己の秘書らが政治資金収支報告書を提出する際に虚偽記入を犯すことを概括的とはいえ確定的に認識していた」という事情である。この認識があるために、その後の「本件報告書を提出するように命じまたは提出を了承した」ことが、「そのような虚偽記入がなされている報告書の提出をむしろ当然のこととして受入れ、これを認容していた」という評価を導き、この虚偽記入がなされた報告書提出の利益を享受した当該政治家にも、「虚偽記入のある報告書の提出を命じまたはその提出を了承した」と評価されることを通じて、この虚偽記入が「自己の行為」（＝「自己の意思の実現」）として客観的に帰属可能となる。これをけん銃不法所持に即して言い換えれば、「正に被告人がスワットらに本件けん銃等を所持させていたと評し得る」ことになるのである。

ゆえに、「命令・利用型」において、命じた行為と一応別個と観念できる犯罪行為に関する共謀が問題となる場合には、背後者が、その命令等の際に、直接行為者による別個の犯罪行為までも「意図」ないし、ある程度「確定的に認識」していたことが、共謀共同正犯成立のために必要な要素となる。[28] これは、「故意」とは別次元の、「共謀」ないし「共謀共同正犯」の客観的要件である「『自己の意思の実現』（＝自己の行為）を内容とする『重要な役割』の遂行」に関わる問題なのである。ゆえに、上記の2で述べた通り、共同正犯を根拠づける「重要な役割」の如何に応じて、共同正犯成立に必要な主観的要件も変わるのである。[29]したがって、他人の犯罪行為に関する「未必的な認識」によっても共謀共同正犯は認められるか、という問いに対して、「未必の故意」を持ちだして一般的にイエスと答えることは誤りである。

これを、けん銃不法所持の事例に応用して述べれば、暴力団の組長には、「(荷物持ちのために)同行を命じた配下の組員らが、ひょっとしたらけん銃を勝手に持ってきているのではないか」という認識では、「けん銃所持を伴う随行」まで命じていたとはいえず、ゆえに、その共謀共同正犯は根拠づけられないという結論になる。[30]

四　未必的認識一般への拡大？

なお、同じくけん銃不法所持に関する事案について、平成21年10月19日に、最高裁は、その判決において、暴力団組長につき、その配下の組員が「けん銃を所持していることを認識した上で、それを当然のこととして受入れて認容していた」場合に、けん銃不法所持の共謀共同正犯が認められる旨の判示をした。[31]ここでは、「確定的に認識」という言葉が単なる「認識」という言葉に置き換えられている。ゆえに、この判決は、組長に、配下組員のけん銃不法所持につき、「未必の認識」しかない場合でも、本罪の共謀共同正犯を認める趣旨であるか否かが議論となっている。

しかし、この事件では、反対に、「スワット事件」よりも具体的な認識が問題となっていることに、注意が必要である。すなわち、「スワット事件」では、被告人はスワットらに警護を直接指示したわけではなく、「山健組組長秘書見習いB」を通じて「スワットのC」に指示が伝わったのである。したがって、この事案では、被告人はけん銃不法所持の実行者が誰であるかは概括的にしか認識できていない。これに対して、平成21年判決の事案では、けん銃不法所持の実行犯は配下の2名に特定されている。[32] したがって、この判決が「確定的に認識」という表現を用いなかったのは、認識の対象がすでに特定の人物に限定されていたためであると考えられる。つまり、「確定的に認識」という文言は、「概括的とはいえ確定的に認識」というセットであって、「確定的」は「概括的」によって共謀の成立範囲を不合理に拡大しないための歯止めであり、したがって、認識の対象となるべきけん銃不法所持の実行犯が特定されている場合には、そこにいう「概括的」を限定する「確定的」という言葉は特に必要と感じられなかった、ということである。

もちろん、同時に、平成21年判決は、組長について、「配下の者がひょっとしたらけん銃を所持しているのではないか」という「可能性の認識」で足りると述べたものではなく、したがって、平成15年の「スワット事件」決定等の基準を変えたものでもない。[33] また、そう解さないと、共謀共同正犯の範囲が不合理に拡大してしまうであろう。そのようにならないように、法令の場合と同じく、最高裁の判例もまた、常に、可能な限り合理的で妥当な結論を導くように解釈することが要請されているといえよう。

五　破棄判決の拘束力の範囲

なお、この平成21年判決は、原審の控訴棄却判決[34]を破棄して、原原審の無罪判決[35]を「重大な事実誤認の疑い」等を理由に破棄し、事件を第1審に差し戻したものである。そこで、このような事実誤認に関わる理由で原判決が破棄された場合、とりわけ無罪判決が破棄された場合の処理につき、この場で簡単に触れておく。[36]

周知のように、最高裁は、「八海事件」第三次上告審判決[37]において、「破棄判決の拘束力は、破棄の直接の理由、すなわち原判決に対する消極的否定的判断についてのみ生ずるものであり、その消極的否定的判断を裏付ける積極的肯定的事由についての判断は、破棄の理由に対しては縁由的な関係に立つにとどまりなんらの拘束力を生ずるものではない」と述べている。

ここにいう「原判決に対する消極的否定的判断」とは、無罪判決を「事実誤認」ないし「重大な事実誤認の疑い」で破棄する場合には、「無罪判決は間違い」という判断を指すものと思われる。もっとも、ここにいう「無罪判決は間違い」という判断は、論理必然的に「だから有罪判決をせよ」という意味を含んでいない。そうではなくて、「現時点での証拠調べから直ちに無罪判決をするのは間違い」という限りでの判断であって、「さらに審理を尽くす」という選択肢は残されているのである。つまり、有罪判決以外に、事案の解明度不足という選択肢が残されているのである[38]。

他方、ここにいう「その消極的否定的判断を裏付ける積極的肯定的事由」とは、無罪判決を「事実誤認」ないし「重大な事実誤認の疑い」で破棄する場合には、「現時点での証拠調べによるなら、むしろ有罪の事実が認定できる」または「認定できる可能性がまだ高い」というものであることがある。そこで、破棄差戻判決にこのような理由が付されていた場合に、もしも、差戻後の事実審裁判所が、この積極的肯定的事由に拘束されるとすると、それは「差戻前第1審判決及び差戻前控訴審判決が認定していない新たな事実を上告審が事実の取調べを経ないで認定するのと異ならない[39]」ことになってしまう。これは、刑訴法317条の証拠裁判主義および同法318条の自由心証主義に反する事態といわなければならない。なぜなら、証拠調べをしていない上級審が「認定」した事実によって犯罪事実を認定するよう事実審に強いることは証拠によらない事実認定であるし、それによって下級審裁判官の心証を拘束することは、その限りで、裁判官の自由な心証に基づく証拠――とりわけ供述証拠――の証明力評価を否定することになるからである。

そこで、たとえば最高裁平成21年判決の場合には、差戻後の下級審を拘束する「原判決に対する消極的否定的判断」は、その判決中に記されている「前記（1）ないし（6）に述べた検察官主張の各間接事実に関する原判決の認定評価等及び第1審判決におけるこれと同旨の認定評価等に係る部分は、是認することができない。」という部分になる。それも、この時点での証拠によるなら、という限定付きで読まなければならない。

これに対して、差戻後の下級審を拘束しない「その消極的否定的判断を裏付ける積極的肯定的事由」とは、「B会幹部であるEとFは、JR浜松駅から本件ホテルロビーに至るまでの間、G会からのけん銃による襲撃に備えてけん銃等を所持しB会総長である被告人の警護に当たっていたものであるところ、被告人もそのようなけん銃による襲撃の危険性を十分に認識し、これに対応するため配下のE、Fらを同行させて警護に当たらせていたものと認められるのであり、このような状況のもとにおいては、他に特段の事情がない限り、被告人においても、E、Fがけん銃を所持していることを認識した上で、それを当然のこととして受け入れて認容していたものと推認するのが相当である。」という部分である。

ゆえに、この判決は、「更なる証拠調べを経ずに無罪判決を出してはならない」という限度で差戻後の下級審を拘束する。ゆえに、「上告審判決の拘束力は、前記のとおり、上告審判決時と同一の証拠関係にある限り、差戻前第1審判決及び差戻前控訴審判決と同様の判断はできないというものであるから、上告審判決時の証拠と当裁判所で取り調べた証拠を照らし合わせて、証拠関係が異なっている場合には、もはや上告審判決の判断に拘束されることはなく、自由な心証により公訴事実の存否を判断することができると解するのが相当[40]」ということになる。

六　結　論

以上の検討から、随行した暴力団組員のけん銃不法所持に関して、暴力団の組長に、「(荷物持ちのために)同行を命じた配下の組員らが、ひょっとしたらけん銃を勝手に持ってきているのではないか」という認識では、「けん銃所持を伴う随行」まで命じていたとはいえず、ゆえに、随行した暴力団組員のけん銃不法所持に関して、当該組長の共謀共同正犯は根拠づけられないという結論になる。

〔註〕

（1）銃刀法3条1項は「何人も、次の各号のいずれかに該当する場合を除いては、銃砲又は刀剣類を所持してはならない。」等と規定し、同法31条1項は「第3条第1項の規定に違反してけん銃等を所持した者は、1年以上10年以下の懲役に処する。この場合において、当該けん銃等の数が2以上であるときは、1年以上15年以下の懲役に処する。」と規定し、さらに、同条2項は「前項の違反行為をした者で、当該違反行為に係るけん銃等を、当該けん銃等に適合する実包又は当該けん銃等に適合する金属性弾丸及び火薬と共に携帯し、運搬し、又は保管したものは、3年以上の有期懲役に処する。」と規定する（同条3項以下略）。

（2）また、そうでなければ、「共謀共同正犯」というものは、制定法上の根拠を持たないものとなり、ゆえに、それだけで、罪刑法定主義に反するものとなってしまうであろう。

（3）大塚　仁ほか編『大コンメンタール刑法〔第2版〕第5巻』（2010年）130頁〔村上光鵄〕。

（4）刑法に関する明治34年および明治35年の草案の共同正犯規定の文言は、いずれも、「二人以上共同シテ犯罪ヲ実行シタル者ハ皆正犯トス」である。これは、1995（平成7）年口語化改正前の現行刑法60条と同じ文言であり、その趣旨も同じである。

（5）倉富勇三郎ほか監修、松尾浩也増補解題『増補刑法沿革綜覧』（1990年）925頁参照。そこでは、「数人集まって犯罪を行わんと相談をして其の中の一人だけが犯罪を実行した、残りの者の処分の御質問と察しますが、其の残りの者が教唆になる若しくは幇助に当たると云うならば43条、44条（明治35年草案73条（教唆）、74条（幇助）—筆者注）で罰します。之にも当たってぬとなるならば罰しない積もりであります」と述べられている（なお、表記は現代風に改めた）。

（6）倉富ほか監修・前掲927頁参照。そこでは、菊池武夫委員による「一人が人家へ忍び入って品物を窃に取る、一人が窃盗と名づくべき行為には加行しないけれども余所に番をして居ると云うようなものは、其の実行と云う方に這入ると云う解釈になるのでありますか。」という質問に対し、政府委員の石渡敏一は「我々は矢張り実行の一つと見て居ります。」と答えている。しかし、見張り行為は、厳密な意味では、窃盗の「実行行為」の分担ではないであろう。

(7) この考え方は、今日学説で有力な「実質的客観説」、なかでも「重要な役割遂行説」に近いものといえよう。
(8) 岩田誠『最高裁判所判例解説刑事篇（昭和33年度）』405頁。
(9) 藤木英雄「共謀共同正犯の根拠と要件」法学協会雑誌79巻1号13頁、石井一正＝片岡博「共謀共同正犯」小林充＝香城敏麿編『刑事事実認定上』（1992年）343頁等。
(10) 共謀共同正犯の類型別の検討は、たとえば、小林　充＝植村立郎編『刑事事実認定重要判決50選』（2005年）では、「支配型共謀」と「対等型共謀」に分けて行われている。本稿では、これにさらなる分類が必要と考えて、3つの類型を提示している。
(11) 最大判昭和33・5・28刑集12巻8号1718頁。
(12) これは、「未必の故意」が、主目的である行為に随伴する可能性があると認識された結果について論じられるものであることに対応する。別個の行為の場合は、「未必の故意」ではなくて、「条件付故意」が問題となるのである。
(13) 最決平成19・11・14刑集61巻8号757頁。
(14) 報酬支払は犯罪実行そのものではないから、それを理由に、犯罪の実行について、受託者が委託者を利用したとはいえない。
(15) ゆえに、本稿では、単純に「委託型」と呼ばず、「委託による監督型」と呼ぶのである。
(16) このように、監督（さらには管理）関係にある場合には、監督責任を有する背後者に「正犯」を認める考え方は、伝統的な正犯・共犯区別の考え方、つまり「限縮的正犯概念」とも矛盾しない。これについては、安達光治「客観的帰属論の展開とその課題（4・完）」立命館法学273号（2001年）1907頁参照。
(17) 教唆犯や従犯のような狭義の共犯の場合には、「自己の行為」でなく「他人の行為」であっても、それを外から促進したことにつき、罪責を問われることは否定されない。
(18) このように、「故意」の有無以前に、「自己の行為」として帰属できるか否かが問題となるので、「未必の故意」も故意だから「共謀」が認められて当然だ、とする論証は、妥当でない。遺憾ながら、「廃棄物処理法違反事件」上告審決定に関する松田俊哉「判解」『最高裁判例解説刑事篇平成19年度』458頁以下には、その傾向が見受けられる。もちろんそれは、「判例」そのものではなく、松田調査官の「学説」である。

(19) もっとも、速度違反や駐車違反は、現に車両を運転していた者だけが正犯となりうる「自手犯」であると理解するなら、一般的な犯罪であれば正犯が認められる場合であっても、この場合は教唆犯や従犯しか成立しないと解すべきことになろう。また、速度違反等の一般的可能性が認識されていただけの場合には、委託者には、およそ教唆犯も従犯も成立しないように思われる。

(20) ゆえに、暴力団組長Aが配下のBに対し「対立する暴力団組長Cを傷め付けてこい。」と命じたところ、BがCを殺害した場合、殺害につきAに未必の故意しかなかったとしても、これは、命令した「傷め付ける」行為に随伴する結果であるから、「傷め付ける」ことの合意と殺害結果の未必的認識で、Aにも殺人罪の共謀共同正犯が成立しうる。しかし、この場合を一般化して、内容的に別個の行為を要する犯罪についてまで、未必的認識で足りるとすることは短絡的である。

(21) 最決平成15・5・1刑集57巻5号507頁。なお、類似の事案に関する最高裁判例として、最決平成17・11・29裁集刑288号543頁がある。

(22) 最決平成4・6・5刑集46巻4号245頁。なお、正当防衛のような適法行為に関しては、たとえそれが犯罪の構成要件に該当するものであったとしても、刑法60条にいう「犯罪」に当たらないので、その「共謀」の対象とならない。最判平成6・12・6刑集48巻8号509頁が、過剰防衛行為に対する共謀の成否を問題としたのは、そのためである。

(23) 本件の第1審判決では、被告人は、共犯者に対して「包丁を用いることの指示を与えて、暗にその結果同人を殺害することもやむなしとの意思を示した」と認定されている。つまり、その殺害結果に関する認識・予見は、「ひょっとしたら」という程度のものではなく、相当に高度の蓋然性のあるものだったのではないかと思われる。ゆえに、松田・前掲「判解」460頁が、被告人に未必の故意しかなかったと断言するのは、疑問である。

(24) なお、この事件の上告審決定における調査官解説(小川正持「判解」『最高裁判所判例解説刑事篇平成4年度』29頁)では、適法な構成要件該当行為にも共犯ないし共同正犯の成立を認める「最小従属形式」への言及が見られる。しかし、この言及は、違法行為である過剰防衛に対する共同正犯の成否が問題となった本件においては、傍論ともいえる記述である上、「最小従属形式」は適法行為に対する共犯を認めうる点で、この分類の提唱者であるM・E・マイヤーによって一蹴された見解であり（「共犯の処罰が単に正犯が法律上の構成要件を実現したことに依存する最小限従属形式。この限定のもとでは、従属性は立法論的には使用不可能である。なぜなら、違法でない行為に対する共犯が可罰的であるなどということは考えられないからである。」M. E. Mayer, Der allgemeine Teil des deutschen Strafrechts, 1911. S.391.）、かつ、学説は伝統的に、正当防衛利用の間接正犯で処理してきたことを見過ごしたものである。

(25) ゆえに、共謀共同正犯の中には、類型的に、犯罪実行に関する現実の意思連絡が重要でないものもあると解したほうがよい。同様に、橋本正博「判解」『ジュリスト平成22年度重要判例解説』（２０１１年）２０５頁も、「少なくとも、判例上、単純な意思連絡以上の実質が希薄になった『共謀』に代わり、犯罪事実の性質に応じた関与のあり方の実質などの方面に、非実行共同正犯の共同正犯性の根拠を求める必要がある。」と述べる。

(26) たとえば、村瀬　均「共謀（１）――支配型共謀」小林＝植村編・前掲書１９６頁以下。

(27) まさにそれゆえに、東京地判平成24・4・26判タ１３８５号３１１頁が小沢一郎被告に無罪を言い渡したことは、記憶に新しい。

(28) 松原芳博「共謀共同正犯と行為主義」三井　誠ほか編『鈴木茂嗣先生古稀祝賀論文集［上巻］』（２００７年）５４２頁は、「15年決定が『確定的認識』を問題としているのも、行為性の欠如を主観的要件で補おうとする意図のあらわれではないだろうか。」と述べる。「行為性」が欠如しているかどうかは別にして、少なくとも「確定的認識」が背後者の「行為性」を根拠づける役割を果たしているという意味で、問題は「故意」の有無ではないことを示唆するものといえよう。

(29) このことは、たとえば、不正融資の借り手が背任罪の共同正犯となるために、判例（最決平成15・2・18刑集57巻2号１６１頁等）が、借り手の側に、事務処理者の任務違背と融資側の財産損害についての高度の認識があり、かつ、融資に応じざるを得ない状況を利用したこと等を重視していることを想起すればわかりやすい。ここでは、融資側の任務違背行為が借り手側にとっても「自己の意思の実現」（＝自己の行為）となるためには、事務処理者の任務違背と融資側の財産損害についての「高度の認識」が必要なのである。反対に、一般的な任務違背の可能性の認識だけしかなく、経済取引上の交渉事として社会的に容認される限度を超えない限り、背任罪の共犯は成立しない（名古屋高判平成17・10・28高刑速（平成17年）285頁）。付言すれば、このような不正融資の可能性は、一般的にはどの金融機関でも存在するので、一般的な可能性の認識で共謀共同正犯を認めると、不正融資による背任事件については、ほとんどの場合、当該金融機関の上司や経営者らにも、共謀共同正犯が認められることになるという恐ろしい結果になろう。

(30) ゆえに、そのような認識でなく、「概括的とはいえ確定的」な認識を要求し、これが認定できないとしてけん銃不法所持の共謀共同正犯を否定した大阪地判平成16・3・23〈LEX/DB28095404〉および大阪高判平成18・4・24公刊物未登載は、その前提において妥当な判断を示したといえよう。ただし、後述するように、すぐさま無罪判決を出せるほどに事案の解明が進んでいたか否かは、別問題である。なお、同じ事件に関する差戻後第1審である大阪地判平成23・5・24〈LEX/DB25443755〉は、被告人に、配下組員によるけん銃の不法所持を「未必的にでも認識していたと認めるには、なお合理的な疑いが残る」として、その未必的認識も否定している。

(31) 最判平成21・10・19判時2063号155頁。以下では、平成21年判決と呼ぶ。

(32) そこでは、「被告人においても、E、Fがけん銃を所持していることを認識した上で、それを当然のこととして受け入れて認容していた」と表記されている。

(33) 橋本・前掲「判解」205頁も、「本件において以前の最高裁の判断基準を変更したということではないように思われる。」と述べている。むしろ、「認識」に対応する英語のKnowinglyは「確定的認識」に対応するのであり、かつ、平成21年判決があえて「けん銃を所持している可能性の認識」といわなかったことを考えると、最高裁は依然として「けん銃を所持していること」の確定的認識を要求していると読むほうが素直である。

(34) 前掲、大阪高判平成18・4・24。

(35) 前掲、大阪地判平成16・3・23。

(36) 筆者は、かつて、控訴審の破棄判決が持つ拘束力について検討したことがあるが、事実誤認を理由とする破棄差戻しの限りで、上告審にも同じことが妥当すると思われる。松宮孝明「控訴審破棄判決の拘束力について」浅田和茂ほか編『刑事・少年司法の再生　梶田英雄判事・守屋克彦判事退官記念論文集』（2000年）471頁。

(37) 最判昭和43・10・25刑集22巻11号961頁。
(38) たとえば、「風呂の湯が熱くない」という言葉には、「丁度よい」という意味と「ぬるい」という意味の双方が含まれている。このように、「否定」ないし「反対ことば」には、注意が必要である。
(39) 前掲、大阪地判平成23・5・24(最高裁平成21年判決の差戻審判決)。
(40) 前掲、大阪地判平成23・5・24。

Ⅲ　刑罰権批判

危険社会における予防拘禁の復活?

―ドイツにおける保安監置の動揺について―

Die Auferstehung der Preväntiven Verwahrungen in der Risikogesellschaft?:
Üeber die Schwung der Sicherungsverwahrung in Deutschland

石塚　伸一

一　はじめに

近年、欧州人権裁判所がドイツの保安監置（Sicherungsverwahrung）を欧州人権条約違反である、と宣言したことから、予防拘禁をめぐって大きな動揺が走った。刑事政策的には、１９６０年代のドイツにおける刑法改正の動きの中で、その廃止が提案され、「断末魔」とまで言われた保安監置が、ここにきて、再び勢いを盛り返していた。(1)ところが、欧州人権裁判所は、新たな保安監置の一部を欧州人権規約に違反すると断じたのである。ドイツ連邦憲法裁判所は、議会になんらかの措置を講ずることを求めた。政府と議会の対応は迅速であった。２０１２年12月に新法を制定し、翌２０１３年６月１日から施行することで一応の解決をみた。

本稿は、このような保安監置をめぐる「動揺」を「危険社会」と呼ばれる時代状況の中に位置づけ、その意味を考察することを目的としている。

二　ドイツにおける刑罰と処分

（1）処分の基本原則

ドイツにおける刑罰と処分との議論は、19世紀末葉のいわゆる「学派の争い（Schulenstreit）」にまで遡ることができる。古典派は、過去の可罰行為に対し、他の行為の選択が可能であったにもかかわらず、敢えて不法な行為を選んだことに対する道義的非難である責任を追及するために刑罰を科すと考えた。これに対し、新たに台頭した近代派は、可罰行為によって明らかになった行為者の再犯の危険性に着目し、これを予防するための措置としての処分を課すことを提案した。処分には、危険な行為者を隔離し、無害化する保安処分と行為者を治療する改善処分とがある。刑罰は過去の行為に焦点を合わせる点で回顧的（retrospektiv）であるのに対して、処分は将来の再犯を見据える点で展望的（prospektiv）である。古典派と近代派の理論を純化すれば、前者は刑罰一元論、後者は処分一元論がその論理的帰結となる[2]。

ドイツにおける保安処分の典型は危険な常習累犯等を社会から隔離する保安監置であり、改善処分の典型は触法精神障害者等に対する精神病院収容や薬物・アルコール中毒者に対する禁絶施設収容である。歴史的には、労働嫌忌者に対する労作処分や政治犯に対する労働改善処分など、特定のモラルやイデオロギーを強制する手段として処分が利用された時代もあった。これに対し、刑法改正の「中核部分（Kernstück）」[3]と言われた社会治療施設収容処分は、保安のための処分を改善を志向する処遇に代替しようとする試みであった。

三　保安監置の意義

(1)　目的

保安監置の目的は、危険な可罰行為者から公共を保護することであり、特別予防である。現行ドイツ刑法では、第66条、第66条ａおよび第66ｂに規定されている。処分は、自由刑とは異なり、可罰行為者の社会に対する危険性の予防にその正当化の根拠がある。この危険性は、行為者の重大な可罰行為の中に徴表されていなければならず、専門家による鑑定によって診断されなければならない。

保安監置は、一般の行刑施設における自由刑の執行の終了後に特別の施設または区画で執行される。対象者には、通常の行刑以上に拘禁緩和措置が保証されている。なぜなら、対象者は、みずからの責任を果たすために施設に収容されているのではなく、社会の安全を守るために拘禁されているからである。保安監置の被収容者は、先に執行された自由刑によって、すでに自らの責任は償っている。その意味では、彼らは、公共の安全の犠牲者ともいえる。

(2)　種類

保安監置には以下のような種類がある。[4] すなわち、成人に対しては、①判決時に言渡される事前的保安監置（第66条）、②判決において宣告が留保された留保的保安監置（第66条ａ）および③自由刑の執行終了後に新たに決定される事後的保安監置（第66条ｂ）の三種類である。[5] 若年成人に対しては、①留保的保安監置（少年裁判所法第106条第3項および第4項）および②事後的保安監置（少年裁判所法第106条第5項および第6項）がある。少年についても、事後的保安監置（少年裁判所法第7条第2項ｂないし第4項）が認められている。

従来の事前的保安監置は、自由刑と並んで言渡され、先執行される自由刑の執行終了前に行刑裁判所が、その執行を保護観察付で免除（仮釈放）するかどうかを審査する。釈放に際して「行状監督（Führungsaufsicht）」（刑法第68条および第68条ａ）を付すことになっている。

(3) 執行

保安監置の執行については『行刑法』[6]第3章で規定されている。その具体的内容については、それぞれの州が詳細な規定を設けている[7]。州によっては固有の執行法を制定している州もある[8]。

行刑法は、収容の目的を保安監置被収容者から社会を保護することであるとする。同時に、被収容者には自由社会での生活に適応するための援助がなされるべきともしている（第１２９条）。このほか、行刑に関する諸規定の準用、設備、衣服、自己労作・自用金、釈放準備および女子施設における保安拘禁について規定している（第１２９条から第１３５条まで）。保安監置は、通常の自由刑の執行と区別された特別の施設または区画で執行されなければならない（第１４０条1項）。前述のように、長期の拘禁にともなう弊害を可及的に排除するため、対象者には自由刑の受刑者以上の優遇措置が認められている。施設の設備ならびに援助および保護のための特別の措置については、施設内生活を有意義に形成するように援助し、かつ、自由剥奪にともなう不利益から保護するべきものとされる。また、個人的な必要性にも配慮しなければならない。被収容者には、服装、洗濯、自己の寝具の使用など（第１３１条）のほか、私服の使用が認められている（第１３２条）。釈放の準備のための特別休暇の制度もある（第１３４条）[9]。

(4) 釈放

行刑裁判所は、刑罰の執行終了後、少なくとも2年ごとに保安監置の被収容者の危険性が、現在も存在しているかどうかを審査する。もし、危険性が否定されれば、保安監置の執行を終了し、釈放される。その後、最長5

年間、行状監督に付される。この期間内に刑の免除が取消されなければ、収容は最終的に終了する。

しかし、行刑裁判所が釈放を認めなければ、収容は更新される。被収容者の「性癖（Hänge）」のために将来、他者に精神的または身体的に重篤な損害を被るような重大な可罰行為を犯す危険性が存在しなければ、10年で保安監置における収容は終了する。その場合、少なくとも2年間は行状監督に付される。保安監置の被収容者は、再社会化にとって効果があると思われる場合には、行刑裁判所の決定によって、精神病院または禁絶施設への収容が命じられることがある。その際、収容に効果がないことが明らかな場合、または、保安監置の方が再社会化にとって効果的であると思われる場合には、保安監置への再収容が命じられる。

このように、保安監置への収容には、絶対的な期限がない。この不定期性には、憲法上、疑念があったが、2004年2月5日、連邦憲法裁判所は、憲法と調和しうると宣言した。[10]

四　保安および改善の処分の歴史

（1）保安処分前史

ドイツにおける保安処分の歴史は、18世紀末のE・F・クライン（Ernst Ferdinand Klein）の編纂した『プロイセン一般ラント法』（1794年）[11]にまで遡ることができる。同法は、「窃盗その他をおかした犯罪者は、その堕落した性向の故に共同体にとって危険である場合には、拘禁刑の執行満了後であっても、その危険な性格が涵養されたことが証明されるまで釈放しないことができる」[12]としていた。しかしながら、同法は、施行されなかったので、保安処分の概念が法案の中ではじめて使用されたという法制史的意義をもつにすぎない。

実際に後の刑事立法に影響を与えたのは、C・シュトース（Carl Stooss）起草した『スイス刑法典準備草案』（1893年）[13]、いわゆる「シュトース草案」であった。草案は、「累犯者の監置は、10年以上20年以下とする。監置は、上記の目的を達成するために閉鎖施設において執行する」と規定していた（第23条）。また、その収容要件については、「複数回懲役刑で服役した犯罪者が、最後の懲役刑の執行後5年以内に新たな犯罪を実行し、かつ、裁判所が、当該犯罪者について、法律上の刑罰では更なる犯罪行為を回避することができないと認めた場合には、有罪確定者に対し、監置決定権限を有する連邦機関は、その収容を命ずるものとする。当該機関は、犯罪者の前歴、教育、家庭環境、就業状況、身体的および精神的健康状況ならびにおかした犯罪および予想される刑罰を斟酌する。当該機関が、犯罪者の服役後の再犯が疑いないと思料し、かつ、相当の期間、隔離することが必要であると判断した場合には、刑罰に代えて、10年以上20年以下の間、監置を命ずる。それ以外の場合には、通常の判決の効力が継続する。5年を経過した後、当該機関が当初の監置決定にもかかわらず、事後的にもはや再犯の可能性がないと認めた場合には、被収容者を暫定的に釈放することができる」（第40条）としていた。

シュトース草案は、その後の諸外国の立法に大きな影響を与えたが、特に現行ドイツ刑法の保安監置とは、独立処分であること、対象者が累犯者であること、釈放の時期が拘禁後の評価よって決まること、および対象者の危険性が「総合評価（Gesamtwürdigung）」によることなどが類似している。

(2) 国家社会主義の常習累犯対策

19世紀後半から20世紀初頭のいわゆる「学派の争い」の中で、F・フォン・リスト（Franz v. Liszt）等近代派は、処分の導入を主張したが、結局、現実の法となることはなかった。しかし、ナチスの政権掌握直後に制定された1933年11月24日『危険な常習犯罪者に対する法律(14)』によって、行為者の危険性を根拠とする自由剥奪処分がドイツ刑法典の制裁カタログに付け加わった。

同法における保安処分の対象は累犯者である。第20条a第1項は、「すでに二回確定有罪判決を受け、新たな故意の行為によって自由刑を言渡され、かつ、行為の総合評価から、新たな行為が更に重い刑罰では威嚇できない限りにおいて、当該行為者が危険な常習犯罪者であることが明らかなときは、5年以下の懲役を言渡し、そして、新たな行為が、重罪である場合には、15年以下の懲役刑を宣告することができる。刑の加重に際しては、過去の二つの有罪判決が、重罪または故意の軽罪を犯したものであり、そのいずれもが死刑または6月以上の懲役刑もしくは禁錮刑を宣告された場合とする」と規定していた。第2項は、「三つ以上の故意の行為を犯し、行為の総合評価によって、行為者が危険な常習犯人であることが明らかな者については、裁判所は、それぞれの犯罪がすべて同様に刑を加重するべきときには、第1項に掲げる諸要件を充たさなくても、裁判所は、同様の刑の加重をすることができる」とする。また、第42条eは、刑罰と処分の併科を認めている。すなわち、「第20条aによって危険な常習犯罪者と評価された者について裁判所は、公の安全に必要である場合には、刑罰と並んで保安監置を命ずる」。しかし、この法律も、戦時体制下の1941年の法改正で、累犯者には死刑を科すことができるようになったため、実際には、ほとんど適用されることがなかった[15]。

(3) 戦後西ドイツにおける展開

第二次世界大戦後の1946年1月30日『連合国管理令11号――ドイツ刑法の規定の一部廃止について――』[16]は、占領下において連合国側がナチス的であると判断した刑法の諸規定をすべて削除・変更した。ところが、刑法第20条aおよび第42条eは、ほぼ同じ形で刑法典に残ったので、保安監置に関する規定に変更はなかった[17]。1949年5月8日に制定された、いわゆる「ボン基本法[18]」第102条は、死刑の廃止を宣言したので、危険な常習累犯者を死刑によって社会から廃外することはできなくなり、再び保安監置は、危険な常習累犯対策として用いられることになった。その後、1953年8月4日『第三次刑法変更法[19]』で刑法典は再編されたが、保安監置は刑法典に残った。

1960年代になるといわゆる「刑法改正論争」がはじまり、その結果、1969年6月25日には『第一次刑法改正法』[20]が、同年7月4日には『第二次刑法改正法』[21]が制定され、二段階で施行された。保安監置については廃止の意見も有力であったが、形式的にも、実質的にも、要件は厳格化され、最も厳しい制裁としてその命脈を保った。対象者の選別と危険性判断については、精確な調査に基づく総合評価が必要となり、前科・前歴の数だけでなく、刑期や服役期間のほか、人格的要素を含む多様な調査が求められた。

全体として見ると、この刑法改正には、進歩的な側面と保守的な側面が渾然としていた。処分システムの特徴としては、比例原則の明文化、社会治療の導入、保安監置収容要件の厳格化、労働所収容処分の廃止、処分の刑罰に対する必要的代替主義などを上げることができる。[22]条文の編成替えによって、旧法第42条aは、改正法の第66条に移行した。

以上のような流れの中で保安監置の適用件数は減少し、被収容者の数も減っていった。[23]

五　ドイツ統一後の新たな展開

(1) 保安監置のルネサンス

1989年の統一後のドイツでは、外国人犯罪、少年犯罪、組織犯罪、テロ犯罪などとの闘いや法秩序の防衛を根拠に、厳罰化政策がはじまった。本来、常習累犯対策であったはずの保安監置が、性犯罪者を隔離する手段として注目を集めるようになる。

まず、1998年1月26日『性犯罪その他の危険な可罰行為対策法』[24]（以下、「性犯罪対策法」という。）によって、保安監置の収容要件を緩和し、初犯者であっても、過去に類似の犯行を繰返していたことが証明されれば、保安監置を言渡すことができることになった（刑法第66条3項）。初度の保安監置の10年という上限も廃止され、すでに保安監置に付されている者にも遡及適用できることになった（同第67条d条第3項第1文）[25]。

つぎに、2002年8月21日『留保的保安監置導入法[26]』は、有罪判決宣告時には保安監置における収容の可否の判断を留保し、自由刑の終了時に危険性が明らかになった場合に保安監置を命ずる、いわゆる「留保的保安監置」を導入した（現行刑法第66条a）。

残された問題は、判決には保安監置についての言及がまったくないにもかかわらず、釈放時に対象者が公共にとって危険であることが明らかになった場合に新たに保安監置を命ずることを認めるかどうかであった。いわゆる「事後的保安監置」問題である。

州政府は、連邦参議院に事後的保安監置導入のための法案を何度も提出した[27]。しかし、社会民主党と緑の人びとの連立政権は、事後的保安監置の導入を拒否した[28]。そこで、バーデン＝ヴュルテンベルク、バイエルン、ニーダーザクセン、ザクセン＝アンハルト、チューリンゲンなどの諸州は、州法で『収容法（Unterbringungsgesetz）』を制定し、事後的保安監置を可能にした。

(2) 2004年2月の二つの連邦憲法裁判所判決

2004年2月、連邦裁判所は、相次いで二つの重要な判決を言渡した。まず、2004年2月5日判決（以下、「第一判決」という。）は、1998年の『性犯罪対策法』を基本法に適合的であると宣言した[29]。つぎに、2004年2月10日判決[30]（以下、「第二判決」という。）は、実質的に事後的保安監置を導入した州の『収容法』を立法権限がないことを理由に基本法に適合しないと判示した。

第一判決は、ヘッセン州の保安監置被収容者が、保安処分の執行期間の上限である10年を超えて収容期間を遡及的に延長することは基本法に違反するとして提起した憲法訴願に対する判決である。

連邦憲法裁判所は、人間の尊厳の保障から出発し、長期の自由刑と同様に、保安監置においても再社会化は尊重されるべきであると判示した。その上で、基本法の要請する諸基準は、『行刑法』第１２９条以下および執行実務において充たされている。たしかに、通常行刑と比較して保安監置の方がより多くの自由が保障されている。しかし、現実的には、通常行刑と保安監置の間の「格差（Abstand）」の要請は、「司法執行施設の事情」に依存している。批判の多くは、釈放に関する規定が明文化されていないため、釈放時期が予見できないことに集中した。たしかに、比較的多くの拘禁緩和措置が講じられているという以外に具体的な違いを見出すことは困難である。しかし、行刑法は、釈放準備のための行刑の緩和措置を活用し、釈放審査における危険性予測について複数の根拠を示し、具体的に認定することを行刑裁判所に求めている。したがって、「拘禁期間の上限の廃止とすでに執行中の保安監置のすべてに新制度が包括的に適用される」というだけでは、基本法第１０３条2項の遡及禁止に違反するとはいえず、かつ、法治国家の「信頼の保護」（基本法第20条第3項に拘束された基本法第２条第２項）を侵害するとはいえない。

加えて、処分としての保安監置は、本質的に刑罰とは目的が異なるので、遡及禁止がそのまま適用されるとはいえない。また、信頼の保護という一般原則との関連でも、単に事実上の繋がりがあるというにとどまる。したがって、規定の仕方と内容は、立法裁量に委ねられているので、場合によっては、重大な可罰行為の潜在的被害者の保護を優先させることもありうる。

結論として憲法裁判所は、刑罰に固有の法的要請である厳格な意味での遡及禁止の原則は、処分には妥当しないと宣言した。[31]

第二判決は、立法権限が争点であった。刑罰の執行は、連邦と州の競合的立法事項である。バイエルン州政府等は、連邦がその立法権限を行使していないので、州に立法権限があると主張した。しかし、憲法裁判所は、これを否定し、バイエルンおよびザクセン＝アンハルトのいわゆる『収容法』は、基本法に違反していると判示した。[32]

連邦憲法裁判所は、つぎのように判示した。事後的保安監置に関する連邦法が存在しない現状では、高度に危険な可罰行為者が自由の身になり、公共に危険をもたらす可能性があることを認めている。経験的に見ても、社会には保安監置のような予防的制裁を講じなければならない危険な犯罪者のグループが存在する。基本法は、再社会化や治療のための諸措置が効果のない特殊な人たちについては、対象者の行為、態度および行刑における成長などを総合的に評価して、その危険性を判断することを想定している。したがって、保安監置は、連邦法で規律すべきである。加えて、精神病院や禁絶施設における収容期間の事後的延長の可能性も検討するよう連邦の立法者に求めた。[33] ただし、過渡的な措置として、この憲法に適合しない州法による規制も、2004年9月30日までは甘受できると宣言した。[34]

(3) 2004年7月23日『事後的保安監置導入法』

連邦政府と議会の対応は迅速であった。2004年7月23日『事後的保安監置導入法』[35]が制定された。以下、その概要を紹介する。

刑法第66条bは、事後的保安監置を命ずるための実体的要件を規定している。処分は、過去の有罪判決と有罪犯人の将来の重大な危険性と結びついており、刑法の責任主義と特別予防をともに配慮すべきものである。

第1項は、生命・身体・自由・性的自己決定に対する重罪もしくは加重強盗・強盗致死等、または特定の軽罪の故に科された自由刑の執行中の者が、その刑の執行終了前に、社会にとって危険であることが明らかになったときには、行為者の人格、犯罪行為および行刑における成長を総合的に評価し、[36]「高度の蓋然性（hohere Wahrscheinlichkeit）[37]」をもって、重大な可罰行為をおこなうであろうことが明らかになった場合であり、かつ第

66条（保安監置における収容）の要件が充たされている場合には、事後的に保安監置を命じることができるとする。第2項は、危険性を予測させるような行為だけをおこない、かつ、5年以上の自由刑の宣告を受けた場合である。第3項は、収容の原因となった精神的疾病から回復し、本来なら、第67d条6項により釈放すべきであるが、施設収容歴等があり、かつ、重大な可罰行為をおこなう危険性がある場合である。

少年裁判所法は、若年成人にも事後的保安監置の可能性を認めている（第106条6項）。対象若年成人は、刑法第66条第3項の行為をおこない、被害者に精神的または身体的に重大な損害を与える危険性がある点では留保的保安監置と共通している（同法106条第2項、第3項）。ただし、事後的保安監置の場合は、5年以上の自由刑の言渡しを受けることが要件とされている。

宣告手続は、刑事訴訟法第275条aにより、留保的保安監置に準じて行なわれる。検察官が刑罰または処分の執行終了期日の遅くとも6か月前に申請をすべきものとされる。保安監置の決定は、行刑裁判所ではなく、宣告裁判所が管轄する。宣告裁判所は、行為者および行為を検討し、総合評価の上、被収容者が危険であるかどうかを認定する。[38] 結論は、公開法廷において判決の形式で宣告される。公判手続は、地方裁判所または高等裁判所の管轄である（裁判所構成法第74条f、第120条a参照）。弁護人の立会が必要である（刑訴法第140条Ⅰ項1号）。決定前には二人の鑑定人による鑑定が実施されなければならない。なお、鑑定人は、行刑または処分執行の過程で処遇に関与した者であってはならない。不服申立ては刑事訴訟法第333条（上告を許す裁判）に基づいて審査される。

第一判決は、事後的保安監置を憲法に調和すると宣言した。他方、第二判決は、内容は基本的に憲法適合的であるが、立法権限に問題があり、州法による保安監置の規制は期限付きでのみ存続を認めると判示した。ただし、刑法第66条bの具体的規定と憲法との関係については判断を示していない。

事後的保安監置は、憲法的には、被収容者の自由権（基本法第104条第1項）への干渉であるから、法律の留保が担保されなければならず、その法律の内容は、比例性原則の下で、潜在的被害者の諸利益との比較衡量にしたがって相当なものでなければならない。この点について、事後的保安監置法は、対立する法益を事物に適った方法で適切に調整しているとの肯定的評価もある[39]。

刑事政策的には、治安の隙間を埋めることが目的であるから、適用件数は少ないと予想される。連邦憲法裁判所は、判決時には保安監置が言渡されていなかったが、釈放時に高度の危険性があると評価されるような人たちが現実に存在するという認識から出発している。留保的保安監置は、遡及適用されていないため、いわゆる「旧事例（Altfälle）」には適用されず、実務に影響を及ぼしていなかった。

刑事立法政策的視点からは、若年成人に対して制限的であること、三種類の保安監置（第66条、第66条ａおよび第66条ｂ）が整合性に欠けていることなど、法技術的にも問題が指摘されていた[40]。

手続的には、検察庁と司法執行施設が連携をとって、事後的保安監置の検討の対象となる受刑者にあらかじめその可能性を伝え、できるだけ早期に手続を開始して、安定性を担保する必要があると考えられていた。

この段階ですでに、欧州人権条約との整合性への疑念が指摘されており、将来、欧州人権裁判所で争われるであろうと予想されていた[41]。その予想が「ミュッケ対ドイツ」事件[42]および「ハイドン対ドイツ」事件[43]において現実のものとなった。

六　欧州人権裁判所と連邦憲法裁判所の判例

⑴　２００９年12月17日欧州人権裁判所判決―「ミュッケ対ドイツ」事件―

欧州人権裁判所は、２００９年12月17日、ドイツ刑法第67条ｄ第１項の旧規定の下で保安監置の最長収容期間が10年であったにもかかわらず、これを事後の法改正によって無制限としたことは（同法第67条第３項）、欧州人権条約第7条に違反する、と判示した[44]。

同判決は、保安監置が、事実上、刑罰と異ならないという理解から出発する。その論拠は、保安監置は、有罪判決を前提とし、実際にも、刑罰とほぼ同じように執行されている。その意味で、行刑との違いはきわめて小さい。また、その目的についても、特別予防だけでなく、執行による一般予防も意図している[45]。したがって、刑罰と事実上「格差」のない制裁の上限を事後的に廃止した『事後的保安監置法』（２００４年）は、遡及的に刑罰を重罰化したものであり、人権規約第7条第1項2文（遡及的重罰化の禁止）に違反するという。

(2) ２０１０年12月22日『治療収容法』

連邦政府および議会は、迅速に対応し、２０１０年12月22日、『精神的錯乱のある暴力行為者の治療と収容に関する法律』（以下、『治療収容法』という[46]。）を制定した。同法は、釈放の予定されている「旧事例」を更に保安監置に収容するための法的基礎を提供している。以下、概要を紹介する。

第1条は、「治療収容」について、つぎのように規定している。すなわち、「確定判決に基づき、刑法第66条第3項第1文に掲げる可罰行為の故に有罪が言渡された者は、遡及処罰の禁止が妥当するため、更に保安監置に収容し続けることはできない。ただし、権限ある裁判所の決定により、つぎの場合には、当該対象者を適切な閉鎖施設に収容することができる」（第1項）。具体的には、「対象者が精神障害に罹患し、かつ、その人格、行為者の以前の生活およびその生活関係の全体的評価によって、対象者の精神的障害が原因で、高度の蓋然性をもって、他人の生命、身体の安全性、人格の自由または性的自己決定に重大な傷害を与えることが明らか」（第1号）であり、かつ「対象者の収容が、上記第1号の事由によって、公共の保護のために必要である」（第2号）場合である。なお、第1項は、有罪を言渡された対象者が保安監置において現に執行中であるか、あるいは、すでに釈放されているかとは無関係に適用される（第2項）。

上記の要件が存在しなければ、保安監置の被収容者は、2011年12月31日の効力発生によって釈放されるはずであった[47]。しかし、前述の欧州人権裁判所の判決にもかかわらず、約100人いるといわれていた事後的保安監置からの釈放予定者のすべてが、効力発生後、即時に釈放されたわけではなかった[48]。

前述のように、精神に錯乱があり、他人に重大な損害を与えることに高度の蓋然性あり、それが原因で、公共の保護のために必要な場合には保安監置に収容できる。この規定は、保安監置の被収容者および釈放者にも適用される。収容の申請は、権限を有する行政機関が行なう。収容中であれば施設長が申請する。対象者は、事前に説明を受けることができ（第5条）、法的補佐人を請求することができる（第7条）。収容の決定は、地方裁判所民事部が管轄する（第3条）。その際、二人の鑑定人の意見を聴取する（第9条）。収容は、最長18週間である。ただし、新たな鑑定の後、裁判所の決定により延長することができる（第12条第1項）。裁判所は、要件を欠くことが明らかになった場合は、速やかに収容を取消さなければならない（第13条）[49]。

『治療収容法』は、連邦の司法省と内務省との妥協の産物であった。政権党であるキリスト教民主・社会同盟（CDU／CSU）と自由党（FDP）の連立政権のみならず、野党社会民主党（SPD）もこれに合意した。これに対し、緑の人びと（Grünen）および左翼（Linke）は反対した。

治療収容法は、一方で、対象者に責任能力があることを前提としているので適用対象が著しく限定されるとの批判がある。しかし、他方で、精神錯乱の故にという文言と責任能力の存在とは矛盾しているとの指摘もある。

立法権限についても争いがある。「純粋な危険の予防」は、本来、州の所管事項である。現実に、精神病者については州法が適用されている。精神医療、心理療法および神経治療の専門家は、「精神医療への不当な介入である」と批判する。治療収容法によって収容された患者は、現在の治療水準では、一般に専門的治療に馴染まない人たちである。精神科医に無理な責任を負わせたとの批判もある。また、患者や人権団体は、治療収容法によって、欧州人権条約に違反する保安監置が生き延びることになったと批判する。[50]

(3) 2011年1月13日欧州人権裁判所判決―「ハイドン対ドイツ」事件―

さらに、欧州人権裁判所は、2011年1月13日、『事後的保安監置法』は、欧州人権条約第5条（自由と安全の権利）に違反すると判示した。[51]

判決時の法に基づいて宣告された10年を上限とする自由剥奪（保安監置）について、事後に制定された法律によって、収容を更に延長することは、「権限のある裁判所による有罪判決の後の合法的な抑留」とはいえず、人権条約に違反するという。

(4) 2011年5月4日連邦憲法裁判所判決

連邦憲法裁判所判決は、2011年5月4日、五つの憲法訴願について判断を示した。そのうちの二人の訴願は、保安監置における収容が期限の定めなくの延長されることの違憲性であり、[52]二人の訴願者の三つの訴願は事後的な処分に対する異議申立てであった。[53]

連邦憲法裁判所は、刑法および少年裁判所法の保安監置が「格差要請（Abstandsgebot）」[54]を充たしておらず、憲法に違反すると宣言した。その上で、立法者に対し、2013年5月31日までに新たな立法によって、憲法適合的な状態を創出することを義務付けた。判決は、基本権制約における法律の留保の原則[55]と第20条第3項の信頼保護の要請[56]を充たすことを求めた。

一般に、ドイツの基本法の人権カタログの保障水準は、欧州人権条約よりも高いと考えられてきた。欧州人権裁判所は、従来、人権をめぐる諸関係の多極性を強調し、一律の解釈を示すことを避けてきた。ところが、本件においては、連邦憲法裁判所の方が、国法システムの多様性を強調し、自国に寛大な対応をするよう求めた。その結果、個別事案における利益衡量において、公共の安全に配慮することを認めることになった[57]。

保安監置の憲法適合性については、「自由剥奪を伴う処分としての保安監置と自由刑との関係を明らかにする」すなわち、両者の「格差」の内容を明らかにするよう求めている。その際の出発点は、欧州人権条約第7条第1項の罪刑法定主義の解釈である。欧州人権裁判所は、ドイツの保安監置は、ある種の刑罰であると解した[58]。しかし、連邦憲法裁判所は、二元主義の下では「刑罰と処分の区別」を維持するという伝統的見解を維持し、刑罰の目的は、応報としての害悪の賦課であるのに対し、処分の目的は、「社会の将来的な安全」であることを明確化し、両者の「格差」をより明確にすることを求めた[59]。

自由剥奪を伴う処分である保安監置は、被収容者の危険性を可及的に減少させ、かつ、現実的な「自由の再獲得の展望」を創出するものでなければならない。したがって、新たな保安監置構想では、執行機関と判断機関との関係だけでなく、保安監置の本質的な要素が実効的に規定されなければならない。判決は、そのための原理として、①最後の手段性原理、②個別化および集中化の要請、③動機付けの要請、④分離の要請、⑤最小化の要請、⑥権利保護および支援の要請ならびに⑦統制の要請の七つを定式化している。

従来の連邦および諸州の行刑法は、自由刑の執行の諸規定の一部を部分的に修正するのみで、本質的な部分を裁量に委ねていた。また、収容継続の審査の2年間も長すぎる（刑法第67条e第2項）。自由刑の執行段階で、後の保安監置が回避できないかを検討すべきとした。

(5) 2012年12月5日『保安監置法』

連邦政府の対応は迅速であった。2012年6月6日、政府は連邦議会に『保安監置法における格差の要請の連邦法への転換のための法律案[60]』（以下、『保安監置法』という。）を提出した。同法案は、連邦憲法裁判所判決が示した諸原理を刑法、行刑法、刑事手続法その他の法律に具体的に書き換えることを目的としている。法案の課題は、保安監置における収容を執行する施設のための諸基準（刑法第66条c第1項）、保安監置に先立って執行される刑罰拘禁のための諸基準（同法第66条c第2項）および憲法適合的な保安監置の執行およびそれに先立つ刑罰拘禁を連邦法的基準によって担保する諸規定（行刑法第１１９条の新規定および刑法第67条第2項第2文）ならびに、これにともなう刑事訴訟法第４６３条（改善保安処分の執行）を変更することである。また、保安監置における収容に関する少年裁判所法の諸規定（少年裁判所法第７条第2項）を整備し、その基準を変更すること、さらには、新法の施行前の行為の処理のための移行規定を整備すること（刑法導入法第３１６条以下）も課題である。

法案は、２０１２年12月5日、議会を通過し、２０１３年の6月1日から施行されることになった(61)。以下、その概要を紹介する。

第1条は、刑法典の変更である。まず、刑法第66条cの表題を「保安監置における収容およびそれに先立つ行刑の形成」に変更し、第1項において、「保安監置における収容は、つぎの各号の条件を充たす施設で行う」として施設設備要件を規定した。具体的には、その第1号で「被収容者に対しては、包括的な処遇調査および定期的かつ継続的に変更可能な処遇計画に基づき、以下の保護を提供する」とした。その施設条件としては、「（a）個別的および集中的であると同時に、被収容者の協働の意思を覚醒させ、かつ、標準的処遇が効果を発揮しない場合には、個々の被収容者に対応する精神医学的、心理療法的または社会治療的な処遇を奨励するに適した施設」であることと同時に、「（b）処分の執行が可及的速やかに保護観察付きの仮釈放または執行の終了宣言ができるように公共に対する収容者の危険性を緩和することを目標とする施設」でなければならない。第2号は、被収容者に対して保証すべき収容条件を示している。その条件は、「（a）被収容者の負担をできる限り縮減し、第1号の意味における保護の必要に対応し、かつまた、保安の確保に反しない限りで、一般的な生活関係に適合する」収容でなければならず、かつまた、「(b)当該処遇措置が、第1号の意味の例外的状況に当たらない場合には、通常行刑から区別された特別の建物において」処遇は行なわれなければならない。第3号は、「第1項(b)に掲げた目標を達成するため、「(a)強行規定に反せず、殊更、危険を根拠づけるような具体的理由もなく、被収容者が保安監置の執行を妨害し、または、重大な可罰行為の実行のために当該諸措置を濫用しない限りは、行刑の開放的諸措置を保証し、かつまた、適切な釈放準備措置」を行なうと同時に、「(b)国または民間の諸機関との密接な共同に基づき、自由社会における余後的保護」を可能にするような処遇を求めている。

第2条は、刑法第66条c第2項の収容の決定に関する規定で、事前的保安監置(第66条)、留保的保安監置(第66条a第3項)または事後的保安監置(第66条b)の決定については、それぞれ収容判決、収容留保判決(第66条a第1項および第2項)または行刑終了時の収容決定命令に際し、審査対象者には、収容の執行(第67条c第1項第1文第1号)または収容の決定(第66条a第3項)をできる限り回避するため、自由刑の執行段階において、第66条c第1項第1号の意味における保護、とりわけ社会治療的処遇を提供しなければならないとする。

第3条は、刑法第67条aの変更である。第2項第2文を「第67第1項の諸要件が存在し、かつ、治療的諸措置または禁絶療法の実施のための収容を指示され、かつ、現に行刑施設に収容中に保安監置における収容が言渡され、または、保安監置収容の判断が留保された場合に限り、事後的収容ができる」と変更する。第4項第2文を「第2項第2文の場合、裁判所は、収容の執行の開始まで、その都度、遅くとも1年が経過する前に、第3項第2文による決定のための諸要件が存在しているか否かを審査しなければならない」に変更する。

第4条は、第67条c第1項をつぎのように変更する。「その者の単数または複数の行為によって宣告された保安監置における収容前に自由刑が執行され、かつ、刑罰の執行の終了前に必要とされる審査において以下のことが明らかになった場合には、裁判所は、収容の執行を条件付きで免除(仮釈放)するものとする」。なお、釈放に際しては行状監督を付す。その際の釈放要件は、「処分の目的が達成され、もはや収容を必要としないとき」（第1号）または「行刑過程の全体的評価によって、行為者が、第66条c第1項第1号に拘束された第66条c第2項の意味における十分な保護が提供されていないため、保安監置における収容が比例原則に反しているとき」（第2号）である。なお、保安監置における収容が、刑罰の執行終了の前1年以内に第一審で言渡された場合には第1項第1号（収容の不必要）の審査は必要でない。

第5条は、第67条d第2項第2文をつぎのように変更する。「裁判所が、保安監置における収容の執行の開始の後に、最長期6月の範囲で裁判所が定めた期間の経過するまでに、第66条c第1項第1号の意味における十分な保護が被収容者に提供されなかったため、もはや更なる執行は比例性に反すると認定した場合も同様とする。裁判所は、十分な保護が提供されない場合に執行の免除を審査する際には、提供されるべき諸措置を斟酌して上記の期間を確定しなければならない。第1項または第2項による執行の免除には行状監督に付する」とする。

第6条は、第67条第2項の審査期間「2年」を「1年、10年の執行の後には9月」に替える。

第7条は、第68条cの第4項第1文および第68条e第1項第1文中、前者の「第67条c第1項第2文」を「第67条c第1項第1文」に、後者の「第67条d第2項第2文」を「第67条d第2項第3文」に替える。

そのほかにも、少年裁判所法、刑事訴訟法、行刑法、裁判費用法、弁護士報酬法、刑法典導入法などが変更された。

(6) 統計（運用状況）

連邦統計局の資料によって保安監置被収容者および終身自由刑受刑者の動向を概観してみることにしよう。[62]

1965年の保安監置の被収容者数は、1430人であった。1995年は183人で減少していた。しかし、

２０００年前後から上昇をはじめ、２００７年には2倍を超え、その後も毎年2割程度増えて、２００１年には3倍を超える勢いである。

１９６５年の女子の保安監置収容者（労役場収容者を含む。）は２２９人であったが、１９７０年には22人、１９７５年には４人、１９８０年には１人となり、１９９０年には０人になったが、２００７年に１人、２００９年には３人が在監している。

１９６０年代後半の「刑法改正」時代の立法者は、実証研究の成果によって、保安監置の被収容者の約８割が高齢者であり、比較的軽微または中程度の犯罪の累犯者であると認識していた。行為者類型としては、公共にとって危険というよりはむしろ、「社会のお荷物（gemeinlästig）」といわれる人たちであった。１９６５年の保安監置の被収容者の約16％が女子であったという事実も、この処分が危険な犯罪者対策から常習累犯の対策に性格を変えていたことを裏付けている。

一般に高齢または女性の常習累犯には、再社会化のための処遇が効果的である。閉じ込めるだけの保安監置はほとんど効果がない。このような実態が広まれば裁判所は、保安監置を言渡しにくくなる。被収容者は、１９６４年の８８３人から１

【表】不定期拘禁被収容者の推移（基準日３月 31 日）

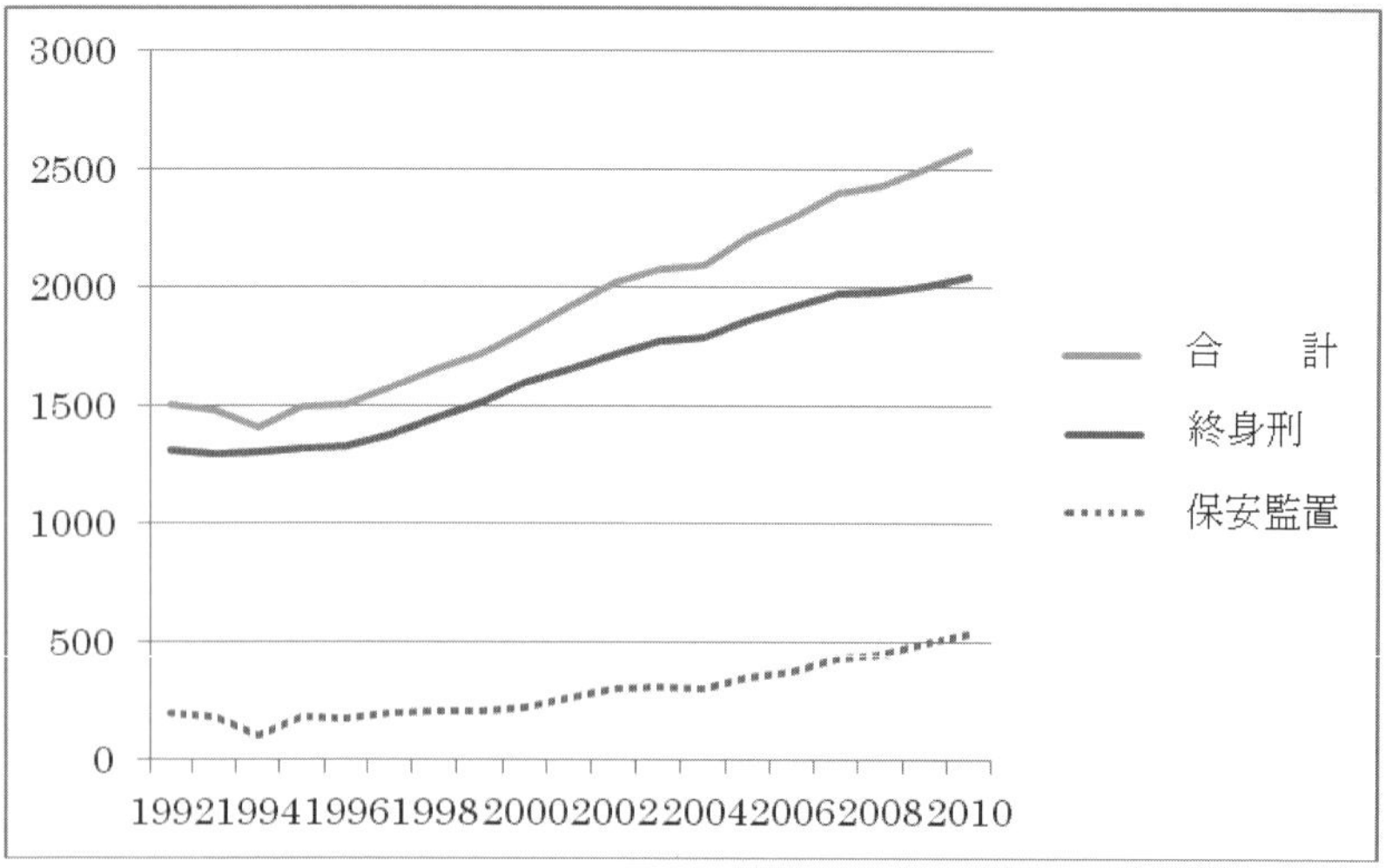

993年には173人にまで減少した。

謀殺や強姦などの重大犯罪を繰り返す人や犯罪組織の構成員のような危険な犯罪者は、終身や長期の自由刑を言渡され、重警備の行刑施設へ収容される。貧しい常習累犯は、比較的開放的な、職業訓練等の教育プログラムの整備された施設に収容されていった。また、1970年代後半から1980年代初頭にかけては、社会治療施設収容処分の実施が迫っていることもあり、モデル行刑施設で社会治療的処遇が提供され、保安監置の対象になりそうな受刑者がこの処遇プログラムに参加したため、新たに保安監置に収容される人はますます減っていった。したがって、1990年代半ばの保安監置の被収容者は、危険な累犯者であり、かつまた社会治療的な処遇に適応しない処遇困難な人たちになっていった。(63)

しかし、1990年代後半になって事態は急変する。重大な性犯罪、特に幼女に対する性的暴行の末に殺害した性犯罪者に対する最も厳しい制裁として保安監置がクローズアップされてくる。そして、社会治療的処遇を提供する行刑施設または区画に収容しても、効果のない性犯罪受刑者を保安監置で隔離せよという提案が支持されるようになる。(64) 対象者の累犯性や常習性よりも、危険性が重視されるようになり、特別予防の視点が強調されるようになっていった。

1970年代に1960年代の4割程度まで減少した終身自由刑は、1990年代に入って増加の一途をたどり2010年には2倍を超えるにいたっている。女子についても、1975年には1965年の13・4％にまで激減し、ほぼ同じ水準であったが、1990年に入って増加しはじめ、2010年には2倍を超えている。

終身自由刑と保安監置の被収容者を5年置きに合計してみると、1965年に2436人、1970年に1788人、1975年に1282人、1980年に1164人、1985年に1252人、1990年に1331人、1995年に1497人、2000年に1817人、2005年に2214人、2010年に2584人になっている。不定期の長期拘禁が1975年の2倍になっていることが分かる。

これを１９９２年以降各年次の保安監置および終身自由刑の被収容者ならびにその合計をグラフにしたのが**【表】不定期拘禁被収容者数の推移**である。不定期の拘禁は１９９５年頃から確実に増加している。

（３）裁判傍聴記—二人の殺害に対する保安監置判決—

２０１１年６月27日、ドイツのゲッティンゲン滞在中に性犯罪に対する判決公判を傍聴した。

被告人は、２０１１年11月15日、ゲッティンゲン郊外のボーデンフェルデ（Bodenfelde）において、14歳の少女ニーナ（Nina）を性的動機によって殺害し、その５日後の同月20日、13歳の少年タビアス（Tabias）を殺害した。(65) 訴訟参加人は、被害者の苦痛と同じ苦痛が与えられるべきと主張した。鑑定人は、被告人が「重篤な人格の錯乱」状態にあり、心神耗弱であると証言した。検察官は、終身刑の求刑を回避し、15年の有期自由刑、精神病院における収容、その後の保安監置を求刑した。被害者二人の家族が付帯私訴を提起し、訴訟に参加していた。タビアスの親族の私訴代理人は、被害者家族の心理的重圧や「正義」への疑念、裁判への期待を述べ、「この人間が二度と自由な社会に釈放されることは許されない」と述べた。代理人は、少年の殺害は、性的な動機によるものではなく、「嫌悪すべき卑劣な動機による謀殺」に基づくものであり、限定責任能力ではないと主張し、終身自由刑と保安監置を求刑した。

ゲッティンゲン地方裁判所は、検察官の求刑を超えて、考えられる限りで最も重い制裁を言渡した。二人の謀殺により、終身自由刑と精神病院収容処分を言渡し、さらに、薬物とアルコールの中毒等の精神病の故に危険であることを理由に、公共の安全を守るため、保安監置を言渡した。

七　むすびにかえて

以上のように、ナチスの時代に危険な常習累犯対策として導入された保安拘禁であったが、戦後も命脈を保ち、「刑法改正」作業の過程では治安対策として、一時は廃止されそうになったが、社会治療処分の導入により、適用範囲を縮減し、将来的に廃止されることが期待され、現実にも、適用が抑制されて保安監置被収容者の数も最盛期の15％以下にまで減少し、もはや「断末魔」の状態になった。しかし、１９９０年代後半の世界的な「厳罰化」の潮流の中で「危険な性犯罪者」を社会から隔離するための手段として、ふたたび息を吹き返した。１９９８年ころからは、裁判実務のみならず、立法政策的にも適用範囲を拡大し、被収容者の数も2・5倍にまで増えた。連邦憲法裁判所がこのような拡大の憲法適合性を宣言したので、さらに適用が増加していくであろうと予想された。ところが、欧州人権裁判所が、事後的に保安拘禁を言渡すことは、罪刑法定主義の派生原理である遡及処罰の禁止に抵触し、欧州人権条約に違反することを宣言したので、憲法裁判所も違憲を宣言し、立法府に刑罰との違いを明確にする新たな保安監置体制を構築することを求めた。そこで、連邦の政府および議会は、これに応えるべく法案を作成し、これを議決して、２０１３年6月から施行することになった。

このような複雑な経緯をたどったドイツの保安監置は、いまどこにいるといえるのだろうか。

15年ほど前、わたくしは、ゲッティンゲン郊外ラインハルトにある保安監置施設を訪問したことがある。そこでは、ひとりの大柄な男性が、何度もなんどもバスケットボールをリングに投じ、これを制服職員が監視しているという光景を見た。「なにかしないのですか」と聞いたが、「施設には特別の義務はありません」との答えだった。生活は比較的自由なようだが、時間の止まったような空間の中で無為を自由と呼んでいるように感じた。

死刑のない欧州では、いま「危険な犯罪者」に対する対策が議論されている。イギリスのような刑罰一元主義の国では、終身刑の増加と仮釈放のない終身刑の導入という形で問題は現出する。刑罰と処分の二元主義の国では問題は、責任を超えた保安または改善の処分の可否・当否として現象する。

しかし、「危険性」を保険級数で数量化し、それが管理の対象として、商品価値をもつ社会、これを「危険社会（Risikogesellschaft）」と呼ぶとすれば、犯罪や犯罪者の危険性も数量化可能なものとなり、その数値（＝リスク）の管理によって、対象者の拘禁を正当化することが可能になる。環境と働きかけによって、ときにリスクは低減するものであり、場合によっては増大するものであるから、これを管理・統制することも可能であるということになる。

このような犯罪予防を根拠に長期の隔離拘禁を正当化する際、従来、利用されてきたのは、精神障害等の病気を原因としてその除去のために拘禁を正当化する「因果論（絶対的因果モデル）」と再犯・累犯の数を根拠とする「確率論（確率的因果モデル）」による正当化であった(66)。前者は改善の処分、後者は保安の処分に親和性をもっていた。

しかし、近年の保安監置の収容要件や治療収容法の処遇基準は、保安の処分に処遇を要求し、改善の処分に法治国家原則の適用を求めようとしている。その原因のひとつは、精神疾患の病名の判定基準がアメリカ精神医学会のDSM-IVや世界保健機関（ＷＨＯ）のICD-10のような複数の軸から評価する多軸評定法が用いられるようになったため、複数の異なる因子による「総合評価」に抵抗がなくなっていることがあると思われる。従来、考えにくかった保安監置の被収容者に危険性（＝リスク）の低減を求めるというような発想が抵抗なく受け入れられ、現に法律化されている。しかし、どのような処遇を提供するのか、対象者の同意ないしは承諾はどのように位置づけられるのかなど課題は多い。

原因も解らぬまま拘禁し、何らかの治療や処遇を義務付けるのであれば、これを正当化するための手続的保障が必要となる。実体的根拠が特定できない場合、最終的には、公開法廷における同僚の判断にその根拠を求めることになる。いま欧州人権裁判所と加盟国の裁判所との間で生じているのは、この実体法的要件とその認定の手続的担保という問題の位相の循環のサイクルである。

翻って日本の現状を見ると、１９９８年頃にはじまった重罰化の流れの中で死刑判決と無期懲役刑が急激に増加した。いつまで拘禁されるのか分からない人たち、すなわち、死刑確定者と無期懲役受刑者の増加は、その拘禁の目的と処遇の内容との桎梏をもたらす。これを解決するための合理的刑事政策とは何か。漫然と現実に流されるのではなく、自覚的な対応が求められている。

本稿では、ドイツにおける保安監置をめぐる動向を紹介し、問題状況を整理するにとどめた。本格的な考察は、今後の課題としたい。

わたくしが、最初に刑事政策を講じたのは、足立昌勝先生に声をかけていただいた静岡大学の短期大学部であった。その後も、大学院の先輩として、そして東京刑事法研究会のメンバーとして、さまざまな御教示をいただいてきた。この度、先生の古稀をお祝いして、まことに不十分なものではあるが、本稿を献呈させていただいた。学恩への御礼となっていれば幸いである

〔註〕

（１）拙稿「ドイツの刑事政策２００４年～事後的保安監置をめぐる動き～」（『龍谷法学』第37巻4号、２００５年）２１２～２５２頁。

（２）ドイツにおける改善および保安の処分については、拙著『社会的法治国家と刑事立法政策―ドイツ統一と刑事政策学のゆくえ―』（信山社、１９９７年）84～90頁参照。

（３）Einsele,H.,"Die sozialtherapeutische Anstalt", in: A.Kaufmann[Hrsg.],*Die Strafvollzugsreform: Eine Kritische*

Bestandsaufnahme, Karlsruhe: 1971, S.145（H・アインゼレ〔邦訳・加藤久雄〕「社会治療施設」〔アルトゥール・カウフマン編著『行刑改革の諸問題』成文堂、１９７６年〕１９１～２１１頁所収〔１９１頁〕）。

（4）ドイツ刑法の翻訳については、法務省大臣官房司法法制部編『ドイツ刑法典』（法曹会２００７年）参照。

（5）２００７年４月18日改正の『刑法施行法』第３１６条ｅ（Art. 316e EGStGB i.V.m. §66b StGB i.d.F.vom 18. 04. 2007）。

（6）Gesetz über den Vollzug der Freiheitsstrafe und der freiheitsentziehenden Maßregeln der Besserung und Sicherung vom 16. 03.1976 (BGBl. I, S. 581)—Strafvollzugsgesetz (StVollzG)（BGBl. I, S. 930). 最新の邦訳として、法務省矯正局『ドイツ行刑法及び関係行政規則・付行刑服務保安規則』（矯正執務参考資料、２００３年）参照。

（7）『ドイツ基本法』第72条第１項は、「①競合的立法の分野では、諸州は、連邦が立法権を行使しなかった範囲において、かつ、その限りで、立法権を有する」と規定し、第74条第１項は「競合的立法は、次の分野に及ぶ」とし、その第１号に「民法、刑法および刑の執行、裁判所構成、裁判手続、弁護士制度、公証人制度ならびに法律相談」を規定する。

（8）バイエルン行刑法、ハンブルク行刑法、ニーダーザクセン行刑法などにはそれぞれの州の行刑法がある。

（9）そのほかについては自由刑の執行に関する規定が準用されている（第１３０条）。

（10）BVerfGE 109, 133（145f.）

（11）Allgemeines Landrecht für die Preußischen Staaten（ALR). その歴史的意義については、石部雅亮『啓蒙的絶対主義の法構造：プロイセン一般ラント法の成立』（有斐閣、１９６９年）参照。

（12）Kinzig, J.: *Die Sicherungsverwahrung auf dem Prüfstand. Ergebnisse einer theoretischen und empirischen Bestandsaufnahme des Zustandes einer Maßregel.* Freiburg i.Br. :1996, S. 8.

（13）Entwurf zur Änderung des allgemeinen Teils des Schweizerischen Strafgesetzbuchs.

（14）Gesetz gegen gefährliche Gewohnheitsverbrecher vom 24.11.1933（RGBl. I 995).

（15）危険な常習累犯者（刑法第20条ａ）および道徳犯罪（第１７６ないし第１７８条）に対しては、「民族共同体の護持または正義の贖罪」にとって必要であれば、死刑を科すことが可能となった。Vgl. Braum, S., Nachträgliche Sicherungsverwahrung: In dubio pro securitate?, *ZRP 2004*, S. 105.

(16) Kontrollratsgesetz Nr.11 vom 30.01.1946, zuglich der Aufhebung einzelner Bestimmungen des deutschen Strafrechts（ABl.S.55).

(17) 詳しくは、拙著〔註２〕85頁および〔註11〕１０６～１０７頁参照。

(18) Grundgesetz für die Bundesrepublik Deutschland（BGBl.S.1).

(19) Dritten Strafrechtsänderungsgesetz vom 04.08.1953（BGBl. I S. 735).

(20) Erstes Gesetz zur Reform des Strafrechts (1. StrRG) vom 25.06.1969（BGBl.I S.645)

(21) Zweites Gesetz zur Reform des Strafrechts (2. StrRG) vom 04.07.1969（BGBl.I S. 717).

(22) 内藤謙『西ドイツ新刑法の成立―改正刑法草案との比較法的検討―』（成文堂、１９７７年）１４７頁。また、拙著〔註２〕89頁。

(23) Ｇ・カイザーによれば、「保安監置の無意味であることは、すでに１９５０年代に明瞭になっていた。改正刑法の立法者は、法治国家的理由から、その適用領域を意識的に制限した」。「１９６４年に２０６人だった保安監置収容判決は、１９９３年にはわずか27人になった」（Kaiser,G., *Kriminologie, 3.,völlig neubearbeitete und erweiterte Aufl.*, Heidelberg: 1996, Rn.65, S.1026.)。その結果、被収容者の数も次第に減少していった。

(24) Gesetz zur Bekämpfung von Sexualdelikten und sonstigen gefährlichen Straftaten vom 26.1.1998（BGBl.I S.160).その制定経緯については、BT-Drucks .13/7559,S.1f. および BT-Drucks.13/8586,S.1f. 参照。

(25) 性犯罪対策法および『改正刑法施行法（EGStGB）』第１ａ条第３項。

(26) Gesetz zur Einführung der vorbehaltenen Sicherungsverwahrung vom 21.08.2002 (BGBl.IS.3344).Vgl. Finger,C., *Vorbehaltene und Nachträgliche Sicherungsverwahrung: Zur Rechtmäßigkeit von §§ 66a und 66b StGB.—Zugleich eine Darstellung des Umgangs mit gefährlichen Rückfalltätern in den Niederlanden-*. Broschiert: 2008.

(27) BR-Dr 507/02 および BR-Dr 860/03 参照。CDU/CSU の法案について BT-Dr 14/6709 参照。

(28) この間の経緯については、BT-Dr 14/9847 を参照

(29) BVerfGE 109,133.

（30） BVerfGE 109,190.
（31） Dessecker,A.,*ZIS* 2001.,S.706-707.
（32） BVerfGE 109,199.
（33） BVerfGE 109,199（241ff.）.
（34） BVerfGE 109, 190（236ff）.
（35） Gesetz zur Einführung der nachträglichen Sicherungsverwahrung vom 23.07.2004（BGBl.I,S.1838）。立法経緯については、BT-Dr 15/2887 参照。
（36） 総合評価であるということは、危険性の説明基準が複数の要因について説明していなければならないことを意味する。
（37） 単なる可能性ではない「高度の蓋然性」を立証しなければならない。
（38） BT-Dr 15/2887,S.15.
（39） Poseck,R.,*NJW*, 2004, S2562.
（40） Ibid.,S.2562.
（41） Ibid.,S.2562.
（42） 「ミュッケ対ドイツ（Muecke vs.Germany）」事件（*NJW* 2010, S.2495）は、遡及禁止（欧州人権条約第５条第１項）違反が争点であった。
（43） 「ハイドン対ドイツ（Haidn vs. Germany）」事件（*NJW* 2011, S.3423）は、二重処罰の禁止（同条約第７条）違反が争点であった。なお、２０１１年1月13日の「マウテス対ドイツ（Mautes vs. Germany）」事件（EGMR Nr.20008/07）および「シュマー対ドイツ（Schummer vs. Germany）」事件（EGMR Nr.27360/04 und 42225/05）、２０１１年４月14日には「イェンドロヴィアク対ドイツ（Jendrowiak vs. Germany）」事件（EGMR Nr.30060/04）の判決が相次いで言渡された。
（44） 『欧州人権条約』第７条は、処罰についての訴求禁止について規定し、「行為時に作為または不作為の行為が処罰できなかった場合には、後者を処罰することを禁ずる。遡及的に刑罰を重罰化することも本規定に反する」としている。

（45） *NJW* 2010, S.2495 [S.2499].

（46） Gesetz zur Therapierung und Unterbringung psychisch gestörter Gewalttäter vom 22.12.2010（BGBl. IS. 2300, 2305）. 同法は、２０１１年１月１日から施行された。なお、同法第８条は、２０１２年12月５日に改正され（BGBl.I S. 2425, 2430）、２０１３年１月１日から施行された。

（47） ２０１２年４月24日、カールスルーエ地裁は、１月５００ユーロの賠償額を命じた（LG Karlsruhe, 24.04.2012 -2 0 278/11）。

（48） 連邦通常裁判所、カールスルーエ、フランクフルト、ハム、シュレースヴィッヒ＝ホルスタインの上級裁判所は、即時釈放を指示した。しかし、コブレンツ、ニュールンベルク、シュトゥットガルトの上級裁判所は、これと異なる判断を示している。

（49） 治療収容法は、対象者がどこに収容されるべきかについては規定していない。

（50） Kinzig, J.. *NJW* 2011, S. 177.

（51） 同条約第１項第５条は「すべての者は、身体の自由および安全についての権利を有する。何人も、つぎの場合において、かつ、法律で定める手続に基づく場合を除くほか、その自由を奪われない」とし、「（a）権限のある裁判所による有罪判決の後の人の合法的な抑留」であることを求めている。

（52） １９５５年生まれの窃盗累犯者に関するレーゲンスブルク地裁の事案（2 BvR 2365/09）および１９５７年生まれの性犯等累犯者に関するアーヘン地裁の事案（2 BvR 740/10）である。

（53） 若年成人の殺人犯に対する暫定的保安監置に関するレーゲンスブルク地裁の事案についての二つの訴願（2 BvR 2333/08; 2 BvR 1152/10）および強姦殺人等の性犯累犯者に対するバーデン＝バーデン地裁の事案（2 BvR 2365/09）である。

（54） 「格差の要請」は、保安監置と行刑の枠組みにおけるそれぞれの自由剥奪との間に明確な相違が必要であることを意味する。

（55） 基本法第２条第２項は、生命に対する権利および身体を害されない権利は、「法律の根拠に基づいてのみ、侵すことができる」とし、第１０４条第１項第１文は、「人身の自由は、正規の法律の根拠に基づき、かつそこで規定された形式によってのみ、制限することができる」と規定する。

（56） 基本法第20条第３項は、「立法は、憲法的秩序に拘束され、執行権および司法は、法律および法に拘束される」とし、司法および行政は、「法律または法」に拘束されると規定する。

（57） Renzikowski,J. *ZIS* 2011, S.39

（58） EGMR EuGRZ 2010, 25[39f.]

（59） Vgl. BVerfGE 64, 261 (276) ; BVerfGE 98,169 (200) ; BVerfGE 116,69（85））.

（60） Entwurf eines Gesetzes zur bundesrechtlichen Umsetzung des Abstandsgebotes in Recht der Sicherungsverwahrung (BT-Drucks.17/9874).

（61） Gesetz zur bundesrechtlichen Umsetzung des Abstandsgebotes im Recht der Sicherungsverwahrung（StGBuaÄndG））』（BGBl. I S. 2425（Nr. 57）は、２０１２年12月５日に制定され、２０１３年６月１日に施行された。

（62） 資料は、下記による。Strafgefangene und Sicherungsverwahrte nach Altergruppe sowie nach Art und Dauer: Statistisches Bundesamt Fachserie 10/Reihe 4.1.Rechtspflege Syrafvollzug — Demographische und Kriminologische Merkmale der Strafgefangenen zum Stigtag 31.3.　初期の統計には、労働嫌忌者に対する労作場収容を含んでいる。基準日は原則として３月31日であるが、ハンブルクの統計には12月31日を基準日とするものもある。

（63） Kaiser,G., a.a.O.,S. Rn.65, S.1026-1027.

（64） 大きなインパクトを与えたのが、２００１年７月、当時の連邦総理大臣Ｇ・シュレーダー（Gerhard Schuröder）の『ビルト日曜版（Bild am Sonntag）』での発言であった。彼は、性犯罪者を「閉じ込めろ。それも永久に！（Wegschließen und zwar für immer!）」と述べた。背景には性犯罪の処罰歴のある性犯罪者によって幼い少女が殺害されるという悲惨な事件があった。

（65） ２０１１年６月20日付『ゲッティンガー・ターゲスブラット（Goettinger Tagesblatt）』による。

（66） 拙著〔註２〕94～１００頁参照。

処罰段階の早期化としての予備ないし予備の予備の処罰

金　尚均

一　問　題

1　一九九五年、日本において、ある宗教教団によるサリンを使用した大規模な殺傷事件、いわゆる「地下鉄サリン事件」、二〇〇一年、テロ集団によって乗っ取られた旅客機がニューヨークの世界貿易センタービルに突入する、いわゆる「九・一一事件」が起きた。これらの事件は今も忘れることのできない大規模な犯罪であり、また大規模なテロ事件として扱われている。

テロへの恐怖というファクターは、しばしば新たな立法の動きを促進する「立法事実」とも目されることがある。例えば、いわゆるサリン規制法（「サリン等による人身被害の防止に関する法律」）はその象徴といえる。(1)また、犯罪の国際化及び組織化並びに情報処理の高度化に対処するための刑法等の一部を改正する法律案では、「組織的な犯罪の処罰及び犯罪収益の規制等に関する法律」（以下、組織犯罪処罰法）の一部改正が予定されており、本法案六条の二で組織的な犯罪の共謀に関する罪の新設が議論されたのは記憶に新しい。(2)ここにおいて特徴的なのは、予備以前の共謀自体を処罰の対象としているところであり、同時に処罰段階の早期化・前倒しが行われているところである。予備そのものの処罰の可能性の疑義もさることながら、さらに前段階である共謀にまで刑法的処罰の範囲を拡張することが企図されている。一般的に予備の処罰は重大犯罪について例外的に、またその実行が間近に迫っている場合に限って許容されると解されてきた。(3)未遂犯についても同様で、未遂犯を処罰するにはこれを処罰する規定が存在しなければならない。その意味で未遂犯も例外の一つに当てはまると言ってよい。その中でも予備は、その行為性の有無が疑われることから例外的に刑法において許容されてきた。それは、重大な犯罪結果の惹起とその実行へとつながる一連性並びに近接性が見いだされることから、かろうじて行為性も許容される。しかし、これは無批判に許容されるのではからずしもない。しかも、このような予備段階以前の共謀も刑法の対象にするとなると、共謀概念の不明確さと相まって、これに類似・近似するような事象までも刑法で規制することが可能になるおそれがある。つまり、テロの恐怖と安全の確保のためにテロ対策が推奨され、これによって、刑法的保護の早期化・前倒しが進められる可能性がある。しかし、この刑法的保護の早期化・前倒しは、どこまで、すなわちどのような行為態様にまで及ぶのであろうか。

二　ドイツにおけるテロ対策立法に見る刑法的保護の早期化・前倒し

1　ヨーロッパ連合では、二〇〇二年、「テロ対策のための二〇〇二年六月一三日の枠組み決定[4]」が策定され、これがEU各国に対してテロ対策のための国内法の整備を促した。本決定の三条（テロ活動に関する犯罪行為）一項C（テロ目的での訓練）は、「教授した能力がテロ目的のために用いられるという事実を認識して、銃器、火器、その他の武器、又は侵害的ないし危険な物質の製造を指導すること、または一条一項aからhにおいて示された犯罪の挙行目的をもって他の特殊な方法ないし過程を指導すること。」と規定している。本規定は、テロ予防のために、テロ襲撃行為を行うための前提知識や技術を習得させるための指導を処罰することを意図している。また、二〇〇五年五月十六日テロリズム撲滅のためのヨーロッパ議会協定七条において「本協定において『テロ目的での訓練』とは、伝達した能力がテロ目的のために用いられることを知って、テロ犯罪の挙行もしくはその挙行に寄与することを目的として、爆発物、火器、その他の武器又は有害もしくは危険な物質の製造もしくは使用に関する指導、又はその他の特殊な方法もしくは手続を指導することを意味する。」（一項）、「各締約国は、一項の意味におけるテロ目的での訓練が違法かつ故意で行われた場合に、国内法で犯罪行為として規定するために、必要な措置をとる。」（二項）と規定しており、[5] ドイツ連邦共和国はドイツ刑法八九条aを制定することで本協定を履行した。

実際にテロ襲撃と称される暴力的行為が行われることを最終段階とすると、指導することは、危険な技術に関する知識を普及させるだけで、それ自体としてはかなり早期の段階に当たる。このことは、指導を受けた者が、結局、何ら犯罪行為をすることなく一生を終えた場合を考えると自ずと明らかである。[6]

2 ドイツではすでにテロ対策立法として、ドイツ刑法一二九条a（テロ団体の結成[7]）及び同一二九条b（外国における犯罪団体とテロ団体、拡大収奪と没収）が存在する。[8] しかし、例えば、イスラム教を信仰する行為者の場合のように、これらの立法が行われた当時と比べてテロリズムの構造も変化して、階層的に構築されたグループと関係を持たずに、単独で行動する行為者が問題になっているとされる。[9] その結果、ドイツ刑法一二九条aおよびbが適用できないとされる。[10] そのため、二〇〇九年七月三十日制定、同年八月四日に施行された新たなテロ対策立法では、[11] テロ団体に属さない・属していない個人であるテロリストに焦点をしぼり、いわゆるテロリストの養成（＝養成すること並びに養成されること）段階で刑法的介入を試みるところに新奇さがあるといえる。ここでは、組織犯罪を対象とするドイツ刑法一二九条a及びbでは包括されない、単独でテロ襲撃行為を準備する潜在的行為者を念頭に置いている。[12]

ドイツにおいても予備罪は重大な犯罪に対して例外的に許容されてきた。ドイツ刑法総則においてドイツ刑法三〇条（関与の未遂）、各則においては、ドイツ刑法八〇条（侵略戦争の予備[13]）、同八三条（内乱企行の予備）、同八七条（妨害行為目的での諜報活動）、同一二九条（犯罪団体の結成）、同一四九条（通貨偽造および証券偽造の予備）、同一五二条a一項二号（支払用カード、小切手および手形の偽造）、同二三四条a三項（拉致）、同二七五条（公の証明書偽造の予備）、同三一〇条（爆発犯罪又は放射線犯罪の予備）、同三一六条c条四項（航空交通および海上交通への攻撃の予備）などがすでに存在する。これに対して、テロリスト養成の処罰は、その段階をさらに前倒ししている。

3　ドイツにおける本条に係る立法提案は、ドイツ連邦参議院のそれに始まる。[14] それによれば、ここでとりわけ問題になっているのは、いわゆるテロリスト養成所に滞在した者が国内の安全と秩序にとって重大な危険をはらんでいることが明らかだということである。現行のドイツ刑法ではテロ団体の構成員であることやそれを支援することはドイツ刑法一二九条aおよびbで処罰可能であるが、テロ養成所における単なる滞在は不可罰のままである。このような処罰の間隙は早急に埋められなければならない。テロ養成所は、ドイツ連邦共和国にとって直接的な脅威を示している。現在ある処罰の間隙を埋め、より早期かつ有効にテロの危険に対処できるようにするために、いわゆる「テロキャンプ」の滞在の処罰までドイツ刑法一二九条aを拡張することが必要である。同時に、二〇〇二年以来不処罰のままであったいわゆる犯罪並びテロ団体にするシンパシー宣伝（Sympathiewerbung）は新たに処罰されるべきである。そのために、①ドイツ刑法一二九条a五項を、テロ目的に役立つ養成所の提供を受け入れることについて刑罰を科すために補足する。②ドイツ刑法一二九条一項並びに同１一二九条a五項二文においていわゆる犯罪並びテロ団体にするシンパシー宣伝を処罰することをあらためて確定する。③ドイツ連邦共和国の安全と国家的秩序の特別の危険が存在するドイツ刑法一二九条aおよびbの事案において刑法の適用範囲（ドイツ刑法五条）を拡張する。

この連邦参議院の提案を受けて、ドイツ司法省の立法提案は、次のように新たな法律の制定の必要性を説いている。[15] それによれば、国際的なテロリズムの脅威は変わることなく存在している。ロンドン[16]とマドリッド[17]で発生した襲撃事件や、ドイツでもドルトムントとコブレンツで発生した襲撃未遂事件[18]などは、ヨーロッパにおいてさらなる暴力的行為に対する配慮が必要であることを示している。ドイツにおいても米軍基地に対する爆破未遂事件が示すように[19]、テロ襲撃の重大な危険が存在する。そこで、いわゆる「テロキャンプ」や暴力的な極右施設における訓練が、襲撃の準備において重要となる。テロリストと目される人々は、とりわけヨーロッパ以外の国々で、武器、火器などの取り扱いの訓練を受け、そしてヨーロッパに戻ってくる。特にイスラム教を信仰する人々のテロリズム（islamistischer Terrorismus）による重大な危険はできる限り早期の刑法の介入を必要としている。重大な犯罪の予備は、ドイツ刑法一二九条ａによって包括されているテロ団体の範囲以外では、計画された行為は少なくとも未遂段階（ドイツ刑法二二条）に達した場合にしか処罰可能ではない。重大な犯罪の予備と関連した重大な危険は、可能な限り早期の段階での刑法の介入を必要としている。特にいわゆる自爆テロの場合、予備、未遂そして実行の局面が極端に短期間に行われる。これについて治安の側面からは、刑法的保護の早期化・前倒しが要請される。刑事訴追機関が予備行為の処罰の欠損を理由に行為者の逮捕に躊躇するのは実態に反しており、甘受できないであろう。このような事情について、イスラム教を信仰するテロ団体の常に変化する構造を基礎にして考えると、（例えば、アルカイダ内部のように階層的構造が解消されている（Dezentralisierung hierarchischer Strukturen））重大な犯罪の予備の領域における全ての当罰的行為がドイツ刑法一二九条ａによって包括されるわけではないという事情を考慮しなければならない。提案の目的は、国家を重大な危険にさらす暴力行為を準備する、組織的に結びついていない行為者（organisatorischen nicht gebundenen Täter）をもできる限り効果的に刑法的訴追を可能にすることにある。それゆえ、ドイツ刑法八九条ａ[20]は、テロ団体の存在又はその証明を欠く犯罪行為の予備行為についてドイツ刑法一二九条ａの関与又は支援としては訴追することができない事案を包摂する。ここでは、国家を重大な危険にさらす行為の準備のための（他人を）訓練をすることと（他人から）訓練を受けることの両方が刑罰の対象とされる。それによれば、ドイツ刑法三〇条の要件がないことから、従来は処罰の対象となり得なかった（個人の）行為者を処罰することができるようになる。ドイツ刑法三〇条（関与の未遂）

は、同一項において、重罪を行うよう又は重罪を教唆するよう、他人を決意させる行為を、同二項では、重罪を行い又は重罪を教唆する用意のあることを表明したことを処罰している。本条は、例えば、ドイツ刑法二一一条（謀殺）では、殺人予備に該当するといえるが、想定された行為の確定について、正犯者が望むのであれば行為を行うことができるであろうほどに、被害者、行為の場所、行為の手段そして行為者が具体化している行為計画が存在することが要件とされる。[21] これに対して、ドイツ刑法八九条a二項の指導すること並びに指導を受けることは、（習得した技術を用いて将来的には襲撃をするかもしれないが）具体的な犯罪行為の実行を未だ意図していない場合でも処罰を可能にする。ドイツ刑法三〇条は具体的な犯罪の予備を処罰の対象とするのに対して、ドイツ刑法八九条aは「潜在的な予備」を処罰対象としていることを意味するように思われる。

ドイツ刑法八九条a二項三号は、同一項に挙げられた態様の武器、物質または施設を製造するのに重要なものまたは物質を調達または保管することを処罰している。同二号は、武器、物質または施設の製造、それを自己または第三者のために調達すること、それを保管すること、他人に譲渡することなどを処罰の対象としている。本規定は、同二号との関係では、例えば、製造行為との関係で言うと、そのための準備段階にある行為を意味している。つまり、製造行為の前段階にある行為のことをさす。したがって、本規定は、そのことから予備の予備を処罰することになる。[22] ここでは、次のような事案が念頭に置かれている。（一）二〇〇七年九月にザウアーランドで逮捕された容疑者たちは、とりわけ、アメリカの施設に対する襲撃を計画し、爆破による襲撃を行うために大量の過酸化水素を調達していた。（二）二〇〇六年夏のドルトムントとコブレンツでの爆破未遂事件では、行為者は、計画した行為の準備のためにスーツケース爆弾に必要な物質を調達し、自宅で爆発物を製造した。[23]

ドイツ刑法八九条b（国家を重大な危険にさらす暴力行為の挙行のための関係の構築）は、テログループとの接触を持つことなどを処罰している。[24] これらの行為は従来ドイツ刑法では処罰されてこなかった。本条では、例えば、外国のテロキャンプで訓練を受けることを意図している者が処罰の対象となる。[25] ドイツ刑法一二九条五項

において テロ団体を支援することを処罰の対象としているが、本条は、支援することとは別に、テロ団体と接触を持つことを処罰している。例えば、Aは、中東の訓練所を探そうと決意した。彼は、自分の意志に従って戦士として「ジハード」に参加するために武器や爆発物の取り扱い方法について技術を習得したいと願っていた。彼にとっては、一定の決まったテロ組織を支援することには関心がなかった。訓練所に行き着くために、Aは、アルカイダが財政的に支援しており、かつてテロリスト養成所にいたことのあることを知っているBと接触を持った。Bは、訓練を受けるために外国に旅たつAのために推薦書を書いた。AがBと接触した時点ですでに、Aはドイツ刑法八九条b一項の構成要件を充足したことになる。[26]

その上、ドイツ刑法八九条三項によって外国における予備行為について実態に即した把握が可能になる。国際的テロリズムは、国内にとどまらない。重大犯罪の予備を効果的に訴追するにはドイツ刑法を一定の外国での行為にも及ばせる必要がある。ドイツ刑法八九条aによる処罰には、ドイツ国内において又はドイツ人に対して計画された重大な暴力行為が他国において準備されたのか否かはおおよそ問題にしなくてもよい。例えば、ドイツ人が外国の「テロキャンプ」や暴力的極右の施設で訓練を受けたことや、ドイツ人によってテロ犯罪のための経済的支援を外国でおこなうことなどが包摂される。

ドイツ刑法九一条（国家を重大な危険にさらす暴力行為挙行の扇動）では、[27]例えば、具体的な行為連関もなく行われる爆弾製造の扇動の準備や、インターネット上でのテロ襲撃準備のためのいわゆる「レシピ本」が包摂される。例えば、インターネットからのダウンロードが、そのような文書の調達としてそのような暴力行為の準備のために行われる場合には処罰される。

これにより、ドイツは、テロ防止のためのヨーロッパ議会の協定七条を国内法において実体法化することになる。[28]

三　ドイツ刑法八九条a、同九一条における問題

1　ドイツ連邦共和国の安全と国家的秩序の特別の危険が存在するという理由から、ドイツ刑法一二九条aおよびbを拡張するために、ドイツ刑法八九a条の導入が行われた[29]。本法律は、「テロキャンプ立法」とも称される[30]。本条は、生命や人的自由の侵害だけでなく、（諸）国家の存続と安全並びにドイツ連邦共和国の憲法諸原則の保護にも関心が向けられている[31]。ドイツ刑法八九条aでは、重大な暴力行為の予備がテロ団体の存在や証明可能性を欠いて、従来、ドイツ刑法一二九条aに基づいてその関与又は支援として訴追することができなかった行為を包括することができ、同時に、ドイツ刑法三〇条の要件が存在しないことを理由に処罰されない（個別の）行為者が包括される[32]。

とりわけドイツ刑法八九条a二項では、同条一項で示された犯罪行為の予備の中でも従来不可罰とされてきた領域への処罰の拡張が見られる。ここでは、テロリスト養成所において（他人を）訓練することと、（他人から）指導してもらうことも処罰対象とされる。「テロ対策のための二〇〇二年六月一三日の枠組み決定」では、指導した者を処罰することを規定していたが、ドイツ刑法八九条a二項は、これにとどまらず、指導してもらった者をも処罰する点で、明らかに本枠組み決定を超えている[33]。本条では、次のような事例が想定される。（一）Aは、ドイツにおいては爆発物を用いてドイツ連邦軍の営舎と米空軍基地を襲撃する任務を受け負った。この任務を遂行をするのに必要な技術を習得するために、Aは、パキンスタンとアフガニスタン国境地帯のイスラム教徒の訓練所で銃器と爆発物の取り扱いについて訓練を受けた。（二）極右グループ「Wehrsportgruppe」の構成員であるXは、シナゴーグに爆発物を用いて襲撃しようと考えた。そのために必要な知識を習得するために、Xは、指導者の指示の下、石切り場で爆発物の取り扱いについて学んだ。（三）Mは、旅客機を乗っ取り、その飛行機を操縦しようと考えた。襲撃を準備するために、飛行機訓練学校において旅客機の操縦の訓練を受けた。これによって、M

は、彼の計画を実行するのに必要な技術を習得しようと考えた。[34]（他人から）指導してもらった者が、それによって習得した知識ないしその習得した能力を、直接、指導と関連して襲撃の挙行のために利用する意思は必要ではないとされる。むしろ、（他人から）指導を受け、習得した能力が将来に―必ずしも近接して具体的ないし直接的に存在する―重大な暴力行為の挙行のために利用されるということで十分とされる。これに関して、このようなテロ行為がすでに詳細に計画されていることもまた要件ではないとされる。例えば、行為を実行する場所の情報収集、偽造文書の調達、逃走のための移動手段の調達なども含まれる。ここでは、国家保護刑法にとって重要な訓練内容のためのさほど高度でない指示をも媒介するために、意識的に、襲撃（Anschlag）の概念の一貫した法的定義は放棄されたとされる。

なお、ドイツ刑法八九条ａでは、テロキャンプでの訓練を受けることを想定して立法提案がなされたが、しかし、本構成要件では何らそのような場所に関する要件は存在しない。インターネットなどの手段を利用して、いわゆる遠隔指導並び訓練までも本条の構成要件に該当する可能性も捨てきれない。また、飛行機教習学校に通うこと、電車網を記憶すること、携帯電話の購入、金銭の節約、等々もテロ襲撃の計画又は予備として構成要件に該当するものとして評価される可能性がある。

ドイツ刑法八九条ａでは「その挙行のために少なからず重要な財産的価値を集めること、受け取ることまたは処分すること」と規定されている。ここでは、それ自体個別的に見ると重要でないように見えても（「量的考察」）、評価的な全体考察の枠組みでは、重大な暴力的行為の予備のために少なからず重要な寄与（「質的考察」）をする財産的価値も少なからず重要であり得る。これについて行為者は、彼のもとで財政的支援が重大な暴力行為のために少なからず寄与していることを確実に認識する必要はなく、しかも彼の側でそのような寄与をしているのか否かに左右する必要もない。その限りで、行為者がこのことを是認して甘受していることで十分とされる。

2　ドイツ刑法九一条（国家を重大な危険にさらす暴力行為挙行の指揮）に関して、とりわけ、イスラム教を信仰するグループを通じて可罰的行為のために利用されるのに役立つ銃器その他の装置の製造ための詳細な指揮がインターネットにおいて普及されている。これに対応する出版物の内容は、他人がこのような指揮を利用して犯罪行為の挙行のための準備をする可能性を高くさせることが明らかだとされる。ドイツ武器法（Waffengesetz）四〇条一項及び同五二条一項四号において一定の者の製造の指揮並び促進を刑罰の下においたが、それだけでは十分ではない。例えば、インターネットからのダウンロードによる爆発物作成のための指揮の調達又はテロ襲撃の軍事的計画のための指揮として役立つのに適した文書の頒布などが包摂されていないとされる。

四　テロ対策立法への疑問

1　ドイツ連邦司法省の二〇〇八年四月二十一日の提案は、重大な暴力行為の予備に対する刑事訴追のより十全な可能性を追求し、これによって国際的なテロリズムの新たな脅威に対処するものとされる。本提案では、ドイツ刑法一二九条a及びb同じく同三〇条（関与の未遂）に基づいて可罰的とされる行為のより前段階に処罰可能な行為が拡張されていることに照らして、提案の有効性よりも、法治国的疑念の方が問題視された[35]。

ツェラーによれば、ドイツ刑法八九条a、同八九条b及び同九一条の意義は、同一二九条aおよび一二九条bの意味におけるテロ団体との関連を証明できない人々を包摂することができることにある[36]。その上、これらの規定は、複数人との関係を放棄することで、ドイツ刑法三〇条の適用範囲を超えている。これらの新たな構成要件によって、一人の行為者しか確認できずしかもドイツ刑法三〇条並びに同一二九条aの要件を欠く場合であったとしても、捜査機関はテロ襲撃の準備段階においてすでに介入することができるとされる。そもそも、特にテロネットワーク・アルカイダが世界的なテロの脅威を創出し、世界のあらゆるところでテロキャンプを運営しているとされ、大規模なテロ襲撃のほとんどの行為者によってテロキャンプが利用されているという背景事情があるとされる[37]。ドイツ刑法八九条aでは、過去に行われた犯罪への処理よりも、計画中の行動に対する時宜にかなった阻止の目的に奉仕する。そのため本条は、未遂段階を超えて単なる準備段階のへの処罰領域の極端な前倒しが行われている[38]。ドイツ刑法八九条a一項及び二項は、暴力的犯罪行為、ドイツ刑法二一一条（謀殺）、同二一二条（故殺）、同二三九条a（恐喝利用のための人身興趣）又は同二三九条b（人質をとる行為）の予備である。本条では、行為の目的、時間、方法に基づいて特定の襲撃が決まっていることを要件としていない[39]。それゆえ、予備といっても、具体的な行為計画などが決まっていない段階の態度を包摂していることから、具体的な犯罪の予備のよりもより早期の処罰を可能にしている。

ヘアンレのように、テロリスト養成所に訪れる者は、その訪問によって襲撃挙行の用意のあることを十分に証明しており、その意味でドイツ刑法八九条aは、同八九条bとは異なり正当な犯罪構成要件であり、なるほど、テロキャンプに訪れること自体は通常ではほとんど考えられない。一定の強固な決意と目的をもっている者がそのような場所を訪れると考えられる。しかもそこで訓練を受けることはテロを行う能力を一定習得することを意味するとして、ドイツ刑法八九条aを肯定する見解もある[40]。これに対して、ツェラーによれば、ドイツ刑法八九条a二項の指導すること（Unterweisen）とは、ここでは、行為を挙行するための一方的な知識提供では要件を満たすことはできない。むしろ、長期の、場合によっては通信手段によって伝達されるコミュニケーション、つまり教師と生徒の対話を要件とすべきである[41]。指導してもらうこと（Sich Unterweisen Lassen）とは、単なる手助け・アドバイス（Nachhilfe）では十分ではなく、教師と生徒の関係のような結託した協働[42]、つまり結論的には、悪意を持った指導者を要件とする場合にのみ、憲法上維持できる[43]。ここでは単なる指示だけは要件は満たさない。生徒が教師に対して質問し、これに対して回答をもらう可能性がなければならないと限定解釈を試みる[44]。とりわけ、同八九条a二項に関連させて八九条a一項に見ると、ドイツ刑法八〇条（侵略戦争の予備）「……侵略戦争の予備を行い、これにより……戦争の危険を生じさせた」、同九四条（反逆）に関連して同九六条（国家機密漏示のための探知、国家機密の探索）、同三一〇条（爆発物犯罪又は放射線犯罪の予備）二項「爆薬を用いて遂行されるべき第三〇八条一項に定める犯罪行為の予備を行うために、核燃料、その他の放射線物質、爆薬又は行為を遂行するために必要な装置を製造し、……」、などの構成要件では、後の法益侵害ないし危殆化との関連が示されているが[45]、そこでは、「一項は、行為者が次のことによって国家を重大な危険にさらす予備をした場合にのみ適用することができる。」（同八九条a二項）と規定されているが、いわゆるテロキャンプで指導すること又はそこを訪問して指導を受けることと具体的な犯罪挙行の予備の連関が直接的に存在することを求めているようには思われない。むしろ、指導を受けて、いつの日か、その技能をもってしてテロを行うような場合をも包摂することができるようにも見える。本構成要件では、指導を受けることと犯罪の準備との連関の間に犯罪の具体性並びに時間的近接性が示されていない。その際、テロキャンプに訪問して指導を受けることそのものが「危険」であると評価されるとすれば、テロキャンプでの指導を受けることが将来の犯罪の潜在的危険性をはらむことになる。それゆえ、ここでは将来の犯罪の潜在的危険性こそが可罰的な予備と評価されるおそれがある。本条では、例えば指導を受けることによって国家を危殆化する重大な犯罪を準備したことを理由に、指導を受けたことを処罰対象とするのは、犯罪の成立プロセスからするとかなり早期の段階での刑罰的介入のように思われる。指導を受けて、その技術を持って、例えば謀殺の具体的な犯罪の準備にかかるということを想定すると、やはり、指導を受けることと自体は、具体的な予備の以前の段階に当たるといわざるを得ない。自爆テロを試みる者は、指導を受けることから実行までのプロセスがきわめて短期間であることを立法理由などは述べるが[46]、具体的な個々の事案のプロセスの時間的速度と処罰的介入が許容される段階とは別の問題である。テロキャンプへの捜査的介入がこのような理由で合法化されるとすれば、本規定が潜在的犯罪の危険性を根拠に予防的に早期の段階で刑事介入する目的をもつことを示すことになる[47]。

デッカー／ホイゼルによれば、テロ行為の組織連関の証明が困難であることを理由に、実際には滅多にしかあり得ない「単独テロ行為者」のために予備段階に設定された構成要件が創出されるのであれば、それは問題があると批判し、「テロネットワーク」の行為は、ドイツ刑法三〇条によっても把握されると指摘する。[48] ここでは、テロ団体の持つ特有の危険潜在力は問題になっておらず[49]、逆にテロ団体に接触する者の潜在的危険性に着目している。接触を持つことは、段階からいえば指導を受けることのさらに前段階にあるといえる。指導を受けることが予備行為に該当すると考えると、接触を持つことは予備の予備に当たることになろう。このようにテログループとの接触を持つこと自体を処罰することは、ドイツ刑法一二九条a五項におけるテロ団体に対する支援行為と見ることが困難な領域に刑法的介入の可能性を与えることになる。[50]

2　ドイツ刑法八九条a及び同条bも独立した個別の条文において規定されていることから、予備行為そのものはいずれも抽象的危険犯として位置づけられる。[51] このことは、将来のテロ襲撃による不特定多数の人々の生命・身体などの法益侵害に対して事前に法益を保護し、しかも具体的な侵害計画を不要としていることから明らかといえる。ここではまさに予防及びリスク刑法（Präventions-und Risikovorbeugungsstrafrecht）が課題になっている。[52] もう少し述べると、潜在的に危険（potentiell gefährlich）と見なされた人々ないし潜在的行為者（potentielle Täter）を予防的に対処することに重点が置かれている。[53]

ギーアハーケによれば、不法の根拠づけにとってドイツ刑法の決定的に重要な原理は行為原理である。それによれば、処罰は構成要件に規定された行為にのみ関連することが許され、制裁は個別の行為に対する返答としてのみであって、行為者の生活遂行全体ないしは彼について将来予想される危険に対する返答であることは許されない。この行為原理は、刑事不法の定義づけのための努力の自明の出発点として実際に提唱されている不法論の最低基準として承認されている。[54] 行為原理の背景を前にして、法律上規定された態度が刑事不法としての性質について検証されなければならないということが明らかになる。具体的には、重大な暴力行為の予備の中に実際に刑事不法が存在するか否か、又は他の予備行為のように不可罰的な前提行為の領域に数えられないのか否かが問われなければならない[55]。自由主義的法及び刑法の理解によれば、法的に構成された理性人の法及び平等関係が侵害された場合、つまり、行為によって具体的に構成された自由の関係（Freiheitsverhältnisse）が侵害される場合、行為の中に刑事不法が存在する。一定の自由の具体化、つまり法益ないし自由の存在要素と考えられるものの毀損が当罰的不法の決定的要件である[56]。

行為者がそのことによって一定の（将来の）テロ行為を準備すると観念している場合にもなお、一定の行為手段、そのような手段の製造ないし調達の仕方の訓練によってだけは他人の自由領域の毀損ないし行為者と被害者の法関係の毀損は生じない[57]。ドイツ刑法八九条ａでは、指導すること又は指導を受けること自体が処罰の対象とされることから抽象的危険犯とみなされるが、抽象的危殆化の場合、重大な具体的危険ないし侵害の可能性が類型的に開かれる場合に、刑事不法が存在する。このような抽象的危殆化不法の根拠づけの背景を前にして、ドイツ刑法八九条ａは正当な抽象的危険犯のカテゴリーに当てはまらないということが明らかになる。なぜなら、テロ手段の取り扱い、その製造の訓練、その保管又はその譲渡によって創出される危険条件（Gefahrbedingungen）はまさにそれらが行為者又は他人のさらなる自己決定的な行為なしには侵害に至りうるように構成されていない。つまり、武器、爆発物、放射能物質の取り扱いの訓練を受けた者は、彼がこの知識を刑法的不法の挙行のために利用するか否かを改めて決定しなければならない。一定の行為手段の製造、保管又は他人への譲渡は、彼自身又は他人がこのような手段を将来の刑事不法の挙行のために利用することができる前提条件を創出しているに過ぎない。財産的価値のあるものを集めこれを処分することは、重大な暴力行為の挙行のための相応な手段を調達することを可能にするに過ぎない。実際に法関係の侵害への限界を超えるのは、刑事不法への移行のため自己決定的な人格の自由な決定があったときである[58]。ドイツ刑法八九条ｂ（国家を重大な危険にさらす暴力行為の挙行のための関係の構築）については、ギーアハーケは、将来の重大な暴力行為の前段階にある行為は、それ自体としては刑罰を基礎づけない、なぜなら、処罰の対象となる態度自体は何ら法関係の侵害を含んでいないからだ、これはせいぜいのところその可能性を開くに過ぎない。しかも、可能性を開くこと自体によっては潜在的被害者の法益は偶然にゆだねられていないので、当罰的な抽象的危殆化は否定すべきである[59]。

プシュケは、抽象的危険犯では状況の支配不可能性から行為の危険性が明らかになるのに対して、予備罪では、あらかじめ意図された将来の法益侵害の支配が重要であるとする[60]。予備罪の正当化のためには、次のことが満たされなければならないとされる。一．刑法は予備罪においても心理的に媒介して影響を及ぼさなければならず、介入的であってはならない。二．具体的で、内容的に狭く輪郭づけられた法益のみが予備構成要件の保護目的であることが許容される。三．危険な、つまり具体的な侵害の意図を有する典型的な予備行為のみが比例性を有しうる。四．犯罪化された行為が個人の自立領域ないし中核領域に属することは許されない。五．規範は具体的でかつそれゆえ明確性原則に対応して構築されなければならない[61]。介入刑法では、当罰性の基準は規範的なものから引き離され、効果基準に方向づけられた事実的なものへと変わっていく。処罰にとって、一定の態度が特に社会侵害的で秩序ある人々の共同生活にとって耐え難いと見なされるか否かはあまり問題にならず、むしろ、一定の態度の犯罪化によって、特に社会侵害的と見なされる別の態度が阻止されうるのか否かがますます課題になっているとされる。そうすることで、不法の評価が有効性評価によって行われ、それにより当罰的と判断される行為態様の限界が流動的になる[62]。ここでは、自由な意思を持った市民ではなく、予測のつかない攪乱者、つまり介入の客体が刑法の名宛人になるであろうとされる[63]。プシュケは、予備行為に対しても刑法による国家的対応は、行為そのものが有責的な不法を示す場合にのみ許容される。行為の当罰性は、態度操縦的な効果を介して保護することのできる一般的に妥当する法益に対する危険性の態様と範囲を基礎にして規定すべきだとする。このことからすると、例えば、ドイツ刑法八九条ａは、未だ潜在的なテロ襲撃を阻止するために人の逮捕を可能にするという理由をもって予備段階の行為に対して刑法を投入することは正当化されないことを意味する。問題は、規範において示された予備行為自体がすでに独自の不法として当罰的であるような将来のテロによる暴力行為を示しているのか否かということである。(64)

誘拐又はテロ襲撃の計画について、行為を将来に行うことを意図するのではなく、単に考えているに過ぎないようななお十分に計画が熟していない場合、法益侵害に対する主観的連関は処罰にとってはあまりにも曖昧である。(65)(66)ドイツ刑法八九条b一項における処罰は、テロ団体との接触が国家を危殆化する重大な暴力行為の挙行において指導を受けることを意図して行われる場合、つまり、関係を受け入れる目的だけでさらなる予備行為と評価される場合、あまりに広く予備段階に前倒しされている。(67)

プシュケによれば、典型的に将来の法益侵害を準備する行為自体が保護に値する範囲に含まれうるとする。思考の世界を出ないか又は狭いもしくは私的な領域に収まる場合には常に不可侵の中核領域が重要となる。例えば、このことは、誰も見ることのできない行為計画の記載又は能力の純粋な習得に当てはまる。それゆえ、飛行訓練を受けることやテロキャンプへの訪問は、もっぱら能力の習得である限りで刑法上処罰可能ではない。テログループの組織化のための支援、武器の調達、ネットワークの構築（Kontakte zu knüpfen）そして同じく考えている者と行為計画を固めることなどは例外である。(68)

3　なお、ドイツ刑法八九条a三項「予備行為が外国において行われた場合にも第一項が適用される。予備行為が、ヨーロッパ連合以外の国家で行われた場合、これが、ドイツ人または生活基盤をドイツに有する外国人によって行われた場合、準備された国家を重大な危険にさらす暴力行為がドイツ国内でまたはドイツ人によってまたはドイツ人に対して行われるとされる場合にのみ適用される。」と規定している。ツェラーによると、ドイツ刑法八九条a三項には、ドイツ刑法の適用範囲について（Strafanwendungsrecht）特別の、しかし実体上失敗に陥る規制があると指摘する[69]。本規定では、場所的適用に関して、本条に規定する予備行為が外国で行われた場合にも適用される。とりわけ当該予備行為がＥＵ国内で行われた場合には、ドイツ刑法が限定なく適用可能となるとされる。このＥＵ内部でのドイツ刑法の適用の拡張は、立法者によって、何度も国境を行き来して行われるテロ襲撃のための準備活動に照らした上で必然的に必要であるとの指摘をもって正当化されるといわれている[70]。これに対して、ツェラーは、刑罰の適用範囲の枠組みでは、刑事政策的有効性の考慮が問題なのではなく、国際法上の限界の保障が課題であることを看過していると批判する[71]。しかし、本規定によれば、予備行為がドイツ国内、ＥＵ内又はＥＵ外において行われたのかは重大ではない。本条の規定によれば、基本的にドイツ刑法七条は適用されないことを前提とする。このことは、ドイツ刑法八九条ａ一項二号において「国家または国際的組織の存続または安全を毀損、またはドイツ連邦共和国の憲法諸原則を排除、無効または破壊するのに向けられた行為ないしこれに適した行為をさす。」と規定しているが、ここでの「国家」とか「国際的組織」とは何もドイツ連邦共和国並びこれが管轄する組織をさすわけではない[72]。つまり（国際法上承認された）国並び国際的機関などをさす。このことからすると、本規定の予定する行為に対してドイツ刑法の適用範囲は相当に広いと考えられる。

この規定における予備行為がＥＵ国内で行われたとしてもドイツ刑法の適用を正当化する明示的手がかりは国際法上部分的にしかカバーされず、ドイツ刑法六条九号を介して正当化され得ないと批判される[73]。

ドイツ刑法八九条ａ一項二号の予定する国家を危殆化する重大な暴力行為がＥＵ国外で行われた場合、次のような要件で本規定が適用される。一．予備行為の行為者がドイツ人であること、二．予備行為の行為者が生活基盤をドイツ国内に持つ外国人であること、三．国家を危殆化する重大な暴力行為がドイツ国内で行われるとの嫌疑があること、四．国家を危殆化する重大な暴力行為がドイツ人によって行われるとの嫌疑があること、五．国家を危殆化する重大な暴力行為がドイツ人に対して行われるとの嫌疑があること。

まずここでは、ドイツ刑法七条一項二号とは異なり、ドイツ国籍を有する者は外国においてドイツ刑法八九条

ａ一項二号の予定する行為をした場合にドイツ刑法の適用を受けることになる。しかしこれに対しては、当然ながら、国際法上の不干渉原則に抵触する。ツェラーによると、ドイツの立法者は、ドイツ刑法八九条三項に基づく国家権力の適用を要求することで、国家を危険にさらす暴力行為の予備行為がドイツ法と比較できる態様では刑罰を科せられていない他の国々の法律を軽視している。(74) また、本規定においてドイツの刑罰権は、ＥＵ諸国圏外で、ドイツ国内に生活基盤を有する外国籍を有する者によって行われた場合や、他の国又は国際機関に向けて行われた予備行為にも及ぶことになる。しかし、行為者の逮捕地（Ergreifungsort）や滞在地は刑罰権を正当化することにとって国際法上承認された手がかりではない。また行為者がドイツ連邦共和国内に生活基盤を有しているという事実によっても、このことは領域公権の中には当てはまらない。

上記の三から五では、将来に行われる暴力行為が要件とされていることに注意を要する。国家刑法の正当化の根拠づけにとってこの様な将来に生じるかもしれない諸事情を手がかりにすることは、国際条約上もまた国際慣習法によっても承認されていない。(75)

ツェラーは、ドイツ刑法八九条ａ三項は、国際法に反して規定されたと批判する。(76) そこでツェラーは、これらの規定が改正されるまでは、ドイツ刑法三条以下によってもドイツ刑法の正当な適用のための正当な手がかりが肯定される場合にのみ、ドイツ刑法八九条ａに基づいて構成要件に該当する外国に関連する行為態様を訴追すべきだと提唱する。(77)

五　小　括

1　ドイツにおけるテロ対策立法において、イスラム過激派を支持する人々をターゲットにして、彼らのテロ襲撃行為を未然に阻止することに主眼がおかれている。ここでは、組織・団体などに属さず、いわば一匹狼として行動するテロ襲撃者を主たるモデルとして立法が行われた。この単独で行動するテロ襲撃者は、いわゆる自爆テロなどを典型として、テロ襲撃のための準備から実行に至るまでの期間がきわめて短いとされる。すでに自爆テロなどの決意をもった者が、爆発物製造などの訓練を受け、短期間のうちに、この技術を持って大規模なテロ襲撃行為を実行する。それゆえ、テロキャンプでの訓練を受けた後の段階での準備段階を刑罰の対象にするのでは法益の保護を十全にすることはできないことから、訓練を受ける段階をすでに予備行為として位置づけ、処罰対象にするわけである。ここでは、この短期間性がドイツ刑法八九条aの立法提案の正当化根拠となっている。この様な立法を正当化する理由として、短期間性は全くの事例のないこととは言い難いが、それが本立法の真のねらいなのかは判然としない。例えば、ドイツ刑法一二九条及び同一二九条aなどでは、その団体の構成員であることが犯罪構成要件になっている。これらの刑罰規定とドイツ刑法八九条aを関連づけたとすると、後者の適用のためには前者の要件を満たす必要が出てくる。これは、ドイツ刑法八九条aをテロ対策立法として利用する上で一つの縛りとなる。この様な縛りから解放するために、ドイツ刑法八九条aでは組織との関連を構成要件から外しているとも読める。そうするとで、例えば、犯罪の嫌疑が生じたときに捜査機関としてはより迅速に捜査手続を開始することができるようになる。そのため、当初から組織関連性を犯罪の嫌疑に含める必要は必ずしもない。したがって令状の請求に際しても捜査機関は組織関連を立証する必要はない。テロ組織との関係は、単独の被疑者に対する捜査手続の中で発見すればよいということになる。この様に本テロ対策立法では、テロ活動と疑われる行動に対する捜査活動の促進という目的が介在していることが見て取れる。

2　しかし、準備から実行までの「期間が短い」ということが[78]、訓練を受けるという、具体的な犯罪の実行との関連では、未だ予備としては評価しがたい段階、つまり予備以前の段階の行為を処罰対象とすることを正当化するのであろうか。ここでは、テロ襲撃目的ということが、殺人などの他の重大犯罪とは別異に刑法的保護の早期化・前倒しを正当化する根拠になりうるのであろうか。例えば、通常の殺人の場合も準備期間が短い場合もあることからすると、自爆テロなどのテロ襲撃行為に限って短いとは必ずしも言い難い。確かに、テロの恐怖というモメントが処罰の早期化を促進している。いわゆる九・一一事件以来、テロとの戦いということを名目に他の犯罪とは分けて、テロ目的での行動を規制することが正当化される。これはまさに通常犯罪と「テロ犯罪」を区別するということに連なる。テロ犯罪は、通常犯罪とは異なる原理・原則に基づいて刑法上正当化されることを許容する。ドイツ刑法八九条aに関して言うと、テロ襲撃による将来の結果の重大性と短期間性を根拠に、殺人目的のための武器調達以前の行為を処罰対象にすることを許容することになる。また、同八九条bであれば、同一二九条aまたは同条bに該当する団体との間で関係を構築しまたは維持したという、訓練を受ける以前の段階も処罰対象となる。これらの規定はまさに、テロ犯罪に対しては、予備の例外的処罰の原則が適用されず、むしろ予備罪処罰が原則になることを示している。つまり短期間性という仮想的事実が、通常犯罪における実行の着手との具体的近接性という予備罪処罰の要件を凌駕する。それによって、例えばテロ目的での殺人であれば、そのための具体的な予備の概念が曖昧になったとしても、本構成要件該当行為の性質からして問題にはなりがたい。その上、予備概念の拡張が生じるが、それは等閑視されざるを得ない。しかも、この様な例外の逆転現象は、いわゆる「通常犯罪」に対する処罰段階の早期化・前倒し、重罰化又は厳罰化という形で現象する可能性が大いにある。テロ犯罪に対する刑罰といえども、それがいったん制定されてしまうと、他の犯罪と変わりなく、刑法の一般原則の適用を受けることになる。その前提からすると、テロ犯罪と通常犯罪を区別する理由はなくなる。つまり、テロ犯罪は通常犯罪になり、通常犯罪はテロ犯罪を一つのあり得る手本として法律改正や量刑において扱うようになる可能性ないと言えるであろうか。

〔註〕

（1）参照、金　尚均「サリン規制法と社会不安」立命館法学二四〇号（一九九五年）四六七頁以下。

（2）犯罪の国際化及び組織化並びに情報処理の高度化に対処するための刑法等の一部を改正する法律の政府案（組織的な犯罪の共謀）六条の二。

「次の各号に掲げる罪に当たる行為で、団体の活動として、当該行為を実行するための組織により行われるものの遂行を共謀した者は、当該各号に定める刑に処する。ただし、実行に着手する前に自首した者は、その刑を減軽し、又は免除する。

一　死刑又は無期若しくは長期十年を超える懲役若しくは禁錮の刑が定められている罪　五年以下の懲役又は禁錮

二　長期四年以上十年以下の懲役又は禁錮の刑が定められている罪　二年以下の懲役又は禁錮」。

（3）日本の刑法典における予備罪として、内乱予備罪（七八条）、外患誘致予備・陰謀罪（八八条）、私戦予備罪（九三条）、放火予備罪（一一三条）、通貨偽造準備罪（一五三条）、支払い用カード電磁的記録不正策出準備（一六三条の四）、殺人予備罪（二〇一条）、身代金目的拐取予備罪（二二八条の三）、強盗予備罪（二三七条）、凶器準備集合罪（二〇八条の三）、破壊活動防止法三九条・四〇条、爆発物取締罰則三条・五条・六条などがある。特に、刑法一六三条の四代三項（支払用カード電磁的記録不正作出準備）では、「第一項の目的で、器械又は原料を準備した者も、同項と同様とする。」と規定しているように、予備の予備を処罰対象にしている。つまり、クレジットカードの不正作成が既遂であるとすると（支払用カード電磁的記録不正作出罪）、カード作成に供する目的で電磁的記録の情報を取得した行為は、作成の前段階・予備に当たる（刑法一六三条の四代一項（支払用カード電磁的記録不正作出準備罪））。これからすると、刑法一六三条の四代一項（電磁的記録の情報を取得する）の目的で、器械又は原料を準備することは前々段階の行為、つまり予備の予備が処罰対象とされていることになる。

（4）「テロ対策のための枠組み決定」(2002/475/JI)。European Commission, Proposal for a Council Framework Decision on Combating Terrorism, Brussel, 19.9.2001, COM (2001) 521Final, 2001/0217 (CNS), Explanatory Memorandum, pp.2-7. 本枠組み決定の改正は二〇〇八年十一月二十八日に行われた（Rahmenbeschluss 2008/919/JI des Rates vom 28.

November 2008)。Vgl. Mark Steinsiek, EU Counter-Terrorism Offences: What Impact on National Legislation and Case-law?, ZStW124, S.42f. 参照、清水隆雄「テロリズムの定義」『レフェレンス』一〇号（二〇〇五年）三八ページ以下。福井千衣「EUのテロリズム対策」『外国の立法』二三八号（二〇〇八年）六八ページ以下。

（5）Übereinkommen des Europarats zur Verhütung des Terrorismus vom 16.5.2005 (http://conventions.coe.int/Treaty/GER/Treaties/Html/196.htm).

（6）Vgl. Heribert Prantl, Der Terrorist als Gesetzgeber, 2008, S.123.

（7）ドイツ刑法一二九条aはドイツ赤軍（Die Rote Armee Fraktion (RAF) 等の活動に対処するために一九七六年に制定された。

（8）補足であるが、ドイツ刑法には、全般的に妥当する「テロ犯罪」や「テロリズム」についての定義は存在しない。Vgl. Volker Bützler, Die Vorverlagerung der Strafbarkeit am Beispiel der Terrorismusverfolgung aus deutscher Perspektive, in: Arndt Sinn, Walter Gropp, Ferenc Nagy (Hg.), Grenzen der Vorverlagerung in einem Tatstrafrecht, 2011, S.377.

（9）Vgl. Rita Haverkamp, Die Prognose von terroristischen Anschlägen, ZStW 123, 2011, S.95. テロ集団との緩やかな関係を保ち続けていてはいるが、団体に属していない行為者について説明がされている。

（10）Brigitte Zypries, Balance zwischen Freiheit und Sicherheit bei Terrorismusbekämpfung wahren, in: BMJ Pressmitteilungen, 18. Sep 2007.

（11）BGBl. I, 2437f.

（12）Lackner/Kühl, StGB, 27. Auflage, 2011, Rn 1.

（13）例えば、ドイツ刑法八〇条の予備行為は重罪に当たることから（同刑法一二条）、同三〇条の適用により、予備の予備も処罰の対象となる。また同二二条及び二三条の適用により、予備の未遂も処罰の対象となる。Vgl. Nils Knobloch, Die Bestrafung von Vorbereitungshandlungen aus deutscher Sicht, in: Arndt Sinn, Walter Gropp, Ferenc Nagy (Hg.), Grenzen der Vorverlagerung in einem Tatstrafrecht, 2011, S.199.

(14) Drucksache 827/07. Am 20. 12. 2007 Gesetzesentwurf des Bundesrates.
(15) Ein Referentenentwurf des Bundesministeriums der Justiz vom 21. 4. 2008.
(16) 二〇〇五年七月七日に起こったロンドン同時爆破事件のこと。
(17) 二〇〇四年三月十一日に起こったスペイン列車爆破事件のこと。一九一人が死亡した。
(18) 二〇〇六年七月三十一日にドルトムント及びコブレンツにおいて明らかになった列車爆弾テロ未遂事件のこと。
(19) 二〇〇七年 九月五日に明らかになったドイツ米軍基地爆弾テロ未遂事件のこと。
(20) ドイツ刑法八九条a(国家を重大な危険にさらす暴力的行為の予備)

(一)国家を重大な危険にさらす行為の予備をした者は、六月以上十年以下の自由刑とする。国家を重大な危険にさらす暴力的行為とは、生命に対するドイツ刑法二一一条、同二一二条、個人の自由に対する同二三九条a又は同二三九条bに該当する犯罪行為であって、事情に照らして、国家または国際的組織の存続または安全を毀損、またはドイツ連邦共和国の憲法諸原則を排除、無効または破壊するのに向けられた行為ないしこれに適した行為をさす。

(二)一項は、行為者が次のことによって国家を重大な危険にさらす予備をした場合にのみ適用することができる。

一.銃器、火器、火設備、放火設備、核燃料物質、放射能物質、または毒を含有するないし毒を発生させることのできる物質、行為の実行に必要な特別な施設の製造または取り扱いについてまたは一項にあげられた犯罪の挙行に資するその他の技能について他人を指導しまたは指導してもらった者

二.一項に挙げられた態様の武器、物質または施設の製造、自己または第三者のための調達、保管、他人に譲渡すること

三.一項に挙げられた態様の武器、物質または施設の製造にとって重要なものまたは物質を調達または保管すること

四.その挙行のために少なからず重要な財産的価値を集めること、受け取ることまたは処分すること

(三)予備行為が外国において行われた場合にも第一項が適用される。予備行為が、ヨーロッパ連合以外の国家で行われた場合、これが、ドイツ人または生活基盤をドイツに有する外国人によって行われた場合、準備された国家を重大な危険にさらす暴力がドイツ国内またはドイツ人によってまたはドイツ人に対して行われる場合にのみ適用さ

れる。

(21) Walter Gropp, Strafrecht Allgemeiner Teil, 3.Auflage, 2005, S. 338.

(22) Zöller, a.a.O, S.570. 日本の刑法一六三条の四の三項(支払用カード電磁的記録不正作出準備)において器械等準備罪を処罰するが、本罪も同じく予備の予備を処罰する性格を有する。

(23) BMJ Pressmitteilungen, 19. Dez 2008.

(24) ドイツ刑法八九条b(国家を重大な危険にさらす暴力行為の挙行のための関係の構築)

(一項)八九条a二項一号に基づいて国家を危険にさらす暴力行為の挙行において指導を受ける意図のもとで、一二九条a又は一二九条bの団体との間で関係を構築しまたは維持した者は、三年以下の自由刑または罰金に処する。

(二項)行為がもっぱら合法的業務又は公務の義務を充足するのに資する場合には、一項は適用されない。

(三項)外国において関係の構築並びに維持が行われた場合にも一項は適用される。ヨーロッパ連合以外で行われた場合、ドイツ人又はドイツに生活基盤を有する者による関係構築並び維持が行われた場合にのみ適用する。BMJ Pressmitteilungen, 19. Dez 2008.

(25) Zöller, a.a.O, S.581.

(26) BMJ Pressmitteilungen, 19. Dez 2008.

(27) ドイツ刑法九一条(国家を重大な危険にさらす暴力行為挙行の指揮)

(一項)以下の行為をした者は、三年以下又は罰金に処する。

(一号)その配布の諸事情が、国家を重大な危険にさらす暴力行為を行う準備を促進しまたはこれをよびおこすのに適している場合、その内容に従って、国家を重大な危険にさらす暴力行為の指揮として適する文章を、賞賛しまたは他人がこれをみることができるようにした者。

(二号)国家を重大な危険にさらす暴力行為をするために、一号に挙げられた文書を調達した者

(28) テロ防止のためのヨーロッパ議会の協定七条

(一項)本協定の意味において、伝達された能力がテロ犯罪目的のために用いられるという事実を知りながら、テロ目

的のための訓練とは、爆薬、火器その他の武器又は侵害的もしくは危険な物質の製造又は使用のための指導、又はテロ犯罪を行いもしくはそれに寄与する目的を持って、他の特殊な方法もしくは手続の指導のことを意味する。

（二項）各締約国は、一項の意味におけるテロ目的のための訓練が違法でかつ故意で行われた場合、これを国内法に基づいて犯罪行為として規定するための必要な措置を講じる。

(29) Otto Backes, Der Kampf des Strafrechts gegen nicht-organisierte Terroristen, StV12, 2008, S.654.

(30) Lackner/Kühl, a.a.O, Rn 1.

(31) Vgl. Hans-Ullrich Paeffgen, Bürgerstraferecht, Vorbeugungsrecht, Feindstrafrecht?, in., Festschrift für Knut Amelung, 2008, S.110f.

(32) Backes, a.a.O, S.654.

(33) Vgl. Paeffgen, §89a Rn 4, in: Kindhäuser/Neumann/Paeffgen, Strafgesetzbuch. 3. Auflage, 2010.

(34) BMJ Pressmitteilungen, 19. Dez 2008.

(35) Henning Radtke/Mark Steinsiek, Bekämpfung des internationalen Terrorismus durch Kriminalisierung von Vorbereitungshandlungen?, 3. Jahrgang, Ausgabe 9/2008, S. 383.

(36) Mark Zöller, Terrorismusstrafrecht, 2009, S.563.

(37) Radtke/Steinsiek, a.a.O, S.384.

(38) Radtke/Steinsiek, a.a.O, S.384.

(39) Radtke/Steinsiek, a.a.O, S.385, Backes, a.a.O,S.656. 例えば、訓練を受けることは、それ自体をとってみると、このような早期の段階ではなお何ら法益を危殆化する予備行為とは言い難いと批判される（Backes, a.a.O,S.657）。

(40) Diskussion zum Thema: Grenzenlose Vorverlagerung des Strafrechts?, in: Roland Hefendehl (Hrsg.), Grenzenlose Vorverlagerung des Strafrechts?, 2010, S.66.

(41) Zöller, a.a.O, S.569.

(42) Bützler, a.a.O, S.393.

(43) Zöller, a.a.O, S.569f.

(44) Leipold/Tsambikakis/Zöller, AnwaltKommentar StGB, 2011, S.752.ここでは、電話、ファックス、インターネットチャットやEメールによるコミュニケーションでも可能であるとされる。

(45) Rüdiger Deckers/Johanna Heusel, Strafbarkeit terroristischer Vorbereitungshandlungen ZRP, 2008. S.169.

(46) Vgl. Gesetzentwurf der Bundesregierung am 25. 03. 2009, Drucksache 16/12428. ドイツ連邦政府提案でも、いわゆる自爆テロの場合、予備、実行そして結果発生までの各局面がきわめて短いことから、刑法的保護の前倒しが要請されるのだとされる。

(47) Roland Hefendehl, Über die Pönalisierung des Neutralen, in., Roland Hefendehl (Hrsg.), Grenzenlose Vorverlagerung des Strafrechts?, 2010, S.95.

(48) Deckers/Heusel, a.a.O, S.170.

(49) Zöller, a.a.O, S.581.

(50) Vgl., Radtke/Steinsiek, a.a.O, S.386.

(51) Zöller, a.a.O, S.564., Leipold/Tsambikakis/Zöller,a.a.O, S.744, Lackner/Kühl, a.a.O, Rn 2.

(52) Radtke/Steinsiek, a.a.O, S.387.

(53) Radtke/Steinsiek, a.a.O, S.392, 394.

(54) Katrin Gierhake, Zur geplanten Einführung neuer Straftatbestände wegen der Vorbereitung terroristischer Straftaten, ZIS, Ausgabe 9/2008, S. 400.

(55) Gierhake, a.a.O, S.400.

(56) Gierhake, a.a.O, S.400.

(57) Gierhake, a.a.O, S.401.

(58) Gierhake, a.a.O, S.402.

(59) Gierhake, a.a.O, S.404.

(60) Jens Puschke, Grund und Grenzen des Gefährdungsstrafrechts am Beispiel der Vorbereitungsdelikte, in., Roland Hefendehl (Hrsg.), Grenzenlose Vorverlagerung des Strafrechts?, 2010, S.13.
(61) Puschke, a.a.O, S.24.
(62) Puschke, a.a.O, S.26.
(63) Puschke, a.a.O, S.26.
(64) Puschke, a.a.O, S.27.
(65) Puschke, a.a.O, S.30.
(66) Vgl. KG Berlin 26.10.2011.
(67) Puschke, a.a.O, S.31.
(68) Puschke, a.a.O, S.36f.
(69) Zöller, a.a.O, S.576.
(70) Zöller, a.a.O, S.576.
(71) Zöller, a.a.O, S.576.
(72) Zöller, a.a.O, S.577, Paeffgen, a.a.O, Rn 7.
(73) Zöller, a.a.O, S.578.
(74) Vgl. Zöller, a.a.O, S.578f.
(75) Zöller, a.a.O, S.579.
(76) Zöller, a.a.O, S.579.
(77) Zöller, a.a.O, S.580.
(78) Schönke/Schröder. 28.Auflage, 2010, S.1237.

新たな在留管理制度に関する覚書

楠本　孝

一　はじめに

足立昌勝先生は、かつて、「退去強制は当該外国人にとって『刑罰』ではないか」と述べられたことがある。[1] そして、アメリカの最高裁判所の「退去強制は技術的には刑事手続ではないが、それは退去強制される外国人に煉獄の苦痛を与えるものであり、この自由の国において居住し、生活し且つ働く権利を剥奪するものである。このような退去強制は刑罰であり、時には最も重い刑罰であることは疑いの余地のないところである」との言葉を引用されつつ、翻って日本の最高裁判所が「いやしくも人たることにより当然享有する人権は不法入国者といえどもこれを有するものと認むべきである」としながらも、それをさらに進めて退去強制の刑罰性に言及するに至らない点を嘆かれたのであった。

足立先生は、また、「日本においては、明治以来外国人法制は治安立法としてなされてきた」とも述べておられる。[2] そして、明治から戦前に至るまでの外国人法制が一般条項を多用し、その取締りを警察が行うという点において、まさに治安法制であったことを明らかにされたのであった。とは言え、一口に治安法制と言っても、その内容はそれぞれの時代の要請によって規定される。戦前の外国人法制は、多分に対中防諜的色彩を帯びたものであった。防諜を目的とした外国人法制が入国禁止と退去強制を中核としたのは当然であった。戦後日本の外国人法制は、在日朝鮮人・台湾人に対する管理法として成立・発展し、主として（本来の）刑罰を用いて在留管理制度を維持していたが、それでも多くの在日朝鮮人・台湾人が退去強制の対象になった。そして、「実質的に刑罰たる退去強制が、かつて日本人であった朝鮮人や台湾人に多く執行されるところに悲惨さがあり、そして各方面に同情を呼び、法的にも人道的にも問題とされる根本的な原因がある」とされたのであった[3]。

確かに、かつては日本国籍をもち、それを日本政府の一方的な措置で剥奪された在日朝鮮人・台湾人に対して退去強制を行うことの理不尽さは際立つが、しかし、「生活の本拠をわが国にもち、家族をもち、地縁的にも血縁的にも日本社会の構成員をなしている人」は、なにも在日朝鮮人・台湾人に限らない。入国の経緯はどうあれ、長年にわたって日本で平穏に暮らし、家族をもち、子どもを育て、すでに日本社会の実質的な構成員となっていて、国籍国との関係は断たれているか、極めて希薄なものとなっている者を退去強制することが、どれほどの苦痛を本人と家族にもたらすかは、カルデロン事件の例を見れば明らかである[4]。一九九一年の入管特例法の成立によって在日朝鮮人・台湾人は実質的に退去強制の対象から外れることになったが、それに代わってアジアからの「不法滞在者」に対する退去強制が日本の外国人法制の新たな焦点となった。

戦後の外国人管理法制最大の改変となった二〇〇九年の法改正は、外国人登録法を廃止し、外国人管理を入管法に一元化するものであるが、ニューカマーを対象にした新たな在留管理制度では、旧制度と比較して退去強制事由が拡大され、在留資格の取消し事由も大幅に拡大された。つまり、制度の実効性の担保という点で刑罰より退去強制に傾斜した法制になっている。この法改正もまた、不法滞在者対策を中核とする治安立法と位置づけねばならないものであったのである。

本稿は、二〇〇九年法改正によって導入された「新たな在留管理制度」の治安法的性格及びそこで退去強制が果たしている役割を明らかにすることを目的としている。

二　新たな在留管理制度導入の要因

1　外国人登録と実態の乖離

外国人登録法を廃止し、新たな在留管理制度を導入する法改正を促進した要因は三つある。一つは、消極的な要因であって、80年代後半の指紋押捺拒否運動の成果として90年代に行われた外国人登録法の改正で、外国人登録法が最早在日朝鮮人管理法としての機能を喪失し、その意味での存在意義を失ったことである。第二は、在日朝鮮人に代わって我が国の外国人法制の主役となったニューカマーの生活実態と外国人登録との間に大きな乖離が生じ、従来の二元的な枠組みの中では修復不可能な状態になったことである。

単純労働者は受け入れないとの国の建前とは裏腹に、バックドアとは言わないまでもサイドドアからの単純労働者受け入れの契機となったのは、一九九〇年の改正入管法施行である。改正入管法は、一方では不法就労助長罪を設けることで不法就労の一掃を図ると同時に、身分又は地位に基づいて在留が認められ、活動に制限のない「定住者」という在留資格を創設することによって日系人の出稼ぎの拡大に道を開いた。従来、同じく身分又は地位に基づいて在留が認められる「日本人の配偶者等」の在留資格で出稼ぎに来ていた日系二世に加えて、新たに日系三世及び二世の非日系配偶者のために「定住者」の在留資格を与えて、出稼ぎ労働力の拡大に条件を整えたのである。日系人の多くは、日本語をほとんど理解せず、日本的慣行や労働観も保持していない上に、もともと出稼ぎ目的で来日しているのであるから、少しでも賃金の高い仕事が見つかれば簡単に転職し、転居を繰り返すだけでなく、「定住者」という在留資格とは裏腹に頻繁に母国と日本を行き来した。彼らは産業の集積した地域に集住する傾向があり、日系人が集住する東海地方などでは、外国人登録に基づいて子どもの就学状況を調査しようとしても、転居・帰国等のため調査結果の20～30%が「不明」となるなど、外国人登録の内容と居住実態の間の乖離が地方行政上の大きな問題になっていた。

2 不法滞在者対策

第三の要因は、在留資格のない外国人に自治体が外国人登録証明書を発行していたことである。入国管理局が公表している在留の資格別外国人登録者数の中で「その他」とされている者は、在留資格を持たずに外国人登録している者と推測される。改正前の二〇〇八年末で外国人登録している非正規滞在者は約一万八千人に達していた。(5)

不法入国者や不法残留者にも外国人登録法が適用され、外国人登録の申請をしなければならないとされていた。(6) 入管法62条2項は、国又は地方公共団体の職員が、退去強制事由に該当する外国人を知ったときは、入国審査官又は入国警備官に通報しなければならないと規定しているが、一九八九年一一月の衆議院法務委員会で人権擁護局長は、非正規滞在者の告発を行うことが行政目的達成に極めて重大な支障を生じ、そのためにもたらされる不利益が、告発しないことによってもたらされる不利益よりも大きいと認められるような場合には、行政機関の判断によって告発しなかったとしても、公務員の通報義務規定に反しない、との答弁をしている。非正規滞在者でも外国人登録できる結果、子どもの教育や公衆衛生などの措置をはじめとして、自治体から最小限の行政サービスを受けることができた。

しかし、二〇〇〇年代に入り、バブル崩壊に伴う「体感治安」の悪化が社会問題化すると、政府の態度は一変する。政府にとっては、自らが推し進める「不法滞在者対策」上からも、在留資格のない外国人登録者の存在は放置しておくことのできない、法治国家の綻びと映った。不法滞在者に外国人登録証明書を発行することは、これを本人確認手段として、不法滞在者が預貯金口座の開設や携帯電話の契約等を行うことを可能にし、結果として、不法滞在を助長することにもなっているという認識であった。政府は、在留資格のない者に外国人登録証明書を発行することは、彼らの不法滞在を免罪しているような印象を与え好ましくないと、ことあるごとに繰り返した。外国人登録制度を廃止して、新しい在留管理制度を導入した最大の理由は、この点にある。

3　「犯罪に強い社会の実現のための行動計画」

二〇〇三年一二月に犯罪対策閣僚会議が策定した「犯罪に強い社会の実現のための行動計画」は、「近年、外国人犯罪の深刻化が進み、その態様も、侵入強盗などの凶悪なものが増加している……これら犯罪の温床となる不法滞在者を、今後五年間で半減させ、国民が安心して暮らすことができるようにし、また、平穏かつ適法に滞在している多くの外国人に対する無用の警戒感を払拭することが必要である」として、不法滞在者は「平穏かつ適法に」在留する外国人と区別され、数値目標を掲げた排除の対象にされた。そして二〇〇四年二月からは、法務省入国管理局のホームページ上で「不法滞在者等の外国人」に関するメール通報制度を開始するなど、政府が積極的に不法滞在者を「社会の敵」に仕立て上げていった。

「犯罪に強い社会の実現のための行動計画」が掲げた「不法滞在者を、今後五年間で半減させ」るとの数値目標は、二〇〇四年一月時点で二一九、四一八人であった不法残留者数が二〇〇九年一月時点では一一三、〇七二人にまで四八・五％減少したことにより、おおむね達成された。[7] こうして「不法滞在者」対策が一息つくと、政府は新たに「偽装滞在者」という新たなカテゴリーを前面に出すようになる。「偽装滞在者」とは、我が国で不法就労等を行うため、身分や活動目的を偽って入国・在留する者を指し、本来は就労を目的としているのに、在留資格を得るために「偽装結婚」している者などが念頭に置かれている。「犯罪に強い社会の実現のための行動計画」は、「留学・就学、研修、興行、日本人の配偶者等の資格で入国する者の中には、在留資格は名目のみで、当初から不法就労を目的としている者が数多く存在しており、その手段も悪質巧妙化し、その資格審査が困難化してきているため、実態調査の強化をはじめとする審査の厳格化を図るとともに、関係機関相互の情報交換を密にして関連事犯の取締りを強化する」とし、その上で、「偽りその他不正の行為により在留を画策するなど継続して滞在させることが好ましくないと認められる外国人について、在留期間途中で在留資格を失わせることができるよう、出入国管理及び難民認定法を改正する」としていた。これを受けて、二〇〇四年の入管法改正により、在留資格の取消しに関する規定が新設された（22条の4）。

しかし、これによって「偽装滞在者」対策の必要性を強調する声は収まるどころか、偽装滞在者問題は新しい在留管理制度導入の推進力となった。二〇〇八年一二月に犯罪対策閣僚会議が策定・公表した「犯罪に強い社会の実現のための行動計画二〇〇八」は、新たな在留管理制度による不法滞在者対策の筆頭に「偽装滞在者」対策を掲げた。すなわち、「外国人の在留管理に必要な情報を一元的、正確かつ継続的に把握する制度を創設し、的確な在留管理を行う。また、同制度の創設に伴い、法務省が関係行政機関及び外国人の留・就学先、研修及び稼動先等の所属機関等から、迅速かつ効率的に出入国管理行政の的確な遂行に必要な情報の提供を受けるとともに、それらの情報の分析・活用を行うことで不法滞在者や偽装結婚・正規の留学生を装うなどの偽装滞在者を生まない社会を構築する」とし、その上で、「新たな在留管理制度等により、外国人の在留実態を確実かつ迅速に把握し、その情報を活用して、在留状況に疑義がある者に対しては調査を行い、不法滞在者・偽装滞在者等であることが判明した場合には、摘発や在留資格の取消し等を積極的に実施するとともに、そのために必要な法整備を行う」としていた。つまり、偽装滞在者対策をさらに強化する新たな立法の必要性を強調していたのである。これが、新入管法による在留資格取消事由の大幅な拡大に繋がっていくことになる。

三　新たな在留管理制度の下での退去強制

1　退去強制対象の拡大

（1）退去強制事由の拡大

新たな在留管理制度を定めた改正入管法は退去強制事由を拡大した。

①他の外国人に不正に在留資格認定証明書の交付や上陸の許可等を受けさせる目的での文書の偽造・変造等を自ら行う場合だけでなく、これらの行為を教唆若しくは幇助する行為まで退去強制事由を拡張した（24条3号）

②不法就労助長行為を行い、又はその教唆若しくは幇助することを新たに退去強制事由とした（同3号の4）

以上①②の退去強制事由の拡大は、外国人研修制度の見直しに合わせて、ブローカーが外国人実習生の受入れ機関に文書の偽・変造を唆したり、外国人実習生をその受入れが認められていない機関に斡旋したりする行為を取締ることを念頭に置いたものである。

③行使の目的で、在留カード若しくは特別永住者証明書を偽・変造し、又は偽・変造の在留カード若しくは特別永住者証明書を提供し、収受し、所持したこと（24条3号の5のイ）、行使の目的で、他人名義の在留カード若しくは特別永住者証明書を提供し、収受し、若しくは所持し、又は自己名義の在留カードを提供すること（同号ロ）、偽・変造若しくは他人名義の在留カード若しくは特別永住者証明書を行使すること（同号ハ）、在留カード若しくは特別永住者証明書の偽・変造の用に供する目的で、機械又は原料を準備すること（同号ニ）を、退去強制事由とした。

これらの行為は、在留カードについては入管法73条の3乃至73条の6で、特別永住者証明書については入管特例法26条乃至29条で、刑事罰の対象とされているが、これらの行為は、「あらたな在留管理制度の根幹を脅かす行為であり、これらの行為を行った者については厳正に対処する必要性があることから、退去強制事由に加えた」とされている[8]。このことからも、新たな在留管理制度が、その効力の担保を最終的に退去強制に置いていることは明らかである。

④資格外活動行為に係る罪（入管法73条）により禁錮以上の刑に処せられたことを退去強制事由とした（24条第4号へ）。

改正前の規定では、資格外活動を「専ら行っていると明らかに認められる」場合にのみ退去強制が可能であったが、これに当たらないが悪質な資格外活動に対応するための改正とされる。ここでは、資格外活動行為の罪の法定刑を引き上げても依然として資格外活動が減少しないことが、退去強制事由とした理由になっている。

⑤中長期在留者が、居住地、基本的身分事項若しくは所属機関等の届出に際して虚偽の届出をする罪、若しくは在留カードの有効期間の更新、再交付の申請義務違反の罪（71条の2）、又は在留カードの受領・提示義務に違反する罪（75条の2）により、懲役刑に処せられたことを退去強制事由とした（24条第4号の4）。

これらの行為は、法務大臣が在留管理に関する情報を継続的に把握するという新たな在留管理制度の根幹を脅かす行為として、退去強制事由とされている。改正前は、「外国人登録に関する法令の規定に違反して禁錮以上の刑に処せられた者（執行猶予の言い渡しを受けたものを除く）」（旧24条4号へ）とされていたのと比べると、「禁錮以上の刑に処せられた者」から「懲役刑に処せられたもの」に格上げされたようにも見えるが、「執行猶予の言い渡しを受けたものを除く」という限定が解除されていることから、悪質とみなされる事案では、広く退去強制の対象となる可能性がある。

（2）在留資格取消事由の拡大

いわゆる「偽装滞在者」に対処するため、二〇〇四年の入管法改正で、在留資格取消制度が創設されたが（22

条の4)、それは、偽りその他不正の手段により上陸許可の証印等を受けた場合を規定するものであった。新しい在留管理制度を創設する二〇〇九年改正入管法は、その在留資格取消事由を大幅に拡大した。

①偽りその他不正の手段により在留特別許可を受けたことを取消事由とした(同条1項5号)

これは、婚姻を理由に在留特別許可を受けた外国人が、その婚姻が偽装婚でありながら、虚偽の資料を提出するなど「偽りその他不正の手段により」在留特別許可を受けた場合を想定したものであるが、他に例えば、不法残留する外国人女性が、外国人男性との間に生まれた子を、日本人男性との間に生まれた子であると偽ってその認知を受けた上、当該子の監護・養育を理由に在留特別許可を受ける、いわゆる偽装認知の事案も含まれるとされる。(9)

②日本人の配偶者等又は永住者の配偶者等の在留資格を持って在留する者が、その配偶者の身分を有するものとしての活動を継続して六月以上行わないで在留していることを取消事由とした(同7号)

ただし、DV被害者の救済のため、両院の法務委員会で、配偶者からの暴力等により当該活動を行わないことに正当な理由がある場合には、在留資格の取消しの対象とならない旨周知徹底を図ることが決議されている。さらに、衆議院法務委員会での修正により、この事由により在留資格の取消しをしようとする場合には、在留資格の変更の申請又は永住許可の申請の機会を与えるよう配慮しなければならない、との規定が設けられた(22条の5)。

③居住地に関する各種届出義務違反を、在留資格の取消し事由に加えた。

外登法の下で届出義務の担保として刑罰が必ずしも実効的でなかったことを踏まえて、届出義務を在留資格とリンクさせることにより、継続的情報管理をより実効的にしようとするものとされる。具体的には、上陸許可の認証等を受けて新たに中長期在留者となった者が、正当な理由なく、当該上陸許可の認証等を受けた日から90日以内に住居地の届出をしないこと(22条の4第1項第8号)、中長期在留者が届け出た住居地から退去した場合において、正当な理由なく、当該退去の日から90日以内に新住居地の届出をしないこと（同9号）、中長期在留者が虚偽の住居地を届け出たこと（同10号）が在留資格取消事由になった。

これらの規定により在留資格を取り消された者に対しては、法務大臣が30日を超えない範囲で当該外国人が出国するために必要な期間を指定し（22条の4第7項）、この期間を経過して本邦に在留すれば、退去強制の対象となる（24条2号の3）から、この在留資格の取消事由の拡大も、退去強制事由の拡大強化とみなすことができるのである。

2　刑罰と退去強制

(1)　法務大臣の広範な裁量権

新入管法による新たな在留管理制度は、従来の入管法―外登法の二元的な管理体制に比べて、法を遵守させる手段において、刑罰から退去強制に傾斜したものになっている。しかも、それは刑罰が法を遵守させるための充分な威嚇力にならないという判断の下に、退去強制を法遵守の動機づけとしようとしたものである。このことは、退去強制が、外国人にとって場合によっては刑罰以上の威嚇力があり、刑罰以上の苦痛であるとみなされていることを意味している。

国家が個人に対し刑罰を科すためには「法律の定める適正な手続」によることが求められ、法の解釈・適用に関して裁判所が恣意に流れることは絶対にあってはならない。それに対して、刑罰に勝るとも劣らぬ苦痛を当事者にもたらす退去強制については、「法務大臣による広範な裁量」論が支配している。すなわち、入管法50条1項4号は、退去強制事由に当たる外国人についても「法務大臣が特別に在留を許可すべき事情があると認める」ときは、在留特別許可という形で引続き本邦に在留することを認めているのであるが、この入管法50条1項4号に基づき在留特別許可をするか否かの判断は、法務大臣等の極めて広範な裁量に委ねられたものであるとの前提に立って、「同号に基づき在留特別許可をするか否かに係る法務大臣等の判断が違法となるのは、その判断が全く事実の基礎を欠き、又は社会通念上著しく妥当性を欠くことが明らかであるなど、法務大臣等に与えられた裁量権の範囲を逸脱し又はそれを濫用した場合に限られる」と解釈されているのである。

この退去強制に関して「法務大臣の広範な裁量権」を認める実務を支えているのは、言うまでもなく、マクリーン事件に関する最高裁大法廷の判決[10]である。それによれば、憲法による人権の保障は、権利の性質上許される限り外国人にも及ぶが、その人権の保障は外国人の在留管理制度の枠内で与えられているものに過ぎない。この「在留権の枠内での人権」を前提とする限り、一般の外国人でも「在留権」が憲法上保障されているわけではないのであるから、不法滞在者に対する退去強制を制限する根拠はどこにも見出せないことになろう。在留特別許可は「法務大臣がその自由裁量権に基づき恩恵的措置として在留を許可するもの」ということになり、「法務大臣が在留特別許可を与えなかったことについて、当・不当の問題が論じられることはともかく、違法の問題が生じることはありえない」と言うことになろう[11]。

しかし、マクリーン事件判決については、もともと在留期間の更新の問題に入国の場合と同様の広い裁量権を認めたことに批判があるだけでなく、同判決以後に国際人権規約や子どもの権利条約など国際人権法に係る重要な条約を我が国が批准している事実を重く評価しなければならないとの指摘がある[12]。「児童の最善の利益」（子どもの権利条約3条1項）や「家族の権利」（自由権規約17条1項）も在留制度の枠内で考慮されるに過ぎないという解釈は、我が国が国際法を遵守する開かれた国家であることを自ら否定することであろう。「児童の最善の利益」や「家族の権利」を制限しても退去強制によって実現しなければならない国家の差迫った利益とは何かが明らかにされる必要がある。つまり、退去強制にも、罪刑の均衡の原則と同様に、その権限行使によりもたらされる在留管理上の利益と「家族の分離」など当該外国人の失われる利益とが適切に比例することが要請されると考えなければならないのである。そして、数は少ないながらも、この比例原則を退去強制に適用して、退去強制令書の発布処分を違法とした下級審判例[13]があることを銘記しなければならない。

（2） 在留特別許可のガイドライン

在留特別許可の許否判断を行う際に考慮すべき事項を整理したものとして、「在留特別許可のガイドライン」がある。法務省は、二〇〇六年一〇月に在留特別許可のガイドラインを策定・公表するとともに、「出頭申告のご案内～不法滞在で悩んでいる外国人の方へ～」という文書をホームページに掲載して、出国命令制度（入管法24条の3）を利用した出国を勧奨するとともに、在留特別許可の申請者の増加を図った。そして、政府は新入管法成立に伴って二〇〇九年七月にガイドラインの改定を行った[14]。

新ガイドラインは、積極要素を「特に考慮する積極要素」と「その他の積極要素」に分け、前者としては、当該外国人が日本人または特別永住者と緊密な関係があることのほか、難病・疾病等により日本での治療を必要とするなど人道的配慮を要する特別の事情があること、さらに当該外国人が日本の初等・中等教育機関（母国語による教育を行っている教育機関を除く）に在学し相当期間日本に在住している実子と同居し、当該実子を監護及び養育していることを掲げている。また、後者には、当該外国人が、不法滞在者であることを申告するため、自ら入管に出頭したことを明記している。他方、消極要素も「特に考慮する消極要素」と「その他の消極要素」に分け、前者としては、重大犯罪により刑に処せられたこと、及び出入国管理行政の根幹に係わる違反または反社会性の高い違反をしているときが挙げられ、後者には、重大犯罪以外の刑罰法令違反またはこれに準ずる素行不良、過去に退去強制手続を受けたことがあることの他に、船舶による密航、若しくは偽造旅券等又は在留資格を偽装して不正に入国したことが明記されている。その上で、ガイドラインは、「各事項について、それぞれ個別に評価し、考慮すべき程度を勘案した上、積極要素として考慮すべき事情が明らかに消極要素として考慮すべき事情を上回る場合には在留特別許可の方向で検討する」としている。

新ガイドラインは、「適法に入国しかつ平穏に」在留している場合は、在留特別許可がなされる可能性が大きいことを示して、出頭を促したものであるが、「適法に入国しかつ平穏に」ではなくても、「平穏に」生活している人々については、いっそう積極的な「正規化」を行うことが必要である。従来、超過滞在者と不法入国者は区別されない運用がなされていたが、新ガイドラインは不法入国を消極要素と明記したため、中学生・高校生を抱える家族でも親の不法入国を理由に保護されない可能性が出てきた。しかし、不法入国は「その他の消極要素」にすぎないのに対して、子どもが日本の初等・中等教育機関に在学しているという事情は、「特に考慮されるべき積極要素」であって、この点を軽視する運用は比例原則に反する。ガイドラインによる予測計算可能性を高め、法務大臣の裁量の余地を狭めることが、かえって非正規滞在者の減少につながることを忘れてはならない。

〔註〕

(1) 足立昌勝『国家刑罰権力と近代刑法の原点』(白順社、1993年) 234頁。なお、川原謙一『米国退去強制法の研究』(鹿島研究所出版会、1964年) 20—30頁及び新井信之『外国人の退去強制と合衆国憲法』(有信堂、2008年) 43頁以下参照。

(2) 足立、同上、269頁。

(3) 関野昭一「外国人の退去強制をめぐる諸問題」ジュリスト451号62頁、同「出入国管理法制の運用上の問題点」ジュリスト483号10頁。

(4) カルデロン事件については、渡辺彰悟「カルデロン事件が明らかにしたもの」国際人権21号80頁以下、馬場里美「フィリピン人一家退去強制事件・コメント」同86頁。

(5) 「不法 (illegal)」滞在者という表現は、その存在自体が法秩序に反する印象を与える。入管法自体が退去強制事由に当たる者でも在留が特別に許可される場合があることを認めていることに鑑みれば、「非正規（irregular）」滞在者という表現を用いるのが適切であろう。

（6）最大判1956・12・26刑集10巻12号1769頁。

（7）法務省入国管理局『二〇〇九年版出入国管理』70頁参照。

（8）山田利行・中川潤一・木川和広・中本次昭・本針和幸著『新しい入管法』（有斐閣、2010年）87頁。

（9）同上、72頁。

（10）最大判1978・10・4民集32巻7号1223頁。

（11）坂中英徳・齋藤利男『出入国管理及び難民認定法逐条解説　改訂第四版』（日本加除出版、2012年）699頁）。

（12）阿部浩己「国際義務の射程」法律時報81巻6号2頁。

（13）東京地判2003・9・17判例時報1836号55頁、東京地判2007・8・28判例時報1984号18頁。なお、児玉晃一「在留特別許可をめぐる裁判例の傾向」近藤敦・塩原良和・鈴木江理子編著『非正規滞在者と在留特別許可』（日本評論社、2010年）140頁参照。

（14）これは衆議院での修正で、改正法の附則60条2項に、「この法律の円滑な施行を図るため」、在留特別許可の「運用の透明性を更に向上させる等その出頭を促進するための措置その他の不法滞在者の縮減に向けた措置を講ずる」ことを政府に求める規定が置かれたことによるものである。

ファミリー・バイオレンスにおける刑事法の役割と限界
——ＤＶ防止法、児童虐待防止法を中心に——

櫻庭　総

一　はじめに

二〇〇〇年からの児童虐待防止法並びにＤＶ防止法の相次ぐ成立・改正等を契機に、刑事法領域でもこれらの問題が議論されるようになり、近年の日本刑法学会でもファミリー・バイオレンスが共通分科会のテーマとされた。両法律はいずれも、従来不十分であったマイノリティ（女性、子ども）の保護をその目的に掲げ、彼（女）らの被害を発見するための新たな被害の定義及び通報義務、さらにはその被害に対する迅速な保護を実現するための警察官の関与及び強制介入措置を規定する点で共通の性質を有しているといえよう。

小田中聰樹は、これらが制定された時期に、「最近の刑事立法に共通するのは、ストーカー、児童虐待、ＤＶなど一般市民間で生起する暴力的事象について早期発見、早期処理・解決、被害防止・回復等をめざし警察権力の早期介入に向け法制度を整備する傾向であり、その結果として罪刑法定主義や適正手続など憲法的近代刑事原則が後退、侵害に直面していることである」と指摘し、「たしかにストーカー行為、児童虐待、ＤＶが犯罪を構成する場合、捜査権限・刑罰権が適正に行使されるべきことは当然」としつつ、「夫婦、親子、家庭、学校、地域をはじめとして、これまで市民社会が自律、自治に秩序維持機能を委ねてきた領域における諸問題については、ぎりぎりのところまで警察権力介入を抑制し、已むを得ず介入せしめる場合でもその条件設定に当たり工夫をこらすべきである。そうせずにルーズな条件の下で警察権力に裁量的・恣意的介入を許すことは、その濫用に道を開くだけでなく、かえって問題解決をこじらせ、社会の自律的解決能力を衰退させる危険をもたらす」と警鐘を鳴らした[1]。

しかしながら、両法律は二度の改正を経て拡充・強化の方向を辿っており、マイノリティの保護が強調される一方、刑事法の諸原則はなおざりにされているようにみえる。そこで本稿では、現在のファミリー・バイオレンス法制をめぐるいくつかの論点を取り上げ、その基礎にある問題構造を整理することで、はたして刑事法の諸原則に修正を迫ることがマイノリティ保護に資することになるのかを探ってみたい。

二　ファミリー・バイオレンス法制の問題点

(1) DV防止法

先の小田中の見解に対して、中里見博は、警察の積極介入を主張する戒能民江[2]に依拠しつつ、社会のジェンダー支配構造の存在という「DVの特質と構造性を深刻に受け止めるならば、DVへの警察の積極的な介入が要請されることになろう」とする。すなわち、「DVが男性優位社会の構造的暴力として発生していることに小田中がほとんど注意を払っていないと思われる記述をいくつか指摘できる。……DVを家庭の『自律、自治』に委ねた『市民社会』とは、別名、近代家父長制社会のことである。……たしかに男女は対等で独立した『市民』どうしであるべきであり、一定の場合にはそのように擬制することが重要かつ不可欠であるが、社会のジェンダー支配構造、近代市民社会の家父長制社会としての性質を重視すれば、両者が現実にそうであると前提し、近代的刑事原則を男女の関係にそのまま無限的に適用するべきではない」とされ、さらには「警察公共の原則」そのものに「DVの特質や構造性」への無理解に基づくジェンダー・バイアスが内在すると批判し、「日本の警察権力が『極めて劣悪な状態』にあることを認めつつ、それでもDVの防止のために警察の介入を求める被害者や現場の支援者の声を真剣に受け止めれば、……警察権の濫用をできるだけ防止する制度を具体的に提起・模索し続けながら、現場が求める警察の介入を求めることが必要であるように思われる」とする。[3]

ここで展開されているように、憲法や刑事法上の諸原則に一定の配慮を示しながらも、「被害者の声」等を「尊重」することでそれら法原則の修正が要請される、これがファミリー・バイオレンス法制をめぐる議論の基本的な構図であるといってよい。ここではとりわけ保護命令制度をとりあげこの点を確認したい。

DV防止法によって新設された特筆すべき制度として保護命令手続があげられる。これはアメリカの制度を参考に構想されたものであり、「裁判所が被害者の申立てに基づいて発令する民事手続であるが、その命令は執行力を持たず、強制力は刑事罰により担保されるという独特の構造」を有する。[4] その特殊性ゆえに立法審議段階では、退去命令による権利制約の強度や、かかる権利制約に見合わない緩和された発令要件等が批判の対象となり、その結果、対象行為は重大な身体的暴力に限定され、緊急一時保護命令は採用されず一四条但書の規定にとどまり、退去期間は二週間に短縮されるといった妥協が図られることとなった。[5]

当初の案から限定が加えられた保護命令制度であったが、これで法原則上の問題が解消したわけではない。裁判官の常盤紀之は実務経験を踏まえ、まず事実認定上の問題に関して次のように述べる。「被害者が配偶者暴力支援センターに保護を求め、その職員の援助を受けて申立てがなされるというケースが比較的多いが、この場合、申立書の記載内容と前記制度に基づき当該機関から送付された書面の内容とは（当然のことながら）概ね同一である。警察に保護を求めた後に申立てがなされた場合には、申立書及び申立人作成の陳述書の記載内容よりも簡略化された内容の書面が送付されてくることが多い」。つまり、書面の提出等に関する一四条二項三項の制度は「迅速かつ適正に保護命令を発するための資料を整える、換言すれば申立人作成書類の信用性を確保し、足らざる部分を補うという役割が想定されていたと思われるのであるが、実際にはその効果は限定されたものとなっている。……裁判官としては、当事者と質疑応答を繰り返しながら、どちらの言い分が真実であるか判断することになるが、それが行き詰まった場合には、後記のとおり保護命令が相手方に看過できない不利益をもたらすものであること、保護命令発令要件の立証責任は申立人にあること（一〇条）から、申立人に不利益に判断せざるを得ない」。そこに精神的暴力といったより証明が困難な類型まで対象に含まれることがあれば、証拠に基づいて判断せざるを得ない裁判所としてはもはや対応不可能であるとする。そして、上記の保護命令のもたらす不利益、とりわけ退去命令のそれに関して次のように述べる。「現在の二週間の退去命令を発令するに際しても、相当の戸惑いを感じ〔る。〕……それは、退去命令が出された後の退去期間中の相手方の居場所について、何らの手当もされていないからである。近くに実家、知り合いの家など身を寄せる場所があればよいが、全ての相手方がそうできるわけではない。宿泊施設に滞在するにしても、二週間という期間をすべてそれでまかなうとすれば、相当の出費を余儀なくされる……実際のところ、これまでの審理に携わった筆者の経験からすると、相手方の多くは、近くに頼れる身内等もなく……、低収入という状況にある」として、この期間が二ヶ月に延長されることがあれば、多くの事例は憲法二二条一項、二九条の規定のみならず、二五条一項にも抵触することは、もはや否定できないとまで主張する。(6)

その後二〇〇四年の改正で実際に退去期間が二ヶ月に延長されるが、他方で、未だ対象が身体的暴力に限定されていることにつき、ジェンダーの視点からみた暴力の構造性を理解していない等の批判がなされ、(7)二〇〇七年の改正では生命等に対する脅迫まで対象が拡大された。こうした動向を踏まえ、被害者保護を重視する立場からは、保護命令手続における「暴力の加害者と被害者という立場の非対称性」を正面から認めた運用が必要であり、対等当事者間であることを前提にした審理判断は制度の趣旨を見誤ることになるとの見解も提起されている。(8)ただし、なぜそのような「非対称性」が認められるのか、という論拠は詳しく展開されていない。

その論拠を「ジェンダー」に求めるものとして、アメリカの保護命令制度に関する比較法から「デュー・プロセスのジェンダー化」を試みる吉川真美子の研究を参照できる。吉川は、デュー・プロセスと一方的緊急保護命令令が、「いずれも刑事司法過程に存在する不均衡な権力関係（「法執行機関対被疑者・被告人」の関係や「加害者対被害者」の関係）の劣位におかれているグループを、手続的にエンパワーする制度である」点に注目し、「マクロ的にみれば、犯罪抑止も、デュー・プロセスも、被害者の生命・身体の安全も、刑事司法が実現を目指している社会的利益である。刑事司法が実現をめざす目的は一つだけではない。このため、刑事手続においても、デュー・プロセスは複数の目的との調整によって具体化される」として、「日本においても、法執行機関の不当な権力を防ぐというデュー・プロセスの本来の趣旨を守る限り、デュー・プロセス論は問題解決の方法論として、もう少し柔軟に展開可能なものであると考えられる」と結論する。(9)

「デュー・プロセスとDV被害者の保護は両立するはずである」との問題意識から展開された吉川の立論は、しかしながら結局のところ利益衡量論に収斂し、デュー・プロセスの相対化を招くのではないかとの疑義が払拭できない。陶山二郎が、痴漢冤罪の問題を恰も「フェミニズム」対「刑事弁護」の対立のように取り上げること自体の問題性を指摘したように、(10)「弱い立場の被害者が放置されていること」と「相手方が『誤判』を甘受しなければならないこと」は別次元の問題として捉えるべきである。デュー・プロセスといった法原則の価値と被害者保護のそれを専ら二項対立的ないし利益衡量的に捉える限り、結果としてはどちらも中途半端な状態にとどまらざるを得ないジレンマに陥ってはいないだろうか。

（2）児童虐待防止法

児童虐待防止法制定の背景にも、家庭内への強制介入の積極化を求める世論が影響している。児童福祉法二八条の措置に消極的であった児童相談所の「弱腰な」態度に対するバッシングから、当時の厚生省による通知により従来のケースワーク的手法から職権発動型の介入的手法へと方向転換が図られる。この方向性を明文化したのが児童虐待防止法であるとされる。

しかし、同法成立により児相の現場はきわめて混乱した状況に追い込まれる。「それは、ただ通告件数がうなぎ登りに増加し、限られた人手のなかで実務が追いつかないという混乱だけでなく、従来の援助の手法を根本から揺さぶる大きな意識と体制の変革を求めるものであったからである。……今や児童相談所は福祉警察になりはてて福祉的支援は消滅してしまったという、実務家の嘆きさえも聞こえるようになったのである。……緊急発生と迅速対応の必要性から、夜間や休日を含む二四時間の通告、緊急対応体制の整備が求められていく。さらには、受け皿としての一時保護所や児童養護施設の満床化、保護者の攻撃の矢面に立つ職員のバーンアウト、保護された子どもたちの混乱した言動と個別ケアなど、様々な問題が連鎖・複合的に一挙に押し寄せ、とうてい児童相談所への一極集中で対処できる問題ではないという現実が明らかになって」いく。[11] こうした「介入と支援」「親子分離と再統合」といった、「右手で子どもを取り上げておいて、左手で親に握手を求めるような」相矛盾した役割を担わされる児相の現場からは、「職権介入機関とその後の支援機関との分業化」、つまり警察や司法機関の積極的関与を求める声も聞かれるようになる。[12]

こうした動向に呼応するかのように、警察庁も二〇〇六年九月二六日の通達で「児童の安全が疑われる事案については、児童の安全を警察職員が直接確認することが必要」であるとし、積極的な捜査活動を指示している。また、警察の「個人を保護する総合的補完的役割」を強調し、「警察は、個人の生命・身体・財産の保護について、総合的であるとともに補完的役割を果たす。個人の自律や他の特別な制度が機能しない場面で介入するものである。『個人の生命・身体・財産』ということに関し総合的にカバーする責務を負っているのであるから、第一時的に責任を負う個人や他の国家機関が本来なすべきことを怠っているならば、当然、総合的見地から、問題を提起し、あるべき方向を提案する権限を有し、義務を負っている」との見解も示されている。[13] 実際にも、立入調査における援助要請を受けて随伴した警察官が、警職法五条及び六条に基づく立入りに至った事例も報告されており、加えて児童相談所と警察との「人事交流」も進んでいる。[14]

こうした警察介入の積極化に対しては、対象者を矛盾した立場に追い込むことになるとの指摘もある。つまり、立入調査の際に職員の質問を正当な理由なく拒否した場合は、児童福祉法六二条四号により罰則の対象となるが、「逆に、答弁すれば暴行罪や傷害罪によって現行犯逮捕などの司法警察活動につながる恐れがあり、被調査者は進退に窮することとなる」というのである[15]。他方で、こうした行政目的での立入調査の結果が司法手続に移行して利用される可能性に鑑み、適正手続を考慮して黙秘権の趣旨から対象者に供述拒否権を告知することが妥当であるとする見解もあるが[16]、今度はそもそもの立入調査の趣旨と矛盾を生じさせるように思われる。

児童虐待防止法における最も強力な強制介入措置としては、二〇〇七年の改正で追加された臨検捜索があげられる。これはその強度の強制作用ゆえに、「憲法三五条の令状主義の基本的要請である『正当な理由』の前提としての特定の事件についての犯罪の嫌疑は要件とされず、臨検・捜索令状は『児童虐待の疑い』だけで発付され、かつ、不服申立手段がみとめられていない点において、違憲ではないか[17]」との疑いを解消するため、発動まで多くの手続を重ねることが要件とされている。

ところが、こうした手続の「慎重さ」が、児相の現場ではその実効性を妨げることになっている。すなわち、「裁判所の令状による臨検、捜索の執行は、その手続の煩雑さから生命の危険があるような緊急事例には間に合わない。むしろすぐには生命の危険があるとは思えないような閉じこもり家庭を想定している。安全確認の目的のため『不健康ながらも安定した親子』の秩序を公権力により、強引に壊してしまうことであり、職権発動型介入の究極の方法である。ここまでに至る事例は、きわめて稀であると思えるが、犯罪者に対する逮捕状の執行に似ていなくもない。他に方法がなく、あらたな親子の再生をはかるための手段としては、有効な側面も認めるが、福祉機関である児童相談所に、ここまでの役割を担わせる必要があるのかどうか現場は懐疑的である。どこでボタンをかけ違え始めたのか、児童相談所自らが権限強化を望んでいたわけでなく、家族を再生するための総合的な法整備が必要と主張していたはずであったが、法的技術論が先行してしまったとの印象を持つ」とされる[18]。ＤＶ

防止法における議論と同様の図式、ジレンマが看取できよう。

(3) 現行法制の矛盾

以上の議論における問題構造を整理しておこう。警察介入の是非をめぐっては、ファミリー・バイオレンス事案について通常の事件と異なる差別的な消極的司法警察活動が行われた場合、その不当性は明らかであるが、その解決策は、警察権限の拡大方向には求められないように思われる。例えば、全国でとある県のみ警察の犯罪捜査が行われないとすれば、それはきわめて問題であるが、それを是正するには、その県警の権限・人員の拡充ではなく、全国レベルでの捜査基準の厳格化及びその遵守の監視制度等が検討されるべきであろう。とすれば、問題はそもそも警察活動一般における介入要件等に見られる裁量の広さにこそあるのであって、むしろそれを狭めることが必要なはずである。それにもかかわらず、司法警察活動の範囲を超え、従来以上に警察が早期に介入することは、対象者を矛盾した立場に追い込み、態度の硬化を招きかえって事態をこじらせることにもなりかねない。

DV防止法における保護命令及び児童虐待防止法における臨検捜索といった、緊急時における迅速な被害者保護を目的として設けられた新たな手法については、その実効性と適正手続とのジレンマが生じているといえる。強い強制力を伴う以上、厳格な要件が要請されるのは当然かつ必要であるが、そのため保護の迅速性、実効性とは矛盾をきたすのである。保護命令の発令がかえって相手方を刺激し、同命令を無視し被害者の殺害にまでエスカレートしたことが推察される事件も発生している[19]。

結果として、DV防止法及び児童虐待防止法の制定・改正を経る中で、家庭内への警察の裁量的介入は拡大し、法原則上の疑義も呈されるような相手方への強度の強制作用を伴う措置が整備、拡充されながら、それらがDVや虐待問題の解決について当初想定されたような寄与をしているともいえない、きわめて問題のある状況が現出しているといえる。

三　ファミリー・バイオレンスの特質と刑事法の限界

（1）新たな刑事立法に関する見解

現在のファミリー・バイオレンス法制の不十分さは多くの論者が指摘するところであるが、今後の方針として、さらなる刑事規制の強化によってこれを補充しようとする見解が少なくない。これらの主張は次のようにまとめられる。

第一に、刑法のメッセージ効果、象徴的意義を強調する見解がある。ＤＶ罪新設については、「ＤＶが社会的非難に値する行為であることを人びとに示すメッセージ効果をもつ。日本のＤＶ防止法のように、保護命令違反によって間接的に犯罪化するだけでは不十分であ」るとの戒能の主張に代表される[20]。児童虐待罪新設については、「『規範化』が予防目的をただちに充足するとは限らないにしても、児童への虐待行為がいかなる場合にも『許されない行為』であることを意味し、この国の正義を言明することである。『児童虐待は重大な犯罪である』との規範が確立されれば、おのずと予防効果も生まれてくるのではないだろうか。『大人になりきれず、不安定で感情をおさえられない若者』に対して強いメッセージを示す必要を痛感する」として、「児童に対して継続的に抑圧を加えることの非道さこそが問題なのであり、この点を意識するならば、虐待そのものを不当な行為として捉え、刑事罰をもって否定すべきものとされなければならない。これが『規範化』である」との安部哲夫の主張等があげられる[21]。

第二に、関係機関の実効性を担保するために刑事立法が必要であるとする見解がある。小島妙子は、特別刑法でのＤＶ罪の創設により直罰化の方針を明確にして、警察の「適切な介入」、警察「資源」の投入を促す必要があるとする。[22] 子ども虐待については、三枝有が、児童虐待防止法における学校職員や医師の通告義務が努力義務にとどまっている点で実効性を欠くとして、通告義務違反に刑罰を科すべきであると主張する。[23]

第三に、加害者に対する治療プラグラム受講命令を課すための犯罪化を説く見解がある。岩井宜子は、ＤＶに関して「二〇〇六年一二月に徳島県で、接近禁止命令を受けていた夫が探偵を用いて妻の居所を探し出し、妻を殺害するという事件も起きている。……加害者の更生を実効的に図ることが、緊急の課題となる。……加害者に対し、再発防止のための強力な方策がなされる必要が痛感される。……任意的なアプローチでは効果はあまり望めないとされている。刑事的な介入を強化し、強制的に治療プログラムを受講させる等の方策の導入が必要であろう。共生の道を探るためにも、システムに組み込まれる必要があると思われる。」とする。[24]

また、子ども虐待についても、「子どもを安全に育成することは、保護者に課せられた重大な義務であり、それに反し、虐待の結果、死をもたらすような行為は、責任非難という点において、通常の暴行罪や傷害罪よりも重い罪責を負うと評価しうると思われる。保護者による身体的虐待については、その責任非難の重さに応じた厳格な処罰により社会の規範意識を高め、一般予防効果の達成も考慮されてよいものである。……虐待行為の継続性・常習性を正当に評価しうる犯罪構成要件の創設も検討される必要があろう」としつつ、「児童虐待への刑事法的規制については、児童虐待対策法制全体の基本方針に従った、体系的な公的対応の一手段として位置づけられることが求められよう。加害者である虐待親を刑事訴追手続に乗せることは家庭崩壊の危険性を含むものである。児童虐待事例においては、将来的な家族再統合を目指すのであれば、各種ダイヴァージョンの有効な運用方法も検討すべきとなるし、法定刑の設定に際しては、加害者ケアと家族再統合を目的とした施設内処遇および社会内処遇のさらなる整備も視野に入れ、有効な処罰効果の確保という観点からの考慮も求められよう」としている。[25]

こうした司法的関与による治療プログラムの法的義務化は、実際に加害者プログラムに従事する論者からも要請されることがある。[26] プログラムの法制化による予算等の確保といった側面もさることながら、前述した第一、

らであろう。

しかし、これらの見解はいずれも、先に指摘した矛盾・ジレンマをさらに深める方向にはたらく危険が大きい、と考える。これを検討する前提として、ファミリー・バイオレンスの特質を確認しておきたい。

(2) ファミリー・バイオレンスの特質

ファミリー・バイオレンスの最も基本的な特徴は、それが家庭内という親密圏で発生する点にある。したがって、他の暴力とは異なり、経済的・社会的・福祉的依存関係、心理的依存関係及び家族の自律性・閉鎖性といった特性があり、そのことが被害からの脱却、救済を困難にしている一因とされる[27]。

そしてまた、私的領域における支配・権力関係にその本質があるとされ、そのような「権力関係からみるという視点を導入することによってはじめて、家庭内での虐待行為が、単なる家庭内での子どものしつけや夫婦げんか・親子げんかとは異なる、ということが理解できる」とされる[28]。もっとも、DVを子ども虐待等と同列の「家庭内暴力」と一括することについてはフェミニズムの立場からの反論もあるが、表面的な身体的暴力にとどまらず、その根底にある社会構造、支配関係にこそ問題の本質があると捉える点では同様である[29]。

こうした従来は見過ごされがちであった私的な支配・権力関係にこそファミリー・バイオレンスの特質があるとすれば、その被害を捕捉・救済するには、身体的暴力・虐待のみならず、心理的、性的、経済的なそれへと概念は必然的に拡大される。しかし、各種虐待防止法等で示されるこうした類型化で問題が解決するわけではなく、それらが現実のいかなる事象に該当するかが問われることとなるのである。そこではしばしば専門家の間でも認識の違いがあるとされ、最終的には被害者の利益を優先するとの観点から、「女性の意に反した力の行使あるいは不作為[30]」や、「親はいくら一生懸命でも、……子どもの側にとって有害な行為[31]」であれば須くDVや子ども虐待とする見解が参照されることになる。

以上から明らかなように、ファミリー・バイオレンス問題の本質は、殴る、蹴るといった明確な暴力が顕在化した時点にはなく、それを醸成する男性中心主義あるいは家族制度といった諸々の社会構造の次元に深く根ざしており、それゆえ私たちの何気ない日常私生活上の所為にまで不可避的に関わる、いわば「構造的暴力」「社会的虐待」としての側面を有するものとして捉えられていることが窺える（だからこそ、例えばフェミニズムの提起した「私的なことは政治的なことである」とのスローガンがラディカルな問題提起になりえたといえる）。それゆえ、かかる特質にまで切り込み、その克服を目指しうる方法によらなければ、ファミリー・バイオレンス問題の根本的解決には結びつかない、ということになろう。

(3) 刑事法の役割と限界

ファミリー・バイオレンスがかかる日常生活の隅々にまで至る根深い問題であることを真摯に受け止める限りで、つまり、明確な身体的暴力・虐待ではなく、日常のさまざまな子育ての過程や、険悪な（良好なときでさえ）パートナー間のやり取りの一コマ一コマにあらわれる支配・権力関係にこそその本質があると理解する限りで、それを独自に犯罪化することは、従来の犯罪概念を大幅に前傾化させ、罪刑法定原則や侵害原理といった刑事法の諸原則と抵触せざるを得ないことは明らかであろう[32]。さらに、一般予防効果を過度に強調しファミリー・バイオレンスの厳罰化を促進することは、例えば父親によるＤＶ及び子ども虐待が併発しているような事案において、本来被害者である母親が虐待を制止しなかったことにつき不作為の幇助犯が問われるといった、加害者性のみが強調される処理がなされうることも肝に銘じておかねばならない[33]。

また、「虐待」概念は上記のように広く捉えられ外延が社会的に明確となっていない一方、きわめて強烈なスティグマ性を帯びている。そのため現実には虐待通告がためらわれ[34]、あるいは誤報が多発し児相に過度の負担を招く事態[35]も指摘されている。内田良は、「子どものため」という正義の裏で時に親を追い詰め、いっそうのプレッシャーを与えることで、かえって問題解決から遠ざかる負の側面を懸念し、ファミリー・バイオレンス問題には「やってはならない」の一言で片付けることのできない難しさがつきまとっていることを冷静に受け入れる必要があるとする[36]。ファミリー・バイオレンスの犯罪化によって「メッセージ効果」を期待することには、むしろ過度のスティグマ性を伝達し、負の作用を及ぼすことが懸念される。それにもかかわらず「犯罪化」「厳罰化」を推し進めることは、かえって「顕在化」の妨げになり、早期発見という最重要課題と齟齬をきたすのではないかとの疑問も提起されている[37]。

こうした懸念が否定できない以上、象徴刑法に期待するのではなく、現実のファミリー・バイオレンスの実態、「家庭には愛情よりもむしろ、コンフリクトや暴力のほうがより一層多く存在すると考えてもけっして間違いではない」との事実[38]を出発点とし、実効的な予防・克服手段を模索することが求められよう。この点に関して、ファミリー・バイオレンスの原因論及び現在の多くの施策のエビデンスが必ずしも十分に証明されていないとの指摘を念頭に置く必要がある[39]。その限りで、治療プログラムの強制受講命令についても任意／強制での効果の差異等につき慎重な評価が求められる[40]。

このように見てみると、ファミリー・バイオレンスの本質に刑事司法が踏み込むことは、その性質上、不可避的に、憲法や刑事法上の諸原則との関係から問題を生じさせるばかりでなく、問題解決に向けた実効性についても限界があり、むしろ逆機能に作用する場合さえあると言わざるを得ないのではないだろうか。現行のファミリー・バイオレンス法制について確認した前述のジレンマも、この点に起因するものと位置づけられる。原田綾子は、子ども虐待に司法が関与する負の影響を、原因探求の軽視、親の動機付けの困難、個人責任の追及による社会的正義の放置の三点にまとめているが、ファミリー・バイオレンス問題における刑事司法の限界を端的にあらわすものといえよう[41]。

そうであるならば、優先すべきは刑事司法の関与ではなく、またそれに匹敵するような「重武装」を福祉の領域に担わせることでもなく、そもそも本来の福祉的業務に関して不十分な対応を余儀なくされる「小規模で脆弱な行政機関[42]」である児相をはじめとした福祉機関の人員・資源等の拡充であり、ファミリー・バイオレンスの特質が根ざす社会構造それ自体の変革を促しうる社会政策の整備である。そこには、従来のパターナリズムに基づく福祉観それ自体への反省も含まれることになろう[43]。もちろん、このことはファミリー・バイオレンスが従来の犯罪を明確に構成する場合にまで刑事司法が一切手を引くことを意味しない。この点に関して、例えば、高齢者虐待を論じたものであるが、強制権限を行使する場合の虐待の定義は狭い厳格なものにし、広義の虐待は福祉的対応で幅広く捕捉するといった二段階の定義を提案する見解などが参考になるであろう[44]。近年、さまざまな領域で司法と福祉の連携が唱えられているが、両者を安易に融合させ、福祉の領域に司法を過度に関与させるのではなく、むしろ司法の限界を正しく認識したうえで、明確な役割分担を図ることこそ、むしろ社会問題としてのファミリー・バイオレンス全体の克服に資するのではないかと思われる。

四　おわりに

本稿は、マイノリティによる当事者運動などが「伝統的な法観念[45]」に異議申立てを行い、ＤＶや子ども虐待といった従来見過ごされてきた被害を社会的に認知させたことの意義をいささかも否定するものではない。そうであればこそ、その異議申立ては、同様に「伝統的な法観念」である刑事司法に対しても、より具体的には「啓蒙の怠慢」である国家刑罰権への省察の不徹底[46]に対しても向けられるべきことを指摘したいのである。その限りで、これらの異議申立ては近代における刑事法の諸原則が有する歴史的意義を否定するのではなく、むしろ徹底・深化させるものとして捉えるべきである。前述の中里見の見解にひきつけていえば、「ＤＶの構造性と特質を深刻に受け止める」からこそ、刑事司法は憲法的近代刑事原則の理念を厳格に遵守すべきことが求められるといえよう。

足立昌勝は、現代社会における近代刑法諸原則の有効性を説くなかで、次のように論じた。「社会には、多様なサンクションが存在する。違法行為の程度に応じて、そのサンクションを使い分ければ、安易な犯罪化を回避することができる。違法行為を、全て、行為者個人に帰するのではなく、違法行為の起こらない社会の樹立を目指すべきであり、その面においては、社会をも治療する必要があるであろう」[47]。

本稿では紙幅の関係からファミリー・バイオレンス法制をめぐる問題状況の整理にとどまらざるを得なかったが、かかる認識の重要性を再確認し、刑事法の諸原則の相対化をもたらさないかたちでの、被害者救済との「両立」を模索すべきであり、またそれは十分可能であると考えられる。

〔註〕

（1）小田中聰樹「刑事法制の変動と憲法」法律時報七三巻六号（二〇〇一年）四七頁。また、新屋達之「刑事規制の変容と刑事法学の課題　――立法を素材として（訴訟法の立場から）」刑法雑誌四三巻一号（二〇〇三年）二七頁以下も参照。

（2）戒能民江『ドメスティック・バイオレンス』（不磨書房、二〇〇二年）一二〇頁など参照。

（3）中里見博「『市民の安全』とジェンダー――DVへの警察介入をめぐって」森秀樹編『現代憲法における安全』（日本評論社、二〇〇九年）二三一頁以下。

（4）町村泰貴「ドメスティック・バイオレンス保護命令の実効性」北大法学論集六一巻六号（二〇一一年）三六四頁。

（5）南野知恵子ほか監修『詳解DV防止法』（ぎょうせい、二〇〇八年）一六頁以下参照。

（6）常磐紀之「配偶者からの暴力の防止及び被害者の保護に関する法律における保護命令制度についての問題点」判例

タイムズ一一四六（二〇〇四年）五九頁以下。
(7) 戒能民江『ＤＶ防止とこれからの被害当事者支援』（ミネルヴァ書房、二〇〇六年）一一四頁など参照。
(8) 町村・前掲三五四頁以下。
(9) 吉川真美子『ドメスティック・バイオレンスとジェンダー』（世織書房、二〇〇七年）一一四、二一五頁。
(10) 陶山二郎「家族・ジェンダーと憲法的刑事法」九大法学八六号（二〇〇三年）二八九頁。
(11) 津崎哲郎「児童虐待に対する援助の仕組みとその課題」津崎哲郎／橋本和明編『児童虐待はいま　連携システムの構築に向けて』（ミネルヴァ書房、二〇〇八年）一〇頁。
(12) 平野佐敏「虐待への初期対応」津崎／橋本編・前掲書四〇頁。
(13) 中川正浩「家庭内事案への公の介入」警察学論集六三巻七号（二〇一〇年）四四頁。
(14) 高橋幸成「警察と児童相談所」町野朔／岩瀬徹編『児童虐待の防止　児童と家庭、児童相談所と家庭裁判所』（有斐閣、二〇一二年）二四一頁以下。そこでは「児童相談所から援助要請を受け、児童相談所が立入捜査を実施したところ、保護者がドアを閉め切って応答しなかったことから、警察官が隣室のベランダから隔壁を破壊して室内に」侵入した事例が警職法六条に基づく立入りとして紹介されている。
(15) 大矢武史「児童虐待に対する警察官の援助に関する一考察——児童虐待防止法一〇条二項、三項の規定をめぐって」法政論叢四三巻二号（二〇〇七年）一三頁。
(16) 鈴木一郎「訪問調査の法的規制」町野／岩瀬編・前掲書二六三頁。
(17) 鈴木・前掲二六二頁。
(18) 平野・前掲四〇頁。
(19) 平成一九年一二月一一日高松高裁判決（いわゆる吉野川市ＤＶ殺人事件）など参照。
(20) 戒能・前掲書（二〇〇六年）一一七頁。また、林美月子「家庭内暴力（ＤＶ）と犯罪立法」刑法雑誌五〇巻三号（二〇一一年）八五頁以下も参照。
(21) 安部哲夫「児童虐待の実態と諸問題——児童虐待防止法（平成一二年）制定後の状況を中心に」現代刑事法六巻九

号（二〇〇四年）52頁。また、とりわけ性的虐待罪新設を中心として、林弘正『児童虐待』（成文堂、二〇〇〇年）一五一頁以下及び同『児童虐待Ⅱ』（成文堂、二〇〇七年）九八頁以下も参照。

(22) 小島妙子「ドメスティック・バイオレンスの法的救済――警察の法的機能」刑法雑誌五〇巻三号（二〇一一年）八三頁。なお、同『ドメスティック・バイオレンスの法』（信山社、二〇〇二年）の時点では、理論として行政警察と司法警察の区別を截然と行いつつも、DV関連政策が緒についたばかりでリソースが未だ決定的に不十分であることから、現実的妥協策として非権力的作用については警察の積極的介入を認める、というあくまで妥協的な解決策の提示であった。しかし、それがここでは「市民のための警察」が目指すべき理想論に変化しており、まして警察資源投入のためのDV罪新設が主張されるに至っては、もはや当初の目的と手段が転倒しているように思われる。

(23) 三枝有「児童虐待と刑事サンクション」法政論叢四二巻二号（二〇〇六年）二六九頁以下。

(24) 岩井宜子「ドメスティック・バイオレンスへの法的対応」岩井宜子編『ファミリー・バイオレンス〔第二版〕』（尚学社、二〇一〇年）一三〇頁。

(25) 岩井宜子／渡邊一弘「立法論としての『児童虐待罪』」町野朔／岩瀬徹編『児童虐待の防止――児童と家庭、児童相談所と家庭裁判所』（有斐閣、二〇一二年）三〇一頁。

(26) DVに関しては、草柳和之『DV加害者への心理臨床の試み』（新水社、二〇〇四年）五八頁以下など、子ども虐待に関しては、森田ゆり「虐待する親の回復と法改正の必要性」町野／岩瀬編・前掲書二二〇頁以下など参照。

(27) 坂本佳鶴恵「ファミリー・バイオレンスの特性をめぐって――社会学の視点から」刑法雑誌五〇巻三号（二〇一一年）六六頁以下。

(28) 金井直美「私的領域での人権侵害と法規制　――日本における家庭内の虐待とその防止に関する法律の制定を事例として」政治学研究論集三〇号（二〇〇九年）三五頁。

(29) なお、近年のアメリカでは、公的にはDVではなく「親密な間柄の者同士の暴力」との呼称が一般的になってきているという。熊谷文枝『アメリカの家庭内暴力と虐待』（ミネルヴァ書房、二〇〇五年）一四五頁。

(30) 戒能・前掲書(二〇〇二年)一〇一頁。
(31) 厚労省『子ども虐待対応の手引き(平成二一年三月三一日改正版)』五頁。
(32) 子ども虐待の犯罪化に疑問を呈するものとして、宿谷晃弘『人権序説 ――人権と修復的正義のプロジェクトの構築に向けて』(成文堂、二〇一一年)一三八頁も参照。
(33) 拙稿「近時の児童虐待事案に関する判例動向」九大法学一〇一号(二〇一〇年)一五九頁以下参照。
(34) 金澤ますみ「教育現場における虐待防止」津崎/橋本編・前掲書一四〇頁。
(35) 佐柳忠晴「児童虐待の実態と現行法制の問題点」法政論叢四四巻一号(二〇〇七年)六一頁。
(36) 内田良『「児童虐待」へのまなざし 社会現象はどう語られるのか』(世界思想社、二〇〇九年)一九三頁以下。また、DV加害者に関しては、味沢道明/小井香欧里/中村正『家族の暴力をのりこえる』(かもがわ出版、二〇〇二年)など参照。
(37) 陶山二郎「家族・ジェンダーと刑事法」内田博文・佐々木光明編『市民と刑事法〔第三版〕』(日本評論社、二〇一二年)一二〇頁以下。
(38) 熊谷・前掲書六五頁。
(39) 全米科学アカデミー参加の研究組織による学際的な研究指南書によれば、DV及び子ども虐待に関して、「小規模な研究から導き出された知見が、しばしばその潜在的欠陥についての十分な客観的反復検討、熟考がなされないまま、政策立案や専門職の実践に適用されている」とされ、DVの分野では「虐待加害者に対する治療を義務づける裁判所命令がますます幅広く適用されているが、今のところまだそのような治療の効果を検証した厳密な研究は存在せず、虐待加害者の大半に適した特別な治療モデルは提示されていない。」「現在ではすべての州で、ドメスティック・バイオレンス事例における保護命令の規定がある。……しかし、ドメスティック・バイオレンスの減少に対する保護命令の有効性を調査した研究はきわめて少ない。保護命令が刑事訴追と関連してどの程度もちいられているか、あるいは緩和された立証基準にともなって発生した誤謬や回避された誤謬の種類は、まだ一般に解明されていない。この分野では、委員会の選択基準をみたす評価研究は存在しない。」「ドメスティックバイオレンスに関わる逮捕は、家庭内暴力への介入のなかで、おそらくもっともよく調査が行われている分野である。……〔有名なＳＡＲＰとして知られる〕五つの再現実験はいずれも、逮捕それ自体に逮捕後の暴力を軽減させる効果があることは示していない。……〔その後の三つの独立した調査チームによる四つの再現実験によれば、〕すべての調査結果において、雇用されている容疑者は逮捕により抑止可能であるとの結論を得た。一方、無職の容疑者は、無作為に逮捕を実施した結果、抑止効果がほとんど認められないか、または逮捕後されに暴力的になった。……ドメスティックバイオレンスに関しては、起訴や刑罰は言うまでもなく、逮捕の一般的な抑止効果に関する厳密な検証は、軽罪、重罪を問わずおこなわれていない」等と評価されている。ローズマリー・チョーク／パトリシア・Ａ・キング編（多々良紀夫監訳）『家庭内暴力の研究　防止と治療プログラムの評価』（福村出版、二〇一一年）四六頁以下、二五六頁以下参照。

また、子ども虐待に関しても、「子どものマルトリートメントの発生原因として、多くの要因が指摘されているが、単独の因子による理論では、マルトリートメントの原因論に影響するような特定のメカニズムを発見できない。貧困や失業のような環境要因や、過去の虐待経験や社会的孤立、自己評価の低さといった個人的要因は加害者に深く関係するが、こうした要因間の関係は、まだよく解明されていない。本パネルは、マルトリートメントの原因には、子どもの生態学的・交互作用システムのさまざまな側面で相互作用する複雑な変数群が関わっていると考える。」「子ども虐待事例への医学的・心理学的・社会的・法的介入は、虐待やネグレクトによる身体・行動・情緒への悪影響を軽減し、親子の相互作用の質を高めるような態度と行動を促し、マルトリートメントの再発を防止することをめざしている。……とはいえ、こうした関係者の政策および目的はしばしば、互いに対立し矛盾している。介入のなかには、子どもや地域社会の保護を重視するものもあれば、子どもや加害者への個別治療の提供を重視するもの、家族の対処戦略の策定と親子の相互作用スキルの向上に重点をおくものもある。特定のリスク因子の重要度や、育児行動の適切性、虐待の影響、虐待やネグレクトの再発防止に必要な措置に関する規定も、さまざまである。……さまざまな政府・州・民間機関の治療介入への関与や介入における相互作用について、体系的な研究がまとめられていない」等と評価されている。アン・Ｃ・ピーターセン（多々良紀夫監訳）『子ども虐待・ネグレクトの研究　問題解決のための指針と提言』

（福村出版、二〇一〇）三二頁以下参照。
(40) なお、親への強制的、高圧的態度は「パターナリズムといわれる専門家の指示に従っていればいいという膠直した変化をともなわない関係性に陥」り、「これは虐待家庭のもつ『支配―被支配』の関係性にほからならず、児童相談所が支配のポジションに立つことにより、圧力がかからないと既存の養育パターンに戻ってしまい、虐待再発の可能性が高くなる」との指摘もある。菅野道英「家族支援と親子再統合の試み」津崎／橋本編・前掲書四五頁。
(41) 原田綾子「ミシガン州ワシュトナウ群における児童虐待・ネグレクトの対応」法律時報七七巻三号（二〇〇五年）七五頁。
(42) 佐柳・前掲五九頁。
(43) 金井・前掲三九頁。
(44) 萩原清子「あいまい概念としての『高齢者虐待』とその対応――虐待の定義と虐待の判断基準の再構築に向けて」関東学院大学文学部紀要一一七号（二〇〇九年）一四九頁。
(45) 戒能・前掲書（二〇〇二年）九八頁。
(46) Klaus Lüderssen, Das Strafrecht zwischen Funktionalismus und "alteuropäischem" Prinzipiendenken. Oder: Verabshiedung des "alteuropäischen" Strafrecht?, ZStW, 107 Heft 4, S. 888 f.
(47) 足立昌勝「現代社会と刑法――近代刑法諸原則の有効性」祝賀論文編集委員会編『夏目文雄先生古希記念論文集　刑事法学の新展開』（中部日本教育文化会、二〇〇〇年）二一頁。

監獄法改正後のひとつの側面——刑事施設視察委員会の活動をめぐって——

新村　繁文

一　はじめに

監獄法の全面改正により成立した「刑事施設及び受刑者の処遇等に関する法律」に基づき、２００６年に全国各刑事施設に視察委員会が設置されてから、すでに7年が経過しようとしている。

「刑事施設視察委員会」は、それまでなかったまったく新たな市民による行刑監視システムである。こうした、いわば画期的な性格を持つ第三者機関が設置されたのは、幾たびか挫折を繰り返してきた「監獄法改正運動」が、かの名古屋刑務所事件という衝撃的な出来事を端緒として一気に成就した結果であった。

今次の監獄法改正作業は、多くの刑事法分野での立法作業とはやや異なる経緯をたどって進行した。まず、通常なら法制審での審議を経て立法化される基本法制の改正作業だが、そうした経緯をたどらなかった。名古屋刑務所事件を深刻に受け止めた法相が、民間人からなる「行刑改革会議」を設置して、行刑運営全般についていっさいの聖域を設けずに徹底した議論と提言を求めたのに対して、同会議は、３つの分科会も含めた集中的で濃密な９ヶ月間に及ぶ審議を経て「行刑改革会議提言」（以下、「提言」と表記）をまとめ、行刑改革のあるべき方向性を示した。

また、同会議の委員として、前日弁連会長やＮＰＯ法人「監獄人権センター」（ＣＰＲ）副代表が選任されたが、そうした委員のバックアップのために日弁連やＣＰＲが精力的・積極的な活動を行なった結果、審議のあり方や内容にも一定の影響を及ぼすことができた(1)。

さらに、法務省は、提言を受けたのち、省内に事務次官を委員長とする「行刑改革推進委員会」を設置してその具体化の作業に取りかかったが、その際、行刑改革会議の委員等をその委員会の顧問として任用し、改革の節目ごとに「行刑改革推進委員会顧問会議」を開催して改革の進行状況を報告し、意見を求めた。つまり、顧問会議は、立法作業を含む改革のあり方を提言の観点からチェックする機能を果たすことになったのである。

ともあれ、こうした経緯をたどって、福島刑務所にも設置されることになった視察委員会に筆者は当初より関わってきたので、そこでの活動を通じてみえてきたことを、このドラスティックな刑事立法によって変わったことと変わらなかったこと、そしてその問題性を探るという観点から振り返ってみようと思う(2)。

二　刑事施設視察委員会の構想と活動の概要

1．刑事施設視察委員会の「構想」

提言によれば、刑事施設視察委員会（以下、「委員会」と表記）の目的は、「行刑運営の透明性を確保することに加え、…適正な行刑施設の運営を援助し、行刑施設と地域社会との連携を深めること」にある。それは、提言が、名古屋刑務所事件の経験を受けて、「国民に理解され、支えられる行刑施設を作り、また、職員の暴行事案等の再発を防ぐには、行刑運営の実情を市民の目に触れさせ、職員にも市民の目を意識させることが重要」だと認識していることに基づく。そして、その目的を達成するための手段として、「行刑施設ごとに、地域の市民及び専門家からなる刑事施設視察委員会（仮称）を創設すること」が提言されたのである。

したがって、委員会は、個々の被収容者の不服や苦情といった個別事案の救済ではなく、むしろ「行刑施設の長に意見を述べることなどによって、行刑施設の運営全般の向上に寄与する」ことを期待されている。その意味で、同様に「第三者機関」ではあっても、個別の「人権救済のための制度」（「刑事施設不服審査会（仮称）」を中心とする制度）とは、まったく異なる構想の下にある。

提言は、委員会の職務として、視察や面接等を通じて収集した情報や資料等を基礎に、定期または臨時に会議を開催して行刑施設の運営全般について協議し、必要なら行刑施設の長に意見等を述べることを想定している。そのため、委員会は、いつでも、行刑施設の視察や被収容者等との面接をすることができるものとされる。また、行刑施設の長は、施設内にメールボックスを設置したり、視察委員に職員の立会無しの被収容者面接を認めるなど、被収容者が忌憚なく意見を述べられるような環境整備をすべきであり、委員会に対して、定期または臨時に施設の運営状況について報告すべきだともされている。

また、委員会には、その活動の結果について年次報告書を作成して法務大臣に提出するとともに、適宜の方法によりその内容を公表すべきことが要請されている。

以上のような提言の構想は、その後、ほぼそのままの形で「刑事施設視察委員会」として法制化された。[3]

2. 実際の活動

委員会は、刑事施設の視察や被収容者・職員等への面接、提案箱投函意見（以下、「投函意見」と表記）、アンケート、当局からの情報・資料提供等々を通じて得られた資料に基づき、当該施設における行刑運営のあり方について審議し、必要があれば、施設の長に対して意見等を提起することを主たる職務としている。以下においては、そうした活動の主要なものについて、その実際を概観するとともに、それらを通じて得られた知見や課題を確認する。[4]

(1) 視察

視察は、定例の会議の際またはそれ以外に日程を組んで、予定に従いまたは抜き打ち的に施設を見て回り、施設の長等から資料に沿って概要の説明を聴くというのが、通例のやり方である。委員会が希望する部署・部門や特定の工場、特別改善指導の授業の様子、懲罰審査会、医務課での診療の様子等々をとくに視察することもある。いずれの場合も、職員が同行する。事前に知らされている視察では、実態が隠されてしまう可能性があるから、いつでも（抜き打ち的に）視察できるということは重要である。

これまでの経験からいえば、投函意見等に書かれているクレームや事実関係を視察によって確認し、それが所長宛の意見や要望の提起につながり、その結果、改善措置がとられたということは少なくない。また、視察によって、施設・設備の不備・不全、行進のあり方や就業状況、配膳の実態や食事の様子等を実際に確認することもできる。さらに、視察には、対職員の効果として、委員会が「監視」しているのだということを、また、被収容者に対しては、委員会の存在とその役割を思い起こさせる効果があろう。

また、他施設の視察委員会が実施した視察結果の記述をみて違いを発見することもある。たとえば、多くの懲罰審査会の場合、懲罰件数がかなり多く、審査会の手続も、いわば流れ作業的に1人当たり数分で終了させざるを得ず、本来は審査対象者を弁護すべき補佐人も、十分にその機能を発揮し得ないようにみえる。しかし、大阪医療刑務所の視察結果をみると、そもそも懲罰事案が少ないため、1人当たりに十分な審理時間をとることができ、補佐人も対象者に有利な事情を十分に説明していたということであった[5]。こうしたことから、「懲罰審査会の形骸化」の原因のひとつとして、懲罰件数が多過ぎて十分時間をかけられないという面があることが分かる。

（2）面接

面接は、被収容者に対してはもちろん、職員に対しても実施している。被収容者に対する面接は、被収容者自身から面接希望が出た場合のほか、委員会が対象者を指定して実施する。面接希望を出した者と面接するかどうかは、委員会の裁量に任されている[6]。

面接は、通常、刑事施設内の会議室等、仕切り板のない普通の部屋で、職員の立ち会いなし（無立会）で行なう。被収容者とのよりスムーズなコミュニケーションを確保するためには、仕切り板のない部屋で無立会で実施することが、原則的には必要だろう。２０１１年度のデータでは、全国77の刑事施設視察委員会が実施した被収容者との面接は、延べ６４５人ということだから、それぞれの委員会は、１年間に８人強の被収容者と面接した計算になるが、委員会間でかなりのバラツキがある。

被収容者との面接を通じて、投函意見の内容の確認やより詳細な証言の聴取のほか、まったく新たな事実や被収容者の思いを知ることも多い。ときには、不利益になることを恐れて自ら面接や投函意見を提出できない被収容者に、同室者の依頼を受けて委員会のほうから面接をし不利益な取扱いはないことを伝えたり、面接願いを受けて面接したところ、溜まっていた思いを一気に吐きだし、その後の信書で面接してくれたことに対する謝意が示されたこともある。このように面接は、被収容者の心情の安定につながる面もあるようだ。

委員会は職員との面接も実施している。職員との面接は、職員アンケートと並んで、施設や就労状況に関する多様な情報をもたらしてくれる。たとえば、処遇の第一線で就労する職員が、年休や週休を十分に消化できていない状況が判明した。また、工場担当や統括など処遇担当の中間管理職層が事務作業を終業時刻後に回さざるを得ず、日常的に残業を余儀なくされている実感も確認できた。

また、職員との面接や懇談の場は、職員の受刑者観を知るよい機会ともなる。受刑者には詐病が多いとしつつ、なぜ罪を犯した者に税金で適正な水準の医療を施さなければならないのかと明言した医師や、受刑者には厳しい態度で接しないとすぐに「つけあがったり、つけ込んできたり、騙そうとする」とか、行刑改革は受刑者の権利擁護ばかりで職員の権利はないがしろにされているとか、受刑者の権利主張を助長し日常業務がきわめてやりにくくなったなどと考えている処遇部門の職員がいることを知った。逆に、分類教育や事務部門の職員等のなかには、行刑改革の方向性を肯定的に評価し、受刑者の権利は適正に擁護されるべきだと明言する職員もいる。処遇部門の第一線の職員の意識とは、かなり隔たりがあるように見受けられた。

（3）投函意見

多くの委員会にとって、投函意見の開封・閲読・論点整理とそれについての検討は、もっとも時間と労力を要する業務だと思われる。

提案箱は、従来の刑事施設にはなかった、被収容者のための投書用のメールボックスだが、「提案」箱とはいうものの、内容的には、提案や意見よりは不服や苦情といったものが圧倒的に多い。

提案箱は、多くの場合、刑事施設内の居室棟通路や運動場等の壁面に固定され、南京錠で施錠されている。そのカギは、委員会が保管している場合が多いようだが、庶務課が保管している場合もあるようだ[7]。提案箱の内容物が実質的に当局により管理され、投函意見の内容が当局に知られてしまうような可能性は、絶っておかなくてはなるまい。

被収容者が当局に知られることなく提案箱に投函できることも、きわめて重要である。当初は、願箋を出して「意見・提案書」を入手するという方式をとっていたが、現在では、多くの施設で、願箋を出さずとも入手できたり、手持ちの便せんに記載して投函することもできるので、官に知られずに投函できそうである。しかし、実態は、通路を移動中や運動場でも、刑務官が前後ないし周囲で監視しており、まったく知られずに投函することは難しい状況にある。投函したことで不利益を受けるのではないかとの懸念から、意見提起自体を躊躇する受刑者もいるので、投函の秘密が完全に守られるような仕組みを考案する必要は依然としてある。

ところで、投函意見の通数は、刑事施設の収容人員の規模、男女施設の違い、頻回に投函する被収容者がいるか否か等の事情も関係して、施設や時期により大きく異なってくる。一般に女子施設は、食事に対する苦情等を中心に通数が多いようだが、たとえば、2011年度に収容定員650名弱、現員800名前後の栃木刑務所では合計1277通の投函意見があり、そのうち138通が外国語のものだったという(8)。これを、わずか5名前後の視察委員がすべてを読み、対応を検討するわけである。これは、かなりの労力と時間を要する仕事である。

(4) 意見書

多くの委員会では、意見は、年度末に「意見書」という形で提起している。年度途中に、個別の「意見」や「要望」等を施設の長宛に提起している委員会も少なくない。これに対して当局は、当該施設において「措置」をとったり、即決できずに「協議・検討」に回したり、予算上の手当や全国一律の対応を要し、当該施設単独では決済できずに本省に「伝達」する等の対応をとっている。各施設において措置をとったものは、従来は6割弱であったが、2010年度以降は7割弱になっている。

個別の論点のうち、組織・職員関係で、過重な業務負担の改善や医療体制の充実のため職員の増員を求める意見は、毎年度かなり多数にのぼる。また、業務の合理化・効率化による年休取得率の向上を求める意見、職員に対する教育研修の充実を求める意見、被収容者に対する接遇のあり方（言葉遣いや態度、公平を欠く対応等）の改善を求める意見も、毎年度、多数の委員会から提起されている。

こうした意見に対して、年休取得率の向上のための業務の合理化・効率化や教育研修の充実等については、施設ごとに措置がとられた。職員の増員等については本省に伝達される。各委員会からの意見提起を受けたものか不明だが、不十分とはいえ各地の施設で職員の増員が実現している。

視察委員会関係では、提案箱への意見投函の手続（たとえば、秘密性の保持、不利益な取扱いへの懸念の払拭、「意見・提案書」の全受刑者に対する事前配布等）や委員会活動の一層の活発化（たとえば、会議開催回数を増やすための予算措置等）に関する意見が、当初は多数提起された。また、委員会が発行する委員会ニュース等の掲示・回覧、委員会の意見書や施設側の回答書の所内掲示を求める意見もあった。こうした意見のうち、会議の開催回数については予算措置がなされ、提案箱投函に関しては、前述の通り改善途上にある。

医療関係では、医師の確保を求めるもの、確保の方法の提案、診療待ち時間の短縮等の意見が、毎年度多数提起される。歯科治療の待ち時間短縮については、意見提起を受けて一定程度の改善がみられつつある。

しかし、医療に関する最大の課題は、医師の確保に尽きる。地元の医科系大学や医師会との連携など各施設での努力に委ねられているが、医官の兼業解禁、研究体制確保、ＰＦＩ導入、医務部門の法務省から厚労省への移管等、抜本的な解決策が不可欠である。(9)

外部交通に関する意見提起も少なくない。とりわけ、友人・知人との面会が、新法施行当初と比べ制限的になっており、実質的には原則不許可といった実態があることを指摘して改善を求める意見が、たとえば２００９年度の金沢刑務所視察委員会の意見等をはじめとして増えてきた。(10) そして、２０１０年度には、岐阜刑務所視察委員会の、友人・知人との面会が従来は許されていたのに、新たに全面禁止の措置を執ることは適当でない旨の意見が出され、それに対して、岐阜刑務所当局から、受刑者の改善更生、矯正処遇に資するか否かを手紙等の内容から審査したうえで、受刑者にとって有益な友人・知人だと判定されれば認めるという、いわば〝原則不許可、例外的に許可〟の方針が示されるに至った。その後の運用は、新法施行直後の方針（法解釈）とは明白に逆行する方向へと「変遷」したのである。(11)

委員会の意見提起に対して施設側で措置をとったとされる場合、その内容ないし改善結果について、委員会として確信を持てないことも少なくない。本当に、言われているような「措置」がとられたのかどうか疑わしい場合もあるということだ。

もちろん、面会待合室等に掲示されている面会時間について、当初は30分以内とあったものを、法規定の通り30分以上を原則とする旨書き改めるよう求めたところ、直ちに修正されたり、渡り廊下が冬期に凍って滑りやすいため雪よけを設置するよう求めたところ、それが実現したというように、設備・備品等については、実際に「措置」されたことが容易に確認できる。

しかし、たとえば（特定の）処遇担当職員や医務課職員の接遇の改善に関しては、各施設で措置がとられたとされるにもかかわらず、相変わらず同様の意見を提起する委員会が少なくなく、実効性のある措置がとられているのかはなはだ疑わしい。また、友人・知人との面会の（実質的）原則拒否への改善意見についても、実際に改善されたのかどうかがきわめて確認しにくい。

というより、実際に「措置」がとられたのかどうかすら疑わしい場合もある。たとえば、神戸刑務所視察委員会が、外部交通の運用が最高裁判決の基準に照らし制限的だとして改善意見を提起した（２００９年度）のに対して、当局は、意見を踏まえ今後も関係法令に照らした上で適切に対処する旨回答している。しかし、同委員会は２０１０年度の意見書でまったく同趣旨の意見提起をし、それに対する当局の回答も前年度とほとんど同じであった。ところが、２０１１年度に同委員会は、再々度、まったく同趣旨の意見を提起した。そして、それに対する当局の回答は、法令の規定に則り面会の許否を適正に判断しており、今後も同様に運用するというものだった。これは、現状への改善意見に対して現状通り運用するという、いわば実質的な許否回答ともいえるものであり、委員会の意見提起に対するきわめて不誠実な対応だと言わざるを得ない。

三　みえてきたこと

名古屋刑務所事件を発端に、一気に進展した監獄法改正を含む行刑改革は、視察委員会や「刑事施設の被収容者の不服審査に関する調査検討会」（以下、「不服審査調査検討会」と表記）といった第三者機関を新設し、提案箱を設け、外部交通の相手方の範囲を拡大するなど、評価しうる点は多々あった。しかし、行刑改革会議が当初思い描いたような方向とは、むしろ「逆行」「反動」している面もかなり目立ってきた。(12)

与えられた紙数も尽きかけているので、以下では、委員会活動等を通じてみえてきたことや課題のいくつかを、箇条書き的に書き留めておくことにする。

第1に、委員会が活発に活動することで、「意識」が変わったということを指摘できよう。

まず、委員会活動に関わった市民の（それまでもっていた）刑務所観・受刑者観が、〝排除すべきもの〟から〝支援を要するもの〟へと劇的に変わったといえるのではないか。こうした意識の変化は、主として面接や投函意見を通じてもたらされたように思われる。また、一部の職員の意識の変化も指摘できるのではないか。それが、既述したような、職員間の意識のある種のずれを生んでいるように思われる。さらに、被収容者も、委員会や行刑改革の進展に一定の期待をまだ感じていることはたしかだろう。委員会ニュース等の情報提供に対して強い期待感をもっている。

第2に、変わらないこともあった。とりわけ処遇部門の第一線の職員を中心に、依然としてきわめて多忙だということ。たしかに、新法施行以来職員の増員は図られているが、まだきわめて不十分である。年休や週休も満足に取れない処遇部門の職員が少なくないなど、過酷な労働環境の改善、そのための職員の大幅増員は、依然として喫緊の課題である。

第3に、既述したように、とりわけ処遇部門の第一線で就業している職員等のなかには、本音では、〝受刑者はつねに「楽をしよう」「手を抜こう」と隙をねらっており、詐病も多い。気を抜けば、つけ込まれ、籠絡される。彼らはもっぱら管理の対象であり、規律秩序の保持こそ最優先課題だ〟、などと考えている者が少なくない。こうした旧態依然の意識の下では、受刑者への疑念・不信に基づく処遇に終始し、改善更生しようという自発的な動機を醸成することなど望むべくもない。法30条「受刑者の処遇は、その者の資質及び環境に応じ、その自覚に訴え、改善更生の意欲の喚起及び社会生活に適応する能力の育成を図ることを旨として行うものとする。」が、むなしく響く。

第4に、旧態回帰とでもいうべき側面も明らかになってきた。その典型的かつきわめて重大な事例のひとつが、既述した、友人・知人との面会不許可問題である。新法施行直後に一時緩和され、面会希望者が急増した結果、外部交通の担当職員が対応しきれず、また友人・知人と称して暴力団関係者が殺到し対応に困る等の「悲鳴」があがったこともあり、実質的な一律面会不許可に回帰したといわれる。(13) 友人・知人を含め、必要な者と自由に面会できることにより社会とのつながりが維持され、スムーズな社会復帰につながることは、現場の職員も含めて否定しないだろう。十分に人手があれば、面会事務も滞ることなく、暴力団関係者のチェックも可能になり、面会を一律に制限する必要性は解消するはずである。

第5に、旧監獄法時代より事態が悪化したと指摘されるものに、「昼夜間単独室収容」がある。(14)

現行法規上の昼夜間単独室収容には、法79条の「保護室収容」、法76条の「隔離」、法154条4項の「調査隔離」と、法152条および規則86条に基づき単独室で執行する「閉居罰」がある。それ以外に、規則49条5項の「第4種の制限区分指定」によって「特に必要がある場合を除き居室棟内で行う」処遇が、昼夜間単独室処遇の形で行なわれている実態がある。それを裏づけるように、規則49条の2は、第4種指定を受けている受刑者に対し、刑事施設の長は「できる限り集団処遇の機会を付与するよう努める」としている。規則49条5項の文言が「単独室」処遇を要求していないのに「昼夜間単独室処遇」になっている実態が、「隠れ独居」(菊田)、「脱法的独居」(海渡)等の鋭い批判を招来することになる。こうした「脱法的」運用の結果、旧監獄法時代と比べて、実質的に昼夜間単独室に収容されている被収容者数はむしろ増大したといわれる。

視察委員会は、こうした「昼夜間単独室収容」問題について、他の論点と比べさほど活発な意見提起をしてこなかったように思われる。委員会活動が始まった時点ですでにこうした法運用が実体化しており、それを所与の前提として看過してしまったという面があるかも知れない。例外的にこの問題を取り上げた和歌山刑務所視察委員会も、2010年、2011年の両年度に、法に基づく「保護室収容」や「隔離」、規則に基づく「第4種制限区分指定」による「昼夜間単独処遇」以外の、「何ら法的根拠のない」処遇困難者に対する昼夜間単独室処遇を糾弾する意見を提起しているが、そこでは、第4種制限区分受刑者の昼夜間単独室処遇を法令に基づくものとみていたように思われる。しかも当局は、「いわゆる処遇困難者であるか否かを問わず、処遇の態様は、法令に基づく集団編成基準、制限の緩和等に基づいて行っている。」と回答しただけであった。

このように、この問題については、委員会として、「脱法的運用」を指弾するとしても、形式的には「法的根拠」の余地があるだけに、当局は規則を根拠にその正当性を回答するだけに終わろう。むしろ、国際人権水準に依拠した理論的・制限的な法令解釈と法改正を含む是正運動の強力な展開が必要ではなかろうか。

四　むすびにかえて

行刑改革に熱い思いを持ち、行刑の実情に通じた第一級の専門家や弁護士などを交えた改革会議や顧問会議、その審議・監視を経て立案・立法化された今次の行刑改革・監獄法改正、およびその結果としての現状をどうみるかは、人により多様であろう。

旧態回帰・旧態依然や旧態より悪化したという側面は、たしかにある。それも、行刑のきわめて重要な側面でそれが目立つということは、大きな問題である。職員の意識の深みにいわば通奏低音のように流れている、旧態依然の受刑者観・行刑観に加えて、とりわけ処遇部門の職員の極度の多忙・休暇の未消化など、新法になっても一向に変わらぬ労働環境の過酷さが、根本的な原因のひとつだろう。理念的には評価しうる規定を掲げても、それを支える現場の環境整備や職員の意識面への周到な手当がなされなければ、現場からの窮状の訴えや悲鳴に理念は譲歩を免れず、結果として、旧態回帰やいっそうの悪化が生起することになる。

立法化に当たって、職員定数をドラスティックに増強し、労働環境をより快適に整備すること、および職員の意識改革やそのための方法、たとえば、職員採用や職員研修のあり方（現状のように、講話だけで済ませずに、所長や医師をも含む全職員の、職制別のきめ細かな繰り返しの研修、権利擁護・ハラスメント・戒護技術・法令等々のテーマ別の研修、大学等他の機関への職員の派遣研修、科学的な知見に基づいた研修プログラム等、多様な形で実施される研修。そして、外部講師の積極的な選任等）など、通常は、省令等の下位規範に委ねられるような論点にまで踏み込んで、より具体的に立法化の工夫をする必要があったのではないか。とりわけ行刑のような、被収容者のみならず職員の権利状況すらきわめて脆弱な領域での立法に当たっては、通常の立法におけるような、立法はひとつのきっかけとか細部は下位規範でなどの、いわば微温的なあり方では、旧態回帰・旧態依然を回避し、真にドラスティックな改革・立法を実現することは難しいのではなかろうか。

他面、刑事施設視察委員会が設置されたということ自体は、今次の改革の重要な意義のひとつであった。上述のように、委員会活動を通じて明らかになり、改善へと進んだ点も少なくないのだから。委員会活動のいっそうの活発化、とりわけ委員会の力量および権限の強化は、今後の重要な課題である。また、委員会相互の情報交換や経験交流の機会を定期的にもつことも、きわめて重要である。そうすることで、各委員会の活動のスキルアップ・パワーアップにつながるし、統一的な委員会活動を通じて、よりスムーズな改革・改善につなげることもできよう。現在、弁護士委員は、日弁連で情報交換の機会をもっているが、一般の委員には、そうした機会はほとんど無い。その意味でも、日弁連のバックアップは重要である。

ただ、委員会は個別のケースの処理をその任務としてはいない。したがって、別立ての「第三者委員会」としての「不服審査調査検討会」制度を、審査の対象範囲および活動範囲と権限のいっそうの拡大・強化をめざして、抜本的に改編する必要があろう。「人権擁護法・人権委員会」ができるまでの暫定的制度だからといって、先延ばしにしてはならない。「納得行刑」こそが「感銘力」を持ち、改善更生・社会復帰への自発的なモチベーションを高めるはずであり、「納得行刑」無しには真の更生（自律した社会復帰）はあり得ないと思うからである。

〔註〕

（1）CPR News Letter No.71（2012. 6. 15）13頁参照。

（2）福島刑務所視察委員会の、２００９年度当時までの活動の概要については、拙稿「福島刑務所視察委員会の活動を通じて」CPR News Letter No.61（2009. 11. 15）6頁以下参照。

（3）刑事収容施設及び被収容者等の処遇に関する法律（以下、「刑事収容施設被収容者処遇法」ないし単に「法」と表記）7条以下。

（4）以下において、データや各視察委員会の意見提起等の活動状況などについての記述は、とくに断っている場合以外は、法務省ＨＰに毎年度掲載される、「刑事施設視察委員会の活動状況について」「委員会の提出意見及び刑事施設の長が講じた措置等の概要」「刑事施設視察委員会の意見に対する措置等報告一覧表」に拠っている。

（5）２０１１年度大阪医療刑務所視察委員会年次報告書兼意見書６頁。

（6）法務省「刑事施設視察委員会活動の手引」２０１１年度版４頁。

（7）福島刑務所視察委員会では、２０１０年８月頃より、ダイヤル錠つきの小型ボックスに提案箱の鍵をすべて入れ（解錠ナンバーを知っているのは委員のみ）、そのボックスを文書保管用の鍵つきロッカーに入れ、ロッカーの鍵は庶務課長が保管するという方法を採っている。この点につき、拙稿「福島刑務所視察委員会の活動を通じて」CPR News Letter No61（2009. 11. 15）では従前のやり方を報告し、菊田幸一「新法（刑事施設法）における処遇の実際と問題点（１）」CPR News Letter No.62（2010. 3. 15）４頁がそれを取り上げているが、現在では、上述のような方法に変更している。

（8）栃木刑務所視察委員会「平成23年度報告書」参照。

（9）菊田幸一「新法（刑事施設法）における処遇の実際と問題点（２）」CPR News Letter No.63（2010. 6. 8）6頁以下参照。

（10）外部交通の制限的傾向、旧態回帰的傾向については、中日新聞 2011/01/18、田鎖麻衣子「弁護士・弁護士会からみた受刑者処遇の重要課題」法律のひろば２０１２年８月号41頁以下等参照。

（11）田鎖麻衣子・法律のひろば（前掲論文）41頁以下が指摘するように、実務は、新法立案当局者らの解釈、すなわち「立法者意思」（林真琴・北村篤・名取俊也『逐条解説・刑事収容施設法』（２０１０年）５５８頁以下）から、より制限的な解釈ないし表現（渡部淳一「刑事収容施設法と実務の運用について　第１回受刑者の面会の相手方」刑政１１９巻11号（２００８年）１２５頁以下）へと「変遷」したのである。なお、岐阜刑務所の事案については、CPR News Letter No.68（2011. 9. 10）の田鎖および松浦論文参照。

（12）海渡雄一「刑事被収容者処遇法改正の重点課題」CPR News Letter No.66（2011. 3. 20）５頁以下等参照。

（13）たとえば、田鎖・法律のひろば（前掲）42頁参照。

（14）菊田・CPR News Letter No.63（前掲）９頁、海渡・CPR News Letter No.66（前掲）９頁以下、田鎖・法律のひろば（前掲）48頁。

死刑存廃と釈尊の教え

堀　敏明

一　はじめに

二〇一一年七月二二日、ノルウェーで連続テロ事件が発生した。犯人は首都オスロの政府庁舎を爆破しウトヤ島に移動、与党労働党の青年部集会に集まっていた十代の若者たちに銃を乱射し総計七七人を殺戮した。

ウトヤ島で殺戮を免れた十代の少女は「一人の男がこれほど憎しみを見せたのなら、私たちはどれほどに愛せるかを示しましょう」と述べた。首相は「相手をもっと思いやることが暴力に対する答えだということを示さなければならない」、「私たちは報復を求めない」と語った。また当時の法務大臣は「遺族らの対応は『愛と知恵』によって自分たちのこの熾烈な体験を克服しようというものだった」、「人を殺してはいけないことを示すために、人を殺してはいけない」と述べている。

驚いたことにこれは今から二五〇〇年前に釈尊が説かれた慈悲などの教えそのものである。釈尊は仏教の開祖であり、我が国の文化や伝統に大きな影響を与えて今日に至っている。本稿では、死刑に関する釈尊の教えなども織り交ぜ、死刑存廃をめぐる現状について基礎的な説明をすることにしたい。

二　釈尊（仏典）の教え（1）「殺してはならぬ。殺さしめてはならぬ」

1　慈悲と不殺生戒、天上天下唯我独尊

慈悲は釈尊の教えの根本倫理であり、「抜苦予楽」（苦を抜き楽を与える）、その真髄は「あたかも、母が己が独り子を命をかけて護るように、そのように一切の生きとし生けるものどもに対しても、無量の（慈しみの）心を起こすべし」（「スッタニパータ」１４９）というところにある。

不殺生戒は釈尊が定められた五つの戒めの筆頭に掲げられている（他の四つは、不偸盗、不邪淫、不妄語、不飲酒）。「どの方向に心でさがし求めてみても自分よりもさらに愛しいものをどこにも見出さなかった。そのように、他人にとってもそれぞれの自己が愛しいのである。それ故に、自分のために他人を害してはならない」、「すべての者は暴力におびえている。すべての（生きもの）にとって生命が愛しい。己が身にひきくらべて、殺してはならぬ。殺さしめてはならぬ」（「ウダーナヴァルガ」18・19）。不殺生戒の淵源も慈悲にある。

「天上天下唯我独尊」、これは釈尊が生まれたときに言われたという言葉であり、全ての者が「天上天下唯我独尊」、すなわち一人一人がかけがえのない尊い存在であることの宣言である。人や人の命をはじめあらゆるものは相互依存の関係の中で成り立っており決して他から隔絶された存在ではない。自分がかけがえのない尊い存在であると知ってはじめて己への愛しさが自覚され、同様に己が愛しいと思う他人の気持ちも理解できるようになる。自分が一番愛しい存在であることの認識「天上天下唯我独尊」こそ、慈悲の根源であり不殺生戒の支柱である。

2　寛刑主義と刑罰の目的

釈尊は、以上のように不殺生・非暴力を根本倫理とし、死刑はもちろん身体刑も否定した。仏教の認める刑罰は、①譴責、②財産没収、③懲役・禁錮・追放の三種（「大薩遮尼乾子所説経」）。慈悲は刑罰を寛刑へと導く。

そして、刑罰の目的は悪行をなした衆生を慈悲心にもとづき改めさせることにある。「悪人を変化し、治めて、みな仏道に向わしむ」（「四十華厳」12巻）るためであり、それは悪行をなした衆生の矯正（改善更生）と社会復帰に他ならない。

また、刑罰にも慈悲心が求められている。大乗仏教の理論的開拓者で中観派の祖、竜樹（ナーガールジュナ）は「（処罰は）つねにあわれみの心にうるおうて、恩情あるものであれ」、「つねにあわれみの念から……たとい極悪人に対してでも、利益をなそうとする心を起こすべし」、「極悪な暴逆人に対しては、とくにあわれみを起こすべし」、「あたかも、不肖の子をわが子たるにふさわしいものにしようと望んで打つように、あわれみの念から打つことをせよ。憎悪の念からなしてはならない」（「ラトナーヴァリー」4―30―6）と刑罰に慈悲心が必要なことを強調する。

我が国では平安時代の八一〇年から一一五六年までの二六代三四六年間死刑が執行されなかった。裁判では必ず罪一等を減じたという。三四六年間に及ぶ死刑執行停止の大きな理由の一つに仏教の慈悲の影響がある。

三　二五〇〇年後の世界では（1）――世界はようやく死刑廃止の方向へ

1　死刑廃止国は世界の七一パーセント

アムネスティ・インターナショナルの調査によると、二〇一二年六月三〇日現在、廃止国一四一（全て廃止九七、通常犯罪について廃止八、事実上の廃止三六）、存置国五七であり、廃止国の数は世界全体（一九八か国）の七一％を占めている。一九九〇年には廃止国八〇（全廃は四六）、存置国九六だった。二一世紀に入り廃止国が急激に増え（特に全廃国）、死刑廃止は今や世界的潮流となっている。

なお、先進国で存置国はアメリカと日本だけである。アメリカでは近時死刑廃止州が増え（二〇〇七年～二〇一二年までに四州)、二〇一二年六月三〇日現在、廃止州一七、存置州三三である。死刑廃止の可否について現在論議している存置州も数州存在する。

2 国連の動き(1)――死刑廃止に向けて

国連は、一九四八年、世界人権宣言で「すべて人は、生命に対する権利を有する」と宣言した(三条。生命権条項)。一九六六年には「すべての人間は、生命に対する固有の権利を有する」、「何人も、恣意的にその生命を奪われない」(六条一項)という「市民的及び政治的権利に関する国際規約」(自由権規約)を採択した。

一九八九年、死刑のより制限的な適用のために「死刑の廃止を目的とする『市民的及び政治的権利に関する国際規約』の第二選択議定書」(死刑廃止条約)を採択し、同条約は一九九一年発効した。その前文で、死刑廃止が人間の尊厳の向上と人権の漸進的発展に寄与し、生命権の享受における前進と考えられることなどが確認されている。また、二〇一〇年のEU議長国声明も、「人権の尊重と人間の尊厳の保護のためには死刑の廃止が不可欠である」と宣言する。

国連人権委員会(二〇〇六年に国連人権理事会に改組)は、一九九七年以降毎年、死刑存置国に対し、死刑適用の制限、死刑に直面する者に対する権利保障、死刑執行の一時停止などを呼びかける決議を採択している。そして、二〇〇七年、国連は、全ての存置国に死刑執行の停止を求める決議を賛成多数(賛成一〇四、反対五四、棄権二九)で採択した。その内容は、(1)死刑に直面する者に対する権利保障を規定した国際基準の尊重、(2)死刑の適用及び上記国際基準の遵守に関する情報の国連事務総長への提供、(3)死刑適用の制限と死刑が適用される犯罪の数の削減、(4)死刑廃止を視野に入れた死刑執行に関するモラトリアムの確立等である。この死刑執行に関するモラトリアム等を求める国連の決議は、二〇〇八年(賛成一〇五、反対四八、棄権三一)、二〇一〇年(賛成一〇九、反対四一、棄権三五)にも採択されている。回を追うごとに賛成国は増大し、ここにも死刑廃止の世界的潮流が示されている。

3　国連の動き（2）――死刑存置に固執する日本国政府に対する勧告

国連は、死刑存置に固執する日本国政府に対し、繰り返し様々な勧告を行っている。

国際人権（自由権）規約委員会は、規約の実施状況に関する第三回（一九九三年）及び第四回（一九九八年）日本政府報告書審査で、日本国政府に対し、死刑が適用される犯罪の削減など死刑廃止に向けた措置や規約違反の死刑確定者の処遇の改善などを求める勧告をした。

国連拷問禁止委員会は、二〇〇七年、拷問禁止条約の締約国（一九九九年に加入）である日本国政府の報告書に対する最終見解で、死刑判決を受けた人に関する日本法の多くの条項が国際的最低基準に合致せず拷問や虐待に相当し得、その改善のため必要なあらゆる手段を採るべきと勧告した。また、締約国に対して、死刑の速やかな執行停止、死刑減刑のための措置の考慮、恩赦措置の可能性を含む手続的改革、全死刑事件について必要的上訴制度の制定、死刑の実施が遅延した場合の減刑など、全ての死刑確定者が確実に条約の規定する保護を受けられるようにすべきと勧告した。

国連人権理事会は、二〇〇八年、日本国政府に対し死刑執行の停止を勧告した。

同じく二〇〇八年、国際人権（自由権）規約委員会は、第五回日本政府報告書審査で、日本国政府に対し、①世論にかかわらぬ死刑廃止の前向きな検討、②国民に対する死刑廃止が望ましいことの告知、③死刑適用は最も深刻な犯罪に限定、④死刑確定者の処遇及び高齢者・精神障害者の死刑執行に関するより人道的なアプローチ、⑤死刑確定者及びその家族に対する死刑執行の日時の余裕のある確実な告知、⑥死刑確定者が真に利用可能な恩赦、減刑、執行の一時延期、⑦死刑事件における必要的上訴制度の導入、⑧再審請求や恩赦出願による確実な執行停止、⑨再審に関する死刑確定者と弁護士との秘密交通権の確保などについて勧告した。

以上の勧告は、我が国の死刑制度の持つ問題点を具体的に指摘するもので、国連の死刑関連の規約や条約に照らしその改善が不可欠であることを明らかにしている。

四　二五〇〇年後の世界では（2）——死刑存置論の崩壊

1　これからの死刑存廃論

これまでの死刑存廃論は、死刑の存在を前提に死刑廃止論を軸に議論されてきた。しかし、前項の死刑存廃をめぐる国際的状況に照らすと、これからは死刑存置論を軸に議論されるべきである。しかも、死刑が人間の尊厳や生命権を侵害する刑罰であることが国際的共通認識となっている現状を踏まえれば、人間の尊厳や生命権を侵害してでも死刑を存置しなければならない理由が明らかにされなければならない。

2　死刑存置論の根拠（1）——応報観念と被害者感情

（1）応報観念（人の生命を奪った者は死刑により生命を奪われるのは当然である）

応報観念は、人の素朴な感情である。「目には目を」、「命には命を」というタリオの法は、現代人の素朴な正義感情としても根強く生き続けている。

しかし、タリオの法は克服されなければならず、すでに克服されている。それは、殺人罪には懲役刑もあること（刑法一九九条）、裁判実務では殺された人が一人の場合原則として死刑は回避されていること、最高裁判所も「その罪責が誠に重大であって、罪刑の均衡の見地からも一般予防の見地からも極刑がやむを得ないと認められる場合には、死刑の選択も許される」と判示していること（最二小一九八三年七月八日判決。刑集三七巻六号六〇九〇頁）などからも明らかである。他方、死刑は確実に実行される国家の予告殺人である。死刑囚は日々死刑の執行を恐怖し、その極限状態が何年何十年と続く。この長期に及ぶ死の恐怖はタリオの法を遥かに超えている。また、人が人を殺す個人対個人の関係と国家刑罰権を行使して人を殺す国家対個人の関係を同一視することは許されない。

国家は、「人を殺してはならぬ」という規範を法で定め、国民にその遵守を求めている。その国家が法で死刑という殺人を認めることは、国家そして法が自ら定めた規範を自ら破ることにほかならない。人を殺す国家が国民に人を殺すなというのは背理である。殺人の口実を与え、殺人を促すおそれすらある。二〇〇八年三月の土浦連続殺傷事件（通行人が相次いで刺され二人が死亡、七人が重傷）の動機は、死刑にされて死ぬ（自殺する）ためであった。

また、応報観念は犯人が真犯人であることを前提とする。しかし、後記のとおり死刑制度には誤判が不可避であり犯人は真犯人とは限らない。したがって、誤判の場合は真犯人ではないのだから応報観念そのものが成り立たず、応報観念は制度としての死刑の存置理由とはならない。

(2) 被害者感情、被害者の心情（殺人者は死をもって償うべきである）

死刑存置論のいう被害者感情とは、上記の応報観念、応報感情のことである。ここでは以下の二点について指摘する。

第一に、被害者の犯人に対する復讐感情は千差万別であり大きな個人差がある。死をもって償いを求める被害者もいれば、生きて償いを求める被害者もいる。放っておいてほしいという被害者もいれば、犯人に死刑を望んでいた被害者が苦しんだ末に死刑廃止論者になった例もある。被害者の全てが死刑を望んでいるわけではない。

第二に、被害者の感情も時の経過や経済的・精神的・社会的支援など被害者をとりまく環境や状況の変化などで変わりうる。犯人が死刑になっても殺された人は生き返らないし、被害者の怨みや苦痛、虚しさが消滅するわけではない。被害者が死刑廃止論者になった例もある。被害者感情を癒すためには、死刑ではなく被害者に対する経済的・精神的・社会的支援や社会の連帯意識こそ必要なのではないか。
存置論のいう被害者感情は、千差万別の被害者感情を犯人に死刑を望む感情のみに特化し、被害者感情の変化を否定するもので、死刑存置の根拠足りえない。

3 釈尊（仏典）の教え（2）「怨みは怨みを捨ててこそ息む」

（1）苦を滅するには（1）――四正諦（四諦）「苦集滅道」

苦とは「思い通りにならないこと」、四苦八苦（「生老病死」の四苦に「怨憎会苦」「愛別離苦」「求不得苦」「五陰盛苦」を加えた八苦）である。愛する者を奪われる苦は愛別離苦である。愛する人を失い求めて得られないことは求不得苦である。この苦の原因をどう除くか。犯人を死刑にすることで被害者の苦が滅することはない。

釈尊の目的は、いかにして苦を克服し平穏の境地（涅槃）に至るかということにあった。その方策が四正諦（四諦）「苦集滅道」である。第一命題は苦諦、四苦八苦である。その原因が第二命題の集諦であり、苦の原因は渇愛（執着、妄執）にある。この原因を滅するのが第三命題の滅諦、その実現のための実践が第四命題の道諦すなわち八正道（正見、正思、正語、正業、正命、正精進、正念、生定）である。

（2）苦を滅するには（2）――「正見・正思」

正見は正しい見解、正思は正しい思惟である。釈尊は「『わたしには子がある。……』と思って愚かな者は悩む。しかしすでに自己が自分のものではない。ましてどうして子が自分のものであろうか。……」（「ダンマパダ」62）と言われる。

有名なキサーゴータミーの逸話（「ダンマパダ・アッタカター」）がある。若い母キサーゴータミーは可愛い幼子をなくし半狂乱になり死んだ子を抱いて釈尊のもとを訪れ、「この子を生き返らせてください」と頼んだ。釈尊は「死んだ子を生き返らせてあげよう。そのために今まで一人の死人も出したことのない家から芥子粒をもらってきなさい」と言われた。彼女は喜んで一軒一軒訪ね歩いたが、死人を出したことのない家はなく全て断られた。歩き疲れた彼女は突然「どの家も家族の死の辛さを味わっている。子を失った苦しみを味わっているのは自分だけではない」ということに気づき、釈尊の弟子になった。

（3）苦を滅するには（3）――「怨みは怨みを捨ててこそ息む」

被害者は犯人への限りない怨み故に死刑を求める。釈尊はこのように言われる。

「『……かれは、われを害した。……かれはわれから強奪した』という思いをいだく人には、怨みはついに息むことがない」、「『……かれは、われを害した。……かれはわれから強奪した』という思いをいだかない人には、ついに怨みは息む」（「ダンマパダ3・4」）。

「実にこの世においては、怨みに報いるに怨みを以てしたならば、ついに怨みの息むことがない。怨みを捨ててこそ息む。これは永遠の真理である」（「ダンマパダ」5）。この経については、一九五一年のサンフランシスコ講和会議で我が国の侵略戦争に対する厳しい非難が続出する中、スリランカ（セイロン）の代表がこの経を引用して我が国への賠償請求を放棄すると宣言し、これにより我が国に対する寛大な処置がなされたという有名なエピソードがある。釈尊の教えは政治をも動かしたのである。

4　死刑存置論の根拠（2）――国民世論（国民の圧倒的多数は死刑存置を望んでいる）

二〇〇九年一二月の内閣府の世論調査では死刑存置八五・六％、廃止五・七％である。日本国政府は世論調査の結果を死刑存置の根拠として最大限利用している。しかし、廃止論からは世論調査の結果は信用できないという批判が繰り返されている。

また、我が国では死刑に関する情報がほとんど公開されていない。国民世論を正確に調査に反映させるためには死刑に関する情報の公開が不可欠である。

そもそも世論調査の結果を死刑存置の理由にすることは誤りである。死刑廃止に踏み切った諸外国の例は、死刑の存廃を決めるのは国民世論ではなく政治のリーダーシップであることを示している。死刑廃止前後の死刑存置の国民世論は、たとえば、香港六八%、フィリピン八〇%、イギリス八一%、フランス六二%、カナダ六八%、南アフリカ六二%というものであった。

前記のとおり国際人権（自由権）規約委員会は日本国政府に対し、世論にかかわらず死刑廃止を前向きに検討するよう勧告している。この勧告も世論調査の結果が死刑存置の理由にならないことを示している。

5　死刑存置論の根拠（3）——犯罪抑止効果（死刑には凶悪犯罪抑止効果がある）

死刑廃止による殺人その他の凶悪犯罪の増大すなわち死刑の犯罪抑止効果については実証されていない。たとえば、死刑廃止前後の殺人罪等の数の統計的な比較検討やアメリカの死刑廃止州と存置州の殺人罪の数の比較検討などが行われているが、いずれも死刑の犯罪抑止効果を実証するものではなかった。

また、殺人者の心理的側面からみても死刑に犯罪抑止効果があるとは思われない。三題噺ではないが、激情犯は犯行にあたって死刑について考える余裕などないであろうし、計画犯は絶対に捕まらないという確信のもとに犯行に及ぶ。怨恨犯や確信犯・思想犯・政治犯などは多くの場合死刑も覚悟で犯行に至るであろう。

釈尊は、犯罪防止のために王（国家）がなすべきこととして、「死刑、捕奪、没収、譴責、追放は掠奪の苦難を排除するための正しい方法ではありません。農耕、牧畜に励む者には種子や食物を給し、商業に励む者には資金を支給し、官職に励む者には食物と俸給を準備しなさい。これらの人びとが各自の職業に没頭するならば、王の国土を悩ますことはないでしょう」（「ディーガ・ニカーヤ」1―135）と、犯罪防止のための正しい方法は刑罰ではなく社会政策や福祉政策であることを明言されている。

6　死刑存置論の根拠（4）――死刑を合憲とする最高裁判所判決の存在

最高裁一九四八年三月一二日大法廷判決（刑集二巻三号一九一頁）は、死刑を合憲とし、この判例は今も維持されている。

この死刑合憲の先例となっている最高裁判決は、「各国の刑罰史を顧みれば、死刑の制度及びその運用は、総ての他のものと同様に、常に時代と環境に応じて変遷があり、流転があり、進化がとげられてきたということが窺い知られる」と判示し、その補充意見は、「憲法は、……死刑を永久に是認したものとは考えられない。……国家の文化が高度に発達して正義と秩序を基調とする平和社会が実現し、公共の福祉のために死刑の威嚇による犯罪の防止を必要と感じない時代に達したならば、死刑もまた残虐な刑罰として国民感情により否定されるにちがいない」と述べ、時代と環境の変遷、文化の高度な発展によって死刑廃止もありうることを認めている。

前記のとおり、その後の死刑をめぐる時代や環境などの変遷は著しい。死刑廃止は今や世界的潮流となり、先進国での死刑存置国はアメリカと日本だけ、アメリカでも廃止州が増えている。国連や欧州連合は死刑廃止を宣言し、日本国政府には廃止に向けた勧告が繰り返されている。我が国が憲法前文の「国際社会における名誉ある地位」を占めるためには死刑廃止をしなければならない時代になったのである。

また、アメリカでは、絞首刑が残酷だとして電気椅子による死刑となり、これも残酷だとして毒ガスや毒薬注射による死刑に至っている。このアメリカの例は絞首刑が憲法三六条に違反する残虐な刑罰であることを示している。

また、上記のとおり死刑に犯罪防止の威嚇力はない。したがって、補充意見によっても「死刑もまた残虐な刑罰」なのであり、死刑は憲法三六条に違反する。

なお、補充意見は、「国民感情」を死刑の残虐性の判断基準としているが誤りである。死刑は生命権という基本的人権の問題であり国民感情で決せられる問題ではない。死刑の残虐性も「国民感情」で決せられる問題ではない。人間の根源的な価値である人間の尊厳を侵害するものであるか否かによって決せられる問題である。

上記の最高裁判決は、もはや死刑存置の根拠足りえない。

五　二五〇〇年後の世界では（3）――死刑は廃止されるべきである

1　はじめに

死刑存置論はその根拠を失った。死刑は廃止されるべきである。ここでは、死刑廃止の積極的理由として、①誤判の問題、②行刑の目的の二点について指摘する。

2　誤判の問題

死刑は、すべての利益の帰属主体である生命を剥奪する刑罰である。

一たん執行されればその回復は不可能であり、誤判の場合は取り返しのつかない被害を無実の人に与えることになる。それは国家による殺人以外のなにものでもなく、不正義の極みである。一件たりとも誤判による死刑は許されない。しかし、誤判は不可避である。それは死刑再審四事件（免田、財田川、松山、島田の四事件）をはじめ数々の再審無罪事件などが証明している。誤判が不可避である以上、死刑は廃止されなければならない。

なお、誤判でないことが明らかな死刑に相当する事案で死刑を認めないのはおかしいという存置論からの批判がある。しかし、死刑の存廃は個々の事件に関する死刑適用の問題ではなく、死刑という制度の存廃の問題である。制度の問題である以上、誤判が不可避な死刑制度は廃止されなければならない。

3　行刑の目的

自由権規約は、行刑は受刑者の矯正及び社会復帰を基本的な目的とする処遇を含むものでなければならないと規定する（一〇条三項）。また、我が国の行政改革会議の二〇〇三年一二月二二日提言は、「行刑が果たすべき役割として、特に、受刑者の改善更生及び円滑な社会復帰を促すことが重要になっていることから、罪を犯して服役した者の一人でも多くが、人間としての誇りや自信を取り戻し、再犯に至ることなく健全な状態で社会復帰を遂げるよう矯正の実をあげることが望まれる」とする。すなわち、行刑の目的は受刑者の矯正（改善更生）及び社会復帰にある。

死刑は死刑囚の矯正及び社会復帰を否定するものである。死刑囚を我々と同じ社会の一員として社会復帰させる方向を選ぶのか、死刑により社会から永遠に排除する方向を選ぶのかが問われている。これは死刑の存廃に直結する問題である。

死刑囚の矯正可能性については多くの事例が報告されている。死刑囚も他の受刑者同様矯正可能な存在であり、矯正のための処遇とその機会を与えることで社会復帰も可能である。自由権規約六条四項は、「死刑を言い渡されたいかなる者も、特赦又は減刑を求める権利を有する。死刑に対する大赦、特赦又は減刑は、すべての場合に与えることができる」と規定し、死刑囚に矯正の可能性、減刑による社会復帰の可能性を認めている。死刑を廃止し死刑囚にも社会復帰させる方向を選ぶべきである。

4　釈尊（仏典）の教え（3）「諸行無常」

（1）　縁起（因縁生起）の法理と矯正（改善更生）

縁起（因縁生起）とは、一切の事物は固定的な実体を持たず、様々な原因（因）や条件（縁）が寄り集まって成立しているということであり、釈尊の根本思想である。甲によって乙が起き、甲の消滅によって乙が消滅する。

すなわち「諸行無常」。この世のあらゆるものは変遷し移り変わる。人も変遷するのであり、だからこそ修行により解脱に達することもできる。これは人が矯正（改善更生）できる存在であることを示している。死刑は縁起の法理を否定し、人の矯正可能性を断つものである。

殺人鬼でも更生できることを示した有名な話としてアングリマーラの逸話がある（「増一阿含経」）。九九人の無辜の人を殺したアングリマーラは、百人目の釈尊に叱咤され、諭されて釈尊の弟子になり修行の結果悟りを得たという話である。

（2）四正諦（四諦）と犯罪再発の防止

犯罪の再発防止のためには、事件の構造とその原因を徹底的に解明し（苦諦・集諦）、再発防止のための方策（犯罪予防策、犯罪者の更生教育や社会復帰、福祉政策など）を検討・追求し（滅諦）、その方策を実践する（道諦）ことが必要である。

これはまさに四正諦（四諦）「苦集滅道」の実践そのものである。

六　終わりに

釈尊の教えを織り交ぜながら死刑存廃について論じてきた。死刑は許されない。これが釈尊の教えである。釈尊の教えを信奉する仏教徒は死刑廃止論者であるはずである。しかし、我が国の仏教各宗派で死刑廃止を明確に宣言するのは、「『死刑を止めよう』宗教者ネットワーク」のアンケート調査によると、浄土真宗大谷派、天台宗、創価学会だけである。これらの宗派でも信徒を巻き込むような死刑廃止に向けた具体的な活動はほとんどない。

釈尊の教えを実現すべく仏教各宗派とその信徒が一丸となって死刑廃止を訴えるならば死刑廃止も夢ではない。また、仏教徒である国会議員あるいは仏教各宗派から支援され当選した国会議員も多い。これらの国会議員がリーダーシップを取れば死刑廃止も夢ではない。仏教各宗派そして僧侶たちは釈尊の教えという原点に立ち返り、信徒を巻き込んで死刑廃止という夢の実現にまい進すべきである。

もっとも、釈尊の教えを忘れ、葬式仏教に特化したような我が国の仏教界の現状を見ると、やはり夢は夢で終わってしまうのだろうか。

※参考文献など

本稿の執筆にあたって参考にした文献は、①団藤重光著「死刑廃止論（第五版）」（有斐閣）、②日本弁護士連合会・第五四回人権擁護大会シンポジウム第一分科会実行委員会著「私たちは『犯罪』とどう向きあうべきか？」（日本弁護士連合会）、③「世界」二〇一二年八月号、森達也「厳罰は有効な刑罰なのか」、④「死刑を止めよう」宗教者ネットワーク編「宗教者が語る死刑廃止」⑤中村元著「仏典のことば」（サイマル出版会）、⑥中村元・田辺祥二著「ブッダの人と思想」（ＮＨＫブックス）、⑦中村元著「中村元『仏教の真髄』を語る」（麗澤大学出版会）、⑧瀬戸内寂聴著「いま、釈迦のことば」（朝日新聞出版）、⑨中村元訳「ブッダのことば（スッタニパータ）」（岩波文庫）、⑩中村元訳「ブッダの真理のことば・感興のことば」（岩波文庫）などである。

思想の疎外と思想の処罰のあいだの刑法

本田　稔

一　序論

一九六〇年六月一五日、共産主義者同盟が主導する全学連の学生活動家らは、日米安保条約の改定を阻止するために、国会南通用門付近を警備する警官隊を押しのけて、国会構内で抗議集会を敢行した。それゆえに、建造物侵入罪、公務執行妨害罪、傷害罪などの罪名で逮捕され、起訴された。その現場に偶然の事情から居合わすことができなかった吉本隆明は、自らを「架空の被告人」と呼び、逮捕・起訴された学生活動家ら被告人に対して思想的連帯を表明して、六・一五事件のための「思想的弁護論」を著した(1)。吉本が弁護の対象としたのは、刑事事件としての建造物侵入罪や公務執行妨害罪ではない。彼は六・一五国会構内集会において表現された思想を対象として位置付け、裁判の対象とされるべきは表層的事実としての行為ではなく、その深層にある思想であることを訴えた。そのため、吉本の弁護論では犯罪の成立要件やその阻却事由の有無のような刑法学固有の問題は取り上げられず、被告人らの行為の違法性や有責性も問題にされなかった。それゆえ、彼の主張は刑事弁護に対しては直接的なインパクトを与えることはなかった。その限りにおいて言えば、吉本の「思想的弁護論」を取り上げて考察しても、刑法理論上の意義や実務上の実益が得られることはなさそうである。

しかし、ここで吉本の思想的弁護論を取り上げて考察するのは、吉本がその思想家としての本能ゆえに、伝統的な刑法学がその対象として位置づけてこなかった問題、というより排除してきた論点を取り上げ、それを刑法学の理論問題として捉え直して、位置づけようとしたと思われるからである。そこには、既存の刑事裁判の幻想性と支配的刑法学の虚構性を暴き、それとは異なる刑法理論を模索すべしとする理論的な問題提起が含まれていたと思われるのである。吉本はどのような問題を提起し、考察したのか。彼は何を中心に据えて思想的弁護論を展開したのか。小論の課題は、吉本が今から五〇年以上も前に提起した問題を取り上げながら、刑法思想の根本問題を考えることにある。

二　刑法による思想疎外の情況

吉本が「架空の被告人」として六・一五事件を思想的に弁護した理由は、六・一五国会構内集会が「安保闘争の思想」の集約的表現として行われた行為であったにもかかわらず、検察官がそれを住居侵入、公務執行妨害、傷害といった思想問題とは無関係な刑法的問題の次元において取り扱い、起訴したからであった。しかも、彼らの思想をかろうじて犯行の動機として位置づけて、それを評価する機会があったにもかかわらず、検察官と弁護人の無知と無理解ゆえに、彼らの思想は刑事裁判において歪曲され、思想事件としての六・一五国会構内集会から取り除かれてしまい、最終的にはその残骸である建造物侵入や公務執行妨害などの行為だけが刑事裁判の争点にされたからであった。それゆえ、事件の争点は、被告人らが国会議事堂の施設管理権者の意思に反して構内に故意に立ち入ったか否か、国会議事堂の警備に就いていた警察官に対してその職務の遂行を阻害するほどの有形力を故意に行使したか否かという「ありふれた問題」に矮小化されてしまったのである。思想から切り離され、思想的に無色透明の外形的な行為が犯罪に当たると非難され、その責任を問われたとき、被告人らはそれをどのように感じ、どのように受け止めたのだろうか。「架空の被告人」としての吉本は、次のように述べた。すなわち「どんな豊富な思想の表現も、いったん行為事実に還元されれば、ありふれたものとならざるをえない。これは残念ながら真実である。しかし、思想がこのときうけとらねばならない矛盾や卑小感や滑稽感は思想自体にとって鋭い問題を投げかけずにはおかないのである。もしも行為者の次元にじぶんを還元してしまえば、もっともありふれた行為しかしていない人間の像がえられる。また思想者の次元に自分を抽象してしまえば、膨大な思想の像がえられる。そしてこのいずれも同一の人間がもちうる可能性であることはいうまでもないことである(2)」。吉本は、国会構内に侵入した行為も、安保闘争を闘った思想も、一個の人間の行為であり、一個の思想を体現したものであったにもかかわらず、またその行為が思想の表現として行われ、行為の本質を思想と無関係に論ずることなどできないにもかかわらず、行為と思想が分断されてしまったために、思想者が「もっともありふれた行為しかしていない人間」として刑事法廷の被告人席に立たされたことを指して「滑稽」と評したのである。その滑稽さが意味するのは、安保闘争を闘った思想者の思想が刑事裁判においては相手にされないこと、つまり刑法によって思想が疎外されていることである。その深刻さは、吉本が引き合いに出した「一一・二七事件、羽田事件、四・二六事件」の判決文の次の一文においても記されている。

被告人等は、最終陳述で、ほとんど異口同音に、「われわれは安保改定を阻止することが正しいことであると確信し、安保改定を推進しようとする政府と政治的に正面から対決したのである。われわれは、この政治的信念及び行動が誤っているということで裁かれるのであれば幾らでも闘う自信がある。しかし、われわれは、建造物侵入とか、威力業務妨害とか、公務執行妨害とかいう意外な罪名で起訴された。これは、政府が全学連という最も強力な反対勢力を倒すために、その権力を濫用した陰謀であるとしか思われない。われわれは、この裁判によって何ら裁かれているものでないような気がする。」との旨述べている。しかし、思想、言論の自由が認められている憲法のもとでは、政治的思想や信念自体の是非を裁くことができない反面、どういう政治的思想や信念の持主であろうとも、その行為が法にふれる場合には、法に照らして責任を問わなければならない。これらのけじめがはっきりつけられることによって、初めて思想、言論の自由も、それらを基本とする民主主義も守られるといえ

るのである。(3)

判決を言い渡された被告人らもまた、六・一五国会構内集会を決行した活動家と同様に、安保改定を阻止することが正しいと確信し、それを強行しようとする政府・国家権力に対して正面から立ち向かって、実力闘争を闘った者たちである。確かに、彼らが行った行動は表面的に見れば建造物への侵入などの「ありふれた行為」でしかなかったが、彼らをしてそのような行動に向かわせたのは、その深層に「安保闘争の思想」があったからである。彼らは事実の次元においてはありふれた建造物への侵入行為を行っただけに過ぎないが、思想の次元においては安保条約の改定によって国家と資本の凶暴化を企てる公権力に対して、未だかつてない規模で闘いを挑み、国家体制の根本的な変革を試みようとしたのである。そうであったからこそ、彼らはこの政治的信念とそれに基づいた行動が誤っているか否かという思想問題を刑事裁判において提起したのである。裁判官がこの思想の誤りを指摘し、安保の改定・批准が正しいことを理論的に裏付けて裁こうというのであれば、彼らは刑事法廷の場において、断固とした思想闘争を展開することを決意していた。それにもかかわらず、彼らが「われわれは、この裁判によって何ら裁かれているものではないような気がする」と感じたのは、公権力との闘争の対決点から思想が抜き取られ、残った抜殻だけが刑事事件の争点とされてしまったからである。彼らが闘いを挑んだ公権力は、彼らの外形的行為だけを問題にして、その思想を刑事法廷の外に追いやり、公権力との唯一の対決の場から放り出したのである。それは六・一五国会構内集会の事件の場合と全く同じである。

では、彼らの思想は、法廷の外に放り出されて、その後どうなったのであろうか。判決文によれば、思想は行為から切り離されて、刑事法廷の場から憲法のもとへ連れて行かれ、そこで居場所を与えられているという。安保改定反対の実力闘争としてのみ表現しえた思想は、公権力との直接的な対決の場を奪われ、今度は憲法の下に連れていかれ、そこで保障され、守られているというのである。それは思想にとって「滑稽」というだけでなく、憐れでさえある。たとえ思想の表現として行動を起こそうとも、思想は常に行為から切り離されて憲法のもとに連れていかれ、そこで庇護され、闘争の主戦場に戻れないでいるからである。思想は、もはや籠の中の小鳥と同じである。小鳥は飼主に向かって反逆したため、飼主によって籠に押し込められ、飼主から危害を加えられない安全な場所で飼主によって守られている。小鳥には、もはや飼主と対決することは許されない。小鳥は籠のなかで静かにしているか、そこから抜け出し飼主に向かって羽ばたくかのいずれかである。それは小鳥次第である。安保闘争の思想もまた、憲法のもとで民主主義の基礎として埋葬されるか、それとも憲法を超越して、反体制的実力闘争において表現されるかのいずれかしかない。鳥が自由に空を舞うことで真の鳥になるのと同じ様に、思想もまたその表現行為へと回帰し、それを拠点とすることによって初めて思想として自立しうるのである。吉本の思想的弁護論は、その自由主義的性格ゆえに思想を幽閉し、黙殺してきた憲法から思想を解放し、憲法＝法治国家に対して真に正面対決できる場所へと戻らせることによって、思想に自立的な拠点を与えようとしたのである。六・一五事件の思想的弁護論の意義は、そのことを措いて他にはない。

三　行為形成の本質過程としての思想

六・一五国会構内集会において表現された被告人らの思想は、裁判において取り上げられることなく、憲法の下で沈黙を余儀なくされてしまったが、建造物侵入や公務執行妨害などに至った動機づけの問題に関連して、若干ではあるが言及されている[4]。しかしながら、吉本によれば、そこでもまた被告人らの思想は検察官と弁護人の無知と無理解によって著しく歪められ、埒外に置かれてしまったようである。

検察官は、被告人らが国会構内集会を行うに至った情勢判断とその意図について次のように述べた。被告人らが率いる全学連とその中心となっている共産主義者同盟は、安保条約改定に反対し、数次に渡って激しい大衆行動を展開し、その情勢を有利に切り開いてきたが、いわゆる「ハガチー事件」以降、急激な情勢の変化に見舞われた。日本共産党が「ハガチー事件」をきっかけにアイゼンハワー米大統領の訪日阻止を目指す反米闘争に重点を移し、その間にあって社会党と総評が動揺をきたしたために、安保闘争全体に沈滞した空気が流れ始めた。被告人らが労働者による六月一五日の第二次ゼネストの当日に、強力な国会デモを行い、国会構内集会の敢行を決意したのは、「ハガチー事件」以降のこの沈滞した空気を打破するために他ならなかった。検察官は、このように説明した。政府が国会において改定安保条約の批准を強行しようとしたのに対して、国民の多くは議会主義の墓場と化した空虚な国会を本来の国民の民主的最高機関として復活させることを願い、そのために憲法一二条および九七条が認める遵法としての抵抗権を行使して、国会構内で集会を開くべきだと考えるようになった。国民の先頭に立って闘ってきた青年・学生は、我等こそが国会構内集会をもって岸内閣を打倒し、国会を国民のものにすべきであると自然に決意するようになった。弁護人は、被告人らの国会構内集会の動機を次のように述べたのである。これに対して吉本は、検察官と弁護人が主張した国会構内集会の動機付けは、「思想の表現としての行為事実を強いてこの裁判の対象に還元し、縮小せしめたもので、もっとも主要であるべき思想的動機付けを欠落し、とうてい首肯し難いものである」と厳しく批判した。

吉本は検察官を次のように批判した。「ハガチー事件」は、日本共産党の反米愛国路線によって主導されたもので、共産主義者同盟・全学連によって主導された六・一五国会構内集会の思想的動機づけとは無関係である。改定安保条約は、日本共産党が分析するような日本国家＝憲法の対米従属の深化の表現ではなく、戦後の日本資本主義が安定的に成長し繁栄するのに伴って、米国からの相対的自立を求める日本独占資本の意思の法的表現であった。条約第三条「自衛力の維持発展」における「憲法上の規定に従うことを条件として」、第五条「共同防衛」における「自国の憲法上の規定及び手続に従って」、さらに第八条「批准」の「各自の憲法上の手続に従って」などの条項の文言からも明らかなように、改定安保条約では日米関係は両国の憲法上の手続を媒介にして形成されることが取り決められている。そこにおいて確認できるのは、対米従属の深化ではなく、復活・強化を遂げてきた日本独占資本が米国の従属から脱し、自立的にアジア・世界戦略を展開していく危険性である。従って、安保闘争の主敵は米国ではなく、日本国家であり、その闘争戦略も反米愛国闘争ではなく、帝国主義的自立を目論む日本独占資本を打倒し、岸政権によって保持され、帝国主義的自立の梃子とされている憲法＝法治国家を変革する闘争である。検察官には安保条約改定の阻止のための運動は全て同じ反体制運動であり、その意味で単色にしか見えなかったため、「ハガチー事件」と六・一五国会構内集会とを同列視することしか考えられなかったのであるが、このような誤謬が生まれた原因は、行為が思想過程を通じて表現されること、思想が行為形成を展開する本質的モメントであることを検察官が理解できなかったからである。吉本はこのように検察官を批判して、行為の展開過程に包含されている思想過程の内実こそが法の適用の対象として本質的であると述べたのである。

六・一五国会構内集会の動機として「遵法としての抵抗権の行使」に言及した弁護人に対する吉本の批判は辛辣である。吉本は、その当時リベラルな思想家や法学者の間で、抵抗権は現行憲法から導き出しうるか、それとも自然法の概念として捉えるべきかという議論が行われていたことに触れながら、弁護人が述べる抵抗権とは、安保条約の改定に反対し、岸政府を打倒する「政治的近圏目標」を実現する行為を正当化する「遵法としての抵抗権」であって、安保条約の改定と国家および資本の凶暴化を法的に支えている憲法＝法治国家を変革する「政治的遠圏目標」を実現する六・一五国会構内集会の正当化根拠とは無関係であると一蹴した[5]。従って、彼らの行為は「遵法としての抵抗権」ではなく、憲法＝法治国家を超える革命思想によってしか正当化されない。たとえ行為の事実的次元において、被告人らの行動に国権の最高機関としての国会の民主的性格を奪回する運動と外形的な共通性があることが認められようとも、それが憲法＝法治国家との対決という安保闘争の思想の表現として行われたものである限り、被告人らの念頭に「遵法としての抵抗権」の観念が置かれることはありえない。「ハガチー事件」以降、いかに強力な大衆闘争によって安保条約改定反対の運動を展開したとしても、それによって成就しうる最大の政治的効果は、せいぜい岸政権に代わる他の保守政権をして条約の批准を断念させるだけでしかない政治状況のなかで、しかも政党や組織労働組合の現状からすれば、そのような大衆闘争を実行することさえ困難なことが予想された状況の中で、その限界を突き破って、憲法＝法治国家を変革するために行われた国会構内集会の思想と行動が、体制内的な遵法闘争のレベルにとどまりえないことは明らかである。吉本はこのように弁護人を批判して、被告人らの安保闘争の思想が弁護人による動機づの説明において位置付けられなかったどころか、憲法の枠内に押し込められ、歪められて理解されたことを厳しく糾弾したのである。

このように検察官も弁護人も、その外形的行為だけを取り上げて刑事事件の争点にしたために、行為が思想を契機にして形成・展開されることを理解できなかった。従って、「安保闘争の思想」が六・一五事件の争点であることを再提起し、法治国家＝憲法を変革することにこそ国会構内集会の本質的目的があったことを主張するためには、思想の本質的過程を包含した行為概念によって理論武装して刑事裁判に臨まなければならない。刑法による思想の疎外情況は、そのような行為概念によって克服されると思われる。

四　近代刑法の批判と超克

思想の本質的過程を包含した行為概念とは、どのようなものであるのか。

人間の立ち居振る舞いを主観的契機と客観的契機に分析し、それぞれの契機を観察して、その意味を認識する思考方法は、近代の科学観・哲学観の基礎にあるデカルト流の主体・客体の二元論に遡ることができる。客観的契機は因果法則が妥当する外界における身体的運動として自然科学的に実証的に考察され、主観的契機はその身体的運動を生み出した意思・動機などの心理的事象として同じく実証的に観察され、そのような考察方法によって、事象の生成と消滅の過程が合理的に説明された。そして、自然主義・実証主義は今度は事象を合理的に説明するために、因果法則や合理性判断の尺度によって測りうるもの、また科学が設定した法則や基準に適合するものだけを考察と分析の対象に取り上げて、それ以外のものを考察の対象から除外し、科学性と合理性の外側に置いた。人々の目に映らないものを見た者には、それは幻影であると教え、また耳に聞こえない音を聞いた者には、それは幻聴であると諭した。公認の科学とは別の教えにこだわる者には、迷信であると説き、それでも信じ続ける者には非合理、観念論、形而上学のレッテルを貼り、罵倒した。科学的・合理的説明を拒んだ者は、狂人として扱われ、差別され排除されることを覚悟しなければならなかった。理性や正義は、常に科学性と合理性の側にあると信じられたがゆえに、それが差別と排除の論理を内在させていることは自覚されることはなかった。

このような科学性と合理性は刑法理論をも支配した。犯罪概念の基底に置かれた行為はその主観的契機と客観的契機へと分析され、一方の客観的契機は構成要件・違法という犯罪的実体へ結び付けられ、他方の主観的契機は責任へ結び付けられた。犯罪概念は、この二つの契機をあたかも機械の部品のごとく接合することによって、主客一対の構造物のように理解され、観念された。外界の事象である客観的契機のなかには、主観的契機が位置づけられる場所はなく、主観的契機は客観的契機の感性における反映として、いわば従属的な地位に貶められた。刑法理論において重視されたのは、まずは外形的事実としての行為であり、次いでその感性的・心理的認識が問題にされるだけであった。行為を行うに至った意思の内容が問われることはあっても、それへと向かわざるを得なかった「意志」が問題にされることはなかった。行為へと向かう激しい思想的衝動、行為を媒介にして成し遂げられようとした目的が位置付けられる場所はどこにもなかった。情緒や心情のような人間の感情や情念にいたっては、行為から浮遊したまま、その周辺を彷徨う幽霊のようでしかなかった。このような刑法的行為概念を死せる抽象物として批判し[6]、思想の本質的過程を包含した行為概念を構築し、そしてそれを伝統的な刑法学に対置させるにはどのようにすればよいのか。それが吉本の思想的弁護論が提起した問題であったと思われる。

吉本の問題提起を正面から受け止めることのできる刑法理論は存在するのだろうか。例えば、犯罪概念の本質的契機である違法性と有責性の意義を人間の人類学的本質から解き明かし、後にその人間の本質を既存の刑法学にある合理性の観念に対置させたハンス・ヴェルツェルの行為概念はどうであろうか。ヴェルツェルによれば、人間は行動する存在、計画的で目的に制御された行動によってその器官装置（Organausstattung）を補充する存在であり、さらにその振る舞いを実際的経験に基づいて目的意識的に制御し、それと同時に自らをも規律して、生の意味を展開する存在でもあり、それゆえにこの目的的行為の実行能力が人間行為の本質を規定する第一要因であるという。そして、人間の本質をこのように規定することが法にとっても直接的な意義を持つという。人間の共同体的生は、人間が実際的経験の予見に基づいて未来を目的意識的に形成しうるところでのみ可能となり、目的的活動へと向かっていく共同体的生を規律することも可能になる。このように考えた場合、適法・違法の第一義的評価の対象は、現実を形成する目的的に制御された要因としての行為であり、それが共同体的生の形成に目的意識的に向けられているかかどうかが違法・適法の評価にとって重要になる。従って、行為はもはや単なる自然の因果的事象ではなく、その実行と不実行を価値と無価値に従って有意味的に決定し、合目的的に制御する責務を担った人間の行為として把握されるのである。またそれゆえに人間は、倫理的答責性の担い手、行為に対する責任の担い手になりうるのである。ヴェルツェルは、刑法における違法性と有責性という二つの犯罪的属性は、このように動機を形成して行動する存在である人間の人類学的本質規定に由来するというのである。(7)

このようなヴェルツェルの刑法理論の基礎にある行為概念は、すでにその教授資格請求論文や刑法体系の研究において論じられていたものであるが(8)、人類学者アーノルト・ゲーレン（一九〇四―一九七六年）が展開した人間の存在論と行為概念論によってさらに補強されている。(9)ただし、ゲーレンが哲学的・人類学的見地から個別的人間の生物学的生を論じたのに対して、ヴェルツェルは刑法的・法哲学的見地からの人間の共同体的・民族的生を論じた。それは、刑法が人間の存在に規定され、その共同体的・民族的な生の在り方を如実に表しているからであろう。吉本の行為概念は、個別的人間のレベルにおいて論じられているが、その構造と形成過程の基底に人間の意思や目的が位置づけられている点において、ヴェルツェルの行為概念と共通性があるように思われる。六・一五事件の被告人らは、改定安保条約の批准を阻止し、国家とその法的基盤である憲法を乗り越えるために闘争した。そこでは、彼らの身体が国会構内に入ったとか、警備にあたっている警察官に接触したというような外界における因果的事象が第一義的に重要なのではなく、彼らが目指す社会を創造するために目的意識的に行動し、安保闘争の思想によって自らの行為を目的的に制御したこと、その思想が彼らの行動の内的原動力であったこと、そしてその思想過程が行為形成の本質的モメントであったことが重要なのである。人間は社会的諸関係によって規定されて、思考し行動する存在であるが、規定要因は因果法則によって説明される外界の事象に限られるものではない。それが心理的過程に反映し、固有の意味において精神化され、今度はその精神が体系化されて思想となり、それが人間の行動を規定し返すのである。人間は、外的な社会的諸関係によって規定されて、行動へと突き動かされながら、同時に内的な精神的諸関係によって規定されて、行動へと突き進んでいくのである。歴史的情況が異なるにもかかわらず、吉本の行為概念がヴェルツェルの目的的行為概念と類似の構造によって成り立っているのは、それらが共に刑法思想における主体と客体の二元主義を超克することを意図していたからであろう。

吉本は、安保闘争という戦後政治史の分岐点において、社会変革の原動力となったものが「安保闘争の思想」であったことを思想的弁護論において主張し、その思想が現体制を超えるものであったがゆえに、既存の刑法理論の射程を超える行為概念を求めざるをえなかったのである。近代刑法が依拠してきた実証主義・合理主義を批判して、そこから排除された思想や情念を人間存在にとって本質的なものとして取り戻し、生気のない抽象的な行為概念を生き生きと躍動する具体的な存在的行為として蘇らせたのである。しかし吉本は、そのような主張がゲーレンとヴェルツェルによってナチス時代に主張された理論と類似性を有していたことには気づいてはいなかったようである。[10] 吉本の問題提起を正面から受け止め、さらに刑法史における過去の問題に理論的に向き合う課題が、今度は刑法家と法史家に提起されている。

三　結論

法思想史家の三島淑臣は、経験的世界の中にバラ色に輝く未来像を描いてきた近代の実証主義の法思想が、現実の社会が灰色にくすむ対立物に転化する否や、その現実から逃避して理念や価値の世界へと逃げ込み、そこから社会的現実の表層だけを批判する観念的な法思想に変質し、さらには観念によって現実を弁証する法的カオスへと陥っていった法思想の過程を跡づけている。(11) その根源的要因は、フランス革命が切り開いた近代社会のなかに人間を非人間的なものに貶める否定の契機が内包されていたからであった。それは政治や経済が人間を疎外していく過程であると同時に、人間疎外の法思想史の過程である。我々はその法思想史のどのあたりにいるのだろうか。人間を救済し、法を人間の法として蘇らせることができるのだろうか。そのためになすべきことは何なのだろうか。

我々は、この問題を考えるにあたり、まず観念の世界に逃避するのではなく、現実の社会を基盤にしなければならないことを明言する必要がある。そこには、人間を疎外する社会的現実がある。それによって苦しめられている人々、人種、国籍、思想などを理由に差別され、迫害されている人々がいる。また、そのような社会的現実を変革するために行動している人々がいる。我々は刑法理論を論ずる前に、彼らの怒りと悲しみ、その思いを受け止め、その思想と信念に対して共感し、それを刑法思想の基礎に据えなければならない。彼らを不法な刑罰から救出するための刑法理論を模索する作業はここから始まる。そして、その作業の積み重ねの上に築き上げられた刑法理論を携えて刑事裁判に関与していったとき、吉本が問題にした疎外された思想は刑法理論と刑事裁判において居場所を見つけ出せるであろう。公権力に囚われた人間の思想や信念は、彼らを救済する刑法理論の原動力となるのであろう。ただし、そのような法的実践は思想の本質的過程を包含した行為概念や人間の人類学的本質から解き明かされた行為概念によって達成されるのではない。そのような行為概念では、現実と理念の法的カオスに陥り、思想を憲法的に庇護するどころか、そのまま刑罰権の餌食として差し出してしまうだけである。それでは、実証主義によれば可能か。人間の行為の表層を眺めるだけの無機質な実証主義にとどまっていると、無制約な刑罰権の行使に対して有効に抵抗することはできない。刑罰権の濫用と恣意的な行使から人間の自由と権利を防御するために、どのようにすればよいか。犯罪成立要件を限定化する法的防壁をいかにすれば築き上げることができるのか。社会的諸関係における対立軸と矛盾関係がこれまで以上に明らかになっている現代の社会情勢は、五〇年前と同じくらいに、あるいはそれ以上にこの問題に取り組むことを求めている。

足立昌勝は、そのような法的実践と刑法の理論的改革を追求してきた刑法家の一人であり、そのために刑法史を紐解き、刑法の現実を批判してきた法史家である。学会や研究会の場を通じて、常に笑顔で励ましてもらったことに感謝しながら、この拙い文章を足立昌勝先生に捧げさせていただく。

〔註〕

（1）吉本隆明「思想的弁護論——六・一五事件公判について」『自立の思想的拠点』（徳間書店、一九六六年）五二頁以下。

（2）吉本・前掲五二頁。

（3）吉本・前掲五二頁以下。

（4）吉本・前掲五六頁以下。

（5）ドイツにおいては一九八〇年代から一九九〇年代にかけて、平和運動家が軍事施設や格納庫前において座り込みデモを行い、その施設の利用を妨げた行為が強要罪（ドイツ刑法二四〇条）に該当するか否かが激しく争われたが、それが抵抗権として正当化されるのは、基本法の合憲的秩序を除去する行為に対して抵抗するために行われた場合だけであって（基本法二〇条四項）、座り込みデモが基本法の合憲的秩序を侵害する場合には、それは抵抗権の行使には当たらないと論ぜられている。Vgl. Berund Rüthers, Gesetzesbindung und Widerstand, in: Journal der Juristischen Zeitgeschichte Hefte 2., 2008, S.48.

（6）このような観点から近代刑法の思想傾向を論じたものとして、拙稿「刑法史における過去との対話」法と民主主義第四六二号三五頁以下、同四六三号八二頁以下参照。

（7）Vgl. Hans Welzel, Persölichkeit und Schuld(ZStW Bd.60., 1941), in: ders, Abhandlungen zum Strafrecht und zur Rechtsphilosophie, 1975, S.188ff.; ders, Grenzen der Rationalität in der Rechtswissenschaft, in: Festschrift für Ernst Heiniz zum 70. Geburtstag, 1972, S.S.31f.

（8）Welzel, Naturalismus und Wertphilosophie im Strafrecht(1935), in: ders., a.a.O., S.95f.：ders., Studien zum System des Strafrechts(ZStW Bd.58., 1939), in: ders., a.a.O., S.129ff.

（9）ヴェルツェルは、生物学、遺伝理論、人種理論、心理学および精神医学が多様な側面から人間の統一像を総合するうえで重要な理論であることを指摘し、それと関連づけてゲーレンの『人間』（Arnold Gehlen, Der Mensch, 1940）がその最新の研究業績であると紹介している。Welzel, Persönlichkeit und Schuld, S.186.

（10）ゲーレンは一九三三年にナチ党に入党し、一九三四年にナチス私講師団の一員になっている。

（11）三島淑臣『法思想史』（青林書院、二〇〇三年）三〇一頁以下、三一八頁以下。

ヘイト・クライム法研究の地平

前田　朗

一　問題の所在

二〇一〇年三月、人種差別撤廃委員会は、第三～六回日本政府報告書審査の結果、日本政府に対して、人種差別撤廃条約第四条の義務を履行するよう勧告した[1]。二〇〇一年の第一・二回日本政府報告書審査の結果としての勧告に次ぐ、二度目の勧告であった。

二度にわたる人種差別撤廃委員会からの勧告にもかかわらず、日本政府は人種差別禁止法もヘイト・クライム法も必要ないとして、勧告を拒否している。第一の理由は、憲法第二一条一項による、集会、結社及び言論、出版その他一切の表現の自由の保障とされる。表現行為等の制約に当たっては過度に広範な制約は認められず、他人の基本的人権との相互調整を図る場合でも、その制約の必要性、合理性が厳しく要求されるという。第二の理由は、憲法第三一条の罪刑法定原則の内容として、刑罰法規の明確性の原則である。人種的優越又は憎悪に基づく思想の流布や人種差別の扇動等を処罰することは、明確性の原則に反するという。

しかし、「表現の自由は人種差別表現の自由を含むものではない。表現の自由を保障するために、差別煽動を規制するべきである」という、人種差別撤廃委員会でしばしば語られる論理に対する反論を見出すことができない。

また、日本政府は「日本社会には深刻な人種差別はない」と断定し、ヘイト・クライムの調査さえ拒否してきた。実際には日本社会では長い間、さまざまなヘイト・クライムが生じてきたが、公的統計がなく、実態は闇に葬られてきた。

憲法学・刑法学の「通説」も、ヘイト・クライム法制定に反対している。ほとんどの論者が、憲法二一条の表現の自由を根拠に、差別煽動の刑事規制に否定的である。[2] 全国各地で公然と「朝鮮人を叩き殺せ」と何度も絶叫し、「穢多は人間ではない」と罵声を浴びせるなど、異常な差別犯罪が続発しているにもかかわらず、憲法学者は「表現の自由」と現実逃避の呪文を唱える。何一つ根拠も示さずに「言論が被害を生むことはない」と断定し、「差別表現に対しては対抗言論を」と唱えるなど、常軌を逸した態度に終始している。「表現の自由を保障するために、差別煽動を規制するべきである」との人種差別撤廃委員たちの問いに答えた憲法学者が日本に一人でもいるだろうか。

近年では、犯罪者自身が犯行映像をインターネット上に掲載して犯罪を自慢する状況にあり、ヘイト・クライムが増加してきた印象が強く、さまざまな基礎研究が始まった。裁判事例も増えつつある。[3] 研究は始まったばかりだが、多方面に及んでいる。ヘイト・クライムとは何であるのか。[4] ヘイト・クライムはいかなる被害を生むのか。[5] ヘイト・クライムの被害者とされやすい集団はどのようなものか。[6]

他方、人種差別撤廃委員会でロビー活動を展開したＮＧＯや、二〇〇一年のダーバン人種差別反対世界会議に参加したＮＧＯなどをはじめとして、人種差別禁止法の制定を求める立法提案や、ヘイト・クライム法の研究が始まった。ヘイト・クライムに関する比較法研究が増えつつある。[7]

日本では議論が始まったばかりであり、ヘイト・クライムの基本性質がほとんど理解されていないので、基礎研究や比較法研究が不可欠である。

二　ヘイト・クライム法の状況——人種差別撤廃委員会第七八会期情報の紹介

筆者はかつて北欧諸国（ノルウェー、スウェーデン、デンマーク）の状況を紹介したことがある。[8] 続いて、人種差別撤廃委員会第七六会期に提出された各国政府報告書をもとに、グアテマラ、パナマ、カンボジア、アルゼンチン、カザフスタン、カメルーン、スロヴァキア、アイスランド、モナコ、オランダの状況[9]、同第七七会期に提出された各国政府報告書をもとに、オーストラリア、ボスニア・ヘルツェゴヴィナ、デンマーク、エルサルバドル、エストニア、フランス、ルーマニア、モロッコの状況[10]、同第七四会期に提出された政府報告書を素材に、ブルガリア、クロアチア、フィンランド、モンテネグロ、パキスタン、スリナム、チュニジア、トルコの状況[11]、同第八〇会期に提出された政府報告書をもとに、クウェート、メキシコ、ポルトガル、ヴェトナム、カナダ、ヨルダン、トルクメニスタン、セネガル、ラオス、カタール、イタリア、イスラエルの状況を紹介した[12]。さらに、同第七九会期に提出された各国政府報告書をもとに、アルバニア、チェコ、グルジア、ケニア、モルディヴ、パラグアイ、ウクライナ、イギリスの状況を紹介した[13]。

本稿では、その継続研究として、同第七八会期に提出された政府報告書と、その審査の結果として人種差別撤廃委員会が各国政府に対して行った勧告を素材に、アルメニア、ボリビア、キューバ、アイルランド、リトアニア、モルドヴァ、ノルウェー、ルワンダ、セルビア、スペイン、ウルグアイ、イエメンの状況を紹介する。

(1) アルメニア

第五・六回アルメニア政府報告書によると、二〇〇三年八月のアルメニア刑法は人種差別撤廃条約第四条に由来する[14]。刑法第二二六条によると、国民、人種又は宗教的憎悪又は敵意の煽動、人種的優位性の表明、又は国民の尊厳を侮辱することを目的とした行為は犯罪とされ、最低賃金の二百以上五百倍以下の罰金、又は二年以下の矯正労働、又は二年以上四年以下の刑事施設収容に処するとされる。同条二項は、刑罰加重として、同様の行為を公に又はマスメディアを通じて、暴力又は暴力行使の威嚇や、権力濫用によって行った場合、三年以上六年以下の刑事施設収容とする。刑法第六三条は、刑罰加重事由として、国民、人種又は宗教的憎悪、又は宗教的熱狂に基づいて犯罪を行ったことを掲げている。

人種差別煽動団体の禁止は刑法第二二六条に含まれていないが、憲法第四七条二項は、権利や自由は、国民、人種及び宗教的憎悪、暴力のプロパガンダ、及び戦争を煽動することを目的とする場合は制限されるとしている。二〇〇一年のＮＧＯ法や、政党法は、人種的敵意の煽動を目的とする団体の制限を定めている。

人種差別撤廃委員会は、アルメニア政府に対して、人種差別を促進・煽動する活動を行っている団体を禁止する法がないことを指摘し、人種差別撤廃条約第四条に合致するように勧告した。また、人種主義と闘うために採択された法律の効果的履行を勧告した。委員会は、アルメニアから人種集団の追放を唱える集団があることに注意を喚起し、人種差別を煽動する集団を非合法化するよう勧告した。(15)

(2) ボリビア

第一七～二〇回ボリビア政府報告書によると、ボリビアには人種的優位性や人種差別を煽動するプロパガンダを処罰する法はまだない。(16) 憲法第一四条二項は、性別、皮膚の色、年齢、性的志向、ジェンダー・アイデンティティ、出身、文化、国籍、市民権、言語、宗教的信念、イデオロギー、政治的関係等によるすべての差別を禁止し、処罰するとしている。最高通達第二一三号は、文書、口頭、ラジオ、テレヴィその他の社会的コミュニケーション又はマスメディアにおける差別的特徴をもった求人広告を禁止している。

近年、重大な差別煽動の事例がみられるので、メディアにおける人種差別犯罪を処罰する必要がある。立法議会で審議しているが、法律化はされていないという。

人種差別撤廃委員会は、ボリビア政府に対して、人種主義ヘイト・スピーチを行う団体やジャーナリストがいることを指摘し、ボリビア刑法には処罰規定がないことを遺憾とし、人種差別撤廃条約第四条を履行するように勧告した。委員会は、メディアの社会的役割やジャーナリストの社会的責任を教育するよう勧告した。また、若者が人種憎悪を促進する団体に加わっていると指摘し、学校教育において人種主義と闘い、人権を尊重するように勧告した。先住民族出身者に対する人種主義暴力があることを遺憾とし、コカバンバ、サンタクルス、パンドでは悪化しているとし、告発があれば捜査し、犯行者を特定し、訴追するとともに、被害者に補償を行うよう勧告した。[17]

(3) キューバ

第一四〜一八回キューバ政府報告書によると、キューバ革命はすべての人権促進・保護をめざしたもので、不平等や差別に対する闘争が含まれる。[18] キューバはあらゆる形態の人種差別を非難してきた。憲法第四一条はすべての市民の平等を定め、同第四二条は、人種、皮膚の色、性別、国民的出身、宗教的信念に基づく差別、その他の差別を禁止し、法によって処罰するとしている。同第四三条は、さまざまの自由や権利について非差別を定める。

一九七八年一二月の刑法第二九五条一項は、他人を差別した者や、人の性別、人種、皮膚の色又は国民的出身に対して発言や行為によって差別を煽動したり、憲法上の権利の平等行使・享受を妨害した者に、六月以上二年以下の自由剥奪及び／又は二百以上五百単位の罰金を科すとしている。同条二項は、人種的優位性や憎悪に基づく観念を広めた者や、人種集団、皮膚の色の異なる集団又は民族集団に対して暴力を行ったり、暴力を煽動した者にも同じ刑罰を科すとしている。

一九八五年の結社法は、人種主義結社や隔離主義結社の組織を禁止している。同法は、異なる国民集団の歴史や文化を学ぶ結社の組織を促している。

人種差別撤廃委員会は、キューバ政府に対して、政府報告書の人種差別に関する情報が十分ではないと指摘し、刑法が人種的動機を刑罰加重事由としていないことも指摘し、刑罰加重事由とする法改正を勧告した。委員会は、キューバ刑法がアパルトヘイトの罪について一〇年以上二〇年以下の刑事施設収容又は死刑を定めているとし、アパルトヘイトを犯罪としていることを歓迎しつつ、死刑廃止又は執行停止を勧告した[19]。

(4) アイルランド

第三・四回アイルランド政府報告書によると、他人に対して暴力行為を煽動することはコモンロー上の犯罪である[20]。一九八九年の憎悪煽動禁止法は、文書を印刷したり、配布したり、言葉を用いたり、文書を屋外に掲示したり、私邸内でもそれが屋外の人に見えたり聞こえたりする場合、又は映像や音声記録を配布したり、展示したりすることは、脅迫、虐待、侮辱であり、それらが憎悪を煽動しようとするものであるならば、犯罪としている。一九三九年の国家に対する攻撃法は、人種憎悪煽動を含む違法活動を促進する団体を違法であると宣言し、禁止している。国内外で、人種、皮膚の色、国籍、宗教、民族的国民的出身、性的志向又はトラベラー集団構成員であることにより、集団に対して憎悪を煽動しようとする行為は、憎悪煽動禁止法により禁止されている。

人種主義・外国人嫌悪に関するサイバー犯罪条約議定書、及び人種主義と外国人嫌悪と闘うＥＵ枠組決定の批准については、検討中である。

一九九四年の刑事司法法（公共秩序法）も公共の秩序に違反する人種主義行為と闘うために使われることがある。アイルランドでは、人種憎悪を煽動する行為は刑事犯罪である。犯罪実行を促進、助長、擁護する団体の構成員となることも犯罪である。一九九七年の刑法第七条一項によると、犯罪実行の教唆、幇助、相談は犯罪であり、正犯と同様に処罰される。

人種的動機による犯罪についての中央統計局の統計が紹介されている。警察認知件数は、六四件（二〇〇三年）、六八（二〇〇四年）、一〇〇（二〇〇五年）、一七二（二〇〇六年）、二一四（二〇〇七年）、一七二（二〇〇八年）。訴追件数は、二一（〇三年）、一六（〇四年）、四七（〇五年）、七〇（〇六年）、八五（〇七年）、五〇（〇八年）。

有罪判決が、四（〇三年）、九（〇四年）、二〇（〇五年）、二六（〇六年）、二九（〇七年）、三（〇八年）。しかし、事案の具体的内容は紹介されていない。

人種差別撤廃委員会は、アイルランド政府に対して、刑事司法法や人種憎悪禁止法の見直し作業が行われているにもかかわらず、その情報が報告されていないとし、人種差別からの人々の保護を強化するように勧告した。委員会は、アイルランドが人種差別撤廃条約第四条の要請を完全には満たしていないとし、人種主義的動機を裁判所が必ずしも考慮に入れていないと指摘した。委員会は、条約第四条（b）の要請に従って人種主義団体を禁止する立法を行うこと、人種主義的動機を刑罰加重事由として考慮すること、犯罪の人種主義的側面についての専門家訓練を行うよう勧告した。[21]

（5）リトアニア

第四・五回リトアニア政府報告書によると、人種差別の克服のためにEUの法原則を採用してきた。[22] 二〇〇四年四月二九日の外国人・無国籍者・難民等の地位に関する最低基準、二〇〇四年一二月一三日の研究・学生留学に関する外国人受入れ条件に関する規則などである。

刑法第一七〇条一項によると、ジェンダー、性的志向、人種、民族的背景、言語、出身、社会的地位、宗教、信念又は意見に基づいて、個人又は集団に対して嘲笑、侮辱を表明、憎悪を煽動、差別を助長し、それが口頭であれ文書であれ公開の言明によって又はマスメディアを通じて行われた場合、犯罪となる。

刑法第一七〇条二項によると、ジェンダー、性的志向、人種、民族的背景、言語、出身、社会的地位、宗教、信念又は意見に基づいて、個人又は集団に対して暴力又は実力行使を行うことを公に煽動、又はそうした活動に財政その他の支援を行った場合、犯罪となる。

刑法第一六九条によると、人種、国籍、言語、出身、宗教、信念又は意見に基づいて、政治、経済、社会、文化、労働の活動に参加する権利を妨害し、人権や自由を制約する行為は犯罪である。刑法第三一二条によると、人種、国民又は宗教的理由に基づいて墓又はその他の公の尊重の施設を冒涜する行為は犯罪である。

また、行政刑法第二一四条によると、国民、人種、宗教の不和を宣伝する情報を製作、所持、配布又は陳列すると行政犯である。同様の宣伝をする団体を設立し、参加することも行政犯である。

人種主義的動機による犯罪を刑罰加重事由とするための刑法改正作業が進行中である。二〇〇八年一月二九日、改正法案は、一定の社会的集団（年齢、ジェンダー、性的志向、障害、人種、民族的背景、言語、出身、社会的地位、宗教、信念又は意見）に対する憎悪犯罪について刑罰加重とするもので、議会に提出され、審議中である。

マスメディアについて、公共情報法第一九条三項は、ジェンダー、性的志向、障害、人種、民族的背景、言語、出身、社会的地位、宗教、信念又は意見に基づいて、戦争や憎悪、嘲笑、冷笑、差別、暴力、実力行使を煽動する情報の宣伝を禁止している。公共情報製作者・ジャーナリスト倫理綱領も同様の定めを置いている。

二〇〇四年一月二二日制定の結社法第三条二項は、同様の活動を行う結社を禁止している。二〇〇四年三月二三日制定の政党法も同様である。二〇〇四年から〇七年の記録では、結社登録が拒否された事例はない。

人種差別撤廃委員会は、リトアニアで国内マイノリティに関する法が審議中であることを留意し、同法が人種差別撤廃条約第四条に適うように早急に制定されることを促した。メディアやインターネットにおける人種的偏見と闘う努力がなされているが、人種主義事件が生じていると指摘し、訴追を行い、犯行者を処罰し、被害者に適切な補償を行うように勧告した。委員会は、人種差別予防に関する委員会の一般的勧告第三一号（二〇〇五年）を活用するように勧告した[23]。

(6) モルドヴァ

第八・九回モルドヴァ政府報告書によると、二〇〇七年一二月、政府は刑法改正案を議会に提出し、検討中である[24]。二〇〇二年の刑法第一七六条は、ジェンダー、人種、皮膚の色、言語、宗教、政治的その他の見解、国民的社会的出身、民族的マイノリティ構成員、財産、階級その他の状況をもとに、憲法上の基本権や自由を侵害することを犯罪としている。刑法第三四六条は、民族、人種又は宗教的敵意又は不和を煽動、民族的名誉と尊厳を攻撃、基本権の直接又は間接の制限、又は民族、人種、宗教的理由で市民の優遇を目的として、印刷又は電気メディアを通じた故意の行為及び公の呼びかけは処罰されるとしている。

二〇〇七年の刑法第一七六条改正案は、禁止された行為の特定が明確でないために必要となったという。現行法は、モルドヴァ市民でない者や無国籍者に対する差別と考えられる基本権侵害についての責任を規定している。改正案は非差別原則に合致する要件を明確にするものである。改正案は、国際条約で確立された基準に従って、合理的客観的正当化事由に基づかずに区別、排除、制限又は優先することについての責任を定めている。すなわち、改正案は、ジェンダー、人種、皮膚の色、言語、宗教、信念、国民的社会的出身、民族的マイノリティ構成員又は性的志向に基づく基本権侵害、又は同様の基準に基づいて、個人、集団、コミュニティに、区別、排除、制限又は優先することについて刑事責任を定めている。刑法第三四六条改正案は、その集団について、人種、国籍、民族的出身、言語、宗教等に基づいて、屈辱、差別の煽動又は憎悪を目的として、印刷又は電気メディアを通じた公の呼びかけを処罰するとしている。

二〇〇八年一月の差別予防克服法草案は、国際基準に従って「直接差別と間接差別」「抑圧」「差別の煽動」を定義している。労働法、教育法、人権法その他の幅広い法分野に適用される。

二〇〇三年二月、過激活動に関する規制が考慮され、人種的民族的暴力の煽動、民族集団への屈辱、フーリガン、憎悪行為、人種の優越性主張などを克服する努力が行われている。

人種差別撤廃委員会は、モルドヴァ政府に対して、人種差別克服のための努力を歓迎しつつ、刑法第一七六条などの効果的履行の手段が不十分であり、実際の捜査件数が少ないと指摘した。委員会は、反差別規定の効果的な履行、人種差別被害者の援助、人種差別被害申立てのアクセス確保などを勧告した。(25)

(7) ノルウェー

第一九・二〇回ノルウェー政府報告書によると、一九〇二年の普通刑法が二〇〇三年に一部改正され、民族差別からの保護が強化された。(26) さらに、二〇〇五年、新刑法が制定されたが、報告書執筆時点ではまだ発効していなかった。一九〇二年刑法の第一三五条と三四九条は、新刑法第一八五条と第一八六条に変更された。第一八五条は、従来の第一三五条を人種差別撤廃委員会の勧告に従って改正したものである。第一八五条一項第三文は、差別される者、ヘイト・スピーチにさらされる者がいる場でなされた発言だけを犯罪としている。すなわち、その発言が公になされたことを要件としていない。また、新刑法は障害を持った者に対するヘイト・クライムも追加した。

公然性（公になされたこと）を要件とせず、被害者に向かって発言を行えばヘイト・スピーチが成立するのは、フランス刑法と同様に、珍しい規定である。(27) 従来は、憎悪煽動犯罪であるから公に発言がなされたことを要するのが一般的であった。改正法で、憎悪煽動ではなくても、差別発言を処罰すべき場合があることになった。

ノルウェー刑法は法定刑の幅が広いのが特徴であるが、刑法第七七条はヘイト・クライムについて刑罰を厳格に定めているという。

二〇〇七年一二月二一日の最高裁判決は、一九〇二年刑法第一三五条が人種主義表現からの純粋の保護を意味するとした。二〇〇三年七月に、『ヴェルデンス・ガング』という新聞のインタヴューでユダヤ人について述べた発言に適用された事案である。「ヴィグリッド」組織の指導者が次のように述べた。「ユダヤ人を根絶するために、社会で力を手にしたい」、「ユダヤ人が主敵だ。奴らはわれわれを殺してきたじゃないか。邪悪な殺人者なんだ。人間じゃなくて、始末しなければならないパラサイトなんだ」、「ユダヤ人はわれわれを何百万も殺してきた。我が国で権力を手に入れている」。最高裁判所は、実行者は、明らかにユダヤ人の統合を侵害する行為を助長・支持したとし、この発言は重大な性格を持った侵害であり、集団の人間の尊厳を貶めたのであり、刑法第一三五条に違反するとした。

警察庁は二〇〇九年に『ヘイト・クライム二〇〇七年』を発表した。これによると二五七件の事件が記録され、人種的動機をもっていたのは二〇九件であり、宗教的動機が一九件、性的志向に基づくのが二九件であった。

人種差別撤廃委員会は、ノルウェー政府に対して、移民、難民認定申請者、難民に対する差別事案が見られ、被害者の精神衛生に影響があり、トラウマが残ることなどを指摘し、差別事件への対処の強化を勧告した。委員会は、過激集団による人種主義発言が政治家、メディア、とりわけインターネットに広がり、ヘイト・スピーチが見られるとし、人種差別撤廃条約第四条が義務的性格を有しているとし、表現の自由と、公然たる人種主義発言との間のバランスをはかり、人種差別を促進する組織を禁止するためにヘイト・スピーチとヘイト・クライムを明確に定義するように勧告した。人種主義に対処する戦略を発展させるために公の議論を行うことが効果的であると勧告した。(28)

(8) ルワンダ

第一三〜一七回ルワンダ政府報告書によると、憲法第三四条が表現の自由を保障しているが、表現の自由といえども絶対的自由ではない。(29) 人間の尊厳、平等、自由の尊重が求められる。差別と隔離主義の犯罪を予防・訴追する法律では、文書であれ行動であれ、人種、宗教、皮膚の色、性別、言語などに基づく差別発言が犯罪とされる場合がある。刑法第三九三条(a)は「中傷又は公の侮辱によって、人の集団又は所与の人種又は宗教に対して嫌悪又は憎悪を表明し、又はそのような嫌悪又は憎悪を誘発させるような行為をした者は、一月以上一年以下の刑事施設収容及び／又は五〇〇〇フラン以下の罰金の責を負う」とする。

差別と隔離主義の犯罪を予防・訴追する法律第六条は、差別犯罪につき有罪とされた団体、政党等に対して、六月以上一年以下の活動停止及び五百万以上一千万フラン以下の罰金を科すとしている。住民に対する差別行為が重大深刻な場合には、裁判所は、刑罰を二倍にし、団体を解散させることもできる。

人種差別撤廃委員会は、ルワンダが歴史的経験を教訓としてジェノサイド処罰を明示していることに留意しつつ、ジェノサイド犯罪の定義があいまいであり、国際刑法でジェノサイドの成立要件とされている「意図の要件」がないことに懸念を表明した。委員会は、刑法が必ずしも条約第四条の要請に対応していないと指摘し、委員会の一般的勧告一五（一九九三年）を引証しつつ、条約第四条を履行するのに必要な刑法改正を行うよう勧告した。[30]

（9）セルビア

第一回セルビア政府報告書によると、刑法には差別犯罪に関するいくつかの規定がある。[31] 刑法第一二八条は、国籍、民族、人種、宗教に関連して、又は政治その他の信念、性別、言語、教育、社会的地位、社会的出身、財産状態その他の人的特徴に基づいて、憲法や法律で保障された個人の権利を剥奪・制限し、個人に便益や優先を与えた者は、三年の刑事施設収容としている。公務員が職務中に行った場合には三月以上五年以下の刑事施設収容となる。

刑法第三一七条は、セルビアに居住する人民や民族コミュニティの中に国民的、人種的、宗教的憎悪又は不寛容を煽動又は悪化させた者は、六月以上五年以下の刑事施設収容としている。強制、虐待、安全の約束、国民的人種的宗教的シンボルの嘲笑、商品の損壊、記念碑や墓の冒瀆によって行われた場合、一年以上八年以下の刑事施設収容となる。公的地位にある者の権限濫用や、暴動や暴力による場合、二年以上一〇年以下の刑事施設収容となることがある。

刑法第三八七条は、人種、皮膚の色、国籍、民族、その他の人的特徴に基づいて国際法上普遍的に承認された基本的権利を侵害した者は、六月以上五年以下の刑事施設収容とする。ある人種の優越性観念を宣伝、人種的不寛容を宣伝又は人種差別を煽動した場合、三月以上三年以下の刑事施設収容とする。

一九九二年から二〇〇八年までの間、三六六件の人種差別事件につき五七二人に対して起訴が行われた。最近の件数は、六二件（〇八年）、五二（〇七年）、四九（〇六年）、五四（〇五年）、三四（〇四年）である。内訳は、刑法第三一七条が二六八件（七三・二％）、刑法第一三一条（宗教の自由や宗教施設への攻撃）が七〇件、刑法第一二九条（言語の権利侵害）が二〇件、刑法第一七四条（国民的民族的集団への公の嘲笑）が五件である。

憲法第五条三項は、人権やマイノリティの権利を侵害し、人種憎悪煽動を目的とする政党活動を禁止している。市民結社法は憎悪煽動を目的とする結社の一時的禁止を定める。場合によっては全面禁止もありうる。報告書執筆時期には、裁判所による結社禁止命令は一件も出ていない。

放送法は差別、憎悪、暴力を煽動する番組の放送の予防を定めている。公共情報法も差別、憎悪、暴力を煽動する観念や意見の出版（ヘイト・スピーチ）を禁止している。

人種差別撤廃委員会は、セルビア政府に対して、人種差別克服のための努力がなされているものの、人種差別とヘイト・スピーチが残存しているとし、ヘイト・クライムとヘイト・スピーチを予防する効果的立法、人種主義者や過激集団の訴追と必要な場合には結社禁止、人種主義的動機による犯罪への対処の強化、スポーツにおける人種主義の克服努力、寛容の文化と文化的多様性を促進するＮＧＯの支援等を勧告した(32)。

(10) スペイン

第一八～二〇回スペイン政府報告書によると、二〇〇三年九月の刑法改正で、公共の安全、ドメスティック・バイオレンス、外国人の社会統合に関する改正が行われ、人種主義と不寛容と闘うための規定が盛り込まれた(33)。

刑法第二二条四項は、刑事責任の加重事由として、人種主義、反ユダヤ主義又はその他の形態の人種・民族差別を掲げている。刑法第一六一条二項は、遺伝子操作、クローン人間、優生学的措置に関連する犯罪を定めている。刑法第一七〇条は、民族集団に対する脅迫を犯罪としている。刑法第一九七条五項は、人種的出身を示す秘密情報の暴露を犯罪としている。刑法第五一〇条は、人種主義、反ユダヤ主義又は民族集団・人種構成員であることを理由とする差別、憎悪、暴力の煽動を規制している。刑法第五一一条は、公的地位にある者が、民族、人種又は国民的出身に基づいて他者に公共サービスを拒否することを犯罪としている。刑法第五一五条は、不法結社を、イデオロギー、宗教又は信念のゆえに、又は特定の民族集団、人種又は国民に属する構成員である事実ゆえに、差別、憎悪、暴力を促進する結社と定義している。刑法第六一〇条はジェノサイド犯罪を定める。

二〇〇七年七月、スポーツにおける暴力・人種主義・外国人排斥・不寛容法が制定された。

「アウシュヴィツの嘘」規定に関連して、二〇〇七年一一月七日、憲法裁判所は、刑法第六〇七条二項の合憲性について判断した。第二次大戦専門書店の店主が、ユダヤ人コミュニティに対する迫害とジェノサイドを繰り返し否定するドキュメンタリー・写真出版物を販売・頒布した事案である。二〇〇〇年のバルセロナ高等裁判所判決は、刑法第六〇七条二項を適用して、ジェノサイド犯罪を否定・正当化した観念を撒布したことで書店主を有罪としたが、同条項の違憲性問題が提起されたため、憲法裁判所に持ち込まれた。憲法裁判所は、ジェノサイドの否定は、意見や観念の単なる伝達であれば、その観念が忌わしいもので、人間の尊厳に反するものであっても、犯罪に分類されることはないとした。従って、憲法裁判所は、刑法第六〇七条二項第一文の「否定」条項は違憲であるとした。しかし、憲法裁判所は、「正当化」は、犯罪実行を間接的に煽動し、皮膚の色、人種、国民的民族的出身によって定義される集団の憎悪を誘発する観念の公然たる撤布であり、ジェノサイドの「正当化」はまさに犯罪であるとし、「正当化」条項は合憲であると判断した。

二〇〇四年一一月三〇日、ラ・リオハ高等裁判所は、移民集団に対して人種主義的敵意を表明したビラを公的施設の事務所で配布した二人の被告人を、刑法第五一〇条一項の人種差別煽動で有罪とした原判決を支持した。

二〇〇七年一二月一二日、ソリア高等裁判所は、学校で女性生徒がアラブ出身であることを理由に子どもたちが侮辱行為をした事案で、ハラスメント事案であり加重事由に当たる可能性があるとの申立てを認めた。

二〇〇六年一一月一六日、イェイダ刑事裁判所は、インターネットで人種主義と外国人排斥を煽動した二人の被告人を刑法第五一〇条で有罪とした。刑法第五一〇条を適用した最初の判決である。

人種差別撤廃委員会は、スペイン政府に対して、メディアが移住者に対して人種主義的ステレオタイプや偏見を広めていることを指摘し、人種主義と闘う包括的戦略を採用し、人種主義事案を監視し、ヘイト・スピーチと闘うメディアの責任を促すよう勧告した。委員会は、移住者やジプシーに対する隔離学校「ゲットー」が存在するとして、学校運営に関する適切な措置を講じるように勧告した[34]。

(11) ウルグアイ

第一六～二〇回ウルグアイ政府報告書によると、一九八九年刑法改正により、憎悪、侮辱又は暴力の煽動や、皮膚の色、人種、宗教、国民的民族的出身、性的志向又は性的アイデンティティを理由にそれらの行為を行うことを犯罪とした[35]。二〇〇三年七月の法律一七六七七号は、刑法一部改正であり、憎悪、侮辱又は暴力の煽動を犯罪とし、煽動について三月以上一八月以下の刑事施設収容、その実行につき六月以上二四月以下の刑事施設収容とした。

もともと一九四二年の法律が、人種抗争又は憎悪を勧誘・挑発することを促進・組織した者について一〇月以上五年以下の刑事施設収容としていた。人種主義団体への参加も三月以上一〇月以下の刑事施設収容であった。二〇〇三年の法律一七六七七号によって規制法が完成した。

報告書執筆時点で告発のあった事案は五二件であった。人種を理由とする差別（三九・五％）、ジェンダー（二五％）、宗教（一〇・四％）、障害（一〇・四％）、ＨＩＶ（六・二五％）であった。

人種差別撤廃委員会は、ウルグアイ政府に対して、刑法が人種差別撤廃条約第四条の要請に合致していないと指摘し、人種的優位性の理論を撒布することを犯罪とし、人種差別を促進・煽動する団体を禁止するように勧告した。[36]

(12) イエメン

第一七・一八回イエメン政府報告書によると、一連の立法措置によって国際条約の要請に合致しているという。[37]憲法第四一条は法の下の平等を定め、刑事訴訟法第五条は、何人も国籍、人種、出身、言語、信念、職業、教育歴、社会的地位を理由に処罰されないとする。

刑法第一九四条は「宗教又は宗教的信念、慣行、教育の嘲笑又は軽蔑、信仰集団への侮辱の公然たる煽動、又は信仰集団の優越性の観念を、公共の秩序を傷つける方法で、公然と放送した者は、三年以下の刑事施設収容又は罰金に処す」とする。刑法第一九五条は「軽蔑、嘲笑又は侮辱の対象とされた宗教がイスラム教の場合、刑罰は五年以下の刑事施設収容又は罰金とする」。

人種差別撤廃委員会は、イエメン政府に対して、人種差別事件の訴追に関する統計情報がないと指摘し、次の報告書の際に報告するように勧告した。委員会は、人種的優越性の宣伝・撒布のような人種差別撤廃条約第四条に規定された行為が犯罪とされていないと指摘し、刑法を改正し、その法を効果的に執行するように勧告した。[38]

三　小括

最後に若干のまとめをしておこう。

第一に、ヘイト・クライム法は決して例外ではなく、むしろ世界の常識に属すると言ってよい。筆者は本稿までにすでに約六〇カ国の状況を紹介してきた。その過半数の諸国に何らかのヘイト・クライム法が存在する。委員会は、法律のある諸国には条約の要請に合致するように勧告し、法律のない諸国には規制法を制定するように勧告している。

第二に、本稿では言及できなかったが、ヘイト・クライム法以前に、人種差別禁止法が制定されている国も多い。民事・労働・教育などの諸分野における人種差別を禁止する法律である。ヘイト・クライム規制はその一部である。

第三に「アウシュヴィッツの嘘」犯罪規定である。「アウシュヴィッツの嘘」はドイツの民衆扇動罪が有名であり、フランス、オーストリア、スイスにもあると言われてきた。その他にも、スロヴァキア、ルーマニア、ポルトガルにもあり、本稿で紹介したようにスペインにもある。それぞれの比較検討も必要になってきた。

第四に、ヘイト・クライム法は単なる象徴立法ではなく、実際に適用されている。報告書に統計データの数値だけが示されているものもあれば、裁判例が詳しく紹介されているものもある。報告書には掲載されていない場合でも、人種差別撤廃委員会の審議の際に口頭で報告している場合もあるので、実際には本稿などで紹介しているよりも多くの適用事例がある。

第五に、公然性要件のない処罰規定である。二〇〇五年三月二五日のフランス刑法第六二四—三条は「その人の出身、又は特定の民族集団、国民、人種又は宗教の構成員であるか構成員でない——現にそうであれ、そう考えられたものであれ——ことに基づいて、人又は集団に公開ではない中傷をすれば、第四カテゴリーの犯罪に設定された罰金を課す。ジェンダー、性的志向、障害に基づく公開ではない中傷も同じ刑罰を課す」とし、刑法第六二四―四条は「その人の出身、又は特定の民族集団、国民、人種又は宗教の構成員であるか構成員でない――現にそうであれ、そう考えられたものであれ――ことに基づいて、人又は集団に公開ではない侮辱をすれば、第四カテゴリーの犯罪に設定された罰金を課す。ジェンダー、性的志向、障害に基づく公開ではない侮辱も同じ刑罰を課す」と規定する。公開でない場における中傷、侮辱に刑罰を課しているので、公然性要件がない。二〇〇五年のノルウェー刑法第一八五条一項第三文は、差別される者、ヘイト・スピーチにさらされる者がいる場でなされた発言だけを犯罪としている。すなわち、その発言が公になされたことを要件としていない。公然性のないヘイト・クライムの刑事規制については今後さらに調査が必要である。

〔註〕

（1）「委員会は、人種的優越や嫌悪に基づく思想の流布を禁止することは、意見や表現の自由と整合するものであるという意見を再度表明し、この点において、本条約第四条（a）及び（b）への留保の維持の必要性を、留保の範囲の縮小及びできれば留保の撤回を視野に入れて、検証することを慫慂する。委員会は、表現の自由の権利を行使することは、特別な義務と責任、特に人種主義的思想を流布しない義務が伴うことを喚起し、本条約の規定が自動執行力のない性格のものであることに鑑みれば、第四条は義務的性質があるとする一般的勧告七（一九八五年）及び一般的勧告一五（一九九三年）を考慮することを改めて要請する。委員会は締約国に以下を勧告する。
（a）本条約第四条の差別を禁止する規定を完全に実施するための法律の欠如を是正すること。
（b）憎悪的及び人種差別的表明に対処する追加的な措置、とりわけ、それらを捜査し関係者を処罰する取組を促進することを含めて、関連する憲法、民法、刑法の規定を効果的に実施することを確保すること。

（c）人種主義的思想の流布に対する注意・啓発キャンペーンを更に行い、インターネット上の憎悪発言や人種差別的プロパガンダを含む人種差別を動機とする違反を防ぐこと。」

人種差別撤廃委員会における日本政府報告書審査の様子について、前田朗「人種差別撤廃委員会と日本」『統一評論』五三四・五三五号（二〇一〇年）。

（2）憲法学の状況について、前田朗「差別表現の自由はあるか（一）～（四）」『統一評論』五六〇・五六一・五六二・五六三号（二〇一二年）。なお、前田朗『ヘイト・クライム』（三一書房労組、二〇一〇年）において、日本におけるヘイト・クライムの状況、議論の状況を検討した。

（3）例えば、京都地方裁判所判決二〇一一年（平成二三年）四月二一日（平成二二年（わ）第一二五七号、第一六四一号威力業務妨害、侮辱、器物損壊、建造物侵入被告事件）。本判決につき、前田朗「差別集団・在特会に有罪判決」『統一評論』五五〇号（二〇一一年）、同「速報判例解説・団体構成員らが学校や労組事務所に押し掛けて侮蔑的言辞を呼号し喧騒を引き起こすなどしたことが威力業務妨害、侮辱等にあたるとされた事例」TKCローライブラリー速報判例解説（国際公法一三）、金尚均「在日朝鮮人の特権廃止を目的に掲げる団体の活動として、構成員ら総勢一一名で、多数の威力を示し、多数の児童がいる朝鮮学校付近において、拡声器を使って侮辱的言辞を繰り返し怒号した等の行為について、正当な政治的表現の限度を逸脱した違法なものであり、威力業務妨害罪、侮辱罪、器物損壊罪等が成立するとした事例」TKCローライブラリー速報判例解説（刑法六〇）、楠本孝「在特会事件判決の意義と限界」『法と民主主義』二〇一一年一二月号。なお、前田朗「二〇一〇年の民族差別と排外主義」『統一評論』五四三号（二〇一一年）、同「日本における差別犯罪とその煽動について（一）～（四）」『解放新聞東京版』七九一・七九二・七九三・七九四号（二〇一二年）、同「在特会・差別街宣に賠償命令」『マスコミ市民』五二四号（二〇一二年）、同「差別・排外主義の在特会に賠償命令」『統一評論』五六五号（二〇一二年）など。

（4）前田朗「ヘイト・クライムを定義する（一）～（六）」『統一評論』五三六・五三七・五四一・五四二号（二〇一〇年）、五四六・五四七号（二〇一一年）。

（5）前田朗「ヘイト・クライムはなぜ悪質か（一）～（五）」『アジェンダ』三〇・三一号（二〇一〇年）、三二・三三・

三四号（二〇一一年）。

（6）前田朗「誰がヘイト・クライム被害を受けるか（一）（二）」『統一評論』五五六・五五七号（二〇一二年）。

（7）イギリスについて、師岡康子「人種・民族差別禁止法の意義――日本における制定にむけて」『法学セミナー』二〇一二年三月号、同「イギリスにおける人種・民族差別撤廃法の発展」『自由と正義』二〇一二年七月号。ドイツについて、櫻庭総『ドイツにおける民衆扇動罪と過去の克服――人種差別表現及び「アウシュヴィッツの嘘」の刑事規制』（福村出版、二〇一二年）。アメリカについての研究は数多いが、二〇〇九年に制定されたマシュー・シェパード法について、前田朗「アメリカのヘイト・クライム法」『統一評論』五五一号（二〇一一年）。

（8）在日朝鮮人・人権セミナー編『在日朝鮮人と日本社会』（明石書店、一九九九年）第七章。

（9）前田朗「ヘイト・クライム法研究の課題」『法と民主主義』四四八・四四九号（二〇一〇年）。

（10）前田朗「ヘイト・クライム法研究の現在」村井敏邦先生古稀祝賀論文集『人権の刑事法学』（日本評論社、二〇一一年）。

（11）前田朗「ヘイト・クライム法研究の展開」『現代排外主義と差別的表現規制』（第二東京弁護士会人権擁護委員会、二〇一一年）。

（12）前田朗「人種差別撤廃委員会第八〇会期」『統一評論』五五八・五五九号（二〇一二年）。

（13）前田朗「ヘイト・クライム法研究の射程」『龍谷大学矯正・保護総合センター研究年報』第二号（二〇一二年）。なお、同「差別禁止法をつくろう！　差別禁止法の世界的動向と日本」『解放新聞東京版』七七九・七八〇号（二〇一二年）。

（14）CERD/C/ARM/5-6. 20 July 2010.

（15）CERD/C/ARM/CO/5-6. 4 April 2011.

（16）CERD/C/BOL/17-20. 10 August 2010.

（17）CERD/C/BOL/CO/17-20. 8 April 2011.

（18）CERD/C/CUB/14-18. 20 January 2010.

(19) CERD/C/CUB/CO/14-18. 8 April 2011.
(20) CERD/C/IRL/3-4. 23 September 2010.
(21) CERD/C/IRL/CO/3-4. 4 April 2011.
(22) CERD/C/LTU/4-5. 24 August 2010.
(23) CERD/C/LTU/CO/4-5. 4 April 2011.
(24) CERD/C/MDA/8-9. 7 July 2010.
(25) CERD/C/MDA/CO/8-9. 6 April 2011.
(26) CERD/C/NOR/19-20. 12 August 2010.
(27) フランス刑法について、前田・前掲（10）参照。ヘイト・スピーチに公然性を要件としない処罰規定が他にもあるかどうか、さらに調査が必要である。
(28) CERD/C/NOR/CO/19-20. 8 April 2011.
(29) CERD/C/RWA/13-17. 9 August 2010.
(30) CERD/C/RWA/CO/13-17. 19 April 2011.
(31) CERD/C/SRB/1.1October 2009.
(32) CERD/C/SRB/CO/1. 13 April 2011.
(33) CERD/C/ESP/18-20. 2 November 2009.
(34) CERD/C/ESP/CO/18-20. 8 April 2011.
(35) CERD/C/URY/16-20. 9 August 2010.
(36) CERD/C/URY/CO/16-20. 8 April 2011.
(37) CERD/C/YEM/17-18. 14 June 2010.
(38) CERD/C/YEM/CO/17-18. 4 April 2011.

親密圏の刑罰

森川　恭剛

一　応報と正義の区別

応報とは悪行または善行に対する報いを意味し、近代刑法学では、それは責任非難による刑罰への強制である。悪に善で応えるとき、それを報いとはいわない。また、応報と匡正は異なる概念であるから、刑法学は応報と正義の関係を問うことができる。

N・クリスティは『刑罰の限界』で応報刑と目的刑の考え方を斥けて市民の司法参加の意義を説いた。彼の議論の根底には戦時中の強制収容所でおきた残虐行為に対する反省がある。「殺害行為を行った者は、収容された人々が自分たちと同じ人間だと見ることができるほどには、収容者に近づいていなかった」。この結論が刑罰の正義を考察する出発点であり、クリスティによれば、犯罪の特別予防を目的とする刑罰は、対象者を集合的に客体化して差別化するにもかかわらず、つねに実効性に疑問が残り、見込みがないとされれば社会成員として排除されるしかない人々を生む。また、刑罰を犯罪という害悪に対する害悪の報い、すなわち犯罪者に対する苦痛として科すのは残酷であり、この残酷さを正義であるとすればむしろ問題の所在が隠される。この悪循環を断ち、犯罪を社会の糧とするために刑事司法への市民参加が必要になる。「一般人が傍観者ではなく、参加者になるような方法を築く」。「刑事手続は対話へと姿をかえる」。そして「妥協点を見つけ」「報復に代わって賠償をすすめること」「悪行に代わって善行を為すように、人びとに働きかけること」が大切である、と。また、そのとき社会的な少数者、被抑圧者をエンパワーすることができるとされていたことも重要である。J・ブレイスウェイトもこの点を重視しており、犯罪の加害者と被害者の対話は、深い構造的な不公正が社会にあることを十分に考慮して、調和を回復すべきであると述べている。[1]

さらにクリスティは垂直的正義と水平的正義を区別する。前者は一神教の報いのモデルであり、後者は「平等な関係をもつ個人が互いの親密さから作る正義」である。彼は人間の価値判断には「最小限の共通の基盤」があると考えているので、その価値の源泉につねに立ち返ることができるような、相手の顔が見える、「近さ」のある人間関係の中で、犯罪として表面化した社会紛争に対する解決策を見いだそうと努める、そのことで社会はよりよいものになることができる、と非常に肯定的な意味を付与して、司法の役割を捉え返している。[2]

クリスティの問題提起は修復的司法の理論によって洗練されていく。H・ゼアによれば応報刑の刑事司法とは「暴力循環の一部分」である。これに対し、聖書にはもう一つの考え方、つまり「貧者の味方に立って」「困窮する者に両手を差し伸べる」ような、法の姿が示唆されている。それは「ニーズが満たされていない者を助けることによって、事態を健全化しシャロームを築くこと」である。シャロームとは、ある種の満たされた状態を指すものと思われる。したがって「犯罪が害ならば、司法は害を回復し、癒しを促進させる」必要がある。そこに正義があり、これを「修復」と呼ぶ。司法は、その修復プロセスを担うところに役割がある。応報とは「被害者が突き落とされたレベルまで加害者のレベルを落とす」こと、対して修復とは「被害者を元のレベルまで引き上げようとする」ことである。後者において「加害者の果たすべき役割と改悛の可能性」を認めうるとされた。[3]

具体的には、犯罪の加害者と被害者の対話を市民の司法参加により社会的に仲介するというプログラムが提案された。この対話型の紛争解決の仕組みは、オセアニアや北米で、西洋型の刑事司法制度が先住民の利益になっていないという反省から、多文化主義政策の一環として導入されていた。[4]そこには、西洋の法文化の軌道修正の意味合いがあったと考えられる。ただしその反面で、理論的にはともかく、実践的には、修復的司法は、西洋型の応報的かつ目的的な刑事司法と多文化的に併存することになった。

そのため日本でも修復的司法に対する関心は高いが、応報刑批判の理論的側面よりも加害者と被害者の対話の方法等の実践的・手続的な側面が強調されており、法文化の衝突の問題であるという受け止められ方はあまりみられない。被害回復の癒しとは、応報感情を満たすことであるという皮肉な厳罰化論も認められる。

そうした厳罰化論に対して次の反論がある。少子・高齢化社会で少年の健全育成と高齢者福祉を重視するならば、刑罰の目的は「犯罪者の更生、社会復帰」でなければならず、刑事司法の機能を「応報から更生に切り替えること」「犯罪者といわれる人にも福祉的サービスが届くようにすること」が求められる、と。従来の目的刑論との違いは福祉との連携を強く打ち出すところにある。したがって矯正施設も「全体として restorative になる必要がある」(5)。これは修復的司法の理論が被害者への補償とともに、被害回復の内容の一部として加害者の再犯防止を重視していた点に、あらためて注意を促したものであると理解できる。そして刑罰の理論だけでなく、その実践の大転換が提案されたことに驚かざるをえない。

二　責任と強制

近代刑法学で刑罰は否定的な強制であり害悪である。犯罪者に害悪を科すことができるのは、彼が非難に値するからである。責任非難をうけることで、罪が贖われる。責任非難ができなければ、罪は贖われないので、犯罪被害は理論的に回復されないという、被害者からすると明らかな不足がここに認められる。

しかし、贖罪はいかに法的に強制されうるのか、という根本的な問いがある。というのは、刑罰の前提には責任非難があり、これは犯罪者の「意思の自由」において誤りが起きたこと、つまり本人の改心・改悛の必要性、究極的には神と向き合い直す必要性があることを示す。しかし、これは法的には不可侵の内的な領域にあり、強制の対象としうるところではない。ここに近代の「自由」の概念が、道徳の中枢にあって法の原理であることの問題があると考えられる。

もちろん近代法は法と道徳を区別している。刑罰は、自由と対立する強制力であるが、法の否定の否定として正当化される。しかし、そうすると刑の執行において矯正処遇はその法的論拠を否定性において見いださねばならない。理論的には強制力としての法が自由の外的領域を保障するが、実際に矯正施設で、矯正が強制による「自由」でありえているであろうか。

フォイエルバッハの心理強制説は、人間を非理性的に扱う理論であるとされたが、もっぱらの反作用としての彼の刑罰はカント哲学の感性界のものであり、「自由」を否定しうるものではないので応報刑論のジレンマはなく、代わりに受刑者は抵抗権をもつ。しかし反面で、刑罰が科学的に純化され、理念なき機能主義に陥る危うさをもっている。理論的には応報刑、実践的には目的刑であり、この道徳と法の二元論を堅持するかぎり、相対的応報刑として両者が結びつくことはない。ただ受刑者の抵抗権の行使において、法は道徳的（「自由」）でありうる。

これに対し、相対的応報刑論が支持されてきたのは、刑罰の大枠を応報とすることで、国家による「個人の自由」への介入の危険をはらみながらも、「自由」という道徳的な制約を刑罰自体に内在させることができるからである。したがって相対的応報刑論は人道的な矯正処遇を要請するものになる[6]。

しかし、内容的に実際に人道的でありうるならば、大枠として刑罰が害悪であらねばならない理由は自明でなくなる。この点で、刑罰とは更生を目的とすべきであるとする厳罰化論批判に一理がある。しかし犯罪者に更生の機会が必要であるとしても、それを刑罰として保障する理由が説明されないのであれば、応報に更生を足すことも、刑事司法の福祉連携の一つの方法である[7]。

相対的応報刑論からすると目的刑論には次の問題がある。応報の大枠があることによって、刑罰の内容が「更生」の名目で特別予防機能を追求して排除の壁を立てることを防止する。目的刑が個人の内面に働きかけて更生の契機とすれば、「個人の自由」に抵触するおそれも認められる。また、犯罪者のすべてに更生が必要であるとはかぎらないし、反対に犯罪者になる前にも更生の機会は与えられてよいから、応報を更生に代えるのであれば、刑事司法が犯罪者に行為責任を問う法的実践である理由もなくなる。こうして、相対的応報刑の人道的な矯正処遇とは、つねにほどほどのものにならざるをえない。刑罰と自由、例えば刑務所における「個人の自由」の拡大は、解消できない理論と実践の矛盾として残る(8)。

いずれにせよ刑罰は社会の営みであり、刑務所も社会の一部であり、再犯防止の目的を軽視はできない。ゼアは「加害者は刑罰を受けることで、借りを返すと信じ込まされている」と指摘したが、犯罪被害者はもはや信じることができなくなっている。修復的司法に対し、被害者の癒しに力点を置きすぎれば、それは犯罪や刑罰を私事化することであると疑問が提起されている。たしかに犯罪被害者等支援の法制度は刑事司法の外側で整備されるが、しかし被害者にとっても修復的な刑事司法が魅力的でありうるのは、再犯防止なくして被害回復は難しいからであり、また、修復的司法の理論が再犯を招かないような社会の仕組み作り、つまりコミュニティの再生を目的としているからであろう。修復的司法は、刑法学に対して応報の大枠の中に更生、つまり広義には刑法の犯罪予防機能（一般と特別）を位置づける必要がないことを、少なくとも比較的に軽微な事案について、実践的に実証している点で優れている。

もちろん、ゼアによればシャロームの創造、一般的にはコミュニティの再生の意味するところは不明確であるが、そこでは刑罰が、より実践的に、肯定的な営みとして捉え返されるであろう。修復的な刑事司法とコミュニティの関係は、次のように整理されている。まず、草の根的にコミュニティが司法手続に関与せねばならない。これは地域の人々が立場や意見の違う他者と真摯に向き合うことで「コミュニティ意識」（「最小限の共通の基盤」）を甦らせ、コミュニティを再形成するためである。次に、コミュニティは更生の社会資源であるとされる。つまり加害者は人々からの支援をうけながら、その責任をとることができる(9)。

応報刑論がこれに反論を用意している。まず、修復的司法でも犯罪者はコミュニティの関心の対象であることを「強いられる」のであり、刑罰が強制力を行使するものであることに変わりがない。次に、この強制を可能にするのは責任非難であり、非難を向けられることは犯罪者にとって「害悪」「苦痛」に他ならない。「再統合的恥付け」とは非難の実践に他ならない、と。

しかし、この反論はある前提、つまり「自由」の原理に立脚している。「個人の自由」を尊重し、その調整を旨とするのが西洋型の近代社会であり、刑罰の前提としての責任非難も個人の自由な反省の契機となるかぎりで積極的な意義をもちえた。しかし真に自由な反省は、非難を要しないとも考えられるのであるから、「意思の自由」の誤りを非難するという責任論は、「自由」「自律性」に高い価値を置き、そこに完全性を要求することの裏面であろう。近代の応報刑が正当化されるのは責任非難が「自由」への通路であるからであり、責任非難という逆説の実践において、刑罰の強制が「自由」に転じられている。しかし、強制による「自由」という理論的要請を外せば、責任非難による反省という準備作業が不可欠であるとは思われない。

内的自由を法の限界として、外的に違法を判断することは、侵害原理として近代刑法学に取り込まれている。しかし侵害原理が価値侵害の歴史の所産であるなら、[10] 近代刑法学によるその理論化（侵害とは契約違反である）の当否は問われてよい。少なくとも法と道徳は峻別されえない。例えば修復的司法が加害者に命じるコミュニティ・サービスは、職業選択の自由等の侵害である前に、道徳的かつ法的な義務である。そして修復的司法がそこに「個人の自由」の侵害を理論的に認めるかは、少なくとも保留されている、とみることができる。欧米豪の修復的司法の理論家が日本型の刑事司法を理想化することがあるのは、多くは誤解によるとしても、[11] それは背景の法文化に違いがあるからであり、私たちとしてはそこに「自由」の原理の相対化の余地を認めて、コミュニティの再生のための「最小限の共通の基盤」を再発見するヒントを探すことができる。刑罰の強制は「個人の自由」の否定としては害悪であるが、この法的実践を目的的に必然化して「必然性の自由」として逆説にするのではなく、「東洋の思想にあっては自由と自然とは乖離的対立をしないで融合相即して見られる傾向が著しい」ので、加害者は問責に対する応答の行為へと「おのずから」(「自然(じねん)に」)運命づけられる、と考えてみたい[12]。比較法制史の観点からすれば、これは日本の刑事司法の民事化ではなく、伝統的に秩序維持機能に傾斜した法観念の現代的な「再」道徳化を意味せねばならない。

そうすると修復的な法の強制力は義務的であり肯定的である。「個人の自由」が価値を帯びる手前の社会の義務として、この意味で必然的に、刑罰が科されるのであれば、責任を問うという法的実践が、害悪を負わせるための非難の実践、つまり「意思の自由」を問い詰める実践である必要はなくなる(ただし違法判断は広義の非難である[13])。刑罰の強制力とは、応報の機能ではなくなり、加害者はそこに応答責任を負うが、加害者が責任をとること、つまり刑罰の強制に服すること(被害回復に向けて作為・不作為を強いられること)は悪行に対する応報、つまり害悪の付加の意味を帯びない[14]。

三　DV犯罪化論と価値回復

こうして刑罰は「必要悪」ではなく義務的な「善」であると捉えられる。自由主義的な法論からすると、これはあまりにも国家主義的である。しかし、この批判はフェミニズムに対して向けられてきたものでもあり、近年では差別行為の刑事規制の是非をめぐる議論の対立点になっている。本稿はDVの犯罪化論を取り上げる。

DV防止法はDVが違法であることを明確にし、接近禁止など、裁判所の保護命令に対する違反を犯罪としたが、さらにDVそのものに刑罰を科すべきであるとする見解がみられる。DVの犯罪化の利点は①DV罪の象徴的機能、つまり警察の早期介入可能性が一般予防効果をもちうること②加害責任の明確化、つまりDVをするという行為選択そのことに対し責任非難を加えうること③刑罰が加害者にとって更生の機会となりうること④警察の早期介入が被害の深刻化を防止しうることであると説明される[15]。相対的応報刑論を前提にした提案である。

しかし、幾つかの疑問がある。まず、加害者の更生の手段として、加害者プログラムはどれほど効果的でありうるか。プログラムの内容によるが、ある程度有効であり、それゆえ義務化してよいとしても、そのタイミングが考慮されねばならない。つまり義務的更生プログラムを応報的に提供する方法は、どうしても被害防止の介入時機に左右されてしまうので、加害防止の介入時機をうかがうことに必ずしも適さない。次に、加害者プログラムがどれほど有効であるとしても、責任非難の大枠を所与として、これを強制してよいか、という正当性の問いが残る。DVは単発的な行為ではなく、親密圏という条件下で反復される行動パターンであるから、その行動変容を求めることは、個人の自由に対する介入の程度としては高いものにならざるをえない。

さらに、親密圏への刑罰権の介入手段として、DVそのものの犯罪化は効果的か。これまで傷害罪や強姦罪等の適用による刑罰介入に親密圏が消極的であったのであれば、被害者はDV罪の適用による警察介入を積極的に要請するであろうか。最後に、DVの犯罪化は、親密圏への介入手段として正当か。DV罪の適用による介入は、親密圏を解体してしまう可能性が高く、公共圏の価値と親密圏の価値を鋭く対立させることになる。

このように、相対的応報刑論を前提として少なくとも四つの論点を指摘できる。すなわち加害者更生プログラムの有効性と正当性、また親密圏への刑罰介入の積極化の有効性と正当性である。このような問題群を前にして、ここでは親密圏への刑罰介入について再考することで、相対的応報刑論の隘路を回避するという方法をとる。近代の公共圏が「個人の自由」の価値を基盤とするのに対し、親密圏は必ずしもそうではないと考えられるので、(16)刑罰介入の正当化される論理を考え直す余地を認めうるからである。ただし親密圏の原理とは何かを問わずに、Aであるとしておく。

しかし、むしろフェミニズムは親密圏に家父長制があり、DVはその現れであるから、これを被害者の自由の侵害であるとして、配偶者間の平等の論理を組み立ててきた。こうして性別の制約のない、自由な個人からなる公共圏が社会的に浸透する。親密圏はプライバシーの領域となる。DV介入の難しさは、一方で家父長制により被害認識が妨げられており、他方で特に加害者のプライバシーに抵触するからである。そこへの介入は、認められたとしても「必要悪」である。

これに対し、親密圏にはケアの相互依存の関係があるとみれば、ある不定の閾値を超えるまでDVを支えてしまう（加害者の他者性が受容される）のが、関係の親密たる所以であり、そこに人の居場所があるかぎり、たやすく解消できずに被縛性をもって関係性が持続する。しかし、この持続性の中にAの価値を探りあて、DVはこれに矛盾するとして否定するとき、親密圏への介入は価値回復の方法になる。自由が「個」の論理であるのに対し、親密圏には関係の持続性という「全体」「間」（あるいは「私」の偶然性に対する「私たち」の必然性・同一性の芽生え）の論理があり、介入はその一契機たりうる。

さて、DVはパートナー間の暴力的関係である。これは親密な関係性を壊してしまう行為であるから、被害者の自由が侵害されていると同時に、Aに反している。DV防止を目的とする法制度がAの価値侵害を違法であると評価するとき（Aは非暴力・平穏を含意する）、当事者間の関係性の修復か、場合によっては、その関係性をあきらめて、別の親密な関係性に代替することが考えられる。具体的には、被害者に働きかける方法と加害者に働きかける方法に分けられるので[17]、次の四通りがある。

第一に親密圏にあるDV被害者を支援する。第二に親密圏にあるDV加害者の更生を支援する。これらは支援であるとしても、親密圏への介入であるなら、強制の契機がないとはいえない。しかし、親密圏を修復するためには、特に加害者が自力でDVを克服するのは不可能に近いとされるので[18]、適切な内容の加害者プログラムを早く利用してもらうように働きかけねばならない。

第三に親密圏から被害者を引き離す。第四に親密圏から加害者を引き離す。これらは二者択一ではなく、DV防止法は前者に加えて後者を採り入れた。ただし前者では、コミュニティは引き離された被害者の支援をして、被害者を受け入れる。被害者は子との関係では親密圏を保持することもできるし、また単独で支援を受けるときも孤立することはなく、支援者は寄り添い、親密な関係性を被害者と築こうとする。したがって、加害者を引き離すときも、第二の更生支援の方法と組み合わせるなどして、加害者が以前の親密圏の代替物を享受できるようにする必要がある。そして更生支援とは、おそらく加害者プログラムを強いることの前に、その動機付けを工夫することから始めて中長期的な視野をもって取り組まねばならない[19]。

コミュニティの側から、第四の方法を捉え返すと、コミュニティはＤＶ加害者に対し、ＤＶという行為選択に代えて、その親密圏を離れるという選択肢を与えて、これを強制している。つまり加害者に他行為の可能性を与えて、責任を問う。加害者はこれに応答義務を負い、別の「近さ」の関係性の中で、更生プログラムを受けるように強いられる。

もちろん、強制の契機を保障するために、補完的に、接近禁止命令などの裁判所の命令に対する違反を犯罪とすることを妨げないし、また裁判所でなければ、この種の命令を発しえない、ということでもないであろう。したがって福祉と警察等の多職種連携による親密圏への適正な早期介入を模索できると思われる。しかし、これは親密圏の価値を出発点とする議論であるから、第二の方法を優先して、加害者を引き離すときにも、コミュニティは加害者を支えて寄り添わねばならない。コミュニティの抱える問題が加害者によるＤＶとして表面化しているのであれば、コミュニティが加害者に対し応答責任を問うとき、コミュニティにも加害者を支える義務があるといえる[20]。

このように、加害者の更生支援を目的とするのであれば、ＤＶそのものを犯罪としなくてもよさそうである。相対的応報刑論の責任非難の論理から離れるとき、ＤＶ防止法の保護命令違反の犯罪化と、被害者保護・支援の充実に加えて、加害者支援を充実すれば、それ自体が一つの価値回復的な制度であることが分かる。ＤＶをしてはならない、という社会規範は、ＤＶを犯罪化して、ＤＶ加害者を責任非難することによって確かめられるというよりは、親密圏の価値回復的なプロセスに加害者をうまく巻き込むことによって、プロセスとして実現されていくものであり、何よりそのようなプロセスの保障されていることが規範的に重要であると考えられる[21]。

親密圏が「自由」を原理とした集団でないのであれば、「自由」のための介入は必ずしも正当化されず、また、介入すれば関係性は変化するので、親密ではあるが暴力的な関係の非対称性を助長することのないように、慎重にそれぞれに介入する必要がある。とくに対話型の修復的司法は「被害者非難を引き起こす、重大な危険をはらんでいる」ので、DV防止法の目的に照らし、被害者支援の現場の被害回復のニーズに具体的に応える方法が採用されねばならない[22]。また、配偶者間は完全に引き離しえても、子との関係は必ずしも切れない、という点も考慮されねばならない。

最後に、こうして矯正処遇は、応報色を消し去ることを条件として、より肯定的に方向づけられる。DV加害者は接近禁止命令違反や義務的更生プログラムに不参加であることを理由として処遇を強いられる。そこではプログラム参加への動機付けが最大の課題であるから、それには加害者を支えて、粘り強く寄り添うアプローチが適している。ちなみにプログラムの目的は「パートナーを尊重し、対等な人間であることを身につけること」であるとされる[23]。

反対にDV被害者が、加害者に反撃をして殺害したとき、矯正施設に入ることがある。そこで必要なのは、その犯罪行為からの「更生」ではなく、DV被害者であったことからの立ち直りであると考えられる。再びDVをうけないようにすることも重要であり、この点は女性の受刑者処遇の課題の一つにも上げられる[24]。

このように方向づけられる矯正処遇は、国家による踏み込んだ介入であるという印象を与える。従来の応報刑論において「必然性の自由」の二律背反があり、受刑者の人権論と緊張関係にあったからである。本稿は「自由」を原理として国家刑罰権を牽制する方法論に疑問を提起した。たしかに受刑者が応報刑の被害者であるとも捉えうるような一面があり、また、そのため犯罪をした人が元受刑者として社会的にマイノリティ化する現状があると思われる。したがって、矯正施設が価値回復のプロセスを担いうるのは「対等な人間であること」といった規範に拘束されたときであり、そのかぎりで正当化される。[25] 価値否定の否定の善なる正義とは、そのようなところになりたつと思われる。

＊本稿は第三九回日本犯罪社会学会（二〇一二年一〇月）のテーマセッションH「女性犯罪者の処遇と刑罰の意味」で報告した内容を整理したものであり、二〇一二年度科研費（課題番号二三三一〇一九二代表者矢野恵美）による分担研究の成果の一部である。

〔註〕

（1）ニルス・クリスティ『刑罰の限界』（立山龍彦訳、新有堂、一九八七年）九五頁以下、同「テロリストにも修復的司法を試みよ」平松毅、寺澤比奈子訳、関学五四巻一号（二〇〇三年）一七三頁以下、同「他者との出会い（他者を知る）」浜井浩一監訳、日本犯罪社会学会編『持続可能な刑事政策とは』（現代人文社、二〇一二年）二二頁、ジョン・ブレイスウェイト『修復的司法の世界』（細井洋子、他訳、成文堂、二〇〇八年）一三頁、一五三頁。

（2）ニルス・クリスティ『人が人を裁くとき』（平松毅、寺澤比奈子訳、有信堂、二〇〇六年）一一三頁、一四一頁。クリスティの問題意識は「差異」「他者」を論じる現代の政治思想に通じており（向山恭一『対話の倫理』（ナカニシヤ出版、二〇〇一年）一四四頁以下）、「恐怖のリベラリズム」の思潮（大川正彦『正義』（岩波書店、一九九九年）四〇頁以下）に位置づけられると思われる。

（3）ハワード・ゼア『修復的司法とは何か』（西村春夫、他監訳、新泉社、二〇〇三年）一二九頁以下、一八〇頁以下。

（4）ジム・コンセディーン、ヘレン・ボーエン編『修復的司法』（前野育三、高橋貞彦監訳、関西学院大学出版会、二〇〇一年）三九頁以下、ブレイスウェイト・前掲書二六四頁。

（5）浜井浩一『実証的刑事政策論』（岩波書店、二〇一一年）八二頁以下、同「少子・高齢化時代の持続可能な刑事政策」日本犯罪社会学会編・前掲書一二八頁以下、同「成人矯正と修復的司法」細井洋子、他編『修復的司法の総合的研究』（風間書房、二〇〇六年）二一〇頁、津富宏「犯罪者処遇のパラダイム・シフト」日本犯罪社会学会編『犯罪者の立ち直りと犯罪者処遇のパラダイム・シフト』（現代人文社、二〇一一年）六二頁以下。

（6）「贖罪は、強制されえない」。再社会化は「行為者自身だけが、それを為しうるのであって、行刑においてこの方向で為されうることは、刺激を与え、勇気づけ、援助することである」。「贖罪思想は、刑罰の内容にも影響を及ぼしている」（アルトゥール・カウフマン『責任原理』（甲斐克則訳、九州大学出版会、二〇〇〇年）四二八頁以下）。

（7）小長井賀與「犯罪者の立ち直りと地域のパートナーシップ」日本犯罪社会学会編・前掲書（二〇一一）一五九頁。被害回復への被告人の態度が刑事責任を軽減すると考えるのであれば（高橋則夫『対話による犯罪解決』（成文堂、二〇〇七年）三〇頁）、それは「応報－福祉＝刑罰」という両者の連携論であり、刑事司法を非応報化する一つの暫定的方法論になりうるであろう。

（8）高橋直哉「刑罰論と人格の尊重」駿河台二五巻二号（二〇一二年）五七頁以下。

（9）ゲリー・ジョンストン『修復的司法の根本を問う』（西村春夫監訳、成文堂、二〇〇六年）一七八頁以下。

（10）梅崎進哉『刑法における因果論と侵害原理』（成文堂、二〇〇一年）六五頁以下。

（11）浜井・前掲書三二三頁以下。

（12）九鬼周造『全集』二巻（岩波書店、一九八〇年）九六頁以下、滝沢克己『競技・芸術・人生』（内田老鶴圃新社、一九六九年）一三一頁以下。個人とは必然と偶然の交叉点にある実存であり、そのような我と汝の出会いが「倫理のはじまる場所」であることについて宮野真生子「個体性と邂逅の倫理」倫理学年報五五集（二〇〇六年）一二五頁以下。犯罪論への応用として森川恭剛「致死傷の偶然と因果関係」琉法八九号（二〇一三年）二九頁以下。

（13）刑罰の本質と正当化根拠が次のように区別されている。「非難の実質は、悲歎でなければならない」。社会の「悲歎」が加害者の「自覚」に訴え、「連帯と共生の関係を回復し、宥和をもたらす力となりうる」。それゆえ刑罰は正当化されるが、刑罰が本質的に害悪であるなら、その廃止を展望したい（平川宗信『刑事法の基礎（第二版）』（有斐閣、二〇一三年）一〇八頁以下）。

（14）苦痛や非難を加害者に負わせるだけの従来の「負担責任論」に対し、問責と応答の関係性の中に責任の意義をみいだす「応答責任論」が提起されている。ただし、刑事責任の応答関係は「非難のコミュニケーション」であり、加害者は「不利益取り扱い」を甘受することで謝罪・償いを表明するものとされる（瀧川裕英『責任の意味と制度』（勁草書房、二〇〇三年）一五四頁以下、一九七頁以下）。しかしながら「負担責任」（責任を負わせること）と「責任負担」（責任を負うこと＝責任をとること）は区別することができる。実践的には責任の眼目は後者にあり、前注の平川の言葉を借りれば、それは悲歎から宥和へのプロセスを指すと考えられる。なお、瀧川は修復的司法が応答責任論を採用する点を評価するが、その応答関係を加害者と被害者の間に成立するものと捉えている（同「被害者参加制度と応答責任」法雑五五巻二号（二〇〇八年）八頁）。また、責任のとり方に加害者の「自発性」を道徳的に要求すれば、法的強制との間に生じる矛盾を避けられないが（常松淳『責任と社会』（勁草書房、二〇〇九年）二一三頁以下）、理論的には、より自発的な応答責任において「自由」がますます必然化するのであり、負担責任よりは好ましいと考えられている（ドイツ対案グループ『犯罪被害の回復』（光藤景皎、他訳、成文堂、二〇〇二年）三七頁）、といえそうである。

(15) 林美月子「家庭内暴力（ＤＶ）と犯罪立法」刑法五〇巻三号（二〇一一年）四二三頁以下、宮園久栄「ＤＶ罪創設に向けての一試論」町野朔、他編『刑法・刑事政策と福祉』（尚学社、二〇一一年）二六四頁以下。

(16) 岡野八代編『自由への問い７家族』（岩波書店、二〇一〇年）八頁。親密圏は「ひとりひとりの他者の生への関心／配慮を関係のメディアとするかぎり、社会的なものによる生への干渉を中断し、正常・正当なものとして社会的に承認されない生のあり方や生の経験が肯定されうる余地をつくりだす」（斉藤純一「親密圏と安全性の政治」同編『親密圏のポリティクス』（ナカニシヤ出版、二〇〇三年）二一九頁）。「親密圏がつくられたり、失われたりするのは、当事者間の間主観的な感情や心理、思考だけによるのではなく、物質的、前意識的、ミクロ文化的な下地の働きも大いに関係している」（花崎皋平「身体、人称世界、間身体性」同書一七頁）。なお親密圏の「不可避の依存関係」を脱暴力化するには「〈いのち〉の根」への考察が必要であるとされる（金井淑子『依存と自立の倫理』（ナカニシヤ出版、二〇一一年）二七二頁以下）。

(17) カップル・カウンセリングの注意点についてランディ・バンクロフト『ＤＶ・虐待加害者の実態を知る』（高橋睦子、他訳、明石書店、二〇〇八年）四〇三頁以下。

(18) 草柳和之『DV加害者男性への心理臨床の試み』(新水社、二〇〇四年)九四頁。
(19) 坂上香『ライファーズ』(みすず書房、二〇一二年)七七頁。
(20) 加害者に適法行為を期待できなかったのであれば刑事責任を問えない。ただし、例えば「精神の障害」が認められるのに、「効果的かつ適切な措置」(障害者権利条約一九条)が講じられていなかったために「弁識能力・制御能力」を欠く事態が生じたのであれば、期待可能性がなく責任能力が否定され、あらためて被告人に対し治療を含む「効果的かつ適切な措置」が講じられることになる(内田博文「責任能力概念の再構成について」浅田和茂、他編『人権の刑事法学』(日本評論社、二〇一一年)一〇二頁以下)。このとき、被害者から応答責任を問われているのはコミュニティである。
(21) 価値回復につながりやすいように犯罪行為を類型化することは、性暴力の行為においてなど、一つの理論的課題であると思われる(森川恭剛「性暴力の罪の行為と類型」琉法九〇号(二〇一三年予定))。DVは継続性をもって重大化する違法行為であり、重大性の点で刑罰の補完性の要件を満たして介入を肯定できるが、さらにその時機と方法が慎重に選ばれねばならない。なお「治療的司法」について、「治療」の対象はコミュニティであるから法律家に「更生に資する」取り組みが求められること、この点から、それは法律家の役割論であると解される(奈良弁護士会編『更生に資する弁護』(現代人文社、二〇一二年)一九七頁以下)。
(22) ブレイスウェイト・前掲書六六頁、一三九頁。日本でもDV当事者らによる対話型プログラムの中で、加害者に対し、更生プログラムの任意参加を動機づける方法が提案されている(柴田守「ドメスティック・バイオレンス対策システムにおける修復的司法プログラム導入の効果と政策的意義」町野、他編・前掲書二二六頁以下)。それは被害者がその対話を選択した場合に限られねばならないという点で、例外型にとどまると考えられる。
(23) 草柳・前掲書三六頁。プログラムの有効性について利用者による検証が必要である。
(24) 小島まな美、他「女子受刑者の処遇に関する研究について」刑政一二三巻五号(二〇一二年)七五頁。
(25) 「共生への配慮」の方法について森川恭剛『ハンセン病と平等の法論』(法律文化社、二〇一二年)一四五頁以下。

Ⅳ　刑事手続批判

新しい捜査手法と刑事手続への影響について

――『捜査手法、取調べの高度化を図るための研究会最終報告書』を読んで――

春日　勉

周知のように、大阪地検特捜部の証拠改ざん事件をきっかけに検察改革を議論してきた法相の私的諮問機関「検察の在り方検討会議」[1]は、２０１１年3月、提言をまとめ、取調べの可視化を「冤罪防止と被疑者の人権保障の観点から、より一層範囲を拡大すべきだ」とし、「全過程を含む広範囲な録音・録画に努める」とした。また、捜査・公判の見直しについては、供述調書「偏重」型の刑事裁判を抜本的に見直す議論を開始すべきだとした。注目すべきは、検討会では、多くの委員が供述調書に依存した捜査・公判からの脱却に賛同する一方で、サイバー犯罪をはじめとする捜査の現代化の必要性について議論がなされていた点である。

当時の江田法相は、法制審議会に刑事司法の新しい在り方について諮問し、それを受けて２０１１年6月、法制審議会に「新時代の刑事司法制度特別部会」が設置され、可視化を含む議論が開始された。初会合では、可視化を導入している主な国の捜査手法一覧が配布され、さらに、２０１２年3月、同部会より公表された「論点整理」は、可視化の導入とともに、「供述をいかに引き出すか」として、「司法取引」「刑事免責」の導入の有無をかかげ、「客観的証拠をどう集めるか」として、「通信傍受の拡大」、「潜入捜査の導入」、「DNA型鑑定の拡充」等をかかげた。可視化と新たな捜査手法の導入は、「一セット」であるという審議会の強い意向を示すものとなった。また、２０１１年6月、警察庁より「警察における取調べの録音・録画の試行の検証結果」が公表された。警察庁では、２００８年9月より、警視庁をはじめとする5都道府県において取調べの一部可視化の試行を開始したが、２００９年4月には、それを全国に拡大し、2年間にわたる検証結果を公表した。そこでは、試行目的を「裁判員裁判における自白の任意性の効果的・効率的な立証方策の検討」とし、実施要領を「録音・録画は、捜査が一定程度進展した時点において、犯行の概略と核心部分について供述調書を作成する場合に実施」するとした。試行に従事した取調官の意見として「試行による録音・録画の有効性」について、ほぼ全員のものが「大いにある又はある程度ある」と答え、その一方で「取調べの全過程を録音・録画すること」については、「そうすべきではない」と答えたものが大半を占めた。検証結果では、「現在の試行による録音・録画は、裁判員裁判における自白の任意性の効果的・効率的な立証方策となりえる」こと、「現在の試行によっても、取調べの真相解明機能に影響を及ぼす場合があることから十分な配慮が不可欠である」と結論づけた。また、2011年7月、最高検察庁は、「検察改革の現状と今後の取組」について公表した。特捜部における被疑者取調べの録音・録画の試行については、対象となる事件のすべてについて、取調べの全過程の録音・録画を含めて試行の対象とすることなどを定めた。(2)2011年8月には、政務三役を中心に法務省に設置した可視化に向けた勉強会の最終報告の中で、法務省ではじめて、可視化の法制化が明言された。しかし、そこで、検討された現役検事へのアンケートでは、可視化は、取調べの適正さを確保する効果及び供述の信用性、任意性についての効果が期待できるとする意見が多かった一方で、「真実の供述を得にくくなる」との意見が大半を占めた。また、その一方で、「真相解明のためには今の捜査手法では不十分」とする意見が多く、報告書では、全過程の可視化について、「一律の義務付けは適当ではない」とし、おとり捜査や通信傍受の拡大など新たな捜査手法に積極的な海外の事情を詳しく紹介するなど、可視化と引き換えに、新たな捜査手法を手に入れたいという法務省の思惑が透けて見えるものであった。(3)

一 「捜査手法、取調べの高度化を図るための研究会最終報告書」の論理構造

法務省での可視化をめぐる議論とは別に、民主党の「取調べの全面可視化を検討する議員連盟」が、2010

年1月、取調べの全過程を録音・録画する法案提出を政府に働きかける中で、国家公安委員長主催で、同年2月より「捜査手法・取調べの高度化を図るための研究会」が2012年2月まで開催され、その3月、最終報告書が提出された[4]。本稿では、まず、当該研究会が最終報告に至るまでの議論の経過と、最終報告書の論理構造に関する分析から始めたい。

この研究会は、2010年2月より、23回にわたり開催されたが、国家公安委員長主催である点や研究会に参加した委員の顔触れなどから、ここ一、二年の間に、検察段階で急速に進められようとしていた取調べ全面可視化へ向けた動きに警鐘をならし、取調べを中心とした捜査構造と自白を最重要な証拠として位置づける「日本型刑事司法」のあり様を改めて再評価しようとするねらいを持つものとみられる。それは、会議の冒頭で中井国家公安委員長より、「治安水準を落とすことなく可視化を実現するためにも、わが国の捜査の在り方を見直し、捜査手法や取調べの高度化について研究する必要がある……捜査構造全体の中での取調べの機能をどうするのか、どのように可視化、高度化を図るか、取調べ以外の捜査手法をどう高度化するか等について」議論したい旨のあいさつがなされたことに象徴されている[5]。事務局から提出された検討事項でも、「捜査構造全体の中での取調べ機能」として「真相解明機能」が掲げられ、「取調べの高度化と可視化」の問題が一セットで提案され、「捜査手法の高度化」として「取調べの機能を代替し得る捜査手法」や「今後導入すべき捜査手法」が強調されている。研究会では、取調べの可視化に関する論点を多方面から検討することが前提のはずだった。しかし、取調べの可視化に慎重かあるいは批判的な委員からは、以下のような共通の指摘がなされた[6]。すなわち、再審無罪や無罪率の高さ、冤罪の原因については、必ずしも録音・録画を導入したかどうかや、取調べの在り方にかかわることではないこと、無罪とは虚偽自白そのものではなく捜査の不徹底や捜査指揮の問題から生まれるものであり、取調べの非公開・密行性が、犯罪捜査における真相解明に重要な役割を果たしていること、可視化により捜査力が損なわれれば、真相解明機能が支障を来すこと、それによって損なわれる真相解明機能を補てんする捜査手法等を幅広く検討すべきこと、無罪及び再審無罪の防止、冤罪の防止のための方策については、法制度、捜査構造及びその運用、刑事手続全体の中で検討されるべきものであること、犯意や動機を被疑者から聞き出すためには、取調官と被疑者の間の信頼関係、あるいは共感的理解の構築が不可欠なことを強調する点などである。特に、自白に依存してきた刑事司法の在り方については、現状では、「自白を取ることが困難になりつつある、自白に依存している今の刑事司法制度では、今後犯罪と戦うことはできない」とする認識にたって、まずは「捜査や公判がどうあるべきか」について、白紙の状態で議論すべきで、可視化の問題はその中の検討項目の一つにすぎないとする考え方が前提となり、可視化問題を刑事手続全体の見直しの問題に矮小化してしまおうとする意図がうかがえる。また、真相解明への弊害とバーターで、弁護人と被疑者との接見交通の模様を録音・録画すること、あるいは、黙秘権の在り方の見直しに言及するなど、被疑者の防御権保障を制約する具体的提案がなされたこと等は、特に注視しなければならない。研究会での議論の特徴として際立つのが、外国の実態調査報告、あるいは関係国の専門家による講演とそれに関する議論の方向付けである。

まず一つ目が、取調べの可視化を実行している国では、他に強力な捜査手法を導入していること、刑事手続全体の中で取調べ自体はそれほど重視されておらず、インタビュー形式に止まっていること、そのため取調べと他の強力な捜査は一セットで考えられていることを強調するために、関係国の専門家を招へいし、捜査の実態についてレクチァーを受けるという流れである。例えば、オーストラリアにおいては、通信傍受、監視装置による会話の傍受、身分偽装による潜入捜査等の捜査手法を重大犯罪の捜査に活用しており、取調べの録音・録画は幅広く行われているが、取調べ自体は非常に短い時間（4時間程度）で行われ、自白が得られるのはまれであること、通信傍受等の捜査で徹底的に証拠を収集するので、自白を得られなくとも、捜査上の困難は少ないことなどが紹介されている。また、米国、英国には一定の犯罪の被疑者、有罪確定者から一律に強制的にＤＮＡを採取できる制度があり、データベースについては、日本と比較して多くの登録データを保有している等の発言もこれに該当する。

もう一つは、日本の精密司法を基盤とする刑事裁判の独自性を強調するために、外国の例をあげて、批判するというパターンである。例えば、「英国の場合、無罪率は全体の20％であり、無罪答弁を行った者の無罪率は64％である」、「逮捕人員は、日本の35倍だが、取調べは逮捕後1回から2回で時間も30分程度と日本とはかなり異なる、警察官の数は日本よりは若干多い程度で、起訴率は日本とそれほど変わらない」、その原因は、「日本では無罪となると大変な問題となるが、英米では、裁判で白・黒をつけるのであって、無罪であっても当たり前という考え方である、英国はラフに逮捕して、ラフに起訴しており、一方、日本では、令状により厳密に逮捕して、厳密に起訴するので、結果的に起訴率は変わらない」、「日本は諸外国に比べて無罪率が極めて低いが、それは丁寧な取調べをしているからである」というように、調査結果が、いつのまにか、日本の精密司法の正当性を際立たせるための材料にされている。

また、外国の実態を参照する研究会のもう一つの重要な意義は、取調べの可視化へのアプローチであろう。すなわち、海外では、取調べの可視化が限定的に運用されているということを立証するために、外国の実態が参照されているのである。すなわち、対象事件の範囲、可視化は義務化されているのかいないのか、いないとすれば取調べの録音・録画を誰が判断するのか、可視化が取調べのどの時点から行われているのか、そもそも、可視化が何故導入されなければならなかったか等を検討している。例えば、アメリカでは、州ごとに異なるが、可視化は身柄拘束下での取調べが対象である、対象犯罪については多くの州が重大犯罪に限定している、ミランダルールの関係もあり、取調べそのものが行われないケースも多く、取調べ時間の平均は2～4時間である、ドイツでは、被疑者取調べの録音・録画は義務付けられておらず、被疑者取調べは、弁解の機会を与えることに重点が置かれており、証拠保全としての機能は二次的なものに止まる、オーストラリアでは、取調べの録音・録画は、あくまで、警察官に違法がなかったことを証明するために導入されている、韓国では、勾留事件、公訴維持のために取調べの価値の高い事件に導入されており、その目的や効果も捜査の適正確保や、供述証拠の証拠能力の認定に資すること、内部告発者の供述内容を確保し、その証明力の強化に利用することなどが紹介されている点だ。

他方で、研究会では、足利事件や氷見事件、志布志事件の冤罪被害者へのヒアリングが行われ、当時の捜査の在り様が語られているが、委員の発言で目立つのが、可視化したからといって必ずしもこれらの事件を防げたとは言えない、捜査指揮に問題がある、供述の確たる裏づけがなく、被疑者の身柄を拘束したことに問題があるのではないか、DNA型鑑定を活用することは有罪の立証のためだけでなく、冤罪を防止するためにも必要と考えていいのではないかというようなものである。

現役の警察官へのヒアリングも行われたが、被疑者を取調べる上では、被疑者の心を開かせ、事件の背景等に結びつく様々な事情を聞くことによって信頼関係を築くことができること、日本の警察官は、被疑者に自白させ、真相を語らせ、刑罰を与え、被害者の期待に応えたいと考えていることなど、日本の捜査の独自性を強調するものとなった。

研究会の後半は、DNA型データベース拡充、通信傍受制度の見直し、会話傍受、仮装身分制度、司法取引、刑事免責など新たな捜査手法の具体的な検討がなされたが、いずれも、当該制度を導入した場合の弊害よりも、取調べの可視化によりもたらされる弊害を克服するために、その必要性や実効性を強調するものが大半を占めている。

最後に、最終報告に向けた議論としては、以下のようなものがある。すなわち、刑事司法における道徳や善といったものを強調するもの、被疑者に反省させ、改善更正を促す日本型の制度は、他国と比べれば優れているとするもの、治安の維持が議論のベースでなければならないとするもの、取調べの基本的な機能は、他の手法では代替できないものであり維持すべきとするもの、取調べは社会的にも犯罪の予防、防止に役立つとするものなど、取調べの可視化に向けた議論よりも、刑事司法全体の中で占める取調べの重要性を改めてここで示そうとするものになっている。

以上のような議論の経過をたどりながら、最終報告書は提出されたが、最終報告書の概略を以下のように整理できよう。

まず、第一に、自白を事案の真相解明に欠かせない証拠方法と捉えている。取調べの可視化が自白の獲得に影響を及ぼし、新たな捜査手法を導入しなければ、自白中心の捜査は困難になり、治安水準が悪化するという認識といえる。第二に、国民の安全、安心を強調し、現状では、国民の社会的安全が危機に瀕しているという認識にたって、社会秩序の維持を目的とした刑事手続法の改正を提案する。第三に、取調べを中心とする捜査が、世界一安全な国、治安の良さを実現してきたこと、国民による刑事司法制度への期待は「事案の真相解明・犯人検挙と治安の維持」であり、取調べの全面可視化は、長年、国民の信頼を得てきた司法制度の否定につながると警鐘をならしている。第四に、取調べの可視化は、公判における的確な判断を可能とするもので運用を検討すべきだが、他方で、可視化により取調べの機能が阻害される虞れも高く、取調べの機能・役割に対する影響を十分に配慮しつつ実現すべきである。第五に、取調べ及び供述調書に過度に依存した捜査・刑事司法から脱却し、客観的証拠による適格な立証のために、新たな捜査方法を速やかに導入すべきとしている。主な論点は以上のとおりだが、研究会で具体的な検討がなされていた新たな捜査手法のいずれもが、実は、共謀罪が国会に提出されたおり、手続法の改正案として同時に提案されていたものであることは明らかである。[7] ゆえに、「情報処理の高度化等に対処するための刑法等の一部を改正する法律」(いわゆるサイバー刑法)が共謀罪とは切り話されて具体化された今、共謀罪復活に向けた動きとしても注視しておかなければならない。その点を含めて、この最終報告書の論理構造を総括すれば、以下のとおりになる。

最終報告書が意図するのは、取調べの可視化という問題に託けながら、共謀罪の新設と密接不可分の捜査権限の拡大を最終的な目的とするものである。当該報告書では、取調べの「真相解明機能」を強調し、取調べを最重要視する「日本型刑事司法」を、将来においても維持していくという態度を明確している。他方で、一部、取調べの可視化がもたらすであろう取調べの機能・役割の低下を虞れて、それに代わる強い捜査権限を捜査機関に付与しようとするものである。ここで注意しなくてはならないのは、新しい捜査方法の問題は、取調べの可視化を実行するからでてきた話なのではなく、依然から、共謀罪を適用するための捜査権の拡大の問題として挙げられていたものばかりであり、この機会に、取調べの可視化問題を利用したにすぎないとみるべきであろう。当該報告書では、取調べの可視化は、あくまで、公判における供述の任意性、信用性等の効果的・効率的な立証を行うために導入されるべきであるとしている点、取調べの適正化の問題は、ここでは付随的な問題で、取調べの高度化等により対処可能であると考えている点にあらわれている。

二　捜査権の拡大と「精密司法」論

犯罪の国際化と法的規制の必要性がうたわれるようになって久しいが、80年代以降、先進国首脳会議サミットでの合意事項の一つとなったのが「国際犯罪への毅然とした対応」であった。それ以降、そうした事態に対応するための国内法の整備が強調されたのである。しかし、政府は、こうした「犯罪の国際化」の流れを利用して、立法段階では、犯罪化、重罰化により刑罰の網を拡大させるとともに、現場の解釈によって、法の外の者まで網の中に入れようとする「日本型刑事司法」の強化・拡大を推進してきたといえるだろう。１９９１年10月、成立した「麻薬特例法」や１９９９年8月、成立した「組織的犯罪対策三法」もこの射程に入るものである。２００１年6月、司法制度改革審議会最終意見書―21世紀の日本を支える司法制度」にもこの点が強調されていた。すなわち、「犯罪の動向も複雑化、凶悪化、組織化、国際化の度合いを強めているが、従来の捜査・公判手続の在り方ないし手法ではこれに十分に対応しきれず、刑事司法はその機能を十分に発揮し難い状況に直面しつつある。そこで、新たな時代における捜査・公判手続の在り方を検討しなければならない」という認識の下で、犯罪情勢・動向の変化等に応じた適切な制度の在り方を多角的な見地から検討すべきとしたのである。つまり、犯罪の国際化等は、「日本型刑事司法」なるものとの調和、あるいは、「日本型刑事司法」の正当性を強調するための手段として利用されてきたといえよう。既述のような捜査における精密司法論などは、検察官の権限拡大という戦前から戦後への連続性を正当化する論理として位置づけられよう。また、長時間の取調べを通じて捜査官と被疑者の信頼関係を構築するとか、自白が被疑者の改善更正機能をも果たすというのは、特殊日本的な理解であると考えられる。戦前の日本の刑事司法の在り方に対する深い反省から生まれた新憲法の下で進められるはずであった刑訴法改正作業も同様に、そうした流れと逆行する日本的な抵抗が見られたのである。例えば、令状主義を採用する一方で進められた検察官への事実上の強制処分権の付与や予審の廃止と公訴権の強化、起訴独占主義の導入、公判陪審の頓挫、伝聞法則の例外規定による空文化などは、捜査機関が効率的に有罪立証するための手段となっていったのである。その後に、弁護人抜き裁判法案など度々強行された刑訴法改正、82年の拘禁二法案をはじめとする治安立法の粗製乱造の動きも同様の方向性を持ち、被疑者・被告人の防御権を大幅に制限していくことになったのである。さらに、80年代後半から90年代初頭にかけてはこの動きに拍車がかかる。その契機となったのがアメリカの日本に対する市場開放と内需拡大の要求等により高まった規制緩和路線による新自由主義的改革である。これにより、市民の間に格差が拡大し、多くの社会的弱者を産みだすことにつながった。その帰結として、基本的人権の侵害や抑圧が深刻化し、人間関係や社会関係が破たんをきたすことになったのである。政府は、被害者感情を巧みに利用する形で、犯罪への恐怖心、犯罪への憎悪をあおり、それはおのずと一般市民の処罰感情の強化へと結びついていった。この動きを後押しするかのように、警察は、犯罪情勢は深刻化し、「体感治安」は悪化しているとして、市民社会に対する監視、取締権限の拡大を企図したのである。生活安全条例にみられるように、市民の生活のあらゆる領域に警察が入り込み、警察権限が拡大され、市民生活を管理コントロール仕組みの構築である。

こうした時代的な背景も手伝って、「精密司法」論が台頭してきたといえよう。「精密司法」とは、「取調べを中心とする徹底した捜査活動に始まり、検察官は詳細な資料を手中にして、証拠の確実性と訴追の必要性の両面から事件を綿密に検討し、続いて、公判では、弁護人の十分な防御活動をも加えて、裁判所は細部にわたる真相の解明に努め、その結果に従って判決する。通常、起訴の時点で、書証を中心とする証拠固めが終わっており、公判においても書証が多様化される。判決の内容は有罪である場合が圧倒的に多い。」というものである。[8] そして、「精密司法」とは日本の社会の法文化そのものが生みだしたものであり、日本の社会の岩盤のようなものだと言われた。この「精密司法」論は、日本の刑事司法の現状をある意味的確にとらえたものといわれる一方で、刑事裁判の形骸化と誤判という本質部分を覆い隠すものであるとの指摘がなされていた。[9] 当時から、こうした刑事司法の現状には強い批判がなされていたが、「精密司法」論では、被疑者国選弁護、証拠開示とった個別の改革を、日本の刑事司法という「岩盤」に挑戦する「微調整の積重ね」と捉え、「日本型刑事司法」の若干の修正により、問題を克服できると考えていた。[10] しかし、バブル崩壊によって、日本社会は、犯罪の急激な増加と新しいタイプの犯罪、犯罪の国際化への対応を迫られることとなった。1999年8月、「通信傍受法」が国会へ上程されると、各方面から、憲法との抵触であるとして激しい批判の嵐にさらされることとなった。こうした事態は「精密司法」論による微調整では乗り越えられないものになっていく。適正手続という枠組みでは説明がつかない事態が生まれたのである。「精密司法」論の旗手であった松尾教授は、1994年の段階で、すでに、大幅な改革が成し遂げられた場合には、生ずべき有罪率の低下をどの程度食い止め、必要範囲の処罰を確保できるかがカギとなるとし、「アメリカでは、おとり捜査、電話傍受、免責証人制度、司法取引など、一昔前には、病理的とも思われた捜査立証方法が広がりを見せている、……ドイツでは、電話傍受がかなり頻繁に行われており、最近ではさらに、盗聴を認める立法の可否が論じられている。また、イギリスでは、先年、陪審の全員一致制を放棄し、続いて黙秘権の効果の縮小を検討している。」として、手続上の不純物ないし反改革の導入について検討が不可欠との見方を示していた。[11]デュープロセス論をいち早く日本に紹介した田宮教授も、捜査を実質的機能に応じて、事前の場合にも広げていく拡張的概念と定義し、その上で、司法的コントロールを予定する事前捜査許容論、組織犯罪という現代化＝ポストモダン的要請とデュープロセスを推進する近代化の要請とのバランスを強調する考え方を提唱した。[12]こうした理論的な下支えがあって、盗聴法許容論へと学会の主流が押し流されていくことは目に見えていた。すなわち、1997年に開催された刑法学会では「組織的犯罪への手続的対応」が共同研究として取り上げられた。井上教授は、「電気通信や会話の傍受が通信の秘密やプライバシー権ないしは人格権の侵害を内容とするものであるとしても、そのことから直ちに、その種の捜査手段を採用することがいっさい許されないということになるわけではない」とし、盗聴法の対象とする犯罪が、令状発布の時点では未だ発生していない「これから行われようとしている罪」であり、さらに、その対象が有体物ではない点などの特殊性を前提としても、対象となる犯罪を限定し、許容される要件を厳格化することで、合憲的解釈は十分に可能と主張した。[13]また、田口教授は、組織的犯罪の立証のためには、「供述証拠」が重要であり、刑事免責と証人保護というような立法の必要性があること、憲法との関係では、国家が刑事訴追権を放棄することにより自己負罪拒否特権を消滅させても、憲法38条1項に違反することにはならないとした。[14]組織的犯罪に対する対抗手段としての「必要性」ばかりが前面にでて、人権侵害性が極めて高い立法提案に対して、憲法や訴訟法の観点から、それに違反する虞れが強いものであることを正面から主張し、批判し、対抗するのが学説のあるべき姿ではないだろうか。このような学会の傾向は、組織犯罪対策三法が可決されて、十余年が経過した今日、その度合いをさらに強めていると言っても過言ではない。2010年に開催された刑法学会では、共同研究のテーマとして「司法取引の理論的課題」が取り上げられた。[15]

冒頭で、近時の刑事司法制度の改革に伴い当時者主義の意義が問題となり、今後は当時者の処分権が前提とならざるを得ない、取調べの可視化に伴い取調べによらない供述確保の方法が検討課題となり、さらに、大陸法系の国々では合意手続の採用がみられるので、日本法としても無視できないとの指摘がなされた。やはり、立法提案が行われる場合の憲法適合性などの不可欠な批判、分析が棚上げにされたまま、司法取引を導入した場合の理論上の正当化根拠と派生する課題が検討されたに過ぎないという感が否めない。また、新しい捜査手法が再びクローズアップされ議論され始めると法学雑誌ではこの問題が度々取り上げられるようになる。例えば、２０１１年8月には、『刑事法ジャーナル』が「新たな捜査手法の現状と課題」を特集したが、川出教授は、「捜査手法の意義と展望」の中で、取調べが可視化されることで、事案によっては事実の解明と立証が不可能か著しく困難になる場合が考えられ、取調べが真相解明に果たしてきた役割をどの程度代替しうるかという点の検証が必要だとし、新しい捜査方法を個々取り上げて検討する。[16] 学会の主流派はこうした形で、法務省や警察庁の動きに足並みをそろえ、理論的なお墨付きを与えているような状況といえるだろう。

三　おわりに

最後に、報告書で明らかにされた取調べと新しい捜査方法との関係を改めて整理したい。報告書は、取調べの可視化によって、取調べが担ってきた真相解明機能が損なわれる虞れがあり、それを補充する代替手段として新しい捜査手法を導入するという。しかし、果たしてそうなのだろうか。自白を真相解明に欠かせない手段として再評価し、これまで以上に取調べを重視しようとする姿勢に変わりはない。可視化により、取調べの真相解明機能が阻害されるという主張には、その科学的な根拠が示されているわけではなく、説得力のある理由になっていない。刑訴法的にも、逮捕後23日間という世界的な常識からはかけ離れた身体拘束が認められ、２００３年5月、成立した「刑事被収容者処遇法」により、代用監獄は恒久施設として法制度上の根拠を与えられた。また、検察官による起訴基準、公訴権の適用も、極めて厳格に運用されてきたしこれからもそうであろう。さらに、90年代後半の司法制度改革を契機とする刑訴法改正以降も「伝聞法則の例外規定」は法文上にそのまま残され、参考人等の自己矛盾供述については、いつでも検面調書を使用して有罪認定の資料とすることが可能な状態である。実際、裁判員裁判導入以降も、自白事件を含めて当事者の作成する書面が細密化し立証の部分でも書証の比重が増し、判決書も従来のような緻密なものとなっているなど全体として書面への依存度が高まっているとの報告が最高裁よりなされている。このような「精密司法」と言われる日本型刑事司法が依然として維持されている中で、新しい捜査方法が導入されるとはいかなる意味を持つのだろうか。警察・検察には、取調べでは得られなかった自白以外に、通信傍受・会話傍受、刑事免責、司法取引という形で、供述証拠を収集する法的根拠が与えられる。また、警察・検察は、犯罪が発生する以前から、将来の犯罪に備えて強制処分権を行使しうるような際限のないほどに絶大な捜査権を手中に収めるのではないか。私たちの生活の隅々まで、秘密警察の情報網が張り巡らされ、私たちの行動を常に監視・コントロールするそうした社会の再来が懸念される。被疑者・被告人の人権よりも治安優先、捜査の必要性から導入される手続は、憲法的な価値や正当性を持ちえない。こうした状況を目の前にして、私たちは、改めて憲法的視野から、黙秘権や弁護権、「疑わしきは被告人の利益に」、「無罪の推定」といった刑事司法の大原則を再評価、再確認しなければならない。

〔註〕

（1）　２０１０年11月10日初会議（座長：元法務大臣・千葉景子、事務局は法務省刑事局におかれ、検察官出身の黒川弘務元大臣官房審議官、神洋明弁護士、土井真一京大大学院教授。）２０１０年12月14日には、最高検察庁の内部検証結果が公表された。最高検は、被疑者の自白の任意性を公判で立証する目的で、「独自捜査」の自白確認時のみに、取調べ可視化を導入すると提案した。２０１１年２月22日朝日新聞朝刊。

(2) 2011年7月18日朝日新聞朝刊。

(3) 2011年8月9日朝日新聞朝刊。

(4) 「捜査手法、取調べの高度化を図るための研究会　最終報告」平成24年2月。座長:前田雅英(首都大学東京教授)、大沢真理(東京大学教授)、岡田薫(元警察庁刑事局長)、久保正行(元警視庁捜査第一課長)、小坂井久(弁護士・日弁連取調べの可視化実現本部副本部長)、高井康行(元横浜地方検察庁特別刑事部長、竹之内明(弁護士・日弁連裁判員本部副本部長)、仲真紀子(北海道大学教授)、番敦子(弁護士・日弁連犯罪被害者支援委員会委員長)、本田守弘(元広島地方検察庁検事正)、桝井成夫(ジャーナリスト・元読売新聞論説委員)、徳永文一(ジャーナリスト・元読売新聞論説委員副委員長)、山室惠(弁護士・元東京地方裁判所総括判事)

(5) 「捜査手法、取調べの高度化を図るための研究会」第1回会議(平成22年2月5日開催)

(6) 以下の議事内容は、「捜査手法、取調べの高度化を図るための研究会」各回議事概要より抜粋。

(7) 2003年5月、国連越境組織犯罪防止条約に署名して以降、「共謀罪」の新設は、三度国会に上程されている。2003年12月、全ての閣僚が構成員となっていた犯罪対策閣僚会議において提出された「犯罪に強い社会の実現のための行動計画」では「組織犯罪に対する有効な捜査手法等の活用・検討」において、「組織犯罪に対し、あらゆる捜査手法を積極的に活用するとともに、通信傍受、おとり捜査、コントロール・デリバリー、潜入捜査等の高度な捜査技術、捜査手法、犯罪収益規制の拡大を具体的に研究し、その導入活用に向けた制度や捜査運営の在り方を検討する」と述べていた。また、その改訂版である「犯罪に強い社会の実現のための行動計画2008」においても同様の指摘がみられる。足立昌勝「共謀罪新設と戦後治安法の変遷」118頁以下、足立昌勝監修『共謀罪と治安管理社会』(社会評論社・2005)。

(8) 松尾浩也「刑事裁判と国民審査―裁判員法導入の必然性について」法曹時報60巻9号(2008年9月)2673頁以下。

(9) 小田中聰樹『刑事訴訟法の変動と憲法的思考』(日本評論社・2006年12月)391頁以下。

(10) 同上、小田中409頁。

（11）松尾浩也「刑事訴訟法の日本的特色―いわゆるモデル論とも関連して」法曹時報46巻7号（1994年7月）1頁以下。
（12）田宮裕「変容を遂げる捜査とその規制」法曹時報49巻1号（1997年1月）1頁以下。
（13）井上正仁「通信・会話の傍受」刑法雑誌37巻2号（1997年8月）45頁以下。
（14）田口守一「立法のあり方と刑事免責・証人保護等」刑法雑誌37巻2号（1997年8月）70頁以下。
（15）「特集　司法取引の理論的課題」刑法雑誌50巻3号（2011年3月）333頁以下。
（16）川出敏裕「新たな捜査方法の意義と展望」刑事法ジャーナル29号（2011年8月）3頁以下。

接見禁止と弁護人宛信書の内容検査

葛野　尋之

一　本稿の目的

身体を拘束された被疑者・被告人にとって、有効な弁護の憲法的保障（憲法三四条・三七条三項）を確保するために不可欠なのが、弁護人との意思疎通および情報発信・取得としてのコミュニケーションの自由である。そして、自由なコミュニケーションのためには、その秘密性が保障されなければならない。秘密性が奪われれば、いわゆる萎縮的効果が生じ、両者のコミュニケーションは必然的に抑制されるからである。刑訴法三九条一項による秘密交通権の保障は、このような趣旨による。[1]

そのうえで、刑訴法三九条二項は、「前項の接見又は授受については、法令（裁判所の規則を含む。以下同じ。）で、被告人又は被疑者の逃亡、罪証の隠滅又は戒護に支障のある物の授受を防ぐため必要な措置を規定することができる」と定め、法令に基づく拘禁目的による接見と書類・物の授受の制限を許している。この規定のもと、刑事被収容者処遇法は、刑事収容施設（刑事施設、警察留置施設、海上保安留置施設）に収容された「未決拘禁者」である被疑者・被告人が弁護人に対して発した信書について、収容施設側が内容検査を行うことを許す規定をおいている。内容検査に基づく信書の発信制限も認めている。実務上、未決拘禁者が弁護人に対して宅下げをした書類についても、信書と同様の取扱いがなされている。信書（以下、宅下げ書類も含む）の内容検査は、両者のコミュニケーションの秘密性を奪うものであって、接見交通権の実質的制約に直結する。

現在、未決拘禁者が弁護人に発した信書の内容検査とそれに基づく発信制限をめぐって、いくつかの国家賠償請求訴訟が提起されている。それらのなかで、村岡事件控訴審の大阪高裁判決[2]は、刑訴法八一条の接見禁止が付されている場合、その効果として、警察留置施設に勾留中の被疑者が弁護人に対する宅下げ書類のなかに、標題、記載内容などの「事情を総合的に考慮」すれば「弁護人宛」のものではないと認められる信書を混入させることは禁じられるとしたうえで、そのような信書の発信がないことを確認するために、弁護人に対する宅下げ書類の内容を検査することが許され、そのような書類を発見した場合、その書類の宅下げを制限することができるとした。接見交通権の基本的あり方にかかわる重要な判断である。

本稿は、以下、未決拘禁者が弁護人に発した信書の内容検査の許否について検討し、内容検査が許されないことを明らかにする。本稿の検討によれば、第一に、弁護士倫理上、弁護人が信書の内容を確認することなく第三者に交付することは許されないことから、未決拘禁者から弁護人への信書の発受は、両者間のコミュニケーションとしての実質を有しており、また、接見禁止の効果は被疑者・被告人と弁護人との接見交通には及ばない。それゆえ、未決拘禁者が弁護人の手から第三者に交付されることを予定して作成し、弁護人に対してそのように要求した信書、あるいは控訴審判決によれば、標題、記載内容などの「事情を総合的に考慮」すれば「弁護人宛」のものではなく「第三者宛」とされる信書を弁護人に発することを禁止したうえで、そのような信書の発信がないことを確認するためとして、未決拘禁者から弁護人へと発信される信書の内容を検査することは許されない。第二に、弁護人が信書の内容を確認したさい、拘禁目的阻害の危険情報が含まれることを認識したならば、弁護士倫理上、信書を第三者に交付することは許されず、また、弁護人の高度の専門的能力などからすれば、弁護人が信書に含まれる危険情報を選別することがとくに困難であるともいえないから、危険情報が弁護人の選別・遮断過程をかい潜って、社会内に流通する可能性は僅少である。それゆえ、この可能性を根拠にして、接見交通権の実質的制約に直結する信書の内容検査を認めることはできない。

二　弁護人宛信書の内容検査

1　刑事被収容者処遇法に基づく内容検査

旧監獄法のもとでは、未決拘禁者と弁護人とのあいだの信書について、発受の方向を問わず、全面的な内容検査が行われていた（同法五〇条、同法施行規則一三〇条）[3]。

二〇〇五年、旧監獄法の受刑者処遇に関する部分が全面改正された。翌二〇〇六年には、未決拘禁と死刑確定者の処遇に関する部分が全面改正され、これらをあわせて刑事被収容者処遇法が成立した。同法は、弁護人が未決拘禁者に発した信書については、その旨確認する限度で検査を行うことを原則とする一方、未決拘禁者が弁護人に発した信書については、内容検査を行うことができるとしている（一三五条・二二二条・二七〇条）。「被収容者の外部交通に関する訓令の運用について（依命通達）」（平成一九・五・三〇矯成三三五〇矯正局長依命通達）は、未決拘禁者の発受する信書の差止に関する手続等が、受刑者の場合に準じて行われるべきとしたうえで、「未決拘禁者の発受する信書の差止め等に当たっては、防御権にも配慮した慎重な対応が必要であることに加え、発信する相手方が被疑者等を含む刑事事件の関係者である場合には、脅迫等のほか、証人等威迫罪（刑法第一〇五条の二）にも該当する可能性があるところ、未決拘禁者の発受する信書がこれらの刑罰法令に触れることとなるかどうか、あるいは罪証隠滅の結果を生ずるおそれの有無について、刑事施設において的確な判断が困難な場合は、必要に応じ、検察官に対し適切に情報提供し、執るべき措置等も含めて相談すること」とし（一一（八））、信書発受の記録については、「特に、未決拘禁者の弁護人等あて信書については、特別の事情がない限り、要旨の記録は省略し、又は『裁判の件』等簡潔な記載にとどめるものとすること」としている（一二（二））。

刑事被収容者処遇法の制定に先立ち、未決拘禁者の処遇等に関する有識者会議『提言』[4]は、「未決拘禁者が弁護人に発する信書については、罪証隠滅のための工作を依頼するなど勾留目的を阻害するような不当な内容のものも現に認められ、また、今後も十分に想定されるところ、受領した弁護人からそれ以外の者に転々流通した場合には、未決拘禁者とこれ以外の者との間で直接信書の発受がなされたのと同じ効果を生ずることになるのであって、これによる罪証隠滅等を防ぐためにも、内容の検査を行い、不適当なものの発信を禁止・制限することが必要」であるとの意見が多数を占めたとしていた。同法案の国会審議においても、このような理由から、未決拘禁者が弁護人に発した信書の内容検査が原則とされたことが確認されている。(5)

2　村岡国賠訴訟控訴審判決

村岡事件においては、未決拘禁者が弁護人に発した信書の内容検査の適法性が正面から争われた。警察の留置施設に勾留され、接見禁止を付されていた被疑者二人の弁護人が、両被疑者から書類の宅下げを受けようとしたところ、留置担当官は、両被疑者からの宅下げの申出に対して、未封緘の封筒に入っていた書類の内容を検査し、その申出を拒否した。弁護人が秘密交通権の侵害などを主張し、国会賠償請求訴訟を提起したところ、二〇一二年四月一〇日、京都地裁(6)は、留置施設側が逃亡および罪証隠滅の防止ならびに留置施設内の秩序の維持という目的の限度で書類の在中する封筒を開披し、その書類の内容を閲読して検査することは、必要やむを得ない措置として許容されると判示したうえで、留置担当官の開披・内容検査、これらに基づく宅下げの申出の拒否を適法とした。原告の控訴に対して、同年一〇月一二日、大阪高裁は、控訴棄却の判決を言い渡した。

控訴審判決は、刑訴法三九条一項が「書類及び物の授受」について立会人なくして行うものとしていないのは、「接見における口頭での意思の伝達、情報提供の場合には、刑事施設側が施設内の接見室の設備等を整えることによって、施設内の規律及び秩序維持等の目的を達しながら接見交通権も確保することが可能であるのに対し、特に被収容者からの書類等の発信・交付（宅下げ）による意思の伝達、情報提供の場合は、当該書類等の物理的占有移転を伴うものであり、刑事施設側において、授受されようとしている書類等の中に危険物や禁制品等が混入していないか、あるいは勾留等の裁判を執行する施設として、接見等禁止決定に違背する第三者宛の書類等が混入されていないかなどについて確認する必要があるために、たとえ弁護人等との間であっても、書類等の授受については、定型的に秘密性を保障することが困難であったことによるものと考えられる」とした。そのうえで、判決は、「留置施設は、……少なくとも、被留置者に対する接見等禁止決定を執行する施設として、同決定が被留置者に第三者との書類の授受を禁止していれば、これに従い、被留置者が第三者宛に書類を発信することも禁止しなければならない職責があるから、被留置者が弁護人等宛である旨を記載した封筒に入れ、当該弁護人等に宅下げすることを希望した信書であっても、被収容者処遇法二二二条一項に基づき、これを開披してその名宛人を検査することができる」とし、「弁護人等においても接見等禁止決定が被留置者に弁護人を介して第三者との間で書類等を授受することを許した場合であれば格別、そうでなければ、第三者宛の書類等を受領してもこれを第三者に交付することは許されないのであるから、これを受領することにより得られる弁護人の弁護活動上の利益は、上記の検査権限の行使さえ許さないほど高度に保護されるべきものであるとはいえない」と判示した。

このような判示に続き、判決は、「留置担当官が、被留置者が発信を申し出た書類の名宛人を検査する目的の限度で、書類の在中する封筒を開披し、その書類の内容を閲読して検査することは、必要やむを得ない措置として許容されるのであるから」、留置担当官による本件開披・閲読は適法であるとした。さらに、判決は、「信書とは、差出人が定めた特定の受取人に対し、差出人の意思表示や事実を通知する文書をいうものと解すべき」であって、標題、記載内容などの「事情を総合的に考慮すれば」、本件信書はいずれも「弁護人宛」のものではなく、家族宛の信書というべきであるから、留置担当官が、接見等禁止決定により発信を禁止されているものとして、本件信書の発信を拒否したことは適法であるとした。

三　接見禁止潜脱論

1　接見禁止の実質的趣旨とその潜脱

このように、控訴審判決は、接見禁止の効果として、被疑者は標題、記載内容などの「事情を総合的に考慮」すれば「弁護人宛」のものではなく「第三者宛」のものと認められる信書を発信することを禁止されているとしたうえで、留置管理官はそのような信書の発信がないことを確認するために、被疑者が弁護人に発した信書の内容を検査することが許されるとした。控訴審判決は、このような「弁護人宛」のものではない信書であれば、未決拘禁者が信書を弁護人に発し、弁護人が受け取った信書を第三者に交付するという一連のコミュニケーション過程を、実質的にみて未決拘禁者と第三者とのコミュニケーション過程であると理解しているといえよう。このような理解に立って、弁護人が信書を第三者に交付するにあたり、その内容を確認することが確実に予定されているかどうかをなんら問題にすることなく、接見禁止が付されている場合、未決拘禁者と弁護人とのあいだの信書の発受だけでなく、弁護人から第三者への交付を含む一連の過程全体に接見禁止の効果が及び、この過程全体が接見禁止の潜脱にあたるとするのである。

検事の尾崎道明は、かつて、接見禁止の実質的趣旨は「逃走や罪証隠滅を防止するため、被疑者と一般人との間の意思・情報の伝達を遮断することにある」として、「書類等の授受については、意思・情報伝達の主体が弁護人以外のものである限り」、接見禁止に違反するとの見解を表明していた(7)。控訴審判決も、このような接見禁止潜脱論に立つものである。

しかし、接見禁止潜脱論に立って、未決拘禁者が弁護人に発した信書の内容検査を許容することには疑問がある。

2　第三者への信書交付と弁護人の内容確認

未決拘禁者が弁護人の手から外部の第三者に交付されることを予定して作成した信書を弁護人に発信し、弁護人に対してそのように要求した後、弁護人が未決拘禁者の要求に応えて、その信書を第三者に交付した場合、この一連のコミュニケーション過程は、どのようなものとして捉えられるであろうか。

ここにおいてまず確認すべきは、接見禁止の有無を問わず、弁護士倫理上、弁護人は未決拘禁者から受け取った信書を、その内容を確認することなく第三者に交付することは許されないということである。(8) 弁護人が未決拘禁者から受け取った信書を内容確認することなく第三者に交付するならば、たしかに形式的には、未決拘禁者と弁護人、弁護人と第三者という二つのコミュニケーション過程が連続しているようにみえる。しかし、信書の内容を確認しない以上、弁護人がコミュニケーションの一方の主体となっているとはいえず、未決拘禁者と弁護人とのあいだのコミュニケーションとしての実質が欠けているといわざるをえない。実質的にみれば、未決拘禁者と第三者とのあいだの直接のコミュニケーションなのである。

この場合、弁護人は、未決拘禁者における弁護人以外の者との外部交通に関する刑事被収容者処遇法上の制限、ひいてはその基礎にある刑訴法八〇条の規定の潜脱に自ら関与することとなり、さらに接見禁止が付されている場合であれば、未決拘禁者における接見禁止の潜脱行為に荷担することともなる。そのような弁護人の行為は、違法・不正な行為の助長・利用を禁止する弁護士職務基本規程一四条に違反し、「非行」として懲戒の対象となりうる（弁護士法五六条一項）。たとえ被疑者・被告人がそのように要求した場合でも、刑事弁護人の誠実義務の限界を超えるというべきである。

かくして、弁護士倫理上、弁護人は未決拘禁者から受け取った信書を第三者に交付するにあたり、その内容を確認しなければならないことになる。弁護士が厳格な職業倫理に拘束され、懲戒処分の可能性さえあることからすれば、弁護人が内容確認を怠ることを前提におくべきではない。

3　弁護人との接見交通と接見禁止

接見禁止潜脱論においては、「書類等の授受については、意思・情報の伝達の主体が弁護人以外のものである限り、仮に弁護人が介在しても、接見等禁止決定による禁止に直接に触れる」のであって、書類等の授受が被疑者・被告人と「第三者との間で行われたと評価される限り、接見等禁止決定の禁止に違反する」とされていた。控訴審判決も同様の理解に立って、未決拘禁者が弁護人に発した信書であっても、標題、記載内容などの「事情を総合的に考慮」すれば「弁護人宛」のものではなく「第三者宛」のものと認められる信書であれば、そのような信書の発信は接見禁止に違背するものとしていた。このような理解が、信書の内容検査が許容されるとする判断の前提となっており、このようにいうとき、弁護人の内容確認が確実に予定されていることをなんら問題としていなかった。

しかし、そのような信書が弁護人に発せられたとしても、弁護人が未決拘禁者から受け取った信書を第三者に交付するにあたり、その内容を確認することが確実に予定されるのであるから、未決拘禁者と弁護人とのあいだの信書の発受というコミュニケーション過程に、弁護人は一方の主体として関与することになる。すなわち、未決拘禁者と弁護人とのあいだの信書の発受は、両者間のコミュニケーションとしての実質を有しているのであって、身体を拘束された被疑者・被告人と弁護人との接見交通なのである。このような信書は、控訴審判決がいうように「第三者宛」のものではない。弁護人宛の信書というべきである。

たとえ弁護人の内容確認が確実に予定されるとしても、未決拘禁者がもともと第三者に交付されることを予定して作成し、そのように弁護人に要求した信書であれば、それはやはり「第三者宛」信書というべきだとの意見もあるかもしれない。もしそれが「第三者宛」信書であるというのであれば、被疑者・被告人である未決拘禁者から内容確認することなく第三者に交付するよう要求された場合には、弁護人の誠実義務からすれば、第三者に交付するにあたり内容確認をすべきではないことになろう。しかし、上述のように、弁護士倫理の要求として、弁護人は未決拘禁者から受け取った信書を第三者に交付するにあたり、たとえ未決拘禁者の要求に反したとしても、内容確認をしなければならないのである。このことと、信書が「第三者宛」のものだとすることとは本質的に矛盾する。弁護士倫理上、弁護人が内容確認をしなければならず、したがって弁護人の内要確認が確実に予定される以上、そのような信書の発受において弁護人はコミュニケーションの一方の主体として関与しているというべきであって、信書はやはり弁護人宛のものというべきなのである。

弁護人が弁護士倫理の要求に反して、内容を確認しないままに、未決拘禁者の発した信書を第三者に交付する可能性も皆無とはいえないから、やはり未決拘禁者が弁護人に信書を発する段階で、収容施設が信書の内容を検査して、危険情報の含まれていないことを確認しなければならないという意見もあるかもしれない。しかし、弁護士倫理の拘束は厳格なものであって、それに違反した場合、懲戒処分の可能性もある。また、刑訴法三九条一項による無立会の接見の保障など、刑事手続は一般に、弁護人が公正な裁判を阻害する行為にあえて及ぶことはないとの信頼を基盤にして成り立っている[9]。弁護人自身が罪証隠滅行為に及びうることを前提とするならば、秘密交通権はその基盤を失うことになるであろう。それゆえ、弁護人があえて弁護士倫理に違反して、内容確認をしないままに、未決拘禁者の発した信書を第三者に交付するかもしれないとの前提に立つべきではなく、したがって、そのような前提のうえで、危険情報の確認のためとしてなされる収容施設による信書の内容検査を正当化することもできない。

弁護人が未決拘禁者の発した信書を受け取った後、その内容を確認したうえで第三者に交付した場合、弁護人による第三者への交付は、未決拘禁者からの受信とは別個の、弁護人と第三者とのあいだのコミュニケーションを構成するから、未決拘禁者と弁護人、弁護人と第三者とのあいだの二つのコミュニケーション過程が連続していることになる。未決拘禁者と第三者とのあいだで直接のコミュニケーションが行われているわけではない。

本来、接見禁止は、刑訴法八一条の文言が示すとおり、逃亡・罪証隠滅を防止するために、勾留されている被疑者・被告人と弁護人以外の第三者とのあいだの接見や書類・物の授受を制限するものである。被疑者・被告人と弁護人との接見交通を制限する効果を有してはいない。

控訴審判決は、未決拘禁者が弁護人に発した信書であっても、標題、記載内容などの「事情を総合的に考慮」すれば「弁護人宛」のものではなく「第三者宛」のものと認められる信書であれば、そのような信書の発信は接見禁止により禁止されており、接見禁止の潜脱がないことを確認するために、弁護人に発した信書の内容検査が許されるとした。しかし、上述のように、弁護人の内容検査が確実に予定されている以上、未決拘禁者と弁護人とのあいだの信書の発受は両者間のコミュニケーションであって、その信書は弁護人宛のものというべきである。それゆえ、このような内容検査は、まさに接見禁止を理由にして、被疑者・被告人と弁護人との接見交通を制限することにほかならならない。このような制限は、接見禁止の効果を超えている。

四　拘禁目的阻害の危険性と信書の内容検査

1　内容検査の実質的根拠

控訴審判決は明示していないものの、接見禁止潜脱論に立つ尾崎道明は、信書の内容検査が必要とされる実質的根拠に言及していた。すなわち、接見禁止の「実質的な趣旨は、逃亡や罪証隠滅を防止するため、被疑者と一般人との間の意思・情報の伝達を遮断することにある」としたうえで、そのような趣旨からすれば、接見のさいに弁護人が依頼された伝言を被疑者に伝える行為や、その逆に被疑者からの伝言を第三者に伝える行為も、「場合により、実質的には、この趣旨を害することにはなるが」、被疑者の防御を目的とする「接見や弁護活動の性質から」、接見禁止「決定によっては直接かつ一般的には禁止されず、基本的には同決定の趣旨を踏まえた弁護人の健全な判断に委ねられている」のに対し、「書類等の授受については、意思、情報の伝達の主体が弁護人以外のものである限り、仮に弁護人が介在しても、接見禁止決定による禁止に直接触れるというべき」だとするのである。尾崎道明は、口頭の伝言と書類等の授受との差異を次のように説明する。「手紙の内容の要旨を口頭で説明することと直接手紙を授受することには、格段の差があり、後者においては、弁護人の捜査妨害を避けるための注意が行き届かない点が出てくることを否定し難いし、弁護人の不知の間に被疑者と当該第三者のみが知る情報等により隠された意思・情報が伝達され、罪証隠滅等を招く危険がある」一方、弁護人が防御上必要と考える情報の伝達は口頭で行えば足りるというのである。[10]

このような実質的根拠は、刑事被収容者処遇法の制定過程において言及されていたが、同法成立後、その注釈書においても指摘されている。それによれば、口頭の接見の場合とは異なり、信書の場合、「弁護人等は、信書の記述内容を全く把握しないまま交付することもあり得るし、その内容を把握するにしても、巧妙に隠語が使われていたり、事件の全貌を把握していないために、その内容の真の意義を把握できないまま交付することも考えられるのであって、このようにして、未決拘禁者が表した記述が、そのままの表現で、弁護人等はその意義を了知することなく、弁護人等以外の者に伝達されることが想定される」から、「不適切な記述があるものが弁護人等以外の者に交付され、罪証の隠滅の結果などを生ずることを防止するために」、内容検査を行う必要があるとされるのである。[11]

また、村岡事件の第一審判決も、同様の理解に立ち、「被疑者が弁護人に対して発しようとする封筒及び在中の信書については、被疑者において不適切な記載を混入させるおそれが否定できないところ、信書の授受には物理的な占有移転が伴うので、接見と異なり、弁護人が、信書中の不適切な記載を見逃し（例えば、口頭でのやりとりと比較して、弁護人に気づかれずに第三者に対してのみ理解されるような暗号を割り込ませることは、類型的に容易であると考えられる。）、誤って第三者に逃亡・罪証隠滅につながる表現をそのまま伝えてしまうなどして、意図せずして結果的に逃亡・罪証隠滅へ加担してしまうことも、想定されるというべきである。したがって、封筒中の信書の名宛人及び記載内容を確認する必要性が高いところ、封筒の外観からでは、そのような事実を知ることは不可能である」としていた。

しかし、以下述べるように、弁護人は　逃亡、罪証隠滅など拘禁目的を阻害する危険性を有する情報が含まれた信書を選別し、その社会的流通を遮断することが可能であり、それゆえ危険情報が社会的に流通する可能性は僅少であるというべきである。この点において、口頭の伝言の場合と信書の場合とのあいだに、顕著な差異があるとはいえない。

2　弁護人の危険情報選別・遮断機能

信書の場合には、口頭の伝言の場合に比べ、弁護人の選別・遮断機能が十分働かないとすることには、二つの異なる問題が含まれている。第一に、口頭の伝言であれば、弁護人の知覚、記憶、表現の過程を必然的に通過することから、弁護人がその内容を確認することなく、被疑者・被告人の依頼した伝言を第三者に伝達することはありえないのに対し、信書の場合、弁護人が未決拘禁者の発した信書の内容を確認することなく、それを第三者に交付することとも不可能ではないという問題である。たしかに、内容確認をすることなく第三者に交付したならば、弁護人の選別・遮断機能は働きようがない。しかし、上述のように、弁護士倫理上、弁護人は信書を第三者に交付するにあたっては、その内容を確認しなければならない。それゆえ、弁護人が内容確認をしないがために選別・遮断機能が働かないという事態を想定すべきではない。

第二の問題は、弁護人が内容確認をしても、信書に含まれる危険情報を選別・遮断することができないのかどうかである。ここにおいて確認すべきは、弁護人が信書の内容を確認したとき、そのなかに拘禁目的阻害の危険情報が含まれることを認識したならば、信書を第三者に交付することは許されないということである。刑訴法三九条二項が、身体を拘束された被疑者・被告人と弁護人との接見交通について、「法令」に基づき、「逃亡、罪証の隠滅又は戒護に支障のある物の授受を防ぐため必要な措置」をとることができると規定していることに示されるように、逮捕・勾留に関する刑訴法の規定、さらには未決拘禁者の取扱いについて定める刑事被収容者処遇法の規定の趣旨からすれば、弁護人自身、逃亡、罪証隠滅など拘禁目的を阻害する危険を生じさせる行為に関与しないよう要求されているといえる。したがって、危険情報が含まれることを認識しつつ信書を第三者に交付する弁護人の行為は、違法・不正な行為を助長・利用し、偽証・虚偽陳述をそそのかしてはならないとする弁護士倫理(弁護士職務基本規程一四条・七五条)に違反し、「非行」として懲戒の対象となりえる(弁護士法五六条一項)。たとえ被疑者・被告人が要求している場合でも、誠実義務の限界を超えている。[12]これらのことは、接見時に被疑者・被告人から依頼された口頭の伝言のなかに危険情報が含まれていることを弁護人が認識した場合と同様であり、[13]また、接見禁止の有無にかかわらない。

このように弁護士倫理上、弁護人が危険情報を遮断すべきとされる以上、未決拘禁者の発した信書に含まれる拘禁目的阻害の危険情報が社会内に流通するかどうかは、弁護人が信書の内容確認によって、危険情報を選別できるかどうかにかかっている。

3 弁護人の危険情報選別能力

弁護人が信書の内容を確認しても、そのなかに含まれる危険情報を選別できないことは、たしかに皆無とはいえないかもしれない。しかし、その可能性は僅かなものでしかなく、口頭の伝言の場合と比べて、どれほど実質的差異があるかは疑問である。

弁護人は高度の専門的能力を備えている。しかも、被疑者・被告人の刑事事件について、その内容を十分知る立場にある。もちろん捜査や訴訟の進行状況によっては、上記依命通達一八(五)において「未決拘禁者の発受する信書が……罪証隠滅の結果を生ずるおそれの有無について、刑事施設において的確な判断が困難な場合は、必要に応じ、検察官に対し適切に情報提供し、執るべき措置等も含めて相談すること」とされている検察官に比べ、事件内容の理解において劣るという場合もあろう。しかし、逆に、検察官以上によく理解している場合もあろうから、弁護人が事件内容を十分理解していないとの前提に立つことはできない。さらに、その厳格な職業倫理からすれば、弁護人が信書の内容確認にあたり、自己の高度な専門的能力をあえて十分発揮することなく、危険情報を漫然と見過ごすようなことは想定すべきでない。弁護人は、その高度な専門的能力を相当な注意をもって働かせ、信書の内容確認にあたることを前提におくべきであろう。

たしかに、先の注釈書がいうように、信書において「巧妙に隠語が使われていたり、事件の全貌を把握していないために、その内容の真の意義を把握できないまま交付することも考えられる」かもしれない。村岡事件の第一審判決がいうように、暗号使用の可能性もないわけではない。しかし、これらのことからすれば同様に、弁護人が伝言「内容の真の意義を把握できないまま」口頭の伝言をすることもありうるから、口頭の伝言の場合に比べ、信書の場合には、「弁護人の不知の間に被疑者と当該第三者のみが知る情報等により隠された意思・情報が伝達され、罪証隠滅等を招く危険」が「格段」に高いとはいえないであろう。口頭の伝言が許されるのであれば、信書の交付も許されてよいはずである。

また、信書の場合、その物理的占有が第三者に移転することになるが、問題はそこに含まれた危険情報の社会的流通なのであるから、信書の占有が移転するからといって、それをもって口頭の伝言の場合に比べ、危険情報が第三者に対して容易に伝達され、社会内を流通する可能性が高まるとはいえないはずである。

他方、信書における文字情報は、口頭の伝言に比べ、固定性・正確性において格段に優れている。このような信書の特性からすれば、弁護人は、未決拘禁者から受け取った信書を第三者に交付するにあたり、その記述を仔細に、時間をかけて慎重に検討することができるのであって、この点においては、口頭の伝言の場合に比べ、危険情報を選別する可能性はより高くなるともいえよう。

これらのことからすれば、弁護人が信書の内容を確認したとき、危険情報を選別できない可能性は、僅かなものでしかない。少なくとも、口頭の伝言の場合に比べ、その可能性が顕著に高いということはできない。かくして、未決拘禁者が弁護人に発した信書のなかに含まれた危険情報が、弁護人の選別・遮断過程をかい潜って社会内に流通する現実の可能性は、僅少であるといわなければならない。

他方、信書の内容検査は、開披・閲読したすべての信書について、被疑者・被告人と弁護人とのあいだで交わされるコミュニケーションの秘密性を奪うこととなって、強い萎縮的効果を生じさせる。また、高野国賠訴訟における最高裁判決(14)の梶谷・滝井反対意見が指摘したように、文字情報による信書は固定性・正確性において優れているから、信書はたんなる口頭の接見を補充する手段にすぎず、信書によるコミュニケーションが制限されても、口頭の接見によって十分埋め合わせができるということもできない。信書は接見交通の手段として、固有の重要性を有するのである。それゆえ、信書の内容検査は、ただちに両者間の接見交通権の実質的制約となる。このような信書の内容検査を、現実的には僅かなものでしかない危険情報の社会的流通の可能性をもって正当化することはできない。そうすることは、有効な弁護の憲法的保障によって支えられた秘密交通権の価値をあまりに軽視することになって、均衡性を著しく欠いている。

五 結 語

以上論じたように、収容施設が、未決拘禁者が弁護人に発した信書の内容検査を行うことは許されない。内容検査は秘密交通権（刑訴法三九条一項）の侵害となり、有効な弁護の憲法的保障（三四条・三七条一項）の趣旨にも反する。

弁護士倫理上、弁護人は未決拘禁者から受け取った信書を第三者に交付するにあたり、その内容を確認しなければならない。弁護人による信書の内容確認が確実に予定されている以上、未決拘禁者と弁護人とのあいだの信書の発受は、両者間のコミュニケーションとしての実質を備えている。それゆえ、接見禁止が付されている場合でも、刑訴法八一条の文言から明らかなように、接見禁止の効果はこれには及ばない。そうであるならば、接見禁止の効果として、未決拘禁者が弁護人から第三者に交付されることを予定して作成し、弁護人に対してそのように要求した信書、あるいは控訴審判決によれば、標題、記載内容などの「事情を総合的に考慮」すれば「弁護人宛」のものではなく「第三者宛」とされる信書を弁護人に発することを禁止したうえで、そのような信書の発信がないことを確認するためとして、信書の内容検査を行うことは許されない。

内容検査が必要なことの実質的根拠として、弁護人が信書の内容を確認しても、拘禁目的阻害の危険情報を選別・遮断する機能を十分働かせることができず、それゆえ危険情報が社会内に流通する可能性が、口頭の伝言の場合に比べて格段に高いことがあげられている。しかし、弁護士倫理上、弁護人が危険情報の含まれていることを認識したならば、信書を第三者に交付することは許されず、また、弁護人の高度の専門的能力などからすれば、弁護人が危険情報を選別することがとくに困難であるともいえないから、危険情報が弁護人の選別・遮断過程をかい潜って、社会内に流通する可能性は僅少である。少なくとも、口頭の伝言の場合に比べ、顕著に高いということはできない。このような僅少な可能性を根拠にして、接見交通権の実質的制約に直結する信書の内容検査を許容することはできない。

未決拘禁者が弁護人に発する信書の内容検査を認めている刑事被収容者処遇法は、早急に改正されなければならない。それまでのあいだは、未決拘禁者が弁護人から受ける信書に関する同法の規定（一三五条二項一号・二二二条三項一号イ・二七〇条三項一号イ）を準用して、未決拘禁者が弁護人に対して発した信書であることを確認する限度でのみ検査を許すべきである。

〔註〕

（1）秘密交通権の侵害が争われた事件において、下級審判例はこぞって、萎縮的効果と関連づけて秘密交通権の意義を説いている（葛野尋之「〔判批〕検察官による弁護人と被疑者との接見内容の聴取が秘密交通権の侵害にあたるとされた事例」判例評論六四一号〔二〇一二年〕一五四～一五五頁）。

（2）大阪高判二〇一二（平二四）・一〇・一二 LEX/DB 25483106。原告が上告。

（3）浦和地判一九九六（平八）・三・二二判時一六一六号一一一頁（高野国賠事件）は、刑訴法三九条一項にいう「立会人なくして」は「接見し」のみにかかり、信書の発受は書類・物の授受に含まれるとしつつ、信書の発受については、接見の場合のような秘密保護が要請されることはないとしたうえで、旧監獄法および同法施行規則による被疑者・被告人と弁護人とのあいだの信書の検閲は、刑訴法の同規定の趣旨に反するものではなく、同条二項のいう「法令」に基づく措置として認められるとし、逃亡・罪証隠滅の防止、刑事施設の規律・秩序の維持という拘禁目的を確保するためには、信書を検閲し、その内容を探知する必要がある一方、このような制限はコミュニケーションそのものの規制ではなく、その「手段又は方法を規制する効果を有するにすぎない」から、必要かつ合理的な制限として憲法違反ではないと判示した。最判二〇〇三（平一五）・九・五判時一八五〇号六一頁は、旧監獄法および同法施行規則における信書発受の制限が憲法二一条、三四条、三七条三項に違反しないことは先例の趣旨に徴して明らかとするだけであったものの、第一審浦和地裁の判断を支持した。もっとも、高野国賠事件は、被告人の刑事事件の審理を行う裁判所の法廷内において、被勾留者として拘置所に収容中の被告人から、弁護人がその信書を受け取ったという事案に関するものであって、このような事案についての判断を、未決拘禁者として刑事収容施設に収容されている被疑者・被告人と弁護人とのあいだの信書の発受一般に及ぼしてよいかについては、なお慎重な検討が必要とされる。また、この判断は旧監獄法下の事件についてのものであって、弁護人が未決拘禁者に発した信書については、そのような信書であることの確認にとどめることにしたのをはじめ（一三五条二項一号・二二二条三項一号イ・二七〇条三項一号イ）、現行の刑事被収容者処遇法が関連規定の重要な改正を含むものであったことからすれば、現行法下でもその判断が妥当すると即断することはできないというべきである。

（4）http://www.moj.go.jp/KYOUSEI/SYOGU/teigen.pdf
（5）第一六四回国会衆議院法務委員会議録（二〇〇六年四月一二日）、民主党・枝野幸男衆議院議員の質問に対する杉浦正健法務大臣の答弁。
（6）京都地判二〇一二（平二四）・四・一〇　LEX/DB 25481008。
（7）尾崎道明「弁護人と被疑者の物の授受」平野龍一＝松尾浩也編『新実例刑事訴訟法Ⅰ』（青林書院、一九九八年）一八九～一九〇頁。
（8）葛野尋之「身体拘束中の被疑者・被告人との接見、書類・物の授受」後藤昭＝高野隆＝岡慎一編『実務体系・現代の刑事弁護（第一巻・弁護人の役割）』（第一法規、二〇一三年）一九九頁以下参照。
（9）弁護人自身による「罪証隠滅」の危険を理由とする接見交通の制限が許されないことについて、田宮裕『捜査の構造』（有斐閣、一九七一年）四〇四～四〇五頁。後に検討するように、内容検査の実質的根拠として危険情報の社会的流通の可能性がいわれるときも、弁護人自身が拘禁目的を阻害する行為に及びうることが問題にされることはなく、あくまでも弁護人が危険情報を認識することなく、それを含む信書を第三者に交付してしまうことの可能性が問題とされている（林真琴＝北村篤＝名取俊也『逐条解説・刑事収容施設法』（有斐閣、二〇一〇年）六八六～六八七頁）。ここにおいても、弁護人自身が弁護士倫理に違反する行為に及ぶ可能性は前提とされてないのである。
（10）尾崎・前掲注（7）論文一八九～一九〇頁。
（11）林ほか・前掲注（9）書六八六～六八七頁。
（12）葛野・前掲注（8）論文参照。
（13）村岡啓一「接見禁止決定下の第三者通信をめぐる刑事弁護人の行為規範」『小田中聰樹先生古稀祝賀論文集（上）』（日本評論社、二〇〇五年）四六頁。
（14）最判二〇〇三（平一五）・九・五判時一八五〇号六一頁。

裁判員裁判と責任能力

齋藤　由紀

一　裁判員裁判における責任能力の判断

老人福祉施設に入所していた女性をめぐってトラブルとなった男性を殺害し、この女性にもけがを負わせたという事件で、殺人と傷害の罪に問われていた元入所者の八七歳男性の裁判員裁判で、二〇一二年一〇月九日高松地裁は、検察官の求刑を四年も上回る懲役十六年の判決を言い渡した。この事件では、被告人は鑑定留置を伴う起訴前鑑定で妄想性障害だったとの結果から、責任能力の程度に争いがあった。検察官は心神耗弱、弁護人は心神喪失を主張した。これに対して、裁判所は完全責任能力を認め、「障害の影響は皆無でないことなどを考慮しても、求刑は相当ではない」とした[1]。

日弁連裁判員本部が収集した、責任能力が問題となった事件の判決書六五件のうち、弁護人が心神喪失を主張した事件は一四件あるが、それが認定された事件はなく、心神耗弱が認められたのは三件のみであった（二〇一一年一一月末日現在[2]）。弁護人が心神喪失を主張した事件のうち半数の七件で、検察官は完全責任能力を主張し、四件でそれが認定されている。すなわち、弁護人は心神喪失を、検察官は完全責任能力を主張したにもかかわらず、裁判所は心神耗弱を認定した事件が三件あるということになる[3]。

裁判員裁判では、どのような評議を行い、その結果評決はどうであったのかに関して、裁判員に罰則付きの守秘義務が課されているため、その内容を知ることはできない。

右の事例でも、裁判員が責任能力を判断するにあたって、検察官、弁護人のそれぞれの主張を支える証拠をどのように評価し、両者の主張を超えた完全責任能力を認定するに至ったのか、その過程を知ることはできない。そこで、「森一郎ケース」を参考にして考えてみたい[4]。

「森一郎ケース」とは、裁判員制度施行前に行われた法曹三者による裁判員模擬裁判で、統合失調症に罹患している被告人の責任能力が問われた殺人被告事件のことである。裁判所の依頼した精神鑑定では心神喪失、捜査段階の簡易鑑定でさえも心神耗弱だったため、事件の証拠関係に照らして、その模擬裁判を傍聴していた裁判長クラスの数名は心神喪失と判断したという。だが、最終評議で、裁判員の半数が完全責任能力を、残りの裁判員と裁判官三名が心神耗弱の意見を述べたため、最終的には心神耗弱が認定されたというものである。

この模擬裁判では、裁判員による責任能力の判断には被害感情が影響しているとみられる。というのも、被害者遺族の被害感情等に関する証拠（遺族の供述調書、遺族感情についての捜査報告書）の朗読に際しては、遺族の状況や心境、死刑を望むとの遺族感情も述べられており、このような事態は他の模擬裁判でも生じていて、「遺族の供述調書や意見陳述の内容は責任能力を判断するに当たって考慮した」と事後のアンケートで回答しているという。

この模擬裁判で明らかになったのは、罪責の認定、すなわち犯罪事実＝訴因の存否に関する事実の認定やそれを前提とした被告人の刑事責任の有無を判断するにあたって、量刑にかかわる事実の証明に向けられた情状証拠、すなわち被害者の処罰感情に関する証拠が影響を与えているということである。このケースでは、裁判員は、朗読されただけの被害者遺族の被害感情等に関する証拠に大きく影響されて心証を形成している。

では、犯罪被害者が訴訟に参加し、証人尋問、被告人質問、意見陳述を行うことできる現行法制度のもとではどうなるのだろうか。被害者や遺族が裁判員の前で、激しい被害感情を述べることもあるだろう。

被害者は情状に関する事項についてだけ証人を尋問することが許され、犯罪事実については認められていないが、「争われているものは犯罪事実であり、情状事項といえども、行われた犯罪に関する情状である。その情状事項の尋問で犯罪事実に関する尋問が絶対に含まれるとはいえない[5]」し、さらに、被害者が意見陳述のために必要があり、相当と認められた場合には被告人質問ができ、心情、事実および法律の適用に関して認められるこの意見陳述には、「被告人に対する憎しみや報復という感情がもろに出て」きて、「法廷は復讐の場」となり、「法律的には専門家でない裁判員はこのような被害者の発言や意見に引きずられてしまう危険性がある[6]」。そうなると、裁判員は精神障害の影響のために、無罪となったり、刑が減軽されたりといったことに疑問を抱き、「森一郎ケース」のように完全責任能力を主張することになるのではないだろうか。

また、精神科医も、「裁判員達つまり一般市民の人達は刑事責任能力をどう考えるのだろうかということです。私が鑑定したなかで、被害者の家族で『精神疾患によって自分たちの子供が殺されたのではない』、『殺したのはAさんで、病気が子供を殺したのではない』という意味のことを証言した方がいました。これは非常に重い言葉だろうと思います。このような証言があれば、裁判員は感情、情緒のレベルで相当に動かされるのではないでしょうか。私はおそらく裁判員制度は精神障害者の重罰化を促進する方向に動くであろうと考えています[7]。」と述べている。

裁判員裁判における被害者参加制度は、量刑に大きく影響を与えるだろう。

このような状況のなかで、裁判員に対して、精神障害者には刑罰ではなく、治療が必要であるということを責任主義の観点に立ちかえって、説得的に説明しなければならないと弁護人はいう[8]。そのうえ、次のような制約により、精神医学の知識をもたない裁判員に説明できることは限られる。果たしてどこまで納得してもらうことができるのだろうか。

裁判員裁判では、一般市民である裁判員が刑事裁判に参加すること、その裁判員を長く拘束することができないことなどから、裁判に分かりやすさと迅速さが求められる。精神鑑定においても同様で、「見て聞いて分かる裁判」のため、「公判の証人尋問では交互尋問ではなくて、パワーポイント等を使った『プレゼンテーション方式』

が用いられるようになった」という。[9] しかし、精神科医からは分かりやすさを求めすぎると「単純化」してしまうとの指摘があり、精神鑑定が必要だということは、「複雑でわかりにくくて知識の補充が必要だから鑑定をしているので、それをあまり単純化すると、実はあまり正しくなくなってしまう可能性があると思う」、「わかりやすいものにはどうしても説得力がありますから、なんとなく正しいのかなと思ってしま」うとの意見もある。[10] 他にも、「わかりやすくすると司法精神医学的な正確性は必ず損なうと思ってい[11]」ると考える精神科医もいる。

さらに、この「プレゼンテーション方式」においては、複数鑑定の場合、プレゼンテーション能力の高い鑑定人のそれには説得力があるので、その上手下手で結論も変わってくることがあり、一方が上手なプレゼンテーションを行うと、こちらには説得力があるから、他方は全部間違っているように受け止めてしまう裁判員が多く、一方の鑑定にのみにもとづいて事実認定を行っているように感じるという。[12]

二　精神鑑定と裁判所による責任能力の判断

周知のように、責任能力の概念は、「精神の障害」という生物学的要素と、「違法性を弁識する能力（弁識能力）」または「その判断にしたがって行動する能力（制御能力）」という心理学的要素から構成される。したがって、責任能力の判断はこの二つの要素を組み合わせる「混合的方法」によって行われる。より具体的に、裁判における責任能力の判断構造をみてみると、①精神鑑定の信用性を検討したうえで（精神鑑定の信用性）、②それが信用できると判断される場合には、精神鑑定の結果から精神の障害の有無および程度を認定し（精神障害の認定）、③精神の障害が犯行に与えた影響の有無および程度を認定し（精神障害が犯行に与えた影響の認定）、④それを踏まえて、弁識能力・制御能力の有無および程度を認定し（弁識能力・制御能力の認定）、⑤最後に責任能力に関する判断を示す（結論）という過程をたどる。[13]

生物学的要素である被告人の精神機能の障害の有無、その性質と程度といった判断は、精神科医の専門知識によらなければ困難であるし、心理学的要素についても、精神の障害が弁識能力・制御能力にどのように影響したのかという点に関しては、やはり精神科医の判断が有益ではあると思われるが[14]、実際には確定された事実関係に対する法律的観点からの評価となるため、裁判官が優位に立つとされている。そして、責任能力に関する判断は、精神科医の鑑定結果に拘束されず、裁判官の専権事項とされる。というのも、刑事訴訟法では「事実の認定は証拠によ」り（三一七条証拠裁判主義）、その「証拠の証明力は、裁判官の自由な判断に委ねられる」（三一八条自由心証主義）と規定しているからである。だが、自由な判断といっても、論理則・経験則にしたがわなければならず、恣意的な判断は許されない。そのため、裁判官には精神障害の有無やそれが犯行に与えた影響を判断する専門知識はないから、精神科医に専門知識を提供してもらうこととなるのだが、一方、精神科医は責任能力の判断に関しては専門外であることから、これまで精神鑑定では、慣例（Konvention）が重要な役割を果たしてきた。慣例とは、特定の精神科診断が決まると、それに対する責任能力の判断も規定されてくるという精神科医と法学者の了解事項のことである。たとえば、統合失調症、躁鬱病などの重大な精神病は心神喪失とする、というのが慣例である。

一九七〇年代まではこの慣例が行われていた。一九七〇年代は年間二〇～三〇人が裁判において心神喪失が認められ、無罪となっている[15]。そこでは、例外を除いて統合失調症＝心神喪失とみなされていたのである。

ところが、一九八〇年代に入るとこの慣例とその背景にある不可知論を否定する傾向が現れる。裁判所は、結局、従来どおり統合失調症患者に対して心神喪失を認定するのであるが、鑑定人は心神耗弱を示唆したというものが出始める[16]。そして、このような慣例を否定する流れは、一九八三年と、一九八四年の二つの最高裁決定によって決定づけられるのである。

最決一九八三・九・一三（裁判集刑事二三二号九五頁）

「被告人の精神状態が刑法三九条にいう心神喪失又は心神耗弱に該当するかどうかは法律判断であって専ら裁判所に委ねられるべき問題であることはもとより、その前提となる生物学的、心理学的要素についても、右法律判断との関係で究極的には裁判所の評価に委ねられるべき問題であるところ、記録によれば、本件犯行当時被告人がその述べているような幻聴に襲われたということは甚だ疑わしいとしてその刑事責任を肯定した原審の判断は、正当として是認することができる。」

最決一九八四・七・三（刑集三八巻八号二七八三頁）

「被告人の精神状態が刑法三九条にいう心神喪失又は心神耗弱に該当するかどうかは法律判断であるから専ら裁判所の判断に委ねられているのであって、原判決が所論精神鑑定書…（中略）…の結論部分に被告人が犯行当時心神喪失の状態にあった旨の記載があるのにその部分を採用せず、右鑑定書全体の記載内容とその余の精神鑑定の結果、並びに記録により認められる被告人の犯行当時の病状、犯行前の生活状態、犯行の動機・態様等を総合して、被告人が本件犯行当時精神分裂病の影響により心神耗弱の状態にあったと認定したのは正当として是認することができる。」

一九八三年決定は、心理学的要素にとどまらず生物学的要素までも裁判官の専権事項とした。さらに、「究極的には」としている点で、「精神状態の判断については、なお鑑定に拘束される余地を残したものと理解できる」[17]が、一九八四年決定はその文言が抜けたこと、「総合判断」が示されたことによって、心理学的要素の比重を相対的に重くしたとみることができる。この決定によって、その後の下級審裁判例でも総合的判断方法が定着し、心神喪失による無罪判決が減少することとなり、また「司法精神医学の分野では『慣例』に基づく不可知論的判断は否定され、可知論的判断が主流になった」のである[18]。

以上のように、この二つの最高裁決定は、従来の慣例を否定する判例であり、精神障害者の責任能力の判定を厳しくする「規範的な運用」を行っている。つまり、二つの決定は、「精神疾患の重篤さが責任能力に与える影響を少なく見積もる傾向を生じ、有責の幅を広げた」[19]。

しかし、その後、二〇〇八年には再び従来の慣例による最高裁判決が出された。

最判二〇〇八・四・二五（刑集六二巻五号一五五九頁）

「被告人の精神状態が刑法三九条にいう心神喪失又は心神耗弱に該当するかどうかは法律判断であって専ら裁判所に委ねられるべき問題であることはもとより、その前提となる生物学的、心理学的要素についても、上記法律判断との関係で究極的には裁判所の評価に委ねられるべき問題である。しかしながら、被告人の精神状態が生物学的要素である精神障害の有無及び程度並びにこれが心理学的要素に与えた影響の有無及び程度について、その診断が臨床精神医学の本分であることにかんがみれば、専門家たる精神科医の意見が鑑定等として証拠となっている場合には、鑑定人の公正さや能力に疑いが生じたり、鑑定の前提条件に問題があったりするなど、これを採用し得ない合理的な事情が認められるのでない限り、その意見を十分に尊重して認定すべきものというべきである。」

ところが、その直後には「規範的な運用」による判決が下されている。いわゆる「渋谷バラバラ事件」で、二〇〇八年四月二八日東京地裁は、被告人は、事件当時は急性の精神障害を発症していたという二人の精神科医の鑑定結果の信用性を認めながらも、動機や殺害状況、当時の生活状況なども相互に考慮して完全な責任能力を認定した[20]。

その後も「規範的な運用」は続く。

最決二〇〇九・一二・八（刑集六三巻一一号二八二九頁）

「病的体験が犯行を直接支配する関係にあったのか、あるいは影響を及ぼす程度の関係であったのかなど統合失調症による病的体験と犯行との関係、被告人の本来の人格傾向と犯行との関連性の程度等を検討し…心神耗弱の状態にあったとしたのは、その判断手法に誤りはない。」

ちなみに、裁判員制度を見据え、厚生労働省科学研究班は、「刑事責任能力に関する精神鑑定書作成の手引き」を作成し、そのなかで「七つの着眼点」、すなわち①動機の了解可能性、②犯行の計画性、③行為の反道徳性・違法性の認識、④精神障害による免責可能性の認識、⑤人格の異質性、⑥犯行の一貫性・合理性、⑦自己防衛的行動ないし危険回避的行動を提示し[21]、それらを鑑定書に記載することを提案した。これらを重視すると、責任能力は肯定される傾向にあるとも批判される。

ところで、精神障害の診断については、臨床上も研究上も『国際疾病分類（ＩＣＤ）』『精神疾患の診断・統計マニュアル（ＤＳＭ）』に準拠した操作的診断が普及し[22]、これによると、「生物学的要件（精神の障害）から心理学的要件の存在を推定することは、これまで以上に可能かつ適切となるようにも思われる[23]」という。だが、一方では診断基準を統一しても、精神科医の側に特定の診断概念を容認しない事態も存在するので[24]、診断名は異なる場合がある。そうなると、ゆるやかな事実上の推定[25]によっても慣例によっても責任能力の判断は難しいということになるのではないだろうか。

また、「人格障害」の場合、判例のような規範的な運用、慣例論ともに矛盾が生じるという[26]。

三　期待可能性にもとづく責任能力概念の再構成

責任能力の判断については、慣例論、あるいはこれに準ずる「事実上の推定」論にもとづいて運用すべきか、判例のように規範的に運用すべきかという点で対立があるようにもみえるが、前二者が立脚する「ヒューマニズム」ないし「法的パターナリズム」は「慈愛の精神」にもとづくものであり、これは規範的な運用を生みだした「社会防衛」の考え方と容易に結びつきうるものである[27]。そこで、刑法三九条の意義は、誤った「精神障害者」政策を採用し、深刻な人権侵害と差別・偏見を生みだしてきた国が、「精神障害者」の刑事責任を追及することは「不

公正」であるという点に求められ、責任能力概念を期待可能性によって再構成する考え方がある。[28、29]

期待可能性により再構成された責任能力概念は、「『障害者権利条約』によれば、『精神の障害』があっても、『合理的な配慮』ないし『自立した生活及び地域社会へのインクルージョン』や『十分な生活水準及び社会的保護』のための『効果的かつ適切な措置』が講じられていれば、『法的能力』を十分に行使しうるとされる」から、「『効果的かつ適切な措置』が講じられていれば、『精神の障害』があっても、『弁識・制御能力』に欠けるところはなかったにもかかわらず、同措置が講じられていなかったために『弁識・制御能力』に欠ける事態が生じてしまった場合には、そのことも責任能力の問題となる」[30]。この考え方によれば、責任能力の判断にあたっては、被疑者・被告人に提供された医療の質・量、生活環境などが検討され、「精神の障害」の程度が軽度であったとしても、「合理的な配慮」や「最善の医療」、「効果的かつ適切な措置」などの欠如とあいまって、「弁識・制御能力」が喪失・減弱していた場合には、完全責任能力が否定されることになる。[31]

四　適正な事実認定にもとづく責任能力の判断

責任能力の判断は、事実認定の問題である。事実認定とは、一定の事実の存否を証拠によって認定することであるが、自由心証主義の名のもとに、裁判官は自己の主観的・直感的な事実認定をブラック・ボックス化してしまっている。先の一九八四年最高裁決定においても、裁判所は被告人の犯行当時の病状、犯行前の生活状態、犯行の動機・態様等を総合的に判断してというだけで、それらの要素のうち、どの要素から精神分裂病の状態にあったことが認定され、どの要素から心神耗弱を認定したのかは明らかにしない。[32]

そのため、事実認定においては、「広い意味での誤判の存在」を契機にして、現在では自由心証主義ではなく、①「疑わしきは被告人の利益に」（in dubio pro reo）の原則を基本とし、②適正な証拠能力のある証拠にのみもとづいて、③注意則・経験則にしたがって客観的・分析的に証拠評価を行う、事実認定の適正化が要請されている。[33]「事実認定の適正化」のためには、再審における証拠構造論を、通常手続における事実認定に適用し、弁護側からの統制が可能な客観的・可視的過程にすることが不可欠だとする事実認定の証拠構造論があり、[34]その理論的根拠を、「疑わしきは被告人の利益に」原則と刑訴法三一七条の証拠裁判主義に求める。[35]

事実認定の証拠構造論では、弁護側の統制可能な客観的・可視的過程にするためには、検察官は有罪主張に際して、訴因を提示するだけではなく、積極・消極の両証拠群を分析・整序してその有機的連関を解明し、訴因事実を支える証拠構造を明示することが要求される。そうであれば、検察官の有罪主張としての訴因事実に対して合理的疑いを投げかける被告人側の防御活動は、検察官が明示した証拠構造を崩壊ないし動揺させることに向けられることとなり、その結果、裁判所の実体判断、すなわち合理的な疑いの有無の判断は、検察官が明示した証拠構造が被告人側の弾劾に耐えて維持できるかどうかの判断に収斂されることになる。そのため、検察官が明示した証拠構造が崩壊ないし動揺したときに、裁判所がこの証拠構造と離れて独自に有罪の証拠構造を組み立てて有罪判決を言い渡すことは許されないことを意味する。[36]なぜなら、検察官が明示した証拠構造を弾劾してきた被告人側にしてみれば、それは、防御の成果を帳消しにする不意打ち認定で、憲法三一条の適正手続に反するからであるとする。[37]

ところで、繰り返すが、責任能力の判断は、すなわち責任を基礎づける事実の証明の問題となる。証拠裁判主義により責任を基礎づける事実には厳格な証明が必要とされる。この責任を基礎づける事実は「主要事実」であり、「主要事実」を間接的に推認させる「間接事実」、証明力の判定に役立つ「補助事実」すべてに「厳格な証明」が必要とされる。[38]したがって、検察官は、責任を阻却する事実の不存在について厳格な証明をしなければならない。刑事裁判では挙証責任は検察官にあるので、法律上犯罪の成立を妨げる理由（構成要件阻却事由、違法阻却事由、責任阻却事由等）の不存在について、「無罪の推定」、「疑わしきは被告人の利益に」の原則から、「合理的な疑いを超える」(beyond a reasonable doubt) 程度まで証明しないかぎり、被告人の利益に、つまり法律上犯罪の成立を妨げる理由が存在するものと判断され、無罪が言い渡されなければならない。

責任能力の判断すなわち責任を阻却する事実の証明には直接証拠がない。したがって、間接事実からの推認によることになるため、この推認過程もやはり分析的・客観的なものでなければならない。

直接証拠のない証明は、間接証拠によって間接事実を証明し、この間接事実から主要事実を推認せざるをえない。しかし、この場合、一つの間接事実から合理的疑いを超える証明は困難であるので、複数の間接事実からの推認すなわち総合評価をなさざるをえない。その際、主要事実を推認させる間接事実は、それ自体が合理的な疑いを超える程度まで証明されていなければその総合評価に加わることができず、さらに、総合評価を要証事実のレベルを基準に区別することによって、それぞれの総合評価を構成するのは同じレベルの、互いに独立している間接事実群になる[39]。間接事実をレベルによって分類するため、互いに上位・下位の関係にあり、相対的価値が生じる。相対的価値に応じて、間接事実からの推認は規制され、したがって、主要事実を認定するための最終的な総合評価に参加できるのは合理的な疑いを超える程度までに証明された第一次間接事実である[40]。

以上の理論に依拠して責任能力の判断方法を試みてみる。

前述したように、期待可能性によって再構成された責任能力概念では、「効果的かつ適切な措置」が講じられていれば、「精神の障害」があっても、「弁識・制御能力」の欠けることはなかったのに、そのような措置が講じられなかったために「弁識・制御能力」が欠けたという事態が起きた場合には、責任能力の問題と考える。したがって、「精神の障害」の程度が軽度であっても、「合理的な配慮」や「最善の医療」、「効果的かつ適切な措置」などが欠如していたこととあいまって、「弁識・制御能力」が欠け、あるいは著しく減退していた場合には、完全責任能力が否定されることになる。それゆえ、被告人に対して提供された医療の質や量、生活環境などがどうであったのか、具体的には、通院歴、診察・処置の内容、地域・学校・行政・福祉等による支援の有無、その内容などが検討されることとなり、それらが「合理的な配慮」や「最善の医療」、「効果的かつ適切な措置」だったといえるのかが判断されることになる。

つまり、主要事実である責任を基礎づける事実、それを推認させる第一次間接事実である精神鑑定の結果、「合理的な配慮」や「最善の医療」、「効果的かつ適切な措置」には「厳格な証明」が必要とされるのはもちろんであるが、この間接事実の証明は、被告人に対して提供された医療の質や量は十分であったこと、生活環境なども申し分なかったことなどによって、個々の第一次間接事実がそれぞれ単独で「合理的な疑いを超える」程度まで証明しなければならない。そして、「合理的な疑いを超える」程度まで証明できた第一次間接事実を総合評価し、その結果、「合理的な疑いを超える」程度まで証明できれば、これでもって主要事実である責任を基礎づける事実（完全責任能力、限定責任能力）が証明されたことになる。

つまり、裁判所は、被告人に対して提供された医療の質や量は十分であったこと、生活環境なども申し分なかったことなどを単独で「合理的な疑いを超える」程度まで証明されたのかを判断する。そこに少しでも疑いがあれば、「合理的な配慮」や「最善の医療」、「効果的かつ適切な措置」を否定し、完全責任能力をも否定しなければならない。このとき、被告人側が心神喪失を主張していれば、「疑わしきは被告人の利益に」の原則から心神喪失を認め、心神耗弱を主張していれば心神耗弱を認定すべきであると考える。先に述べたように、検察官が明示した証拠構造が崩壊ないし動揺したときに、裁判所がこの証拠構造ではなく自ら勝手に有罪の証拠構造を組み立てて有罪判決を言い渡すことは許されないという、証拠構造論からもこのように判断することは許されるのではないだろうか。したがって、冒頭の事案のように、検察官の主張する心神耗弱を否定し、完全責任能力を認めることは許されないと考える。

現行刑事訴訟法では当事者主義を採用しており、検察官は審判の対象である犯罪事実、すなわち訴因とともに証拠構造も提示し、裁判所はこれらに拘束されるため、検察官の提示した訴因を超えて審判することは許されない。責任能力の判断に関しても、「疑わしきは被告人の利益に」原則が徹底され、さらには責任主義の要請から、責任能力のない者には責任を問わず、したがって刑罰も科してはならないのではないだろうか。

〔註〕

（1）二〇一二年一〇月一〇日付朝日新聞デジタル版（二〇一二年一〇月二六日閲覧）。

（2）田岡直博「［特集］裁判員裁判における精神鑑定―裁判員裁判における責任能力判断 日弁連での判決分析から」季刊刑事弁護六九号（二〇一二年）五八頁。なお、同論文には、原判決では心神耗弱が認定されたが、控訴審で心神喪失が認定され無罪となった事件があるとの追記がある（六四頁）。

（3）「［特集］裁判員裁判における精神鑑定―責任能力が問題となった事件の判決書一覧表　（二〇一一年一一月末日現在）田岡直博作成」季刊刑事弁護六九号（二〇一二年）一一四～一二九頁。例えば、そのうちの一つに日本弁護士連合会裁判員本部編『裁判員裁判の量刑』（現代人文社、二〇一二年）四四、九四、六四八頁には、母親が六歳の長男を殺害した事件で、検察側は完全責任能力を、弁護側は心神喪失をそれぞれ主張したが、裁判所はＰＴＳＤにもとづく強い希死念慮を伴う急性一過性の抑うつ状態のためと心神耗弱を認定したというものがある（静岡地裁二〇一〇年一〇月二一日判決）。

（4）以下の「森一郎ケース」に関する記述は、杉田宗久「裁判員裁判における手続二分論的運用について」『原田國男判事退官記念論文集 新しい時代の刑事裁判』（判例タイムズ社、二〇一〇年）五六頁以下に依拠している。実際に杉田判事が傍聴した模擬裁判であるという。

（5）足立昌勝「刑事訴訟への犯罪被害者の参加と裁判員制度」法と民主主義四二三号（二〇〇七年）四一～四二頁。

（6）足立・前掲注（5）四二頁。

（7）内田博文「責任能力概念の再構成について」浅田和茂他編『村井敏邦先生古稀記念論文集 人権の刑事法学』（日本評

論社・二〇一一年）一〇一～一〇二頁。なお岡江晃『刑事責任能力判断の新たな傾向』（日本精神神経科診療所協会医療観察法等検討委員会・二〇〇八年）二〇頁参照のこと。

（8）「[特集] 裁判員裁判における精神鑑定―座談会 裁判員裁判における精神鑑定の現状」季刊刑事弁護六九号（二〇一二年）四九頁（田岡発言部分）。菅野亮「[特集] 裁判員裁判における精神鑑定―責任能力を争う裁判員裁判の弁護活動 本特集事例報告の分析」季刊刑事弁護六九号（二〇一二年）五五頁。

（9）「[特集] 裁判員裁判における精神鑑定―座談会 裁判員裁判における精神鑑定の現状」季刊刑事弁護六九号（二〇一二年）三六頁（田岡発言部分）。

（10）前掲注（9）四三頁（岡田発言部分）。

（11）前掲注（9）四四頁（中島発言部分）。

（12）前掲注（9）四五頁（田岡発言部分）。

（13）田岡・前掲注（2）六一頁。

（14）川合昌幸「裁判官からみた精神鑑定」中谷陽二他編『司法精神医学6 鑑定例集』（中山書店・二〇〇六年）二七六頁。

（15）山上皓「精神医学からみた刑事責任能力」松下正明他編『司法精神医学2 刑事事件と精神鑑定』（中山書店・二〇〇六年）一五頁。

（16）中谷陽二「刑事精神鑑定の歴史と現状―争点と課題」松下正明他編『司法精神医学2 刑事事件と精神鑑定』（中山書店・二〇〇六年）五頁。

（17）浅田和茂「法学者からみた精神鑑定」中谷陽二他編『司法精神医学6 鑑定例集』（中山書店・二〇〇六年）三〇二頁。

（18）田岡・前掲注（2）六二頁。

（19）中谷・前掲注（16）五頁。

（20）内田・前掲注（7）九五頁。いわゆる「渋谷バラバラ事件」である。なお、毎日新聞西部本社版二〇〇八年四月二九日朝刊参照のこと。

（21）他害行為を行った者の責任能力鑑定に関する研究班『刑事責任能力に関する精神鑑定書の手引き（平成一八年～二

〇年度総括版［ver.4.0］』http://www.ncnp.go.jp/nimh/shihou/kantei/tebiki40.pdf

(22) 浅田・前掲注(17)三〇〇頁。西村由貴「精神鑑定と疾患分類・診断基準」松下正明他編『司法精神医学2 刑事事件と精神鑑定』(中山書店・二〇〇六年)一三八～一三九頁。

(23) 浅田・前掲注(17)三〇一頁。というのも、「操作的診断は複数の一定の症状が一定期間継続したことを根拠に診断名を定めるという手法であるとすると、その症状にはすでに弁別能力・制御能力に影響するものが含まれていると考えられ」るからという。

(24) 西村・前掲注(22)一三九頁。「たとえば解離性障害は実際には存在しないと考えている鑑定人は、同じ対象を統合失調症と診断する。」

(25) 浅田・前掲注(17)三〇〇頁。裁判官の「自由心証主義に対する合理的コントロールという観点から、必ずしも不可知論に与しなければ慣例を主張できないわけではないと考え、基本的にこの慣例の採用に賛成しつつ、分裂病不治論という批判を顧慮して、(かたい Konvention ではなく)生物学的要件が存在すれば心理学的要件の存在もある程度推定される(ゆるやかな事実上の推定)という基準に従って判断すべきであると主張」する。

(26) 内田・前掲注(7)九六頁。この場合、規範的な運用では、「人格障害」を生物学的要素に含ませながら、この「人格障害」と「心因性の変調」とを分け、後者の存在を否定することによって、「人格障害」と「平素の人格」とが結び付けられる結果、他の「精神の障害」の場合と異なり、責任非難を減じるどころか、逆に大きく高める要素に反転されることになり、慣例論によっても、「人格障害」は「精神病」とはされないので、「人格障害」の存在それ自体から「弁識・制御能力の減弱」を帰結することは困難で、一般には完全責任能力が認められるとする。

(27) 内田・前掲注(7)九九～一〇〇頁。

(28) 内田・前掲注(7)一〇三頁。

(29) 足立昌勝編著『GENJINブックレット31 Q&A心神喪失者等処遇法―精神医療と刑事司法の危機を招く』(現代人文社・二〇〇二年)一四～一五頁によると、精神障害者が他害行為を行うのは、病気のゆえであるから、まずは病気治療を行い、病気の急変を来さない体制作り、すなわち地域医療を行い、地域全体のなかで精神医療を行うことが大切で、これにより、クライシスコールが発見されれば他害行為はほとんど起こらなくなるのに、日本の精神医療において明治以来、国は何もしてこなかったという。それなのに、精神障害者に刑事責任を科すのは「不公正」であるといわざるをえない。

(30) 内田・前掲注(7)一〇四頁。
(31) 内田・前掲注(7)一〇四頁。
(32) 浅田・前掲注(17)三〇三頁。
(33) 白取祐司『刑事訴訟法[第七版]』(日本評論社・二〇一二年)三二八～三二九頁。
(34) 川崎英明「証拠構造論と事実認定―『事実認定の手続構造』試論―」『刑事・少年司法の再生 梶田英雄判事・守屋勝彦判事退官記念論文集』(現代人文社、二〇〇〇年)三五七～三五八頁。
(35) 川崎・前掲注(34)三六二頁以下。
(36) 川崎・前掲注(34)三六一～三六二頁。
(37) 川崎・前掲注(34)三六四頁。
(38) 白取・前掲注(33)三二二頁。
(39) 豊崎七絵「間接事実の証明・レベルと推認の規制―情況証拠による刑事事実認定論(二)」浅田和茂他編『村井敏邦先生古稀記念論文集 人権の刑事法学』(日本評論社・二〇一一年)六九七～六九九頁。
(40) 豊崎・前掲注(39)七一三～七一四頁。

庁舎管理権に基づく実力行使の限界

新屋　達之

一　はじめに

本稿は、筆者が東京地裁平成二二年刑（わ）第二九四九号公務執行妨害・傷害事件（以下、本件という）につき、弁護人からの依頼により同裁判所に提出した意見書の一部をベースとするものである。事案は以下の通りであるが、特に庁舎管理権に基づく退去強制の適法性が問題となったものである。なお、本件は二〇一二年九月に有罪判決が言い渡され、同一〇月現在、控訴中である。

庁舎管理権をめぐっては、従来、労働組合活動に伴う行政機関の庁舎立入りの阻止あるいは庁舎へのビラ張りなどの適法性が争われるケースが少なくなかった。庁舎管理権そのものはおよそ官公庁舎が存在する以上、不可欠な権能である。しかし、庁舎管理権がいわば機能的治安法としての機能を営むことにより、人権侵害の温床となっていることもまた否定できない。本件は、従来のケースとは異なり、裁判所の庁舎管理権に関わる問題が争われたという点もさることながら、退去強制行為の当否が重要な問題として浮上するという点で、やや珍しいケースといえ、学説上も、その具体的な限界についてはあまり言及されることはなかったように思われる。

本件の背景には、諸外国に比してかなり厳しいと思われる日本の裁判所の庁舎管理の問題[1]がある。これは、裁判所への出訴というのみならず、裁判の公開・傍聴、さらに、たとえ興味的なものであっても裁判所構内を見分するとか食堂・書店等の付属施設を利用するとかも含め、広い意味での裁判所へのアクセスを阻害する要因ともなろう。本来であればこの点についても論じられる必要があるが、本稿では問題を庁舎管理権の限界にとどめることとしたい。

二　本件事実

1　本件は、某月某日の午後〇時二三分頃、被告人（六九才男性）に対し、庁舎管理権に基づくA裁判所からの構外退去命令を執行中、被告人が、裁判所庁舎の門扉の外側に退去させられた直後、門扉内側でその執行に携わっていた裁判所守衛長（以下、被害者という）に対して暴行を加え、同人に軽微な傷害を負わせたことを公訴事実とする。両当事者の主張によれば、争いのある部分もあるが、本件の経緯は大体以下のようになる。

被告人は、司法・行政機関の権力犯罪の告発をスローガンとする「公共問題市民調査委員会」なる市民団体に属しており、本件の約一年半前、A裁判所庁舎内の法廷前廊下（人はいない状態）で「カメラ機能付き携帯電話」（以下、カメラ付携帯という）による静止画撮影を行い、そのデータ消去にも応じなかったことから、カメラ付携帯を所持しての入構禁止命令を発令されたことがある。また、同裁判所の事件係受付窓口において大声をあげて窓口業務を支障させたとして、構外退去命令を発令・執行されたこともある。このような経緯から、裁判所の管理・警備担当者らは、関係部署の職員と連絡を取り合うなどし、被告人の動静を監視していた。本件には、このような遠因が存在していた。

本件当日の午前一一時三〇分ころ、被告人は、別の支援者らと公判傍聴のために来聴していた。被告人がカメラ付携帯を所持している（但し、本件当日は撮影をしていない）ことを現認した職員がその旨を管理課に連絡し、傍聴から出てきた被告人に対し、管理課長が自主退構を促したが、被告人はこれに応じなかった。更に管理課長が「警告に従わなければ強制退去させる。」と告げたところ、被告人は「預ければいいいんだろう。」などと言いながら、カメラ付携帯を別の支援者に手渡した。この様子を見ていた管理課長補佐が、自主退構しなければ構外退去命令を発する旨の警告をしたが、被告人が従わないため、午後〇時一六分、構外退去命令を発し、警務課課員がそれを執行した。

被告人は激しく抵抗したが、最終的には、職員七～八名で被告人の周りを取り囲み、頭を支え、両脇、両脚を持って体を抱えあげた状態で門外の路上まで連行した。被害者は、普段は施錠されている門のかんぬきをはずし、南京錠を開錠の上、退去命令の執行に備えていたが、連行が終了した後、かんぬきをかけた後に南京錠を施錠しようとしてかがみこんだところ、被告人から暴行を受けたというものである。

なお、この連行の際、被告人も軽傷を負った事実がある。

2 本件において、被告人は事実認定上の問題を含め様々な主張を展開した。本稿に関係する部分を挙げると、裁判所の庁舎管理規程は、ⅰ裁判所の内部規範にすぎず、それに従わない者に対して強制力を伴う執行の権限を付与してはいない。ⅱ退去命令の権限は付与されているとしても、相手方の意に反する有形力の行使を許容するものでない。ⅲ従って、裁判所職員による本件執行は違法な職務執行である、という点にある。

弁護人も、本件退去強制行為は裁判所職員の被告人に対する敵対的な意図に基づくものである上、本件当日は、被告人は、カメラ付携帯で裁判所内部の撮影を行っていないところ、ⅳ退去強制は、そのような敵意に基づく暴力的なもので、不必要な有形力の行使を伴うものであった。ⅴ裁判所庁舎管理規程はカメラ付携帯の裁判所内への持込みを一律に禁止する趣旨のものとはいえず、実際にもそのような措置は取られていないので、被告人に対してのみかかる理由で退去を強制することは違憲・違法な差別的取扱いにあたるとの主張を展開し、結局、裁判所職員の退去強制は違法な職務執行であるので公務執行妨害罪は成立しないというものである。

三　庁舎管理権の性格

1　庁舎管理とは、公用物たる庁舎の管理者が、直接、国又は地方公共団体等の事務又は事業の用に供するための施設としての本来の機能を発揮するためにする一切の作用を意味する。[2]この中には、庁舎の建設・修繕等の他、庁舎の目的に対する障害の防止・除去のための措置、例えば施設への立入制限や禁止、退去命令が含まれることは当然である。

庁舎管理権の法的性格については議論がある。ⅰ公所有権の現われであるとするもの、ⅱ私所有権の現われであるとするもの、ⅲ所有権の対象でなく公物主体の管理権（いわゆる公物管理権）の対象であるとするもの、ⅳ公法上の特別権力関係であるとするもの等の考え方があり得るとされる。[3]もっとも、ⅳ説は、前提となる特別権力関係理論自体に強い批判があり、憲法学・行政法学いずれにおいてももはや過去の理論となっている。また、ⅰⅱ説の間には、理論上はともかく実際上の帰結に余り差はないとされ、[4]ⅲ説によっても、庁舎管理権は、原則として民間の施設管理権に準じてよいとされているので、[5]事実上は所有権説とほぼ変わらないであろう。

2　上記の通り、現在の多数説によれば、庁舎管理権は所有権の一種に由来するものと考えられている。従って、絶対性、物の全面支配性を有し、法令の範囲内においてその使用・収益・処分権を有する（民法二〇六条）。また、妨害予防請求権、妨害排除請求権といった物権的請求権が存在することも、首肯しえよう。しかしその一方、正当防衛、緊急避難の場合を除き、自力救済が原則として許されない点[6]も、通常の所有権の場合と同様であろう。

もっとも、庁舎管理権が所有権的な性格のものだとしても、官公庁舎のもつ公的な性格ならびに当該空間の特殊性に照らし、民間の施設管理権とまったく同列に論じることができないことはいうまでもない。特別の規定が存在する場合であるとか実定法上、特別の取扱いをすべき趣旨がある場合には、それらによる修正があり得る。[7]また、通常の私的な所有権においては、財産に対する支配権としての性格のみならず、人格権・プライバシー権としての側面あるいは経済活動に関する権利という側面が強く存在している。これに対し、官公庁舎の場合、同じ管理権といっても、財産に対する支配権ないし当該官公庁における公務の円滑な運営のための権能としての性格が強い。官公庁舎の性格上、自然人のように人格権の問題が生じることは考えられない上、経済活動に関する権利という側面も、皆無でないとしても希薄だからである。また、庁舎利用者ないし職員のプライバシーの問題はあるとしても、庁舎の管理主体自体がプライバシーの主体となりえないことも、大きな違いである。

3　このような庁舎管理権の所有権的性質からして、庁舎管理権者は、特に法令等により制限されていない限り、いちいち明文の規定なしに包括的な管理、支配の権限を有するとされ、立入り禁止や退去要求を行うことができるとされている[8]。これによれば、庁舎管理規程などは、庁舎管理権を創設する趣旨の規範でなく、その確認規定であることとなり、特に規程に明文の存在しない処置も行いうることとなる。いわば、庁舎管理権が所有権に由来する以上、所有権に由来する一定の妨害排除は、特別の根拠規定によらずとも当然に行いうるという趣旨であろう[9]。

また、庁舎管理権の所有権的性格を前提とすれば、当該庁舎に立ち入る者に対してその管理権が及ぶこと自体は、否定しえない[10]。

四　庁舎管理権と有形力行使の限界

1　もっとも、所有権に基づく妨害排除といっても、全く無限定であるわけでない。公物管理権は非権力的作用であるから、庁舎管理権も強制権限を有するものでなく、その必要性、相当性、比例性は当然要求されるところと考えられる[11]。また、自力救済の原則的禁止との関係でいえば、特に本件で問題となるような、対象者に対する有形力の行使については、正当防衛の要件が存在する場合に限られるとするのが民法の通説である以上、施設管理権との関係でもこの理は妥当する。

ところで、自力救済が原則として禁じられるといっても、このことから直ちに、一切の有形力の行使が許されないとまでいうこともできないであろう。

まず、行政上の強制執行であれば、その本質は、行政目的達成のためにする対象者に対する権利の制限ないし義務の賦課である。そうであるならば、ここでも、有形力の行使の有無のみで強制執行かどうかを判断するのでなく、権利侵害の有無により判断するという図式は、一応成り立ちえよう。

また、刑事訴訟法上の強制処分は、かつては有形力行使の有無がメルクマールとされていたものの、近時はいわゆる権利侵害説が通説化し、権利侵害の有無や程度により両者を区別するのが多数説である。判例上も、強制手段とは「有形力の行使を伴う手段を意味するものではなく、個人の意思を制圧し、身体、住居、財産等に制約を加えて強制的に捜査目的を実現する行為など、特別の根拠規定がなければ許容することが相当でない手段を意味するものであって、右の程度に至らない有形力の行使は、任意捜査においても許容される場合があるといわなければならない」とされている[12]。

これらによれば、被侵害法益が存在しない、ないしは法的保護を要しない程度の軽微なものであれば、有形力の行使そのものが否定されるわけでない。そして、私法上の自力救済についても、それが原則として許されないといっても、その一切が禁止されるわけでなく、保護すべき法益と侵害される法益の権衡、手段の相当性等の利益衡量に基づき、その可否を決すべきだというのが、一般的な見解である。なお、行政上の自力救済については、民事上の場合と異なった線引きが必要だとされるが[13]、一般に行政上の強制はそれを正当化する法的根拠の存在が前提とされる。自救行為は、それが存在しない場合の特別な措置であると考えられるから、私法上のそれよりは許容限度が狭まるものといえよう。

2 そうであるとすれば、このような限度を超える有形力の行使は違法であるし、逆に、強制力の行使が許されるのであれば、法的な根拠が存在しなければならないのでないかとの疑問が出てくる。

実際、刑事手続においては強制処分法定主義（刑訴法一九七条一項）が存在する。行政上の強制執行についても、例外的に自救行為自体は許容し得るとしても、一般には法律上の根拠を要する。

そして、実際に庁舎管理権との関係でこれをみても、本件との関係で問題となる「裁判所の庁舎等の管理に関する規程」一二条は、同条所定の事由がある者に対する裁判所の庁舎管理権者の命令権を規定しているものの、それ以上の権限を付与してはいない。同様に一三条も、物品等の搬出・撤去の命令権を規定しているが、やはりそれ以上の権限を付与してはいない。

これは、庁舎管理規程が庁舎管理権の権限創設規定でなく確認規定（従って、規程に存在しない管理形態もあり得る）であるとしても、庁舎管理権は、法的保護に値する程度の権利侵害に至らない限度においてのみ管理行為を行うことができ、強制権限の存在を前提とはしていないためと解される[14][15]。

3　この点に関連して、庁舎管理規程による退去命令等の執行の際の実力行使が問題となった判例が、いくつか存在する。これらの事案や判断を検討すると、庁舎管理権の発動形態が比較的軽微であるとされている点――本当にそう考えてよいかはここでは措くとして――が根拠の一つとされている。それに加え、相当多数の集団による事案が大部分で、騒ぎの程度もかなり大きく、被告人らの立入り行為や不退去により公務所の職務に現実的な支障ないしその客観的危険が存在していた点が、退去命令等の執行を適法とする根拠となっている。公務所の職務への現実的支障ないしその客観的危険の存在という点では、正当防衛が可能であったケースが多い。

①　東京地判一九七一年四月一七日刑裁月報三巻四号五二七頁

庁舎管理規程に基づく裁判所構内からの退去命令に応じない傍聴人約五十数名の排除に出動した警官隊の警察官に対する公務執行・傷害事件で、警察官の排除行為とその前提としての退去命令の適法性を認めた事案である。

この事案は、別件公務執行妨害被告事件の審理中、裁判長の訴訟指揮に反発した傍聴人らが騒ぎだし、裁判長が審理の続行を不可能と判断して閉廷した後も騒ぎが収まらないため、先に出動要請を受けていた警官隊が裁判所の警備員と共同して法廷外へ傍聴人らを排除し、なおも喧騒が続くため、庁舎管理権代理者である地裁総務課長が庁舎管理権に基づく退去命令を発したが効果がないため、裁判所の警備員ならびに警官隊に排除を委ねたというものである。

この事案では、喧騒のため公判が閉廷を余儀なくされている事実がある一方、開廷中の別の法廷へ影響が及ぶ可能性があったことが認定されており、現実に被害が発生し、または差し迫った状態にあった。それ故、傍聴人の排除行為は、民事・刑事上の正当防衛としても正当化しえたと思われる。また、事件に先立ち裁判長ならびに裁判所長の連名で警察官の派出要請がなされているところ（裁判所法七一条の二の措置と思われる）、法廷警察権は、時間的には開廷中およびこれに接着する時間の前後、場所的には裁判官が秩序違反行為を直接目撃・聞知しうる限り法廷外にも及びうるとされているから[16]、閉廷後の排除行為も法廷警察権の行使として可能な事案であったとみる余地もある。この他、裁判所による拘束の措置（法廷等の秩序維持に関する法律三条一項）も、選択肢としてはありえたであろう。更に、裁判所警備員のみならず警察官の面前で裁判所の業務の妨害行為が行われていた点で、現行犯（刑訴法二一二条一項）ないし犯罪の制止（警職法五条一項）の要件も存在していた。

要するに、庁舎管理権の効力いかんに関わらず、排除行為を適法と解する余地が存在し、またそのために強制手段を取ることも正当化しえた事案である。

② 東京高判一九七七年一一月三〇日判時八八〇号九九頁

都議会委員会の傍聴券発行方法に不満を持った傍聴希望者らが都議会議事堂正面玄関入口をふさぎ、議員や職員の入構を妨害していたことに対して庁舎管理者が退去命令を発し、巡視ら職員が排除行為を行う際、被告人が排除にあたっていた都議会職員に暴行を加えたという公務執行妨害・傷害被告事件である。

この事案でも、事件当日は午前一一時から議会運営委員会理事会が、午後一時から本会議が開かれる予定であり、午前九時五〇分頃に議事堂正面玄関が開けられた後、議員十数名や職員数名の庁舎内への入場が阻止される事態が生じていた。更に、本件公務執行妨害・傷害事件が発生したのは午後一一時二〇分頃とされている。議会の開催が現実に遅延ないし中止されたか否かは判決からは定かでないが、議員等の入構が阻止された事実は存在するし、少なくとも、議会運営委員会理事会の開催時刻後も騒ぎが続いていた点で、議会運営の現実的妨害ないしその切迫した可能性が存在していたと考えられる。従って、この事案も、当該実力行使を正当防衛の行使とみることが可能なケースであった。

なお、本件排除は、「正面玄関前のポーチで扉を背にし階段の方を向いて坐り込み互いにスクラムを組んで排除されまいとし」ている者を、「坐り込んでいる一人一人を順次引っぱり出して庁舎外である階段（一二段、約四メートル）下まで運び出すという方法」で行われた（いわゆる「ごぼう抜き」か）。本判決は、排除の態様につき、「庁舎管理権者は所属職員に命じて右集団を庁舎外に運び出し、あるいは押し出す程度の実力による排除行為をなし執務の正常な状態を回復しようとすることは許容される」とした上、「現実にとられた排除行為は前記認定の程度の態様のものであったのであるから、庁舎管理権の行使として許容される限度内のものであったというべきである」とも述べている。その表現からすると、この判決は、排除対象者に対する権利侵害がさほど重大でない、すなわち、被侵害法益の軽微性も、排除行為が適法であることの根拠とみたようである。

③　東京高判一九七七年五月三〇日刑裁月報九巻五・六号二九一頁（いわゆる墨田民商事件）

税務署に対して集団で陳情に訪れた者に対する立入り阻止の際に生じた税務署職員に対する公務執行妨害・傷害被告事件の控訴審判決である。

本判決は、「外来者の税務署庁舎内への立入りを認めることによって、執務に支障をきたすような事態の発生が客観的にも予測されるなど、税務署長において同庁舎内の秩序を維持するために必要があると認めるとき」には庁舎管理権による立入り阻止が可能である旨を判示した上、本件においては「被告人らを含む複数以上の墨田民商会員の庁舎内立入りを認めることによって、執務に支障をきたすような事態の発生は客観的にも予測されていた」こと、庁舎管理権による対人的規制自体は許されるが、本件では、立入り阻止の態様が「ただ庁舎正面玄関のとびらをしめて被告人らが庁内にはいらないようにしただけ」であり、立入り阻止行為の中に「強いて強制の要素を見出そうとしても、記録中の関係証拠によれば、たかだか、無理に玄関内にはいろうとする被告人の前に立って足を踏ん張り、玄関内に入れまいとしただけであることが認められ、もとより、被告人に対する実力行使ないしは強制とはとうていいいえない」ことも挙げている。

この事件では、職務執行への現実的な障害は認定されていないが、その発生が「客観的にも予測されていた」として、侵害の急迫性の存在を認定する一方、阻止行為の軽微性も考慮されている。

④　東京高判一九七六年二月二四日高刑集二九巻一号二七頁

警察署内からの排除行為につき、「一般に、官公署の長は、その管理する庁舎について、庁舎管理権を有するのを常とするが、庁舎管理権は、単なる公物管理権にとどまるものではなく、公物管理の側面から、庁舎内における官公署の執務につき、本来の姿を維持する権能を含むものであり、一般公衆が自由に出入しうる庁舎部分において、外来者が喧噪にわたり、官公署の執務に支障が生じた場合には、官公署の庁舎の外に退去するように求める権能、およびこれに応じないときには、官公署の職員に命じて、これを庁舎外に押し出す程度の排除行為をし、官公署の執務の本来の姿を維持する権能をも、当然に包含している」旨を述べている。

この事件では、被告人には排除の要件が存在しておらず、警察官のなした排除は適法な公務執行でないとされ、傷害の点のみが有罪とされたが、同時に、庁舎管理権に基づく退去要求とその際の実力行使につき、執務への現実的支障の存在と排除の軽微性が考慮されている。

五　本件の評価

1　こうしてみると、これまで公刊された事例に関する限り、かなり強力な実力行使が行われたとみられる①②の事例でも、そのような強力な措置が取られる正当化根拠が存在していた。すなわち、公務の現実的な意思切迫した支障に対する正当防衛としての要件である。

これに対して、本件では、以前に裁判所庁舎内でカメラ付携帯による撮影を行い、退去命令を受けたことがあるとはいえ、被告人は、本件当日もカメラ付携帯を所持していたもののポケットにしまっており、撮影行為を行っていなかった。また、任意退去の要求に対し、「預ければいいんだろう」等と言いながら、カメラ付携帯を別の支援者に渡している。この点で、仮に現在のような裁判所庁舎内の一律撮影の禁止が許されるとしても、本件当日に関しては、何らの法益侵害も存在していないし、その危険も存在していなかった。なお、職員の被告人への接触は被告人の退廷後であり、退去強制も午後○時過ぎである点で、裁判所の審理に対する障害はなかったものと思われる。

2　次に、本件退去強制の態様が、果たして許容限度内のものであったかについても、多分に疑問が残るところである。本件退去行為は裁判所の庁舎管理権の発動としてなされたものであるならば、たとえ有形力の行使を伴うことがあってもそれは任意手段であり、相手方の意思の制圧を伴うような強力なものであってはならない。ところが、本件では、特別な集団行動の事案でないにもかかわらず、最終的には七～八名の裁判所職員が、69歳と比較的高齢の男性である被告人の頭を支え、両脇、両足を持って体を抱えあげて門のところまで連行したというものである。

また、本件当日、被告人は支援団体を同じくするものと数名で傍聴のため来聴していたようであるが、他の関係者が被告人に同調して喧騒に至ったなどの事実は、検察官の主張にもあらわれていない。実質的には単独の被告人を七〜八名の職員が担ぎあげて退去させたもので、この点でも退去行為の限界を超えるものがあったのではないかとの疑いが残るのである。

六　むすびにかえて

本稿のテーマは、刑事法そのものでなく、むしろ行政法の守備領域に関するものである。そのようなテーマに対し、行政法の素養に欠ける筆者が取り組むことは、多分に僭越のきらいもあろう。しかし、庁舎管理権は、刑事法と同様に治安法としての機能を多分に有してきたことを考えるならば、また、本件は裁判所のそれに関するものであり、司法のあり方とも関連するものである以上、そのような僭越さも多少は緩和されるであろう。

足立先生はこれまで、近代刑法の原像——それはとかく暴力と化しがちな国家権力の限界の策定と言えよう——の探求とそれを通じての現代治安法への批判を続けてこられた。[17] 本稿もそのような関心を共有するものであり、不十分なものであるが、献呈させていただく次第である。

〔註〕

（1）例えば、宮本康昭『危機に立つ司法』（一九七八年、汐文社）一二三頁以下、特集「国民と裁判所」法律時報五二巻一〇号等。他方、庁舎管理に関するものでないが、ドイツの裁判所の開放性に言及するものとして、木佐茂男『人間の尊厳と司法権』（一九九〇年、日本評論社）、札幌弁護士会編『市民と歩む裁判官』（一九九三年、北海道大学図書刊行会）七五頁以下〔佐藤太勝執筆〕、木佐茂夫監修・高見澤昭治著『市民としての裁判官』（一九九九年、日本評論社）等。

（3）原龍之介『公物営造物法』（一九七四年新版、有斐閣）二三五頁。

（3）原・前掲注（2）書一二六頁以下並びに一三四頁、松島諄吉「公物管理権」雄川一郎ほか編『現代行政法大系』第九巻（一九八四年、有斐閣）一九一頁以下、永井敏雄「庁舎管理権と裁判所」警察学論集三一巻九号一一八頁以下。なお、原・前掲注（2）書一二七頁によれば、近時の多数説的見解は私所有権説であるという。

（4）原・前掲注（2）書一三四頁。

（5）原・前掲注（2）書一三六頁。ドイツでも、同様である。Kissel/Mayer,Gerichtsverfassungsrecht,4.Aufl.,2005,§176 Rdn.3.

（6）法の規定が存在しない場合であっても、行政主体による自力救済を認める余地はありえよう（最判一九九一年三月八日民集四五巻三号一六四頁）。但し、この事案も、漁港でもある河川の航行に危険が生じている場合に、船舶の不法係留施設（鉄杭）を漁港管理者である地方自治体が撤去したというもので、危険が具体的・現実的に存在していたケースである。

（7）原・前掲注（2）書一三六頁。これが「法令の制限」（民法二〇六条）か、庁舎管理権自体の特殊性に由来するものかも、理論的には一応問題となるであろう。なお、庁舎管理権の執行のための活動が「公務」にあたることにつき、最決一九八〇年一〇月二七日刑集三四巻五号三二二頁。

（8）永井・前掲注（3）一二二頁、原・前掲注（2）書一三八頁、塩野宏『行政法Ⅲ』（二〇〇一年第二版、有斐閣）二七六頁。

（9）もっとも、そうはいっても、特に公衆が日常的に利用する官公庁舎の場合、規制の内容・限界ないし権限を明確にしておく意味は少なくないであろう。

（10）原・前掲注（3）書二四一頁。

（11）田村悦一「公物法総論」雄川ほか・前掲注（3）書二五三頁並びに二五七頁並びに同書所収の松島論文三〇一頁参照。原・前掲注（2）書二四二頁は、直接強制は許されないとし、必要があれば警察権発動によるべきだとする。

（12）最決一九七六年三月一六日刑集三〇巻二号一八七頁。

（13）塩野・前掲注（8）書三〇三頁。

（14）永井・前掲注（3）一二九頁は、「管理権に基づく実力行使が許されるのは、相手方の法益を侵害しない場合に限られるから、許容される実力行使の限界は、相手方の身体を押し出し、ないしは運び出す程度のことまでであり、右限界を超えて、相手方に対し、積極的攻撃を加えることは許されない」という。これを超える有形力行使は、正当防衛ないし自力救済の問題であるという。

伊藤栄樹ほか『註釈刑事訴訟法（新版）』第四巻（一九九七年、立花書房）一二五頁〔香城敏麿〕も、退去命令は「一般の建物等での不退去者に対する退去命令の場合と同様の実力の行使しか認められず、それを上回る実力の行使は警察の犯罪抑止権限その他の権限に待つほかはない」という（同旨、河上和雄ほか編『大コンメンタール刑事訴訟法（第二版）』第六巻（二〇一一年、青林書院）四三頁〔高橋省吾〕）。

（15）この点、潮見俊隆「裁判所庁舎管理規程の役割りと性格」法律時報四一巻一号七〇～七一頁は、庁舎管理規程は国民の権利制限を含むものであり、これを裁判所の内部規範で定めることは許されない旨の批判を行っている。本論文が、仮に、庁舎管理権を理由とする働きかけの一切をもって権利侵害と解し、法的根拠がない点で違法だとする趣旨であれば疑義も残るが、少なくとも法的保護に値する権利の制限を伴う働きかけを庁舎管理規程によって正当化することができないという趣旨であれば、正当な指摘である。

また、同論文は、庁舎管理規程の効力は物的管理の確保の限度においてであり、それを超えた人的規制を及ぼしえないとする（七四頁）。庁舎管理自体は、庁舎という建築物のみならずそこにおける業務の円滑な運営の確保も目的としているから、物的規制のみに効力が限られるとまではいえないであろう。但し、「人的規制」が「権利侵害を伴う人的規制」という趣旨であれば、庁舎管理規程でそのような規制が許されないことは確かである。松島・前掲注（3）論文三〇五頁前掲注（17）も参照。

（16）最判一九五六年七月一七日刑集一〇巻七号一一二七頁。

（17）『国家刑罰権力と近代刑法の原点』（一九九三年、白順社）、『刑法学批判序説』（一九九六年、白順社）、『近代刑法の原像』（二〇〇〇年、白順社）、『さらば！共謀罪』（二〇一〇年、社会評論社）等。

公訴時効の廃止に関する一考察

陶山二郎

一　はじめに

二〇〇四年の公訴時効延長から間もない二〇一〇年、公訴時効の廃止・延長等のための刑事訴訟法の一部改正が行われた。「人を死亡させた罪」のうち、死刑にあたるものの公訴時効が廃止されたほか、懲役又は禁錮にあたる罪について概ね二倍の期間に延長され、これに対応するために刑の時効を廃止・延長し、加えて公訴時効については遡及して適用されることとなった。この改正には被害者支援の立場から好意的な見解も示されているが、(1)なお批判的な見解もあり、改正に批判的な見解は、近代刑事法原則の視点からこの改正を疑問視するものもある。(2)

改正を支持する見解が被害者支援の点を強調するのに対し、(3)批判的な見解は、「被害感情」のみによる改正と批判する。(4)「被害感情 対 近代刑事法原則」の対立構造と捉えても、あながち間違いであるまい。何故近代刑事法原則に反する改正が実現されてしまうのかとの疑問が、理論的にも生ずるのではなかろうか。

この疑問は、一九九〇年代終わりから顕著な動きとして表出した「刑事立法ラッシュ」とも呼びうる刑事法状況に鑑みれば、一層強まる。予想される一つの解答は、被害者支援という立法政策、すなわち原理論ではなく政策論としての帰結だとの「本音」ではなかろうか。今回の公訴時効制度の改正も政策の所産と理解するのである。

しかし、被害者支援のために重大とされる犯罪の公訴時効を廃止・延長するとの政策的な「価値」判断は、近代刑事法原則を容易に変更したり、あるいはそれと無関係になしうるのであろうか。また、原理論の重要性が増している現在の状況の下で、そもそも政策論と原理論との関係はどのように捉えるべきなのだろうか。

近時政策的に強く要請されている被害者支援と近代刑事法原則との関係の深い局面たる、今回の公訴時効制度の廃止等の刑事訴訟法一部改正を素材として、この問題を考えてみることとしたい。

二　刑事立法政策と近代刑事法原則

そこで法政策論として議論されているものを検討の素材とするが、これが必ずしも本稿の疑問に答えてくれるものでもないようである。また、法政策学の詳細な分析は筆者の能力を超えるものであり、ここでは冒頭の問題意識に関わるものに限っての検討であることをあらかじめお断りしておきたい。

例えば「法政策学」を展開した平井宜雄は、法的意思決定の過程を十段階に分け、問題形成段階から対策立案段階を経て問題解決段階へと至るまでの決定の諸類型における「法技術」を明らかにしようとするが[5]、法制度設計の一般的評価基準として採用されているのは「効率性基準」と「正義性基準」の二つであり、問題状況によって二つの基準の用いられ方が異なるのは当然とはいえ、局面によって近代刑事法原則の重きの置き方が異なってもよいのかとの疑問には答えてくれない[6]。

ただし、法政策の当否を検討するために評価基準が何かということは、重要である。この点で、平井の二つの評価基準に対する批判もある。

平井と問題設定が異なることには注意が必要であるが、憲法政策論を扱う小林直樹は、上記二つの「トレードオフの関係」を「無媒介に考察することが、妥当であるかどうか、検討を要する問題」だとして、この二つのほかに「道徳性の要求」「『公共の福祉』の理念」「諸個人の基本的な自由の保障」「安定した『秩序』の実現」「社会の変化や新しい要求に対応する意味での『進歩』の要請」「法制度じたいの一定程度の有効性の担保」等々が挙げられるとし、上記二つ以外に憲法政策の基準と方向性を見定めるための必要な手続として、「個人（私益）と全体

（公益）」「自由と統制（又は秩序）」「進歩と安定」「個別国家の国益と人類公共性（〝人類益〟）」のそれぞれの充足と調整が必要とする。(7)

この批判に対して平井は、二つの基準が法政策学の理論枠組みと体系的に結びついている（目的＝手段決定モデルと法的決定モデルの矛盾・相克の問題に取り組むために効率性基準が前者に、正義基準が後者に対応）などの反論の上で、小林の提案する評価基準に対して、「評価基準を多くあげればあげるほど、それらと法政策学の理論枠組みとの関連や、それら相互の間の理論的関係が証明されなければならない」が、小林の「提案する評価基準の発生原因や相互の関係についての厳密な理論的説明を欠いている」と批判する。(8)

ただし、小林が問題としたのが二つの基準の「トレードオフの関係」を無媒介に考察することだとすれば、平井法政策学の具体的な問題解決への応用が後進に委ねられたことにも起因しているのではなかろうか。なぜなら小林の基準を媒介として、結局、二つの基準の有効性確認が帰結されることもありうるからである。(9)

また、近時の法政策学の議論において、「平井法政策学が法的思考様式（正義性基準）による目的＝手段思考様式（効率性基準）の〝排斥〟ないし〝従属化〟を企図したものではなかったことは確認される」(10)との指摘にも注意する必要があろう。さらに付言すれば、平井小林両者とも、憲法的価値を前提としている。いずれにしても、歴史的に形成された（憲法的）近代刑事法原則と立法政策との関係の解明という点では、資源の「配分」を課題とする他の法分野との距離はなお大きいのではあるまいか。

とはいえ、本稿の課題との関係で、上記の議論に注目すべき点がなお存在するように思われる。小林の主張する「『進歩』の要請」である（以下、本稿では「進歩基準」と称する）。平井が批判するように、この基準の他の基準との相互関係等は検討されてしかるべきではあるが、今回の公訴時効の問題は、公訴時効の廃止等の改正が被害者支援の側面で進歩と位置付けられているからこそ、その立場から改正の支持が表明されるといえるのではないか。

少なくとも、この「進歩基準」は、刑事立法と近代刑事法原則との関係を考察するための、一つの観点を提供すると思われる。なぜなら、刑事法原則の現れ方は、時代状況の影響を受け易いからであり、かつ、その変化が「進歩」か否かの判断は重要である反面、大きな困難や恣意の恐れも容易に予想されるからである。さらに、本稿が検討対象とする公訴時効制度のように、現にある制度の改正を問題とする場合には、この「進歩基準」は当然勘案されるべきである。

それでは、刑事立法政策において、単なる「変化」ではなく「進歩」といいうるものを、いかなるものと捉えるべきであろうか。少なくとも「進歩」といえるためには、一見すると対立するように見える二つの人権の双方がより尊重される場合であると考えることができよう。現状より一方の価値が引き下げられることになれば、それは「進歩」ではなく「後退」「逆行」の誹りを免れまい。

三　公訴時効廃止と近代刑事法原則

ローマ法にその起源が求められるという[11]公訴時効は、国によってその規定を持たない法制度も存在する。[12]日本の時効制度の沿革は、治罪法第九条六号の「満期免除」に始まり、旧旧刑事訴訟法で「時効」という用語に改められ、その後若干の改正を伴いつつ、戦後の刑事訴訟法においても、中断制度の廃止などはあるものの、基本的に継承された。[13]

公訴時効制度の存在理由として、従来議論されてきたのが、公訴時効は実体法的性格をもち、時間の経過によって刑罰の必要（社会の応報感情・犯人の悪性）が減少するため、刑罰権の消滅を来たすと考える実体法説、訴訟法的性格を有し、証拠の散逸によって真実発見が困難になるとして訴訟障害を生ずるとみる訴訟法説、両者の性格を兼有し、刑罰阻却事由であるとともに訴訟障害にもなると解する競合説であるが、この三説は実体的真実発見が絶対視されるところで刑罰権が阻止されることの格別の説明であって、「同じ一本の樹の上に成熟した三つの果実にすぎない[14]」と指摘されている。

競合説は、可罰性の減少を理由とすることによって時効期間が刑の軽重によって定められている点を、証拠の散逸を理由とすることによって免訴を言い渡すことを説明[15]できることから、現在の通説となっているといわれる[16]。

これに対し「ともかくも時効完成により訴追権が抑制されるという機能にこそその本質がある」のであり、「国家訴追権の発動に対する被告人の利益に注目しようとするアプローチ[17]」として新訴訟法説が唱えられた。

新訴訟法説にも、田宮裕のように、手続の負担を重視し、「公訴は被告人を危険におくものである。こういう状態におかれなかったという事実ないしはそれに対する一般の感覚を尊重するために設けられた一つの訴訟上のインスティテューション」「ある個人が一定の犯罪について、一定の期間訴追されていない……という事実状態を尊重して、国家がもはやはじめから訴追権そのものを発動しないという制度」との見解がある一方で、坂口裕英のように、事実状態の尊重という点では実体法説や競合説と異ならないとしてこれを批判し、公訴時効は憲法の「迅速な裁判」を保障する具体的制度の一つと考え、「事件処理遅延の防止」と「公訴権濫用の防止」が公訴時効の真の存在理由であり、「人権保障という政策そのものが、時効を刑事法の分野で制度化してきた最大の存在理由[18]」との見解もある。

前者が被告人の手続負担の観点から、後者が迅速裁判の観点からの立論ともいえようが、ともに公訴時効を被告人の利益と捉える点が注目される。また、応訴の負担危険をまぬがれているという事実状態は、訴訟上の個人の有する利益であり、検察官の利益に優越することを法が擬制するもので、「つまるところ国家（＝検察官）と個人（＝被告人）との訴訟的利益の較量の問題[19]」との能勢弘之の指摘もある。

さらに「訴追制限の奥に処罰制限があるという点に公訴時効の本質を認めることが必要である[20]」とする総合説

や、根拠論と機能論の区別が主張されてもいる。[21] 新訴訟法説が公訴時効の機能を被告人の利益の面で捉えたことは、憲法に適合的な考え方といえよう。

ただし、それが人権保障という「政策」によるものであり、「国家と個人の利益の較量」の問題とすれば、結局は時効廃止も政策として許されることにもなりかねないのではないか。迅速裁判の要求を中心的課題に据える見解は、利益衡量によることを否定するものではない。迅速裁判が迅速処罰に読み替えられれば、利益衡量の結論は明らかであろう。被害者感情を理由とする公訴時効の廃止に対してどのように答えるのであろうか。

この点、井戸田侃は、「近時、……公訴時効を機能的な側面のみから考察し、これを単に政策的なものとして考える考え方が強くなりつつある。このような見解は公訴時効制度の具体的な理由づけをことさら回避し、これを単に政策的なものとして考えるものであるだけに、公訴時効制度の存在を基礎づけるものとしてははなはだ弱いという感じを免れず、これは――異常な場合には――解釈論としても立法論としても、公訴時効制度の形骸化、さらにはその抹消という道にも通じうることになろう」とし、公訴時効の実質は「一定の期間訴追されていないという事実によって公訴を提起するに足る事情がなくなった場合」とし、この理解によって、時効期間の区別、刑の時効との時効期間の差、刑事訴訟法第二五五条の時効の進行の停止、免訴判決の言い渡しを説明できると主張する。[22]

これに対し坂口は、「『迅速な裁判』の要求が、処罰する理由も必要もなくなるまで承認できないとすることは、きわめて疑問」[23]と批判するが、迅速裁判違反によりその理由も必要もなくなると解すれば足りるのではなかろうか。本稿の課題たる公訴時効廃止に関する政策と刑事法原理の関係の解明という課題からは、むしろ井戸田の予言が正しかったようにも感じられる。注目すべきは、機能的な側面からのみの考察は政策的なものとして形骸化に通じるとの懸念の表明である。時効制度の存在理由を可罰性を減少ないし消滅させるとする見解、感情の変化を理由とする見解に対して、日常経験ないし常識はすぐに反対のそれらによって敗れるものであり、一概に断定できないとの坂口の批判[24]は説得的ではある。確かに時効期間の決定には「一定の立法政策が働いていることを認めないわけにはいかない[25]」としても、問題は、その政策決定の在り方ないし方法を問わなかったことではなかろうか。また、「迅速な裁判」がそのまま被告人の権利として当然の前提とされているが、「迅速な裁判」が政策の中に埋没し、「迅速な処罰」へ変容する可能性をも考慮すべきであろう。

坂口は、実体法説・競合説に対して必罰主義の時効理論と批判し、訴訟法説に対して「実体的真実主義」と批判しているのであるから[26]、それに抗する戦後の憲法的要請であり、近代刑事法原則である「適正手続主義」やその前提たる「無辜の不処罰主義」との関係での分析もなされるべきだったのではなかろうか。

この点、井戸田は、現行法が必罰主義をとっていないことが前提とされており[27]、そこから時効制度についても刑罰権の内容を具体化し、これを実現する利益ないし必要がなくなることによって訴訟条件が欠けると指摘している。「公訴時効の承認は、近代刑事法における普遍的原則[28]」との指摘もある[29]。井戸田の見解は、刑事法原則をより明らかにする試みとはいえないか。

政策決定は、このように原則と矛盾しない形で行われるべきであろう。「進歩基準」からは、このような原理的価値をさらに進歩させることこそが奨励されるべきである。従って、直截に無辜の不処罰主義の観点から公訴時効を位置づけし直せば、無辜の不処罰のために必罰主義を退け、一定の期間を過ぎれば被告人を不安定な地位に置き続けて不必要な過度の手続的負担を課さないための制度と捉えることも許されるのではなかろうか。この意味では、先に言及した坂口の迅速裁判の批判は適切でもある。処罰の理由も必要もなくなるまで迅速裁判が承認されないと捉えるのではなく、迅速でないことにより、処罰の理由と必要性が制約されるのである。刑事裁判の早期解決は被害者に利益でもあり、捜査機関には利益であると共に責任でもある。また、こう捉えることによって、一事不再理との類似性も明らかにできるのではなかろうか。

もちろん、犯人の社会的安定を確保することが処罰の利益を上回るかとの批判[30]が予想されるが、上述のように考えるならば、この問い自体が必罰主義の表明ではないかとの疑問もさることながら、時効制度の「特別予防」効果をも付け加えることができようか[31]。

以上は試論に過ぎないが、このように考えると時効制度につき人を死亡させた罪のうち、死刑にあたる罪を法律にその時効を廃止した今回の改正は、必罰主義と親和的な改正との疑問が生ずる。また、遡及処罰については、単にかつての訴訟法説を採用しないということのほか、当然ながら被告人の地位を不安定にする遡及処罰は憲法三九条に反し許されないと考えなければならないであろう[32]。

これまで述べた試論は、憲法第三九条により、不利益再審の廃止から無辜の不処罰の考え方が「再発見」された刑事再審論を想起すれば、その「応用」として、それほど無茶な主張でもないように思われ、逆に、時効廃止等により、無辜の不処罰のための利益再審との捉え方の前提が崩れる道筋にならないかが懸念されるのではなかろうか。

以上の検討から、無辜の不処罰主義からの公訴時効の再定位が、刑事法原則をより高め、かつ矛盾しない政策判断でもあることを確認した。これは、公訴時効廃止の問題点の確認でもあった。それではこのような考え方は、他方で、被害者を軽視し、被害者の人権を蔑ろにするものであろうか。

四　公訴時効廃止と被害者支援

公訴時効の廃止等の趣旨については、「近時、被害者を中心として、殺人等の人を死亡させた犯罪について見直しを求める声が高まっており」「人の生命を奪った殺人等の犯罪については、時間の経過によって一律に犯人が処罰されなくなるのは不当であり、より長期間にわたって刑事責任を追及することができるようにすべきであるという意識が、国民の間で広く共有されるようになっていると考えられる」ことなどから、「これらの犯罪に対する適正な公訴権の範囲を確保することが求められ」ていることからの改正という[33]。

言い換えると、被害者の処罰感情を国民が支持しているということであろう。端的に被害感情を理由とする改正である。しかし、足立昌勝が指摘する通り、「国家刑罰権の適用に際し被害者遺族感情への考慮は大切であるが、新たな法制定に際し、理論的検討を経ないで、被害者遺族感情にのみ依拠することは断じて許されてはならない」のであり、刑罰権の発動に適正な限界を設けたのが公訴時効であること[34]は、否定できない。

さらに被害者が公訴時効廃止を望んでいると理解してよいのかも、無条件に肯定するには疑問も残る。すべての被害者がステレオタイプに被害感情から公訴時効廃止を望んでいるというならば、誤りであろう。確かに被害者遺族の強い要求があっての改正だったことは事実であるが、被害者から、今回の改正の対象でない「凶悪重大事件」では「ない被害者のほうが数としては非常に多いわけですし、被害者の心の痛みをこういう形で差別をするのは、よくない[35]」との片山徒有の指摘もあるからである。また、被害者支援において「被害感情を煽り立てることがいちばんよくない[36]」との指摘もあり、「重要なのは、裁判のあとに被害者がどうやって回復をしていったかというプロセスを共有すること[37]」だともいわれている。

回復のプロセスを重視するという点で、梅崎進哉の以下の指摘も共通点があるといえようか。梅崎は公訴時効の廃止が現実問題としては私的懸賞金等の方法で自力で捜査を続ける被害者遺族の「自己決定」に委ねられることになると予想し、「継続を断念せざるを得ない遺族にとって、『自らの責任で』追及を断念することの精神的ダメージは察するに余りある」と危惧し、「制度改革としてはむしろ『断念の儀式』の充実をはかるべきであり、例えば、時効完成時点で特別な被害者補償金を支給するなどの工夫が考えられる。……国家が侵害を防止し得ず、まして、事件の解明すらできなかったのであれば、国家は被害者に対して、加害者とは別個の責任を負うのは当然である。そしてその給付を『断念の儀式』として充実させれば、被害者を自己責任で際限のない犯人追及にのめり込ませるよりも遙かに被害者の回復に貢献できる」とし、時効廃止を「被害者を優遇するように見えて、その実、問題解決を被害者に丸投げする国家の責任放棄[38]」と批判する。

時効の廃止等によって、回復を実現できるには、廃止によるその後の処罰が実現されたときだから、これは極めて稀な場合とならざるをえない。また、時効廃止による捜査の継続についても、従前と大きく変わることはないと思われ、刑事局長、交通局長連盟通達「公訴時効の廃止・延長に伴う重要凶悪事件に対する捜査の徹底について（通達）」（平成二二年九月二八日付け警察庁丙捜一発第一七〇号他）によれば、公訴時効が廃止された罪に係る捜査本部設置事件については事件発生から一五年が経過する時点で、改めて専従の捜査員を投入するというが、これも時効制度があった時代の時効完成間近の見直しに対応するものに過ぎないであろうか[39]。証拠品の管理についても、司法警察員が還付公告を行うことができることを明らかにする刑事訴訟法第四九九条一項の改正がなされたが[40]、被害者への還付とその後の裁判のための保管の継続との矛盾[41]は解決されない。

被害者支援という観点からみても、公訴時効の廃止等がそれを促進するという確信は持てないどころか、一部の被害者にとって逆に弊害が危惧される[42]。「進歩基準」から判断すれば、被害者支援、ないし被害者の人権保障として必ずしも「進歩」とは言い難く、むしろ逆のおそれもあるといえようか。被害者に寄り添う支援の在り方をこそ、追及すべきである。

五　おわりに

以上の分析から、時効廃止が「進歩基準」から見た場合、決してこの基準に適うものではなかったこと、および法政策と近代刑事法原則との関係については、近代刑事法原則をより高める（政策に内在化させる）ような「進歩」であるか否かとの判断が重要であることが確認できたのではなかろうか。歴史的に形成されてきた原理原則ないし価値を、時代の変化に応じて単に現実に迎合するのではなく、より発展させ活用していくことが重要であろう。

しかし現実には本稿で確認した問題を抱えた公訴時効の廃止等は既に実現してしまっている。今後どのように対応すべきかが検討されてしかるべきであろう。今回の改正が「公訴時効制度見直し論に終止符を打つものとはいえず[43]」、国民に分かりやすい刑法を実現するために犯罪類型を細分化する刑法改正が行われる必要があるものの、今回の改正がネックとなり、時効が復活することの是非が問題になろうとの指摘[44]も既になされている。

必罰主義の問題には如何に抗すべきであろうか。明快な処方箋の用意はないが、一つの対応としては、誤判問題の進展に向かうという方向である。公訴時効の廃止等が、本稿で確認したとおり必罰主義に道筋をつけるものであるのに対して、誤判救済は無辜の不処罰主義へ道筋をつけるものでありうるからである。その意味では、例えば、後戻りの議論ではなく、無辜の不処罰主義を積極的に推し進める方向での再審論などが要請されるであろうか。

〔註〕

（1）藤本哲也「公訴時効及び刑の時効の廃止・延長について考える」罪と罰第四七巻三号（二〇一〇年）四二頁以下は、この改正について「かねてからの筆者の主張が実現したこともあって喜ばしい」「日本の刑法及び刑事訴訟法が国際水準に近づいたことは確かであり、また、より多くの犯罪被害者の救済に資するものとなったことは否めない事実である」とする。

（2）足立昌勝「公訴時効廃止法案の問題点」法と民主主義第四四八号（二〇一〇年）八〇頁は、「近代社会では、国家刑罰権に対する不信から、それに対する制約原理が生まれた。……国家刑罰権の発生により、捜査は国家が行い、それにも制約が存在した。つまり復讐にも限界があるように、刑罰権の発動にも、適正な限界を設けたのである。それが公訴時効であろう」とする。

（3） 藤本・前掲注（1）参照。大澤裕「人を死亡させた罪の公訴時効の改正」ジュリスト第一四〇四号（二〇一〇年）五二頁以下。

（4） 例えば、白取祐司「公訴時効制度『見直し』法案への疑問」法律時報第八二巻五号（二〇一〇年）二頁は、「いわゆる『立法事実』として、『被害者遺族の声』というだけでいいのか。そこに危うさを感じるのは、筆者だけではないはずだ」とする。なお、三島聡「『逆風のなかの公訴時効』――『見えにくい』利益の保護をめぐって」法律時報第八一巻九号（二〇〇九年）三頁は今回の改正につながった二〇〇九年三月の法務省の「凶悪・重大事件の公訴時効の在り方について」と題する中間報告書に対する批判の中で、被害者感情のみによる改正の理由について、「公訴時効が保護しようとする利益は、いずれも抽象的で『見えにくい』。そのうえ、……公訴時効批判に関しては、被害者遺族など、積極的に主張できる直接の利害関係者がいるが、『見えにくい』利益の擁護に関しては、それに匹敵するような直接の利害関係者は存在しない。そのため、バランスを欠く議論に陥りやすい」とする。

（5） 平井宜雄『法政策学［第二版］』（有斐閣、一九九五年）一六七頁以下。

（6） もちろん、平井の議論も憲法を前提とするが、結局、憲法解釈の名で利益衡量等に委ねられてしまうようにも感じられる。同前・一七二頁以下参照。

（7） 小林直樹『憲法政策論』（日本評論社、一九九一年）二五頁以下参照。

（8） 平井・前掲注（5）七二頁。

（9） 小林・前掲注（7）三〇頁は、「進歩」と「安定」等の対概念につき、前者に重点を置くのが「正義＝公正の基本原則に適うもの」「日本国憲法の要請とも合致する」とする。また同四一頁では、二つの基準と他の基準との関係にも関連するが、複数の代替案の選択作業に際して、「二つの基準に限らず、前に挙げた他の理念や要求との全体的な関連の中で行われるべき」とする。

（10） 藤谷武史「『法政策学』の再定位・試論――『新世代法政策学』の基礎理論の探求――」新世代法政策学研究第九号（二〇一〇年）一九二頁。

(11) 道谷卓「公訴時効――歴史的考察を中心として――」関西大学法学論集第四三巻五号（一九九四年一月）七五頁以下参照。なお、公訴時効制度の日本における歴史については、原田和往「公訴時効制度の歴史的考察」早稲田法学会誌第五四巻（二〇〇四年）一六五頁以下参照。
(12) ただし、現在の一部時効が除外されているなどの国の多くで死刑が廃止されていることに注意すべきである。
(13) 松尾浩也「公訴の時効」日本刑法学会編『刑事訴訟法講座 第1巻』（有斐閣、一九六三年）一九九頁以下参照。
(14) 同前・二一五頁以下。なお、二一一頁以下をも参照。
(15) 平野龍一『刑事訴訟法』（有斐閣、一九五八年）一五三頁。
(16) 原田・前掲注（11）二〇七頁参照。
(17) 田宮裕『日本の刑事訴追』（有斐閣、一九九八年）二一五頁以下。ただし、この点につき、原田・前掲注（11）二一二頁注（113）をも参照。
(18) 坂口裕英「時効制度の改革」ジュリスト第四三八号（一九六九年）九八頁。九六頁以下をも参照。
(19) 能勢弘之「公訴の利益（2）」北大法学論集第一九巻二号（一九六八年）三六六頁。
(20) 山本光英「公訴時効の本質と機能についての一考察」群馬法専紀要第七号（一九九三年）六七頁。
(21) 原田・前掲注（11）二一四頁
(22) 井戸田侃『刑事手続の構造序説』（有斐閣、一九七一年）二〇三頁以下。ここでの「異常な場合」の例として、ナチスドイツの時代を挙げている（同二〇六頁注（1）参照）。法制審議会の要綱骨子を批判する松宮孝明「刑事時効見直しの動きと問題点」季刊刑事弁護第六二号（二〇一〇年）一二頁注（14）は、ナチス時代の訴訟法説による遡及適用の戦後ナチス犯罪追及に利用された政治的背景に言及しつつ、これと比較して、要綱骨子の遡及適用に対して「ナチス思想をも超えるものと言えようか」と指摘する。
(23) 坂口・前掲注（18）九九頁注（1）。
(24) 同前・九六頁以下。
(25) 同前・九七頁。

(26) 同前。

(27) 井戸田・前掲注(22)二〇一頁。

(28) 松尾・前掲注(13)二一〇頁。これについて白取・前掲注(4)一頁は、「学説上異論はなかった」と指摘する。

(29) 足立・前掲注(2)七九頁以下は、近代刑事法において公訴時効の規定をもたない法律の場合に、すべての犯罪にいつまでも公訴提起が許されていたかは不明とした上で、現在のような公訴期間を認めるものと認めないとの二分説は存在しないのではと指摘する。

(30) 大澤・前掲注(3)五八頁以下参照。

(31) 遡及適用に関する萩原滋「公訴時効の延長・廃止と罪刑法定主義」白山法学第七号(二〇一一年)二四頁に着想を得た。遡及適用に関して「公訴時効の存在及び期間をあてにして犯行に及ぶ者がいないとも限らないから、公訴時効に対する信頼は無視してもよいとまではいえない」と指摘し、公訴時効に一般予防効果を認めるシューネマンの見解も紹介されている。ただし、同論文は、遡及適用については「違憲説も傾聴に値する」としつつも、公訴時効規定の変更は可罰性に関わる変更として、罪刑法定主義についての憲法上の疑義はないと結論する(同二六頁以下参照)。

(32) この点、足立・前掲注(2)八一頁は、遡及禁止の法理について、近代刑事法原則が圧政から市民の自由を守るためのものであり、それは三権そのものを拘束するのであって、三九条の適用は「全体的法律状況」の問題であると指摘する。また、類推適用を示唆するものとして、小池信太郎「人を死亡させた罪の公訴時効の廃止・延長と遡及処罰禁止の妥当範囲」刑事法ジャーナル第二六号(二〇一〇年)三三頁。なお、今回の改正の審議における議論経過について、現在連載中の新倉修「公訴時効論――公訴時効の廃止・再延長と遡及適用――(一～六・未完)」青山法学論集第五二巻一～四号、第五三巻二、四号(二〇一〇～二〇一二年)三三頁以下、一頁以下、一頁以下、三五頁以下、一頁以下、三九頁以下。

(33) 吉田雅之「公訴時効の改正について」罪と罰第四七巻四号(二〇一〇年)六八頁以下。同「『刑法及び刑事訴訟法の一部を改正する法律』の概要」ジュリスト第一四〇四号(二〇一〇年)四六頁。同「『刑法及び刑事訴訟法の一部を改正する法律』について」刑事法ジャーナル第二四号(二〇一〇年)二五頁。

（34）足立・前掲注（2）八〇頁。
（35）白取祐司＝岩村智文＝片山徒有「座談会 公訴時効廃止法批判」世界第八〇五号（二〇一〇年）六七頁。
（36）同前・七一頁。
（37）同前・七四頁。
（38）梅崎進哉「厳罰化・被害者問題と刑法の存在理由」森尾亮＝森川恭剛＝岡田行雄『人間回復の刑事法学』（日本評論社、二〇一〇年）一〇頁以下。同二五頁以下では、「本来、刑罰には『罪の否定』の儀式による被害者・加害者・共同体の『癒し』だけではなく、儀式の後の加害者への『赦し』に重要な意味があったはず」「『癒し』を絶対化し、どこまでも追及するならば、無制限の刑を科すことになる。だが、それは加害者の排除であり、共生の法則としての刑法の根本を否定するものである。従って、この局面では、それ以上の科刑を断念するところに共生の法則としての刑法の叡智がある」「刑罰自体の問題としては、『修復』は『目指されるべき方向』ではあっても『到達目標』ではない。刑罰の最も本質的な意味は、社会による『赦し』にある」として、刑法と被害者の関係を整理している。
（39）佐名康太「捜査機関の長期化に対応した捜査の在り方」警察公論第六六巻二号（二〇一一年）二三頁。
（40）総崎由希「捜査機関の長期化に対応した証拠物件の管理の在り方」警察公論第六六巻二号（二〇一一年）二八頁以下参照。
（41）白取＝岩村＝片山・前掲注（35）六八頁以下参照。白取・前掲注（4）三頁をも参照。
（42）梅崎・前掲注（38）一〇頁は、「自責の念から来る犯人追及の衝動を追い続けることが心理学的には真の喪失感の回復には結び付かない」ことを指摘する。
（43）原田・前掲注（11）二四頁。
（44）足立・前掲注（2）八一頁。

裁判員裁判と直接主義・口頭主義

南川　学

一　裁判員裁判と直接主義・口頭主義との関係

平成二一年五月二一日から施行された裁判員裁判は、刑事裁判の運用に対して大きなインパクトを与えた。その一つに、刑事訴訟の基本原則とされている直接主義・口頭主義の問題がある。

すなわち、裁判員裁判の導入のきっかけとなった司法改革審議会の意見書において、「書証の取調べが裁判の中心を占めるようなことがあれば、公判審理における直接主義・口頭主義を後退させ、伝聞法則の形骸化を招くこととなりかねない。この問題の核心は、争いのある事件につき、直接主義・口頭主義の精神を踏まえ公判廷での審理をどれだけ充実・活性化できるかというところにある。…裁判員の実質的な関与を担保するためにも、こうした要請は一層強いものとなる。」と書かれている。(1)

これを受けて、来るべき裁判員裁判では、これまでの実務で風前の灯火であった直接主義・口頭主義が再起すると期待された。(2)特に、弁護士・弁護士会側から、直接主義・口頭主義が活かされる公判となるように提言して準備を進めていた。(3)

ただし、裁判員裁判の準備段階、そして施行されてしばらくの時期は、直接主義・口頭主義を実現させることについて抵抗が大きかった。筆者の経験では証人尋問を実施して欲しいために、弁護人が書証に対して不同意の意見を述べれば、裁判官からは内容に争いがないなら調書に同意するようにとの説得がなされ、検察官は論告において被害者の証人出廷の負担を被告人に不利な事情として主張することなどがしばしば起きていた。

しかし、裁判員裁判を実際に担当した実感や接した裁判員の感想を受けて、現場の裁判官たちは、直接人から話を聞く必要性を感じるようになっていったと思われる。また、裁判員裁判と控訴審の関係を考えるにあたって、裁判員裁判の結果が尊重されるべき理由としても、直接主義・口頭主義が意識されるようになった。そうして、裁判所の方から書証の内容に争いがなくても当事者に証人尋問を促すような訴訟指揮がなされる例が現れてきた。

それが決定的な流れとなったのは、平成二四年一月の最高裁長官の新年あいさつである。その挨拶では、「裁判員裁判の運営に当たる裁判官を始めとする法曹の側には、なお取り組むべき課題が少なくありません。…自白事件を中心として、捜査段階で作成された供述調書の利用が増加し、裁判員制度の下で必要とされる口頭主義、直接主義の理念から離れた運用が広がりつつあることも深刻な問題です。こうした書面の利用が増えるに従って、審理の分かりやすさに対する裁判員経験者の評価も低下してきています。裁判員裁判を定着させるためには、審理に当たって直接証人の話を聞くことの必要性を十分に吟味し、当事者の理解と協力を得ながら、運用の改善を心掛けていく必要があります。」と述べられており(4)、直接主義・口頭主義の実現がいよいよ前面に押し出されることになってきた。

そして、覚せい剤密輸事件で最高裁判所が再逆転無罪とした最高裁平成二四年二月一三日判決（チョコレート缶事件(5)）においても、「裁判員制度の導入を契機として、第一審において直接主義・口頭主義が徹底された状況」と判示された。裁判員裁判をはじめとする刑事訴訟において、直接主義・口頭主義の重要性が見直されている現状にある。

では、裁判員裁判の導入を契機に見直されてきた刑事裁判における直接主義・口頭主義の理念とは何を意味するのか、果たして裁判員裁判においてどのような意義を有するのか、その実現は可能なのか。現場において刑事弁護を担う立場から見た直接主義・口頭主義の意義について具体的事例を取りあげつつ検討していく。

二　直接主義・口頭主義について

1　直接主義

直接主義とは、公判廷で裁判官が直接取り調べた証拠にかぎり裁判の基礎とすることができることである。その直接主義には、裁判官の面前で取り調べた証拠によるべしという形式的直接主義と、裁判所が直にオリジナルな証拠に接すべきという実質的直接主義の二つの意味合いがある。[6]

この直接主義は、刑事訴訟における伝聞法則、公判手続の更新、受命裁判官・受託裁判官の利用、控訴審などにおいて関係してくる。

現行刑事訴訟法が直接主義を採用する理由は、裁判官が当事者の主張立証を理解しその真偽を判別して真相を把握するのに適しているからということや、訴追者・被訴追者・審判者の相互監視の下で、それぞれの立場から公平で多角的な関心から情報が引き出されることができるからだ、とされている。

2　口頭主義

口頭主義とは、裁判所が口頭によって提供された訴訟資料に基づいて審判を行うべきであるとするものである。[7] 公開主義、直接主義とともに公判中心主義の一端を担うものとされている。口頭主義において、公判廷に在席する全ての者が同時的に内容を理解し、反応できること（手続関係者の同時的な状況把握）が重要である。

この口頭主義は、刑事訴訟における公判手続の更新、受命裁判官・受託裁判官の利用、証拠調べの方法などが関係してくる。

現行刑事訴訟法が口頭主義を採用する理由は、証拠調べを含む手続の進行に関し書面等により密室で処理できないようにすることや、口頭方式の方が鮮明な印象で語りかけるので訴訟の実質的内容に関わる場合に妥当であるから、とされている。

3　なぜ直接主義・口頭主義が重要とされるのか

(1)　直接主義と口頭主義は、本来はそれぞれ別個の概念・原理である。しかし、両者とも裁判所が法廷で心証をとる審理方式を規律する点で共通している。そのため、直接主義と口頭主義はセットで論じられることが多い。

この合わさった直接主義・口頭主義の意味するものとしては、形式的な意味として公判廷において心証をとるべきであること、実質的な意味として証拠は直接的なものの方がよい、とする考え方がある。

(2)　前者については、従前の刑事訴訟実務に対する反省・批判の文脈で語られることが多い。これまでの刑事訴訟実務は、捜査書類を多用した調書裁判による精密司法によって行われており、その結果、刑事裁判が長期化・複雑化することが避けられなかった。そのため、裁判官裁判では裁判官が裁判官室で供述調書や証人尋問調書などを読んで心証をとる「自室証拠調主義」が慣行になってしまっていた。

この刑事裁判の運用が刑事裁判の基本原則とされている直接主義・口頭主義から乖離していることは、平野龍一教授によって二〇年以上前に既に論じられていた[8]。「事実認定は直接に証人や被告人に接した者でなければできない筈」と端的に問題点が指摘されている。

それに対して、裁判員裁判では、裁判員が評議室に戻って検察官が提出した捜査書類を読み込む負担を課すことは事実上不可能である。必然的に、公判廷で心証を取ることを原則とせざるをえないことになる。また、裁判員の負担を考えれば、五月雨式の期日進行ではなく、計画審理に基づいた連日的な開廷による集中審理がなされることとなる。公判手続の更新などは通常考えられず、実際に法廷でなされた証拠調べで心証を得た裁判官・裁判員が評議して判決を下すことになっていく。

このように、裁判員裁判の導入により連日的開廷による集中審理や裁判員への負担軽減が求められたことで、いわばその副次的効果として、もはや調書裁判は打破された。つまり、形式的な意味での直接主義・口頭主義（公判廷で心証をとるべし）が実現されたのである。

(3) ただ、いま裁判所を中心として考えられている直接主義・口頭主義は、上記の形式的な意味に留まらず、捜査書類や供述調書に頼るのではなく、法廷で直接証人から話を聞くことという実質的な意味にも主眼を置いていると思われる。まさに「事実認定は直接に証人や被告人に接した者でなければできない」ということである。前述したチョコレート缶事件の最高裁判例でも「第一審において、直接主義・口頭主義の原則が採られ、争点に関する証人を直接調べ、その際の証言態度等も踏まえて供述の信用性が判断され、それらを総合して事実認定が行われる」と言及されている。

では、最高裁判所が考える直接主義・口頭主義の意味とはどういったものか。その手がかりは、東京地裁刑事部所長代行の栃木裁判官の論考である。そこでは、「調書の場合、裁判員は単に文字情報だけで理解するのですが、証人尋問をすると、証人の表情や声の調子、話しぶりといった情報も同時に入ってくるので、証言をより生き生きと理解することができます。」、「裁判所が、最終判断権者として事案の真相に基づいた責任ある判断をしようと思えば、直接本人に話を聞くのが筋ではないでしょうか。」と述べられており[9]、積極的に証人尋問を実施したい裁判所の意向が窺われる[10]。ここで言われている考え方は、オリジナルな証拠の方が、内容が取捨選択されておらず現実味を帯びているものであるから、そうでない証拠よりも証拠価値が高く優れているというものである。

この直接主義・口頭主義が実質化されることで、これまで単に書類の読み上げの場であった法廷が、直接の証拠である証人の証言を生き生きと目で見て耳で聞くことができ、事実認定や量刑判断に直結する場所となってくる。これによって公判手続が活性化し、事実認定や量刑判断がより適切になされることが期待できる。

三　分かりやすい審理との関係

では、直接主義・口頭主義に上記のような重要性があるとして、これを重視して証人尋問を積極的に実施することを分かりやすい審理との関係においてどのように評価すべきであるか。

1　分かりやすい審理とは

裁判員裁判において重要なことは、裁判員をお客さま扱いするのではなく、実質的に裁判に参加してもらうことである。目の前で繰り広げられている手続の中身がわからず、評議において意見を述べることができなければ、国民の健全な一般常識を反映するとする裁判員裁判の趣旨が実現されないからである。

そのために、裁判員裁判では「分かりやすい審理」であることが求められている[11]。

この分かりやすい審理を実現するために考慮すべきポイントは、杉田元裁判官のまとめるところによれば、①裁判員に与えられる情報量は必要最小限度のものに止めなければならない、②裁判員に提示される情報は過度に人の感情を刺激するようなものであってはならない、③主張に属する情報と証拠に属する情報とは明確に区別して提示されることが必要、④罪責問題が争われている事案においては、純粋に量刑事情に属する情報が罪責問題に影響を及ぼさないようにしなければならない、と指摘されている[12]。

そのなかでも重要なのは、①であって、情報過多は裁判員を混乱に陥れるだけでなく、真に重要な情報を重要性に劣る他の情報群の中に埋没させる結果にもなりかねず、審理を分かりにくくしてしまうのである。また、②の観点も、偏見などが生じてしまえば正しく物事を理解することへの障害となりかねないから重要である。

2　分かりやすい審理とするために

書証ではなく人証を優先して、直接主義・口頭主義を徹底すると、前記①②の要請に反してしまわないかと疑問が生じることになる。

①との関係において、適切な情報量とは何であろうか。情報が多過ぎるとわかりにくくなるが、絞りすぎても情報が断片的なものになってしまいかえってわかりにくくなる。事案の判断に際して必要にして十分な量が公判に持ち込まれることが望まれる。そのためには、直接主義・口頭主義といえども、全ての事項について人証でするのではなく、書証の抄本化や統合化によりメリハリをつけることが必要であろう。この観点からは公判前整理手続において三者があらかじめ争点整理を行い、重要な人証でも、その証人による立証趣旨を明確にして端的な証人尋問を実施するよう努めるべきである。

また、②との関係については、本来人証では感情などを含めて公判に顕出されるものである。直接主義・口頭主義が原則であるはずの刑事裁判において、生き生きとした裁判とはそういうものではないか。これまでの実務の有り様がおかしかったのではないかと顧みる必要がある。事件の実態を正しく把握するためにも、感情を含めた直接の体験者である証人の証言がとても貴重である。ただし、あくまで刑事裁判は、事実と証拠によってのみで判断されるものであるから、感情等を過度に強調することは望ましくなく、当事者による自制が必要であるし、裁判所も適切な訴訟指揮をすることが求められる。

四　弁護技術の在り方

弁護人としては、この形式的な意味だけでなく実質的な直接主義・口頭主義の実現をいかに捉えて、法廷においてどのような対応をすべきだろうか。

この点について、裁判員裁判では弁護人が書証を原則として全て不同意にすべきとする考え方もある[13]。

しかし、弁護人の責務が被告人の権利利益の擁護である以上、書証に対する同意・不同意の証拠意見は、いずれが被告人の利益になるかを基準に検討して判断するのが大原則である。原則不同意にすべきであるとアプリオリに言えるものでない。条文上も、同意権者には「弁護人」と規定されておらず、被告人の承諾のもとに「同意」することになるから当然である（刑訴法三二六条）。

そこで、弁護人としては、証人尋問が実施された場合と書証の朗読になった場合を比較して、どちらが被告人の利益に合致するか、特に証人尋問による不利益を考慮して、判断することになる。

では、書証への同意・不同意をいかに判断すべきであるか。従前は、証人の証言が不安定性を有していたことから、供述調書の安定性を優先しがちであった。

しかし、直接オリジナルの証拠を公判廷で取り調べることで生き生きとした表象により心証形成させるメリットを考慮すれば、証人・被告人を含めて供述内容の吟味をするために、その供述内容を法廷で語らせることを原則とすべきではないか。供述調書は、文章のニュアンス、録取内容の取捨選択、ストーリーに対する偏見など、あくまで捜査機関のフィルターを通じた情報であって真実を歪めうる危険性が潜在的に存在する。公判において、弁護人のケースセオリーを支える事実をより伝えるには人証と書証のどちらが得策かといった観点から判断すべきである[14]。

ただし、前述の適切な情報量という要請や審理長期化の回避という視点から考えると、必ずしも全てを証人でする必要まではなく、生き生きと法廷で語って欲しいと思う重要な証人について、メリハリをつけた証人尋問を実施すべきであろう。

以下、書証の類型ごとに検討していく[15]。

1　鑑定書・実況見分調書等

鑑定書や実況見分調書などの書類の朗読・展示が果たして分かりやすいかどうかという視点から考えていく。たしかに、現場の状況や負傷結果などは、図面や写真が利用されている書面がビジュアル的に把握できて分かりやすく正確な事実認定のために有効かもしれない[16]。

しかし、捜査結果を報告する捜査報告書や鑑定書の場合、理解するための前提事実が明らかでなかったり、難解な専門用語が使用されていたりして、法廷の書類の朗読だけでは、裁判官・裁判員にとって理解されないことも多いであろう。

そうであるから、捜査報告書や鑑定書であるからといって同意しなければならないと硬直的に考える必要はない。一般人よりも証人として法廷に呼ぶことに対する弊害も少ないから、証人として出廷させることを積極的に検討すべきである。担当した捜査官や鑑定人が事件との関係で必要な事項を法廷で直接説明することが最も分かりやすい。その証人尋問を通じて、疑問点が氷解したり、被告人にとって有利な事実を獲得していくこともある。実際、裁判員裁判において、犯人性立証のため検察官が主任捜査官を公判に出廷させて、捜査の端緒から被告人を犯人と絞り込んでいく捜査過程を説明するために証言した事例が存在している。

図画や写真などの部分については、書画カメラに映し出して展示する方法で取り調べたり、証人に直接示したりしながら説明させるなどして、ヴィジュアルエイドを活用しながら証人から直接に語ってもらうことが十分分かりやすい。この場合、証人尋問で利用した図画や写真などを公判調書に添付すればよい。

2　被告人以外の供述調書

供述を法廷で語ってもらうことを重視するからには、供述調書を不同意として証人尋問を実施することを原則として位置づけるべきであろう。

ただし、公判供述の方が不利になってしまう可能性が高い場合、出廷により被害者証人に二次被害が生じてしまいかねない場合、調書どおりの不利な事実が迫真性を持って語られてしまうおそれがある場合など、被告人にとって不利益となるケースには、同意することも検討すべきだろう。

とりわけ、被害者の供述調書を不同意にすることは、実際上困難である事案もあるだろう。しかし、証人出廷時期が犯行時や供述調書作成時からだいぶ時間が経過していることも多く、その間に被害者の心境に変化が生じている可能性もある。筆者が経験した事例でも、争いのない事件の被害者の証人尋問を行ったところ、調書と同様に厳しい処罰感情を述べていたが、調書に記載されていなかった被告人に更生して欲しい気持ちも同時に持っていることが明らかになったことがあった。

被告人への不利益を考慮して、同意するにあたっては、供述者への供述内容の確認を行うべきである。それこそが、伝聞証拠を禁止する趣旨に合致するものであって、調書に記載されている事実及び調書に記載されていない事実について、誤りがないか可能な限り確認すべきである。

3 被告人の供述調書

自白事件・否認事件を問わず、裁判員裁判においては、被告人本人に語らせることが重要となってくる。例えば仮に書証の方が理路整然としていて一見分かりやすいとしても、被告人が公判廷できちんとうまく話すことができなかったり、稚拙な言葉遣いしかできなかったりといった佇まいから、被告人の人となりを裁判官・裁判員に理解してもらうためにも、公判で被告人自身が語ることが大切である。また、被告人の反省の言葉や更生への意欲などについても、目の前で本人の口から語らせることで迫真性を持って伝えることができよう。

そこで、被告人の供述調書の取調べに先立って、被告人質問を実施させることとなる。弁護人は、乙号証に対して「不同意」とするとともに、被告人質問によって被告人が供述することによって乙号証が必要性を欠くことから、乙号証の採用を留保すべきとの意見を述べるべきである。

この裁判所が被告人供述調書の採用を留保して被告人質問を先行する審理方式は、現在においては多くの裁判員裁判で実施されている。弁護人の主質問もしくは検察官の反対質問において、公訴事実に関する事実及び情状に関する事実が顕出されれば、必要性がないとして、乙号証が検察官による撤回ないし裁判所による却下されることがほとんどである。

五　証人尋問を多く実施した事例報告

最後に、直接主義・口頭主義の実質化の現状について、平成二四年に入ってから筆者が担当した事例を紹介していく。

1　事案と争点

筆者が担当した事例は、被告人である夫と妻両名が、長男と次女に対して、十分な栄養を与えず低身長・低体重となった子どもらに医療措置を受けさせなかったため、二歳一〇ヶ月の長男を餓死させて、五歳の次女を栄養失調で約一ヶ月入院させたといったものである（保護責任者遺棄致死傷事件）。

筆者は、妻の弁護を担当しており、妻が公訴事実を認めている自白事件であって、量刑が主たる争点であった。弁護人としては、事件に至る経緯に関して夫婦間の関係を問題として主張していた。なお、共犯とされている夫は、公訴事実を否認していた。

2 公判前整理手続と審理計画の策定

本件は、共犯事件として一件二名で起訴されたが、一方が否認していること及び夫と妻との従前の関係性を考慮して、公判前整理手続の初期に弁論が分離された。

打合せ期日を三回と公判前整理手続を七回と行っていったが、第三回公判前整理手続期日において、裁判所から、同意があっても書証でなく人証として話を聞きたい意向が示された。本件では、妻が公訴事実を認めていることから、弁護人の証拠意見は夫の供述調書及び被告人供述調書以外ほとんど同意だったが、妻と夫以外の第三者からも話を聞いた方が実態を理解しやすいというのが裁判所の意向であった。この意向を受けて、検察官が地方自治体職員や医師を証人尋問請求した。そのため、公判では検察官請求証人五名、弁護人請求証人二名、被告人質問と、人証調べがたっぷりと時間をとって行われることになった。

また、人証の取調順序についても、裁判所から被告人及び共犯者である夫に複数回話を聞きたいとの要望があったために、被告人質問をしてから、夫の証人尋問、その後に再び被告人質問が実施されることとなった。

3 実際の審理経過

裁判員裁判の審理は、五日間にわたって行われ、その後評議を二日間したのちに、判決に至るという経過を辿った。詳細な審理スケジュールは別表の報告事例審理計画のとおりである。

一日目に、採用された統合捜査報告書などの甲号証を取り調べた上で、地方自治体職員二名の証人尋問がなされた。ここでは、被告人宅への家庭訪問の状況、その際の被告人らの対応などについて明らかにされた。職員が二名となったのは、被告人宅の担当部署が地方自治体内で複数だったためにそれぞれの部署から話を聞くためであった。

一日目の最後から二日目にかけて、まず事実経過に関する被告人質問を行い、その後に、共犯者である夫の証人尋問が行われた。

三日目には、被害児童二名をそれぞれ診察した医師二名による証人尋問がなされた。発見時の子どもの様子、栄養状況、被告人らの養育状況との因果関係などが説明された。ここで、特に亡くなった子どもの解剖時の状況が証言されて、被害結果の悲惨さが生々しく伝えられたところであった。

四日目に、再び共犯者である夫の証人尋問と被告人質問が行われた。ここでの証人尋問は、主に裁判所から被告人の供述や医師らの証言をもとにして確認がなされたものであった。また、弁護人側の証人として、夫と妻の異常な関係性を説明するための専門家（臨床心理士）と、情状証人である被告人の親族の証人尋問が実施された。

五日目に、情状部分に関する被告人質問が行われた。

判決は、評議を（予備日を含めて）二日間置いてからなされ、懲役七年が言い渡された（求刑一〇年、弁護人意見三年）。

4 「直接主義・口頭主義を徹底した裁判」の感想

直接主義・口頭主義が徹底された裁判を実際に担当してみての率直な感想は、証人からじっくりと話を聞くことで、弁護人にとっても公判においてわかることが多く、裁判官・裁判員にとってわかりやすかったというものであった。疑問に感じたことをすぐ目の前にいる人に確認できることが、分かりやすい審理を達成するために重要である。その点で、医師など専門家証人の証人尋問の必要性を強く感じたところであった。

その反面で、証人尋問が多用されることで、審理の時間が長くかかってしまい負担が増えてしまったのではないかとも感じた。証人尋問によって証人からその場から聞くことができるということは、気になったことを何でも聞いてしまうこととなる。弁護人も同意書面の証人であっても聞きたくなってしまう。その結果、公判廷での情報量が増大してしまって、裁判官・裁判員を含めて訴訟関係者がきちんと情報を処理できず、分かりやすい審理になっていないのではないかと感じるところであった。

同時に、証人尋問による情報量の増大は、当事者による情報量のコントロールを失わせる結果につながりかねず、弁護人としても制御困難ないし不可能な状況に陥ってしまって、公判廷へと顕出された情報が弁護人の意図と違った方向へと働いてしまう危険性も感じた。立証趣旨との関係から尋問の必要性を一つ一つ吟味すべきであったと考える。

弁護人にとって厳しいと思ったことは、供述調書に記載のなかったことでも被告人に不利な証言が飛び出してしまうことがあれば、些細なことであっても裁判員に悪印象を与えてしまっていないかと感じたことである。過度に人の感情を刺激するような情報によって、偏見などを持たれないか常に気にしておく必要があった。なによりも、医師による結果の重大性や被害感情などが書証と比較すると裁判員の心証に強く残ってしまう懸念を感じながらの公判活動だった。

しかして、総じていえば、裁判官・裁判員が証人尋問などの証拠調べ手続をじっくりと行うことで、本件犯行の実態を把握・理解してもらうことができたとの実感があり、その上で判断がなされたことは評価できると思う。

六　直接主義・口頭主義のこれから

これまで述べてきたように、直接主義・口頭主義は刑事訴訟の基本原理であって、従前の調書を過度に多用していた刑事裁判が異常であったことを、我々は改めて認識すべきである。

裁判員裁判の施行を契機とした、直接主義・口頭主義の実質化の動きを止めることは出来ないし、止めるべきではないだろう。

直接主義・口頭主義をこれまで以上に推し進めることで、証人の記憶の劣化を防ぐために公判前整理手続を不当に短縮化するよう裁判所からの圧力がかかったり、証人負担回避のため無理に主観的併合をしようとする事件が増加したりするなどの弊害が生じうる。また、「新しい職権主義」[17]といわれるように、裁判所が職権で証人尋問を行う事例も存在する[18]。

しかし、生き生きとした刑事公判の姿こそが現行刑事訴訟法の目指している理想であり、立ち返るべき原点である。もちろん、そのために弁護人の立場としては被告人の権利擁護がないがしろにされることはあってはならない。弁護人の職責に反しない限度で、直接主義・口頭主義が実現するように意識改革することもまた、筆者をはじめとする弁護士に求められているのではないだろうか。

足立昌勝先生とは、日本弁護士連合会の刑事法制委員会でご一緒させていただき、大変お世話になっている。委員会の議論において、足立先生の大局からの鋭い指摘がとても勉強になっている。足立先生のお考えを聞いて、その大局に立つというのは、動揺しない大本である原理原則に則って考えていくことではないかと思うようになった。裁判員裁判と直接主義・口頭主義という原理原則を未熟ながら検討することで、足立先生の古稀に際して本稿を捧げたい。

以上

〔追記〕脱稿後、最高裁判所事務総局「裁判員裁判実施状況の検証報告書」（平成二四年一二月）が公表された。裁判員裁判実施三年間を検証した同報告書では、自白事件について、犯罪事実の立証のために取調べられた検察官請求の証人が一件あたり一人にも満たないことや、書証（被告人供述調書を除く）と証人それぞれの取り調べられた時間の割合で証人の割合が平成二三年九月まで概ね二割以下であったことが記載されている（一七、一八頁）。制度施行にあたって直接主義・口頭主義を徹底した証拠調べの必要性が共通認識とされていたとしても、施行後の運用では証人尋問の実施が低調であったことがわかる。

また、同報告書では、主要な事実について公判廷で証人尋問を行う運用が一般的なものとして定着していくことが必要である旨が記載されており、直接主義・口頭主義の実現を志向している（二一〇頁）。

別表　報告事例審理計画

1日目

冒頭手続		分	備考
人定質問	裁判長		
起訴状朗読	検察官		
黙秘権等の告知	裁判長	10	
罪状認否	被告人		
	弁護人		
冒頭陳述等			
冒頭陳述	検察官	15	
冒頭陳述	弁護人	15	
公判前の結果顕出	裁判長		
休廷	20		
証拠調べ（書証）			
甲号証証拠調べ	検察官	60	書証11点
休廷（昼休み）			
証拠調べ（書証）			
甲号証証拠調べ	検察官	5	書証1点
証人尋問			
自治体職員A	検察官	30	
自治体職員A	弁護人	15	
休廷	20		
自治体職員A	裁判官・員	10	
自治体職員B	検察官	30	
自治体職員B	弁護人	15	
休廷	20		
自治体職員B	裁判官・員	10	
証拠調べ（書証）			
甲号証証拠調べ	検察官	20	書証2点
被告人質問			
被告人	弁護人	30	

2日目

被告人質問			
被告人	弁護人	60	
休廷		20	
被告人	検察官	45	
休廷（昼休み）			
被告人	裁判官・員	15	
証拠調べ（書証）			
甲号証証拠調べ	検察官	15	書証3点
休廷		20	
証人尋問			
夫	検察官	30	
休廷		20	
夫	弁護人	30	

3日目

証拠調べ（書証）			
甲号証証拠調べ	検察官	15	書証2点
証人尋問			
医師C	検察官	30	
医師C	弁護人	10	
休廷		10	
医師C	裁判所	15	
休廷（昼休み）			
証人尋問			
医師D	検察官	40	
医師D	弁護人	20	
休廷		10	
医師D	裁判所	30	
（中間評議）			

4日目

証人尋問			
夫	裁判所	60	
休廷		20	
（被告人質問）			
被告人	裁判所	60	
休廷（昼休み）			
証拠調べ（書証）			
弁号証証拠調べ	弁護人	5	書証2点
証人尋問			
臨床心理士	弁護人	40	
臨床心理士	検察官	15	
休廷		20	
臨床心理士	裁判所	20	
親族	弁護人	20	
親族	検察官	10	
親族	裁判所	10	
証拠の処理	裁判所		
中間評議			

5日目

被告人質問（情状）			
被告人	弁護人	30	
被告人	検察官	15	
休廷		20	
被告人	裁判所	50	
休廷（昼休み）			
意見等			
論告	検察官	30	
弁論	弁護人	30	
最終陳述	被告人	5	
評議			

6日目

評議	

7日目

評議（予備日）	

8日目

判決宣告		15	

〔註〕

（1）http://www.kantei.go.jp/jp/sihouseido/report/ikensyo/index.html（二〇一二年一〇月三一日閲覧）

（2）日本弁護士連合会「『裁判員制度』の具体的制度設計にあたっての日弁連の基本方針」（二〇〇二年八月二三日）http://www.nichibenren.or.jp/activity/document/opinion/year/2002/2002_26.html（二〇一二年一〇月三一日閲覧）

（3）たとえば、特集「裁判員裁判と伝聞法則－裁判員は書面を読まない！」季刊刑事弁護五三号（二〇〇八年）一六頁以下。

（4）http://www.courts.go.jp/about/topics/2401/index.html（二〇一二年一〇月三一日閲覧）

（5）刑集第六六巻四号四八二頁所収。

（6）田宮裕『刑事訴訟法［新版］』（有斐閣、一九九六年）二三六頁。

（7）田口守一『刑事訴訟法［第六版］』（弘文堂、二〇一二年）二五一頁、白取祐司『刑事訴訟法第七版』（日本評論社、二〇一二年）三〇四頁。

（8）平野龍一「現行刑事訴訟法の診断」平場安治他編『団藤重光博士古稀祝賀論文集第四巻』（有斐閣、一九八五年）四二二頁。

（9）栃木力「現職裁判官から見た裁判員裁判における法廷弁護活動」NIBEN Frontier 二〇一二年八・九月合併号一八頁。

（10）稗田雅洋「裁判員が参加する裁判の実情と課題—日本の刑事裁判がどう変わったか」刑事法ジャーナル三二号（二〇一二年）五三頁以下でも同様の指摘がされている。

（11）裁判員にとっての分かりやすさを追及・実現することの問題点について、加藤克佳「裁判員事件と分かりやすい審理」刑法雑誌五一巻三号（二〇一二年）四九頁以下参照。

（12）杉田宗久『裁判員裁判の理論と実践』（成文堂、二〇一二年）四一〇頁以下。

（13）山下幸夫「法廷弁護の準備」日本弁護士連合会編『法廷弁護技術第二版』（日本評論社、二〇〇九年）五七頁、渕野貴生「証拠とすることの同意」井上正仁他編『刑事訴訟法判例百選第九版』（有斐閣、二〇一一年）一八七頁。

（14）裁判官の立場から弁護人が書証に不同意の意見を述べる必要性を指摘するものとして、芦澤政治「公判準備と公判手続の在り方」論究ジュリスト二号（二〇一二年）四八頁。
(15) 日弁連裁判員制度実施本部内での検討結果について、岡慎一「検察官請求『書証』に弁護人はどのように対応すべきか」季刊刑事弁護五四号（二〇〇八年）二七頁以下参照。
(16) 川出敏裕「裁判員裁判と証拠・証明」論究ジュリスト二号（二〇一二年）五五頁。
(17) 白取祐司「当事者主義と証拠法」季刊刑事弁護七〇号（二〇一二年）二一頁。
(18) 書証への同意がある場合の人証調べの問題点について、堀江慎司「伝聞法則と供述証拠」法律時報八四巻九号（二〇一二年）三四頁。

裁判員制度と自白依存司法——ニホン型刑事司法「改革」の蹉跌——

宮本　弘典

一　プロローグ

二〇〇九年五月二一日に実施に移された裁判員裁判について、裁判員法（裁判員の参加する刑事裁判に関する法律　平成一六年五月二八日法律第六三号）は、実施三年後の見直しを次のように規定している（附則第九条）。

「政府は……この法律の施行の状況について検討を加え、必要があると認めるときは、その結果に基づいて、裁判員の参加する刑事裁判の制度が我が国の司法制度の基盤としての役割を十全に果たすことができるよう、所要の措置を講ずるものとする」

裁判員裁判が「我が国の司法制度の基盤としての」実質を備えるべく、必要な「改革」を施すというわけである。[1]だが、「改革」の準拠点とされるべき基本的視座は必ずしも明らかではない。後述のとおり、裁判員制度は司法制度「改革」の「成果」として発足しながら、当の「改革」自体が刑事司法の改革課題に取組むものではなかったからである。「疑わしきは被告人の利益に」あるいは「無罪推定」といった法理の構築は、[2]前近代の糺問的な自白裁判が数多の冤罪誤判を生出したという、耐え難い刑事司法の歴史への省察を契機とする。自白裁判からの脱却は、被疑者・被告人の権利の十全な保障を必須の手段として、刑事裁判の目的を「無罪の発見」に求める。さて、裁判員裁判はこのような意味で、「我が国の司法制度の基盤としての役割を十全に果たすことができる」制度だろうか。その検討が本稿の課題である。

二　刑事裁判に対する理解と信頼―裁判員法第一条の法意

多くの法律がそうであるように、裁判員裁判について定める裁判員法も、その第一条で裁判員制度の趣旨・目的を明らかにしている。

「この法律は、国民の中から選任された裁判員が裁判官と共に刑事訴訟手続に関与することが司法に対する国民の理解の増進とその信頼の向上に資することにかんがみ、裁判員の参加する刑事裁判に関し、……必要な事項を定めるものとする」

その意味するところは、「国民」が「裁判員」として「裁判官と共に刑事訴訟手続に関与することが司法に対する国民の理解の増進とその信頼の向上に資する」とされていることから窺うことができよう。つまり、

① 裁判官のみによる従来の刑事裁判も公正かつ適正なものであったが、それに「裁判員」として参加することで、刑事裁判に対する理解と信頼が深まる

② つまりは、従来から刑事裁判が正しく機能しているにもかかわらず、なお「国民」に十分な理解や信頼が得られていない

というわけである。要するに、問題は刑事裁判（及びその実践主体としての裁判官や検察官）の現状にではなく、[3]刑事裁判の意味や機能に対する「国民」の感受性にあり、刑事裁判に対する「理解の増進とその信頼の向上」のためには、「国民」が、正しい刑事裁判を実践している「裁判官と共に刑事訴訟手続に関与すること」が必要だという論理である。裁判員裁判の導入の目的がそうであれば、被告人の側の裁判員裁判に対する選択権（拒否権）は論外となろうし、「国民」たる裁判員も数多の法的義務を甘受せざるを得まい。[4]「国民」の義務は、裁判員として「裁判官と共に」刑事裁判に関与することを強制されるだけにとどまらない。裁判に関する秘密漏洩の処罰を伴う守秘義務は、その範囲があまりに広範で漠然としており、公正な裁判に対する信頼を損なう行為やその品位を害

するような行為の禁止もまた同様である。

いずれにせよ、刑事裁判に対する「国民の理解の増進とその信頼の向上」という趣旨・目的から導出されるのは、「国民」の義務でしかない。理念とされているのは、市井人としての智恵や経験に基づく「常識／良識」を刑事裁判の事実認定や量刑に反映するということですら、どうやらない。あるべき正しい刑事裁判は、むしろ旧来の裁判官（および検察官）による裁判によって（も）すでに実現されており、「国民」は、その正しい刑事裁判の意味と機能をより深く「理解」し、それに対する「信頼」を高める義務を負うらしい。真に「国民」たるべき資格を持つ者はすべて、上述の裁判員となる義務や、更には裁判員として負う義務を引き受けねばならないということである。

さて、そうして営まれる裁判員裁判において、かつて喧伝された「統治主体」意識を有する「国民の健全な常識」が、刑事裁判にいかにして反映されるのだろうか。また、そもそも「統治主体」意識とか「健全な常識」とは、いかなる内実を有するのだろうか。それを探るために、裁判員制度導入の背景を簡潔に振り返っておこう。

三 「一連の諸改革の要」としての裁判員制度

周知のとおり、裁判員制度は、司法試験改革による法曹人口の拡大を企図する法科大学院の創設と並ぶ司法制度「改革」の目玉であった。現在では両者とも司法制度の「改悪」であり「失敗」に帰したことは明らかだが、この「改革（悪）」の狙いは当初から明らかであった。(5) 米国からの構造改革圧力と、それに同調する財界の規制緩和・民活という新自由主義的「改革」路線である。つまり、種々の規制は自由競争と民間活力の妨げでしかなく、事前規制型社会から事後的紛争解決型社会への転換が必要だとされ、司法的解決＝裁判の簡易化と迅速化、そしてそれを担うべき法曹人口の拡大が主張されたわけである。もっともそれとは裏腹に、詳細には立入らないが、自由競争・自由社会のシステム維持のための治安管理強化が必要だとされ、治安問題については予防主義と厳罰化が強調されたことも想起しておこう(6)。

司法制度「改革」の主張は、一九九四年の経済同友会「現代日本社会の病理と処方―個人を生かす社会の実現に向けて」を嚆矢として、一九九七年の経済同友会「グローバル化に対応する企業法制の整備を目指して―民間主導の市場経済に向けた法制度と立法・司法の改革」、こうした財界の動きに同調する自由民主党による同年の「司法制度改革の基本的な方針―透明なルールと自己責任の社会に向けて」を経て、一九九八年の経済団体連合会「司法制度改革についての意見」等によって、無制約な自由市場社会を前提とした司法の役割変化が強調され、法曹一元化、ロー・スクール制度、法律事務開放、裁判迅速化等が主張された。こうした動きを受けて、一九九九年六月、司法制度改革審議会が設置され（翌七月発足）、司法制度「改革」が現実的な政治課題となったわけである。

「二一世紀の我が国社会において司法が果たすべき役割を明らかにし、……司法制度の改革と基盤の整備」（司法制度審議会設置法第一条）を目的とするこの審議会の結論は、二〇〇一年六月の「二一世紀の日本を支える司法制度」と題する最終意見によって示されている。審議会会長の佐藤幸治の主張も反映してか、意見書は、この司法制度「改革」は、

「この国のかたちの再構築に関わる一連の諸改革の最後のかなめとして位置づけられるべきものである」

という。つまり、司法制度「改革」は先行する新自由主義／新保守主義による規制改革路線の総仕上げだというわけである。

意見書には「国民の期待に応える司法制度」「統治主体としての国民」「法の支配」といった理念が各所に踊る。だがそれらの意味は、その前提をなす新自由主義／新保守主義による国家像や統治理念を鑑として理解されねばなるまい。「二一世紀の我が国社会において司法が果たすべき役割」や、裁判員裁判による「統治主体としての国

民」の司法に対する「理解の増進」と「信頼の向上」の内実もまた同様である。

四　新自由主義思想の下での刑事裁判——危機管理国家の治安管理装置

新自由主義／新保守主義による「改革」の契機をなしたのは、福祉国家の理念的・財政的後退ないし崩壊である。福祉国家の政治支配の正統化根拠は、自由の前提をなす社会への参画や歴史への関与のための諸資源の公平な配分に求められた。しかし、ポスト福祉国家は、財政窮乏を口実に個々の市民へのこうした給付を切捨て、経済や教育等々の自由実現への具体的アクセス手段については、自己責任・自助努力による確保を強調する。新自由主義の論理によれば、各個人へのリソースの直接配分は他者の自由を制限し社会的停滞と堕落を招来するとされ、国家の責務はむしろ、自由のオプションの最大化ないし最適化の保障にあるとされる。自由や権利の意義を「質」から「量」に転換し、多数決原理と優勝劣敗原理、そして効率性こそが社会のあらゆる次元における最高審級だという論理である。イデオロギー的な政治支配の正統化戦略から、テクノクラシーの識知に基づく機能主義的なそれへの転換といえようか。この新自由主義的「改革」の先駆的モデルが、前世紀八〇年代の、レーガンやサッチャーにナカソネも加えた保守枢軸による規制緩和と民営化であることは周知のところだろう。この「規制改革」による「民活」路線によって、福祉国家的給付からの訣別は決定的なものとなった。その総仕上げは、世紀の転換点におけるブッシュ・ジュニアやコイズミによる、新自由主義と新保守主義の野合ともいうべき規制改革である。

注意すべきは、いわゆる「小さな政府」を標榜するこの「改革」が、逆に安全保障や治安管理という国家の暴力セクターの強化・肥大化をもたらすことである。

経済効率至上主義による新自由主義的「改革」には、「敗者」の社会的排除（の不安）という宿痾を必然的に伴う。だが、もはやポスト福祉国家はこうした「不安」に公的給付をもって対処することはない。自由のオプションへのアクセスは市民の権利だが、その実現は自助努力・自己責任という市民の義務の充足によるほかなく、事実上の社会的排除をもたらす「敗北」は、市民の義務たる自助努力・自己責任の不足ないし欠如の結果でしかないとされるからである。また、権利主体としての「市民」であり続けるには、こうした現存価値ないし秩序への合意、つまりは弱肉強食・優勝劣敗による経済効率至上主義という社会的現実への合意が求められる。その実は不条理でしかない現存の価値や秩序に対する合意・同調が、権利主体としての市民たるべき道徳的資格をなすわけである。これに対する抵抗、あるいはまた「敗者」による反逆・報復は「自由で公正な競争」の蹉跌となる。市民の義務を放棄する者は、矯正も共生も不能な根源的絶対悪としての「国内の敵」であり、現存価値ないし秩序への合意が市民的モラルとして強制されることで、「敵」に起因する危険と不安の除去や、自由のオプションの最大化ないし最適化の確保という市民的要求が動員される。この市民的外装によって、自由市場・自由競争の安全で安定的なシステム維持・管理を口実とするポスト福祉国家の「重武装化」が促進され正統化される。いわゆる危機管理国家である。

こうして危機管理国家は、上述の道徳的資格なき「国内の敵」に起因する「不安」や「脅威」から「自由で公正な社会」を防衛する能力、すなわち物理的な実力としての暴力のもっとも組織的かつ効率的な所有と行使をもって、自らの政治支配の正統化根拠とする。刑事裁判は、法の支配、あるいはまた法治主義の名の下におけるその具体的なオペレーションと化す。とすれば、「統治主体」意識を有する「国民の健全な常識」を反映するという裁判員裁判は、現存秩序への同意を強制ないし動員された市民の側の保護要求を貫徹し、国家の処罰義務の遂行に参画することを市民に義務付ける制度ということになろう。被告人には裁判員裁判を拒否する道徳的資格も法的権利もないとされるように、被告人は市民としての義務を放棄した者・義務に反した者として、法的にも道徳的にも非難され裁かれる。危機管理国家における刑事裁判とはそのような裁判である。

裁判員制度が、新自由主義と新保守主義の野合・癒着による「一連の諸改革の最後のかなめ」だというとき、「同等の資格で」「裁判官と共に刑事手続に関与する」裁判員は、矯正も共生も不能な根源的絶対悪としての「国内の敵」から法的権利と道徳的資格を剥奪するため、国家権力と一体化する義務を負う。法と道徳両面における「敵」への裁きの論理と心理と倫理への同調義務である。リムパックのような合同軍事演習と同じく、装備の共有化とともに、「敵」の排除・殲滅という心理的・倫理的モードとモットー、つまりはモラル（道徳）とモラール（志気）の官民共有・一体化が企図されているのである。その実相が、権力による市民社会の併呑であることはいうまでもあるまい。だとすれば、刑事裁判に反映されるべき「統治主体」意識を有する「国民の健全な常識」も、所詮（動員された）多数派によって形成され支持される不条理な現存秩序への同調でしかない。かくして裁判員裁判は、危機管理国家における治安管理装置として、現存秩序と価値への合意を法的にも道徳的にも強制し動員することをその優先的機能とする。(7)

五　「無罪の発見」のための刑事裁判

ところで、裁判員制度が司法「改革」の成果なのだとすれば、それはいったいどのような改革課題に対する回答だったのだろうか。(8)

もはや詳述の余裕はないが、端的には、秘密主義・間接主義・書面主義が貫徹する中世の魔女裁判に典型的な職権主義的糺問裁判からの脱却が問題となるはずである。それは、自白依存と「万能の裁判官」の裁量が闊歩する刑事裁判であったが、それを廃して、刑事手続の主戦場を、秘密主義が基調をなす捜査手続から公開の公判廷に移すということである。(9) 啓蒙主義による近代刑事裁判の原則の構築は、被疑者・被告人の権利を踏みにじり、自白強要と裁判官の無制約な裁量によって、数多の冤罪誤判を生出した「刑事司法の耐え難い状況」への反省を契機とする。「一〇人の真犯人を逃すともただ一人の無辜をも処罰するなかれ」「疑わしきは被告人の利益に」「無罪推定」等々の刑事裁判の鉄則は、したがって「無罪の発見」こそが刑事裁判の最大の使命だということを物語るのである。しかし次の指摘に明らかなとおり、日本の刑事裁判システムにおいて「無罪の発見」は、あたかも空念仏のごとき空虚なモットーになおとどまり続けている。

「ところで、わが国の刑事裁判システムは、圧倒的に検察官に有利に運用できる仕組みになっています。たとえば、被疑者にはつい最近まで国選弁護がまったく認められてきませんでした。拘留期間は長いですし、被疑者・被告人と弁護人の接見交通権も大きく制約されています。公判段階での証拠開示制度もきわめて不備です。さらには、取調べが可視化されていないだけでなく、自白の任意性に関する審査がまことにずさんです。そして、それであるのに、無罪判決に対して検察官が控訴・上告して争うことが認められています。こういうシステムの下では、えてして無辜の人間が冤罪に泣くことがあり得ると思います[10]」

しかも周知のとおり、現下の日本の裁判でも自白調書は「証拠の女王」であり、裁判官の自由な証拠採用や評価＝自由心証は、あたかも「万能の裁判官」のそれと同じく不可侵である。枚挙するまでもなく、冤罪誤判事件の多くは虚偽自白を証拠としている。捜査過程でウソの自白が強要され、裁判官もそれを見抜けなかったということにほかならない。すでに多くの論者が指摘しているとおり、このような冤罪誤判の構造的原因は、自白獲得のための長期の身柄拘束と、裁判官の自由心証に対する事後的チェックの困難に求められよう。権利保釈が実質上機能しない人質司法、外部チェックがほとんど不可能な密室司法（捜査）は、それを手段として自白を獲得し有罪が認定されるという日本の自白（調書）裁判の温床にほかならない。自白裁判の是正とともに、人質司法も密室司法（捜査）も、国連人権委員会や国連拷問禁止委員会から是正を求められているが[11]、裁判員制度ではこれらの根本問題はすべて棚上げされている。

もはや詳述の余裕もないが、公判前整理手続によって、直接主義による公判の充実どころか、むしろ黙秘権や効果的な弁護権の侵害による公判の形骸化、更には起訴から公判開始までの長期化に伴う身柄拘束の長期化も懸念される。種々の冤罪誤判事件で判明した検察による証拠隠しの問題についても、証拠開示は全証拠開示から程遠い制限付きの「改革」にとどまった。捜査過程の可視化も同様である。現在の取調べ目的による身柄拘束実務を温存したままの可視化にどれほどの意味があるかは別論としても、捜査機関は全面可視化に対する消極姿勢を崩していない。また、強制捜査の前倒しともいうべき任意同行等を手段とする実質的な取調べがますます蔓延し、裁判所もそれによって得られた自白の任意性と信用性を肯定するというのは、単なる杞憂ともいえまい[12]。

種々の治安法が人身の自由を根こそぎ奪った戦前の暗黒司法への反省から、日本国憲法は詳細な刑事人権ないし人身の自由に関する規定を置き、現行刑訴法はそれを具体化したものだともいわれる。だが、現在の日本の刑事裁判は、いまだに戦時のモードを色濃く残している。そもそも戦前の旧刑訴法（大正刑訴法）ですら、検察官等の捜査機関による強制処分権限を認めず、自白調書を含む供述調書も予審判事作成のそれのみを証拠として認めていたにすぎない。確かに、司法省部内における裁判官に対する検察官僚の優位が確立し、予審調書も実際にはほとんど検事調書あるいは検事録取書の焼き直しにすぎないという現実の下で、旧刑訴法においても糺問裁判が猛威を揮った[13]。しかしタテマエではあれ、戦前の刑訴法ですら、捜査が刑事手続の主戦場をなす自白裁判という刑事裁判のモードからの脱却を標榜していたわけである。また後述のように、判決理由中に「証拠説明」を求めて、「万能の裁判官」の事実認定も抑制していた。

六　権威主義国家の刑事裁判―戦時刑事裁判の残照

旧刑訴法は、第三三六条で証拠裁判主義を、第三三七条で自由心証主義を規定し、第三四三条において警察官・検察官の聴取書の証拠能力を原則的に否定して、予審判事作成の予審調書のみ証拠能力を認めていた（第一項「法令ニ依リ作成シタル訊問調書」)。司法省部内における検察官優位の確立や、予審判事の放縦な取調べ等により、自白裁判からの脱却の実は上がらなかったが、こうした一応のあるいはタテマエとしての調書の証拠制限さえかなぐり捨て、調書の証拠能力及び証明力を万能化したのは、戦時体制下における刑事法制である。

国防保安法(一九四一年)第三七条による陪審法(一九二三(大正一二)年)の適用制限、「陪審法ノ停止ニ関スル法律」(一九四三年)による陪審法の全面停止は、当事者主義構造による刑事手続きの排斥にほかならず、調書裁判の歯止めの喪失を意味する。それとともに、上述の旧刑訴法第三四三条による聴取書の証拠能力の制限も失われてゆく。国防保安法第二五条や改正治安維持法第二六条等により検察官の権限が強化され、検察官による被疑者・証人の訊問権限並びに司法警察官に対するその訊問の命令権限が付与されたことで、これらの尋問調書は予審判事による調書と同様に、有効な証拠とされることになったからである。更には、戦時刑事特別法(一九四二年三月一八日公布・同二一日施行)が、一九四一年一二月八日の太平洋戦争開戦による物量的「総力戦」を超える「思想的総力戦」体制に即応すべく、刑事司法の戦時体制化の完成に向けてこの動きをいっそう貫徹し、同法第二五条は、旧刑訴法第三四三条一項による調書の証拠制限を全面的に撤廃した。同提案趣旨によると、こうした証拠制限は「要するに平時に於ける公正の十分なる担保」としては意義があるものの、戦時においては「この種の公正は裁判官の証拠書類に対する実質的価値判断に依って寧ろ遂げ得られるもの」だというのである。

また、旧刑訴法は、有罪判決中に証拠説明として「証拠ニ依リ之ヲ認メタル理由」の説明を求め(第三六〇条)、その不備や齟齬が絶対的上告理由とされ(第四一九条一九号)、更には採証の誤りもまた上告理由とされていた(第四〇九条・四一一条)。しかし戦時刑事特別法第二六条は、「有罪ノ言渡ヲ為スニ当リ証拠ニ依リテ罪ト為ルベキ事実ヲ認メタル理由ヲ説明シ法令ノ適用ヲ示スニハ証拠ノ標目及法令ヲ掲グルヲ以テ足ル」として、心証形成に関する証拠説明を不要とした。「戦時」を理由とする裁判の負担軽減、即ち「簡易・迅速化」である。主として共謀段階も含めた治安維持法違反に対する裁判の効率化を狙いとしていたことはいうまでもなかろう。そして、この裁判の「流儀」は現行刑訴法にも受継がれている（刑訴法第三三五条一項）[14]。

敗戦によって戦時刑事特別法が廃止され（一九四六年一月一五日施行の廃止法）、旧刑訴法たる大正刑訴法が復活したが、新刑訴法（一九四九年一月一日施行の現行刑訴法）の作成が新憲法施行（一九四七年五月三日）に間に合わず、「日本国憲法の施行に伴う刑事訴訟法の応急的措置に関する法律」（一九四七年四月一九日）が施行され、弁護人選任権（国選弁護権　第四条）、検察官・司法警察官による勾引状及び勾留状発布の禁止（第七条）、逮捕・勾留の要件及び期間の限定（第八条）、予審の禁止（第九条）、不利益供述の強要の禁止・強制自白及び長期の身柄拘束後の自白の証拠能力の否定・自白に対する補強法則（第一〇条）、被告人の反対尋問権や供述証拠の制限（第一二条）等、憲法適合的な刑事手続の原則の遵守が求められた。しかし、同法第一二条二項は旧刑訴法第三四三条の適用を明示的に否定し、調書の証拠制限は徹底されなかった。それが現行刑訴法にそのまま受継がれたわけである。

自由心証主義という糺問的な自白裁判への抵抗は、かくして調書の無制約な証拠採用と判決理由の簡易化を経て、日本においてはその実を得ることができなかったということである。ところで、刑事手続の戦時体制化とは、「思想的総力戦」体制に背を向け、あるいは反逆する「敵」を「非国民」として簡易・迅速に、かつ重罰をもって裁きうるための手続整備であった。権威主義国家におけるこのような刑事裁判は、「敵」の「非国民」化をも意味し、やはり被告人の法的権利と道徳的資格の双方を剥奪する場であった。自白の重視がその論理と心理を物語る。自白は「告解」にほかならず、反省と悔悟を示すものとされた中世の魔女裁判と同じく、自白は「反省と悔悟」による被告人の「道義の回復」の必須の条件であり、天皇の赤子たるニッポン臣民の道徳的資格を回復するのに必要欠くべからざる条件であった。自白裁判は、治安維持法に明らかなとおり、すべての被告人を政治犯化し、反省と悔悟＝転向を迫りつつ、被告人を法的のみならず道徳的にも裁く権威主義国家の荘厳の裁きとして機能した。現在も続く反省・謝罪追及型司法の原風景である[15]。精密司法に対する弾劾捜査観や適正手続という、戦後刑訴法学の対抗軸も、近時のポスト・モダンの変容への譲歩に明らかなとおり、このニホンの刑事裁判の「岩盤」に対する根底的批判とはなり得なかった。

ちなみに、旧刑訴法は体系的な証拠法を有しておらず、GHQは政府に対して、証拠法を制定して刑事裁判の方式を抜本的に改正することを求めた[16]。これに対して政府は、刑事裁判の方式の全面的・抜本的改革は「国力が回復した後」に行い、刑事裁判については自白調書を原則として廃する「陪審制」によって行うと約束していた[17]。しかし、ついに日本の国力の回復は実現しなかったらしい。この約束は履行されることなく、なお新憲法に基づく日本の刑事裁判において、自白調書や裁判官の自由心証は、戦時刑事特別法や治安維持法下のそれと全く同じ働きを保持している。日本の刑事裁判は、権威主義国家の非常時の裁判と同じく、被告人を法的にも道徳的にも非難し裁きを与える場であり続けているのである。

七　エピローグ

もはや紙数は尽きた。結論を急ごう。司法制度「改革」の成果とされる裁判員制度は、糺問的な自白裁判からの脱却ではなく、その温存のために利用される虞を脱し得ない。それは本稿で述べたとおり以下の理由による。

① 裁判員制度は、新自由主義的改革による国家の統治戦略の転換に即応して、戦時国家と同様に、セキュリティ国家の刑事裁判という治安管理装置として機能する。

② 刑事裁判が国家の敵・人民の敵に対する法的・道徳的な裁きの場と化すと、市民は「裁判官と共に」その裁きに関与し、刑事司法への理解を深める義務を負う。

③ したがって、刑事裁判に反映される「統治主体」意識を有する「国民の健全な常識」とは、現存秩序や現存価値への全面的同意＝抵抗層の排除・否定の謂と化する。

④　刑事裁判が法的にも道徳的にも「国内の敵に対する戦争」であれば、その論理と心理は非常時としての戦時刑事裁判のそれに帰着し、裁判員制度は戦時体制下の刑事裁判をなお温存する制度として機能する。

⑤　簡易、迅速、厳罰化という三点セットを獲得した最高裁と検察庁は、日弁連が主張するようないかなる修正にも応じるかもしれないが、この簡易、迅速、重罰化という裁判員裁判の本質、すなわち「非常時の刑事裁判」の本質は絶対に手放さない。

⑥　つまりは、この制度の修正、見直しというのは刑事裁判をますます支配の道具とし、人間の尊厳をますます剥奪する場と化することでしかない。強い検察官と万能の裁判官による自白裁判からの脱却こそが問題の本質である。

〔註〕

（1）　種々の観点からする裁判員制度の検討につき、さしあたり、日本弁護士連合会「裁判員法施行三年度の検証を踏まえた裁判員裁判に関する改革提案について」二〇一二年三月一五日、「特集　裁判員制度と新しい刑事手続の現在」法律時報八四巻九（二〇一二年八月）号の諸論稿、「特集　裁判員裁判の改善に向けて　三年後の見直しの論点と制度改革の展望」季刊刑事弁護七二号（二〇一二年冬号）の諸論稿、「特集　裁判員制度三年の軌跡と展望」論究ジュリスト二号（二〇一二年夏号）の諸論稿、「特集　裁判員事件の審理方法」刑法雑誌第五一巻三号の諸論稿に加え、裁判員制度に批判的なものとして、五十嵐二葉「裁判員裁判実施後の問題点⑫～⑭『三年後検証』を検証する（上）（中）（下）」法と民主主義四六九号（二〇一二年六月号）～四七一号（二〇一二年八・九月号）、同四六九号特別企画「日民協・司法制度委員会公開学習会より　裁判員制度―三年後の見直しに向けて」の諸論稿等参照。

（2）　その史的展開を詳細に跡付けるものとして、松倉治代「刑事手続における Nemo tenetur 原則―ドイツにおける展開

を中心として1～4・完」立命館法学三三五号一三八頁以下、同三三六号一六八頁以下、同三三七号七七頁以下、同三三八号一八六頁以下参照。

（3）最高裁『裁判員制度ナビゲーション　改訂版』（二〇一一年九月）一一頁のコラム「裁判員制度の意義」によると、従来の書面審理司法も「適正な審理の実施に寄与してきたことは事実で」あり、「我が国の刑事裁判の適正さについては、これまでも多くの国民から信頼されていますが、それは、裁判官、検察官、弁護人の専門性に対する信頼」であって、「必ずしも審理や判決内容を十分に理解した上でのものとはいえ」ず、「そのような中で、将来にわたって、刑事裁判に対する国民の信頼を確保し、その基盤を強固にするためには、国民に、被告人の有罪・無罪の判断や刑の決定のプロセスに直接参加していただき、刑事裁判の果たす機能を実感していただくことが最も効果的です」とされる。刑事裁判に対する信頼の基盤は、防御権の保障による公正さにほかなるまいが、自白依存の検察司法への省察とはまさに無縁の自画自賛といえようか。検察改革との関連では、特集「検察再生のゆくえ」ジュリスト一四二九（二〇一一年九月）号の諸論稿のうち「座談会・検察改革と新しい刑事司法制度の展望」参照。

（4）ちなみに裁判員裁判の合憲性については、覚せい剤取締法違反、関税法違反被告事件に関する最大判二〇一一・一一・一六において、裁判員裁判は、①憲法の刑事手続の原則をみたす「公平な裁判所」による裁判である、②合議体の構成員として少数意見となることは従前と変わらず、法と良心にのみ基づく「裁判官の職権の独立」を犯すものではない、③地裁に属し上訴も可能であるから「特別裁判所」にあたらない、④裁判員裁判は「国民主権の理念に沿って司法の国民的基盤の強化を図るもの」であり、「参政権と同等の権限を国民に付与するもの」であるから、裁判員の事実上の負担を考慮しても「苦役」にはあたらない、として合憲判断を示している。おそらく死刑事件についても同様の論理が展開されるのであろう。

（5）以下の叙述は、小田中聰樹『裁判員制度を批判する』（花伝社・二〇〇八年）、同『刑事訴訟法の変動と憲法的考察』（二〇〇六年・日本評論社）一六五頁以下によった。

（6）その詳細については、クラウス・ギュンター（鈴木直　訳）「自由か、安全か―はざまに立つ世界市民」思想九八四（二〇〇六年四月）号五〇頁以下、宮本弘典『国家刑罰権正統化戦略の歴史と地平』（編集工房　朔・二〇〇九年）一二三頁以下参照。

(7) 本章の叙述については、宮本前掲一六三頁以下、同「国営刑罰の論理と心理—国家テロルの偽装戦略」ホセ・ヨンパルト他編『法の理論28』(成文堂・二〇〇九年)五一頁以下参照。

(8) その総合的研究の成果として、村井敏邦・川崎英明・白取祐司編『刑事司法改革と刑事訴訟法 上・下』(日本評論社・二〇〇七年)の諸論稿参照。

(9) 前掲(註1)特集「裁判員制度と新しい刑事手続の現在」の巻頭に置かれた葛野尋之「裁判員制度における民主主義と自由主義」九頁も以下のように結ばれる。

「本特集がとりあげた諸課題は、いずれも、公判中心主義の再生に直結する重要課題である。これらの諸課題が解決されるとき、裁判員制度は、新しい刑事手続のなか、より公正・適正な刑事裁判を現実化しうるであろう」

(10) 木谷明『刑事事実認定の理想と現実』(法律文化社・二〇〇九年)一九三—一九四頁。

(11) 一九九八年の国連国際規約(B規約)人権委員会の第六四回会期における日本政府への最終見解や二〇〇八年一〇月二八日および二九日における委員会採択の日本政府宛ての「最終見解」、更には二〇〇七年の国連拷問禁止委員会の「日本に対する国連拷問禁止委員会の結論及び勧告」は、長期にわたる代用監獄における取調べ目的の身柄拘束と自白(調書)裁判が表裏の関係にあることを指摘する。例えば一九九八年「最終意見」はすでに、「多数の有罪判決が自白に基づく」ことに「深い懸念」を示し、捜査過程の監視と可視化を勧告するほか、更に検察手持ち証拠の全開示制度の創設も勧告している。

(12) 例えば高輪グリーンマンション事件(最決昭和五九・二・二九刑集三八・三・四七九)、無欲事件(最決平成一・一〇・二七判時一三四四・一九)等。なお、木谷前掲(註10)一二五頁以下参照。

(13) この点についてはさしあたり、小田中聰樹「刑事訴訟法の歴史的分析の方法と意義」『団藤重光博士古希権祝賀論文集 第四巻』(有斐閣・一九八五年)四四頁、福井厚「戦後日本の検察と警察」前掲『刑事司法改革と刑事訴訟法 上』六一一—六二一頁参照。それにもかかわらず、すでに一九一〇年代には顕在化していた「司法検察官僚による刑事手続改革の動きの底流に常に存在した」「予審を廃止し、予審判事の持つ強制処分権限を検事を中核とする捜査検察機関に移譲するという刑事手続改革構想」（小田中二一頁）の法制の完成には、後述のとおりなお時間を要した。「糺問主義的検察官司法の中枢的装置である捜査権限拡大強化が太平洋戦争開始直前の一九四〇年（昭和一五年）の時点においてすらその立法化を阻まれた」のは、捜査機関による人権蹂躙を懸念した在野法曹や政党勢力であった（小田中四四頁）。

(14) もっとも主として政治犯を意識したこのような流儀が、現在の自由心証のそれであってはなるまい。そこで、現行刑訴法が証拠の標目で足りるとする理由は、公判中心の刑事手続だからだと説明される。例えば、全員一致の評決による陪審制のような公判中心主義では、陪審評決に理由を附すことを求めるのは不可能であるばかりか、供述証拠が排除されている限りで無罪推定の法理に基づく当事者主義が貫徹しているが、日本の刑事裁判の現実はそれとは異なる。とりわけ当事者間に争いがある場合、つまりは被告人が争う場合、証拠の取捨選択の理由、事実認定の理由を明示することが求められるとする見解（例えば白取祐司『刑事訴訟法　第2版』（日本評論社・二〇〇九年）一八四頁）は正当だが、判例はこれに反対である（最決一九五九・一一・二四刑集一三・一二・三〇八九）。

(15) 自白を促すことで被疑者の「道義的悔悟」を促進するのは取調官の責務だという警察・検察の主張は、現在もなお変わらない。

「自白を導き出すことは、犯人のためにも国民感情の上からもむしろ必要なことであり、したがって捜査官が被疑者の取調から手を抜くことは国民感情に反する」

という論理と心理である（土本武司『犯罪捜査』（弘文堂・一九七八年）三五頁）。実体的真実の観点のみならず、「道義」的観点から自白追及の必要性を主張する捜査官の論考は多い。さしあたり、原田明夫（元検察官）「被疑者の取調べ―検察の立場から」三井他編『刑事手続　上』（筑摩書房・一九八八年）一八一頁、林茂樹（元警察大学校教授）「逮捕・勾留中の被疑者の取調についての一考察　下」警察学論集第三七巻一二号五八頁、藤永幸治（元検察官）「我が国の捜査実務は特殊なものか―別件逮捕・勾留と関連して―」判例タイムズ四六八号三七頁、堀田力（元検察官）「真実発見のための課題」判例タイムズ五一一号四〇頁等を参照。

(16) 例えば、連合国総司令部民間情報部保安課法律班による「刑事訴訟法に対する修正意見」の第二〇六条の註にも、「日本法制の下では證據法はないが之は起草されねばならぬであろう」と記されており（井上正仁・渡辺咲子・田中開編

『刑事訴訟法制定資料全集　昭和刑事訴訟法編2』（信山社・二〇〇七年）四三頁）、一九四六年四月一日の同法律班による「証拠法」も提示されている（同二六七頁以下）。

(17)　渡辺咲子「現行刑訴法中の証拠法の制定過程と解釈―伝聞法則を中心として」『河上和雄先生古希祝賀論文集』（青林書院・二〇〇三年）三三〇頁参照。例えば、一九四六年三月二五日「刑事訴訟法に対する連合軍総司令部民間情報部保安課法律班の修正意見概要」は、予審を廃止し、陪審制度は起訴陪審と公判陪審の双方を採用することとしており（前掲『刑事訴訟法制定資料全集』二四一頁）、同年五月二九日と三〇日の「新憲法に伴い司法に関し本省として態度を決すべき事項」には、「陪審制度を採用すること」、「刑事事件は原則としてすべて陪審の評議に附するものとすること」、「陪審の答申には必ず拘束せられ陪審の更新を許さないものとすること」が記されていたが（同三六八頁、三七二頁）、同年六月二五日の「刑事訴訟法等改正に関する想定問答」では、「問　起訴陪審制度を採用する意思はないか」「答　公判陪審制度は、我が國に於ては……十分利用せられなかった。その原因については、制度の内容を改正することにより幾らか除去せられる部分もあらうかとも考へ目下研究中であるが、斯る状態に在るとき、更に進んで起訴陪審制度を採用することは尚幾多の研究を要するものがあると考へる。……この制度の採用は餘程問題であろうと思ふ」と後退を見せた（同四三四頁）。同年八月二日には「裁判所法中参審制採用方針試案」（『刑事訴訟法制定資料全集　昭和刑事訴訟法編3』二七六頁以下）が示され、翌八月三日の「司法法制審議会第一小委員会第十回議事録」によると、「従来の陪審法は成績が芳しくなかつた、そして新憲法が実施されるとしても、設備等の関係で陪審を直ちにやることは不可能な状態にあり、この際、實施上もより簡単であり、且つ民意を反映せしめる参審制を実施した方が、有効だといふ意見の下にこの案が出来た」とされるが（同二九三頁）、陪審制は、「欧洲においては悉く革命によって賚らされた」ものであり、「裁判の実施は公平に行われるといふよりはむしろ多分に政治的色彩が濃厚で弊害が多かった」、新憲法は「裁判官による裁判」を規定している以上「陪審、参審についても全然豫想もしていなゐ」し、「今更素人をして裁判に関与せしめることもどうかと思ふ」といった意見に続き、参審が憲法違反か否かについて意見が分かれたが、結局「違憲なりとする意見が多いので一時留保することに致しませう」ということになり、結局、参審制という形での市民の司法参加についても消極意見が勝った（同二九四頁以下）。委員からは、「素人」の司法参加に対する「能力」への不信感とともに、とりわけ陪審制については、「将来政治が政党政治になるので、司法にこの政治力が影響することは絶對あつてはならぬものであるが、果たして影響なきは保し難い」（同二九四頁）として、その政治的影響力に対する警戒がとくに示されている。

国立東ティモール大学に法学部設立を目指す足立昌勝さん　東京新聞「この人」9月8日号

2002年

憲法空洞化―危機感深める研究者―3、人権―瀬戸際の報道・障害者　神奈川新聞5月4日号

問題の所在は健常者の側に―足立氏に聞く―　毎日新聞6月13日号

東ティモール支援は何ですか・足立昌勝さん　神奈川新聞10月25日「この人」

爆発物取締罰則の違憲性　東京地方裁判所鑑定証言

2003年

精神医療の充実こそ　神奈川新聞7月10日号

2004年

爆発物取締罰則の違憲性と共謀共同正犯　東京地方裁判所鑑定証言

2005年

『共謀罪』の新設反対訴え奔走　朝日新聞石川版「ひと立ち話」2005年11月4日

2006年

米で拡大解釈横行（談話）　しんぶん赤旗日曜版2006年5月14日

『共謀罪』法案続く攻防・適用範囲『評価』と『懸念』―捜査側に都合良い　北海道新聞2006年5月15日

共謀罪を廃案へ！決意を処罰し運動を弾圧　週刊「前進」2259号

2007年

法廷　内と外―組織犯罪処罰法違反―　河北新報2007年8月7日

2008年

知らないじゃすまない裁判員制度Q＆A20　宝島667号2008年1月

裁判員制度を取り巻く情勢とは？―裁判員制度は本当に必要なのか―　『J-WAVE』2008年8月17日午後8時50分～9時20分

2011年

緊急討論会・コンピュータ監視法の実態と危険性を暴く　ustream.tv

愛国者法について考える　『J-WAVE』2011年11月9日

（2012年12月31日現在）

日本カンボジア法律家の会編「JJL第7次調査団報告書」・所収
2003年
国際刑事裁判所規程とブッシュの犯罪　「アフガニスタン国際戦犯民衆法廷」実行委員会「公聴会記録第5集」所収
2004年
久恒国賠裁判が勝利した意義　久恒さん国賠裁判のたより・勝利判決号
2005年
『共謀罪』審議入り―根拠薄い処罰拡大―　神奈川新聞7月10日号
2006年
久恒裁判が果たした役割　久恒さん国賠裁判のたより
吉川経夫先生を偲んで　法と民主主義411号
司法の独立を確立せよ！　無罪21号
2007年
我妻栄先生と『民法案内』　湯河原町教育委員会編「湯河原町民大学50年の歩み」所収
政治的司法との戦い　無罪33号
国際シンポジウム「大航海時代の光と影」第2部「東ティモールに見る大航海時代の光と影」　学校法人関東学院編「国際シンポジウム・大航海時代の光と影・報告書」所収
2008年
私は、反対します。裁判を国民に分担させている！　宝島2月号
憲問懇での松尾さん　松尾高志追悼文集『ショートピース』所収
2011年
まえがき　中田直人『されど　ただの法律家』中田直人小品集所収
あとがき　中田直人『国民のための刑事法学・その理論と闘い』所収
解題（1788年ヨセフィーナ刑事訴訟法）　関東学院法学22巻1号
2012年
民衆の力を結集しよう！　無罪81号
カンボジアと中山研一先生　『定刻主義者逝く―中山研一先生を偲ぶ―』所収
解題（1781年オーストリア一般裁判令）　関東学院法学23巻1号
今ぞ！高く掲げん、わが勝利の旗　百万人署名運動全国通信177号

新聞・雑誌・ラジオ

2001年

「生涯教育」って、なあに？　静大だより86号
学会探訪　日本刑法学会　受験新報12月号
1986年
図書・論文ガイド　大塚仁『刑法概説（総論）[改訂版]』　受験新報9月号
1988年
「立法過程」と日弁連　『刑法改正問題の13年』所収
学生、勉強しないね　愛知大学キャンパス・マガジン「ら・じゃん」19号
1993年
解題（プロイセン一般ラント法第二編第20章）　関東学院法学2巻1・2号
1994年
今や、決断のとき　『死刑廃止を求める』所収
櫻木澄和先生との別れ　法の科学22号
1996年
ハプスブルク帝国におけるStaatsratの開設とその意義について　法制史研究45号
1998年
裁判劇とその後　湘南文学24号
裁判劇・上、脳死と臓器移植・関東学院大学刑事法ゼミ　湘南文学24号
特集にあたって　法と民主主義336号
1999年
裁判劇・下、脳死と臓器移植・関東学院大学刑事法ゼミ　湘南文学25号
死刑と被害者感情　「死刑」から高橋さんを取り戻す会編「白百合」3号
破防法体系の完成を許すな―オウム対策法の本質―　靖国・天皇制問題情報センター通信282号
2000年
虐殺・内乱から平和な国作りへ　日本カンボジア法律家の会編「JJL第5次調査団報告書」・所収
シンポジウム「治安管理強化の実態をきる」　「治安国家化と対決する」報告集
追悼―吉岡先生との27年間―　関東学院法学10巻2号
2001年
21世紀をカンボジアで迎えて　日本カンボジア法律家の会編「JJL第6次調査団報告書」・所収
2002年
プノンペン大学との「法学教育」をめぐる共同研究についてのひとつの総括

法—　『コンピュータ犯罪と現代刑法』所収
1997年
「高瀬舟」の読み方　湘南文学　'97秋号・デーリー熱海2号
麻原公判は今どうなっているのか　法律時報69巻12号

小品
1966年
柿原先生の横顔　中央大学独乙語学会・Die Tanne　40年号
1970年
闘争終焉の中で思うこと　中央大学ドイツ法研究会・Die Zeitschrift Nr.1
1976年
1年間の活動をふりかえって　青法協静岡支部ニュース6号
1979年
可罰的違法性の理論を論評せよ　『基本マスター刑法』所収
超法規的違法性阻却事由について説明せよ　『基本マスター刑法』所収
争議行為と違法性との関係について論ぜよ　『基本マスター刑法』所収
1980年
「茶の実」ヨセフィーナ刑法典研究余聞　静岡大学学報203号
30周年事業すべて終る　「不二速報」162号
1982年
独研と白門祭　静大だより70号
構成要件の機能　『演習ノート刑法総論』所収
作為犯と不作為犯　『演習ノート刑法総論』所収
超法規的違法性阻却事由　『演習ノート刑法総論』所収
非刑罰法規の錯誤　『演習ノート刑法総論』所収
1983年
図書・論文ガイド　刑法理論研究会『現代刑法学原論（総論）』　受験新報10月号
学会探訪　日本刑法学会　受験新報12月号
1984年
図書・論文ガイド　宗岡嗣郎「吾国における未遂論の客観主義的構成」　受験新報2月号
図書・論文ガイド　村井敏邦『公務執行妨害罪の研究』　受験新報5月号
図書・論文ガイド　内田文昭「常習賭博幇助に関する一考察」　受験新報8月号

1813年バイエルン刑法の制定過程（8）　関東学院法学17巻2号
2008年
1813年バイエルン刑法の制定過程（9）　関東学院法学18巻1号
1813年バイエルン刑法の制定過程（10）　関東学院法学18巻3・4号
2009年
1813年バイエルン刑法の制定過程（11）　関東学院法学19巻1号
1813年バイエルン刑法の制定過程（12）　関東学院法学19巻2号
2010年
1813年バイエルン刑法の制定過程（13）　関東学院法学19巻3号
1813年バイエルン刑法の制定過程（14）　関東学院法学19巻4号
1813年バイエルン刑法制定過程での議論―フォイエルバハ遺稿の翻刻（1）関東学院法学20巻1号
2011年
1813年バイエルン刑法制定過程での議論―フォイエルバハ遺稿の翻刻（2）関東学院法学20巻4号
1813年バイエルン刑法制定過程での議論―フォイエルバハ遺稿の翻刻（3）関東学院法学21巻1号
1813年バイエルン刑法制定過程での議論―フォイエルバハ遺稿の翻刻（4）関東学院法学21巻2号
2012年
1813年バイエルン刑法制定過程での議論―フォイエルバハ遺稿の翻刻（5）関東学院法学21巻3号
1813年バイエルン刑法制定過程での議論―フォイエルバハ遺稿の翻刻（6）関東学院法学21巻4号
1813年バイエルン刑法制定過程での議論―フォイエルバハ遺稿の翻刻（7）関東学院法学22巻1号
1813年バイエルン刑法制定過程での議論―フォイエルバハ遺稿の翻刻（8）関東学院法学22巻2号

対談・座談会
1983年
日弁連・阻止運動の経過と課題　自由と正義34巻2号
1990年
シンポジウム・刑法の基本問題と現代的課題―コンピュータ時代の犯罪と刑

1781年オーストリア一般裁判令・試訳（1）　関東学院法学23巻1号
1781年オーストリア一般裁判令・試訳（2）　関東学院法学23巻2号

資料
1980年
Franz Georg von Keeß und das josephinische Strafgesetzbuch (1)　法経論集45号
1981年
Franz Georg von Keeß und das josephinische Strafgesetzbuch (2)　法経論集46号
1981年
Franz Georg von Keeß und das josephinische Strafgesetzbuch (3)　法経論集48号
1982年
Franz Georg von Keeß und das josephinische Strafgesetzbuch （4・完）―附、近代刑法研究の課題と方法―　法経論集49号
1997年
ヴィーン警察の一年―1884年“Tagsbefehle”より―　ジュリスコンサルタス6号
1998年
ヴィーン警察の一年 (2) ―1884年“Tagsbefehle”より―　ジュリスコンサルタス7号
2005年
1813年バイエルン刑法の制定過程（1）　関東学院法学14巻3・4号
1813年バイエルン刑法の制定過程（2）　関東学院法学15巻1号
1813年バイエルン刑法の制定過程（3）　関東学院法学15巻2号
1813年バイエルン刑法の制定過程（4）　関東学院法学15巻3・4合併号
2006年
1813年バイエルン刑法の制定過程（5）　関東学院法学16巻1号
1813年バイエルン刑法の制定過程（6）　関東学院法学16巻2号
2007年
刑法及び刑事学専攻若手研究者のための夏季特別セミナー―ロシア共和国極東大学訪問記（永嶋久義と共同執筆）　ジュリスコンサルタス16号
1813年バイエルン刑法の制定過程（7）　関東学院法学17巻1号

法学研究所『カンボジア調査団』報告　ジュリスコンサルタス14号
2003年カンボジア国民議会選挙監視活動報告　ジュリスコンサルタス14号

2007年

東ティモールにおける住民意識調査　ジュリスコンサルタス16号

2012年

調査報告・メコン川におけるダム建設と環境問題　総合研究機構「東アジアにおける安全保障の研究」プロジェクト報告書所収

翻訳

1971年

西ドイツ刑事訴訟法仮訳（1）　中京法学7巻3・4合併号

1983年

プロイセン一般ラント法第二部第20章（刑法）（1）—付、プロイセン刑法史研究の意義と課題　法経論集51号
プロイセン一般ラント法第二部第20章（刑法）（2）　法経論集52号

1993年

プロイセン一般ラント法第二編第20章（刑法）（1）　関東学院法学2巻1・2号
プロイセン一般ラント法第二編第20章（刑法）（2）　関東学院法学3巻1号

1998年

ローテンブルク中世刑事博物館「古き時代の司法」　関東学院法学7巻3・4号

2001年

東ティモール暫定統治下における刑事裁判に関する二つの規則　関東学院法学10巻3・4号

2004年

クメール・ルージュ特別法廷設置法（仮訳）　ジュリスコンサルタス14号
民主カンプチア時代において行われた犯罪の、カンボジア法による訴追に関する国連とカンボジア王国との合意（仮訳）　ジュリスコンサルタス14号
カンボジア報道法（仮訳）　ジュリスコンサルタス14号

2011年

1788年ヨセフィーナ刑事訴訟法試訳（1）　関東学院法学22巻1号
1788年ヨセフィーナ刑事訴訟法試訳（2）　関東学院法学22巻2号

2012年

1788年ヨセフィーナ刑事訴訟法試訳（3）　関東学院法学22巻3号
1788年ヨセフィーナ刑事訴訟法試訳（4・完）　関東学院法学22巻4号

少年非行を克服するためには、抜本的対策を！　遼寧公安司法管理幹部学院主催国際シンポジウム『21世紀における日本と中国の青少年犯罪の予防と矯正制度に関する研究』

2007年

修復的司法の理論的基礎　中国・恢復性司法理論学術検討会

日本における国連跨国組織犯罪条約の批准と共謀罪法案　中国・有組織犯罪集団和有組織犯罪国際検討会

2008年

脳死による臓器移植と殺人罪の成否　第1回日中刑事法研究会

2009年

ポストモダン論と罪刑法定主義の原則　カンボジア比較法学会

日本における国連跨国組織犯罪条約の批准と共謀罪法案　第2回日中刑事法研究会

2011年

大震災直後の犯罪について　中国・全国日本経済学会2011年年会「災後重建与経済社会発展学術検討会」

公訴時効廃止法の問題点　中国・中華日本学会・遼寧大学日本研究所「21世紀中日関係回顧与展望」学術検討会

The Creation of Crime and the Public Peace Regulation based on the UN Treaty　中国・第4回グローバル時代における犯罪と刑罰に関する国際フォーラム・北京

書評

1993年

梅田豊「近代刑事裁判における口頭弁論主義・自由心証主義・継続審理主義の意義と陪審制度（一、二・完）」法学54巻3号、4号所収　法制史研究42号

1994年

吉井蒼生夫「現行刑法とその意義」　法制史研究43号

2012年

若者の運動家への成長―「世界でいちばんちいさな争議」を読んで―　救援524号

調査報告

2004年

ヨーセフ二世治下における国制改革とヨセフィーナ刑法典　法制史学会

1992年

近代初期刑法の基本的構造　法制史学会東京部会

近代刑法の原点　日本近代刑事法史研究会

近代初期刑法の基本構造　法制史学会東京部会

1993年

罪刑法定主義概念について　日本近代刑事法史研究会

1994年

ハプスブルク帝国における「シュターツ・ラート」について　法制史学会

1999年

日本における法学教育の現状と課題　中国政法大学主催「21世紀における法学教育をめぐる国際法学部長会議

2000年

富山事件判決の刑事法的検討　法と心理学会

関東大震災における犯罪と警備　日本刑法学会関西支部

2001年

関東大震災における警備状況と犯罪　法社会学会

ノートン大学での刑法特別講義・総論　日本カンボジア法律家の会編「JJL第6次調査団報告書」・所収

日本における少年法の理念と現実　21世紀における青少年犯罪問題国際シンポジウム

東ティモールにおけるUNTAETの役割と評価　平和学会

2002年

プノンペン大学における刑法特別講義　日本カンボジア法律家の会編「JJL第7次調査団報告書」・所収

刑罰により国民を強制する有事法制　民科法律部会関東甲信越支部緊急研究会「有事法制を考える」

The construction of a new state and the method of the support　UNDP東京事務所主催「東ティモールにおける国連の活動の近況報告」

2004年

日本における組織犯罪対策の現状と問題点　港澳台黒社会犯罪国際検討会

2006年

徳川時代における最高司法権　オーストリア科学アカデミー・オーストリア法史委員会主催国際シンポジウム『ヨーロッパ近世における最高裁判所』

差戻し審判決の批判的考察（2）　無罪69号
中国における治安管理処罰と刑事罰──一元的刑法体系と刑罰補完機能を有する治安管理処罰──　関東学院法学20巻3号
官製談合防止罪の構成要件とその限界　ジュリスコンサルタス20号
差戻し審判決の批判的考察（3）　無罪69号
平和構築又は国家の近代化の一環としての法整備支援　総合研究機構「東アジアにおける安全保障の研究」プロジェクト報告書所収
最高裁第三小法廷判決と鹿児島地裁無罪判決　無罪72号
大震災直後の犯罪について　全国日本経済学会2011年年会「災後重建与経済社会発展学術検討会」論文集所収
冤罪を防ぐために、手持ち証拠の開示が必要　しんぶん赤旗
コンピューター規制法の危険性と今後の闘い方（1）　無罪76号
公訴時効廃止法の問題点　学術検討会「21世紀中日関係回顧与展望」論文集所収
コンピューター規制法の危険性と今後の闘い方（2）　無罪77号
コンピューター規制法の危険性と今後の闘い方（3）　無罪78号
コンピューター規制法の危険性と今後の闘い方（4）　無罪79号
コンピューター規制法の危険性と今後の闘い方（5）　無罪80号

2012年

刑の一部執行猶予制度導入の問題点　法と民主主義465号
治安重視の姿勢を明確化した民主党政権　新聞「救援」513号
日本における談合罪の制定と契約の自由　ジュリスコンサルタス21号
ラオスにおけるダム建設と環境問題　総合研究機構「東アジアにおける安全保障の研究」プロジェクト報告書所収
大震災直後の犯罪について　関東学院法学21巻4号
秘密保全法制と共謀罪　救援517号
The Creation of Crime and the Public Peace Regulation based on the UN Treaty　中国・第4回グローバル時代における犯罪と刑罰に関する国際フォーラム・論文集

学会発表

1979年

ヨセフィーナ刑法典の進歩性と保守性―近代刑法の原像を求めて―　日本刑法学会

1988年

日本のヤクザとロシアン・マフィアの結合—日本における組織犯罪対策の現状—　ジュリスコンサルタス16号
少年非行を克服するためには、抜本的対策を！　関東学院法学16巻3・4合併号
修復的司法の理論的基礎　『恢復性司法理論学術検討会・論文集』所収
修復的司法の理論的基礎　関東学院法学17巻1号
爆取と長期勾留を許した裁判所の責任　『未決勾留16年』所収
日本における国連跨国組織犯罪条約の批准と共謀罪法案　『有組織犯罪集団和有組織犯罪国際検討会・論文集』所収
刑事訴訟への犯罪被害者の参加と裁判員制度　法と民主主義423号
条約に基づく犯罪の一元化は必要か　ジュリスコンサルタス17号

2008年

日本における組織犯罪対策の現状と課題　関東学院法学17巻3・4号
修復性司法的理論基礎　周長軍・于改之主編『恢復性司法：法理及其実践展開』山東大学出版社・所収
恢復性司法的理論基礎　昆明理工大学学報・社会科学版、第8巻第8号
罪刑法定原則の現代的意義—東ティモール共和国における罪刑法定原則—関東学院法学18巻2号

2009年

被害者感情を利用した治安強化策動と本差戻し裁判の意義　無罪45号
わが国における組織犯罪対策と国連跨国組織犯罪条約—共同研究『広義の意義における環日本海諸国における組織犯罪対策の総合的研究』のまとめに代えて—　ジュリスコンサルタス18号
裁判員裁判と迎賓館・横田爆取事件　無罪49号

2010年

戦いはシンプルに　無罪57号
臓器移植と殺人罪の成否　ジュリスコンサルタス19号
The Theory of Post-Modern and the Principle of "Nullum Crimen, Nulla Poena sine Lege" Cambodian Yearbook of Comparative Legal Studies, Vol.1
公訴時効の廃止は許されるか　救援491号
公訴時効の廃止・延長に遡及効を与えるな　救援492号
公訴時効廃止法案の問題点　法と民主主義445号
共謀罪法案粉砕の歴史的意義　『さらば！共謀罪』所収
差戻し審判決の批判的考察（1）　無罪68号

2011年

ンサルタス14号
近代刑法と「共謀罪」　パンフレット「冗談も言えない『共謀罪』入門」所収
2005年
共謀罪新設と戦後治安法の変遷　『共謀罪と治安管理社会』所収
日本的観点から見た19世紀及び20世紀における国民国家の形成と発展　関東学院法学15巻1号
日本における組織犯罪対策の現状と課題　『民主主義法学と刑事法の課題』・所収
共謀罪が刑法に与える影響（衆議院法務委員会参考人意見陳述）　第163回国会衆議院法務委員会議録第8号所収
これは大変な悪法だ　「共謀罪」新設の危険性　同名パンフレット
2006年
“Die Entwicklung der Nationalstaaten im 19. und 20. Jahrhundert aus japanischer Sicht” Rundtischkonferenz der Rechtshistoriker in Budapest　関東学院法学15巻1号
共謀罪と刑法　無罪9号
刑法を変質させる共謀罪　法律時報4月号
共謀罪と市民社会　しんぶん赤旗2006年4月12日
共謀罪とは何か　『超監視社会と自由』所収
共謀罪をめぐる刑法学会の状況　法学セミナー619号
共謀罪法案と国会質疑―浮かび上がってきた問題点　救援447号
徳川時代における最高司法権　関東学院法学16巻1号
“Die Höchstgerichtsbarkeit in der Japanischen TOKUGAWA Zeit”　関東学院法学16巻1号
横田・迎賓館爆取違反事件控訴審判決を弾劾する　週刊法律新聞1692号
防治少年不良行為的根本対策　遼寧公安司法管理幹部学院学報2006年第4期
改めて共謀罪を問う『話し合うことが罪になる　共謀罪Part III』所収
共謀罪法案の理論的検証　関東学院法学16巻2号
2007年
東ティモールにおける新たな国家建設　ジュリスコンサルタス16号
“The Construction of a New State and the Method of the Support”　ジュリスコンサルタス16号
日本から見た環日本海における組織犯罪対策の必要性―共謀罪法案と修正案に対する徹底的批判―　ジュリスコンサルタス16号

カンボジアにおける刑事法の現状と法学教育　関東学院法学10巻2号

2001年

死刑は“残虐な刑罰”である　東京弁護士会・LIBRA1巻2号

東ティモール暫定統治下における犯罪と刑罰について　関東学院法学10巻3・4号

関東大震災における犯罪と警備体制　2000年度文部省科学研究費研究成果報告書『阪神大震災と犯罪』所収

触法精神障害者対策は、医療の問題である　法律時報9月号

関東大震災における警備体制と犯罪　甲南大学総合研究所叢書63『阪神大震災の犯罪問題』所収

国家機密法をめぐる法律家の闘い　法と民主主義11月号

2002年

触法精神障害者の今日的状況　法律時報2月号

イタリアにおける触法精神障害者対策と責任主義の原理　法律時報2月号

カンボジアにおける法学教育の現状―プノンペン大学とノートン大学における刑法特別講義を中心として―　関東学院法学11巻（上）

市民社会に差別をもたらす心神喪失者処遇法案の本質　季刊福祉労働95号

処遇法案のどこが問題か―医療の名をかりた強制隔離法　『Q＆A心神喪失者等処遇法』所収

心神喪失者等処遇法案の問題点とあるべき社会　第154国会衆議院法務委員会・厚生労働委員会合同審査会議録所収

精神障害者の人権と「社会の安全」―「心神喪失者処遇法案」の本質　法と民主主義370号

心神喪失者等処遇法案推進派のあがき　法と民主主義372号

東ティモールは今（5）日本の役割　神奈川新聞10月31日号

2003年

「心神喪失者等処遇法案」をめぐる衆議院での審議　法と民主主義375号

韓国における保安処分制度　関東学院法学12巻4号

共謀罪新設―“罪と罰”の転換が狙うもの　パンフレット「共謀罪の新設」所収

カンボジアにおける3回目の総選挙―選挙監視を終えて―　法学セミナー11月号

2004年

脳梗塞への対応をめぐる東京拘置所の責任　法学セミナー588号

新生カンボジア王国における治安の回復と刑事関連法規の制定　ジュリスコ

爆発物の取締罰則の効力　中山研一先生古稀祝賀論文集第4巻所収
組織的犯罪対策要綱を批判する（上）　マスコミ市民2月号
組織的犯罪対策要綱を批判する（下）　マスコミ市民3月号
治安立法の制定と被疑者の人権　日本国憲法施行50周年記念講演会
銃刀法の重罰化と罪刑の均衡　法学新報103巻4・5号
時評「組織的犯罪対策法は要らない」　法と民主主義317号
法務省「修正案」でさらに強化された弾圧性　週刊金曜日172号
三好達最高裁長官の罷免を要求しよう　法と民主主義319号
警察国家の再現を許すな　法と民主主義320号
第6章　逃走の罪（97条～102条）　新判例コンメンタール「刑法4」所収

1998年

監視国家への道　法と民主主義327号
模擬裁判からみた臓器移植法の問題点　ばんぶう6月号
組織犯罪対策法とは何か　『警察監視国家と市民生活』所収
団体処罰のアメとムチ　『警察監視国家と市民生活』所収
マネーロンダリング罪　『警察監視国家と市民生活』所収
崩壊する無罪推定の原則　『警察監視国家と市民生活』所収
ドイツにおける監視国家への道　『警察監視国家と市民生活』所収

1999年

日本における法学教育の現状と課題―中国政法大学主催「21世紀における法学教育をめぐる国際法学部長会議―　関東学院法学9巻1号
「死刑廃止法」における遡及効の法的性格　『民衆司法と刑事法学』所収
近代国家と死刑廃止の是非　関東学院法学8巻2号
刑法における解釈の意義について―逆行的・遡及的解釈と順行的・追求的解釈　静岡大学法政研究3巻3・4号
マネー・ロンダリング罪と没収（追徴）保全の危険性　東京弁護士会刑事法対策特別委員会ニュース「刑事法」4号
こんな法律はいらない―団体規制法の本質―　週刊金曜日292号

2000年

現代社会と刑法―近代刑法原則の有効性―　『刑事法学の新展開』所収
組織犯罪対策法とオウム団体規制法　東京弁護士会刑事法対策特別委員会ニュース「刑事法」5号
警察権限の拡大と警察法改正　日弁連刑事法制委員会「刑法通信」103号
無罪推定の危機　関東学院法学10巻1号

電子計算機損壊等業務処罰規定の成立要件　『コンピュータ犯罪と現代刑法』所収
電子計算機損壊等業務処罰規定の他罪との関係　『コンピュータ犯罪と現代刑法』所収
営業秘密の保護と刑事罰　法経論集65号
1991年
ヨーセフ・フォン・ソネンフェルス「拷問の廃止について」(1) 解題　法経論集66号
1992年
麻薬特例法の問題点―適正な運用を目指して―　法経論集67・68号
人間の終期と臓器移植に関する刑法的考察　関東学院法学1巻2号
1993年
近代初期刑法の基本構造―オーストリア・プロイセンを中心として―　法経論集69・70号
刑法現代用語化の意義と課題　自由と正義44巻8号
違法性阻却事由（1）（2）（3）　別冊法学セミナー・刑法Ⅰ［総論］
歴史から学ぶ　法学セミナー466号
1994年
「ドイツ諸国」における「罪刑法定主義」概念の歴史的検証　『刑事法学の歴史と課題』所収
1995年
ドイツ・オーストリアの啓蒙主義的刑法理論と刑事立法　『啓蒙思想と刑事法』所収
オウム教団と破防法　法と民主主義303号
1996年
破防法の適用に意義あり　週刊金曜日105号
日弁連運動と刑法委員会―果してきた役割と課題―　東京弁護士会刑法改正問題特別委員会ニュース「刑法」1号
明治時代前期における警察制度の確立―行政警察の確立過程―　ジュリスコンサルタス5号
破壊活動防止法の論理と構造　日本の科学者31巻7号
いわゆる「脳死」と臓器移植　神奈川県医師会報544号
民主主義を覆す治安優先の思想　週刊金曜日12月20日号
1997年

犯罪体系論をめぐって　受験新報9月号
結果的無価値論と行為無価値論　受験新報10月号
刑法の機能　受験新報11月号

1985年

刑法の基本原則と解釈　受験新報1月号
刑法改正をめぐって　受験新報2月号
構成要件の機能と性格　受験新報3月号
原因において自由な行為　受験新報4月号
責任の本質をめぐって　受験新報5月号
人の始期と終期　受験新報6月号
国家秘密の刑法的保護—スパイ防止法案に関連して—　受験新報7月号
間接正犯概念をめぐって　受験新報8月号
共謀共同正犯のゆくえ　受験新報9月号
共犯処罰の根拠　受験新報10月号
刑法における「財物」の意義　受験新報11月号
刑法改正の原点　法経論集54・55号
国家機密法案の系譜と危険な性格　法の科学13号

1986年

明確性の原則と限定解釈　受験新報1月号
科学としての刑法学の可能性　受験新報2月号
可罰的違法性の理論をめぐって　受験新報3月号
不真正不作為犯における作為義務　受験新報4月号
行為論の現状と課題（1）　受験新報6月号
行為論の現状と課題（2）　受験新報7月号
戦前の秘密保護法制の歴史的展開—その日本的特徴—　法と民主主義205号
「国家秘密法案」のねらい　静岡大学教職員組合情宣部「不二速報」26号

1990年

オーストリアの3月前期における検閲制度と言論・表現の自由　法経論集64号
「財産的情報」の刑法的保護をめぐる最近の諸状況　『コンピュータ犯罪と現代刑法』所収
私電磁的記録不正作出罪の成立要件　『コンピュータ犯罪と現代刑法』所収
公電磁的記録不正作出罪の成立要件　『コンピュータ犯罪と現代刑法』所収
不正作出電磁的記録供用罪・同未遂罪の成立要件　『コンピュータ犯罪と現代刑法』所収

1979年
ヨセフィーナ刑法典・試訳（2・完）　法経論集42号
違法性阻却事由　別冊法学セミナー・司法試験受験シリーズ・刑法
ヨーセフⅡ世治下における検閲制度と言論・表現の自由　法経論集43号
1980年
別件逮捕・勾留　「刑事訴訟法の理論と実務」別冊判例タイムズ7号
1981年
コペルニクス的転換と戦後の刑法　自由と正義32巻12号
1982年
騒擾罪　演習ノート・刑法各論所収
独立燃焼説と効用喪失説　演習ノート・刑法各論所収
公共の危険　演習ノート・刑法各論所収
業務上失火罪　演習ノート・刑法各論所収
往来危険罪の結果的加重犯　演習ノート・刑法各論所収
偽造通貨行使と詐欺罪・窃盗罪　演習ノート・刑法各論所収
有価証券偽造罪
文書　演習ノート・刑法各論所収
偽造と変造　演習ノート・刑法各論所収
代理資格の冒用　演習ノート・刑法各論所収
オーストリアにおける新刑法と犯罪の動向　法経論集50号
1983年
プロイセン一般ラント法第二部第20章（刑法）試訳（1）―付、プロイセン刑法史研究の意義と課題　法経論集51号
ヨセフィーナ刑法典に関する総合的研究　昭和57年度科研費研究成果報告書
公文書のコピーと公文書偽造罪　受験新報9月号
具体的符号説の再評価　受験新報11月号
凶器準備集合罪における襲撃の客観的蓋然性の要否　受験新報12月号
1984年
法人の犯罪能力　受験新報1月号
近代刑法史研究の意義と課題　受験新報3月号
犯罪と法　『法学入門』所収
わいせつ図書と表現の自由　受験新報4月号
正当防衛における防衛の意思　受験新報6月号
喧嘩と刑法36条の「急迫不正ノ侵害」　受験新報7月号

2000年　刑事法学の新展開―夏目文雄先生古希記念論文集―　中部日本教育文化会

2002年　非効率主義宣言―暴走する効率主義への警告　萌文社

Ｑ＆Ａ心神喪失者等処遇法　現代人文社

2003年　演習ノート・刑法各論、全訂第2版　法学書院

2005年　民主主義法学・刑事法学の課題―小田中聰樹先生古稀記念論文集―日本評論社

共謀罪と治安管理社会　社会評論社

2006年　超監視社会と自由　花伝社

2007年　未決勾留16年　編集工房　朔

2008年　演習ノート・刑法各論、第4版　法学書院

2010年　さらば！共謀罪　社会評論社

論文

1971年

アルトゥール・カウフマンの行為論　法学新報78巻12号

1972年

判例批評・都教組事件と刑事罰　法学新報79巻1号

労働刑法序説　静岡大学法経短期大学部・法経論集30号

1973年

刑法における因果関係論の批判的考察（1）―刑法における因果関係の哲学的基礎　法経論集31号

1974年

日本における外国人管理の歴史的考察　法経論集32・33合併号

市民・労働運動圧殺の治安法　現代の眼8月号

人権を軽視し、大衆運動を抑圧せんとする刑法「改正」　静岡大学教職員組合情宣部「不二」速報1974年34号

刑法「改正」における価値の転換　愛知大学・学生論叢22号

1975年

1947年刑法改正について　1975年度民科法律部会春季学術総会・刑法「改正」の総合的検討、討議資料

法務省文書を批判する　総合ジャーナリズム研究4月号

1978年

ヨセフィーナ刑法典・試訳（1）　法経論集41号

著作目録

単著

1983年　復習のための刑法総論　非売品
1993年　国家刑罰権力と近代刑法の原点　白順社
1996年　刑法学批判序説　白順社
2000年　近代刑法の実像　白順社
2006年　共謀罪を廃案に！足立昌勝さんは語る—共謀罪はこんなに危険だ—パンフレット　住基ネット差し止め訴訟を進める会・東海発行
Entwicklung der Nationalstaaten im 19. und 20. Jahrhundert aus japanischer Sicht., Rechtsgeschichtliche Vortäge Band 38：, ELTE Lehrstuhl für Ungarische Rechtsgeschichte, 2006, in deutsche Sprache. Kubon & Sagner
2010年　Sessions Protokoll der vereinigten Sektionen der Justiz und des Inneren für zweiter Teil des baierischen Strafgesetzbuches von 1813. 社会評論社

共著

1979年　基本マスター刑法　法学書院
1980年　組合の三十年　静岡大学教職員組合（非売品）
1982年　演習ノート・刑法総論　法学書院
1983年　現代刑法学原論［総論］　三省堂
1984年　法学入門　非売品
1987年　現代刑法学原論［総論］改訂版　三省堂
1990年　コンピュータ犯罪と現代刑法　三省堂
1994年　刑事法学の歴史と課題—吉川経夫先生古稀祝賀論文集—　法律文化社
1995年　啓蒙思想と刑事法—風早八十二先生追悼論文集—　勁草書房
1996年　現代刑法学原論［総論］第3版　三省堂
演習ノート・刑法各論、全訂版　法学書院
1997年　中山研一先生古稀祝賀論文集　成文堂
新判例コンメンタール「刑法4」　三省堂
1998年　警察監視国家と市民生活　白順社
1999年　民衆司法と刑事法学—庭山英雄先生古稀祝賀記念論文集—　現代人文社

足立昌勝先生　略歴

1943年4月30日	東京都文京区に生まれる。
1963年4月	中央大学法学部法律学科入学
1967年3月	中央大学法学部法律学科卒業
1967年4月	中央大学大学院法学研究科修士課程刑事法専攻入学
1969年3月	中央大学大学院法学研究科修士課程刑事法専攻修了（法学修士）
1969年4月	中央大学大学院法学研究科博士課程刑事法専攻入学
1972年3月	中央大学大学院法学研究科博士課程刑事法専攻単位取得退学
1972年4月	静岡大学法経短期大学部専任講師（担当：刑法）
1973年10月	静岡大学法経短期大学部助教授（担当：刑法）
1974年10月	内地研究（東京大学社会科学研究所）（1975年3月まで）
1976年8月	在外研究（オーストリア・ウィーン大学）（1977年10月まで）
1983年4月	静岡大学法経短期大学部教授（担当：刑法）
1990年10月	内地研究（中央大学文学部社会学科）（1991年3月まで）
1992年3月	静岡大学法経短期大学部を退職
1992年4月	関東学院大学法学部法律学科教授（担当：刑法）
1993年4月	関東学院大学評議員・法学部法律学科長（1996年3月まで）
1995年4月	関東学院大学大学院法学研究科修士課程法律学専攻指導教授（担当：刑法）
1996年4月	関東学院大学評議員・法学部長（1998年3月まで）
1996年4月	学校法人関東学院評議員（1998年3月31日まで）
1997年4月	関東学院大学大学院法学研究科博士後期課程法律学専攻指導教授（担当：刑法）
1998年4月	関東学院大学法学研究所長（2001年12月5日まで）
1998年10月	学校法人関東学院評議員（2009年3月31日まで）
2003年8月	在外研究（ドイツ・ミュンヘン）（2004年1月まで）
2005年10月	中国山東省山東大学法学院客員教授
2006年9月	中国遼寧省遼寧公安司法管理幹部学院客員教授
2009年4月	関東学院大学法学部法学科特約教授・大学院法学研究科博士課程法学専攻指導教授（担当：刑法）（現在に至る）

著者紹介

浅田和茂（あさだ・かずしげ）1946年生まれ　立命館大学大学院法務研究科教授
石塚伸一（いしづか・しんいち）1954年生まれ　龍谷大学法務研究科教授
池原毅和（いけはら・よしかず）1956年生まれ　弁護士（第二東京弁護士会）
内田博文（うちだ・ひろふみ）1946年生まれ　神戸学院大学法科大学院教授
内山真由美（うちやま・まゆみ）1982年生まれ　佐賀大学経済学部准教授
遠藤憲一（えんどう・けんいち）1950年生まれ　弁護士（東京弁護士会）
岡田行雄（おかだ・ゆきお）1969年生まれ　熊本大学法学部教授
岡本洋一（おかもと・よういち）1972年生まれ　関東学院大学法学部非常勤講師
大場史朗（おおば・しろう）1983年生まれ　神戸学院大学法学部非常勤講師
海渡雄一（かいど・ゆういち）1955年生まれ　弁護士（第二東京弁護士会）
春日　勉（かすが・つとむ）1969年生まれ　神戸学院大学法学部教授
金　尚均（きむ・さんぎゅん）1967年生まれ　龍谷大学法科大学院教授
楠本　孝（くすもと・たかし）1958年生まれ　三重短期大学法経科教授
葛野尋之（くずの・ひろゆき）1961年生まれ　一橋大学大学院法学研究科教授
齋藤由紀（さいとう・ゆき）1976年生まれ　関東学院大学建築・環境学部非常勤講師
櫻庭　総（さくらば・おさむ）1980年生まれ　山口大学経済学部経済法学科専任講師
新屋達之（しんや・たつゆき）1960年生まれ　大宮法科大学院大学教授
鈴木博康（すずき・ひろやす）1970年生まれ　九州国際大学法学部准教授
陶山二郎（すやま・じろう）1967年生まれ　茨城大学人文学部准教授
永嶋久義（ながしま・ひさよし）1978年生まれ　関東学院大学大学院博士後期課程修了
南川　学（なんかわ・まなぶ）1980年生まれ　弁護士（千葉県弁護士会）
新村繁文（にいむら・しげふみ）1949年生まれ　福島大学行政政策学類教授
福永俊輔（ふくなが・しゅんすけ）1979年生まれ　西南学院大学法学部専任講師
堀　敏明（ほり・としあき）1952年生まれ　弁護士（東京弁護士会）
本田　稔（ほんだ・みのる）1962年生まれ　立命館大学法学部教授
前田　朗（まえだ・あきら）1955年生まれ　東京造形大学造形学部教授
松宮孝明（まつみや・たかあき）1958年生まれ　立命館大学大学院法務研究科教授
宮本弘典（みやもと・ひろのり）1958年生まれ　関東学院大学法学部教授
森川恭剛（もりかわ・やすたか）1966年生まれ　琉球大学法文学部教授
山下幸夫（やました・ゆきお）1962年生まれ　弁護士（東京弁護士会）

近代刑法の現代的論点
足立昌勝先生　古稀記念論文集

2014年3月31日　初版第1刷発行

編著者＊石塚伸一・岡本洋一・楠本　孝・前田　朗・宮本弘典
発行人＊松田健二
装　幀＊桑谷速人
発行所＊株式会社社会評論社
東京都文京区本郷2-3-10　tel.03-3814-3861/fax.03-3818-2808
http://www.shahyo.com
製版・印刷・製本＊倉敷印刷株式会社